肥城市人民政府 主办
肥城市地方史志办公室 承编

肥城年鉴

FEICHENG YEARBOOK

君子之邑

2017

- 市镇两级领导班子换届
- 仪阳撤镇设街道
- 肥城被纳入济南都市拓展区
- 肥城桃获国家农产品地理标志
- 首条城乡公交线路开通
- 五位肥城人荣登「中国好人榜」

方志出版社
Publishing House of Local Records

图书在版编目（CIP）数据

肥城年鉴2017/肥城市地方史志办公室编. -- 北京：方志出版社，2017.10
ISBN 978-7-5144-2590-1

Ⅰ.①肥… Ⅱ.①肥… Ⅲ.①肥城-2017-年鉴
Ⅳ.①Z525.23

中国版本图书馆CIP数据核字（2017）第252564号

肥城年鉴（2017）

编　　者：肥城市地方史志办公室
责任编辑：王 品
出 版 人：冀祥德
出 版 者：方志出版社
地址　北京市朝阳区潘家园东里9号（国家方志馆4层）
邮编　100021
网址　http://www.fzph.org
发　　行：方志出版社发行中心
电话（010）67110500
经　　销：各地新华书店
印　　刷：济南黄氏印务有限公司
开　　本：889×1194　1/16
印　　张：35
字　　数：909千字
版　　次：2017年10月第1版　2017年10月第1次印刷
印　　数：0001～1200册
ISBN 978-7-5144-2590-1　定价：216.00元

肥城市地方史志编纂委员会

《肥城年鉴（2017）》编审人员

编辑说明

一、《肥城年鉴 2017》全面系统地记载 2016 年度全市在经济建设、政治建设、文化建设、社会建设、生态文明建设等方面取得的重大成就，旨在为各级领导机关科学决策提供依据，为国内外各界人士了解、研究、认识肥城服务。同时，也为编修地方史志储备资料。

二、以马克思列宁主义、毛泽东思想、邓小平理论、"三个代表"重要思想和科学发展观为指导，贯彻落实习近平总书记系列重要讲话精神和治国理政新理念新思想新战略，坚持辩证唯物主义和历史唯物主义的立场、观点和方法。《肥城年鉴》自 2017 年起每年编纂出版一卷。本年鉴文字资料时限为 2016 年 1 月 1 日至 12 月 31 日。为增强资料的实用性、时效性，部分资料的时限适当上溯或下延。

三、本年鉴设 25 个栏目，采用分类编辑法，除特载、大事记、人物、附录外，其他内容由栏目、分目、条目 3 个层次组成，个别栏目增设子分目。

四、本年鉴突出时代特点和地方特色，强化工业经济、建筑安装、民营经济、招商引资、城市建设等内容记载，首次将肥城桃按产业单设栏目记载、增设中介服务栏目，首次在封面设导读，增加大事纪略、资料链接、凡人善举、重要报道索引、在外肥城书画名人及作品等内容，并增加随文照片，以增强资料性、可读性和观赏性。

五、本年鉴初稿由市直部门、各镇街及有关单位提供。综合统计数据主要采用市统计局 2016 年统计公报，个别数据采用部门、单位的统计数字。领导成员任职以任命文件为准，并按任职先后排序。

2017年2月3日，市委副书记、市长殷锡瑞（右二）到山东征途信息科技股份有限公司调研企业运行情况

2016年6月22日，国家发改委党校第69期处长班调研组到石横特钢集团有限公司开展“优化工业产品供给结构，做好去产能加减法”专题调研（石横特钢集团有限公司　供稿）

2016年4月，泰鹏智能家居有限公司投资近千万元对车间设备进行智能化改造，着力打造装备升级与物联网相结合的高新技术企业。图为焊接机器人工作车间（市经信局　供稿）

2016 年 6 月 6 日，山东云宇制动器股份有限公司在“新三板”挂牌（市金融办　供稿）

2016 年 10 月 9 日，肥城被评为“山东省电子商务示范县”，位列全省快递服务第 2 位、中国快递服务第 38 位（市商务局　供稿）

2016 年 9 月 13 日，全省农村集体产权制度改革座谈会在肥城召开（田吉路　摄）

安驾庄镇洼里创业园成为肥城首个泰安市级农民工返乡创业示范园。2016 年 3 月 22 日，举行揭牌仪式（安驾庄镇　供稿）

2016年4月6日，中国肥城第十五届桃花节开幕式文艺演出在市全民健身活动中心举办（司刚　摄）

2016年4月8日，“好客山东”2016全国桃木旅游商品创新设计大赛暨全国桃文化旅游商品评展活动颁奖典礼举行（市旅游局　供稿）

2017 年 1 月 17 日，中国共产党肥城市第十四届委员会第一次全体会议在市人民会堂第九会议室召开。图为新当选市委常委，左起：王志勇、名树伟、乔磊、王立军、常绪扩、殷锡瑞、辛涛、戴先锋、王勇强、付玲（市委办公室　供稿）

2017 年 1 月 19—22 日，肥城市第十八届人民代表大会第一次会议在市人民会堂召开。大会选举赵燕军为肥城市第十八届人大常委会主任（市人大办公室　供稿）

2017 年 1 月 22 日，新任职的肥城市人民政府市长殷锡瑞，副市长王志勇、赵兴广、鄂宏超、贾同国、孙琪以及市法院院长石军、市检察院检察长杨希沧，向宪法庄严宣誓（市人大办公室　供稿）

2017 年 1 月 18—21 日，中国人民政治协商会议第九届肥城市委员会第一次全体会议在市人民会堂召开。图为政协第八届肥城市委员会主席何敬鹏作工作报告（市政协办公室　供稿）

2017 年 1 月 18—21 日，中国人民政治协商会议第九届肥城市委员会第一次全体会议在市人民会堂召开。大会选举侯庆洋为政协第九届肥城市委员会主席（市政协办公室　供稿）

2016 年 4 月 8 日，市纪委与部分职能部门负责人开展廉政谈话（市纪委办公室　供稿）

2016年7月2日，镇街党（工）委书记、市直部门主要负责人向市纪委全委会述廉述责会议在市人民会堂召开（市纪委办公室　供稿）

市委党校综合楼（刘家山　摄）

市委党校学员在王瓜店街道黄叶村“三同”党性锻炼实践基地参加劳动（王瓜店街道　供稿）

2016年9月30日，党政军暨社会各界公祭烈士活动在肥城烈士陵园举行（市民政局　供稿）

2016 年 6 月 17 日，消夏广场合唱音乐节活动在龙山广场启动（市文广新局　供稿）

2016 年 2 月 2 日，肥城市举办第五届百姓大舞台——群众文化艺术节暨新春文艺汇演（市文广新局　供稿）

2016 年 2 月 27 日，肥城市庆“三八”暨“寻找最美”颁奖典礼举行（市妇联　供稿）

2016 年 6 月 27 日，肥城市第二届道德模范颁奖典礼举行，对评选出的 12 个道德模范集体和个人进行表彰（李振勇　摄）

2016年6月13日，省政府办公厅党组成员、史志办主任刘爱军（右）代表省史志办向肥城赠送《宣统·山东通志》《乾隆·泰安府志》等图书，市委副书记、市长常绪扩（左）代表市委市政府受赠（杨奇　摄）

2016年6月13日，《山东省志·左丘明志》评稿会在市人民会堂举行（杨奇　摄）

2016年4月14日，肥城历史文化简明读本《肥城五千年》出版发行仪式举行（市政协办公室　供稿）

省级非物质文化遗产——尚氏锔艺

马家埠民俗博物馆

2016 年 6 月 18 日，山东省第二届创新教育节在肥城市实验小学桃花源校区举办（市教育局　供稿）

市高级技工学校光机电一体化实训现场（市教育局　供稿）

2016年8月9日，山东省青少年公路自行车冠军赛在肥城市举行（市体育局　供稿）

市人民医院俯瞰图（市人民医院　供稿）

2016年7月1日，开往泰安市政大楼的公务专线正式开通（市行管局　供稿）

2016年12月26日，肥城首条城乡公交车K16路（新城至王庄）正式开通（侯立群　摄）

2016 年 10 月 9 日，全省推进社会救助改革创新现场会在肥城市召开（市民政局　供稿）

2016 年 11 月 29 日，全国农村社区服务体系建设推进会在肥城市召开。图为参会的民政部基层政权和社区建设司司长陈越良（左二）到穆庄社区调研指导工作（市民政局　供稿）

中节能生物质能热电有限公司（市环保局　供稿）

华盛绿能肥城光伏农业科技示范产业园鸟瞰图（湖屯镇　供稿）

华电风电（张婕　摄）

城南外环路一角（孙其昌　摄）

国家水利风景区康王河公园俯瞰图

农村集中供水井界标宣传、警示牌（市环保局　供稿）

汶阳镇汪城官村俯瞰图（市农工办　供稿）

牛山国家森林公园

潮泉镇柳沟村翦云山肥子鼎广场

肥城年鉴

FEICHENG YEARBOOK

目 录

特 载

Special Features

大事记

Chronicle of Events

市情概况
Situation Overview

政党·政务
Political and Government Affairs

法治·军事
Rule of Law and Military Affairs

经济管理

Economic Management

农　业
Agriculture

肥城桃
Feicheng Peach

工　业
Industry

经济园区·民营经济
Economic Park and Private Economy

建筑安装
Building Installation

商　务
Commercial Affairs

财政·税务
Public Finance and Tax Affairs

金　融
Finance

交通·邮政
Traffic and Post

建设·环保
Construction and Environmental Protection

中介服务
Intermediary Services

科学技术
Science and Technology

教　育
Education

文化·旅游·体育
Culture and Tourism and Sports

卫生和计划生育
Health and Family Planning

社会生活
Civil Life

镇街概况
Overview of Town and Sub-district

人　物
Figure

附　录
Appendix

索　引
Indexes

特载

- 党代会工作报告
- 政府工作报告
- 肥城市国民经济和社会发展第十三个五年规划纲要

特 载

同心同向同奔小康　齐心协力共圆梦想

——在中国共产党肥城市第十四次代表大会上的报告

常绪扩

（2017年1月15日）

各位代表、同志们：

现在，我代表中国共产党肥城市第十三届委员会向大会作报告，请予以审议。

一、过去五年的工作回顾

市第十三次党代会以来，在泰安市委的坚强领导下，团结带领全市各级党组织、广大党员干部群众，积极适应新常态，坚定信心、主动作为，圆满完成了市第十三次党代会确定的各项任务。先后荣获国家卫生城市、全国平安建设先进市、文化先进县、文明城市提名城市、组织系统先进集体、国土资源节约集约模范市、农村集体“三资”管理示范县等荣誉称号。

党的建设全面加强。扎实开展党的群众路线教育实践活动、“三严三实”专题教育和“两学一做”学习教育，分领域分类型制定“党建责任清单”，基层党组织战斗力凝聚力不断增强。健全干部选拔任用、监督管理、考核评价等制度，干部队伍建设实现新提升。深化“强村固基，一增双促”工程，村集体经营性收入基本达到8万元以上，全省村级组织运转经费保障工作会议在我市召开。落实全面从严治党主体责任和监督责任，营造了风清气正的政治生态。创新不合格党员认定处置机制，被列为全国五种模式之一。支持人大、政协依法履职，统战群团、老干部、人武双拥、民族宗教、侨务对台等各项事业得到新加强。

综合实力持续提升。2016年，预计完成市内生产总值725亿元、固定资产投资602.6亿元、规模以上工业主营业务收入1042.5亿元，分别是2011年的1.3倍、1.9倍和1.1倍；完成地方财政收入42.2亿元，其中税收收入31.7亿元，年均增长9%、10.3%。在全国县域综合竞争力百强列第46位、全国县域经济基本竞争力百强列第56位；中小城市综合实力百强、最具投资潜力百强列第45位、16位，分别提升5个、8个位次。

产业结构逐步优化。预计三次产业比例调整为7.2∶49.7∶43.1。“三品一标”总面积97.7万亩，农业机械化水平、农产品加工转化率、规模饲养比重分别达到89.2%、64.5%和87%；农民专业合作社1216家，肥城桃获国家农产品地理标志证明登记。规模以上工业企业312家，完成技改投入675亿元，新兴产业、高新技术产业产值占比达到24.5%、32%。服务业增加值312.5亿元、民营经济实缴税金191.1亿元，年均增长9.8%、9.4%。

改革开放扎实推进。争取实施8项国家级和10项省级改革试点，完成国家级2项、省级4项。农村土地承包经营权确权登记通过省级验收，全面完成农村集体建设用地和宅基地使用权确权颁证，被确定为全国农民住房财产权抵押贷款试点；全面完成永久基本农田划定，实施不动产登记。实际利用外资 3.96 亿美元、完成进出口总额 27.93 亿美元；争取到位资金 108.9 亿元。青兰高速肥城段开工建设，泰肥一级路西延等交通项目取得新进展。

城乡发展更趋协调。城镇化率达到 58%，道路、供热、水电气讯等基础设施日益完善。2 个镇列为全省小城镇建设示范点、3 个镇确定为全国重点镇、4 个农村社区列为省农村新型示范社区。县级以上文明村镇占比达到 78.18%，通过省级生态市验收。

社会事业不断进步。民生支出年均增长 16.92%，每年承诺的民生实事全面完成；城镇居民人均可支配收入 31721 元、农村居民人均可支配收入 15199 元，年均分别增长 7.8% 和 8.5%。城乡低保、五保集中、分散供养标准分别提高了 1400 元、3100 元和 2800 元。实施解决大班额工程，改扩建学校 65 处，办学条件、教育质量显著提升；扎实开展“食安肥城”创建，建成 189 个市场和生产基地追溯点；全面铺开农村厕所无害化改造，完成 1 万户，普及率达到 36%；建成市人民医院门诊病房综合楼、市精神卫生中心康复楼等医疗卫生项目，稳妥有序实施全面两孩政策。启动全国文明城市创建，开展“四德工程”建设；扎实推进美丽乡村建设，环卫一体化实现全覆盖；文化建设成果丰硕，文艺作品创造力、公共文化服务力、文化产业成长力、城市文化影响力明显增强，基层综合性文化中心覆盖率达到 76%。推进平安法治肥城建设，群众治安满意度连续 4 年居泰安县市区首位。13 个泰安市级以上贫困村和 1.1 万贫困人口如期脱贫。

成绩的取得，来自于上级党委的正确领导，离不开市几大班子的通力协作，得益于全市干部群众的协力奋斗，倾注着老领导、老同志和社会各界的关心支持。在此，我代表中共肥城市委第十三届委员会，向全市各级党组织、广大党员干部群众，向关心支持肥城发展的老领导、老同志，向各民主党派、工商联、人民团体、驻肥单位干部职工、部队官兵以及在外肥城人和在肥城工作过的各界朋友，表示衷心的感谢！

回首五年，我们既要充分肯定成绩，更要清醒地看到问题。部分党员干部思想不解放，担当意识差，作风不扎实，浮躁现象普遍存在，更有甚者心思根本不放在工作上，老是想着吃“巧粮食”；少数基层党组织软弱涣散，解决矛盾、创新发展的能力不足；全社会的法治意识、市场意识不强；经济总量不够大，新兴产业和服务业比重偏低，做大总量与转型升级仍需持续发力；工业支撑力还不够强，高能耗、资源型企业占比较重，企业创新研发能力不足，缺乏旗舰型、地标型行业龙头；支撑产业升级的重量级、领军型项目不多，项目招引的质量有待提高；公共服务体系不够完善，社会治理、民生保障的任务依然繁重；新型城镇化相对滞后，镇村经济基础较为薄弱，城镇功能品质和城乡统筹发展水平有待提升等等。对此，我们必须高度重视，认真加以解决。

二、今后五年的指导思想和奋斗目标

思想是行动的先导，理念是实践的指南。今后工作中，我们要牢固树立“一个理念”：**实事求是地想、实事求是地谋、实事求是地干。**实事求是是党的思想路线，要把实事求是作为一切工作的出发点和落脚点，不唯上、不唯书、只唯实，每项工作都务求做到情况明、方法对、工作细。同时，只有实事求是，我们才能认识市场经济规律、把握市场经济规律，发挥好市场这只无形之手的作用，把肥城的事情办好。实事求是地想，就是要处理好解放思想与实事求是的关系，直面当前肥城发展的阶段，直面问题和矛盾，不能脱离实际异想天开，更不能闭门造车主观臆想，想事情一切从市情实际出发，保持正确的方向。实事求是地谋，就是在吃透上情、了解市情、掌握下情，把握客观实际的全面性、整体性和变动性的基础上谋划发展、策划工作，形成科学的思路。实事求是地干，就是不做表面文章，不搞形象工程，不纸上谈兵，真抓实干、埋头苦干，追求实实在在、没有水分的政绩。

今后五年，适逢建党一百周年，我们每一名党员都要为赶上这一伟大的时代而自豪，全国上下正处于建成全面小康的决战决胜期、诸多利好政策叠加的战略机遇期，同时也面临着矛盾交织、风险增多的严峻挑战，能否积极应对，把握住这一历史机遇，是对新一届市委的考验。为此，我们确定今后五年发展的指导思想是：**认真学习贯彻党的十八大、十八届三中、四中、五中、六中全会和习近平总书记系列重要讲话精神，在以习近平同志为核心的党中央正确领导下，统筹推进“五位一体”总体布局，协调推进“四个全面”战略布局，深入践行“五大发展理念”，按照中共山东省委和泰安市委的部署要求，围绕全面建成高水平小康社会总目标，大力弘扬“开放、包容、务实、敢当”的新时期肥城精神，更加突出企业这个市场主体，牢固树立法治和市场“两种意识”，持续提升学习力、谋断力、执行力“三种能力”，全面强化企业培植、招商引资、对上争取、新型城镇化“四大动能”，紧紧依靠党政干部、企业家、支部书记、专业技术人才、在外肥城人才“五支队伍”，加快构筑党建新高地、法治新高地、市场新高地，奋力谱写中国桃都美好肥城建设新篇章。**

今后五年的奋斗目标是：发展更有质量。地区生产总值、固定资产投资、规模以上工业总产值、一般公共预算收入实际年均增幅高于省和泰安市平均水平；新兴产业、高新技术产业产值占比提高5个、11个点以上。生活更具幸福。收入增长更快、社会保障更实、公共服务更好，城镇居民和农村居民人均可支配收入年均分别增长8%和8.5%，社会保障实现全覆盖，城镇登记失业率控制在3.5%以内，努力实现学有优教、病有良医、老有颐养、住有宜居。生态更为优美。资源节约集约利用水平明显提升，生态产品供给日益丰富，节能减排任务全面完成，争创全国生态市，群众对生态环境满意度持续提高。城乡更趋协调。新型城镇化和城乡一体化扎实推进，城乡公共服务均等化明显提升，全市户籍人口、常住人口城镇化率达到52%、64%。社会更加文明。公共安全体系更加健全，社会公平正义得到保障，科学有效的治理机制逐步完善，文化建设得到加强，社会主义核心价值观深入人心，争创全国文明城市。

三、今后五年的重点任务

站在新起点，推动新发展，要做的工作千头万绪，必须在统揽全局的基础上，突出重点、抓住关键、全力攻坚。

（一）主攻企业培植，提升产业转型新质效。抓发展就要抓经济，抓经济就要抓企业。我们平时讲“政府搭台、企业唱戏”，企业是市场经济的主体，对这一点要有清醒地认识。要始终把企业培植作为经济工作的总抓手，更加突出企业的市场主体地位，更好地发挥企业在促进投资、拉动就业、财税贡献、引领创新和结构性改革等方面的主体作用。目前，我市共有注册企业7597家，规模以上的940家，其中工业312家、农业165家、服务业362家、建安业101家，这些企业是肥城经济社会发展的殷实家底和宝贵财富。但总体来看，我们大个头的企业还太少，缺乏像石横特钢这样的台柱子、地标型企业，必须像支持招商引资一样，加大企业培植力度，以企业发展支撑经济发展，以企业创新引领产业转型。工业方面，实施工业强市战略，以“一高三强两突破”为统领，扎实推进“三强”企业递进培植，集中打造3—5家地标型、旗舰型企业，鼓励引导有实力的企业并购重组、兼并联合，支持产业关联度高的企业协作配套，带动中小企业快速成长；推动企业集成化、数字化、智能化、生态化改造，加快传统制造业向产业链、价值链高端攀升；重点围绕新能源、新材料、节能环保、生物医药等产业，加快引进培植一批科技含量高、成长性好的“专精新特”企业，努力实现工业企业区域带动力、行业竞争力、财税贡献力“三大提升”。到2021年，规模以上工业企业达到350家以上、主营业务收入突破1200亿元。建筑业是肥城的传统优势产业，要引导建筑企业升级资质、抱团发展，加快从传统土建施工、房屋建造向装配式建筑以及水利、电力、交通等领域转型，不断拓展境内外高端市场。到2021年，建筑业总产值突破350亿元。农业方面，高举有机农业这面大旗，充分发挥有机农业在食品安全、水源保护、土壤修复等方面的功能效益，以培育农业龙头企业为引领，推动有机农产品扩规模、提档次、打品牌；鼓励开展有机农产品认证，集中连片认证150亩以上的，市财政给予50%的认证费补贴；持续加大肥城桃培优力度，推动农业合作社、家庭农场等新型经营主体向企业化转型，成为更加规范、更富活力、更有辐射带动力的市场主体。下一步，涉农产业资金要向有机农业、农业龙头企业以及由农业合作社转型的企业集中。到2021年，新增"三品一标"认证55件、面积25万亩，规模以上农业龙头企业达到200家，有机农业产值占比达到30%。服务业方面，重点培植现代物流、科技服务、文化创意、现代金融、电子商务等企业，加快服务业高端化、品质化、多元化发展。到2021年，规模以上服务业企业达到400家。发挥肥城区位优势，大力发展会议经济，努力争取更多高层次会议在我市召开。加强肥城桃文化研究，形成更富代表性、特色性的桃文化体系，让桃文化走出国门、走向世界，打造国内领先、国际知名的桃木工艺品设计、加工、营销基地和桃文化研究、展示中心。企业管理方面，推动规模企业公司化改制，破除家族式管理模式，建立现代企业制度，优化股权结构，加快企业登陆新三板或上市步伐；理顺企业管理体制，进一步明晰发改、经信、民发、农业、市场监管等部门的企业管理职责范围，谁的孩子谁来抱，谁的任务谁落实，对企业分类指导、精准服务；每年选拔一批副科级干部到金融行社挂职，培养懂经济、知金融、会招商、善协调的党政人才，在全社会逐步形成市场经济思维模式，使企业和党政之间有共同语言，成为鱼水关系、避免油水关系。

（二）强化招商争取，聚合开放发展新要素。把招商引资和对上争取作为集聚资源要素、推动跨越发展最便捷、最有效的途径，始终摆在经济工作的重中之重，突出"务实、专业"，保持强攻态势，以优质高效投入增强发展后劲。实施精准招商。招商工作要笑迎八方客商，热情周到服务，经济发展到现在这个阶段，应当不会有为了骗吃骗喝而来的客商，但我们自身的工作不能停留在大呼隆、低层次的原始层面，有些项目引进后搁浅，成了半拉子工程，就是因为前期论证、准备工作不充分，对企业实力、项目落地条件不清楚，一厢情愿、盲目签约、仓促落地。今后的招商引资，项目策划、论证一定要实，确保引进一个、落地一个、成功一个。要算好账，关键要看投入、看税收、看就业，更要看生态效益，效益不高的项目不要引，算不住账的事情不要干；要定好位，紧紧围绕产业链建链、补链、延链开展招商，有针对性地加以引进，健全产业配套环节；要讲策略，对于适合我们的项目要盯住不放，对于不适合我们的项目也要笑脸相迎，我们既不放过一个好项目，也不能伤害一个客商，努力营造重商、亲商、爱商的浓厚氛围；要专业化，招商引资专业性很强，无论是领导干部还是专业招商人员，都要加强学习，熟知专业知识、熟知市情实际、熟知市场动向、熟知客商需求，真正做到有的放矢、精准高效，确保引进落地过亿元以上项目、实际到位资金、实际利用外资年均增长12%、10%和8%以上。强化对接争取。这一点我们做得还不到位，走不出去是最大的问题。要强化部门责任，密切关注上级政策信息，紧密跟踪国家、省投资动向，在重大项目、区域政策、各类试点等方面，准确掌握重点扶持领域和投资导向，精准策划包装项目，争取更多的重大项目、重大资金、重大政策进入国家和省市规划盘子，力争对上争取到位资金年均增长10%以上。推进重点项目。坚持把项目作为抓经济、促发展的主抓手，调整优化项目推进机制，实行一个项目、一个机构、一包到底，完善联合预审、协调服务、督导考核等推进机制，夯实责任、卡死时限，确保项目落地快、建设快、投产快、见效快，开竣工项目年年有增长。

（三）注重城乡统筹，丰富城镇建设新内涵。新型城镇化是最大的内需潜力和发展动能，也是重要的民生工程。要进一步优化布局、完善功能、丰富内涵、提升档次，走好城乡统筹、融合并进的新型城镇化路子。建设精品城市。随着泰肥一级路西延、济微路东移、肥梁路改造等工程的实施，城区一级路绕城的规划将逐步实现。下一步，要把规划和管理作为重中之重，树立规划权威，统筹城市建设各方面要素，强化“城市会客厅”意识，注重对城市空间、建筑立面、整体风貌、文化符号的规划打造，做好地上开发与地下建设两篇文章，有序推进海绵城市建设。要加强科学管理，结合三年拆违等工作，探索市场化管理新办法，做到精明增长，管出精品城市。打造特色镇村。科学编制小城镇发展规划，着力构建中部以新城仪阳为核心，南部汶边安、北部老城高新区王瓜店、西部石横湖屯三大组团为骨干，其他镇为支撑的“一中心三组团多支撑”新型城镇化格局。中部核心区重点打造新兴产业、现代服务业高地，提高中心城区首位度；三大组团重点打造以新型工业为主导的城市副中心，特别是市高新区作为工业发展、招商引资、项目建设的主阵地，要理顺体制机制、科学摆兵布阵、分工分线作战，在构筑大平台、招引大项目、培育大企业上快速突破、再上台阶，真正扛起全市工业发展排头兵的大旗；其他镇坚持差异化发展，重点打造以高效农业、商贸物流、生态旅游为主的特色城镇。扎实推进美丽乡村建设，抓住用好城乡公路网格化改造机遇，加快城乡道路改造升级，加大农村改厕、危旧房改造力度，保护特色村、改造城（镇）中村、消除空壳村、撤并偏远村、建设中心村、打造新社区，不断改善镇村环境面貌，实现美丽乡村全覆盖。全力推进棚户区改造。在棚户区改造上，如果争取到位，每户平均能争取无偿资金近3万元，这种优惠政策千载难逢，错失了机遇，我们就对老百姓无法交代，必须抓住最后的机会，策划包装项目，最大力度争取，确保棚户区改造有个大的突破，让更多老百姓享受到政策红利。同时，在拆迁改造过程中，要宣传好政策，算好拆迁账，深入细致地做好群众思想工作，努力把好事办好。加强生态保护。绿水青山就是金山银山，要像保护眼睛一样保护好生态环境。实施“蓝天、碧水、绿地”工程，严控准入标准，铁腕减排治污，发展循环经济，落实能源和水资源消耗、建设用地等总量和强度“双控行动”；严格落实水资源保护制度，全面实行“河长制”管理，开展流域性河道和城市黑臭水体治理，抓好城市高层建筑、规模畜禽养殖、农业面源、化工企业等污染源管控治理，打造青山常在、绿水常流、空气常新的美好肥城。

（四）深化改革创新，激增区域发展新活力。始终把发展基点放在改革创新上，全面深化改革，强化创新驱动，厚植发展优势，激增内生动力。向深化改革要动力。深化供给侧结构性改革，持续聚焦“三去一降一补”，支持钢铁、化工、纺织、水泥等行业优化存量、引导增量、主动减量，有效激活低效企业；稳妥有序推进农村产权制度改革，深化农民住房财产权抵押贷款试点，构建城乡一体、规范运行的农村产权交易市场，赋予农民更多财产权；深化金融体制改革，加快金融机构引进培育，加大对实体经济的信贷支持，鼓励企业上市融资；深化行政体制改革，加强和完善政务服务体系建设，全面落实国家结构性减税等政策，打造最优营商环境，切实减轻企业负担。向人才科技要活力。发挥企业创新主体作用，使企业成为研发投入、技术创新和成果转化的主阵地；深化政产学研合作，加快构建政府、企业、高校协同发力的创新格局；实施人才优先发展战略，着力引进培育科技研发、经营管理等高技能人才和创新创业团队。到2021年，国家级高新技术企业、省级以上企业创新平台分别新增17家、45家以上，引进培养泰安市级以上重点人才工程人选70名，全社会研发投入占比达到3%以上。

向大众创业要潜力。充分发挥企业家创业主体作用，支持企业家开办新企业、开发新产品、开拓新市场；大力发展民营经济，鼓励“大众创业”、“草根创业”，聚焦高校毕业生、大学生村官、退伍军人、农民工、返乡人员等重点人群，加大扶持力度，激发创业活力。

（五）践行民主法治，构建社会治理新秩序。坚持民主执政、依法行政同步推进，法治政府、法治社会一体建设，全力营造安定团结、和谐稳定的社会环境。提升依法治市水平。坚持“市场法无禁止即可为、政府法无授权不可为”。镇街部门“一把手”要切实履行好法治建设第一责任人职责，带头尊法学法守法用法，努力做行业领域法规政策的行家里手。要严格依法依规决策，落实党委法律顾问制度。深入开展“七五”普法，夯实“谁执法谁普法”责任，坚决做到办事依法、遇事找法、解决问题用法、化解矛盾靠法。切实维护社会稳定。完善社会稳定风险评估和应急预案体系，提高突发事件处置能力；充分发挥社会组织、群众团体和广大志愿者参与社会治理的积极作用；深入开展平安建设，营造和谐稳定的社会环境，不断提升群众安全感、满意度；全力抓好安全生产和食品药品安全监管，维护群众生命财产安全；强化社会信用约束，突出抓好政务诚信、商务诚信、社会诚信和司法公信，打造“诚信肥城”品牌。加强民主政治建设。坚持党的领导、人民当家作主与依法治国有机统一，支持人大及其常委会依法行使职权，支持政协依照章程履行职能。推进党务、政务、村务公开，保障群众知情权、参与权、选举权和监督权。充分发挥民主党派参政议政和群团组织桥梁纽带作用，全力做好人武双拥、民族宗教、侨务对台、老干部等工作。

（六）突出共建共享，实现民生福祉新提升。把保障改善民生放在首位，持续增加财政投入，全力办好民生实事，让群众分享更多发展红利。增加城乡居民收入。重点聚焦农民、企业职工、中低收入者和困难家庭“四类群体”，拓宽就业、创业、投资“三大渠道”，通过项目带动、企业吸纳、岗位安置、技能培训等措施，努力让群众拥有更多的就业机会、更稳定的工作、更满意的收入。提升服务保障水平。增加公共服务供给，推动教育优质均衡发展，持续提高教育教学质量，进一步打响肥城教育品牌；深化医药卫生体制改革，提高公立医院发展活力、服务水平，鼓励社会资本兴办医疗机构，加强疾病预防控制和卫生监督管理；以城乡低保、全民社保为重点，持续提高标准，进一步健全社会保险、社会福利、社会救助、社会优抚、社会慈善相互衔接的保障体系。推动文化繁荣发展。提升文化自觉、增强文化自信，充分挖掘整合丰富的历史人文资源，传承弘扬左丘明君子文化、商圣范蠡商业文化。“浮躁之下没文化”，社会浮躁是人心浮躁的表象，人心浮躁又是文化缺失的表现。要大力营造沉心静气、戒骄戒躁、明礼诚信、崇文重商的文化氛围，培育一批影响力大、示范作用强的文化品牌。要积极培育践行社会主义核心价值观，扎实推进中国梦主题宣传教育，唱响中国梦的肥城主旋律，广泛开展各类群众性精神文明创建活动；加快构建现代公共文化服务体系，大力繁荣文艺创作，引导鼓舞全市人民在拼搏奋斗中实现美好梦想。全力攻坚扶贫脱贫。实行市级领导联系包保贫困村、贫困户，集中用力、精准施策；建立扶贫项目第三方评估机制，确保扶贫项目精准落实、扶贫资金精准使用、扶贫措施精准到位、扶贫责任精准到人，如期完成脱贫任务，带领全市人民同奔小康。

四、主要保障措施

路线的有效执行、任务的高效落实，一靠人、二靠“法”。要紧紧抓住这两个关键要素，为实现既定目标提供坚强保障。

1. 大力弘扬新时期肥城精神。精神是一种特质，更是一种力量。我们常说“一分精神一分财，没有精神财不来”，对一个城市来讲，同样需要有独特的城市精神。一方水土养一方人，一个时期有一个时期的精神。今后五年是我们决战小康的关键五年，要大力弘扬“开放、包容、务实、敢当”的新时期肥城精神。开放是五大发展理念之一，也是一种能力。一个区域资源禀赋有限，“关起门来朝天过”是不现实的，也是不可能的。肥城要取得更大的发展，必须进一步解放思想、扩大开放，全方位、高层次、大力度地走出去、引进来，积极对接“一带一路”、长江经济带、京津冀协同发展等国家区域开放战略，主动融入省会城市群经济圈、泰肥一体联动发展，借船出海、借梯登高。包容是一种品德。肥城民风淳朴，自古就有包容的优良传统，能容事、容人，我们要发扬好、传承好这个强大的正能量，以海纳百川、兼容并蓄的胸怀气度，打破地域观念，广纳四海人才，真正做到进了肥城门、就是一家人。务实是一种态度。既是共产党人基本的政治品格，也是老百姓立家立业的基本素养。我们讲求务实，就是要求全市各级和广大干部群众不空谈、不浮夸，踏踏实实做事、本本分分做人，重实际、讲实话、干实事、求实效。敢当是一种精神。我们都知道“泰山石敢当”，说的是持身如泰山九鼎，敢担当、勇担当。现在社会上蔓延着这样一种思潮：形势变了、管得严了、工作不好干了，干就有风险，多一事不如少一事，这就是典型的不敢当、不担当。如果一味考虑和计较个人得失，事业就难以向前推进。我们应怎样担当？那就是“遇事不怕事、有事处理事、没事别惹事”。只要是为肥城的发展担当、为广大老百姓担当，市委一定为敢当者而担当。对新时期肥城精神，要广泛宣传、大力倡扬，真正使其成为广大市民的价值取向和行为规范。

2. 持续提升素质能力。工欲善其事，必先利其器。驾驭处理新形势下的各项工作，各级领导干部必须不断增强本领，重点提升三种能力。一是学习力。学习就是能力，对党员领导干部来说，学习停止就是工作的终止。要切实增强“本领恐慌”意识，把学习当作任务和使命，成为一种习惯和常态，“多补钙”、“常汲养”、“勤充电”，多一些“书香味”，少一些“烟酒气”，努力使自己成为熟悉理论的“政策通”、知晓业务的“多面手”。二是谋断力。运筹帷幄才能决胜千里。一个单位无论大小，都有很多工作需要去谋划、去决断，只有多谋善断、会谋能断，才能胜任岗位、干好工作。在谋划工作、进行决策上，坚决不能拍脑袋、拍大腿，要吃透上级精神、紧密结合实际、充分发扬民主，站得高一些、看得远一些、想得深一些。在做决策的过程中，从市委做起，畅通沟通渠道，欢迎大家提意见、包括反对意见，我们将认真研究，在交流碰撞中，切实提高决策的科学性。三是执行力。会说的不如会干的，学得再好、谋得再好，不落实一切都是零。要把执行落实作为关键一招，在执行思想上牢固树立“创造性落实也是创新”的理念，在执行过程中秉持“钉钉子、扣扣子”的精神，在执行速度上体现“今日事、今日毕”的效率，在执行结果上力求“出成品、出精品”的成效，使每件事情、每项工作都立说立行、干则必成、成则必优。今后市委、市政府安排的工作，执行落实得怎么样，就看以上四个环节是不是做到。

3. 紧紧依靠“五支队伍”。目标确定之后，人就是决定因素。党政干部队伍是党的宝贵人才，我们绝大多数人才都集中在这支队伍里。广大党员干部要率先垂范、冲锋在前，领着大家学、做给大家看、带着大家干，发挥好“领头羊”作用；特别是要带头学习法律法规和市场经济知识，学会用法治思维和市场手段处理问题，增强领导经济社会发展的能力。企业家是市场经济的主角，近年来肥城涌现出一批优秀企业家，成为了经济发展的定海神针、四梁八柱。像张武宗同志，带领石横特钢从小到大、由弱到强，展现了一名优秀企业家的本色，今年被评为中国经济年度人物。其他企业家要向他学习，志存高远、创新创业，市委对这支队伍高度重视、充满期待。支部书记是党的基石，是基层党组织的班长，官不大、事不少，权不大、责不小。目前，全市干满30年以上的农村党组织书记有6名、20年以上的21名，为党的基层事业做出了突出贡献，我们要向他们学习、向他们致敬。对支部书记，我们要多关心、多爱护、多支持。也希望广大支部书记真正把班子领起来、把党员带起来、把群众率起来、把党的威信树起来。专业技术人才是创新发展的“开路人”，要在全社会培育“匠人文化”、“工匠精神”，健全完善引进、培养、评价、使用、激励机制，着力打造一支数量可观、结构合理的专业技术人才队伍。在外肥城人才是助推发展的“生力军”，包括肥城在外人员和在肥城工作过的人，像每年都考出一批学生、公务员，分布在全国各地，这是肥城的骄傲、也是肥城的财富，要多联络、勤沟通、常走动、善动员，发挥他们热爱家乡的积极性、主动性，为肥城发展加油助威、添薪助力。

4. 牢牢把握科学的工作方法。一是坚持问题导向。问题就是锁芯，只有发现问题，才能配好钥匙、化解问题。如果连问题都看不到、弄不清，工作就会干得糊涂、陷于被动。要增强忧患意识、强化底线思维，及时发现问题、勇于提出问题、敢于直面问题、善于解决问题。像省委巡视组给泰安提出的“持续抓好党风廉政建设警示教育、加大办案力度、抓好基层党建薄弱环节、严格执行财经纪律”等方面的整改意见，也是我们的努力方向，必须结合实际抓好整改。二是解决模糊地带。工作中的模糊地带就是边界不清、界定不明的地方，比如政府和市场的功能定位、城市管理的空白盲点、规章制度的自由裁量、部门工作的推诿扯皮等等，在由谁干、怎么干、干什么上不明白、不清楚，这也是滋生不作为、慢作为、乱作为的不良土壤。解决模糊地带，就是要打开这些雾区，消除所有盲区，厘清职责边界，实现无缝对接，使各项工作不存真空、不留余地。三是避免矛盾叠加。发展关键期、改革攻坚期也是矛盾凸显期，新情况新问题不断涌现，处置不好、处理不当，就会造成问题累积、矛盾叠加，给我们的发展造成更大阻力。要按照“情况明了、责任明晰、依法处置、宽严相济”的原则，处理好信访问题，善于抓住主要矛盾，积极化解老旧矛盾，超前预防新的矛盾，避免老问题与新问题纵横交织，不同领域矛盾相互叠加，成为影响发展的干扰性因素甚至破坏性力量。对于“按下葫芦起来瓢”的，要认真分析，时机不成熟、条件不具备的，可以缓一缓，寻找最佳时机、寻求最优办法，最终目的是要从根本上解决问题。对阿斯德等有重大影响的事件，要下决心给大家一个明白。四是夯实责任机制。工作要项目化、项目要责任化，建立最严格的目标管理责任制，对单项重点工作，实行项目化管理，按照纪检部门处理人的办法，确定主要领导、分管领导、直接领导和具体责任人员，干成事别人争不走功劳，出了问题直接对号入座，找准根子、打准板子，形成一级抓一级、层层抓落实的“责任链条”。五是激发各方活力。以深化改革为抓手，持续推进“放管服”和投融资体制改革，加快破除束缚民间发展活力的体制机制障碍，真正做到思想上放开、发展上放手、管理上放权、政策上放活，支持大众创新创业，繁荣发展民营经济。六是推进精明增长。新常态下，资源环境约束日益趋紧、生产要素成本持续上升、粗放发展模式难以为继。必须以供给侧结构性改革为抓手，算好土地账、生态账、资源账、能耗账，把重点放在整合资源、优化布局上，放在创新驱动、转型升级上，放在强化功能、提升品质上，努力实现更高质量、更有效率、更可持续的发展。

五、始终坚持党建引领

如果把肥城比作一辆列车，党建就是火车头，要以打造“党建新高地”为抓手，强化管党责任意识，实施党建“基石工程”，把从严治党落实到基层。

1. 增强引领发展的坚强党性。坚持把思想政治建设放在首位，以理论自信引领实践自觉，以思想领先保障发展争先。持续深化党章党规、中国特色社会主义理论体系和习近平总书记系列重要讲话的学习教育，用党的最新理论成果武装头脑、激励人心、凝聚力量。坚持和完善民主生活会、组织生活会、批评与自我批评等制度，不断增强“四种意识”，争做“四讲四有”合格党员。落实意识形态工作主体责任，创新基层理论宣讲方式，讲述好“肥城好故事”，传播好“肥城好声音”，夯实团结奋斗、开拓进取的思想基础。

2. 锻造支撑发展的过硬队伍。认真落实20字“好干部”标准，旗帜鲜明地弘扬“不论年龄大小、不论学历高低，只要干事就给平台、只有干事才能进步”的用人导向；创新干部教育培训方式，健全领导干部经常性考察了解、综合研判、激励和容错纠错机制；坚持“依法、选准、用好、配强、管到位”的干部工作方法，畅通干部流动渠道，推动干部“能上能下”，用好用活各级干部、各年龄段干部，切实做到人岗匹配、人事吻合，努力营造广大干部心情舒畅、干事创业的良好氛围。

3. 夯实合力发展的基层堡垒。抓党建就要抓支部，抓支部就要抓书记，书记由党员选举、监督，其重要责任之一就是管好党员、为民服务。加强和改进农村、社区、机关事业、非公有制经济组织和社会组织等各领域党的建设，持续整顿软弱涣散基层党组织，推进党的组织和党的工作有形覆盖、有效覆盖。完善基层党组织书记培养选拔、考核管理和激励保障机制，探索建立村党组织书记胜任度评价制度，狠抓后备干部队伍建设；深入实施“强村固基”工程，从抓村级经营性收入入手，发展壮大村级集体经济，夯实党在基层的执政基础；建立基层经费投入增长机制，形成人往基层走、钱往基层投、政策往基层倾斜的良好局面。

4. 锤炼担当发展的优良作风。作风决定作为。当前，我们需要的作风，首当其冲的是力戒浮躁之风，脚踏实地干事业。要坚持做到“四个为”：“想为”，“功成不必在我，建功必须有我”，首先是把心思放在谋发展上，把精力花在干事业上，从心里想干事；“敢为”，也就是敢于担当，放开手脚，啃硬骨头；“勤为”，就是要勤奋勤政、兢兢业业，打紧板、快节奏、高效率，把承担的每一项工作做好；“善为”，就是解放思想，创造性地开展工作，不能只用老思维、老眼光，凭老经验、老办法，平推平拥，满足于差不多、过得去。

5. 营造保障发展的清廉环境。把党风廉政建设作为“干成事”的内在要求、“不出事”的有力保障，严格落实党委主体责任和纪委监督责任，聚焦权力运行关键点、内部管理薄弱点、产生腐败风险点，狠抓制度完善和刚性执行，着力构建不想腐、不能腐、不敢腐的长效机制。以“零容忍”态度严惩腐败，推进巡察巡视、审计监督全覆盖，严肃查处党员干部违纪违法案件，全力营造干部清正、政府清廉、政治清明的政治生态。

各位代表、同志们，宏伟蓝图催人奋进，神圣使命重于泰山。让我们紧密团结在以习近平同志为核心的党中央周围，在中共山东省委和泰安市委的坚强领导下，以敢为人先的魄力、敢谋新篇的勇气、敢于担当的作风，同心同向同奔小康，齐心协力共圆梦想，为全面建成高水平小康社会、谱写中国桃都美好肥城建设新篇章而努力奋斗！

政府工作报告

——2017年1月19日在肥城市第十八届人民代表大会第一次会议上

肥城市代市长 殷锡瑞

各位代表：

现在，我代表市人民政府向大会报告工作，请予审议，并请政协委员和其他列席人员提出意见。

一、过去五年政府工作回顾

市第十七届人大一次会议以来，在市委的坚强领导下，在市人大、市政协的监督支持下，我们紧紧团结依靠全市人民，深入践行“五大发展理念”，主动适应引领经济发展新常态，全面做好稳增长、促改革、调结构、惠民生各项工作，经济社会持续健康发展，实现了“十三五”良好开局。

五年来，我们积极应对困难挑战，综合实力显著提升。面对经济下行压力，保持战略定力，坚定发展信心，科学组织运筹，经济实现稳健运行，综合实力跃上新台阶。2016年，预计完成市内生产总值725亿元，年均增长8%。实现一般公共预算收入42.2亿元，年均增长9%。固定资产投资602.6亿元，社会消费品零售总额288.6亿元，年均分别增长13.2%和12.2%。金融机构各项存贷款余额461.9亿元、286.8亿元，分别是2011年的1.8倍和1.6倍。城镇居民人均可支配收入31721元、农村居民人均可支配收入15199元，年均分别增长7.8%和8.5%。在全国县域经济基本竞争力百强列第56位，中小城市综合实力百强、最具投资潜力百强分列第45位、16位，分别比2011年提升5个、8个位次。荣获国家卫生城市、平安建设先进市、文化先进县、文明城市提名城市、义务教育发展基本均衡县、中华环境奖、粮食生产先进县、国土资源节约集约模范市，全省循环经济示范县、金融生态环境建设模范县、生态文明乡村建设先进市、绿荫行动示范市等多项国家和省级荣誉称号。

五年来，我们着力稳增长调结构，发展质效同步提高。三次产业比例调整为7.2∶49.7∶43.1。高度关注工业转型升级和经济运行，主动作为，攻坚突破，科学调控，精准施策，准确把握基本面，有效化解风险点，保持了稳健发展态势。明瑞集团靠碳酸锂项目“起死回生”，原恒基新材料重组启动，阿斯德科技项目顺利开工建设。肥矿集团剥离办社会职能稳妥有序推进。累计实施技改项目387个，完成技改投入675亿元，83个项目列入省企业重点技术改造导向计划。规模以上工业企业达到312家。成为省优质纤维素醚生产基地和土工合成材料示范基地，工程机械及汽车配件、精细化工被认定为省重点产业集群。推动“四新一高”产业发展，高新技术和新兴产业产值占比分别达到32%、24.5%。建筑业总产值达到231亿元，年均增长6.7%。服务业增加值实现312.5亿元，年均增长9.8%。旅游业加快发展，3个景区创建国家3A级景区，肥城桃木雕刻获批国家地理标志证明商标，被确定为省桃木工艺品生产基地。大力发展电子商务，交易额年均增长20%，被列为全省电子商务示范县。农业特色优势和质量效益稳步提升，“三品一标”认证总面积97.7万亩。规模以上农业龙头企业达到165家，农民专业合作社1216家，家庭农场521家。成为国家级出口食品农产品质量安全示范区、全省首家海峡两岸有机农业合作交流示范基地，现代农业高新产业示范区获批国家农业产业化示范基地，肥城桃获国家农产品地理标志登记。建成高标准基本农田32.5万亩，高效节水灌溉面积56万亩。全市规模饲养比重达到87%。农机化水平提高到89.2%。

五年来，我们加大优质高效投入，发展后劲不断增强。抓住先进地区产业转移的有利时机，坚持产业招商、专业招商、园区招商“三位一体”，突出招大引强，成功引进中节能、中国华电、京粮集团、中铝等一批央字号、国字号、世界500强企业投资项目，到位资金493.7亿元，年均增长9.3%；实际利用外资3.96亿美元，年均增长35%。探索实施代办服务、模拟审批，加快推进天津渤化120万吨盐化基地、瑞福锂业2万吨碳酸锂、中铝集团高性能强磁材料等632个过亿元项目，完成投资842亿元。矿石综合提锂、国家土壤修复计划示范基地、鲁中国际电子商务产业园3个项目列为省重点项目。成功争取全国第三批发展改革试点、首批主体功能区建设试点、全省农村公路网化示范县等一系列区域性政策，累计争取各类资金108.9亿元，年均增长19.9%。青兰高速肥城段开工建设，泰肥一级路西延、济微路东移、泰梁线肥城段改建、泰聊铁路等重大项目取得积极进展。

五年来，我们坚持统筹协调发展，城乡面貌明显改善。树立全域肥城理念，加快推进新型城镇化，促进城乡一体发展。城镇化率达到58%。加快推进古店新区建设，实施引汶入城等重大项目，铺开背街小巷整治、便民市场建设、供水供热改造、污水处理厂升级等惠民工程。城区集中供暖面积覆盖1000多万平方米。龙山河水利风景区被评为国家级水利风景区，康王河公园被批建为国家湿地公园。启动数字化城管系统，理顺城市管理体制，构建起城管长效机制。推动基础设施向镇村延伸，城乡公交一体化稳步推进，镇街区驻地实现天然气全覆盖。集中培育特色文明村镇，10个镇被评为国家级生态镇，3个全国重点镇进入全国综合实力千强镇行列，石横镇列为全省新生小城市试点。加快城乡社区发展，农村社会化服务覆盖率达到99%。深入推进桃都美丽乡村建设行动，建成210个美丽乡村示范村、60个精品村、15个示范片区。铺开农村厕所无害化改造，城乡环卫一体化群众满意度居全省前列，被列为全国农村生活污水全面治理示范县。植树造林4.2万亩，森林覆盖率达到41%。

五年来，我们深入推进改革创新，发展活力有效激发。争取实施了8项国家级和10项省级试点。“6+1”农村产权制度改革走在全省前列，农村集体建设用地和宅基地使用权确权颁证全面完成，土地承包经营权确权登记颁证试点通过省级验收，被确定为全国农民住房财产权抵押贷款试点县。公务用车、“营改增”、预算管理等改革顺利完成，国地税联合办税经验在全省推广，被确定为全国百佳国地税合作县级示范区。机关事业单位养老保险制度、医药卫生体制、户籍制度、事业单位、综合行政执法体制等改革稳步实施。大力推动金融创新，整合组建新的城投公司，农信社改制农村商业银行挂牌运营。企业上市融资实现突破，5家企业在“新三板”挂牌，11家企业在区域性股权交易市场挂牌。深入推进创新创业，省级企业技术中心、省级工程技术研究中心分别达到17家、4家，院士工作站3家，国家级高新技术企业发展到17家；引进领军型创新创业团队17个，各类高层次人才475人，其中院士4人、“千人计划”专家3人，90%以上的规模企业与高校院所建立战略合作关系。“品牌肥城”建设成效显著，中国驰名商标、地理标志证明商标、省著名商标分别达到13件、4件和41件，荣获山东名牌24个、泰安市市长质量奖7个，参与制修订国家、行业和地方标准36个。

五年来，我们始终坚持民生优先，社会大局和谐稳定。民生支出累计162.8亿元，年均增长16.9%。每年承诺的民生实事全面完成。发放担保贷款4.4亿元扶持就业创业，城镇新增就业再就业7.6万人次，登记失业率控制在3%以内。各类社会保障标准逐年提高，城乡养老、医疗保险制度实现统一，社保综合参保率达到95.3%。开展规范农村低保专项行动，困难群众生活得到有效保障。建立完善“平台式”综合大救助体系，建成启用社会福利中心，被确定为全国“救急难”综合试点县。推进基础教育综合改革，新建、改扩建学校65所，办学条件及教育质量明显提升，被评为全国“两基”工作先进市。医疗卫生服务体系不断完善，市人民医院门诊病房综合楼等一批医疗设施项目建成使用，规范建设村卫生室407处，基本药物实现“零差价”销售，创建为国家慢病综合防控示范区。稳妥有序实施全面两孩政策，促进人口均衡发展。累计建成各类保障性住房10882套。文化体育事业更加繁荣，文体小广场实现行政村全覆盖，基层综合性文化服务中心达到461个，被列为全省公共文化服务体系建设示范区。实行“五位一体”帮扶机制，13个泰安市级以上贫困村和1.1万贫困人口如期脱贫。深化“双联双帮”工程，泰安科学发展考核群众满意度电话年终访问连年居县市区首位。积极争创全国文明城市，深入开展平安肥城、法治肥城建设，生产安全和食品药品质量安全形势总体平稳，应急预警、救援和防灾减灾体系日趋完善，社会保持和谐稳定。统计、气象、史志、档案、对台、老龄、残疾人、广播电视、民族宗教、妇女儿童、双拥共建、人民防空和民兵预备役等各项事业全面发展。

五年来，我们致力强作风提效能，政府建设持续加强。扎实开展党的群众路线教育实践活动、“三严三实”专题教育、“两学一做”学习教育，严格落实中央八项规定精神，集中开展“庸懒散”专项整治行动，从严查纠发生在群众身边的“四风”问题，政风行风显著改善。坚持依法行政，建立政府法律顾问制度，加强政府合同备案审查，编制权力、责任、涉企收费、负面清单，强化项目投资审计监督，开展学法用法考法活动，法治政府建设深入推进。坚持“放管服”结合，推进简政放权，实施“五证合一、一照一码”制度，精简审批事项228项，完成服务大厅升级改造，行政服务效能大为提高，营商环境进一步优化。自觉接受市人大的法律监督和市政协的民主监督，累计办理人大代表议案建议442件、政协委员提案705件，办复率均达到100%。

各位代表，过去五年，道路充满艰辛，成绩来之不易，这是市委正确领导的结果，是市人大、市政协监督支持的结果，是全市人民同心同德、团结奋斗的结果。在此，我代表市人民政府，向全市广大干部群众，向历届老领导、老干部，向驻肥各单位干部职工和驻肥部队、武警官兵，向关心支持肥城发展的各界朋友，表示衷心的感谢并致以崇高的敬意！

成绩固然可喜，问题必须正视。主要体现在：经济形势依然复杂严峻，部分企业生产经营困难，保持经济平稳发展需要付出更大努力；“三强”企业和支撑性大项目不多，企业创新研发能力不强，化解结构性矛盾、转型发展任务艰巨繁重；资源环境约束趋紧，生态建设和环境保护任重道远；社会建设、社会治理面临许多新情况、新问题，公共服务供给水平与发展要求、群众期盼还有不少差距；部分干部担当意识不强、攻坚克难能力不足、依法行政水平不高，行政效能和作风建设有待进一步加强。对此，我们一定高度重视，采取有力措施，认真加以解决。

二、今后五年发展的指导思想和总体目标

各位代表，今后五年，我们处于全面建成小康社会的决战决胜期，推进经济社会转型发展的攻坚提升期。面对矛盾叠加、风险交织的严峻形势，竞相发展、相互赶超的激烈态势，改革攻坚、创新突破的繁重任务，我们必须坚定信心、抢抓机遇，求实务实、创新落实，不忘初心迎接新挑战，继续前进展现新作为。

按照市十四次党代会精神，今后五年发展的指导思想是：**认真学习贯彻党的十八大、十八届三中、四中、五中、六中全会和习近平总书记系列重要讲话精神，在以习近平同志为核心的党中**

央正确领导下，统筹推进“五位一体”总体布局，协调推进“四个全面”战略布局，深入践行“五大发展理念”，按照中共山东省委和泰安市委的部署要求，围绕全面建成高水平小康社会总目标，大力弘扬“开放、包容、务实、敢当”的新时期肥城精神，更加突出企业这个市场主体，牢固树立法治和市场“两种意识”，持续提升学习力、谋断力、执行力“三种能力”，全面强化企业培植、招商引资、对上争取、新型城镇化“四大动能”，紧紧依靠党政干部、企业家、支部书记、专业技术人才、在外肥城人才“五支队伍”，推动经济社会持续平稳健康发展，奋力谱写中国桃都美好肥城建设新篇章。

今后五年的奋斗目标是：发展更有质量。地区生产总值、固定资产投资、规模以上工业总产值、一般公共预算收入实际年均增幅高于省和泰安市平均水平；新兴产业、高新技术产业产值占比提高5个、11个点以上。生活更具幸福。收入增长更快、社会保障更实、公共服务更好，城镇居民和农村居民人均可支配收入年均分别增长8%和8.5%，社会保障实现全覆盖，城镇登记失业率控制在3.5%以内，努力实现学有优教、病有良医、老有颐养、住有宜居。生态更为优美。资源节约集约利用水平明显提升，生态产品供给日益丰富，节能减排任务全面完成，争创全国生态市，群众对生态环境满意度持续提高。城乡更趋协调。新型城镇化和城乡一体化扎实推进，城乡公共服务均等化明显提升，全市户籍人口、常住人口城镇化率达到52%、64%。社会更加文明。公共安全体系更加健全，社会公平正义得到保障，科学有效的治理机制逐步完善，文化建设得到加强，社会主义核心价值观深入人心，争创全国文明城市。

各位代表，展望今后五年，我们信心坚定，豪情满怀。我们坚信，有市委的坚强领导，有全市百万人民的创新实干，有社会各界的鼎力支持，全面建成小康社会的目标一定能够实现！肥城的明天一定会更加美好！

三、2017年的目标任务和工作重点

今年是新一届政府的开局之年，实施“十三五”规划的深化之年，也是推动肥城经济社会发展迈上新台阶的关键之年，做好今年工作意义重大。总的要求是：**认真贯彻落实市十四次党代会精神，牢固树立和贯彻落实新发展理念，适应把握引领经济发展新常态，坚持“稳中求进、进中求好”的工作总基调，以提高发展质量和效益为中心，以推进供给侧结构性改革为主线，突出企业培植、招商引资、对上争取、新型城镇化等重点工作，加快转型升级，深化创新驱动，强化统筹协调，增进民生福祉，全面做好稳增长、促改革、调结构、惠民生、防风险各项工作，促进经济平稳健康发展和社会和谐稳定。**

工作中必须牢牢坚持实事求是这个基本原则，在全市上下倡树实事求是的风气，实事求是地想，实事求是地谋，实事求是地干，既尊重历史又正视现实，以敢于担当的精神直面问题，通过实实在在的工作，务求实实在在的成效。遵循这一原则，确定今年的主要预期目标是：市内生产总值增长6.6%左右；一般公共预算收入增长6%以上；全社会固定资产投资增长10%左右；社会消费品零售总额增长9.6%左右；城镇居民和农村居民人均可支配收入分别增长8%和8.5%；城镇登记失业率控制在3.5%以内；完成节能减排等约束性指标。围绕上述目标，各级各部门单位要尽最大的努力，争取最好的成果。

*（一）以培强企业为核心，全力推动实体经济发展。*实体经济是经济发展的根基，是稳增长的重要支撑和转型升级的主要承载。主动顺应供给侧结构性改革要求，把培强企业、壮大产业作为解决发展问题的基础和关键，不断增强经济发展核心竞争力。

培植壮大企业主体。以“一高三强两突破”为统领，强化“三强”企业的龙头带动作用、规模企业的主体支撑作用、创新型小微企业的源头

活水作用，把存量做好做优，把增量做大做强。激励石横特钢、瑞福锂业、农大肥业等龙头企业不断巩固行业地位、提升市场份额，全面增强核心竞争力，打造“行业航母”；推动泰鹏、云宇、一滕等骨干企业加快规模膨胀、提档升级，壮大自身实力，长成“参天大树”；扶持科技型中小企业做优做精主业，积极开展产业链协作配套，走向“专精特新”。规模以上工业企业发展到320家，主营业务总收入达到1050亿元。推动规模企业公司化改制，破除家族式管理模式，建立现代企业制度，优化股权结构，为对接资本市场、对外开放合作创造条件。创新资本经营激励机制，建立上市后备资源库，造就一批想上市、会上市、能上市的企业群体，新增“新三板”挂牌企业3家。加强企业家队伍建设，打造一批质量管理标杆企业，培育一支富有新时期肥城精神，具有创新理念、质量意识、战略眼光的现代企业家和现代企业管理人才队伍。

加速工业转型升级。把工业经济作为肥城发展的脊梁，抢抓“中国制造2025”战略机遇，落实各项政策措施，全力突破工业发展。以完善产业配套、拉长产业链条为主攻方向，通过技术改造、装备升级、兼并重组、强强合作等方式，加快传统产业改造升级。集中要素资源，促进钢铁冶金、煤炭等支柱产业保稳定、促转调，机械制造、精细化工等优势产业和岩盐、玻纤等“潜力产业”延链条、扩规模。实施20个重点技改项目，技改投入增长6%以上。大力发展新能源、新材料、节能环保、生物医药、高端装备制造等新兴产业和高新技术产业，增强集群效应，打造引领发展的强大引擎。新兴产业、高新技术产业产值占比分别提高1.5和2个百分点以上。推进建筑业拓展领域、高端提升，完成建筑业总产值247亿元。

注重科技创新驱动。充分发挥企业创新的主体地位和主导作用，支持引导企业深化与高校院所的产学研合作，引进嫁接高新技术成果，协同推进技术创新和科研成果转化基地建设。强化工程技术研究中心、产业技术战略联盟、技术研究院等各类科技创新平台支撑，新增泰安市级以上各类科技创新平台10个以上，泰安市科技型中小企业达到100家以上。不断完善人才引进、使用和评价体系，全力营造一流的聚才留才环境，年内引进高层次创新创业人才100名、创新团队5个以上，实施人才创新项目40个以上。突出质量引领，支持企业加强品牌创建，新增中国驰名商标1件、省著名商标3件、省名牌2个以上。完善创业扶持机制，激发全民创业活力，催生更多市场主体，新发展个体工商户3300户、私营企业1500家。

*（二）以经营理念为引领，推动城市经济实现新突破。*城市是产业发展的载体和依托，做城市就是做产业。牢固树立抓城市建设就是抓经济发展的理念，建设精品城市，发展城市经济，增强城市竞争力和发展活力。

提升城市品质能级。突出规划的引领作用，抓好新一轮城市总体规划修编，推动城区中部优化提升、北部搬迁改造、南部拓展延伸、西部文化商务、东部产城融合。强化“城市会客厅”意识，统筹地上地下空间开发利用，有序推进海绵城市、地下管廊、公共自行车系统建设，推进康龙污水处理厂扩能改造、垃圾焚烧发电等重大基础设施项目，实施好老旧小区改造、城区供热管网改造、雨污分流治理、康王河水系生态治理，进一步完善城市功能，改善环境质量。加快推进泰肥一级路西延、泰梁路改建、青兰高速肥城段等重大交通项目，完善绕城路网体系，提高城市承载能力。深入推进城市执法体制改革，完善管理机制，加强市容环境整治，提高城市精细化管理水平，确保顺利通过国家卫生城市复检。

做活经营城市文章。坚持用市场的办法盘活城市资源，坚定不移地走城市建设和管理市场化、产业化、企业化的路子。无论是市政公用设施、基础设施等城市有形资产，还是冠名权、广告权等无形资产，凡能推向市场的必须打破垄断，引入竞争机制，创造条件推向市场，进行资本化运作。加快推进政企分开、建管分离、事企分立，将市政公用设施、园林绿化等公共服务项目，交由市场主体经营，推进城市资源的可持续利用。深化城市投融资体制改革，创新“财政＋基金＋金融”投融资模式，加强城投公司专业化运作，不断完善以政府为主导、多渠道投入、多形式投资的城市建设投融资体系，撬动社会资本参与城市建设和运营管理。着力搞好土地这个第一资源的经营，完善土地收购储备机制，培育规范土地市场，做到统一收储、净地供应，吸引社会资本投资开发，实现融资、投入、收益的良性循环，让政府、居民、企业多方共享城市发展的红利。

加快服务业发展。服务工业、繁荣城市是发展现代服务业的基本要求，必须坚持在工业化、城市化互动中发展现代服务业。充分发挥生产性服务业的“推进器”作用，促进服务业加快向制造业渗透，促进以城带业、以业兴城，融合互动发展。集中打造新城路商业中心、城东、城西“一核两区”城市商圈，扎实推进便利消费进社区、便民服务进家庭“双进工程”，营造“十五分钟”便民服务圈。推动文化繁荣发展，提升文化自觉，增强文化自信，加快文商旅融合，进一步打响桃文化、名人文化品牌，策划推进一批文化产业项目，促进文化旅游、文化创意、印刷发行等产业提质增效。做强桃木工艺品品牌，精心办好“两节一赛”，实现旅游总收入26亿元。借助“互联网＋”优势，培育一批淘宝村、电商平台、电商龙头企业和电商基地。电子商务交易额增长20%以上。加快发展会展会务、物业管理、家庭服务等行业，丰富服务业态。

*（三）以招商争取为抓手，加大投入增强发展后劲。*发挥投资对增长的关键作用，努力扩大优质高效投入，为经济发展、转型升级注入强劲动力。

提高招商实效。坚持“走出去”与“请进来”相结合，突出京津冀、长三角、珠三角等重点区域，以世界500强、中国500强企业为重点，开展专业化精准招商，着力引进产业链高端环节项目、缺失环节项目，以及能推动主导产业链式发展的关键项目。充分发挥企业招商主体作用，推动重点骨干企业嫁接改造、增资扩股、“以商引商”；发挥桃花节、品桃节等平台作用，大力开展节会招商；发挥在外肥城人才的作用，开展“亲情招商”，引导肥城籍人士返乡创业，发展“回归经济”。全年引进过亿元项目50个以上，到位资金增长10%以上。拓宽利用外资渠道，全力突破重大外资项目，实际利用外资1.12亿美元。

加快项目建设。进一步调整优化项目推进机制，实行领导领办，推行责任倒逼，加强督导调度，在项目审批、开工建设、竣工投产等各个环节，列出进度安排，明确序时要求，夯实责任、卡死时限，突破难题、加快进度，确保项目尽早落地建设、投产见效。鼓励金融机构扩大信贷规模，优先安排和重点保证重大项目土地供应，靠一批大项目好项目支撑财源建设、带动区域发展。重点抓好阿斯德科技、2万吨碳酸锂等120个过亿元新续建项目，确保竣工投产60个以上。

做专做强园区。把园区作为项目招商的主战场，完善以市高新区为重点的园区发展规划，明确发展定位和功能分区，加快基础设施建设，不断提升园区承载能力。坚持增量扩容与结构优化同步推进，做大做强特色主导产业，放大园区载体优势、产业优势。加快发展“飞地经济”，完善项目入园机制，促进重点企业、优质项目和资源要素向园区集中，多措并举降低企业用工、审批、融资、物流及水、电、气、暖等要素投入成本，打造投资“洼地”、发展高地。算好质量效益账，严把项目入园门槛，推动低效项目“腾笼换鸟”，促进园区向特色化、专业化、高新化发展。进一步创新园区开发、管理、考核等体制机制，探索实行公司化运营管理。

强化对上争取。及时了解国家和省市的政策动向，准确把握国家重大政策、重大项目推出的时间节点，按照“开工一批、储备一批、策划一批”的思路对接争取项目，力争有更多的大项目、大资金、大政策进入国家和省市盘子。重点争取对我市具有重大突破、持久拉动作用的大项目，密切关注济南都市拓展区等能够改善我市区域竞争环境、避免在全省发展边缘化的大政策。当前，集中攻坚济微路东移、泰聊铁路、南部供热中心等重大项目和区域政策。对上争取到位资金18亿元以上。

（四）以新型城镇化为引擎，推进城乡统筹发展。抓住泰肥一体化联动发展的契机，着力构建以城区为龙头，中部以新城仪阳为核心，南部汶边安、北部老城高新区王瓜店、西部石横湖屯三大组团为骨干，其他镇街为支撑的“一中心三组团多支撑”新型城镇化格局，拓展经济发展新空间。

抢抓政策机遇改造棚户区。发挥棚户区改造拉动内需、扩大投资、推动经济增长的功能，紧抓棚改政策最后机遇，以保护特色村、改造城（镇）中村、消除空壳村、建设中心村为原则，按照“应改尽改”的要求，再策划包装一批项目，争取更多的优惠政策，扩大棚户区改造规模，促进旧村改造、社区建设。坚持棚户区改造与商业、道路、水电气暖等基础设施整体推进，配套建设，实现设施共享，打造优美宜居环境，提高居民生活质量。以城投公司为平台，实行土地收储、抵押融资；进一步整合政策资金，优化投资流向，加大对棚户区改造支持力度，鼓励各类市场主体积极参与，加快推进棚户区改造步伐，使群众尽早受益。确保年内开工棚户区改造9861户。

增创农业农村发展新优势。深入推进农村供给侧结构性改革，坚持优质高效、生态安全理念，调好调优农业结构，多业态发展精致农业、品牌农业、特色农业，大力培育一二三产业融合发展的“新六产”。制定产业发展规划，完善有机农业发展体系，支持开展有机农产品认证。新增“三品一标”面积3万亩，规模以上农业龙头企业6家。推动农业合作社、家庭农场等新型经营主体规范化建设、企业化转型，带动土地经营权有序流转，稳妥推进适度规模经营，让农民共享产业融合的增值收益。强化水利、农机、金融等要素支撑，切实增强农业综合生产能力。稳妥有序推进农村产权制度改革，深化农民住房财产权抵押贷款试点，构建城乡一体、规范运行的农村产权交易市场，赋予农民更多财产权。实施农村公路网化工程，提升农村公路安全条件、通畅水平和服务能力。加快农村改厕、农村生活污水治理、农村供暖等工作，稳步提高城乡公共交通覆盖率。加强传统村落和特色村庄保护，积极培育特色小镇，深入推进特色文化村和美丽乡村建设。

推动生态文明实现新提升。落实大气污染防治“蓝天工程”十大行动计划，开展工业废气、扬尘污染、餐饮油烟等专项整治，不断改善空气质量。全面开展水污染防治行动，推行“河长制”管理，加快康龙二期、康汇河生态治理工程建设，确保出境断面水质稳定达标。加强水资源保护，保障全市饮用水安全。强化农业面源污染治理，加强对矿区塌陷地、破损山体等生态受损区域的治理修复，全面整治山石开采。加快造林绿化、湿地修复和重点绿化工程建设，确保全年植树造林2.5万亩，森林覆盖率达到41.5%。做好节能减排工作，倡导低碳环保健康的生活方式，提高全民生态文明意识。

（五）以共建共享为原则，持续增进民生福祉。坚持以人民为中心的发展思想，将保障和改善民生摆在突出位置，切实做到保基本、兜底线、上水平，让发展成果更多更公平地惠及全市人民。

发展社会事业，提升群众满意度。统筹城乡学校布局，全面解决大班额问题，精准实施教育扶贫，加快发展教育信息化，进一步提升教育办学条件和教学质量，促进城乡教育一体发展、基础教育优质均衡发展、各类教育协调发展，努力建设现代化教育强市。深化医药卫生体制改革，优化医疗资源配置，畅通人才引进渠道，提高公立医院服务水平，鼓励社会资本兴办民营医疗机构，加快推进分级诊疗制度建设，加强疾病预防控制和卫生监督管理。积极推进生育服务制度改革，建立与人口长期均衡发展相适应的服务管理新机制。促进文化事业发展，繁荣文艺创作，加强文化遗产保护，提升基层公共文化服务阵地建设水平，综合性文化服务中心覆盖率达到90%以上，实施广播电视无线数字覆盖工程，构建现代公共文化服务体系。开展全民健身活动，推进群众体育普及普惠。统筹做好妇女儿童、外事侨务、民族宗教、史志档案、双拥共建、民兵预备役等工作。

完善社会保障，提升群众幸福感。实施积极的就业政策，提高服务保障能力，突出抓好各类重点群体就业。强化社会保险参保扩面征缴，提高社保参保率。完善社会保障和救助体系建设，加大特困、低保、大病、残疾人等困难群体的救助保障力度，更加关爱农村留守儿童、妇女、老年人。完善社会养老服务体系，鼓励社会力量兴办医养结合养老机构，规划建设一批社区日间照料中心、农村幸福院等养老设施，推进养老产业快速发展。坚决打好脱贫攻坚战，实施精准扶贫、精准脱贫，发展特色优势产业脱贫，确保年内完成6208户、11280人脱贫任务。

优化社会环境，提升群众安全感。深化“平安肥城”建设，创新完善立体化社会治安防控体系，加强社会治安综合治理。持续推进“七五”普法，大力营造全民尊法学法守法用法的浓厚氛围。积极开展群众性精神文明创建活动，合力打好全国文明城市创建攻坚战。加强“诚信肥城”建设，逐步建立起守信激励和失信惩戒机制，营造诚信做人、以信立市的良好信用环境。稳妥有序推进肥矿集团剥离办社会职能和解决历史遗留问题工作。坚持问题导向，严格责任落实，切实抓紧抓好安全生产，加大食品药品监管力度，提高公共突发事件应急处置能力，保持社会和谐稳定。

四、进一步加强政府自身建设

发展的重任、竞争的态势、人民的厚望，对新一届政府提出了更高的要求。我们一定牢记为民宗旨，以党建工作为引领，不断解放思想、提升能力、改进作风，努力在新的起点上开创政府工作新局面。

提升作风效能，优化营商环境。进一步转变政府职能，深化行政审批制度改革，持续推进简政放权、放管结合、优化服务，编制公共服务事项清单，全面落实“五证合一”、“先照后证”制度改革，多开“绿灯”、少亮“红灯”。认真落实扶持企业发展的各项政策，严厉查处破坏发展环境的行为，切实维护企业合法权益，构建责不缺位、权不越位、遇事换位、服务到位的新型政企关系。切实改进文风会风，实行工作推进现场化，深入一线发现问题，沉到一线突破难点，干在一线推进工作，压实责任，提实要求，抓实考核，以钉钉子的精神和严实的作风，推动各项工作落地见效。

树牢“两种意识”，规范行政行为。坚持以市场化的手段深化改革、化解矛盾、推动发展，把该放的权力放给市场、放给企业，提高聚财理财、资本运作、防范化解风险能力，强化调控引导，撬动社会资本，激发市场活力。以法治化的思维规范行为，严格依照法定权限和程序行使权力、履行职责。认真落实重大行政决策专家咨询和法律顾问制度，加强规范性文件审查审核，提高政府决策科学化、法治化水平。做好行政复议和执法监督工作，全面推行政务公开，加强和完善政务服务体系建设，让权力在阳光下运行。认真执行市人大及其常委会的决议、决定，自觉接受市人大的法律监督和市政协的民主监督，认真办理人大代表建议和政协委员提案。

严守纪律规矩，树立良好形象。政府全体工作人员必须廉政勤政，任何时候都要守住底线、不踩红线、不碰高压线。严格落实中央八项规定精神，持之以恒正风肃纪。始终坚持挺纪在前，净化政治生态，从财政资金使用、工程项目建设等重点领域入手，全面加强财政监督、审计监督和社会公众监督，严厉查处违纪违法案件，坚决查处发生在群众身边的腐败问题。牢固树立过“紧日子”思想，严控“三公”经费，集中有限的财力改善民生、保障发展，以清正廉洁的良好形象，赢得人民群众的信任和支持。

各位代表！上下同欲者胜，风雨同舟者兴。让我们在市委的坚强领导下，在市人大、市政协的监督支持下，发扬“开放、包容、务实、敢当”的新时期肥城精神，凝聚全市人民的智慧和力量，同心同德，拼搏进取，为全面建成高水平小康社会、谱写中国桃都美好肥城建设新篇章而努力奋斗！

肥城市国民经济和社会发展第十三个五年规划纲要

肥城市第十七届人民代表大会第五次会议通过

（2016年3月）

序　言

“十三五”时期（2016—2020年），是肥城市巩固深化“两个率先”建设成果、全面提升综合竞争力的重要时期，是深入推进产业转型升级、抢占区域发展制高点的攻坚时期，也是进一步改革开放、推进经济发展方式根本性转变的重大机遇期。基于对“十三五”时期我市经济社会发展的重大机遇、主要挑战的客观分析，编制《肥城市国民经济和社会发展第十三个五年规划纲要》（以下简称《纲要》）。本《纲要》是未来5年全市经济社会发展的宏伟蓝图和行动纲领，是制定其他规划和年度计划的基本依据，也是市政府科学施政、规范市场主体行为、推进经济社会健康发展的重要依据。

第一篇　崭新起点　聚力谋求发展新跨越

第一章　率先发展新成就

第一节　突出成就

“十二五”期间，全市上下高举科学发展旗帜，紧密跟踪、积极适应宏观调控政策取向，有效应对国内外宏观环境变化，克服空前巨大的经济下行压力，扎实做好稳增长、促改革、调结构、惠民生、防风险等各项工作，经济社会实现了稳定健康发展，基本完成了“十二五”规划确定的各项目标任务。

综合实力在率先发展中稳步攀升。“十二五”期间，主要经济指标保持了健康、理性的增长态势，经济规模跃上新台阶，为全面建成小康社会奠定了坚实基础。2015年，完成市内生产总值699.33亿元，是“十一五”末的1.42倍，年均增长8%；公共财政预算收入38.83亿元，是“十一五”末的1.23倍，年均增长11.71%；全社会固定资产投资547.3亿元，是“十一五”末的1.92倍，年均增长13.9%；社会消费品零售总额262.2亿元，是“十一五”末的1.9倍，年均增长13.7%。金融机构各项存贷款余额422.42亿元、269.13亿元，分别是“十一五”末的1.86倍、1.69倍；城乡居民人均可支配收入22329元，是“十一五”末的1.75倍，年均增长11.8%。在全国县域经济基本竞争力百强中列第59位，在全国中小城市综合实力百强、最具投资潜力百强、福布斯中国大陆最佳县级城市排名中分列第46位、18

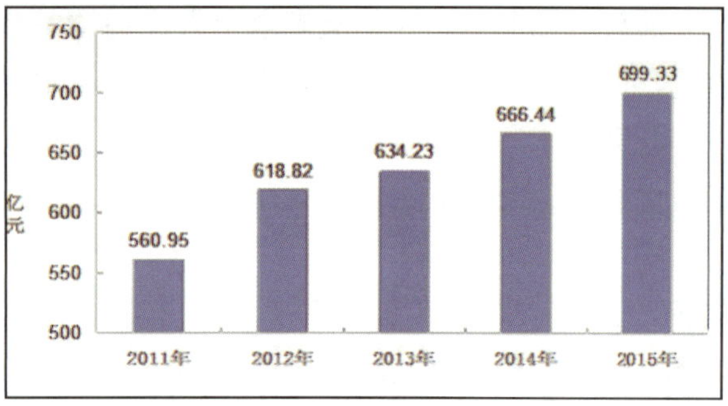

图 1“十二五”期间地区生产总值

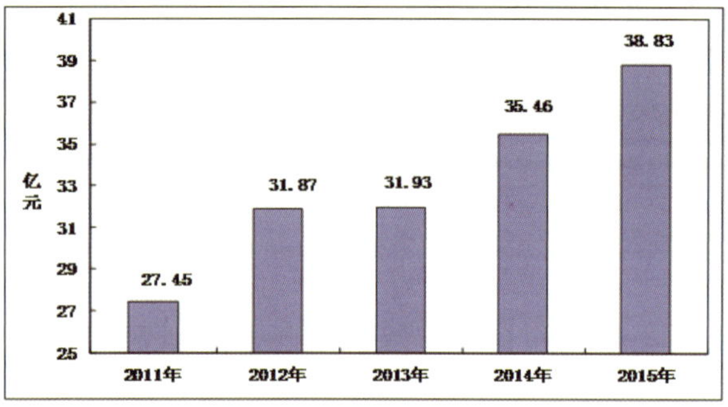

图 2“十二五”期间地方财政收入

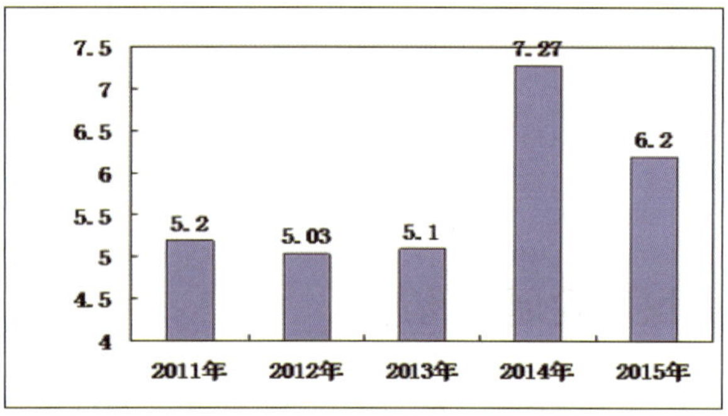

图 3“十二五”期间进出口总额

位和19位，分别提高15个、8个和10个位次。荣获国家卫生城市、全国平安建设先进市、森林城市、节水型城市、文化先进县、文明城市提名城市、义务教育发展基本均衡县、中华宝钢环境奖、粮食生产先进县，全省国土资源节约集约模范市、乡村文明行动示范市、循环经济示范县、金融生态环境建设模范县、绿荫行动示范市、人居环境奖等多项国家和省级荣誉称号。

产业结构在转型升级中持续优化。坚持“高端、高质、高效”的发展取向，实施农业全面振兴、传统工业高端提升、服务业跨越发展、新兴产业加快培植“四项行动计划”。产业结构从“十一五”末的7.6∶58.2∶34.2调整为7.2∶49.9∶42.9。农业基础进一步夯实。“农业五大特色片区”稳步发展，合作社达到1032家，实现行政村全覆盖，家庭农场459家，土地流转面积30.2万亩，规模以上农业龙头企业155家，国家级1家、省级7家，“三品一标”总面积达到92万亩，每年举办中国（肥城）国际有机农产品博览会，去年成功举办首届中国泰山现代农业博览会，成为国家出口农产品质量安全示范区。工业主导牵引有力。推动工程机械、装备制造等优势产业技术创新、信息化改造和产品更新，加快产业由低端向高端攀升，产品向产业链、价值链高端延伸。全市规模以上工业企业达到397家，“十二五”期间新增95家。完成技改投资588.5亿元，年均增长18%以上。新兴产业和高新技术产业产值占规模以上工业产值比重分别达到23%、28.75%。深入推进大众创业、万众创新，实现民营经济产值1950亿元，年均增长11.2%；民营企业发展到6000家、个体工商户48669户。完成建筑业总产值223亿元、增加值55.7亿元，年均分别增长10.3%和10.5%。服务业迅速提升完善。服务业增加值296.1亿元，年均增长11%。鲁中国际电子商务园等3个项目被列为省重点项目。抢抓“互联网+”的历史性机遇，电商发展指数居泰安首位。金融服务、科技信息、现代物流等现代服务业成分稳步增加，服务业

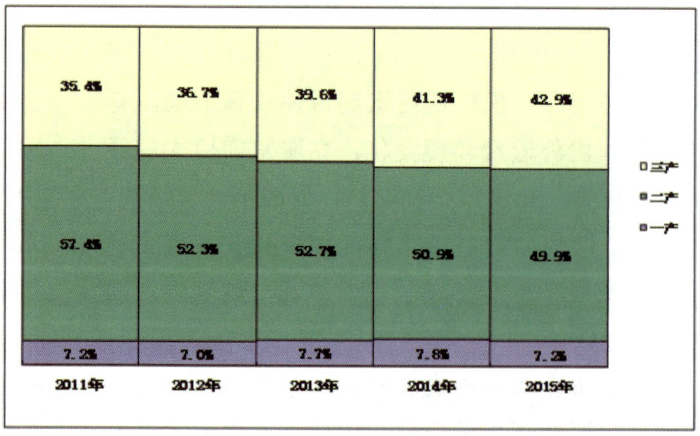

图 4“十二五”期间三次产业比重

产业结构积极优化。新兴产业全面加速培育。以新能源、新材料、高端装备制造为用力点，加速培植新兴产业。新能源开发利用走在了泰安市前列，6个项目并网发电，装机容量达到149.3万千瓦，上网发电2572.8万千瓦时。实现新兴产业产值385亿元，占比达到23%。

*发展后劲在项目建设中积蓄强化。*面对“十二五”期间复杂的宏观环境，特别是“十二五”中后期以来巨大的经济下行压力，牢牢扭住项目建设不放松，坚持用项目建设、扩大投资保运行、稳增长。“十二五”期间，累计铺开建设投资过亿元项目357个，完成投资731.2亿元，分别是“十一五”时期的1.78倍、2.64倍。坚持招商引资、对上争取、外经外贸“三箭齐发”，累计完成招商引资、争取项目资金、进出口总额、实际利用外资545亿元、92.2亿元、29.2亿美元和3.25亿美元，年均增幅分别达到19%、21.8%、5.7%和35.9%。泰鹏环保、索力得焊材、一滕新材料、征途信息4家企业在新三板上市融资，实现了企业上市“零”的突破。6家企业在齐鲁和上海股交中心挂牌。

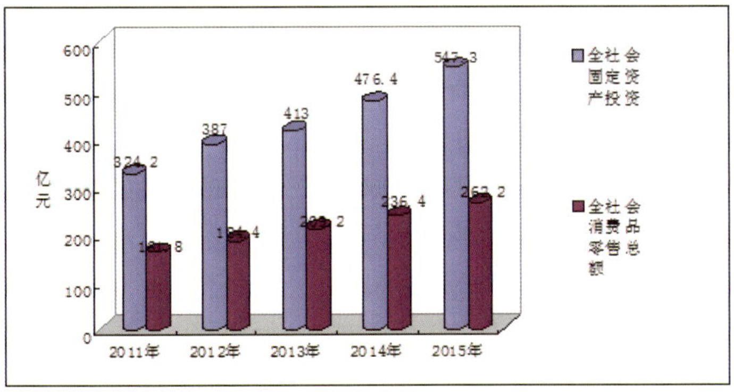

图 5“十二五”期间全社会固定资产投资和社会消费品零售总额

*瓶颈制约在务实创新中逐步化解。*一大批长期以来困扰制约肥城经济社会发展的突出瓶颈和难题在“十二五”期间得到有效化解，经济社会发展的内生动力更足、外部环境更优。对外交通大通道建设取得突破性进展，青兰高速公路肥城段已开工建设，肥城境内没有高速公路的历史即将终结。泰聊铁路前期各项手续稳步推进、基本完成，项目推进取得实质性进展，有望在“十三五”初期动工建设。济微路绕城东移升级改造已获准开展前期工作，泰肥一级路西延已经省发改委批准，近期可开工建设。生产力布局扎实优化，项目集聚化、产业园区化的趋势明显增强，市高新区产业结构得到进一步优化，项目入区取得实质进展。新兴产业园区、现代盐化工新区、现代农业开发区、石横循环经济产业园、老城环保节能产业园等一批产业园区从无到有、稳步推进，园区政策洼地、投资高地的“吸盘磁场”作用得到初步显现，资源要素配置更加顺畅合理、产业集聚集群日渐形成规模。

*城乡面貌在一体融合中深刻变化。*提升城市功能品质，城市建成区面积44.3平方公里，城镇化率55.3%。实施了城区供热、道路建设改造等基础性工程，建设了文广大厦、三农大厦、文化中心、会展中心、职教中心、电视塔、人防商城等功能性项目，打造了龙山河“十里画廊”、市民广场等公益性设施，龙山河公园被评为国家水利风景区，康王河公园成为泰安市首批国家级湿地公园试点。提升城乡一体化水平，农村社区化服务覆盖率达到99%，城乡环卫一体化群众满意度列全省第8位，10个镇街被评为国家级生态乡镇、3个镇被确定为全国重点镇、3个镇被列为全省小城镇建设示范点、3个镇被评为山东省旅游强乡镇。建设改造公路869公里，行政村通柏油路、通客车率均达100%。加强资源开发保护和生态环境治理，高标准实施基本农田整理、水土流失治理、损毁山体恢复和工矿废弃地复垦，荣获中华环境奖。

*生态环境在保护创建中明显改善。*保护与建设并举，生态环境持续改善，“蓝天白云、青山碧水”的和谐生态环境建设扎实推进，被确定为全国首批生态功能区建设试点市、省级生态市。“十二五”期间，净削减化学需氧量4569.98吨、氨氮184.3吨、二氧化硫23878.16吨、氮氧化物

16118.05吨，超额完成预期目标。城市绿化总面积1430万平方米，人均公共绿地面积19.02平方米，城区空气质量二级以上天数206天，持续保持全省前列，连续获得全省空气质量改善奖。饮用水源达标率100%、自来水普及率100%，流经肥城的大汶河、康汇河，出境断面水质稳定达到南水北调水质保障标准。

*发展活力在深化改革中激扬迸发。*扎实推进九大领域217项改革，争取实施了7项国家级和7项省级改革试点，县级公立医院改革、“救急难”、行政审批、财税体制等多项改革走在了全省乃至全国前列，国地税联合办税经验得到郭树清省长的肯定批示，被确定为全国农民住房财产权抵押贷款试点县。经营开发服务类事业单位转企改制、事业单位综合改革迈出新的步伐，财税、金融、投资等改革取得实质性进展。重点推进继续简政放权，承接管理中央、省、泰安市下放的41项审批权限，精简行政审批事项243项，精简比例达到51.7%。

*社会事业在共建共享中全面进步。*始终把保障改善民生、增进群众福祉作为第一追求，紧贴群众诉求，兴办为民实事。民生投入累计达到121亿元，年均增长10.7%，每年都承诺并办成一批为民实事。全市新增就业、劳动力转移就业分别达到6.5万人、7万人，发放小额担保贷款3.3亿元。城市和农村低保分别由3120元、1300元提高到6000元和3400元。投资5.7亿元，建成了市社会福利中心、市医院门诊病房综合楼等一批医疗卫生项目，铺开407处村卫生室规范化改造；建设各类保障性住房1万余套；投资10多亿元，实施了农村中小学校舍标准化建设等“六大工程”，实现了农村教育优质化、高中教育城区化、城区义务教育一体化；“实施文化兴市战略，奋力建设文化强市”，组织开展各类文化惠民活动，完善基层公共文化服务体系，公共文化服务递进培养工程成为国家首批公共文化服务示范项目；全面铺开全国文明城市创建，城市文明程度、市民文明素质得到提升，7个镇街被评为省级文明镇、1个镇被评为全国文明镇；深入推进平安肥城、法治肥城建设，积极开展依法治村规范管理专项行动，全市民主法治示范村达到323个；成立市干群连心办公室，深化“双联双帮”工程，建立“日常联系+重点走访+每月到村办公”联系服务群众常态化机制，泰安市科学发展考核群众满意度电话访问连年居县市区首位。妇女、儿童、老年人和残疾人权益得到保障，文化、体育、广播电视、统计、气象、地震、民族宗教、史志、档案等各项事业都取得新的成绩，各项社会事业全面发展。

“十二五”时期，是我市经受住重大考验、取得重大胜利的时期，是综合实力显著增强、竞争力明显提升的时期，是主动转型升级、经济结构不断优化的时期，是统筹城乡发展、一体化水平全面提升的时期，是注重共建共享、社会民生明显改善的时期。“十二五”取得的成绩来之不易，积累的经验弥足珍贵，创造的精神财富影响深远。

第二节　矛盾问题

同时也应看到，我市经济社会发展“稳中有忧”，面临的问题和矛盾依然比较突出。*一是经济稳中回升的基础尚不牢固。*新的消费热点尚未完全形成，企业投资意愿不够强烈，出口竞争优势面临挑战，有效需求增长动力不足。部分行业和企业效益下滑，财政持续增收压力较大。市场有效需求不足，传统产业、房地产投资相对饱和，新的消费热点带动不足，新旧增长动力转换“青黄不接”；实体经济比较困难，盈利能力水平持续下滑对企业后续发展带来更大压力。“十二五”期间，地区生产总值、地方财政收入、固定资产投资、社会消费品零售总额等重要指标未能如期完成规划目标。*二是推动转型升级任务十分艰巨。*传统行业特别是重化产业占比较大，部分行业面临产能过剩挑战。产业链条较短、集聚水平不高，新兴产业规模小，服务业增加值占比仍低于全国、全省和泰安市平均水平。产业链条短，集聚度、关联度较低；产能过剩与有效供给不足并存，重化工业为主的产业结构有一定刚性。*三是资源环境约束持续增强。*能源结构、产业结构不够合理，统筹能源保障和节能减排的压力较大，防止环境污染、保护耕地任务艰巨。雾霾等恶劣天气逐步增多，治理难度较大。四是体制机制障碍依然较多。资本等要素市场发育不充分，中小企业融资难、融资贵的问题仍未彻底有效缓解，金融领域风险有所上升。科技教育、收入分配、社会保障、医疗卫生等改革需要加快推进。五是社会保障存在薄弱环节。就业结构性矛盾依然突出，公共服务供给能力和质量存在短板，社会保障体系不够健全完善，社会治理难度较大，安全生产形势严峻。对这些矛盾问题，我们要采取有效措施，在“十三五”期间认真加以解决。

表 1“十二五”主要指标完成情况表

指标名称	单位	2010 年	2014 年	“十二五”规划目标		2015 年完成	
				绝对值	年均增幅（%）	绝对值	年均增幅（%）
地区生产总值	亿元	491.68	666.44	850	13	699.33	7.3
三次产业比例	—	7.6 ： 58.2 ： 34.2	7.8 ： 50.9 ： 41.3	5 ： 50 ： 45	—	7.2 ： 49.9 ： 42.9	—
地方财政收入	亿元	22.32	35.46	178	16	38.83	11.7
全社会固定资产投资	亿元	285.5	476.4	714	20	547.3	13.9
社会消费品零售总额	亿元	137.8	236.04	310	18	262.2	13.7
进出口总额	亿美元	4	7.37	22	10	6.2	9.16
实际利用外资	万美元	879	8563	10000	15	11660	35.9
高新技术产业产值占比	%	19.73	27	27	1.45	28.75	1.80
研发投入	万元	59900	135100	—	—	150000	20.1
单位国内生产总值能耗降低	吨	1.50	0.85				
总人口	万人	98.97	99.05	102	0.2	99.04	-0.01
人口自然增长率	‰	4.55	6.36	8.6	—	5.1	—
城镇居民人均可支配收入	元	19921	31152	37000	13	33644	11.1
农村居民人均纯收入	元	8489	14440	16200	14	15956	13.4
城镇登记失业率	%	1.2	1.2	3.5 以内	—	3.5 以内	—
新增城镇就业再就业	万人 / 年	1.45	1.41	1.17	—	1.17	—

第二章　精准研判新形势

“十三五”时期是我市确保转变经济发展方式取得实质性进展、全面深化改革在重要领域和关键环节取得决定性成果的关键冲刺期，是提高执政能力、实现社会治理现代化的加速推进期，是顺势优化产业结构，实现发展动能转换的攻坚决战期，也是全面推进科学发展、赢得新常态下竞争主动权的重大机遇期。“十三五”期间的发展环境、发展重点与“十一五”“十二五”相比，发生了深刻而显著的变化，我市经济社会发展既面临着重大机遇，也蕴含着风险挑战，总体环境复杂、于我有利、机遇存在、任务艰巨，需要我们趋利避害、主动作为，在更高起点上引领经济社会更快发展，实现新跨越、开辟新局面。

第一节　重大机遇

从国际看，我国政治经济全球影响力进一步提升，国际话语权和地区事务主导能力进一步提高，国家软实力进一步增强，发展模式、文化产品等国际认同程度明显提高，为我们抓住机遇加快发展提供了更加温和稳定的“时”和“势”，未来五年我国处在大有可为的战略机遇期的基本判断没有变。全球经济从低速调整转入温和繁荣，新一轮产业革命不断拓展，新的经济增长点、贸易活跃点不断涌现，技术突破和业态创新融合产业边界，全球投资贸易秩序将加速重构，为我们乘势而上、推进我市产业结构从产业链低端向高端迈进创造了新的空间和方向。

从国内看，我国发展仍处于大有可为的重要战略机遇期。“四个全面”战略布局的确立，为我们做好各方面工作提供了总遵循、总抓手、总方略；全面深改将进一步破除体制机制障碍，优化发展环境、激活发展要素。“一带一路”、京津冀协同发展、长江经济带、自由贸易区等重大区域战略的出台实施，“互联网+”、中国制造2025、“3D打印”、“DT时代”等新模式、新业态、新机遇的集中出现，供给侧结构性改革、提高赤字率、“三去一降一补”等政策利好集中释放，全面深化改革、简政放权、扩权强县等一系列为地方“松绑”政策的实施，为我市顺势优化产业结构、着力培植新的经济增长点创造了新的载体平台。

从省内看，省委、省政府大力推进蓝色经济区、黄河三角洲高效生态经济区、省会城市群经济圈、西部隆起带等区域发展战略的红利继续延伸释放，为我市经济社会快速发展提供了持续外源动力。按照“敲开核桃”和“一行业一对策”的思路，出台了全省工业转型升级行动计划和22个制造业行业转型升级实施方案，农业、服务业转型升级方面也将陆续出台，为我们更好的适应引领新常态、推进经济结构战略性升级指明了方向。山东省主动融入国家“一带一路”、京津冀协同发展、长江经济带三大战略，着力建设“一线串连、四廊展开、双核带动、多点支撑”的发展格局，为我市释放长期投资预期、推动优势产能转移、加快优势产业和优势企业“走出去”带来了全新机遇。此外，泰安市提出发挥泰城、肥城毗邻优势，实施泰肥一体化战略，也为我市借势发展、高点发展创造了便利条件。

从我市看，肥城科学发展的基础更实、率先发展的势头更足、转型发展的空间更大、和谐发展的氛围更浓，迈上了蓄势腾飞的更高起点。以市高新区、新兴产业园区、农业高新技术产业示范区、石横化工园区、现代盐化工园区等各类园区的配套完善为标志，载体平台的对外影响力、要素集聚力、产业支撑力明显增强；以边院盐化、澳海炭素电极、特钢50万吨型材、泰鹏环保滤材、农大肥业等重大项目的量质突破为标志，一批本土企业转向高端发展、一批新生项目成为中坚力量、一批主导产业加速集聚膨胀；以青兰高速肥城段、泰肥一级路西延、济微路东移、泰聊铁路为重点的重大交通项目加速推进为标志，肥城的区位优势更加明显，吸纳高端要素、集聚高端人才、发展高端产业的能力大幅提升；以城市能级的持续提升为标志，规划布局不断优化、承载功能更加完备，城市的整体竞争力、影响力、美誉度显著增强；以党员干部的素质能力提升为标志，在爬坡过坎、克难攻坚的发展实践中，我们锻造了一支忠诚、干净、干事、担当的干部队伍，这也是推动发展的根本支撑和不竭动力。

所以，“十三五”时期，经济运行持续向好的基本面没有变、我市仍处于大有可为的重大战略机遇期的基本判断没有变，市委市政府一心一意谋发展、坚韧不拔抓升级、全力以赴惠民生的基本态度没有变，只要我们合力共为、戮力拼搏，抢抓发展机遇，我市经济社会健康向上的发展趋势在“十三五”时期完全可以得到延续和强化，完全有希望迎来新一轮的大提升、大发展。

第二节　风险挑战

从国际看，全球经济仍然处于后危机时代，国际金融危机的影响具有长期性和复杂性，世界经济和贸易进入恢复性增长期，但增长乏力。欧、美、日等发达经济体恢复缓慢、缺乏活力；发展中国家受困于技术、资金、市场、能耗、排放等因素，发展进入拐点；主权债务危机、金融市场动荡、贸易保护主义等问题此起彼伏，国际经济回暖加速的基础很不牢固。这些问题，将直接或间接地影响我市形成稳定增长的外需，增加经济社会发展的不确定性。

从国内看，“十三五”是经济转型升级的最后“窗口期”，2020 年之前，国家面临同时经受实现全面小康社会目标、化解短期增长压力和跨越“中等收入陷阱”三重考验的挑战。新常态下经济增幅结构性滑落、发展动能接续转换等形势为我国经济平稳健康发展提出了更高要求。金融风险、内需不振、投资乏力、外需动荡、产能过剩等因素或多或少的成为我国经济社会平稳健康发展的隐患。改革逐步进入攻坚期、深水期，利益矛盾复杂交织，社会阶层利益固化，直接影响经济社会的平稳发展。“中等收入陷阱”、妥善处理经济发展和民生期待、环境保护等课题亟待解决，发展的难度和深度空前。

从省内看，“十三五”时期仍存在一些结构性的问题：工业转型升级较慢、产业结构偏重、产能过剩问题等问题依然突出；市场有效需求不足，传统产业、房地产投资相对饱和，新旧增长动力转换“青黄不接”；实体经济盈利能力水平下滑，融资难问题尚未得到根本解决，金融领域风险有所上升；服务业发展仍是短板，新兴服务业发育滞后；创新能力亟待提高，科技人才支撑能力不强。这些问题都将对“十三五”时期的发展带来挑战。从我市看，经济结构不优、技术含量不高、科研攻关能力不强的问题依然没有得到彻底解决，经济转型升级的压力巨大。特别是新常态下，低端产业主导的经济结构难以为继、低成本出口战略难以为继、资源环境的传统使用方式难以为继、收入分配不公引发的社会问题使传统的社会治理方式难以为继，经济社会保持中高速发展的压力空前、挑战增多。经济下行压力尤其是经济增长的动能出现乏力，靠传统的投资很难再拉动经济增长。资源环境、要素禀赋等硬约束收紧，各级减少通过财政扶持刺激微观经济发展，争资金、争政策的难度越来越大。周边县市区你追我赶，苏南、浙江、广东等发达地区县域经济开始新一轮转型革命，我市存在发展边缘化、差距显性化的风险压力。

第三章　树立发展新目标

“十三五”时期，必须适应国内外形势新变化，遵循科学发展新要求，顺应人民群众新期盼和时代前进新趋势，积极抢抓机遇，沉着应对挑战，在新的起点上稳定推进经济社会平稳发展，做到适应新常态、引领新常态、实现新发展。

第一节　指导思想

全市“十三五”时期国民经济和社会发展的指导思想是：**全面贯彻党的十八大及十八届三中、四中、五中全会精神，以邓小平理论、“三个代表”重要思想、科学发展观为指导，深入贯彻习近平总书记系列重要讲话精神，始终坚持“四个全面”战略布局，以创新、协调、绿色、开放、共享“五大发展理念”为统领，紧紧围绕全面建成小康社会目标，牢牢抓住新一轮深化改革、新型城镇化、省会城市群经济圈等历史性机遇，更加注重经济转型升级、更加注重提高发展质量和效益、更加注重群众满意，深入实施“四项行动计划”，加快建设实力肥城、品质肥城、秀美肥城、活力肥城、幸福肥城，确保经济社会发展始终走在全省前列，奋力谱写“中国桃都、美好肥城”建设的新篇章。**

第二节　基本原则

基于上述指导思想，全市“十三五”时期经济社会发展必须重点把握好以下基本原则：

——坚持创新发展。把科技进步和创新作为

转变经济发展方式的重要支撑。把人才资源作为第一资源，以人才优势赢得创新优势、竞争优势和发展优势。把发展新兴产业、现代高端服务业作为第一方略，以产业的制高点来培育和打造新的经济增长点。

——坚持协调发展。把供给侧结构性改革和需求侧托底结合起来，培育发展新动能，推进产业迈向中高端、经济保持中高速。把稳定外需和扩大内需相结合，实现内外需协调发展。把加快发展生产性服务业与推进制造业高端化相结合，促进现代服务业与先进制造业协调发展。把城镇化和新农村建设相结合，加快实现城乡一体化发展。

——坚持开放发展。积极贯彻国家、省、市等区域发展战略部署，进一步扩大与周边地区的交流与合作，把泰肥一体化发展、接轨济南、融入省会城市群经济圈作为肥城市发展的战略取向；加快外经贸战略转型，全面构建充满活力、富有效率、互利共赢、安全稳定的开放合作新格局，提高国际竞争力。

——坚持绿色发展。更加重视环境保护和生态文明建设，大力发展绿色经济、低碳经济和循环经济，加快形成环境友好的生产方式、生活方式和消费模式，实现经济效益和生态效益的协调统一。

——坚持共享发展。始终坚持民本、民生、民富的发展理念，更加强调以人为本、以民为先，加强以改善民生为重点的社会建设，推进公共服务均等化，切实实现好、维护好、发展好人民群众的根本利益。

第三节 发展定位和发展目标

按上述指导思想，顺利实现"十三五"总体目标，加快建成全面小康社会，必须一以贯之地"吹响转型集结号，打造发展升级版"，弥补发展弱项，提升整体质效，持续聚焦聚力，务求精准发力，重点推进"五城建设"。

——坚持创新发展，建设实力肥城。创新是引领发展的第一动力，必须摆在改革发展的核心位置，以创新为统领，把综合实力做得更强、质量效益做得更高、产业布局做得更优，努力把肥城建设成为创新人才加速集聚、创新载体功能完善、创新活力充分释放、创新经济蓬勃活跃的发展高地、实力之城。经济总量不断壮大。市内生产总值、全社会固定资产投资、地方财政预算收入、社会消费品零售总额年均分别增长7.5%、13.5%、7%和10%。产业质态全面提升。积极顺应供给侧结构性改革，实施"工业五年更新改造计划"，全链条提升企业智能化水平，新兴产业、高新技术产业产值占比分别达到30%和38%，打造全国重要的高端装备制造业基地；农业的规模化、产业化、组织化、标准化、品牌化水平大幅提升，打造集生产加工、贸易科研、休闲旅游于一体的国家现代农业示范区，创建全省休闲农业与乡村旅游示范市；服务业向专业化和价值链高端延伸、向精细化和高品质转变，电子商务、现代物流、文化创意、教育培训、服务外包、健康养老等新兴服务业态发展提速、比重提高、水平提升，服务业增加值占比达到52%，构筑起产业体系完备的现代服务业强市。发展布局持续优化。形成以市高新区为龙头，新兴产业园区、现代农业高新技术产业示范园区、老城节能环保产业园区、石横循环经济园区、现代盐化工园区为主体的"一区五园"产业布局，园区的要素集聚功能、产业承载功能、科技孵化功能提升到更高水平，建成高端产业集聚区、科技创新引领区、转型升级示范区、对外开放窗口区。

——坚持协调发展，建设品质肥城。"城区、镇区、园区、社区（村居）"四区同建、互动发展，物质文明与精神文明两手齐抓、同步提升，发展的均衡性、协调性明显增强，努力打造城乡建设水平高、城市文明程度高的品质城市。城乡建设水平高。城区重点是优化功能布局，提升内涵品位，形成"中部城区优化提升、北部新区搬迁改造、南部城区拓展延伸、西部城区文化引领、东部加速产城融合"的城市发展格局，城区面积扩大到60平方公里以上。镇区重点是提升建设水平、完善公共服务，产业支撑能力、吸纳承载能力、综合服务能力、辐射带动能力明显增强，形成规模适度、布局合理、配套完善、产业健康、生态宜居、特色鲜明的城镇体系。社区（村居）重点是有序推进、提档升级，按照“规划建设好、产业发展好、管理服务好、生态环境好、民生福祉好”的“五好标准”，打造农村示范社区和城市先锋社区，城市社区全部达到省级规范化标准，构建起以中心城区为龙头、10个镇为依托、美丽乡村（社区）为节点的新型城乡格局。城市文明程度高。社会主义核心价值观和“肥城精神”深入人心，各类群众性精神文明创建活动蓬勃活跃，市民文明素质和社会文明程度大幅提升，成功创建全国文明城市。文化兴市战略深入实施，桃文化、君子文化、军事文化等地方特色文化活力彰显、品牌响亮，文化事业和文化产业繁荣发展，人民群众多样化、多层次精神文化需求得到更好满足，建设齐鲁文化名城。

——坚持绿色发展，建设秀美肥城。加快形成资源节约和环境友好的空间格局、产业结构、生产模式、生活方式，构筑起天蓝、地绿、水清、气爽的生态宜居家园。功能布局更优。牢固树立“全域理念”，严格按照优化开发、重点开发、限制开发、禁止开发四类区域主体功能定位，从源头上保护好生态环境，打造出集约高效的生产空间、宜居适度的生活空间、山清水秀的生态空间。绿色发展更实。煤电建材、精细化工、冶金机械、种植养殖、生物质能五大循环经济产业链更加配套完善，万元GDP能耗、水耗、落后产能淘汰好于泰安市要求，争创国家级循环经济示范市。监控治理更严。水体、大气、噪声、工业点源、土壤面源治理成效更好，城乡污水管网覆盖率、生活垃圾和污水集中处理率大度提升，主要河流出境断面水质、空气质量显著改善。生态环境更美。植树造林和城市绿化成果巩固，市乡公路、河道等绿色长廊建设标准提升，形成永久性景观绿化带，生态镇、生态村、生态园区、绿色学校、绿色社区、绿色家庭等系列创建活动深入开展，创建国家环保模范城市，建设国家级生态市。

——坚持开放发展，建设活力肥城。顺应经济全球化、区域一体化发展趋势，发扬产业优势、文化优势、环境优势和公共服务优势，构建起全方位多元化对外开放格局，在更广范围、更高层次吸纳集聚资源要素。区域发展深度融合。把交通作为对外开放的关键支撑，青兰高速肥城段、泰肥一级路西延、济微公路东移、泰聊铁路等重大交通项目全部建成通车，加快建设改造市内公路路网，实现城乡公交一体化，构建起外联内畅的综合交通体系；与“一带一路”、京津冀协同发展、长江经济带、“两区一圈一带”的对接更紧、融入更深，建立起规划协调、政策协同、产业协作的高效联动机制。要素集聚扩量提质。搭建一批高位平台、落地一批高新项目、引进一批高精人才、集聚一批高端要素，把肥城打造成投资的“洼地”、服务的“高地”、发展的“福地”。对外贸易优化升级。市场布局和贸易结构持续优化，跨境电商形成完整产业链，企业对外贸易和走出去的综合竞争力明显提升。改革红利充分释放。改革推进更深、发力更实，政府职能转变、行政审批制度、投融资机制、财税金融体制、农业农村等重点领域改革实现大的突破，争取更多省和国家级改革试点。

——坚持共享发展，建设幸福肥城。把“改善民生、普惠共享”作为根本追求，加快增收富足“大多数”、普惠共享提升“平均数”、脱贫攻坚兜住“极少数”。民生支出年均增长10%以上；建立起城乡居民收入增长长效机制，城镇失业率控制在3.5%以内、城镇居民收入年均增长8%以上；构建起全覆盖、保基本、均等化、可持续的社保体系，实现“人人享有社会保障”的目标；教育高位均衡发展提质提标，教育综合实力全省领先，积极创建“省教育现代化县（市）”；实现医疗质量、服务能力、就医环境、发展活力、群众满意度“五个明显提升”，建设健康城市；深化平安法治建设，提升社会安全和谐指数；强化党管武装，推动军民深度融合发展；以精准扶贫实现精准脱贫，提前两年完成脱贫任务。让群众切身感受到年年都有新变化，一年更比一年好。

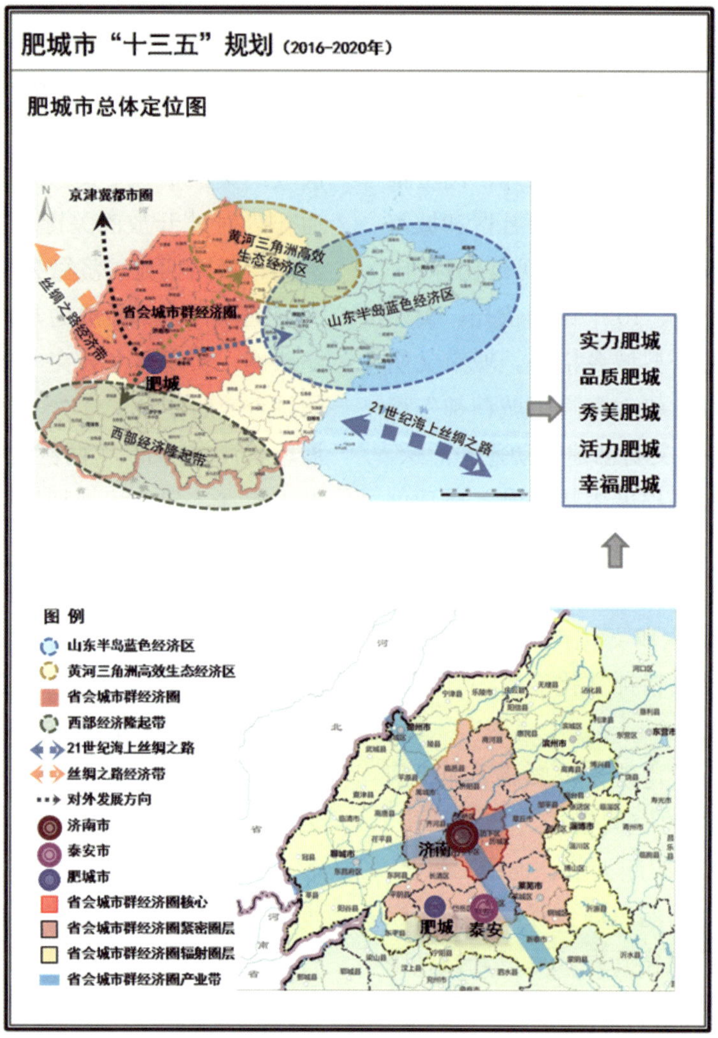

图 6“十三五”时期总体定位图

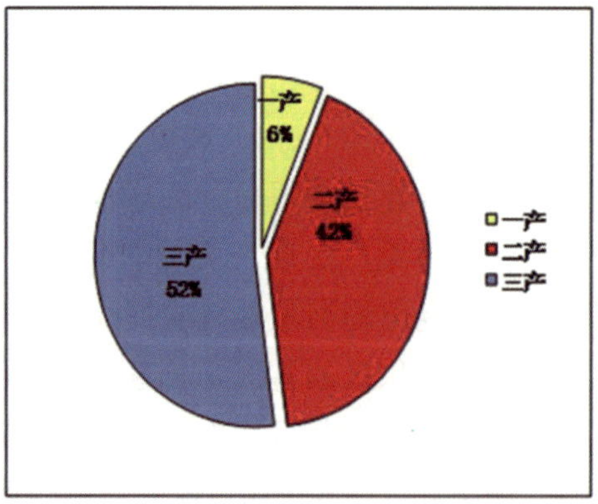

图 7“十三五”末三次产业比重

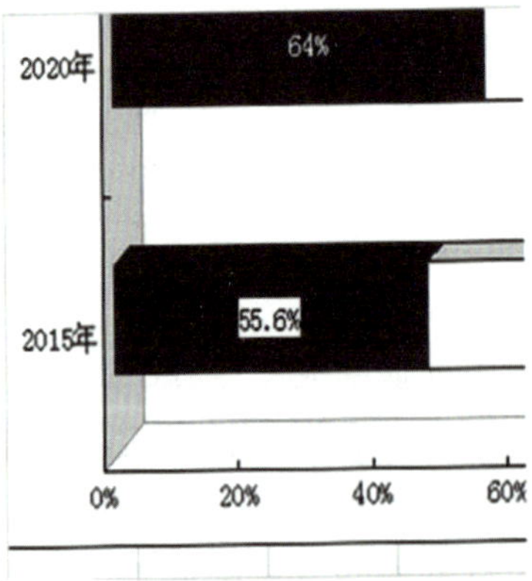

图 8 城镇化率

表 2“十三五”期间主要指标预期目标表

	序号	指标名称		单位	2016 年目标值	2017 年目标值	2018 年目标值	2019 年目标值	2020 年目标值
（一）实力肥城	1	地区生产总值		亿元	755	810	870	935	1060
	2	地方财政收入增长		%	7	7	7	7	7
	3	三次产业比例		—	7：49：44	7：47：46	7：45：48	7：43：50	7：41：52
	4	规模以上工业	主营业务收入	亿元	1400	1530	1650	1800	2000
			利税		135	140	145	150	160
			利润		80	82	85	90	100
	5	固定资产投资		亿元	622	707	805	915	1040
	6	社会消费品零售总额增长		%	10.1	10.1	10.2	10.3	10.3
	7	金融机构存款余额		亿元	440	460	480	500	520
	8	高新技术产业产值占规模以上工业产值比重		%	30	32	34	36	38
	9	战略性新兴产业占规模以上工业总产值的比重		%	24	25.5	27	28.5	30
	10	消费对经济增长的贡献率		%	49	51	54	57	60
	11	服务业增加值占比		%	43.7	45.7	47.7	49.7	52
（二）品质肥城	12	城镇化率		%	56.5	58	60	62	64
	13	城区面积		km^2	46	50	54	58	60
	14	农村示范社区达标率		%	30	50	70	90	100
	15	城市先锋社区达标率		%	100	100	100	100	100
	16	文化产业占 GDP 比重		%	3.3	3.6	4.0	4.5	5.0
	17	居民文化娱乐保健支出占家庭消费支出比重		%	13.0	13.2	13.3	13.5	13.7
	18	人均拥有公共文化娱乐设施面积		m^2	0.15	0.35	0.68	0.87	1
	19	万人拥有公共图书馆图书数量		册	8000	20000	33500	46000	58000
	20	城乡居民人均公共体育场地面积		m^2	1.9	2.0	2.1	2.2	2.3
	21	体育人口占总人口比重		%	38	39	40	41	42
	22	国民体质达标率		%	91	91.5	92	92.5	93
	23	农村有线电视入户率		%	65	70	75	80	85

续表

	序号	指标名称		单位	2016年目标值	2017年目标值	2018年目标值	2019年目标值	2020年目标值
（三）秀美肥城	24	空气质量良好以上天数比重		%	72	72.5	73	73.5	74
	25	机动车环保定期检验率		%	100	100	100	100	100
	26	出境断面水质达标率		%	100	100	100	100	100
	27	污染减排	COD排放量削减率	%	2	2	2	2	2
			SO_2排放量削减率	%	2	2	2	2	2
		污染减排	氮氧化物排放量削减	%	2	2	2	2	2
			氨氮排放量削减率	%	2	2	2	2	2
	28	万元GDP能耗下降		%	完成上级下达任务				
	29	万元GDP水耗下降		%	完成上级下达任务				
	30	饮用水源水质达标率		%	82	84	86	88	90
	31	绿化水平	森林覆盖率	%	41	41.5	42	42.5	43
			城市绿化覆盖率	%	44	44.2	44.6	45	45.3
			城市绿地率	%	40.6	40.8	41	41.5	42
			城市人均公园绿地面积	%	20.1	20.4	20.8	21	21.2
	32	城市污水管网覆盖率		%	95	95.5	96	96.5	97
	33	城市生活污水处理率		%	92	93	94	95	96
	34	城市生活垃圾无害化处理率		%	100	100	100	100	100
	35	镇街村容环境	主要干道、公共区域硬化率	%	100	100	100	100	100
			主要干道、公共区域绿化率	%	100	100	100	100	100
			主要干道、公共区域亮化率	%	100	100	100	100	100
			环境整洁、美观保持率	%	100	100	100	100	100
			生活垃圾集中处理	%	100	100	100	100	100
			镇村污水集中处理	%	60	63	65	67	70
	36	单位GDP建设用地下降率		%	8	5.22	7.34	7.92	8.6

续表

	序号	指标名称		单位	2016年目标值	2017年目标值	2018年目标值	2019年目标值	2020年目标值
（四）活力肥城	37	新增高速公路里程		km	31.76	31.76	31.76	31.76	31.76
	38	市内公路建设改造里程		km	110	145	135	110	100
	39	城市公交出行分担率		%	8	11	15	17	19
	40	外贸进出口总值		亿美元	6.2	6.7	7.2	7.8	8.4
	41	万人高技能人才拥有数		人	337	352	367	383	399
	42	万人发明专利拥有数		件	0.9	1.2	1.6	2.2	3.1
	43	新增科技创新平台数		个	5	5	5	5	5
	44	新增省以上改革试点数		个	3	2	2	1	1
（五）幸福肥城	45	就业	新增城乡就业数	万人	1.1	1.1	1.1	1.1	1.1
			肥城籍大学生就业率	%	85	86	87	87	87
			创业贷款发放额	亿元	1.1	1.2	1.3	1.4	1.5
			城镇登记失业率	%	3.5	3.5	3.5	3.5	3.5
	46	城乡居民人均可支配收入		元	24115	26044	28127	30378	32808
	47	人口自然增长率		‰	9	12	11	8	8
	48	文明单位、机关达标率		%	74.5	77.2	79.8	82.4	85.0
	49	文明村镇、社区达标率		%	79.8	82.3	84.9	87.4	90.0
	50	已建工会企业工资协商建制率		%	85	87	90	92	95
	51	规模企业开展“劳动关系和谐企业”创建活动率		%	87	89	90	91	95
	52	残疾人享有社会保障覆盖率		%	95	98	100	100	100
	53	扩大基层维权服务站（点）覆盖率和妇女儿童维权岗创建面		%	100	100	100	100	100
	54	社会志愿者比例		%	8.0	8.5	9.0	9.5	10
	55	每千名老人拥有养老床位数		张	32	34	36	38	40
	56	平安村居（社区）、单位		%	70	80	85	90	95
	57	万人刑事案件发案率		%	0.135	0.134	0.133	0.132	0.131
	58	人民群众对社会治安满意度		分	92.45	92.50	92.55	92.60	92.65

续表

	序号	指标名称	单位	2016年目标值	2017年目标值	2018年目标值	2019年目标值	2020年目标值
（五）幸福肥城	59	亿元GDP生产安全事故死亡率	%	1.9	1.85	1.8	1.75	1.7
	60	城乡居民基本养老保险覆盖率	%	95.60	95.70	95.80	95.90	96.00
	61	城镇职工养老保险覆盖率	%	94.50	94.60	94.70	94.80	94.90
	62	城镇基本医疗保险覆盖率	%	99.95	99.96	99.97	99.98	99.99
	63	新农合政策性住院费用报销比例	%	70.06	70.07	70.08	70.09	70.10
	64	每万人拥有医生数	人	17.67	19.75	21.83	23.91	26
	65	每万人拥有床位数	张	43.9	47.93	51.96	55.99	60
	66	人均预期寿命	岁	74	75	76	77	78
	67	城乡居民健康档案建档率	%	80	81	82	84	85
	68	食品量化分级管理率	%	95	95	95	95	95
	69	食品检测合格率	%	95	95	96	96	98
	70	学前三年毛入学率	%	97	97.5	98	98.5	99
	71	九年义务教育巩固率	%	100	100	100	100	100
	72	高中阶段教育毛入学率	%	97.4	97.8	98.2	98.6	
	73	城市低保收入住房困难家庭应保实保率	%	90	90	90	90	90
	74	贫困人口脱贫率	%	30	35	35	35	35
	75	科学发展群众满意度	分	89.5	90.5	91	91.5	92

第二篇　创新发展　建设自主创新样板区

强化自主创新对加快转型升级、建设“中国桃都、美好肥城”的核心推动作用，推进大众创业、万众创新，以制度创新推动创新能力的全面提升，强化科技创新同经济对接、科技成果同产业对接、创新成果同现实生产力对接，形成有利于出创新成果、有利于创新成果产业化的新机制，推动经济社会发展走上创新驱动之路。到2020年，基本建成创新体系健全、创新要素集聚、创新成效显著的自主创新示范市。

第四章　全面完善创新体制机制

1．突出企业创新主体地位。深入实施“千企升级”计划，引导和支持创新要素向企业集聚，加快构建以企业为主体、市场为导向、产学研结合的技术创新体系，引导企业成为研究开发投入、技术创新活动、创新成果应用主体，加速推进企业技术创新、产品创新、机制创新、管理创新。鼓励引导企业不断增强科技创新能力，引进和培育一批创新能力强、产业规模大、拥有自主知识产权和核心技术的科技创新型企业。以创新增值为导向，推进自主品牌和知名品牌建设。鼓励企业集中优势资源，投入一批重大技术攻关项目，积极参与国内外重要标准制定，促进技术和产业向价值链的高端延伸，提升附加价值，打造在特定专业领域的核心竞争力。到2020年，全市规模以上工业企业建有研发机构的比例达到90%。

2. 完善创新配置激励机制。实施创新资源集聚行动，促进全社会创新资源的高效配置和综合集成。加大政府创新投入，建立部门统筹协调机制和信息共享机制，改革和完善政府创新投入的统筹使用、管理监督和绩效评估体系，促进科研设备和信息资源开发共享，提高政府创新资源使用效率。完善创新要素自由流动的市场调节机制，促进各类创新资源优化配置。完善“谁创新谁受益”的市场激励机制，引导全社会增加创新资源投入。全面落实企业研发投入加计扣除、研发设备加速折旧、所得税减免等激励政策，加大自主创新产品政府采购和首购力度。探索建立人才资本产权激励办法，鼓励创新型人才以知识产权、技术等要素投资入股并参与分配。

3. 加大财政支持力度。加强对企业研发项目和研究机构建设的支持。综合运用无偿资助、财政贴息、财政奖励、跟进投资等投入方式，推动企业与科研院所、金融机构合作，发展产业基金，扩大创投、风投、担保基金规模，支持企业加快自主创新。

4. 探索科技金融新模式。加快种子基金、风投基金、担保机构、科技银行、科技保险等科技融资平台的搭建完善，以及小额贷款公司（银行）的建设，建立健全有利于自主创新成果产业化的金融服务体系。支持管理咨询、技术咨询、工程咨询、创业辅导机构、律师事务所、专利事务所、商标事务所等科技专业服务机构发展。

第五章　加速提升科技创新能力

1. 全面加强产学研合作协作。立足我市主导产业、产业升级需求，密切与省内外知名大专院校、科研机构的对接联系，争取更多的科研成果、先进技术来肥城转化、孵化。加强创新平台和示范基地建设，推动形成优势互补、合作共赢的产学研合作长效机制，培育扶持一批科技成果转化推广中心、产学研合作成果示范基地和科技园区等科技成果转化平台，健全完善一批开展技术扩散、技术服务、科技评估、管理咨询和科技投融资等科技中介服务平台。

2. 突破产业发展关键技术。加强前沿科学研究、基础科学研究和应用基础研究，逐步增强原始创新能力。实施重大产业技术攻关，突破一批关键领域核心技术和行业共性技术，开发一批拥有自主知识产权的创新产品，有效提升技术自给率。实施重大科技专项，精准绘制重点产业发展技术路线图谱，在新兴电子信息技术等领域突破掌握一批关键核心技术。加强关键领域核心、共性技术攻关的组织，形成政府推动与企业为主相结合的核心共性技术研发和推广应用机制。着力推进传统产业技术创新，建设一批优势传统产业集群共性技术攻关和创新平台。

3. 提高科技成果转化率。完善创新成果转化机制，促进具有自主知识产权的创新成果转化为现实生产力。实施创新成果产业化专项，重点建设对产业发展具有重大支撑作用、技术集成度高、带动作用强的重大科技成果产业化示范工程。完善创新成果与产业需求对接机制，加强科技成果孵化和中试基地建设。依托科技孵化器，强化市高新区的创新功能，促进省会城市群经济圈内科技创新向我市辐射转移。

第六章　有效汇聚科技创新人才

1. 着力引进高层次创新创业人才。不断优化人才环境，探索建立人才创业、科技创新全流程支持政策机制，切实发挥企业主体作用、镇街区、成员引导作用、人才项目的集聚作用，围绕提升工程机械、装备制造、精细化工、玻纤格栅等优势产业和培育新能源、新材料、新医药、新节能环保、高端装备制造等“四新一高”战略新兴产业培育，以创新型科技人才为重点，着力引进培养一批能够突破关键技术、具有自主知识产权的创新型科技人才和依靠核心技术自主创业的科技企业家。到2020年，高层次创新创业人才总量达到500人左右，打造20个科技创新团队，扶持建设5个以上创新创业基地，带动建设一支数量充足、素质优良、结构优化的创新创业人才队伍。

2. 统筹推进各类人才队伍建设。以提高市场开拓能力和经营管理水平为核心，以战略企业家和职业经理人为重点，培养一批企业发展急需的战略规划、资本运作、科技管理、项目管理等方面的专业人才。创新各类优秀人才培养选拔机制，进一步扩大专业技术人才队伍规模，加快知识更新步伐，畅通专业技术人才流动渠道；建立完善高技能实用人才开发机制，重点培养具备创新能力和精湛技艺的技师、高级技师，加快培养既懂商务、又具备信息化技能的电子商务应用型人才；实施农村实用人才科普惠农兴村行动，壮大农村实用人才队伍，落实、完善农村实用人才开发政策，做好“乡村之星”选拔工作。到2020年，全市企业经营管理人才总量达到12000人，专业技术人才总量达到55000人，研发人员总量达到3000人以上；高技能人才总量达到32000人，技师、高级技师达到6000人；农村实用人才总量达到26000人。

3. 不断加大人才平台创建力度。深入实施人才平台递进创建工程，围绕全市重点企业、重点产业发展需要，在抓好已建成科研中心（工作站）规范提升基础上，按照高点定位、适度超前、配套建设、高效利用原则，对规模以上企业逐个研究确定人才平台创建目标，积极探索“高校+开发区（园区）+企业”的载体建设模式，鼓励和支持企业与高校、科研院所联建一批重点实验室、工程技术中心、国际科技合作中心、院士工作站、博士后创新实践基地、产业技术创新示范战略联盟等载体平台，形成人才平台递进创建、扶持资金递进奖励、平台层次递进提升的工作格局。深入推进中国矿业大学国家级大学科技园肥城分园、新兴产业园区科技孵化器、文化创意产业孵化器建设，发挥公共孵化平台对高层次人才、高科技项目的集聚效应。到2020年，市级以上各类人才载体平台达到120个以上，其中省级平台60个以上，国家级平台达到5个，高新区孵化器成为国家级科技企业孵化器，新兴产业园区孵化器成为省级科技企业孵化器，文化创意产业孵化器成为泰安市级科技企业孵化器。

第三篇　全域协调　建设功能完善新城市

以“全域”为基础，统筹推进本地城镇化，优化城镇化布局形态，形成城区、镇区、农村新型社区协同发展的新型城镇化格局。创新城镇化发展模式，完善体制机制，促进三生融合、文化传承，争创省内转型发展示范区、城乡一体化先行区。

第七章　全面实施主体功能区战略

全面实施全国主体功能区划试点工作，依据资源环境承载能力、开发密度和发展潜力，调整优化空间结构，提高空间利用效率。全市国土空间按开发方式分为优化开发、重点开发、限制开发和禁止开发四类区域。

优化开发区域。包括新城街道、市高新区、石横镇，建立转变发展方式优先的绩效评价体系，全面优化提升经济社会发展的结构、素质和质量，成为带动全市经济社会发展的创新区域和规模最大的人口经济密集区。

重点开发区域。包括老城街道、各镇中心镇区和各类经济园区，实行工业化和城镇化水平优先的绩效评价，要加快形成现代产业体系，健全现代城镇体系，促进人口加速聚集，完善基础设施网络，保护生态环境，成为支撑未来全市经济持续增长的重要增长极。

限制开发区域。即农业地区和生态地区，分别实行农业发展优先和生态保护优先的绩效评价，要限制大规模高强度的工业化、城镇化建设，实行点状开发，保护大片耕地和开敞生态空间，引导人口集中布局到中心城镇。

禁止开发区域。包括市内风景名胜区、森林公园、生态湿地、水源地、市级以上文物保护单位等，要依据法律法规和相关规划实施强制性保护，严格控制人为因素对自然生态的干扰，引导人口逐步有序转移。

专栏1：禁止开发区域

风景名胜区：翦云山风景区、望鲁湖风景区、桃源世界风景区、云蒙山风景区、布金山风景区

森林公园：牛山国家森林公园

生态湿地：肥城康王河湿地公园、石横湿地公园

水源地：擒马岭、尚庄炉水库、大汶河水源地

文物保护：重点文物古迹

第八章 积极优化全域空间发展架构

根据区域发展环境、历史发展轨迹、市域产业布局、城镇化发展趋势以及借鉴相关经验，规划提出“极化中心，内聚外联；借力济泰，轴向带动”的战略举措，构建分工明确、有机联系、功能互补的新型空间与功能体系，打造“一体两翼、三轴三区”的城镇化总体格局。

1. 一体。强化主城区，继续扩大主城区的规模，提高其集聚效应；不断完善主城区的职能，建成肥城经济、文化、行政和商贸服务业的中心；同时加大产业结构调整，促进本区域逐步向现代综合性加工制造业与商贸业中心的方向发展；构建生活环境优美，适宜居住的绿色生态城市，打造肥城城镇化核心。

2. 两翼。西北部以石横镇、湖屯镇为主体，形成重化工业带动的城镇组群；南部以汶阳镇为中心，与周边的安驾庄镇、边院镇为一体化发展，形成以有机农业、海洋盐化工、新兴产业带动的城镇组群。

石横、湖屯未来是以重化工工业为主体的工矿业城镇，在依托现有的煤炭资源开发、电力和钢铁工业的基础上，进一步发展相关的高耗能工业，提高钢铁工业的产品技术层次，建立基于电力和钢铁产业的生态型工业体系，减少污染物的排放；进一步理顺国有大型企业和地方之间的关系，通过城镇空间规划，合理组织各种服务设施的布局，促进城镇人口的集聚，完善城镇的功能。

南部的汶阳镇、安驾庄镇、边院镇是肥城重要的农业产区，也是肥城有机农业发展基地，该区域在依托丰富的农副产品资源的基础上，重点发展有机食品加工、为农业服务的生物肥料加工。立足于盐业资源优势和产业基础，借助于山东半岛蓝色经济区联动区发展的机遇，延伸产业链条，打造盐化工产业基地；加强三个镇的差异化发展，汶阳作为肥城南部的重点镇，以精细化工、新型材料为发展的重点，合理组织工业布局和城镇空间布局，安驾庄以商贸流通业为重点，利用交通便利的优势，发展有机农产品及其相关产品的物流业，建设南部的商贸中心，边院镇主要发展有机农业和盐化工等产业；加强南部主要城镇之间的联系，提高县乡公路的等级，改善汶阳对外交通条件。

3. 三轴。南北向的济兖公路发展轴，市域北部泰临路东西向发展轴和市域南部泰汶路东西向发展轴。

济兖公路发展轴是市域南北向城镇发展轴，连接中心城区和南部城镇组团，通过济兖公路向北延伸对接济南，通过资本、劳动力、技术、信息的快速流动主动接受来自济南的辐射带动。

泰临路城镇发展轴，借助于泰安高铁站建设、

104省道西移和泰聊铁路、青兰高速的建设，加快泰临路两侧的开发建设。通过泰临路向东发展，强化与泰安市的对接与互动。泰汶路城镇发展轴，是市域与泰安市互动的发展轴线，串联南部组团的重点城镇，同时也是市域南部资源开发产业带。

4．三区。北部城镇化核心突破区、中部城镇化农业生态保障区、南部特色城镇培育区。

北部城镇化核心突破区——核心集聚、区域协调。以主城区、石横—湖屯为核心快速集聚发展，注重与济南、泰安中心城、外围周边城镇的联合和互动发展。

中部城镇化农业生态保障区——保护南北向的山体生态廊道，注意地面水系的统一管理，积极疏导农村人口向镇区集中，积极探索和推广先进的种植技术，改革灌溉方式，切实提高每亩作物的市场价值和经济效益。

南部特色城镇培育区——多元驱动、渐进集聚。形成安驾庄、汶阳、边院、孙伯多元发展，突出商贸运输、旅游观光、生态农业、石膏加工、盐化工等产业协调发展，城镇化进程强调循序渐进、注重内涵品质。

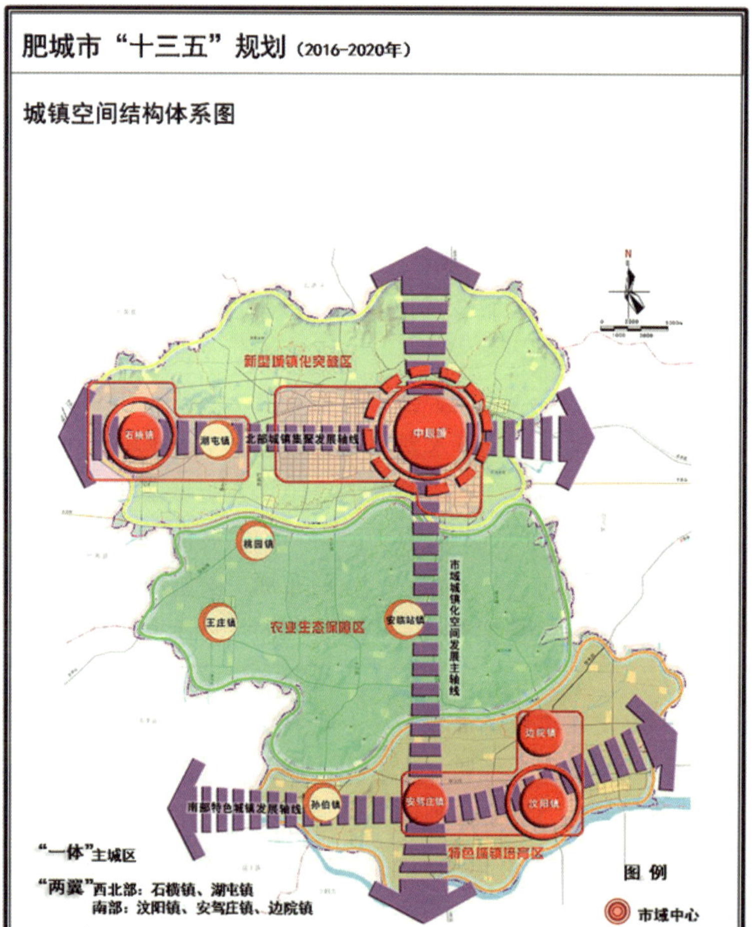

图9“十三五”时期城镇空间结构体系图

第九章　精心塑造高品质城区

优化城市功能和空间结构，做大做强中心城区，发挥中心城区在信息、通讯、人才、销售等方面的优势，为农业产业化提供信息、人才支撑，以开发区建设为先导，为扶持、引进龙头企业提供空间载体。

第一节　完善中心城区功能

结合城市转型的需要，突出主城区在新型产业、教育、物流商贸、生态旅游、公共服务等方面的功能，提高中心市区的综合服务功能，使主城区的各项城市功能更加高效完善，基本实现城市公共设施、基础设施和服务设施的现代化。

完善经济功能。进一步完善和强化主城区的经济职能，加快发展现代综合性加工制造业与商贸业，形成区域性的经济中心。发展精细化工、机械加工等加工制造业，利用高新技术和信息化手段改造、提升制造业，迅速膨胀经济总量。开展职业教育等服务管理工作，提高建筑安装等技术劳动密集型产业的竞争优势。积极发展商贸流通业，提升商贸服务业的档次和水平，扩大辐射范围。完善承载功能。立足经济社会发展实际，特别是瞄准城市停车、交通拥堵等城市瓶颈顽疾，新区建设、旧城改造和道路新（改、扩）建，在重要地段和管线密集区建设地下综合管廊；规划建设城市停车场，新建城建设施、商贸服务设施等配建停车场，着力解决停车难、通行堵的问题。完善人居功能。进一步完善体育场（馆）、图书馆、博物馆、文化馆、电影院等文化体育设施，完善社区服务网络，建设社区活动中心，提高城区人民生活的品质；结合城市公园建设，城市河流改造，优化、美化市区的居住环境。完善景观功能。适度发展生态旅游业，结合城区周围的低山、丘陵和塌陷区，开发娱乐休闲场所以及生态公园，以桃文化为主题，开展城市园林建设和四季桃园建设。完善文化功能。结合全国文明城市创建，倡树宣传肥城精神和肥城文化，提倡社会文明新风尚，着力塑造城市文化内核和文化灵魂。

第二节　优化城区空间结构

按照组团式发展的模式，合理调整优化城市用地结构和空间布局。通过老城区的更新改造和新城区的综合开发，促使中心城区功能布局更加完善、发展动力更加强劲、生活品质更加优良，综合实力和承载能力进一步增强。以康王河、拾屯河、群将河为界，中心城区形成新老城片区、开发区片区、王瓜店片区、西南片区和东部片区五个片区，城市空间布局形成“一轴带，五片区”的空间格局。

1．一轴带。即沿泰临路——康王河形成综合公共服务中心和景观轴带。将康王河作为主城区的中心景观系列和形象标志，以沿河的大面积绿地和服务于全市的新型公共设施轴带体现主城区的开放性与生态特色。

2．五片区。即新老城片区、王瓜店片区、开发区片区、西南片区、东部片区。

（1）新老城片区。主要位于金牛山大街以东。其主要职能是市域的行政、文化、经济中心，为市域提供高质量的高中教育、职业教育、物流业、咨询服务业、医疗服务等完善和多样化的服务职能，打造成市域内最理想的生活居住场所。

（2）王瓜店片区。以原有工矿企业为基础的综合性片区。结合矿业城市转型的要求，用地以功能转化和环境改善为重点。适度提升本区的基础设施建设水平和环境质量，建设区级的商业服务中心，带动城市向西发展。

（3）开发区片区。作为以工业发展为主要职能的片区，本区域推行产业复合、规模适当、职住平衡、服务配套的空间组织方式，完善市民就近就业、购物和休闲等综合功能。

（4）西南片区。位于康王河与白云山之间，生态景观环境优越，建设成以居住功能为主的新兴城市片区。配合城区向西发展，提供环境优美、基础设施完善、居住密度较低的高品质居住生活用地。

（5）东部片区。主要指城区东部，重点秉持绿色发展理念，依托市新兴产业园区，发展高技术、低能耗、低排放的新兴产业；抢抓泰肥一级路延伸、青兰高速等重大交通通道建设机遇，发展现代物流等服务业。

第三节　加快建设海绵城市

推进海绵城市建设，进一步提高城市综合防灾减灾能力，缓解城市水资源压力，改善城市生态环境。

1. 抓好城市水系统建设。加大康王河、龙山河等城市内河道整治力度，增加河道渗漏调蓄能力；实施河道清淤工程，增加河道排放能力；加强污水处理设施建设，加大雨污分流改造力度，配套建设再生水回用管网，扩大再生水使用范围，改善河流水质，提升河道水体景观。建立城市河道补水长效机制。加快改造既有危旧供水管网，降低供水漏失率，提高供水保障能力。

2. 抓好园林绿地系统建设。结合公园、景区、绿地的建设和提升改造，适当建设下沉式绿地和植草沟，实施透水生态铺装，在充分利用原有景观水面汇水调蓄功能的基础上，适当建设下沉式绿地和植草沟，合理设置雨水调蓄设施，提升绿地汇聚雨水、蓄洪排涝、补充地下水等功能。大力开展植树绿化，增加乔灌木栽植量，丰富植物配置，完善景观设置，涵养水源，并依托山体地势合理设置雨水收集、拦蓄及利用设施，增强山体、公园雨水渗、蓄、用功能。

3. 抓好城市道路系统建设。对新建的市政道路工程，实施人行道、附属停车场及广场透水铺装，适当建设下沉式绿地、生态树穴及雨水调蓄池等，增大地表水渗入量，最大限度发挥道路集水功能，加大雨水利用力度，蓄积雨水用于道路浇洒及绿化等。

4. 抓好建筑小区系统建设。新开发片区应将海绵城市建设要求纳入城市规划建设管控环节，在建与既有建筑小区要因地制宜进行适当改造，建设下沉式绿地、可渗透路面、绿色屋顶及透水性停车场等，并设置雨水收集调蓄设施。

第十章　积极稳妥推进新型城镇化

牢固树立“全域肥城”发展理念，因地制宜，因势利导，加快发展方式转型；以人的城镇化为核心，有序推进农业转移人口市民化；以促进生产、生活和生态空间融合发展为重点，优化城镇化布局和形态；提升城乡综合承载能力，创新体制机制，走以人为本、四化同步、优化布局、生态文明、文化传承的肥城特色新型城镇化道路。“十三五”期间，争创省内转型发展示范区、城乡一体化先行区。

第一节　稳步推进本地城镇化

1. 引导市域人口稳定增长和合理布局。一是要促进人口总量稳定增长，深化人口长期均衡发展战略，在资源环境承载力框架内，促进人口发展与经济社会发展需求相适应。以本地城镇化为主，引导外出就业人口回流，缩小市域常住人口与户籍人口差距。二是要引导市域人口合理布局，科学界定人口发展功能区，实施差别化人口发展定位，引导人口向中心城区、重点镇区等资源环境承载能力强、经济发展空间大的区域集聚迁移，实现人口合理分布、人力资源有效配置。合理控制分区域城乡人口规模，至2020年中心城区建设成为人口规模40万以上的Ⅰ型小城市；重点培育石横镇、汶阳镇等重点镇发展成为城镇人口规模达3万—8万、产业特色突出、综合服务功能健全的要素集聚引导次核；积极推进一般镇人口集聚，有序扩宽就业和发展空间，成为统筹城乡发展的重要支点。到2020年，全市城镇人口发展规模为70万左右。

2. 推进农业转移人口就地就近融入城镇。健全农业转移人口落户制度，合理确定各级城镇落户条件，提升城镇基本公共服务和社会保障覆盖率，按照“存量优先、带动增量”的人口落户策略，以中心城区和重点镇区为主要载体，探索人口逐级流动推进模式，推进农业转移人口有机集聚。至2020年，全市实现14万左右农业转移人口市民化。

3．促进城中村和棚户区人口市民化。把城中村和棚户区改造作为重大民生工程来抓，推进城中村和棚户区人口市民化。要加大改造力度，完善配套政策，破解城市内部二元结构，使城中村和棚户区居民共享城市发展成果，切实提高城镇化质量。到2020年，各街办、建制镇镇区现状建成区范围内的棚户区和7.14平方公里城中村改造完成，稳步推进规划建成区范围内3.76平方公里城边村治理建设，实现9.8万城中村与城边村居民市民化。

第二节　全面加速城乡一体化进程

1．加快基础设施向农村延伸。推动水电路气等基础设施城乡联网、共建共享。加快农村饮水安全建设，因地制宜采取集中供水、分散供水和城镇供水管网向农村延伸等方式，解决农村人口饮用水安全问题。全面推进“户集、村收、镇运、市处理”的城乡环卫一体化，严格控制垃圾填埋处理，提倡焚烧处理。2020年城乡生活垃圾无害化处理率达到98%。按照“城（厂）边接管、就近联建、鼓励独建”的原则，加快污水处理设施建设，提高农村地区污水处理水平。

2．加快新型农村新型社区建设。启动编制新一轮农村新型社区和新农村建设规划，分类编制新社区（中心村）规划、村庄整治规划和传统村落、特色村落保护专项规划。加强新型农村社区基础设施和配套设施建设，发展支柱产业，建设设施完善、支撑有力的新型农村社区。抓好社区服务中心建设，加快建立公共服务、经营性服务、互动性服务“三位一体”的社区服务体系，完善社区服务功能。发展壮大村集体经济，增强运转保障能力和服务功能。

3．打造生态文明乡村。坚持美丽乡村、示范村、精品示范村、示范片区“四位一体”、协同共建。做好传统村落的保护工作，全方位、多角度挖掘传统村落在自然、人文、建筑等方面的特色亮点，建设特色乡村。持续推进硬化、绿化、美化、量化向村内背街小巷延伸。全面实现城乡环卫一体化，农村生活污水治理行政村覆盖率达到40%，农村生活垃圾集中处理行政村覆盖率达到100%。所有村居达到“桃都美丽乡村”建设标准。搞好农村生态体系建设，建设绿色生态家园。

4．加强农村公共基础设施建设。实施农村安全饮用水提升工程，推动城镇供水管网向农村延伸。因地制宜实施电网延伸和光伏发电、风电、小水电工程，实施新一轮农村电网改造升级工程。加强农村道路建设，大力发展农村公共交通。强化农村公路养护、农村客运的资金投入和机制创新，切实加强农村校车安全管理。进一步完善农村电信、数字电视和互联网等基础设施，逐步覆盖所有村庄。实施小康住宅科技示范工程，加快绿色建材、太阳能、节能设施等先进技术的推广应用。加大农房改造力度，采取“新建翻建和修缮加固”相结合的方式，利用好各项政策，全面实施农村危房改造，切实改善农村居民的居住条件和生活条件。

第三节　推进产城融合发展

根据新型城镇化的要求，进一步完善城镇化健康发展体制机制，推动产业和城镇融合发展，加快培育新的经济增长点。依托高新技术产业开发区、新兴产业园区、现代农业高新技术产业示范区、现代盐化工园区、世上桃源旅游度假区，坚持“以产兴城、以城聚产、产城融合、城乡一体”的发展理念，加快产业园区从单一的生产型园区经济向综合型城市经济转型。提高工业园区资源利用效率，改善生态环境质量，完善配套基础设施，保障和改善民生，探索新型工业化和新型城镇化路径，把工业园区发展成为产业发展基础较好、城市服务功能完善、边界相对明晰的城市综合功能区。力争到“十三五”中期，把高新技术开发区率先打造成为肥城市产城融合样板区。

第十一章　全面融入区域发展新格局

统筹对内开放和对外开放，积极贯彻国家、省、市等区域发展战略部署，扩大与周边地区的交流与合作，把泰肥一体化发展、接轨济南、融入省会城市群经济圈作为肥城市发展的战略取向，加强与省会城市群其他城市的协调配合，加快推进基础设施、产业、市场、社会管理等方面的对接融合。加强与京津冀、山东半岛蓝色经济区、黄河三角洲高效生态经济区、西部经济隆起带等区域以及泰安市内其他城市的对接融合，推进合作共赢、联动发展，进一步拓展发展空间和领域。

第一节　主动融入省会城市群经济圈

充分发挥地处省会城市群经济圈紧密圈层、毗邻省会济南的优势，主动承接各类资源、产业外溢，在产业发展、基础设施、项目招引、工作机制上实现无缝对接，打造服务省会济南的高端产业联动发展基地、优质农副产品供应基地、特色休闲乡村旅游基地、清洁能源开发利用基地、科研成果转化孵育基地和人力资源培训实践基地。

1. 立足优势，错位发展。实现产业的一体联动，形成上下游紧密关联的完整产业链，是融入对接的关键内容和核心支撑。在产业融合上，拓清我市的优势产业、联动产业、急需提升的产业，壮大优势产业，培植特色产业；承接转移产业并发展配套产业；提升传统产业，共建高新产业，实现高新技术渗透融合、三次产业延伸融合、产业内部重组融合和新旧产业替代融合，挖掘产业发展潜力，增创产业发展新优势。

2. 项目优选，扩容提质。在项目对接融合上，提高自身项目建设水平质量，准确把握济南市产业转移方向和趋势，有针对性地引进济南投资来肥兴建项目；立足资源、产业等比较优势吸引一批新项目落地肥城，抓好现有合资合作的项目建设；瞄准驻济世界500强、国内500强等大型企业集团，引进符合转方式调结构要求的现代农业、新型工业和现代服务业的大项目、好项目，引进战略性新兴产业、高新技术产业、现代服务业领域的成长性好、效益好的中小企业项目；充分考虑产能、节能环保、用地、预期经济收益等指标，关注投资质量、结构和效益，确保招商引进的项目高质高效运营、快速开拓市场、持续增进收益。

3. 设施完善，互融互通。一是畅通交通。充分发挥交通先行优势，加快推进泰聊铁路、青兰高速、泰肥一级路西延、济微路升级改造等重大交通项目取得突破性进展，全方位缩短与省会济南的时空距离，打造“一小时生活圈”。抓住省里城市轨道交通建设加速的历史性机遇，全力争取打通肥城到济南的交通大通道。二是建好园区。高标准、高质量地建好各类园区，完善水电路气等基础设施和生活服务配套，打造承接产业转移、促进项目集聚的高位平台。引导市高新区、新兴产业开发区、现代农业示范区、现代盐化工新区等骨干园区强化与济南同类专业园区的对接交流，着力在基础支撑、要素保障、配套服务、技术孵化、信息共享等方面提高园区发展水平，加速形成关联紧密、形态完整的产业链条和企业集群。

4. 创新机制，强化保障。探索建立与上级部门、与圈内区县的常态化沟通交流机制。选派干部到上级部门挂职锻炼，加强与上级主管部门、济南市对口部门的联系对接；强化与圈内县市区的交流磋商，实现整合资源协同对接，促进生产要素在圈内平滑流动。广泛吸收济南各类高校、科研院所人才来肥服务，为对接融入工作提供智力支撑；推进产学研就地转化，吸引圈内高等院校和各类科研院所来肥建立科研基地，鼓励有条件的企业与高等院校和科研院所联合建立研发中心，把我市建设成既承接省会城市群经济圈辐射，又带动周边地区科技成果转化的集散地。对省会城市群经济圈转移投资的企业、项目开辟服务“绿色通道”，对经过市政府研究的重大项目和重点企业，在项目审批、要素供应方向予以适度倾斜，把肥城打造成为济南投资者创新创业的首选之地。

第二节　加快推进泰肥一体化

“十三五”期间，随着泰安支线机场规划在泰安与肥城主城区之间选址、泰安高铁站、104国道西移、济微公路东移等重大交通设施建设的机遇，肥城市向东对接泰安市实现同城效应，推进泰肥一体化发展。推进基础设施建设一体化。重点加强交通基础设施建设，加快建设连接两地的快速通道，实现两地交通公交化，实现泰肥一级路升级延伸；加快两地公用通信网、局域信息网和广播电视信息网建设。加强电子政务系统、地理空间信息系统一体化建设。加快西气东输泰安肥城段、石横电厂四期项目建设进度，逐步实现泰肥水电油气等资源的对接共享。推进产业布局一体化。整合两地优势资源，加强协调与对接，促进产业合理布局和结构优化升级，加强重点产业对接，加强泰安市高新区、岱岳区开发区与肥城高新区、新兴产业开发区的合作，实现开发区共赢。推进区域市场一体化。进一步开放市场，共同健全统一、开放、竞争、有序的现代市场体系，促进水平和生产要素在市场自由流动。推进体制创新一体化。出台鼓励加快引进建设重点项目的政策措施，对重大项目实行“一事一议”，在土地供应、信贷支持等方面优先支持，提高项目运作推进效率。

第十二章　加快独立工矿区转型发展

着眼于从战略高度确立转型的总体定位和发展思路，以新型城镇化、经济结构转型为推动力，以项目建设和园区建设为保障，有效破解制约转型的产业基础、发展空间、城镇功能等瓶颈问题，努力探索科学转型的新路径。优化产业结构。积极进行转型发展的探索与实践，规范矿业秩序，合法有序开发矿产资源，保护矿区及周边生态环境；探索延长产业链条，突出精深加工，以实现有限资源的高效利用；发展接续替代产业，推进农业现代化进程，逐步形成各类农业特色产品基地，打造一批现代农业示范品牌，发展休闲观光、特色餐饮等第三产业。突出生态建设。加大争资融资投资力度，大力实施环境整治、生态修复、耕地恢复、整体搬迁等项目，整治周边农村环境，开展饮水安全和水土流失综合治理。强化民生保障。全面落实各项惠民政策致力于独立工矿区社会稳定，积极推进居民安置工程，努力改善矿区群众教育、医疗、卫生条件，逐步建立社会保障体系。实施改造搬迁示范。进一步完善独立工矿区交通、供水、排水、供电、供气、供暖、通信等基础设施，大力发展替代接续产业，重点延展拉长产业链条，大力发展新能源、循环经济、煤炭生产副产品综合利用等重点产业，打造产业集聚区，打造新的经济增长点、拓展新的群众增收渠道。推进煤矸石、塌陷地、矿坑水、苦咸水综合整治，改善修复生态环境。加快实施独立工矿区改造搬迁示范工程，推进实施好重点改造搬迁工程项目。实施搬迁工程后，达到工矿区内基础设施明显优化改善、生态环境迅速恢复涵养、替代接续产业形成规模、人民群众收入稳步提高的目标。

第十三章　促进军民融合发展

健全完善沟通顺畅的组织领导体系，突出军民协同创新和产业融合，在经济社会发展中充分考虑国防需求，加快形成军民深度融合、互利互惠的发展格局。完善工作沟通机制。按照上级要求，建立完善军地对接的组织机构，强化对军民融合工作的组织领导。畅通军地之间需求对接、布局统筹、战略协同、规划衔接和政策对接机制，促进各类资源要素双向互通。建立健全军供保障体系，支持银宝经济动员中心建设，提高应急应战保障能力。推进军民协同创新。深入实施军民融合发展科技行动，积极搭建军工科研院所和我市企业对接合作的载体平台。多渠道、多方式开展协同创新，重点攻关转化军民两用的先进技术和科研成果，畅通军民技术转移转化渠道，强化军民融合发展的科技支撑。加强军民产业融合。依托我市优势产业和骨干企业，在装备制造、工程机械、新型材料、纺织服装、食品加工等领域主动对接军品需求和国防需要，鼓励生产军民两用的新型产品。规划设计、建设基础设施充分考虑国防需求，构建军民两用、平时民用、战时应战的基础设施体系。

第四篇　绿色发展　打造生态先行示范区

以全国首批生态功能区试点建设为抓手，巩固省级生态市建设成果，把推进绿色发展作为加快转型升级、建设美好肥城的重要着力点，倡导绿色发展理念，积极应对气候变化，加强资源节约和环境保护，大力推进生态文明建设，努力改善人居环境，促进人与自然和谐相处。

第十四章　加强资源节约和综合利用

加强资源节约，全面推进节能降耗，提高资源利用效率，加快循环经济发展，建设节约型社会。

1. 大力发展循环经济。以提高资源产出效率为目标，推进生产、流通、消费各环节循环经济发展。推动清洁生产向纵深发展，实施清洁生产企业分级管理，鼓励企业提高资源利用效率和综合利用水平。加强废弃物综合利用管理，探索实行生产者责任延伸制度。加强电子废物综合利用管理，加强再制造技术研发与应用。加快建设城市社区和乡村回收站点、集散市场、分类分拣“三位一体”的回收网络，推进再生资源规模化利用。深入开展与中节能集团的战略合作，大力培育资源综合利用龙头企业，通过发挥其示范和带动作用，建设“企业—园区—产业—社会”的循环经济框架体系，争创全国循环经济试点县。

2. 深入推进节能降耗。提高能源利用效率，抓好工业、建筑、交通运输等重点领域节能，继续重点节能工程和节能产品惠民工程。提高产业招商引资项目的能耗准入门槛，推进高耗能企业节能技改或转移。大力发展绿色社区和绿色建筑，推进既有建筑节能改造。加强用电需求侧管理，建立节电管理长效机制。推广先进节能技术和产品，加快推进合同能源管理，促进节能服务产业发展。建立健全用能单位主体责任制，完善能耗统计、监测体系，加大节能执法力度。加强对境内企业温室气体排放的控制管理，探索碳排放权交易市场的建设运行。

3. 推进资源管理精细化。实行资源利用总量控制、供需双向调节、差别化管理。建立能源和矿产资源稳定供给渠道及储备体系，加强能源和矿产资源勘查和合理开发利用。完善土地管理制度，强化规划和年度计划管控。充分挖掘建设用地潜力，继续推进城乡建设用地增减挂钩，盘活存量建设用地，提升低效土地利用水平，节约集约用地，提高土地利用率。大力节约原材料，鼓励生产和使用节能节水节材产品、再生产品，减少一次性用品和包装材料的使用。建设节水型社会，提高工业用水的重复利用率，推进农业节水和城市节水。

4. 推进合同能源管理。加快节能服务产业发展，以合同能源管理分享节能效益为基础，发挥市场配置资源的基础性作用，建立市场化节能服务机制。加强用能计量管理，督促用能单位按规定配备能源计量器具，为节能服务公司实施合同能源管理项目提供基础条件。组织实施合同能源管理示范项目，使合同能源管理成为用能单位实施节能改造的主要方式之一。新建、改建、扩建固定资产投资项目，要优先采用通过认证的节能产品。围绕全市产业布局，以节能认证产品为引导，提高企业节能产品认证的积极性，加快培育形成节能产品产业集群。贯彻《节能自愿协议技术通则》国家标准，鼓励用能单位与政府签订节能自愿协议。适时引入能源消费总量交易制度，优化用能结构和工业布局。

第十五章　切实加强环境保护

切实改变传统环境保护观念，从末端治理向决策和规划方面延伸，以环境质量改善为核心，系统结合环境质量改善和污染防治工作，优先解决与人民群众切身利益相关的水污染、空气污染等突出环境问题，维护人民群众健康和环境权益，增强可持续发展能力；加强环境保护和经济结构转型升级的有机融合，以环境保护倒逼污染行业转型升级、优化布局，以环境需求激发环保市场释放发展新的红利。

1．*总量减排*。坚持预防为主、综合治理，把环境容量作为经济发展的重要依据，综合采取结构安排、工程安排及管理减排三大措施，降低污染物排放总量，力保2020年化学需氧量、氨氮、二氧化硫、氮氧化物、烟尘、粉尘排放总量控制在上级下达的指标以内。

2．*加强水污染治理*。加快污水处理厂及管网建设，确保康龙排水有限公司运转负荷率稳定在98%以上，加快实施康龙排水有限公司实施中水回用工程，加快建设康汇污水处理厂配套管网，完善汶阳、边院污水处理工程。加大人工湿地水质净化建设力度，实施人工湿地水质二次净化、退耕还湿和生态修复、河道综合整治等工程，加快丘明湖、康王河等人工湿地水质净化工程建设，削减面源污染。到2020年，主要河流断面水质达到水环境功能区标准要求，全面消除劣Ⅴ类水体。加强城镇和农村集中水源地的保护，对集中式饮用水水源地水质开展有机污染物监测，建立饮用水源安全预警系统，到2020年，城镇集中式饮用水源地水质达标率不低于95%。逐步推进地下水污染防治，到2020年，城镇集中式地下水饮用水水源水质进一步改善。按照《山东省南水北调沿线水污染物综合排放标准修改单》要求，以造纸、化工、钢铁、食品等行业为重点，开展新一轮限期治理工作。到2020年底前辖区内水污染物排放达到《山东省南水北调沿线水污染物综合排放标准修改单》要求。强化规模化畜禽养殖污染治理，到2020年，规模化畜禽养殖场和养殖小区配套固体废物和污水处理设施全部实现正常运行，禁养区内的养殖户全部清理干净。实施最严格的水资源管理制度，大力提高城市污水再生利用能力，推动康汇污水处理厂再生水利用工程建设。“十三五”期间，新增回用水2万吨/日，中水回用率达到20%以上。提高工业企业再生水循环利用水平，确保到2020年底，工业用水重复利用率达到95%以上。结合南水北调沿线治污工作的要求，重新对市辖区地表水环境功能进行区划。

3．*改善大气环境质量*。加强二氧化硫污染控制，新建燃煤机组全部实施污染物超低排放。强力淘汰现役不能稳定达标排放的燃煤机组。加强所有燃煤火电机组配置分布式计算机控制系统（DCS）和工况在线监测与分析系统管理。在石横特钢厂实施烧结机污染物超低排放，在全市化工、建材等非电行业实施二氧化硫排放控制，20吨以上锅炉脱硫设施全部安装在线监控设备。实施氮氧化物污染控制，国电山东石横发电厂机组全部实施污染物超低排放。钢铁行业烧结机、球团设备全面实施烟气脱硫脱硝。水泥行业全部实施粉尘治理技术改造。新建大中型燃煤锅炉全部安装脱硝设施。全面强化工业烟（粉）尘污染防治，原、辅材料堆料扬尘控制。完善现有重点污染源监控系统，必须配套建设防风抑尘网、设立密闭堆场、安装自动喷淋装置。烟尘排放浓度超过20mg/m^{3}的火电厂，必须进行除尘设施改造。城市基础设施建设，旧城（村）拆迁、改造，物料运输、周转等产生扬尘的环节采取抑尘、降尘措施。2020年实现环境空气质量浓度比2015年改善20%的目标。继续加大机动车尾气污染防治工作力度。加强有毒废气环境管理，开展有毒废气监测。鼓励使用水性、低毒或低挥发性的有机溶剂和涂料，建设有机废气回收利用与治理设施。

4．*全面提升环境监测水平*。开展重点风险源和环境敏感点调查，摸清环境风险的高发区和敏感行业。调查排放重金属、危险废物、持久性有机污染物和生产使用危险化学品的企业，建立环境风险源分类档案和信息数据库。建立新建项目环境风险评估制度，所有新、扩、改建设项目全部进行环境风险评价，提出并落实预警监测措施、应急处置措施和应急预案。在规划环评和建设项目环评审批中明确防范环境风险的要求，研究制定企业环境风险防范、应急设施建设标准和规范。落实环境隐患定期排查制度，及时更新环境风险源动态管理档案。对重点风险源、重要和敏感区域定期专项检查，对于高风险企业要挂牌督办，限期整改或搬迁，不具备整改条件的，坚决关停。科学设置监测预警点位，落实预警监测制度。开展警示宣传教育，提高环境风险源单位和社会公众的环境安全意识。建立健全事故状态下的工程措施。完成康汇河、漕河、大汶河等河流修建环境应急闸坝建设工作。

第十六章　加快推进生态建设

坚持保护优先，加大生态保护和建设力度，全面维护生物多样性，促进生态环境的持续改善。力争到2020年，资源节约型和环境友好型社会建设取得重大进展，主体功能区布局基本形成，经济发展质量和效益显著提高。

1. 大力构建生态安全屏障。着力完善五大生态绿化体系。山区绿化体系，全面抓好封山育林、荒山造林、疏林地改造、地堰开发、退耕还林、“坡改梯”等工程，使山丘地区森林覆盖率达到50%以上，建成28.10万亩的生态公益防护林，形成北部、中部两大绿化片。平原绿化体系，全面搞好高标准农田林网、绿色通道建设，建立农林复合生态系统，平原地区林木覆盖率达到20%以上，区域水土流失、风沙、干热风等灾害得到有效治理，规划建设67.05万亩的高标准农田林网。沿河绿化体系，优化林种树种结构，建成稳定的水系、滩涂绿化体系。沿河绿化总长度达到160公里。村镇绿化体系，搞好城市绿化、部门绿化、城郊环城防护林带建设、围村林建设、四旁植树等工作，改善城乡居民工作、生活环境。村镇林木绿化覆盖率达到40%。湿地保护体系，加强湿地周围生态林业建设，建立和完善湿地水质监测网络，加强工业和城区污水治理力度，减少农业面源污染。重点搞好康王河国家湿地公园建设，建设好保育区、恢复重建区、宣教展开区、合理利用区、管理服务区等五大功能区，争取湿地公园建设试点通过国家验收。

2. 保护生物多样性。加强生物多样性保护基础建设，开展本底调查与编目，完成生物受威胁现状评估，发布濒危物种名录。加强生物多样性保护科研能力建设，加强专业人才培养。加强生物多样性监测能力，提高生物多样性预警和管理水平。以泰山植物园为重点，强化优先区域内的自然保护区建设，加强保护区外生物多样性的保护并开展试点示范。建立自然保护区质量管理评估体系，加强执法检查，提高自然保护区管理质量。

专栏2：生态文明项目

病死畜禽无害化处理工程、2000头祖代种猪繁育项目、大中型沼气工程、智慧型循环农业项目、土地深松机械化项目、农机购置补贴项目、大中型水库移民扶持项目、长江防护林工程项目、边院万亩有机蔬菜示范区项目王瓜店街道供水基础设施建设项目、肥城市康龙污水处理厂二期工程、石横工业园工业废水处理项目

第五篇　改革开放　激活跨越升级新动力

第十七章　全面深化改革　激发增长活力

坚持全面深化改革的正确方向，加大落实中央、省委重大改革部署力度，加大创新探索力度，加大改革攻坚力度，全力推进217项重点改革任务，统筹兼顾，有序推进，使深化改革作为加快转型升级、建设“中国桃都、美好肥城”的强大动力。

第一节　改革完善行政体制

遵循精简、统一、效能的改革方向，着力转变职能、理顺关系、优化结构，努力建设服务政

府、责任政府、法治政府、廉洁政府和效能政府。

1. 科学界定政府职能。全面推进政企、政资、政事、政府与市场中介组织分开，加强和改善政府宏观管理，加大政府职能授权和转移管理力度，努力实现政府职能向创造良好发展环境、提供优质公共服务、维护社会公平正义的根本性转变。深化行政审批制度改革，建立行政审批事项动态评估、管理和调整制度，进一步优化审批职能配置，探索有效约束行政审批自由裁量权的长效机制，进一步减少政府对微观经济活动的直接干预。

2. 优化政府组织结构和运行机制。进一步精简机构、整合职能，探索建立决策权、执行权、监督权既相互制约又相互协调的管理体制。全面推进事业单位分类改革，建立事业单位法人治理结构，开展法定机构试点。推进事业单位人事制度改革，建立符合事业单位运行规律和特点的人事管理制度。大力推动审批服务方式创新，积极推行“网上审批”模式，研究建立网上审批服务平台，鼓励开展行政审批“零收费”改革。健全公务员法规配套体系。探索公务员分类管理制度和聘任制。推进公务用车制度改革，探索公务消费货币化。

第二节 深化经济体制改革

加大经济领域关键环节改革力度，着力构建有利于提升经济增长质量和效益的体制机制。

1. 健全公共财政体制。适应基本公共服务均等化和主体功能区建设的要求，完善公共财政体系，优化财政支出结构，财政支出向民生、社会事业、“三农”、环保等领域倾斜。健全财政转移支付制度，提高一般性特别是均衡性转移支付规模和比例，规范专项转移支付。推进预算公开，强化预算执行、监督和管理。建立健全税收依法征收的管理机制。完善政府购买服务制度。

2. 深化投资体制改革。加快投资管理法制化进程，建立政府权责明晰、调控有力，企业自主决策、平等竞争，市场开放公平、规范有序的新型投资体制。建立按主体功能区和按领域安排相结合的政府投资政策，实行有区域差别的投资管理政策。完善投资项目审批制度，建设和完善网上审批系统。加强政府投资管理，推广政府投资非经营性项目代建制，完善政府投资项目实施方式。规范投资咨询中介服务，不断提高投资决策的科学性。

3. 加快金融改革创新。积极利用多层次的资本市场上市融资，加快发展期货交易市场，推进区域性股权和产权交易市场建设。发展中小金融机构，推进地方金融企业改革重组，大力培植地方金融龙头企业，推进肥城农村信用社综合改革。稳步推进金融业综合经营试点。积极发展股权投资基金和创业投资引导基金。健全金融服务体系，优化金融生态环境。完善地方政府金融管理体制，防范和化解金融风险，维护地方金融稳定。

4. 完善现代市场体系。消除制约非公有制经济发展的制度性障碍，鼓励和引导非公有制企业参与国有企业、事业单位的改制重组，以新型混合所有制形式实现优势互补。积极发展要素市场，加快建立城乡统一的土地和人力资源市场，大力培育技术市场。加快社会信用体系建设，建立健全信用监督和失信惩戒制度。

5. 深化价格改革。综合考虑资源稀缺程度和社会承受能力，完善资源性产品价格形成机制，审慎推进水、电、气等价格改革。建立健全鼓励可再生能源发展和促进资源回收利用的价格政策体系。全面落实污染者付费原则，推进环保收费制度改革。建立健全矿业权、排污权有偿取得和使用制度，规范发展探矿权、采矿权交易市场，发展排污权交易市场。探索构建普惠型民生价格体系。健全价格监管机制，充分发挥价格调节基金的作用，稳定市场价格秩序。

第三节 加强和创新社会治理

创新社会治理机制，优化社会治理结构，积极建立政府调控机制与社会协调机制互联、政府行政功能与社会自治功能互补、政府管理力量与社会调节力量互动的社会治理新模式。

1. 完善社会治理体系。培育扶持和依法管理社会组织，支持、引导其参与社会治理和服务，建立社会管理主体多元化的新格局。改进社会组织登记管理，逐步简化登记注册程序。健全基本公共服务提供方式，扩大购买服务，实现提供主体和提供方式多元化，逐步形成公益目标明确、投入机制完善、监管制度健全、治理结构规范、微观运行高效的公共服务管理体系。推动人口管理理念和机制创新，加强流动人口和闲散青少年服务管理。积极探索新时期做好群众工作的新办法新途径。

2. 推进基层社会治理体制改革。理顺政府与城乡基层组织关系，努力提高村（居）委会的基层社会管理与服务能力，增强基层自治功能。进一步加强城乡社区建设，构建城乡社区公共资源共享和综合治理机制。创新治安管理与城市管理、市场管理、行业管理等有机结合的新模式。创新社区与企业的协调管理模式，将公共服务向人群聚集的重点区域延伸，形成社企同抓共治的社会管理新局面。构建学校、家庭、社会联动工作机制，关爱留守儿童和留守老人。

第四节　强力攻坚重点试点任务

集中攻坚第三批全国发展改革试点市、县级公立医院综合改革第二批试点县、国家主体功能区建设试点、智慧城市试点市、全国农村承包土地经营权登记试点县、农机服务信息平台建设试点等7个国家级试点和全省“救急难”工作试点、未成年人社会保护工作试点、公共文化机构法人治理机构试点、全省农田水利设施产权制度改革和创新运行管护机制试点、省级知识产权试点、省级信息消费试点等7个省级试点。充分发挥改革试验田作用，增创改革新优势，优化公共资源配置，在统筹城乡发展、实现经济社会协调发展、推动可持续发展、加快民主法制建设等核心领域取得新突破，创建充满活力、富有效率、更加开放的科学发展新体制，率先建成比较完善的社会主义市场经济体制。

第五节　健全民主法制

坚持党的领导、人民当家作主和依法治市有机统一，扩大社会主义民主，全面推进依法治市，加快法治肥城建设。

1. 着力构建法治政府。严格依法行政，提高制度建设质量，规范行政权力运行，保证法律法规规章严格实施。重点加强有关完善经济体制、改善民生和发展社会事业以及政府自身建设方面的立法。坚持依法科学民主决策，推进权力运行程序化、公开化和民主化，进一步提高政府的决策水平和施政能力。完善重大决策的规则，严格执行公众参与、专家论证、风险评估、合法性审查和集体讨论决定等必经程序。加强重大决策跟踪反馈和责任追究，建立决策反馈纠偏机制。全面落实行政执法责任制，完善便民高效、制约有效的行政执法程序。加大政府信息公开力度，推进办事公开，强化行政监督和问责，提高政府公信力和执行力。

2. 营造良好法治环境。坚持法治惠民，注重社会各群体的法律保障，维护人民群众合法权益，营造民主、公正、高效的法治环境。健全社会矛盾纠纷调解机制，完善行政调解工作体制，加强和改进行政复议和行政应诉工作。积极稳妥地推进司法体制和工作机制改革。完善法律援助和司法救助制度。实施“七五”普法规划和《肥城市2016—2020年依法治市规划》，加强法治宣传教育，树立法律权威，营造全社会学法守法用法的良好氛围。加强反腐倡廉建设，严格公正文明廉洁执法，积极推行“阳光执法”，倡导理性、文明、平和执法。

3. 发展社会主义民主政治。扩大公民有序的政治参与，引导公民依法行使权利和履行义务。完善民主选举、民主决策、民主管理、民主监督程序。自觉接受人大和政协监督，健全人大代表议案、建议和政协提案办理工作机制。深入推进政务、厂务、村（居）务公开，保障人民群众的知情权、参与权、表达权、监督权。完善以职工代表大会为基本形式的企事业单位民主管理制度。广泛接受社会公众和新闻舆论监督，引导群众通过互联网等渠道理性表达诉求。全面贯彻党的民族和宗教政策，落实侨务政策。发挥工会、共青团、妇联、工商联、侨联、残联等人民团体的桥梁纽带作用。

第十八章　提高开放水平　合作共赢发展

继续强化扩大开放，利用好国际、国内两个市场、两种资源，推动开放型经济从规模速度向质量效益转变，把开放型经济的快速发展转化为创新型经济发展的新优势，提升开放型经济竞争力。

1. *促进对外贸易快速健康发展*。加强管理外资投向、引资市场、招商渠道、外资利用方式和质量等，提高利用外资水平和质量。吸引外资投向现代物流、信息服务、金融保险、旅游会展、中介服务等服务业，提高欧美地区的外资比重，坚持境外招商和境内招商并重，鼓励外资与市内企业通过跨国并购等方式开展合作，有机结合外资利用与产业转型升级。

优化调整外贸主体结构、产品结构、市场结构和贸易方式结构等，促进对外贸易增长方式由规模速度型向质量效益型转变。支持、培育具备国际市场竞争优势的企业，推动企业建立国际营销网络、开展服务外包，壮大外贸队伍，推动高新技术、加工制造、纺织等优势企业“获权”并开展自营进出口业务，推动外贸出口与招商引资有机结合，培植新的出口增长点，推进转型升级，建设国际知名品牌和外贸转型升级示范基地。

2. *有效实施“走出去”战略*。大力推进境外投资。以利比里亚等国家的境外矿产资源开发项目为契机，培植4家境外投资骨干企业。引导外经企业利用环保、节能减排、新技术开发等领域政策优惠，走“多元化”发展道路。鼓励企业到境外建立生产基地、营销渠道和研发中心。提升对外合作层次。培育以兴润建设、山东信邦和山东显通等大型企业为主体的对外承包工程骨干企业，推进鲁泰建工集团、华显公司、四方公司和易通公司等建筑工程企业参与“一带一路”海外工程建设。开展我市工程企业与央企的对接合作、“借船出海”走出去，组织企业参展东盟博览会、亚欧博览会和东北亚博览会等相关展会。促进外派劳务健康发展。制定外派劳务企业综合绩效评估管理办法，督促企业合法经营、规范运作。完善清理整顿外派劳务市场秩序联席工作机制、劳务人员投诉协调处理机制和境外劳务纠纷应急处理机制。鼓励发展高学历和技能型劳务，提高外派劳务层次。

第六篇　民生共享　实现百姓幸福再增值

把保障和改善民生作为经济社会发展的出发点和落脚点，建立健全公共财政对民生社会事业投入的稳定增长机制，大幅提高社会福利和公共服务供给水平，大力推进基本公共服务均等化，努力增强人民群众的幸福感。

第十九章　努力提高居民收入

加大国民收入分配调整力度，努力提高居民收入在国民收入分配中的比重、劳动报酬在初次分配中的比重，推动居民收入普遍较快增长。

1. *稳步提高劳动者收入水平*。建立健全包括各类企业、机关和事业单位职工和广大农民工在内的工资正常增长机制，建立劳动工资支付保障制度。进一步加强对企业工资分配的指导，试点探索建立企业工资与企业效益、物价指数挂钩的机制，推进企业工资集体协商。完善公务员工资制度。建立健全劳动、资本、技术、管理等要素共同参与的分配制度。

2. *合理调节收入差距*。深化收入分配制度改革，健全劳动、资本、技术、管理等要素按贡献参与分配的制度，增加经营性收入和财产性收入，稳步提高劳动报酬在初次分配中的比重。强化地方政府调节收入分配的作用，合理调节二次分配，缩小收入差距。全面落实个人所得税制度，逐步提高财政对社会保障、社会救助和支农惠农等方面的支出比重。大力发展慈善公益事业，完善社会捐赠激励机制，促进各类社会群体间的收入协调。建立与经济发展相适应的最低工资标准调整机制，探索最低工资标准与职工年平均工资增长挂钩的长效机制。逐步提高扶贫标准和最低生活保障标准，保障困难群众基本生活。加强对公民合法财产保护，严厉打击各种非法攫取社会财富的行为。

第二十章　全力保障就业

坚持就业优先，实施更加积极的就业政策，建立经济发展与扩大就业的良性互动机制，构建和谐劳动关系。到“十三五”末，实现城镇新增就业3.5万人；农村劳动力转移就业4万人；帮助0.3万名就业困难人员实现再就业；开展创业培训1万人，培训城乡劳动力4.5万人；城镇登记失业率始终控制在3.5%以内。

1. 坚持就业优先发展战略。把促进创业带动就业放在经济社会发展优先位置，增强吸纳就业能力，以发展促就业。不断提高小额担保贷款扶持力度，为自谋职业、自主创业的城乡劳动者和创业者团体、创业企业提供资金扶持。推进落实更加积极的就业促进政策，对城乡劳动者，提供免费职业培训、创业培训和职业介绍服务。打破地域限制，对促进就业的各类职介机构、培训机构、用人单位和劳动者根据不同情况分别给予职业介绍补贴、培训补贴、职业技能鉴定补贴、岗位补贴、社会保险补贴。

2. 深入实施全民创业工程。大力促进城乡就业创业，坚持以培训为龙头，以产业为支撑，以创业为动力，以企业为载体，以就业为目标，紧紧围绕全市主导产业的发展，鼓励创业，做强企业，走出城乡就业创业的新路子。大力开展省、泰安市级创业型街道（镇）、社区创建工作，营造全民创业的社会氛围。把服务业、中小企业和民营经济作为扩大就业的主要渠道，改善劳动力就业结构，减轻结构性失业压力，促进城乡劳动者稳定就业。

3. 深化就业体制改革。完善就业失业登记制度、招用登记备案制度、就业信息监测制度、失业动态监测制度、失业保险制度、职业培训与就业相结合等制度。建立健全职业培训、就业援助、农村富余劳动力转移就业和自主创业帮扶等制度，健全创业服务体系。为就业创业提供更加优化的体制机制环境。

4. 推进农民工稳定就业。把促进农民工异地转移就业、激励农民工返乡创业作为全市促进就业、扩大就业的主要渠道，通过政府引导、政策推进、技能扶持、创业激励、优化服务和维权保障等措施，推进农民工稳定就业。加快建设小城镇，引导就地就近就业。加强农村劳动力转移就业示范镇街、村（居）建设，消除流动就业的制度壁垒，进一步完善职业培训、就业服务、劳动维权“三位一体”的工作机制，推进农业富余劳动力进城务工转移就业和自主创业。到2020年末，为“三项行动”涵盖的1.3万名农民工提供就业技能、岗位技能提升和创业技能培训。

5. 构建和谐劳动关系。充分发挥政府、工会和企业在协调劳动关系中的作用，引导企业改善用工环境，加强企业文化建设，加强人文关怀，努力形成企业和职工利益共享机制，促进体面劳动，构建和谐劳资关系。关爱外来务工人员，加强珍爱生命教育和心理健康辅导，健全心理咨询网络和各类应急援助机制，逐步完善劳动者利益诉求表达机制，促进身心和谐。建立健全劳动关系协调处理机制，加强劳动人事争议调解仲裁工作，完善劳动人事争议处理机制，加大劳动保障执法力度，切实完善职业病防治体系，保障劳动者权益。

第二十一章　完善城乡社会保障体系

坚持以人为本，以人人享有基本社会保障为

目标，扩大覆盖范围，缩小社会保障待遇差距，着力解决制约社会保障事业发展的体制机制问题，建立健全城乡社会保障体系、社会救助和福利体系、住房保障体系等，为广大群众提供便利、高效、多样化的社会保障服务。

1．完善社会保障体系。构建完善的集养老、医疗、生育、工伤、失业五大类险种于一体的社会保障制度体系，社会保险综合参保覆盖率95%以上，各项社会保险待遇稳步提高，各项社会保险待遇社会化发放率100%，基本实现适龄参保对象参保全覆盖，基本实现“人人享有社会保障”的目标。严格按照《社会保险法》及相关制度筹集使用好社保基金，遵循“以收定支，收支平衡，略有结余”的原则，进一步加强基金管理，严格执行国家法律法规及财经制度，确保应收尽收、应发尽发，确保基金安全运行、保值增值。

2．完善社会救助体系和福利体系。加大财政投入力度，建立完善的社会救助体系，促进社会福利由“补缺型”向“普惠型”转变。落实优抚对象和城乡低保、农村“五保”、城镇“三无”人员、孤残儿童生活保障政策，逐步提高保障标准，加强城乡低保与最低工资、失业保险和扶贫等政策的衔接平衡。推进全市社会福利机构、镇街敬老院升级改造，逐步提高城乡孤老供养和孤残儿童养育标准。以平等优先原则推进残疾人社会保障体系建设，以残疾人康复、教育、就业、托养、维权和日常生活社区服务为重点，推进残疾人公共服务体系建设。重视发展老龄事业，完善对老年人的优待政策，进一步完善高龄津贴制度，提高百岁老人长寿金和90—99岁高龄老人补贴标准，逐步将80—89岁老年人纳入高龄津贴发放范围，建立政府为困难老年人购买养老服务、贫困老年人救助等制度，依法保障老年人权益。完善“以居家为主体、社区为依托、机构为支撑的功能完善、规模适度、覆盖城乡”的养老服务体系。加强殡葬执法，推行殡葬普惠和“绿色殡葬”。

3．完善住房保障体系。通过新建、改建、政府购置、租赁等方式增加保障性住房房源。重点发展廉租住房和公共租赁住房，使之成为保障性住房供给的主渠道。加快推进棚户区和农村危旧房改造工程。“十三五”期间建设保障性住房0.5万套。积极引导社会资金参与保障性住房建设运营。进一步完善保障性住房申请、审核、退出等制度，规范保障性住房使用。加强对房地产市场的管理调控，有效扩大普通商品住房供给，抑制投资投机性购房需求，完善住房公积金制度。

第二十二章　推进基本公共服务均等化

合理配置公共资源，推进教育优先发展，完善公共卫生和医疗服务体系，健全计划生育家庭权益保障机制，提高食品药品安全保障水平，促进城乡公共服务均等化，不断提高人民生活质量。

1．坚持教育优先发展战略。加速推进教育均等化，积极优化教育资源，统筹城乡学校布局，加快促进城乡办学条件、师资实力高位均衡，切实解决普通中小学大班额问题，确保学生公平享有教育资源。加快推进基础教育综合改革，进一步提升教育普及水平，学前三年幼儿园入园率达到100%；九年义务教育入学率、巩固率、毕业率均达到或超过国家规定标准；高中阶段毛入学率超过国家标准；新增劳动力平均受教育年限达到15年。进一步提升教育综合实力，加快缩小办学差距，义务教育均衡差异系数小学、初中分别小于或等于0.4、0.3；全市所有学校均达到国家、省规定的办学标准，50%以上的中小学校达到省级规范化学校标准，30%以上的幼儿园达到省级示范园标准，85%以上的成教中心校建成泰安市级示范学校；特殊教育学校建成省“康教结合”实验学校；教育现代化镇街比例达到60%；“幸福教育示范镇街”、“幸福教育示范学校”数量在泰安市领先；推进教育信息化工程，建成“互联互通、资源共享、快捷高效”的教育城域网，支撑国家智慧城市肥城试点建设。

2．健全医疗卫生服务体系。全面落实国家基本药物制度，加强公共卫生服务体系建设，落实政府免费提供的基本和重大公共卫生服务项目，推出一批特色公共卫生项目，促进公共卫生服务均等化，提高卫生监督、疾病防控、妇幼保健工作水平。科学配置医疗服务资源，到2020年底，打造三级医院3所、二级综合医院2所、二级专科医院5—6所、一级标准化综合医院9所、国家级星级社区卫生服务中心1所、省级星级社区卫生服务中心2所。完善以基本医疗保障为主体，其他多种形式医疗保险和商业健康保险为补充，城乡医疗救助为保障底线，覆盖城乡居民的医疗保障体系。扩大基本医疗保险覆盖面，提高筹资标准和医疗保障水平。加快推进城乡医保一体化。加强农村卫生网底建设，提高村级卫生室硬件条件和卫生工作人员待遇。扎实推进县级公立医院改革，建立现代化法人治理结构。大力发展民营医疗机构，到2020年，非公立医疗机构的床位数和服务量占到全市医疗卫生机构的30%。

3. *推进公共法律服务体系建设。*健全完善市、镇街、村（社区）三级公共法律服务实体平台，整合法律服务资源，采取窗口化、综合性、一站式服务模式，努力打造城镇半小时、农村一小时公共法律服务圈。加强12348公共法律服务专线建设，提升综合法律服务功能。加快推进法律服务在线咨询、网上人民调解、法律援助受理等信息化平台建设。进一步拓展公共法律服务领域，公共法律服务产品更加丰富，法治宣传教育、法律援助、公益性法律服务、人民调解等公共法律服务核心业务成效显著，律师、公证、基层法律服务、司法鉴定等服务产品体系健全完善。建立政府购买公共法律服务机制。加强民生领域法律服务，不断提高公共法律服务能力和水平。到2020年，全市基本建成保障有力、管理规范、运行高效、覆盖城乡、惠及全民的全方位公共法律服务体系，为广大人民群众提供公益性、均等性、便利性的公共法律服务。

第二十三章　打好精准扶贫攻坚战

以产业开发为重点，以增加投入、创新机制、加强监管为手段，坚持政府主导、统一规划、群众参与、市场运作，深入实施精准扶贫、精准脱贫，以国家推行的精准扶贫十大工程和山东省、泰安市十二项重点工作为切入点，不断提高贫困群众自我发展能力，加快推进建档立卡贫困村和贫困人口脱贫致富，确保农民人均纯收入增幅明显高于当地平均水平，努力确保2020年完成全部脱贫。

1. *在推进贫困地区振兴发展上实现新突破。*把发展作为扶贫攻坚的核心要务，进一步提高贫困地区的自我发展能力和持续发展能力。充分挖掘发展潜力，引导贫困地区把资源利用起来、优势发挥出来、潜力释放出来，促进贫困地区加快发展。具体到我市，扶贫开发的“短板”与现代农业的“短板”相互交织、相互牵动。积极稳妥推进农业农村改革，加快推进现代农业产业体系、生产体系、经营体系建设，提高综合效益，促进农民增收。突出发展特色经济。立足实际大力发展种养业、园艺特产业、林业、乡村旅游、服务业等产业，推动贫困地区形成具有一定规模、各具特色的产业体系。组织富余劳动力外出务工，不断增加贫困群众收入来源。大力加强职业教育和就业培训，不断提高贫困群众科学文化素质和增收致富能力。进一步激发贫困地区干部群众自力更生、艰苦创业的精神。

2. *在改善贫困地区生产生活条件上实现新突破。*着力完善基础设施。加快交通、水利、能源、信息等各类基础设施向贫困地区延伸、向薄弱环节倾斜，全面改善贫困地区基础设施条件。着力改善农村环境。以“厕所革命”为突破口，大力推进社会主义新农村建设，改善贫困地区人居环境，建设美丽乡村。着力加强生态保护和开发，突出绿色扶贫，把扶贫开发、项目建设与生态保护、防灾减灾结合起来，合理开发利用生态资源，促进贫困地区生态资源转化为生态资本。

3. *在发展贫困地区社会事业上实现新突破。*把加快发展贫困地区社会事业放到更加突出的位置，做好固本培元的工作。加快教育事业发展。推动教育资源向贫困地区倾斜，尽快改善学前教育普及和义务教育薄弱学校办学条件，大力提高教育教学质量，靠教育“拔穷根”、阻断贫困现象代际传递。加强贫困家庭学生精准资助，不让一个孩子因为经济困难上不起学。加快卫生事业发展。整合城乡医疗卫生资源，改善医疗服务条件，让贫困人口更好地享受到安全廉价的公共卫生和基本医疗服务。完善医疗救助和重特大疾病保障制度，加大扶贫对象补助力度，切实解决因病致贫、因病返贫问题。加快文化事业发展。建立稳定的贫困地区文化投入保障机制，加强贫困地区公共文化服务体系建设，不断满足他们的基本公共文化需求，丰富贫困地区群众的文化生活。

4. *在提高扶贫实效上实现新突破。*把精准扶贫与深化改革结合起来，不断强化扶贫工作的针对性，提高扶贫实效。对扶贫对象要做到情况清、问题清、任务清，有村情档案、有问题台账、有需求清单，有的放矢地推动扶贫工作。要根据不同原因、不同类型的贫困，研究脱贫路径，制定帮扶措施，因地制宜把扶贫工作做到点子上，做到精确制导、靶向明确、心中有数。要盯紧资金、项目、组织、人才等重点，确保各项扶贫政策措施精准投放、合理配置到贫困地区、贫困人口，真正把好钢用在刀刃上。要科学把握规律，不喊不切实际的口号，不提脱离实际的指标，不做超越实际的事情，确保按照中央部署和省情实际推动扶贫攻坚。

5. *在扶贫体制机制创新上实现新突破。*通过创新体制机制，有效整合、最大限度用好各种扶贫力量，打出“组合拳”、啃下“硬骨头”。建立完善精准工作责任机制。建立健全“市里负总责、镇街抓落实、村居为单元”的管理体制，完善“片为重点、工作到村、扶贫到户”的工作机制，防止出现职责不清、政出多门现象，确保各负其责、密切配合，共同推进我市扶贫攻坚。建立完善精准保障支持机制。完善扶贫资金项目整合机制和管理办法，加强对扶贫资金和项目的管理，确保扶贫资金用到最贫困地区、最贫困群众和最迫切需要解决的问题上来，绝不允许截留、挪用、扣发扶贫资金。建立完善精准考核评价机制。把扶贫开发成效作为考核各级党委、政府的重要内容，把考评结果作为干部选拔任用的重要依据。

第二十四章　全面提升人口素质

坚持计划生育的基本国策，全面实施一对夫妇可生育两个孩子政策，控制人口总量，优化人口结构，发展体育事业，提高人口素质。

1. *加强人口宏观调控。*落实国家计划生育新政策，统筹人口数量、素质、结构、分布。引导人口有序流动、合理分布。加强全员人口管理，完善以现居住地管理为主的流动人口计划生育服务管理体系。加大出生缺陷预防干预力度，预防和控制先天性感染、遗传性因素对出生人口健康的影响，改善出生人口素质和结构。

2. *繁荣发展体育事业。*开展全民健身运动，不断增强人民体质。加强体育场馆和社区体育设施建设，为人民群众提供基本体育服务。鼓励举办有特色的体育竞赛活动。发展体育产业，推动体育产品品牌建设，培育体育健身市场，扩大和引导体育消费，推动体育产业与旅游、文化等相关产业的互动发展。

3. *保障妇女儿童合法权益。*保障妇女平等获得就学、就业、社会保障、婚姻财产和参与社会事务的权利。加强妇女卫生保健、扶贫减贫、劳动保护、法律援助等工作。实施儿童发展规划，依法保障儿童生存权、学习权、发展权、受保护权。改善儿童成长环境，促进儿童身心健康发展。加强婴幼儿早期启蒙教育和独生子女社会行为教育。

第二十五章　加快建设平安肥城

把平安肥城建设当成一项社会系统工程，坚

持以人为本，确保食品药品安全，强化公共安全管理，切实保障人民群众的生命财产安全。

1. 确保食品药品安全。加强食品药品监督管理，完善食品药品供应保障，建立食品药品质量追溯制度，形成来源可追溯、去向可查证、责任可追究的安全责任链。建立药品安全预警和应急处置机制，加强检验检测、认证检查和不良反应监测等药品安全技术支撑能力建设。保证食品药品质量和安全，维护人民生命安全健康。

2. 强化公共安全管理。抓好社会公共安全体系建设，保障社会公共安全。坚持预防为主，分类监管，落实安全生产责任制，完善安全生产监管体制，有效预防和遏止重特大安全生产事故。大力加强气象现代化建设，政府加大投入力度，为气象防灾减灾提供可靠技术支撑。加强防震、消防、人防和防御气象灾害等基础设施建设，健全全社会预警体系和应急救援、军警民联防、社会动员等机制，普及应急自救互救知识，推行自然灾害民生保险，减少人民生命财产损失。加强社会治安综合治理，严厉打击各类犯罪活动，营造良好的平安环境；积极预防和化解群体性突发事件，加强和改善信访工作，完善社会利益协调机制和社会纠纷调处机制。

第七篇　转型升级　构建现代产业新体系

围绕厚植产业发展优势的目标，扎实推进供给侧结构性改革，尽快实现产业高端锁定，坚持新型工业化道路，大力推进三次产业协同融合，坚持培育与提升并重、招引结合的原则，加快改造提升传统产业，深入推进信息化与工业化深度融合，着力培育战略性新兴产业，大力发展服务业特别是现代服务业，积极培育新业态和新商业模式，加快形成以先进智造、新兴产业、现代服务业为主导的产业发展新体系。

第二十六章　全力推进服务业跨越发展

坚持“创新、转型、升级”的发展导向，坚持先进制造业和现代服务业“双轮驱动”，坚持扩张规模与优化结构并重，以扩大投资、提高层次、培强载体、产业融合、完善布局为路径，以服务业重点行业、重大项目为突破口，实施服务业品牌化、集聚化、信息化和国际化战略，全力推动服务业发展提速、比重提高、水平提升，走出一条生产性服务业高端化、生活性服务业优质化之路，引领省会城市群现代服务业聚集区健康、快速发展。到2020年，服务业发展成为三次产业中比重最高的产业。

第一节　全力培植、重点突破生产性服务业

立足全域区位优势和产业基础条件，以促进经济结构调整优化和特色优势产业发展需求为导向，以资源要素优化配置、服务功能集成升级为主要路径，以改革创新为驱动，以发展壮大重点业态、推进产业集聚与融合、引进培育服务品牌、优化发展环境为主要任务，全力培植、重点突破发展现代物流、金融服务、电子商务、科技服务、信息服务及商务会展等生产性服务业门类，着力促进生产性服务业与先进制造业的有机融合，加快构建具有鲜明肥城特色的生产性服务业体系。

1. 现代物流。集中培植打造现代物流业成为全市服务业发展的支柱产业，着力强化对物流业的组织领导。有效整合全市物流园区、重大物流项目，建设完善交通线路沿线的重点物流园区和大宗农产品物流项目，优化物流发展规划布局；破解物流业发展的交通瓶颈制约，积极推进青兰高速、泰肥一级路西延、泰聊铁路、肥城盐化工铁路支线等交通通道建设；着力完善肥矿、电厂、特钢、云宇、阿斯德、泰鹏、胜利化工、瑞泰、鲁龙等骨干制造业企业为基础的制造业物流，覆盖全市镇村的农产品物流服务体系，以及新型流通业态主导的商贸物流，建立完善的物流业产业

体系；做大做强物流企业，把现代物流作为招商引资的重点和方向，全力招引推进规模大、层次高、带动力强的物流业项目企业，提前制定物流业用地规划；着力优化服务业发展环境，抓紧研究制定物流业发展的财税、用地等扶持政策，同时加大物流业专业人才培育力度，加强行业管理。

2. 金融服务。打造以政策性银行和国有商业银行为主体，全国性（区域性）股份制商业银行为骨干，城市商业银行和农村商业银行并存的现代银行业体系；活跃资本市场融资，加快证券、债券、基金等机构建设引进，建立成熟的企业直接融资对接机制；不断丰富保险品种，迅速提高保险业经济补偿、社会管理和资金融通三大功能；加快培育担保、信托、金融信息服务等新兴金融服务种类，同时鼓励支持企业发债，积极争取各类国家专项建设基金和股权投资，大力探索和推进 PPP 融资模式，广泛搜集对接融资新工具，鼓励开发金融业多种功能和业态；加快融资租赁和金融租赁行业的发展，更好地发挥其为实体经济服务的功能。

3. 电子商务。高标准规划建设电子商务产业园，培育壮大本土电商企业，积极引进国内外大型电商企业总部、区域总部、技术创新中心、服务中心、营运中心落户肥城。完善市、镇、村三级电子商务发展体系，分别明确发展重点、突破方向，形成上下贯通、融合紧密的电子商务发展体系网络，逐步实现电子商务全域覆盖。深化电子商务应用，支持大型骨干企业以供应链协同为重点发展电子商务，引导中小企业利用第三方电子商务服务平台拓展国内外市场。完善电商交易平台，强化电子商务发展支撑，强化电子商务监管，保障网络交易安全。

4. 科技服务。实施知识产权和技术标准战略，加强产业技术创新，掌握自主知识产权，提升重点产业的核心竞争能力。加快各类科技孵化器的建设充填，吸引高层次人才带项目、带资金、带团队、带信息入驻。充分发挥企业在技术创新中的主体作用，加强企业与高校、科研院所共同开展科技攻关，支持引导企业建立完善技术研发机构，争创国家级工程技术研究中心、企业重点实验室、院士工作站等科技创新平台，加快创新成果转化。

5. 信息服务。引导企业信息化改造，积极推进先进信息技术在工业企业生产、研发、管理、采购、销售等环节的集成应用。把握信息技术产业更新换代机遇，以建设智慧肥城为契机，推进“数字肥城”建设，积极引进应用 4G 技术、大数据、WIFI、物联网、云计算等先进技术，率先确立竞争优势。主动承接省会城市群经济圈内信息产业溢出，大幅提升信息服务的质量和水平。

6. 商务会展。优化提升律师、基层法律服务、公证、司法鉴定等法律服务行业发展水平，规范发展泰西、君贤聚等会计师事务所，培育和引进一批广告、咨询服务企业，形成一批具有竞争实力、业务行为规范、区域知名度高的商务服务企业。提高会展水平，不断丰富完善“两节一赛”、农博会等专题会展的题材内涵、提高组织设计水平，做到“会展搭台、经济唱戏”，用会展招商引资，用会展推介肥城。

7. 节能环保服务。以新能源开发、资源能源综合利用、能源循环利用、节能环保咨询和区域碳交易为重点，推动现有太阳能、风能、生物质能等新能源生产企业向能源综合解决方案提供商转型，大力推广合同能源管理、能源需求侧管理、环保综合解决方案、碳交易和碳金融等低碳环保新机制，着力培育低碳环保服务市场，建成一批拥有自主知识产权、核心竞争力强、市场占有率高的优势企业，培育新的产业增长点。

8. 服务外包。以建筑安装服务外包为突破口，聚合整合兴润、显通、四方等建筑公司的建筑实力、规模优势，聚集博远、万泰等建筑设计单位的设计资质、设计能力，走“全链条”承接的路子，从建筑的勘查、设计、建设、运营一条龙承接外包，提高服务外包的层次质量、实际效益。同时加快发展与制造业联动的研发设计、物流服务、会展服务、采购与营销服务、人力资源服务等生产服务外包业务。

9．人力资源管理与教育培训。盘活党校新校区、大职教中心等资源，邀请知名培训机构入驻，大力发展语言、才艺、会计、职业资证、管理、就业技能、IT、学历教育等高层次技能培训，真正把教育培训产业做实做活、做出档次。

专栏3：生产性服务业项目

现代物流：现代盐化工产业园区物流园、鲁中桃园农品物流园、国际物流园区项目、湖屯现代物流园开发项目、天宝物流项目、达润兴高科技物流配送中心项目、健康医疗器械产业园物流项目、冷链物流产业综合体项目、快递物流产业园、仓储物流园项目、桃园镇电子商务集聚区物流配送中心、富世康农产品智能网仓物流基地项目、商贸物流产业园项目、凤凰物流园项目、万盟汇达商超建设项目、光禾仓储商贸物流城项目、综合物流园项目、青兰高速连接线物流基地项目、农副产品综合物流配送中心项目

金融服务：鑫旺金融中心、金融集聚区

电子商务：鲁中国际电子商务产业园、新兴产业园区电子商务产业园项目、万盟汇达电商综合体、电子交易平台项目

科技信息：科技孵化器二期项目、华兴新兴产业科技孵化中心项目、创业孵化基地、中小微企业创业园项目、物联网研发产业园区项目

教育培训：教育培训产业园、职业教育中心校项目、新党校项目

第二节　科学规划、完善提升生活性服务业

充分发挥市场配置资源的决定性作用，紧紧围绕满足人民群众多层次、多样化需求，加快推进生活性服务业规范化、连锁化、便利化、特色化发展，构建以商贸流通、文化服务、特色旅游、家庭服务及养老健康等为主的生活性服务业体系，不断提升服务水平，更好地满足广大人民群众日益增长的物质文化生活需要，为建设“中国桃都，美好肥城”提供有力支撑。

1．商贸流通。合理规划、有效控制，原则上不再向城区布点大型商贸企业，重点做好现有商贸企业的档次提升、内涵完善工作。完善培育城区商贸核心组团，完善时尚购物消费、高端品质商业、主题文化体验、一流商务休闲和现代餐饮娱乐等功能，重点培育城市西部、城市东部2个商业副中心和现代盐化工园区城市南部商贸中心。打破城乡市场分隔，推进巩固农产品流通体系建设工程，形成以市区为中心、镇村高效融合的商品流通网络体系。

2．文化服务。以创建全国文明城市为契机，全方位提升文化服务发展水平。推进文化产业园区化、专业化、规模化、集约化发展，打造书画艺术产业板块、桃木工艺品产业板块、文化旅游产业板块等重点板块。实施文化创意产业振兴计划，壮大肥城文化传媒集团，培育一批文化产业品牌。推进现代公共文化服务体系建设，推进实施基层综合性文化服务中心、文化信息资源共享、农家书屋、文体小广场、文化志愿者队伍、农村电影放映、“图书馆＋尼山书院”六大建设的公共文化服务模式。完善文化基础设施建设，免费开放“三馆一站”。

3．特色旅游。加快培育以肥城桃、桃文化为核心的特色旅游产业链条，壮大旅游业规模，提高旅游吸引力和美誉度。综合开发旅游资源，引导重点景区积极争创4A级旅游景区，积极开展与知名旅行社的战略合作，将我市旅游资源纳入“山水圣人旅游区”精品线路。利用网络、媒体、广告、宣传册、公共关系、节庆活动等营销途径，提升肥城旅游知名度。开发乡土气息浓、肥城特色足、文脉底蕴深厚的高层次乡村旅游产品，引导乡村旅游由观光式旅游过渡为休闲度假式深度体验游。实施“肥城桃木雕刻流派”培树工程，培强做大以桃木制品为代表的特色旅游产品产业，创建山东省购物旅游示范城市。

4．家庭服务。发挥市场机制，加强政府引导，鼓励各类市场主体进入家庭服务业。重点培育阳光大姐家政等家庭服务企业。加快构建便利惠民的家庭服务体系，优化城市服务网点布局结构，积极推动家庭服务网点进社区。以家庭为服务对

象，以社区为重要依托，以家政、养老、社区照料和病患陪护服务等业态为重点，创新家庭服务业发展模式，整合家庭服务资源，实现人力资源、信息资源、公共服务资源的优化配置。

5．养老服务。扎实推进好社会福利中心等重点项目，扩展和提高健康产业园的服务内容和开发档次，引进吸收养老护理、老年产品用品生产等先进技术和理念，综合采用公建民营、民办公助、补助贴息、政府和社会资本合作（PPP）等多种方式发展养老服务业。

6．房地产。落实“房地产去库存”的结构性改革要求，缓解房地产市场供需矛盾。发展生态房产、景观房产、休闲房产，全方位提升房地产建设水平和物业管理水平。按照“人文、生态、精致、宜居”要求，招引万达集团、恒隆广场、绿地集团、碧桂园等实力雄厚、开发经验丰富的房地产投资商，开发功能齐全、环境优美、管理先进的住宅小区。吸引济南、泰安等周边城市人口来肥购房居住。规范和简化房地产市场交易程序，优化供给机构，遏阻房地产价格过快增长。实施“安居工程”，切实改善中低收入居民住房条件。加强农村住宅建设规划管理，引导农民集中建设配套设施完善的住宅小区。

7．健康服务。依托社区卫生服务中心，引进增值服务运营商，提供个人体检、健康管理、个性化生活方案提供、个人运动指导等高端增值服务。依托深化医药卫生体制改革，建立完善有利于健康服务业发展的体制和政策，促进非基本医疗服务的发展。合理规划医疗资源，优化医疗卫生资源配置，进一步完善城乡医疗服务体系。加强对社会资本举办各类医疗机构的监管和技术指导，鼓励有条件的非公立医疗机构做大做强。

专栏4：生活性服务业项目

商贸流通：蓝色港湾、红星美凯龙、台湾城市广场、供销大厦、一滕开元名都酒店、亿嘉装饰建材城、桃都农贸城、人防商城、万联市场、总部经济区项目、农资大市场项目、五金机电产业园、龙山河商业综合体项目

特色旅游：春秋古城、梦桃缘景区生态旅游、陶山小泰山及吕仙古村落开发项目、翦云山青少年活动中心、世上桃园旅游度假区项目、望鲁湖旅游开发项目、玉女山温泉项目、云蒙山景区旅游项目、黄庄古村落旅游开发项目、大汶河生态旅游开发项目、吉祥桃都风景线旅游项目、乡村记忆旅游开发项目

文化创意：中国桃文化大观园、左丘明文化园、文化创意园区、中华儒商文化产业园项目、桃木加工产业园项目、桃都文化产业园项目

健康养老：颐养中心项目、九山沟健康养老项目、健康养老服务产业园、温泉健康养生产业园项目

第二十七章　加速培育战略性新兴产业

立足全市优势领域，坚持“发挥优势、重点突破，开放引进、无中生有，龙头带动、集群发展”的原则，加大政策扶持、资金投入和技术创新，集中培育一批优势企业、重点突破一批关键技术、强力实施一批重大项目、努力打造一批优势突出、特色鲜明的产业基地和集聚区，全力把我市建设成为战略性新兴产业先行区，力促高端装备制造业、新能源、新材料三大产业率先突破，生物医药、节能环保产业初具规模。

1．高端装备制造。加快推动云宇机械、金城重工、福山机床、金塔酒精设备、麦道机器人等高端装备制造项目，推进现有骨干企业提升装备工艺水平。重点引进发展自动化系统成套生产装备、工业机器人、精密智能仪器仪表、智能专用装备，开发运动控制系统、伺服驱动系统、精密传动系统等“智能化”技术装备，推进我市制造业企业技术高端化、制造柔性化、设备先进化、服务精细化，重点提高我市装备设计、研发、制造、集成、应用能力，大幅度提高产品质量层次、技术含量和附加值，促进制造业结构优化。

2．新能源产业。重点发展太阳能、风能、生物质能，推进新能源产业开发利用产业化进程，

实现新能源装备生产和示范推广应用协同发展，大幅提升新能源产业的综合竞争力，争创绿色能源先进市。太阳能，抓好英大25兆瓦光伏发电、天辰40兆瓦荒山光伏电站等重点项目建设，积极争取上级光伏指标，重点发展分散式光伏电站、光伏建筑一体化项目。引进并推广应用太阳能光伏电池材料、兆瓦级以上光伏太阳能并网发电系统、兆瓦级以上大规模太阳能高温热发电系统、风光互补发电系统、非晶硅薄膜太阳能电池等关键技术，提高太阳能利用效率。风能，加快推进华电、UPC、华润等项目快速建设、并网发电。大力引进、延伸发展风力发电关键零部件、控制系统、发电机、风力机组等风电装备制造产业，逐步实现由单一风电场向风力资源利用、风力发电装备制造完整产业链的转变。生物质能，依托中节能生物质能发电项目，推广应用生物质直燃发电技术，配套发展上下游产业链条耦合项目，争取将我市纳入中节能集团节能环保整体解决方案试点市。引进转化生物沼气利用关键技术，推进农村户用沼气、养殖场沼气工程，鼓励有条件的镇街区规划建设沼气发电站，实现沼气高效清洁利用。

3．新材料。抓好新材料产业招商，加速新材料产业化进程。建筑新材料，以联谊玻纤、三英玻纤、鲁泰科技等企业为龙头，整合提升土工格栅、玻璃纤维产品质量档次，重点培育高性能玻璃纤维、碳纤维等处在产业链高端的新型建筑型材料；以泰鹏集团、瑞泰集团等企业为龙头，重点推进环宇土工材料扩能、新型聚酯复合隔热材料、三英玻纤毡增强复合板（FRP）、瑞泰建材级纤维素等项目，加强新型建筑复合材料应用，推动新型外墙保温材料、高密度纤维增强水泥板、高科技建筑新材料产业由“增量”向“提质”转变，打造省内一流、全国先进的建筑新材料生产基地。纺织新材料，依托泰鹏集团、龙祥纺织等骨干企业，加快推进泰鹏P/C复合隔热非织造材料、三兴双组份粗旦热轧无纺布等项目，提升无纺布、非织造布等产品的生产工艺和技术水平，积极发展芳纶、竹炭纤维、水溶纤维、弹性纤维、改性纤维等新型纺织材料，引进具有防辐射、防电磁、可降解特性的功能性纺织新材料，完善纺织服装产业链条。化工新材料，依托现代盐化工园区、汶阳工业园，重点培育引进钠钛氟硅高新材料等新型化工材料，延展完善盐化工、精细化工产业链条。特种金属材料，重点推进依诺威强磁材料扩能等项目，巩固提升板材、特种焊丝等产品的竞争优势；发展新型合金功能材料，培植高性能金属材料产业集群。

4．新生物医药。以科达医疗器械产业园项目为载体，加快新型医疗器械、高端卫生材料等生物医学工程产品的研发和产业化；依托京粮集团、瑞泰化工、一滕医药等企业，推进医药级纤维素、核糖生产等项目，加快医药中间体技术攻关，促进京粮生物医药科技产业园、瑞泰植物胶囊等项目建成投产。积极与省内外先进制药企业对接交流，争取技术、设备、项目转移，提升原料药物、现代中药、天然药物、医药级纤维素、医药中间体等研发制造水平。

5．新节能环保。培植壮大节能环保产业集群，全力争创循环经济发展试点县。以国电石横电厂等企业为重点，积极研发燃煤工业窑炉改造技术，提高燃煤利用率；推进热电联产联供，引导火电企业、金属冶炼企业探索实行“共同火力发电”模式，实现能源充分利用、二次利用、回收利用。鼓励石横特钢、石横电厂等企业提高余热余能利用效率，继续推进燃煤脱硫脱硝改造，垃圾分选、破碎、生化脱水综合处理、固体废弃物处置等环保技术，实现绿色生产；实施工业废弃物综合利用工程，对钢铁、发电、焦炭、化工、造纸、印染等重点行业进行环保技术改造，促进污水、废气以及固体排放物的回收处理和综合利用。加快建立以先进技术为支撑的废旧商品回收利用体系，实施共伴生矿产资源、大宗固体废弃物综合利用、农林废弃物资源化利用、餐厨废弃物合理处置、水资源循环利用等示范工程，积极推广工业余热、工业废水、高炉煤气、废旧设备等资源的循环利用新技术，示范推广循环经济关键装备，鼓励开展粉煤灰、煤矸石、冶金废渣、尾矿废渣、矿坑水、苦咸水等废弃物的二次循环利用；大力推进贵金属二次回收利用、危险废弃物处置、机电产品再制造。

专栏5：战略性新兴产业项目

新材料：正华磷酸铁锂电池复合正极材料项目、正华新型酚醛防火保温板项目、中铝高性能烧结钕铁硼项目、昌盛石墨提升扩能、瑞泰植物胶囊原料生产项目、环保滤材项目、锂产业园项目、超声波超磁转换器项目、稀土深加工项目、特种天然纤维纱线（竹纤维纱线、麻纤维纱线、彩棉纱）生产项目、轻量化铝合金新材料精深加工项目、年产5万吨非晶金属功能材料项目、综合利用聚酯包装废弃物生产差别化纤维项目、玻纤新材料产业园

新能源：中船重工分布式能源项目、华电风电场项目、华润风电场项目、UPC风电场项目、湖屯镇泰盛太阳能产业园新能源项目、合能安站镇20MW光伏发电项目、华电安站镇20MW光伏发电项目、英电老城镇二期20MW光伏发电项目、君明孙伯20MW地面光伏电站项目、浩源湖屯镇30MWP农业大棚光伏发电项目、辉创安驾庄镇30MW光伏农业科技大棚电站项目、兴宇安临站镇20MW荒山光伏电站项目、昊邦安临站20MW荒山光伏电站项目、联合新能源桃园25MW光伏发电并网项目、王瓜店街道40MW荒山光伏电站项目、太阳能光伏发电组件项目、红外辐射采暖设备项目、高速、高效节能罗茨鼓风机项目、汶阳农业光伏大棚

高端装备制造：佳丰精密机床制造项目（福山机械）、高端装备工业园项目、高速高效特种数控机床项目、电器加工项目、年生产高效永磁无刷直流电机10万台项目、肥城市年产矿用隔爆变压器1620台（238.62万kVA）项目

新生物医药：新华生物医药健康产业园暨新中医院建设项目、京粮生物医药科技产业园、科达生物医药产业园、京泰生物试剂项目、医疗器械产业园、生物医药新兴产业园项目

新节能环保：循环经济产业园项目、畜禽养殖废弃物“三级网络”建设项目、肥城市老城街道节能环保产业园固废垃圾处理中心、肥城市石横镇循环经济产业园污水处理中心、肥城市康龙污水处理厂二期工程

第二十八章　推进工业信息化现代化

落实“工业五年更新改造计划”，坚持以信息化带动工业化，以工业化促进信息化，促进工业化与信息化在价值链、品牌、研发和市场体系四个方面的深度融合，积极改造提升煤电能源、钢铁冶金、工程机械、精细化工、纺织服装、食品加工、建筑建材等传统产业，促其向高新化、品牌化和特色化发展，向产业链高端攀升，向研发设计和营销服务延伸，努力提高产业附加值和竞争力，实现传统产业浴火重生，打造“肥城市工业发展4.0”。

1. 煤电能源产业。主动应对资源枯竭形势，探索发展替代产业和非煤产业，加快煤炭企业转型升级。电力生产以石横电厂为龙头，持续技术改造，及时引进吸收先进技术、先进设备、先进工艺，保持生产能力最优化释放；支持石横电厂投资建设1000MW发电机组。规划建设南部供热中心项目，改善南部区域生产生活用热条件。

2. 钢铁冶金产业。以石横特钢、索力得焊材为龙头，扶持带动鑫福源锻压、瑞浩机械等企业发展。重点推进信息技术与原材料生产工艺融合嫁接，提升生产流程自动化和智能化水平，重点开发生产高强度锚杆钢、精轧螺纹钢、热镀铝锌硅合金钢带、彩色涂层钢板、家电板、汽车板等特种优质钢材，攻克700MPA级高强度埋弧焊丝、特种药芯焊丝等产品研发。横向实现产品多系列，纵向实现由中低端向高精端过渡。坚持生产过程开源与节流并重，延伸产业链，推行循环生产，实现煤、电、气、水综合利用。加强与龙马铝业集团的合作，做精铝箔加工产业链。

3. 工程机械产业。以云宇、鲁龙、金塔、科

创矿山机械为龙头，重点发展工程车桥产品，延伸配套制动器、变速箱、轮毂、钢圈等关键零部件，积极发展工程装载机整机生产，推进云宇防滑差速湿式制动桥扩能改造、年产20万套农机钢圈、弘德汽车配件毛坯自动造型线等项目建设。以实施泰德重工、亿达机械加工项目为契机，加强与国内外大企业、大集团合作，支持龙头企业业务分包、技术共享，链接带动上下游中小企业，提高产品协作配套能力和集聚集约度。提升工程机械研发制造水平，逐步实现由零部件生产向整机生产，由低端加工向高端设计制造转变。

4. 精细化工产业。以阿斯德化工、泰山轮胎、一滕新材料、瑞泰纤维素、胜利化工为龙头，以甲酸、纤维素醚、工程胎、工业盐为主打产品，推动精细化工产业规模化、高效化发展。以阿斯德公司博士后工作站、省级企业技术中心为依托，借“退城进园”升级搬迁契机，改造生产工艺流程，提升装备水平，提高甲酸生产节能降耗水平和规模产量，实现综合效益、产品档次的全面提升。泰山轮胎采用尖端生产设备和新工艺、新技术，重点研发全钢巨型工程机械轮胎和大型农用轮胎子午化技术。瑞泰、一滕大力促进纤维素醚产品由工业用、建筑用向医药级发展转变，着力开发植物胶囊用羟丙甲纤维素共聚物、SAPO分子筛等产品，提高产品的科技含量和附加值。推进润东建材清洁能源仲丁醇助辛剂提升扩能。立足现代盐化工园区资源优势，胜利化工、鲁中岩盐、海晶盐化、精制盐厂等盐企积极采用成熟先进工艺，上下游延伸产业链条，提高盐化工产品附加值，力争项目达产后岩盐年产达1000万吨。

5. 纺织服装产业。以泰鹏集团、龙祥纺织、傲饰服饰为龙头，大力引进先进技术和设备，实现由劳动密集型向技术密集型转变，推动产品高端化发展。发挥“安琪儿”、“傲饰”等知名品牌示范作用，鼓励服装加工企业创建自主品牌，争创中国驰名商标，实现纺织服装产业品牌化。傲饰服饰加大数字化、自动化装备技术应用，开发设计资源数据库，加快推进国际服饰定制及电子商务中心，引进先进吊挂式西服生产线，开发精品、高档服装系列。泰鹏集团巩固现有产业用纺织布优势地位，加大与高校、院所合作，重点攻克超高温和水过滤材料。龙祥纺织抢抓搬迁机遇，淘汰落后设备，研发粘赛尔新型纤维材料，新上赛络紧密纺生产线、两万锭喷气涡流纺纱线。

6. 食品加工产业。以绿龙、银宝、富世康、福宽生物为龙头，培植壮大以蔬菜加工、小麦制粉、优质猪肉、淀粉系列等产品为主的食品加工产业。以“银宝”、“富世康”等商标品牌为引领，加快畜禽加工行业规模化饲养、标准化加工、品牌化推广；以绿龙食品、佳禾食品为龙头，加强基地标准化建设管理，健全农产品质量监管体系，不断提高有机蔬菜品质，确保“有机蔬菜第一县”地位不动摇；以富世康工贸为代表的粮油加工行业和以康王酒业为代表的酒类生产行业瞄准市场导向，做好产品种类的扩大及产品层次的差异化，满足不同消费群体需求；加快福宽生物的热电联产、F55果糖、透明质酸系列项目建设，集中打造100万吨玉米深加工产业基地，建成集淀粉、淀粉糖、生物制药，清洁能源、物流中心于一体的产业园区。

7. 建筑建材产业。以米山水泥、聚源石膏、鲁泰科技为龙头，以水泥制品、石膏板、新型建筑墙材、新型外墙保温材料等产品为重点，强化技术创新、资源综合利用，实现循环发展。以日产4000吨熟料项目为重点，优化水泥生产工艺流程，提高节能降耗水平及经济效益。积极完善60万吨以上粉磨站项目工艺，充分发挥熟料生产与粉磨的综合效益，实现700万吨水泥产能。重点支持米山水泥干混砂浆、聚源石膏80万吨石膏矿扩能、鲁泰科技环氧树脂及高档固化剂和保温夹芯绿色墙板等项目，引导企业扩充产品种类，突破行业瓶颈，实施多元发展。

专栏6：传统产业项目

煤电能源产业：电厂四期、鑫国煤电清洁煤产业园

钢铁冶金产业：特钢汽车拆解中心、年产新

型药芯焊丝5万吨项目、金属表面粉末复合新材料项目

工程机械产业：精密机械制造项目、盐化工特种设备加工项目、多功能移动式固废处理装置项目、液压件及工程机械零部件项目、有机农产品加工区项目农机装备制造项目、肥城泓任消防科技产业园项目、科创矿山设备制造项目

精细化工产业：阿斯德产品结构优化升级项目、年产12亿标方合成气项目、80万吨纯碱项目、60万吨/年烧碱项目、5万吨PVDF项目、10万吨/年二氧化钛项目、7万吨/年氯甲烷项目、5万吨/年有机硅丙烯酸共聚乳液项目、山东亚科环保科技有限公司环己酮副产综合利用项目、10万吨/年环氧氯丙烷项目、润东建材清洁能源仲丁醇助辛剂

建筑建材产业：鲁泰住宅产业化项目、R125项目石膏深加工项目、泡沫铝项目、煤矸石综合利用项目、年产500万立升堇青石蜂窝陶瓷载体生产项目、高纯石英坩埚项目

第二十九章　增创现代农业发展新优势

发挥资源优势，突出地方特色，提高农业现代化水平，保障主要农产品供应，走高效、生态、安全的发展道路，确保“米袋子”、“菜篮子”安全，充分发挥农业在城市化进程中的确保粮食安全、保障生态安全、提升公共健康与安全以及传承地域文明等方面的作用。

1. 增强农业综合生产能力。突出北部干鲜果品、南部有机蔬菜、西部“两菜一粮”与设施农业、东部生态农业和中部肥城桃“五大特色片区”，发挥现代农业高新技术产业示范区和各镇街农业园区示范、引领、带动作用，片区园区联动，带动农业全面振兴。粮食生产，认真实施《全国新增1000亿斤粮食生产能力规划》建设任务，大力开展粮食高产创建示范方建设，保障粮食安全，到2020年，全市粮食播种面积不低于128万亩，总产能力达到73.4万吨以上，年均增长2%以上，粮食用种100%为优质品种，实现较高水平的总量平衡。有机蔬菜，加快打造汶阳、边院、安庄、孙伯有机蔬菜片区。建好市级有机蔬菜监控指挥中心，推进建设有机蔬菜高效精品园，鼓励工商资本、龙头企业兴建扩建有机蔬菜加工项目，积蓄推广“马铃薯+高产粮+精品菜”模式，优化“两菜一粮”种植模式，到2020年，全市蔬菜面积达到61.6万亩，其中“两菜一粮”面积16.5万亩，设施蔬菜面积17.3万亩，蔬菜总产量达211万吨。蔬菜标准化生产率达到85%以上，“三品一标”认证农产品产量比重达到50%以上。现代林业，完善山区、平原、沿河、村镇四大林业体系，加强湿地保护，到2020年，全市有林地面积达到74.7万亩，新增造林15万亩，森林覆盖率达到43%，林业总产值达到25亿元。畜牧业，发展生态畜牧，推广有机肥加工、沼气处理技术、种养结合综合利用等先进模式，持续培强生猪、奶牛、肉禽、肉羊等优势产业。到2020年，规模饲养比例达到90%以上，养殖场无公害认证率达到80%以上，建成各级标准化示范场50个，各类标准化饲养基地200个。

2. 建立新型农业经营体系。按照高端化、标准化、规模化、集约化的现代农业经营方式改造提升传统农业。大力发展功能农业。通过生物营养强化或其他生物技术对传统农产品进行功能提升、价值再造，重点引进矿物质定量强化和宽谱强化两大功能农业核心技术，大力开发、繁育富硒、富锌等富含有益健康微量元素的农产品，提高农产品的功能化、营养化水平，提升农业产业附加值。加大科技创新力度。全面提升农业科技创新能力，重点支持种质资源、良种繁育、重要农产品加工保鲜技术、农业资源综合利用等领域的科技创新，深化农业科技推广体系改革。强化农产品质量和食品安全监管。加强农产品技术标准体系建立、地理标志产品保护、原产地标志认定和绿色有机农产品认证工作。完善农技推广、疫病防控、质量监管、产品溯源等农业公共服务体系。到2020年，全市标准化种植率达到80%以上；主要农产品基本全部实现无

公害生产，绿色、有机农产品比重达 50% 以上；产品抽检合格率达到 100%。种植业三品认证产品个数达到 110 个，地理标志产品 4 个。推进农业“接二连三”。建好现代农业高新技术产业示范区，办好有机农产品食品博览会，大力发展农产品加工业和农业旅游、健康、养老、休闲农业，推进农业与制造业、服务业产业融合，延伸农业产业上下游链条。

3. 提升农业发展组织化水平。促进农产品加工产业集群，加强对现有农产品加工企业的技术改造，吸引优势农产品加工企业集群发展。引导龙头企业通过技术改造、抱团合作、品牌嫁接、资本运作等方式膨胀规模，培育销售收入过 20 亿元、50 亿元的“旗舰型”农字号企业。规范农民专业合作社运营管理，完善龙头企业与农户利益联结机制，大力发展订单农业，推广“公司 + 基地 + 农户”的发展模式。搭建农民创业就业平台，鼓励农民参与“大众创新万众创业”，打造多元化特色农业品牌，借力现代流通体系，推进农产品市场发展壮大。抓好“6+1”农村产权制度改革，实施农村土地所有权、承包权、经营权三权分置，引导土地经营权规范有序流转，促进土地向新型农业经营主体集中，发展适度规模经营；对规模流转经营主体颁发《农村土地经营权证》，探索土地经营权抵押贷款。深化农村集体经济组织产权制度改革，开展土地、置业、惠民、劳务等形式股份合作，探索股份公司制改革试点。完成农民房屋所有权确权颁证和全省农田水利设施产权制度改革和创新运行管护机制试点。推进农村产权交易市场建设，规范交易行为。推动农村产权抵押贷款，抓好全国农民住房财产权抵押贷款试点。到 2020 年，全市农民专业合作社达 1300 家以上，各级示范社达 300 家；家庭农场达 500 家以上；土地流转面积达 40 万亩。

4. 提高农业基础设施水平。不断强化农田水利建设，健全完善农田灌排设施体系，高标准实施全国高效节水灌溉试点县、灌区续建配套与节水改造、中小河流综合治理等项目，积极推广微、喷、滴灌和风力扬水等高效节水灌溉技术。搞好农业机械产品制造加工、主要农作物生产全程机械化服务试点、土地深松机械化技术推广等项目实施，提高农业机械化水平。持续开展农业科技入户和新型职业农民培训工程，探索建立农村劳动力市场，解决农业规模生产用工难题。

专栏 7：现代农业项目

东兴茶园、现代农业示范区中国有机农产品交易中心项目、现代农业开发区牡丹生态观光园、湖屯镇光伏农业综合开发项目、孙伯镇农博园项目、肥城桃现代栽培技术体系研究工程、新型土壤调理剂的研发与应用、有机蔬菜生产标准化基地建设项目

第三十章　大力推进民营经济新发展

放宽市场准入，优化发展环境，鼓励、支持和引导民营经济做大做强，充分发挥民营经济在转型升级、自主创新、富民强市等方面的生力军作用，打造全省民营经济转型发展示范区。

1. 拓宽民营资本投资领域。把握“非禁即入”和“公平待遇”原则，全面贯彻落实国家、省有关鼓励和引导民间投资健康发展的政策。放宽行业准入，除国家明令禁止的，所有领域全部对民间资本开放。支持民间资本进入土地整治、水利、交通、电力、电信等基础产业和基础设施领域，进入科技、教育、文化、体育医疗、社会福利等社会事业领域，进入金融、市政公用、国防科工等垄断行业和领域。鼓励民营企业发起或参与设立小额贷款公司、村镇银行、消费金融公司等新型金融机构。引导民营企业公平参与农村新型合作、农产品深加工、现代农业流通、农村社会服务等领域的城乡一体化建设。鼓励民营企业通过多种方式参与政府重大项目的投资、建设与运营。

2. 优化民营经济发展环境。优化民营企业融资环境，综合发挥信贷融资、股权融资、债券融资、风险补偿、财税支持等作用，拓展融资渠道，适应不同行业、不同发展阶段的民营中小企业融

资需求。加强对民营经济的保险支持。完善社会化服务体系建设。整合各类社会资源，为民营企业发展提供信息咨询、人才培训、技术创新、信用评估等全方位的优质服务。建设信息查询、培训咨询、技术创新、检验检测、设备共享等公共服务平台，服务民营企业共性需求。大力宣传民营经济在推进转型发展、建设“中国桃都、美好肥城”中的重要地位和作用，在全社会形成尊重民营企业家、支持民营经济发展的良好氛围。

3. 提升民营企业发展水平。实施百企成长、“四升一群”计划，发挥好各级中小微创业园区的作用，支持民营企业加快技术创新和技术的改造步伐，发展一批“专、精、特、新”的中小企业，培育壮大一批有较强竞争力的高科技民营企业。鼓励民营企业加快发展现代服务业和战略性新兴产业，推动优势主导产业的民营企业围绕装备升级、品牌质量提升、促进节能减排、提高规模效益等实施改造，提升竞争能力。引导广大民营企业建立现代企业制度。鼓励民营企业开展资本运作，通过兼并、联合、重组、境内外上市等形式，建立多元化的股权结构。鼓励民营企业实施品牌战略，帮助民营企业推进知识产权的创造、运用、保护和产业化，提升核心竞争力。

第三十一章　提升优化产业发展

新格局以集约发展为方向，调整优化产业布局，科学规划发展载体，推进生产要素加速集聚，提升、构建一批战略增长极，抢占经济发展制高点。

1. 打造优势产业组团。结合“两带五区九园”的产业布局，将市域范围划分为4个产业发展组团，按照“突出特色、优势互补、错位发展”的原则，科学界定发展重点，打造一批特色突出、主业突出、优势突出的优势产业发展组团。

（1）城区高端产业发展组团。主要包含城区及仪阳街道、高新区、老城街道办事处、王瓜店街道办事处毗邻城区的环形区域。该组团是我市高端产业发展的核心区，在继续做好制造业企业“退城进园”和城区“退二进三”的基础上，立足城区区位优势，重点发展战略性新兴产业、高新技术产业和现代物流、高端商贸、总部经济、楼宇经济等现代前沿服务业。在预留城市发展空间的前提下，立足高新区、新兴产业园区等重点园区，环城重点布局新能源、新材料、生物医药、高端装备制造、电子信息等高技术、低污染的新兴产业，打造现代服务业、新兴产业集聚区，辐射带动全市产业发展。

（2）西北部制造业组团。主要包括石横、湖屯、王瓜店、高新区等镇街区。串联石横化工园区、湖屯物流园区、高新区联动发展，重点培优做大钢铁冶金、煤电能源、工程机械、食品加工、建筑建材等传统制造业支柱产业，吸引配套高端装备制造、新材料、新能源、新生物医药等战略性新兴产业。同时，借助组团内工业企业密集、制造业门类相对齐全的优势，大力发展工业设计、科技孵化、产品孵化、检验检测、物流配送等生产性服务业，打造沿泰临路“工业走廊”和生产性服务业“隆起带”。

（3）汶边安化工纺织产业组团。主要是汶阳、边院全部，安庄工业园。依托组团内岩盐、石膏资源优势，依托现代盐化工园区、汶阳工业园、安庄工业园，培育发展4大产业链条：一是盐化工产业链。依托岩盐开发，在抓好纯盐两碱生产的基础上，拓展延伸产业链条，重点攻坚高附加值氯加工产品，攻关研发有机氟、有机硅、MDI、TDI、氯化高聚物、PVC糊树脂等新型产品，在快速发展中谋求转型。二是石膏开发产业链。石膏资源，重点发展石膏粉、石膏砌块、石膏板类等石膏建材产业，拉长石膏加工产业链。三是生物医药产业链。依托瑞泰集团生物胶囊、分子筛等项目，攻关生物医药先进技术，做大生物医药产业链条。四是纺织新材料产业链。依托安庄三英集团，重点发展纤维增强复合材料等新型材料，完善拉长现有链条，提高产品附加值。

（4）现代农业生态旅游产业组团。包括桃园、王庄、安临站、孙伯全部，安庄、仪阳、边院、汶阳、王瓜店、湖屯、石横一部分，按照高效、生态、创新的原则，以资源高效利用为主线，以园区建设为载体，大力发展循环经济、有机农业、生态友好型工业、生态旅游业。以有机农产品加工聚集带为主体，进一步扩大有机蔬菜种植面积，形成我市有机蔬菜生产大区。并以此为基础，重点发展有机蔬菜加工、有机果品加工、有机畜禽加工和粮油食品加工产业；以生态休闲旅游产业聚集带为主体，以孙牛公路为轴心，实施精品战略，突出特色，重点打造牛山穆柯寨旅游区、陶山中华商圣文化园、十万亩桃花园风景区、温泉云蒙山旅游景区、左丘明文化园、尚庄炉水库、布金山飞天瀑布等景点景区和工农业旅游项目等。

2. 做强园区主增长极。加快资源重组、能级提升和“腾笼换凤”步伐，引导开发区从产业集聚向能级提升转变，从政策优惠向体制优化转变，打造全市转型升级的主增长极。重点打造“一区五园”：市高新区，加快“二次创业”，建设国家级科技创新引领区、产业升级示范区；新兴产业园区，重点培植新型服务业态、引进总部经济项目，建设新兴产业集聚区、产城一体样板区；现代农业高新技术产业示范园区，加快北扩拓展，重点围绕现代农业生产、生态观光旅游、农产品精深加工、农业技术研发、农产品集散物流引进社会资本和龙头企业，争创国家级农业科技示范园区；老城节能环保产业园区，加强与中节能集团在环保业务、产业发展、技术研发等领域的战略合作，争取更多后续项目落地，打造国内知名的节能环保产业基地；石横循环经济园区，推进

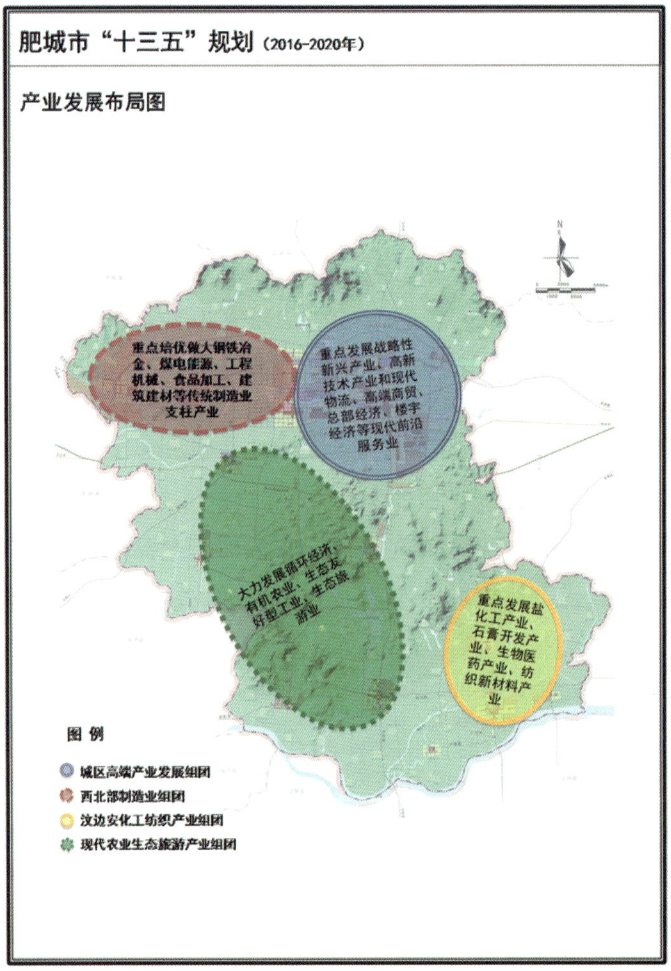

图 10“十三五”时期产业发展布局图

规模化、集约化、精细化、清洁化发展，拉长产业链条，提升产业层次，打造国家级循环经济示范园区；现代盐化工园区，拓展延伸产业链条，加快推动制盐产业向深加工、新材料产业转型升级，高标准建设山东半岛蓝色经济区海洋产业联动示范基地。

第八篇　强化支撑　推进基础设施现代化

把推进基础设施现代化作为加快转型升级、建设美好肥城的重要支撑，统筹规划，加强各类基础设施的协调衔接，突出优化布局和调整结构，高水平建设现代综合运输、电力供给保障、民生水利、信息网络四大基础设施体系。

第三十二章　加快建设现代综合交通运输体系

以综合发展、集成发展、协调发展为主题，以完善通道、强化枢纽、提升服务为重点，统筹各种运输方式协调发展，统筹城际、城市、城乡交通协调发展，统筹基础设施、技术装备、运输服务协调发展，着力构建安全、便捷、高效、绿色、经济的现代综合交通运输体系。

1. 集中攻坚突破重大项目。借助全国、全省新一轮交通运输网络完善布点、交通运输形态演进的重大机遇，发挥省会城市群经济圈重要节点交通廊道的连通作用，集中全力争取泰聊铁路、青兰高速、济微路升级、泰肥一级路西延等重大交通基础设施建设项目，争取各类轻轨、城际铁路等交通运输新形态经行肥城，加快突破交通运输瓶颈，畅通对外通达性。规划建设北部环山、南部沿汶滨河大道等东西向市内交通通道。“十三五”期间，力争重大项目取得突破性进展，到2020年，高速公路达到30.3公里，省级干线公路达到191.4公里，基本建立起与全国百强地位相适应的交通运输体系。

2. 加快完善农村公路路网结构。完善路网结构，建成布局合理、结构优化、四通八达的农村公路网络，为新农村建设搭建载体平台；完善“村村通”油路工程，加大对现有农村公路的升级改造，重点加大对通往经济园区、旅游景点公路的改造力度，解决村与村、镇与镇、县与县之间的断头路或交通瓶颈问题；支持农村社区街道硬化，形成点面衔接、通达顺畅的交通公路环境。到2020年，农村公路总里程达到2600公里，村居街道硬化率达到100%；全市农村公路列养率达到100%、经常性养护率不低于80%、绿化率不低于90%、优良路率达到70%。

3. 提高公共交通服务能力。加强港湾式停靠站建设，适时开辟新的公交线路。加大公交场站的建设力度，科学设置公交站点，达到繁华路段300米覆盖、一般路段500—700米覆盖。加大车辆购置力度，加快新能源公交车辆升级步伐。到2020年，开通公交线路4条，全市公交车辆全部更新为新能源车辆，建设“电子站牌”、“智能公交客户端”、“公交WIFI”等信息发布平台，加强出租车叫车平台建设，提高出租车叫车服务水平，缩短市民乘车等待时间。

4. 提高运输投送能力。大力发展各种专用运输、鲜活农产品及高附加值货物直达运输，加快发展甩挂运输、多式联运、定班定线的货物运输、汽车列车运输、冷链运输。支持零担、快运、货运代理、城市配送以及利用班线客运为依托的小件快运等经营业务的网络延展。推进货运车型标准化改造，完善营运车辆技术标准和综合性能检测标准，鼓励发展集装箱、厢式、冷藏、散装、液罐、城市配送等专用运输车辆和多轴重载大型车辆。到2020年，年货运量突破3000万吨，货物周转量突破6000万吨公里，年平均增长率分别为7.8%和7.2%。营运载货汽车达到7200辆，其中重型货车、专用车辆、集装箱货车比例分别达到55%、15%和3%。

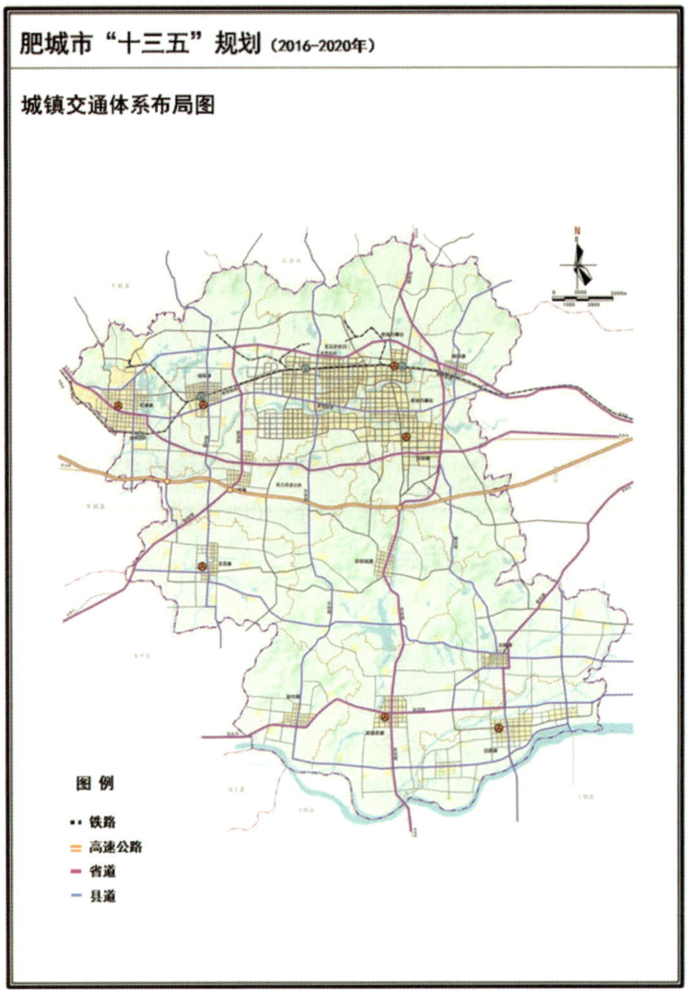

图 11“十三五”时期城镇交通体系布局图

专栏 8：交通运输项目

泰聊铁路项目、青兰高速项目、S329 肥城仪阳至石横段改建工程、济微路东移项目、老城街道办事处村路网建设项目、康汇大街北延（永安路—泰湖铁路）建设项目、汶阳镇四坡路升级改造项目、大汶河汶阳大桥建设项目、东区生产路（包括文化路东延、龙山中路东延和祥山西街三条）、市场路改造、肥桃路改造、凤山大街北延交亿嘉路东延工程、孙牛路拓宽工程、金牛山大街南延、向阳街南延、朝阳路东延、肥桃路东延、新城路西延、凤山大街南延、龙山路东延工程

第三十三章　提高电力供给保障能力

进一步提高城市中心区及近郊地区供电能力及供电可靠性，优化网架结构，使之逐步向目标网架过渡；围绕城市重点区域建设和重点项目建设，提高重点区域供电能力，围绕进行重点区域 110kV 和 35kV 变电站布点建设，加强配电网络建设和 220kV 变电站间负荷转移通道建设；结合城区周边 35kV 变电站升压，进一步梳理城区 110kV 高压配网结构，简化接线。重点建设推进湖屯站 110kV 输变电工程、孙庄站 110kV 输变电工程、军地站 110kV 增容工程、潮泉站 110kV 输变电工程、白云站 110kV 变电站增容工程、查庄站 110kV 输

变电工程、郭庄220kV输变电工程等重点电力枢纽升级增容工程，提高全域电力保障能力。抓好在建风力发电、太阳能光伏发电、生物质能发电等项目，争取早日并网发电，优化电力供应结构。

专栏9：电力项目

湖屯110kV输变电工程、大封110kV输变电工程、孙庄110kV输变电工程、110kV军地站扩建工程、潮泉110kV输变电工程、康王河110kV输变电工程、110kV白云站扩建工程、查庄110kV输变电工程、郭庄220kV输变电工程、郭庄220kV变电站35kV配出工程、郭庄220kV变电站110kV配出工程、仪南站2号主变扩建工程、王庄110kV输变电工程、边院110kV输变电工程、安站110kV输变电工程

第三十四章　提高水利保障能力

“十三五”期间，在全市范围内基本建成有效控制、河道健康的水生态保护体系，建成标准较高、协调配套的防洪减灾工程体系，建成优化配置、高效利用的水资源保障体系，建成功能齐全、长效管护的农田水利工程体系，建成依法保护、管理规范的水管理服务体系，建成综合配套、保障有力的政策支撑体系，基本实现特色鲜明的现代水利。

1. 构建“三线一片”水利新格局。北线，利用田山引黄灌区（肥城段），续建配套与节水改造或建设泵站和供水暗管，实现黄河水东延进城；大力发展小水窖、小水池、小塘坝、小泵站、小水渠“五小水利”工程，千方百计拦蓄“天上水”，最大限度扩大灌溉面积，大幅提升山丘区农业综合生产能力。中线，实施康王河治理和矿坑水综合利用项目，对我市上游雨洪资源和矿坑水进行节节拦蓄，在丰水年利用雨洪资源进行工农业生产用水供给。南线，在现有引汶调水工程基础上，在田东史村建设拦水坝，实施引汶济漕工程和漕浊河综合治理工程，加大漕浊河蓄水量，有效缓解汶阳、边院等镇街的地下水用水量，高效发挥“自古文明膏腴地、齐鲁必争汶阳田”的粮食生产作用；充分利用安孙灌渠，抓好安孙灌区续建配套与节水改造工程的实施，解决好安庄、孙伯两镇的农田灌溉；实施东金线河王庄段治理项目，引康王河水入金线河，实现跨河自动引水，解决东金线河常年干涸、生态失衡以及王庄镇地下水超采常年得不到有效补给等问题。一片，主要是充分利用好尚庄炉水库，扩大周边农田灌溉，大力发展生态景观型水域，带动肥城旅游业的发展。

2. 加快建设工程水利，提升防洪保安能力。加快防洪工程和河道建设步伐，完善防汛指挥信息化系统，构建保障经济社会安全的防洪减灾体系。加快重点水利基础设施建设，大力推进安孙灌区、田山灌区和尚庄炉水库灌区续建配套与节水改造、国家规划内重点小型病险水库除险加固、大汶河标准化堤防建设、大汶河防汛仓库基地建设、大汶河防汛信息自动化建设、大汶河重点险工治理以及穆河沟山洪治理等水利工程；着力完善山洪灾害防治非工程措施建设补充项目，逐步建成较为完善的防洪排涝减灾体系。

3. 积极推进资源水利，提升水资源保障能力。以水资源优化配置为核心，以节约保护水资源为重点，形成城乡用水、农业用水、工业用水、生态用水等水资源合理利用的格局。注重制度建设和体制创新，统筹水资源的开发、利用、治理、节约和保护，以水资源的可持续利用支撑经济社会的可持续发展。致力于水资源开发，重点围绕引黄济肥、引汶入漕两大工程展开，大力发展雨洪水资源利用工程建设，增加蓄水量，增强供水能力，充分利用雨洪资源，实现雨洪水从防汛抗洪为主向雨洪综合利用转变。

专栏10：水利项目

肥城市康王河流域水利综合开发治理工程，肥城市全国新增千亿斤粮食生产能力规划田间工程建设项目，2016—2018年度国家农田水利项目县项目，肥城市高标准农田建设项目，安孙灌区节水配套改造项目，肥城市农村饮水安全巩固提

升项目，肥城市易灾地区水土保持综合治理项目，东金线河引康济王治理工程，引汶济漕项目，大汶河标准化堤防建设，丘明湖水库连通工程，老城街道应急抗旱水源工程，潮泉镇燕峪沟水库，安庄镇北峪水库，潮泉镇翦云河山洪沟治理项目，石横镇化工园区平原水库项目，肥城市水土保持综合治理项目，汇河、漕浊河、大汶河综合治理工程，丘明湖水库连通工程，老城街道康王河生态湿地项目，老城街道河道生态治理工程

第三十五章 加快建设智慧城市 全面提升信息化水平

按照走集约、智能、绿色、低碳的新型城镇化道路的总体要求，统筹物质、信息和智力资源，推动新一代信息技术创新应用，加强城市管理和服务体系智能化建设，积极发展民生服务智慧应用，推进工业化、信息化、城镇化、农业现代化高度融合，实现公共服务便捷化、城市管理精细化、生活环境宜居化、基础设施智能化、产业发展科学化、网络安全长效化。

1. 加快完成“1611”建设任务。搭建1个智慧肥城公共信息平台，承载数据交换服务系统、数据整合服务系统、目录管理与服务系统、时空信息承载服务系统、运营管理服务系统及门户系统等应用，对资源进行管理和可视化展现，统一对外提供服务，建设全市统一的呼叫中心，架起与市民联系、沟通、互动的桥梁。组建智慧肥城运营中心，负责智慧肥城平台应用的管理、运营和维护，制定相应考核管理制度。完善建设地理空间信息数据库、建筑物基本信息数据库、房产信息基础数据库、人口基础数据库、法人基础数据库、政府信息共享数据库6大数据库。实施智慧党务、智慧政务、智慧民生、智慧农业、智慧交通、智慧住建、智慧国土、智慧城管、智慧教育、智慧水务、智慧环保11大重点智慧应用系统。

2. 加快实施信息惠民工程。推进智慧医院、远程医疗建设，普及应用电子病历和健康档案，促进优质医疗资源纵向流动。建设具有随时看护、远程关爱等功能的养老信息化服务体系。建设完善公共就业信息服务平台，加快社会保障经办信息化体系建设。推进社会保障卡、金融IC卡、市民服务卡、居民健康卡、交通卡等公共服务卡的应用集成和一卡通用。围绕促进教育公平、提高教育质量和满足市民终身学习需求，建设完善教育信息化基础设施，构建利用信息化手段扩大优质教育资源覆盖面的有效机制，推进优质教育资源共享与服务。

3. 加快建设智能化基础设施。大幅提升电力、燃气、交通、水务、物流等公用基础设施的智能化水平，实现运行管理精准化、协同化、一体化。建设全市统一的云计算中心，加快推进信息资源数据库和公共信息服务平台建设，打造涵盖公共服务、社会管理、智能生活、经济建设等领域的云服务平台。推动城市公用设施、建筑等智能化改造，完善建筑数据库、房屋管理等信息系统和服务平台。加快智能电网建设。建设全过程智能水务管理系统和饮用水安全电子监控系统。建设智能物流信息平台和仓储式物流平台枢纽，加强物流信息的开发共享和社会化应用。

4. 加快构建信息安全环境。建立重点信息系统的应急安全机制，提高信息安全事件应急处置能力。建立重要信息使用管理和安全评价机制，构建安全可信的信息消费环境。严格落实国家有关法律法规及标准，加强个人信息保护，规范信息消费市场秩序。

第九篇 文化兴市 打造全省文化新高地

坚持社会主义先进文化发展方向，提高社会公共文明程度，全力争创全国文明城市，彰显肥城在新一轮区域竞争中的软实力，打造全省文化的新高地。

第三十六章　实现文化产业发展新跨越

1. 打造文化产业单元板块。完善《文化产业发展规划》，明确文化产业的发展重点和方向。着眼文化产业园区化、专业化、规模化、集约化发展，整合现有文化资源，将文化创意和设计服务与旅游、科技、生态、传媒、演艺、娱乐相融合，着力提升传统文化产业，培育新型文化业态，发展复合型文化产业，扶持小微文化企业，建设名人馆群，打造集书画创作基地、展览场馆、拍卖交易、经营公司于一体的书画艺术产业板块；集桃木商品生产、研发营销、原材料供应、行业协会自律于一体的桃木工艺品产业板块；集春秋古城、晒书城博物院、翦云山风景区等组团经营的文化旅游产业板块；集度假养生、果园采摘、庭院休憩、民俗风情、农事体验为一体的乡村旅游产业板块；集特色美食街、美食专业村、台湾美食城为一体的饮食文化产业板块，以及演艺会展娱乐板块、动漫设计网络板块、广播影视报业传媒板块。

2. 实施重大项目带动战略。按照投产达效一批、开工建设一批、招商引进一批、谋划储备一批的原则，抓好文化产业项目储备论证、招商引资、落地管理。加快建设推进文化产业孵化器、文化传媒集团、华博文化产业园、晒书城博物馆等一批具有重大示范作用、投资规模大、科技含量高、市场前景好的文化创意产业项目。建设文化产业聚集发展区，加大招商力度，吸引国际国内文化企业通过独资、合资、合作等形式充填落地。培育外向型文化产业骨干企业，扶持肥城优质文化产品和服务对外输出。

3. 做大做强产业主体。实施文化创意产业振兴计划，发挥桃木工艺、印刷制造、书画艺术、文化旅游等优势行业，扶持发展一批骨干文化企业和企业集团，培育一批影响力大、示范作用强的文化产业品牌，支持和促进中小文化创意企业向“专、精、特、新”方向发展。壮大肥城文化传媒集团，发挥集团在全市文化产业领域的平台和主力军作用，拓展影视动漫制作、演艺演出、展会展览等新业务。引进国内外知名文化创意企业，推动形成以骨干文化企业为支撑、中小文化企业为基础，结构合理、门类齐全，科技含量高、竞争能力强的文化企业结构。

第三十七章　完善公共文化服务体系

1. 推进现代公共文化服务体系建设。把现代公共文化服务体系建设作为一项民心工程，坚持政府主导、社会参与、共建共享，统筹城乡和区域文化均等化发展，加快形成覆盖城乡、便捷高效、保基本、促公平的现代公共文化服务体系。深入推进实施基层综合性文化服务中心、文化信息资源共享、农家书屋、文体小广场、文化志愿者队伍、农村电影放映、“图书馆+尼山书院”六大建设的公共文化服务模式。完善文化基础设施建设，健全市镇村三级文化工作网络，实现“15—20分钟”城乡公共文化服务圈。充分发挥好文化中心综合功能，建好用好图书馆、博物馆、美术馆、非物质文化遗产展厅等教育性、实用性强的文化教体设施。免费开放“三馆一站”。

2. 培育基层文化志愿者队伍。深化公共文化服务志愿者递进培养工程，开展文化志愿者、文艺骨干技能提升等各类文化辅导培训，抓好志愿服务制度化建设。组建文化志愿者俱乐部，实施志愿者服务新常态培育工程。开展以文化志愿者队伍进广场、进农村、进社区、进校园、进企业的“五进”惠民活动。大力推进志愿服务活动，到2018年文化志愿者注册人数达到城市总人口的5%，2020年全市举办的大型文化活动有文化志愿者参与的比例达到80%。

3. 开展群众性文化活动。强化全民道德教育、加大文化建设，从一镇一村的典型评述宣传入手，开展一系列有特色的道德文明教育宣传活动；积极组织开展消夏广场、“百姓大舞台”——农民文化节、“文化惠民——送戏下乡”、广场舞大赛、戏曲票友大赛等群众性品牌文化活动；深入开展“文化下乡”和各种丰富多彩的主题文化活动，丰富城乡群众的文化生活。广泛引导文化志愿者队伍自行开展活动。突出关心偏远农村、城乡低收入人群、老年人、残疾人、青少年和外来务工人员等特殊群体的文化生活，保障基本文化权益。

第三十八章　加强文化传承与保护

加强对历史文化资源的抢救、保护和利用，充分挖掘我市君子文化、桃文化、军事文化，搞好古建筑、古石刻、古树名木的发掘和管护。申报一批国家级、省级文物保护单位。“十三五”期间，国家级重点文物保护单位力争突破3处，省级达到15处。开展全国重点文物保护单位、省级文物保护单位、市级文物保护状况调查和评估，建立完善动态的文物保护信息数据库。引导民办博物馆建设，指导泰安毛公山红色文化博物馆、马家埠民俗博物馆规范发展。做好以泰西抗日武装起义旧址、陆房战斗遗址等革命遗址遗迹为主要内容的红色文化保护利用和开发。继续加大陆房突围胜利纪念馆配套设施建设力度，将纪念馆建设纳入国家计划。向国家推荐申报梁氏正骨、桃木雕刻民俗等非遗项目。加大对我市民间绝技、绝艺、绝活的抢救保护力度。探索非遗项目保护传承与产业化组合发展，抓好非遗项目的生产性保护工作。鼓励社会力量参与非遗保护。重视做好档案、史志工作，加强档案事业基础设施和信息化建设，推进档案事业信息化、数字化、规范化。积极开发档案信息资源，拓展档案为经济、社会服务的功能。坚持依法修志，推动地方史志事业持续健康发展。

第三十九章　全面加强精神文明建设

以创建全国文明城市为目标，大力加强理想信念建设、乡风文明建设、未成年人思想道德建设，创新方式方法，广泛开展群众性精神文明创建活动，不断提升市民文明素质和社会文明程度，力争跨入全国文明城市行列。组织广大干部群众深入开展习近平总书记系列重要讲话精神、党中央治国理政新理念新思想新战略、中国特色社会主义和中国梦学习宣传教育实践活动。深入培育和践行社会主义核心价值观，抓好身边好人、“讲文明树新风”公益宣传、“重品行、树形象、做榜样”、好家风好家训传承、节俭养德全民节约、乡贤文化、“我们的节日”、网络文明传播、“三下乡”、“四进社区”、道德讲堂等市民宣传教育活动。深入推进志愿服务制度化和诚信建设制度化。深入推进桃都美丽乡村建设，推动“三清四改五化”工程不断深入，村村建成美丽乡村；城乡环卫一体化工作位居全省前列，大力加强农村“一约四会”建设。广泛开展文明单位、行业、窗口、镇村、社区、小区、楼道、家庭、五星级文明户、文明示范街、示范广场、示范市场等精神文明系列创建；深化“鲜花送文明”、“推荐身边好人，争做肥城好人”、善行义举“四德榜”等道德实践活动。

第十篇　刚性执行　落实科学发展新蓝图

本《纲要》经过市人民代表大会审议批准，具有法律效力。要充分发挥规划对资源配置的导向作用，加强和改善宏观调控，强化监督检查，凝聚各界力量，确保有效实施。

第四十章　加大供给侧结构性改革力度

更加注重供给侧结构性改革，着力提高供给体系质量和效率，加快用高质量供给挖掘激活新消费潜力空间，实现更高水平的供需平衡。精准去产能，加大落后产能升级、改造、转化力度，推进产业重组，有效化解过剩产能、落后产能，提高产业综合竞争力。突出科技创新、工艺革新和设备更新，提高全要素生产率。推进房地产去库存改革，促进房地产良性健康发展。研究制定在要素供给、物流、融资等方面服务企业的政策措施，大幅降低企业运行成本。优化水、电、气等要素供给的结构和机制，降低企业要素成本；构建现代化的物流体系，提高交通运输效率和投送能力，降低企业物流成本；充分发挥政府引导性资金的作用，落实各级税费优惠政策，支持重点产业领域企业发展。综合采用对上争取、债券融资、股权投资、低息贷款、上市融资等多种方式，破解企业发展资金难题，全方位为企业松绑减负、助力服务，增强企业信心和发展活力。加大金融去杠杆力度，规范发展多层次资本市场，提高资本供给的有效性和稳定性，有效防范化解金融风险。加大政府向社会力量购买服务力度，提高综合利用社会资源提供公共服务的能力。

第四十一章　提高需求侧管理水平

1. *提高投资质量*。坚持合理扩大投资规模、精准定位投资方向和积极优化投资结构相统一，切实发挥投资在拉动经济社会发展中的关键作用。公共财政资金重点投向生态环保、农业水利、基础设施、交通、能源、信息和社会事业等领域，其他竞争类行业，采取设立产业投资基金的方式，撬动吸引社会资本参与重点领域建设。引导投资向现代服务业、高新技术、农林水利、社会民生领域汇聚，尤其强化对新兴技术、节能环保、重大装备、企业设备更新等有利于全市产业转型升级投资的支持保护。严格控制高耗能和产能过剩行业盲目投资扩张。

2. *抓好重大项目*。主动适应经济发展新常态，紧扣经济转型升级主题，坚持量质并举，进一步创新招商机制，转变招商方式，优化引资结构，深化区域合作，加快承接产业转移，努力培植招商引资新优势，推动全市招商引资持续健康快速发展。“十三五”期间，全市招商引资力争五年内推介项目700个，签约合同项目550个，累计到位资金突破600亿元。把重大项目作为落实规划最有力的载体和最直接的手段，继续实施重大项目带动战略，以增量投资促进结构调整。加强前期工作，健全重点项目储备库，将规划的重点项目具体落实到年度重点项目计划实施，形成“竣工一批、启动一批、储备一批”的滚动机制。“十三五”期间，每年确定30个左右的市级重大项目，全市铺开投资过亿元项目380个，总投资1200亿元，规划期内完成投资700亿元，300个项目建成投产。

3. *激活消费潜力*。引导消费向智能化、绿色化、健康化、安全化、理性化方向发展，加快形成消费引领投资、激励创新、繁荣经济、改善民生的良性机制。不断提高居民收入，提高全社会消费能力。积极拓展电子商务、健康服务、养老服务等新的消费热点，健全完善新热点拉动新产业的互动机制。完善农村市场网络建设，提高农村消费质量和水平。

第四十二章　加强规划衔接和政策落实

1. *加强规划衔接*。《纲要》是统领全市经济社会发展全局的总体规划，是编制其它各类规划的依据。做好城乡规划、土地利用规划等规划与国民经济社会发展规划之间的衔接，做好专项规划、区域规划与总体规划的协调，空间配置和时序安排协调有序，形成以国民经济和社会发展规划为统领，以主体功能区规划为基础，各类规划定位清晰、功能互补、统一衔接的规划体系。

2. *完善政策调控*。按照《纲要》确定的目标和任务，研究制定规划实施的财政、金融、税收、价格、投资、产业、土地、人口、环保等相关配套政策，合理配置公共资源，有效引导社会资源。加强宏观经济监测预警，完善宏观调控政策，把短期调控政策和长期发展政策有机结合起来，加强各项政策协调配合，确保规划有效实施。加强产业发展方向引导，及时向社会公布有关发展规划、产业政策、投资重点等信息，综合运用经济、法律等杠杆，引导产业合理布局，促进规划有效实施。科学使用各类产业引导资金，引导银行和社会资金的投入方向，促进生产要素合理流动。加大财税支持力度，完善公共财政体系，调整支出结构，保障社会民生、基础设施、环境保护等重点领域支出。

第四十三章　加强跟踪调度落实

1．强化指标约束。《纲要》确定的约束性指标要纳入各镇街区、各部门经济社会发展综合评价和绩效考核，并分解落实到市政府有关部门和各镇街区，实行规划目标责任制。市直有关部门和各镇街区要将约束性指标和各项任务分解到年度，纳入经济社会发展年度计划，并强化动态跟踪监控、确保完成落实。

2．重视评估监督。完善发展规划指标体系的评价和统计制度，确保统计数据的权威、准确和及时，加强规划实施的跟踪分析。完善规划评估机制，组织开展规划实施中期和期末评估，分析检查规划实施效果，找出规划实施中存在的问题，提出解决问题的对策措施。拓宽规划实施监督渠道，发挥监察、审计、统计等部门对发展规划实施的监督作用，完善政府重大决策事项向人大报告和向政协通报制度，及时汇报、通报规划执行情况，充分听取人大、政协的意见和建议。加强发展规划实施的社会监督，开展规划宣传和展示工作，及时公布规划实施进展情况，让社会公众通过法定程序和渠道参与规划的实施和监督，营造全社会共同参与和支持规划纲要实施的氛围。

肥城年鉴

FEICHENG YEARBOOK

FEICHENG YEARBOOK 2017

大事记

大　事　记

2016年大事纪略

【仪阳撤镇设街道】 1月，根据《山东省人民政府关于同意调整肥城市部分行政区划的批复》，撤销肥城市仪阳镇，以其原行政区域设立仪阳街道，街道办事处机关驻原仪阳镇政府驻地。行政区划调整后，肥城市行政区划已达到4个街道，即新城街道、老城街道、王瓜店街道和仪阳街道。

【2016中国肥城第15届桃花节“魅力桃都，合作共赢”招商引资·招才引智洽谈会举行】 4月7日，2016中国肥城第15届桃花节“魅力桃都，合作共赢”招商引资·招才引智洽谈会在宝盛大酒店举行。共签约40个招商引资项目和12个人才科技项目。其中，副市长赵兴广与碧桂园集团经理辛本亮签订白云山片区综合开发项目协议，副市长王志勇与齐鲁工业大学副校长任民签订齐鲁工业大学与肥城市全面战略合作协议。山东省贸促会党组书记宿华、秘书长曲惠民，齐鲁工业大学校长陈嘉川、副校长任民，泰安市经合局局长王志翔，肥城市领导张成伟、常绪扩、王立军、何敬鹏、赵燕军、王爱新、乔磊、杜玉江、赵兴广、王志勇、付振江出席洽谈会。来自全国80多家企业、协会的客商朋友和20多家高校科研院所的专家教授，各镇街区和市直有关部门主要负责同志参加洽谈会。

【肥城桃获国家农产品地理标志】 4月，由肥城桃开发总公司、肥城桃产业协会组织实施的肥城桃申报国家农产品地理标志登记，获农业部2384号公告批准，正式依法予以保护。成为肥城桃被国家工商总局注册为地理标志商标之后，获得的又一项国家级地理标志区域保护成就。肥城桃地理标志地域登记范围主要包括肥城市境内新城街道、仪阳街道、桃园镇、安临站镇等镇街的90个行政村，保护面积7000公顷，质量控制技术规范编号AGI2016-01-1821。肥城桃地理标志成功登记，对于进一步做好肥城桃生产区域保护，稳定特色优良品质，提升名优品牌价值，提高产品竞争力，促进农民增收、产业增效具有十分重要的意义。

【肥城被纳入济南都市拓展区】 5月，济南市委、市政府印发《济南市新型城镇化规划（2015—2020年）》，肥城市被纳入济南都市拓展区，迎来区域融合发展的又一重大机遇。根据《济南市新型城镇化规划（2015—2020年）》，济南大都市区分为都市中心区、都市拓展区、都市一体化协同发展区三个圈层。其中，都市拓展区是都市中心区产业和服务功能的主要发展区和都市新空间，主要包括毗邻中心城区的章丘、济阳、齐河、平阴、商河、肥城，这些县市中肥城和齐河是两个行政区划不隶属于济南但被纳入都市拓展区的县域。

【山东省地方史志办公室向肥城市赠书】 6月13日，山东省地方史志办公室向肥城赠书仪式在市人民会堂举行。省政府办公厅党组成员、省史志办主任刘爱军，省史志办副主任刘娟，泰安市副市长成丽，肥城市领导常绪扩、王立军出席赠书仪式。刘爱军代表省史志办向肥城市赠送《宣统·山东通志》《乾隆·泰安府志》《山东纪念抗战胜利70周年丛书》《山东抗战研究丛书》《欧阳中石》等书籍400多套，常绪扩代表市委、市政府受赠。其中《宣统·山东通志》是山东历史上规模最大、内容最翔实、体例最完备的一部通志，被《中国地方志总目提要》《续修四库全书总目提要》称之为清代山东地方之巨帙佳乘，保存齐鲁文献最为完备。省史志办通过对国内现存各种宣统版《山东通志》版本的筛选比对，确定了最佳影印底本，保证了志书的准确性和完整性。

【山东省第二届创新教育节在肥城举办】 6 月 18 日，山东省第二届创新教育节在肥城市实验小学桃花源校区举办。肥城市坚持以创新的思维理念和方式方法，大力推进教育全面升级，特别是依托泰安智慧教育云平台，着力实施“智慧教育、数字化校园”建设工程、教师队伍培养培训工程，在建设、管理、队伍、保障等领域进行一系列富有成效的改革创新，教师理念、教育手段、教学方法、教育质量等各个方面都收获新的发展成果。省教育厅副厅长、中国教育学会副会长张志勇，泰安市教育局局长张勇华，肥城市领导常绪扩、名树伟出席开幕式。

【第二届道德模范颁奖典礼举行】 6 月 27 日，肥城市第二届道德模范颁奖典礼在市人民会堂举行，对评选出的 12 个道德模范集体和个人进行隆重表彰。他们分别是不顾自身安危，救助落水群众的见义勇为道德模范段绪旺、李光红；热心公益、奉献爱心的助人为乐道德模范“吴家三姐弟”吴丽华、吴庆国、吴刚；身残志坚、投身公益的助人为乐道德模范胡维庆；古稀之年义务护路，十年修路 20 多里的助人为乐道德模范赵衍生；捐献造血干细胞，挽救生命的助人为乐道德模范王佳；热情服务群众，维护城市秩序的助人为乐道德模范集体市城管局；带领村民绿化荒山，把昔日“乱石窝”变成了花果山的王瓜店街道黄叶村党支部书记敬业奉献道德模范张吉和；默默奉献，传递文明的敬业奉献道德模范“鲜花送文明”栏目组；信守诺言，履行责任，依靠诚信壮大企业的诚实守信模范郭敬平；无微不至照顾义父的孝老爱亲模范冉梅；用坚持唤醒瘫痪丈夫、用孝心服侍婆婆、用宽厚照顾着丧夫的大姑姐和外甥的孝老爱亲模范李秀珍；勤奋工作、默默奉献，回报社会的体彩中心道德模范团体。省文明办副主任王龙飞，省体育彩票管理中心副主任高文清，肥城市领导张成伟、李华民、何敬鹏、赵燕军、王爱新、孟庆刚出席颁奖典礼。

【肥城荣获全国国土资源节约集约模范县（市）】 6 月 27 日，第三届国土资源节约集约模范县（市）表彰大会在北京召开，肥城市被国土资源部表彰为国土资

6 月 27 日，“德润桃都”——肥城市第二届道德模范颁奖典礼举行（张敏　摄）

源节约集约模范县（市）。此项活动是经国务院主管部门批准，国土资源部负责组织开展的一项国家级达标评比表彰活动。成为继2015年肥城市被表彰为山东省首届国土资源节约集约模范市之后，获得的又一项殊荣，为泰安市唯一一个取得“双荣誉”的县市区。自2014年11月启动新一轮国土资源节约集约模范县（市）创建活动以来，市委、市政府高度重视，主动作为，以创建为抓手，牢固树立“依法依规促提高，节约集约促转型”的理念，将资源节约集约利用纳入科学发展考核。围绕智根、地根、银根、律根“四大要素”，探索运用创新、职能、资金、政策“四大杠杆”，跳出土地抓节约集约，严格按照新的创建指标评价体系要求，结合新常态下国家产业发展政策和本地实际，在耕地保护、土地整治、土地利用、土地监管、节约集约评价和考核等方面积极探索和创新，推动转变资源利用方式，实现了经济社会发展与土地高效利用的良好互动，探索出一条具有肥城特色的节约集约高效利用土地的发展路径。

【镇街党（工）委书记、市直部门主要负责人向市纪委全委会述廉述责】 7月2日，镇街党（工）委书记、市直部门主要负责人向市纪委全委会述廉述责会议在市人民会堂召开。会上，新城街道党工委、王瓜店街道党工委、孙伯镇党委和市人社局、交运局、水利局、环保局、林业局、食药监局主要负责同志依次作述廉述责报告，并接受市纪委委员的询问。市纪委委员对述廉述责对象进行民主评议。省纪委党风政风监督室正科级纪检监察员支念华对述廉述责会议进行点评，并就进一步做好述廉述责工作提出要求。泰安市纪委党风政风监督室主任、市政府纠风办副主任张同武，肥城市领导张成伟、张莉出席会议。不是市纪委委员的镇街区纪（工）委书记、市纪委派驻纪工委书记、正科级纪检监察员、机关室办主任列席会议。

【2016中国肥城第9届金秋品桃节“招商引资·招才引智”重点项目集中签约仪式举行】 9月7日，2016中国肥城第9届金秋品桃节“招商引资·招才引智”重点项目集中签约仪式在宝盛大酒店举行。共签约28个重点招商项目和6个人才科技项目。其中，副市长王志勇代表市政府与中船重工703研究所副所长刘江签订全面战略合作协议。同时，立足资源、产业、技术等优势，精心策划园区开发、产业升级、文化旅游等4大类50个符合国家产业政策、要素配套完备、投资回报率高的合作项目，向各位企业家集中推介。省贸促会、省国际商会党组书记宿华，中船重工703研究所副所长刘江，省贸促会贸易投资促进部部长、国际商会秘书长贺忠军，泰安市经合局党组副书记、调研员裴黎明。肥城市领导张成伟、常绪扩、何敬鹏、赵燕军、王爱新、乔磊、杜玉江、王志勇、杜尊春以及80多家企业集团、商协会、高校院所的来宾，肥城市各镇街区和市直有关部门主要负责同志出席签约仪式。

【全省农村集体产权制度改革座谈会在肥城召开】 9月12—13日，全省农村集体产权制度改革座谈会在肥城市召开。副省长赵润田、省农业厅厅长王金宝、省农村工作领导小组成员王泽厚以及省国土资源厅、水利厅、海洋和渔业厅、林业厅等部门的领导同志，泰安市委常委、副市长周桂萍，肥城市领导张成伟、常绪扩、李华民、辛涛、赵兴广参加会议。12日下午，赵润田先后查看仪阳街道刘台村、新城街道沙窝村和古店村、湖屯镇前兴隆村、王瓜店街道产权交易中心以及老城街道牧和养殖场，听取有关情况汇报。在13日上午召开的座谈会上，部分县市区和省直部门负责同志汇报了农村集体产权制度改革工作情况、存在的主要问题以及意见建议。肥城市委书记张成伟作题为《实施集体产权制度改革、激增农业农村发展活力》的发言。2012年，肥城率先探索实施“6＋1”农村产权制度改革，开启农村综合改革“破冰之旅”，打出一套农村改革发展的“组合拳”。“6”即

9月12日，山东省副省长赵润田（左三）视察仪阳街道刘台村产权制度改革情况（田吉路 供稿）

"六项改革"——农村集体产权制度改革、土地承包经营权确权颁证、农村集体土地确权颁证、农村房屋确权颁证、集体林权改革、水利产权改革；"1"即"一个平台"——农村产权交易融资平台。几年的改革实践，取得显著的经济效益和社会效益。

【全省推进社会救助改革创新现场会在肥城召开】 10月9日，全省推进社会救助改革创新现场会在肥城市召开，主要是贯彻民政部关于社会救助改革创新的部署要求，总结工作，交流经验，加快推进全省社会救助改革创新。与会人员参观了市困难群众救助中心、新城街道便民服务中心、王瓜店街道黄叶村、新城街道古店社区等社会救助工作现场，听取相关工作情况介绍，并观看反映肥城市社会救助改革创新工作的专题片。烟台、临沂、滨州、青岛市黄岛区、金乡县、泰安市泰山区等9个市县区在会上作典型发言。肥城市副市长名树伟作题为《创新机制、汇聚合力、提升社会救助工作整体效能》的典型发言。肥城市紧紧围绕构建和谐社会目标，大力推进社会救助体系建设，不断创新工作思路，完善体制机制，规范操作程序，加大资金投入，社会救助水平逐年提高，有效保障社会最底层、最贫困群众的基本生活，促进全市经济社会持续健康发展。被确定为全国、全省"救急难"工作综合试点单位，全国农村社区建设实验市，全省"未成年人社会保护"工作试点县；先后荣获全国农村五保供养工作先进单位、全省双拥模范城、"敬老文明号"、慈善工作先进单位等荣誉称号。省民政厅副厅长刘同林、社会救助处调研员姚子照，泰安市副市长徐恩虎、民政局局长孙兰俊，肥城市领导常绪扩、名树伟出席会议。

【市委党校新校区启用】 11月29日，市委党校新校区启用暨2016年第二批入学学员开学典礼举行。市委党校新校区于2014年7月开工建设，总投资近1亿元，占地60亩。其中，综合楼建筑面积2.2万平方米，为回字形结构，地下1层、地上5层。南部一层（地下）为车库，二层、三层为办公区，四至六层为教学区；北部一层至二层为餐饮区，三至六层为住宿区。报告厅建筑面积2027平方米。新校区物业、餐饮等实行委托化管理，标准达到三星级酒店管理水平。新校区可容纳300人学习、住宿、就餐，达到封闭式培训管理要求。市领导张成伟、李华民、乔磊出席活动。张成伟、李华民共同为市委党校新校区揭牌。揭牌仪式结束后，张成伟为参加2016年中青年干部培训班、科级干部进修班的学员上了主题为"坚定理想信念、强化责任担当，争当推进'五城建设'的先锋表率"的党课。

【全国农村社区服务体系建设推进会在肥城召开】 11月29日，全国农村社区服务体系建设推进会在肥城市召开，主要是贯彻落实《城乡社区服务体系建设规划（2016—2020年）》，总结经验，分析形势，统一思想，明确任务，奋力开创"十三五"时期农村社区服务体系建设新局面。与会人员先后参观新城街道古店社区、高新区穆庄社区、王瓜店街道黄叶社区、湖屯镇张店社区等现场，听取有关工作情况介绍，并观看反映肥城市农村社区服务体系建设工作的专题片。山东、上海、山西等地作交流发言，从不同角度介绍推进农村社区服务体系建设的经验做法。肥城市委书记张成伟作题为《打造农村社区服务升级版，建设群众幸福满意新家园》的典型发言。肥城作为全国首批农村社区建设实验县（市），坚持把农村社区建设作为推进城乡发展一体化的重要举措，精心打造规划建设好、产业发展好、管理服务好、生态环境好、民生福祉好的“五好社区”，有力推进新农村建设。面对新时期社区群众“需求千条线”，紧紧抓住“服务一根针”，探索出具有肥城特色的“五式”工作模式，即党建统领织好“立体式”服务网络、因地制宜打造“一站式”服务平台、提档升级做实“普惠式”服务项目、打通脉络构建“联动式”服务机制、产社融合筑牢“堡垒式”服务支撑。全市累计投资20多亿元，建成社区（村）服务中心108个，总面积10.1万平方米，农村社区化服务管理覆盖率达到99%。民政部基层政权和社区建设司司长陈越良，省民政厅厅长陈先运，泰安市委副书记、市长李希信，副市长徐恩虎，肥城市领导张成伟、常绪扩、名树伟出席会议。

【首条城乡公交线路开通】 12月26日，肥城首条城乡公交车K16路（新城至王庄）正式开通。K16路采用新能源公交车，车内配有空调，该公交线路全程30公里，与原新城至王庄线路一致，日发班次70个。城乡公交一体化改造是肥城市2016年十件民生实事之一，在广泛征求运输业户意见建议，多次召开座谈会、论证会的基础上，制定《肥城市城乡公交一体化改造实施方案》。组建由三家客运企业入股的肥城桃都公交有限公司，购置新能源公交车134辆，投资1000多万元建立公交充电站。

【5人荣登“中国好人榜”】 2016年，肥城共有5人登上“中国好人榜”。他们分别是：让“烧火棍”变成“金疙瘩”的肥城桃木工艺师程银贵；以孝治村，带出和谐村风的“孝顺支书”徐荣峰；13年坚持照顾偏瘫公公的孝心农妇刘翠珍；自费创办养老院，做孤寡老人“亲闺女”的肖秀敏；自强不息，用柔弱双肩扛起“两个家”的90后女孩张朋。

【市镇两级领导班子换届】 2016年12月，镇党委、人大、政府换届选举。2017年1月，市党委、人大、政府、政协换届选举。镇领导班子换届后，共有成员136人，其中党委领导班子82人，人大领导班子24人，政府领导班子50人，党政交叉任职20人。镇党委领导班子成员平均年龄38.78岁，人大领导班子成员平均年龄45.75岁，政府领导班子成员平均年龄37.63岁。33岁以下年轻干部20名，女干部26名，达到每个镇至少1名33岁以下年轻干部和女干部。2个镇分别配备少数民族干部1名。领导班子成员大学以上学历115人，其中全日制大学本科以上学历49人。

2016年大事记

1月

5日 全市镇街区党（工）委书记抓基层党建工作述职评议会召开，听取各镇街区党（工）委书记2015年履行抓基层党建工作责任情况汇报，并进行述职评议。市委书记、市人大常委会主任张成伟主持会议并讲话。

6日 中共肥城市委十三届六次全体会议召开。市委书记、市人大常委会主任张成伟作题为《乘势而上开启新的征程，凝心聚力决胜全面小康》的工作报告。会议审议通过《中国共产党肥城市第十三届委员会第六次全体会议公报》。

9日 2016新年重点项目签约对接会举行。涉及新材料、新能源、节能环保、生物医药等领域的11个重点项目分别签约。

16日 全市经济工作暨扶贫开发工作会议召开。会议对2015年度科学发展先进单位和先进个人进行了表彰奖励。

22日　全市工作情况通报会在泰西会议中心召开。市委书记、市人大常委会主任张成伟主持会议并讲话，市委副书记、市长常绪扩向老干部们通报2015年全市工作情况、“十三五”总体安排和2016年工作重点。

26日　全市“医疗服务质量提升年”活动动员会召开。

28日　2016年“贯彻五大理念、推进五城建设”首届微信宣传大赛启动。本届微信大赛主题为“中国桃都、美好肥城”。

30日　省民政厅调研组一行在泰安市民政局领导的陪同下，到肥城市调研养老服务体系建设工作。肥城市委副书记、市长常绪扩陪同活动。

△　省政协主席刘伟在省政协秘书长张心骥，泰安市委书记、市人大常委会主任李洪峰等领导陪同下到肥城市走访慰问困难职工、群众，视察基层政协工作和经济社会发展情况。市委书记、市人大常委会主任张成伟陪同活动。

1月30日，省政协主席刘伟（右一）到新城街道政协委员联络室视察指导工作

2月

1日　仪阳街道办事处揭牌暨新兴产业园区建设推进会举行。

2日　全市电子商务工作调度会议召开。市委书记、市人大常委会主任张成伟出席会议并讲话。

△　中共肥城市纪委十三届七次全体会议召开。市委书记、市人大常委会主任张成伟在会上讲话，并与镇街、市直部门单位党组织书记代表签订《2016年度党风廉政建设责任书》。

12—13日　全市电子商务工作北片、南片座谈会分别召开。市委书记、市人大常委会主任张成伟出席会议并讲话。

15日　全市2016年春季重点项目集中开工暨山东农大肥业缓控释肥项目奠基仪式在高新区举行。全市集中开工项目32个。

16日　肥城市2016年“就业帮扶·真情相助”集中招聘活动在三农大厦正式启动。涵盖IT信息、电子商务、市场营销、机械纺织、服装加工以及家政服务等行业的近80家单位提供就业岗位4000余个。

18日　省经信委调研组到肥城市调研工业和信息化工作。调研组实地查看一滕新材料、傲饰集团、银宝公司等企业现场，并召开企业代表参加的座谈会，听取各企业生产经营情况汇报。市委副书记、市长常绪扩陪同活动。

△　全市扶贫对象建档立卡核查工作会议召开。会议传达《关于开展2015年度扶贫对象建档立卡信息核查、动态管理工作的通知》，并围绕做好扶贫对象建档立卡信息核查、动态管理工作对与会人员进行培训。

19日　中国节能环保集团公司总经理助理曾武带领有关部门和企业负责同志到肥城市参观考察。在市领导张成伟、常绪扩陪同下，考察团一行先后到康王河公园、康龙污水处理厂、中节能生物质发电项目、节能环保产业园选址现场进行实地考察，并就深化合作进行磋商。

25日　全市扶贫开发领导小组第一次全体成员扩大会议召开。会上宣读了《市委、市政府关于打赢脱贫攻坚战的实施意见》《关于建立脱贫攻坚“五位一体”帮扶机制的通知》。市委书记、市人大常委会主任张成伟主持会议并讲话。

27日 肥城市庆“三八”暨“寻找最美”颁奖典礼举行。共表彰8个类别的妇女典型16位。

3月

1—3日 政协第八届肥城市委员会第五次会议在市人民会堂召开。大会审议并通过本次会议《政治决议》。

2—4日 肥城市第十七届人民代表大会第五次会议在市人民会堂召开。大会选举赵燕军为肥城市第十七届人大常委会主任，并表决通过《市十七届人大五次会议关于政府工作报告的决议》《关于肥城市国民经济和社会发展第十三个五年规划纲要的决议》等7个决议。

11日 全市村党组织书记培训班开班仪式举行。市委书记张成伟出席仪式并作题为《履职尽责，担当有为，努力做好新时期农业农村发展的带头人》的讲话。

16日 鲁宁原油管道安全隐患整治（肥城段）改线工程正式启动建设。

22日 洼里泰安市级农民工返乡创业示范园揭牌仪式举行。

23日 省交通运输厅厅长张传亭到肥城调研指导工作。在泰安市有关领导及肥城市领导张成伟、常绪扩等陪同下，先后查看部分干线公路和青兰高速桃园互通立交工程等现场，并听取肥城市经济社会发展以及交通运输工作情况汇报。

△ 泰山铝业公司与龙马集团板带箔项目正式签约。

28—30日 市委书记张成伟带领党政考察团，先后到浙江省义乌市、东阳市、诸暨市、桐庐县、杭州市考察学习。

30日 肥城市第一个“明星司法所”——仪阳司法所建成揭牌。

4月

1日 中国肥城第15届桃花节暨百家媒体、百家旅行社、百家自驾俱乐部“相约花海，畅游肥城”推介会在仪阳刘台桃花源风景区举行。

2—4日 2016年山东肥城第一届特色产品展示交易会在春秋古城举行。共有来自市内外的80余家企业参加。

6日 中国肥城第十五届桃花节暨全国桃木旅游商品创新设计大赛开幕式“农大肥业之春”文艺演出在市体育场举行。

7日 2016中国肥城第15届桃花节“魅力桃都，合作共赢”招商引资·招才引智洽谈会在宝盛大酒店举行。共签约40个招商引资项目和12个人才科技项目。

8日 “好客山东”2016全国桃木旅游商品创新设计大赛暨全国桃文化旅游商品评展活动颁奖典礼举行。本次大赛共有来自北京、天津、上海等26个省、市、自治区的5000多件实物作品、200多件设计作品参与展出和终评。评出特别大奖1个、金奖11个、银奖18个、铜奖31个、优秀奖80个、特殊贡献奖2个。

11日 省委常委、组织部部长杨东奇，在泰安市委书记、市人大常委会主任李洪峰等领导陪同下，到肥城市调研基层党建工作。杨东奇先后到湖屯镇前兴隆村、王瓜店街道东大封村和黄叶村，深入了解农村党组织建设、农村党员教育管理、村级班子规范化建设、村集体经济发展等情况，并听取肥城市运用“互联网+”思维打造智慧党建平台的情况汇报。肥城市委书记张成伟陪同活动。

12日 肥城市油画学会成立暨“在那桃花盛开的地方”油画展开幕式举行。

14日 2016全国翻转课堂实战观摩暨教育均衡发展大会在肥城市召开。

15日 肥城市启动“文明劝导日”志愿服务活动，把每周六定为全市“文明劝导日”。

17日 “桃色满园”2016中国（肥城）水彩名家写生作品展暨山东水彩画写生基地揭牌仪式举行。

20—21日 省级生态市建设考核验收组到肥城市考核验收省级生态市创建工作。一致同意通过对肥城市省级生态市创建验收。

4月21日，肥城市首届残疾人运动会举办

21日 肥城市举办首届残疾人运动会。全市30余名残疾人选手参加比赛。

本月 中国肥城第十五届桃花节武术汇演在春秋古城举行。展示螳螂拳、太极拳、硬气功、九节鞭等30余种不同的武术表演形式。

本月 肥城桃申报国家农产品地理标志登记，获农业部2384号公告批准，正式依法予以保护。成为肥城桃被国家工商总局注册为地理标志商标之后，获得的又一项国家级地理标志区域保护成就。

5月

5日 肥城市土地承包经营权确权登记颁证工作通过省级验收。

10日 2016年全民健身月启动仪式暨“十里画廊健步走活动”举行，约1000名健步走爱好者参加。

11日 省委常委、省纪委书记李法泉就贯彻落实十八届中央纪委第六次全会和省纪委十届七次全会精神到肥城市调研，督导整治和查处侵害群众利益的不正之风和腐败问题工作。泰安市委书记、市人大常委会主任李洪峰，肥城市委书记张成伟等领导陪同活动。

18日 肥城市社科联成立揭牌暨社科普及周活动启动仪式在白云书院举行。

19日 山东肥城农村商业银行股份有限公司开业暨金融扶贫启动仪式举行。

19—20日 省委组织部调研组到肥城市调研指导工作。调研组一行先后查看市连心办、新城街道赵庄社区、高新区南仪仙社区、王瓜店街道黄叶村、泰鹏集团以及高新区孵化器等现场，并听取肥城市经济社会发展、党建制度改革重点任务落实和“一市一点”项目攻坚等相关情况汇报。泰安市委常委、组织部长唐福泉，肥城市领导张成伟、乔磊陪同活动。

26日 天九鑫旺金融超市揭牌暨启动仪式举行。天九幸福控股集团董事局主席卢俊卿，市领导张成伟、常绪扩、赵燕军等出席仪式。

28日 2016年山东省第八届“万人象棋”泰安市第六届全民健身运动会暨首届“肥城白云书院”杯象棋邀请赛于肥城白云书院举办。全省各地市共有15支代表队以及个人共计82位棋手报名参加。

本月 济南市委、市政府印发《济南市新型城镇化规划（2015—2020年）》，肥城市被纳入济南都市拓展区，迎来区域融合发展的又一重大机遇。

本月 肥城籍著名画家马继忠与夫人邹桂枝一行回家乡讲学并到肥城书画艺术馆等地参观指导。

6月

2日 省粮食局局长杨丽丽带领参加全省粮食流通工作会议的与会人员到肥城参观考察。在市领导常绪扩、王爱新陪同下，先后到富世康制粉公司和富世康电子商务中心参观考察，并听取有关情况汇报。

5日 王西安拳法研究会泰山分会、泰安市太极拳发展研究会肥城分会揭牌暨首届泰山国际太极拳赛总结表彰大会在肥城市举行。

6月13日，《山东省志·左丘明志》评稿会在肥城市召开

13日 省地方史志办公室向肥城市赠书仪式在市人民会堂举行。省政府办公厅党组成员、史志办主任刘爱军代表省史志办向肥城赠送《宣统·山东通志》《乾隆·泰安府志》《山东纪念抗战胜利70周年丛书》《山东抗战研究丛书》《欧阳中石》等图书，市委副书记、市长常绪扩代表市委市政府受赠。

△《山东省志·左丘明志》评稿会在市人民会堂举行。

16日 肥城新华党政客户端、肥城手机台《文明肥城》频道开通上线仪式暨广电新媒体发展推介会召开。

△ 中国人民银行参事林铁钢带领调研组到肥城市调研农民住房财产权抵押贷款试点工作开展情况。

17日 全市纪念中国共产党建党95周年、中国工农红军长征胜利80周年“永远跟党走·共筑五城梦”2016年合唱音乐节暨创建全国文明城市消夏广场文化活动在龙山广场启动。

18日 山东省第二届创新教育节在肥城市实验小学桃花源校区举办。市委副书记、市长常绪扩出席开幕式。

27日 肥城市第二届道德模范颁奖典礼举行，对评选出的12个道德模范集体和个人进行表彰，并为荣获中国好人、山东好人称号的市民代表颁发荣誉证书。

△ 肥城市被国土资源部表彰为国土资源节约集约模范县（市）。

29日 肥城市召开纪念中国共产党建党95周年座谈会，来自全市不同层面的9位党员代表在会上作事迹报告。市委书记张成伟出席座谈会并讲话。

7月

2日 镇街党（工）委书记、市直部门主要负责人向市纪委全委会述廉述责会议召开。市委书记张成伟出席会议并讲话。

12日 “追逐艺术的太阳”肥城市首届中小学生书法绘画大赛暨“追逐梵高”中国少儿绘画大赛选拔赛正式启动。

14日 肥城市政府与肥矿集团举行山东索力得焊材股份有限公司、肥城腾达实业有限公司移交签字仪式。市委副书记、市

7月14日，市政府与肥矿集团举行山东索力得焊材股份有限公司、肥城腾达实业有限公司移交签字仪式（刘家山　摄）

长常绪扩出席仪式并讲话，副市长王志勇代表肥城市政府与肥矿集团工会主席赵军签署移交协议。索力得、腾达两企业由肥矿集团正式移交肥城市管理，标志着肥矿集团剥离办社会职能工作取得实质性进展。

18日 市公安局举行公开退赃大会，将年内打击多发性侵财犯罪中追缴的10部手机、6台电脑、12辆电动车、4辆汽车等物品，以及现金20余万元返还给受害群众。

21日 市委副书记、市长常绪扩会见澳大利亚悉尼大学商学院副院长菲利普·塞斯卡特一行，双方就教育领域等方面的合作进行深入探讨交流，并达成合作共识。

23日 市委理论中心组集体学习暨市委常委“两学一做”集中研讨交流会召开。会议学习贯彻习近平总书记在庆祝建党95周年大会上的重要讲话和上级关于加强换届风气监督文件精神，开展“两学一做”集中研讨交流。市委书记张成伟主持会议并讲话。

25日 肥城市节能环保产业园及锂电产业发展座谈会召开。

27—29日 由新华社、《人民日报》、中央电视台、《经济日报》、山东卫视、《大众日报》等新闻媒体编辑、记者组成的“全国重点媒体看肥城”采访团，集中对市委、市政府积极应对经济下行、发展园区经济、培育经济新增长点、生态文明建设等特色亮点工作进行采访采风。

30日 全市党校工作会议在市人民会堂召开。市委书记张成伟出席会议并讲话，市委副书记、市长常绪扩主持会议。

8月

4日 民政部检查组到肥城市检查指导农村社区建设工作。检查组一行实地查看潮泉柳沟、新城古店、高新区穆庄、王瓜店黄叶、湖屯张店、安驾庄马埠、安临站刘家村等农村社区现场，并听取肥城市经济社会发展情况汇报。市领导常绪扩、名树伟陪同活动。

6日 全市农业农村工作座谈会召开。市委书记张成伟主持会议并讲话。

8日 2016年庆祝“全民健身日”活动启动仪式暨健身腰鼓比赛在市全民健身活动中心举办。

9日 山东省青少年公路自行车冠军赛在肥城市春秋古城开幕。共有来自全省各地市的5支代表队43名教练员、运动员参加。

12—13日 由新华网、人民网、新浪网、腾讯网等网络媒体编辑、记者组成的“全国重点网络媒体看肥城”采访团，集中对肥城市应对经济下行、发展园区经济、电子商务、扶贫攻坚等亮点工作进行采访采风。

13日 第九届金秋品桃节暨百家网络媒体、百家自驾俱乐部“相约桃都，畅游肥城”推介会举行。

16日 全市加快工业发展推进大会召开。市委书记张成伟出席会议并讲话，市委副书记、市长常绪扩主持会议。

21日 肥城市2016年事业单位公开招聘工作人员笔试举行。此次考试共招聘综合类、卫生类和教育类工作人员336名，

8月8日，庆祝“全民健身日”活动启动仪式暨健身腰鼓比赛举行

设置考场229个，有6800余名考生参加笔试。

23日 2016年全市“慈善月”活动动员会议暨阳光盛华慈善助学金发放仪式举行。

26日 肥城市节能环保产业园区规划评审会召开，市委书记张成伟主持会议并讲话。

31日 由市委宣传部主办，市公安局、教育局、农商银行、广播电视台承办的桃都网事系列微电影《我被骗了》《妈，我错了》首发式举行。

9月

2日 市委常委会议召开。传达贯彻泰安市扶贫开发领导小组第三次成员扩大会议精神，研究创建全国文明城市工作事宜，传达学习《中共中央关于辽宁拉票贿选案查处情况及其教训警示的通报》。

3日 2016年优质肥桃擂台赛在肥城桃研究所实验基地举办，新城、桃园、仪阳三个肥桃主产区的桃农选送的几十个肥桃样品参与评比。

3—4日 全市1200多名党员领导干部在市高级技工学校参加德廉和党风党纪知识测试。

5日 中国节能环保集团、肥城市政府深化全面战略合作座谈会召开。中节能集团公司副总经理余红辉，肥城市领导张成伟、常绪扩等出席会议。

7日 2016中国肥城第9届金秋品桃节“招商引资·招才引智”重点项目集中签约仪式在宝盛大酒店举行。共有34个重点项目集中签约。

9日 全市镇领导班子换届工作会议召开。

10日 全市庆祝第32个教师节暨推进教育高位均衡发展座谈会在泰西会议中心召开。

12日 全省小麦生产技术总结会议在肥城市召开。省农业厅有关处站负责人，各地市农业技术推广站站长及有关技术人员，省内有关小麦专家等40余人参加会议。

12—13日 全省农村集体产权制度改革座谈会在肥城市召开。副省长赵润田出席会议并讲话。

20日 全国小麦秋播现场观摩会在肥城市召开。部分省（区、市）农技推广站代表、粮食主产县代表和有关专家共计100余人现场观摩肥城市小麦规范化播种技术。

△ 山东省第六届全民健身运动会万人太极（泰安赛区）比赛在肥城市举行，来自省内部分地市的16支代表队240余名运动员参加比赛。

21日 全市实施全民参保登记计划工作会议召开。

27日 肥城市市镇人大换届选举工作会议召开。

28日 全市2016年秋季重点项目开工暨S329肥城仪阳至石横段改建工程开工仪式举行。

29日 全省首届计划生育基层服务管理技能竞赛省级总决赛在肥城市举行。

30日 肥城市在烈士陵园举行党政军暨社会各界公祭烈士活动。

10月

9日 全市司法责任制改革动员会召开，对全市司法责任制改革工作进行动员部署。市委书记张成伟参加会议并讲话。

△ 全省推进社会救助改革创新现场会在肥城市召开。省民政厅、泰安市民政局有关领导，肥城市领导常绪扩、名树伟出席会议。

10日 全市纪念中国共产党建党95周年、中国工农红军长征胜利80周年“永远跟党走·共筑五城梦”合唱音乐节暨2016年创建全国文明城市消夏广场文化活动优秀作品展演举行。

11日 国家林业局原局长、全国绿化委员会副主任、中国林学会理事长赵树丛在省林业厅厅长刘均刚陪同下到肥城市调研指导林业生产工作。市委书记张成伟陪同活动。

13日 全市建筑业转型升级创新发展座谈会召开。市委书记张成伟出席会议并讲话，市委副书记、市长常绪扩主持会议。

16—17日 全市三季度重点项目现场观摩暨秀美肥城建设动员大会召开，市委书记张成伟在会上作重要讲话。

25日 山东省第六届全民健身运动会健身球操比赛在肥城市举行。来自全省各地市及省直机关、胜利油田的19支代表队近300名运动员、教练员参加比赛。

29日 山东省第五届“地科杯”“珍惜资源，爱我国土”有奖征文颁奖典礼在肥城市举行。市委副书记、市长常绪扩出席活动。

11月

1日 省交通运输厅党组书记王玉君、副厅长王其峰带领督导组到肥城市督导检查青兰高速建设情况。山东高速集团公司总经理江成，泰安市委副书记、市长李希信，肥城市领导张成伟、常绪扩陪同活动。

3日 市委理论中心组集体学习党的十八届六中全会精神及《关于新形势下党内政治生活的若干准则》和《中国共产党党内监督条例》。

16日 全市第三次农业普查动员大会召开。此次普查的标准时点为2016年12月31日，时期资料为2016年度资料，主要查清农业、农村、农民基本情况，掌握农村土地流转、农业生产等新情况。

23日 泰安市委书记、市人大常委会主任王云鹏，市委副书记、市长李希信带领参加泰安市招商引资和项目建设检查考核会议的与会人员到肥城市检查指导工作。

△ 由市文促委书画文化发展组牵头，市文广新局、文联主办，市博物馆、泰安毛公山红色文化博物馆承办的红色文化剪纸艺术展在市书画艺术馆开展。共展出来自省内外剪纸艺术家的精品力作100件。

△ 由中国旅游协会商品与装备分会举办的第一期全国旅游商品管理人员培训班在肥城市开班。本次培训班3天，来自全国21个省（市、区）及新疆生产建设兵团的150位学员参加。

24—25日 省委副书记、省长郭树清在省政府秘书长王华及省直有关部门负责同志陪同下到肥城市调研指导工作。实地调研山东富世康工贸有限公司、王瓜店街道农村产权交易中心、泰盛光伏农业产业园，对肥城市“食安山东”创建、农村产权制度改革和脱贫攻坚等方面工作给予充分肯定。泰安市委书记、市人大常委会主任王云鹏，市委副书记、市长李希信，肥城市领导张成伟、常绪扩等陪同活动。

29日 市委党校新校区启用暨2016年第二批入学学员开学典礼举行。

△ 全国农村社区服务体系建设推进会在肥城市召开。与会人员先后参观新城街道古店社区、高新区穆庄社区、王瓜店街道黄叶社区、湖屯镇张店社区等现场，听取有关工作情况介绍，并观看反映肥城市农村社区服务体系建设工作的专题片。会上，山东、上海、山西等地作交流发言。张成伟代表肥城市委、市政府作题为《打造农村社区服务升级版，建设群众幸福满意新家园》的典型发言。民政部基层政权和社区建设司司长陈越良，省民政厅厅长陈先运，泰安市委副书记、市长李希信，肥城市领导张成伟、常绪扩等出席会议。

30日 中共肥城市委十三

11月25日，山东省委副书记、省长郭树清（右二）到肥城富士康调研“食安山东”示范创建工作

11月29日，全国农村社区服务体系建设现场推进会在肥城市召开。图为会议现场

届七次全体会议在市人民会堂召开。市委书记张成伟代表市委常委会作《坚定理想信念，全面从严治党，为加快五城建设决胜全面小康营造良好政治生态》的讲话。会议审议通过《中共肥城市委关于深入学习贯彻党的十八届六中全会精神的意见》《关于召开中国共产党肥城市第十四次代表大会的决议》《中国共产党肥城市第十三届委员会第七次全体会议公报》。

12月

6日 2016全省旅游商品工作第二期培训班在肥城市开班，来自全省的120位学员参加培训。

23日 省农业扶贫攻坚考核组到肥城市检查考核。市领导常绪扩、殷锡瑞、王立军等陪同活动。

24日 山东省桃木工艺品产业基地考评工作会在肥城市召开，一致同意向山东省轻工集体企业联社、山东工艺美术协会推荐，授予肥城市“山东省桃木工艺品产业基地”荣誉称号。

26日 肥城市首条城乡公交线路（新城—王庄）开通仪式在新能源公交车充电站举行。

27日 全市市镇人大换届投票选举工作会议召开。

28日 肥城市举行迎新年环城健步走活动。近1000名健步走爱好者同时从卓亚·香格里小区出发，经肥桃路、长山街、文化路、水街、军民路返回出发点，全程约8公里。

本月 经山东省人民政府批准，肥城市烈士陵园被命名为“山东省国防教育基地”。

市情概况

市情概况

建置沿革

【历史沿革】 肥城置县前，商（殷）时期，属青州、徐州之域。西周时属兖州之域。春秋时期属齐、鲁两国所辖。战国时期归齐国所辖。秦代属齐郡所辖。

西汉初年（公元前206年）始置肥城县，属兖州刺史部泰山郡所辖。

东汉章帝年间（公元87—88年）撤销肥城县。境地分属济北郡卢县、蛇邱县和东平国富城县分辖。

三国魏（220—265年）至东晋（317年）前，归属同东汉。晋成帝咸和二年（327年）后，境地属后赵、前燕、前秦、后燕、南燕的济北郡、东平郡分辖。

南北朝宋（420—479年），在肥城县故城设济北郡，境地分属卢县、蛇邱县和富城县，隶属兖州。

南北朝北魏，孝昌三年（527年），复置肥城县，并设东济北郡于肥城县城。

南北朝北齐（550—577年）撤东济北郡，并于茌平县的济北郡。县境属之。

南北朝北周，建德六年（577年），于肥城县城置肥城郡。

隋开皇九年（589年），废肥城郡，保留肥城县，属济州所辖，隶属兖州。隋末，废肥城县，境地属济北郡所辖。

唐武德五年（622年）复置肥城县，属东泰州所辖，隶属河南道兖州。贞观元年（627年）撤肥城县，境地并入博城县。乾封元年（666年），改博城县为乾封县。总章元年（668年），复改称博城县。神龙元年（705年），再次改称乾封县。

五代（907—960年），境地仍属乾封县，隶属兖州。

宋代（960—1279年），初为乾封县，后属奉符县、平阴县分辖，隶属京东西路郓州。1115—1234年，在旧肥城设辛寨镇，境地属平阴县、奉符县分辖，隶属山东西路东平府。

元至元十二年（1275年）复置肥城县，隶属山东东西道济宁路。

明洪武二年（1369年），属济南府，隶属山东布政使司。

清初，沿明制。雍正十二年（1734年），改属泰安州，隶属山东布政使司泰武道。雍正十三年（1735年）泰安州升为泰安府，肥城县仍属之。

民国二年（1913年）属岱北道。民国三年（1914年）属济南道。1938年，属第六行政督察区。1945年2月，属鲁西（第二办事处）第六行政督察专员公署。1947年，属第十五行政督察区。

1939年10月，县抗日民主政府成立，初属泰西行政委员会，后属泰西专员公署。1942年10月，属晋冀鲁豫边区政府冀鲁豫第六专员公署。1949年9月，隶属泰西专员公署。

1950年5月，肥城县归属泰安专区。1958年10月划归聊城地区。1959年7月改属济南市。1961年5月，复归泰安地区。1985年3月隶属泰安市。1992年8月，撤销肥城县，改设肥城市（县级），由省直辖、泰安市代管。2016年肥城市仍由省直辖、泰安市代管。

【位置面积】 肥城市位于山东省中部偏西，泰山西麓，汶河北岸。地理坐标为北纬35°53′—36°19′，东经116°28′—116°59′。北与济南市长清区以黄巢寨、泰山窟、小泰山为界；东与泰安市岱岳区朱家庄、西张家庄、边县、二起楼、玄家楼、下官庄、杜家岗、韩家大坡、小河涯、武家庄、西张等村庄接壤；南与宁阳县大孙家滩、北落星、堽城坝、刘家庄、开元寺、解家村等隔汶河相望；西与济南市平阴县双井庄、段天井、后岭、陈屯、柳滩、白庄、展家洼，东平县杨庄、东王、蒜园子、后郑庄、前郑庄、肖庄、麻子峪、山神庙、牛山庄、苍邱、障城等村庄为邻。西南与汶上县的杨庄、云尾、东曹以汶河为界。全境南北最长 48 公里，东西最宽 37.5 公里，总面积 1277.3 平方公里，占泰安市总面积的 16.45%。

老县城始建于西汉，位于市境东北部，中华人民共和国建立后，县城进行改建和扩建。至 1976 年底，建筑用地扩展到 1.23 平方公里。因地下埋煤待采，1975 年经国家计委批准，县城迁至老县城南 7 公里处刘家庄。1982 年县城搬迁基本结束。新城区位于市境北部偏东，处省级干线公路济（南）微（山）、薛（家岛）馆（陶）交叉点，北有泰（安）肥（城）铁路，18 条市（县）乡公路在此汇合。北距省会济南 75 公里；东距泰安市区 31 公里；南距宁阳县城 51 公里；西南距东平县城 54 公里，西距平阴县城 45 公里。至 2016 年，城市建成区面积 44.3 平方公里，为全市政治、经济、文化中心。

资料链接

两千多年一遇的大事

——肥城新城迁建的前前后后

刘洪顺

肥城县自西汉初年建置，距今已 2200 多年。两千多年一遇的县城搬迁，这是人的一生中可遇而不可求的事。

1975 年，国家计委批准肥城县县城搬迁伊始，我就调到“县城搬迁办公室”工作。我非常珍惜这一机遇，在参与新城迁建的岁月里，工作兢兢业业，勤恳尽职。从新城选址、规划、征用土地、施工建设的整个迁建过程中，提出过自己的见地，付出了诸多艰辛。1980 年元旦，县委、县政府等党政机关迁驻新城，是年 4 月我又奉命筹建“肥城县城市建设局”，任副局长，先后在新城迁建中工作 8 年，直到 1982 年调离城市建设局到县人民医院任职。

一、领导机构

国家批准肥城县城搬迁后，省、地、县各级党委、政府非常重视，由泰安地区行署牵头成立“肥城县县城搬迁领导小组”，一名副专员任组长，行署计委、煤炭局和肥城县委、县政府及肥城矿务局主要领导任副组长。领导小组设办事机构，即肥城县城搬迁办公室，县政府一名副县长和矿务局一名副局长任正副主任，专职抓搬迁工作。办公室设秘书组、规划施工组、财务组、供电架设组、后勤供应组。秘书组是办公室的智囊，负责上呈下达，统筹协调等。

二、新城选址

自 1958 年杨庄煤矿建矿始，老县城就面临着搬迁的问题。新县城建在哪里？曾几易其址。

第一方案：选在王瓜店村以西，康王河以北。县医院已在此建房 20 多间，后因“大跃进”而终止。

第二方案：在肥城火车站以南，毛家小庄以东，康王河以北，玉皇山以西，因这里发展受限而放弃。

第三方案：是在“文革”后期，由于杨庄煤矿的开采延伸，巷道已穿越城下，采面受阻。这时选址在伊家沟村以东，井楼村以西，济兖公路两侧的瘠薄沙地上。经多次评估，以交通要道穿越城区存有安全隐患，且发展受限而放弃。

第四方案：就是新城现在这个位置。当时是在中央提出“以农业为基础”，“以粮为纲”和“备战、备荒、为人民”的大背景下选址的。全县人民非常关注，县委、县政府的领导也非常慎重。首先要考虑到粮食生产，要保证全县人民的吃饭问题，既要珍惜保护好土地，又要保证新城建设用地；其次要利于备战。经过地、县领导和专家的多次筛选，最后，省委书记苏毅然等省、地、县三级领导，亲临现场，实地察看，确定：以龙山河为中心，刘庄村以西，向东不能越过济兖公路，向北不能越过伊家沟村南的沿子路（大体是现在的泰临公路这个位置），南界在孙家小庄以北，向西沿白云山北麓西延发展。这里的优势是：占地大多是丘陵山地，土地瘠薄；西、南两面环山，有利于防空备战；东临济兖公路，北面是泰肥铁路，交通便利，一旦有战事，

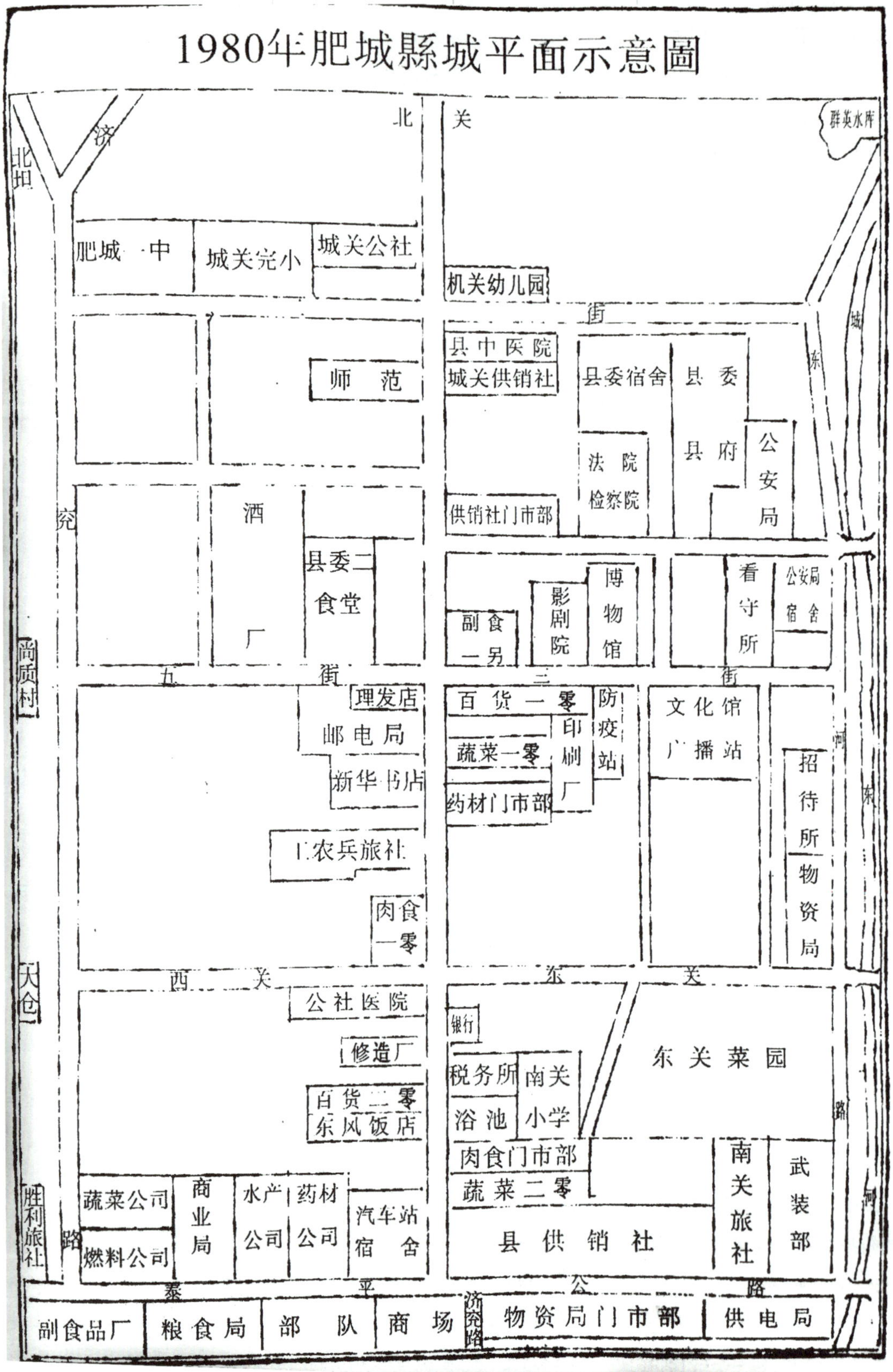

1980 年肥城县城平面示意图

物资能进的来、保得住，疏散时能拉得出、行动快；城内有河，又傍龙山，这是最理想的城址。

三、新城规划

谈到新城规划，在此应该说明的是，肥城人民在新城迁建这个问题上是作了很大牺牲，对国家是有贡献的。自1958年杨庄煤矿一建立，老县城既面临着搬迁。建矿后，从县委、县政府到各工厂企业、机关单位，从干部职工到普通群众，严格遵循“全国一盘棋”的指导思想，20多年来坚持不搞新的建设项目，不借改造之名进行扩建，一直停留在修修补补，勉强维持迁就的状况。因此，办公、生产及居住面积，公共文化设施，还有居民用房面积都非常狭小而紧张。在此情况下，省、地领导提出，新城规划要打破小农经济思想，要有前瞻性。县委、县政府领导要求：新城规划要30年不落后，规划中要参照各单位的原有建筑面积作为基础，适当提高，略有改善，保证重点，及早让出采面。

县城搬迁办公室，根据各级领导的要求，全体工作人员统一组织调配，兵分两路，展开规划前的准备工作。一路查清家底，对各搬迁单位的办公室、职工及居民用房、公共设施面积等全面丈量，逐一核实。一路对新城址进行测量规划。当时正值七月流火的酷暑季节，城址大地一片庄稼。工作人员每天起早贪黑，骑自行车往返于老城与新城址之间，在这两平方多公里的庄稼地里举量杆，扯皮尺，丈量着，记录着，描绘着，庄稼叶子划的胳膊、脸上红一道紫一道的，身上流出的汗水煞得生疼。中午，就在济兖公路边的柳树底下，啃馒头，就咸菜，自备水壶，并借此休息片刻。经过两个多月的奔波劳顿，按照各单位的属性以及道路、桥涵、公共场所，结合地形地貌，合理布局，绘制出新城规划平面图。

1976年5月15日，山东省政府批准肥城县新县城迁建规划。同时，山东省民政厅批准新城迁建用地1500余亩。并根据省政府领导的意见，整个新城面积（包括龙山、龙山河、绿地、道路等）控制在两平方公里左右。

四、施工建设

我们在经过前期准备，实现“三通”（路通、电通、水通）的情况下，于1977年春全面启动。当时，可能是肥城历史上最大的一个建筑工地，在两平方公里的工地上，塔吊林立，车水马龙，轰轰烈烈，生机勃勃。

新城迁建，国家计委批准投资3900万元，并同时按投资万元／吨钢，万元／1立方米木材的供应指标下达。然而，施工是在计划经济的大环境下，一切物资都是凭证、凭票、按计划指标来供应的一个特殊时期进行的，由于生产供不应求，有指标拿不到物资，影响施工。我们便协调有关部门，派出多路采购人员，带着计划指标到全国各地组织货源，以满足施工需求。随着新城建设的进展，又加物价上涨因素，资金不足和“三材”（钢材、木材、水泥）计划供应指标的缺口很大。我曾两次陪同泰安行署副专员、搬迁领导小组组长顾廷臣等地、县领导赴北京，向国家计委和煤炭部汇报建设施工进度，提请追加投资和三材的计划供应指标。后来，地方材料（砖、瓦、石灰）吃紧，主要是煤炭供应指标不足，影响地材的烧制生产。为此，我再赴北京向煤炭部汇报，争取追加煤炭计划供应指标。由于各级领导对新城建设的关注支持和搬迁办公室及各搬迁单位的共同努力，克服建筑材料、施工力量、资金不足等方面的诸多困难，奋战三年，建设初具规模，基本满足工作、生产、生活的需求条件。县委、县政府决定于1980年元旦开始在新城对外办公。此时此刻，作为一个新城建设的亲历者，感慨良多，那种喜悦心情，无以言表。值得回忆的是，第一次踏上新城这块土地时也有我的脚印。

新城迁建30多年来，全县人民借助改革开放的春风，抢抓机遇，城市建设快速发展，城区面积已由当初的两平方公里发展到现在的40多平方公里，经济发展突飞猛进，生态良性循环，环境质量良好，城市优美洁净，生活舒适便捷，社会事业全面进步，人民生活水平显著提高。现在全市人民正站在新的起点上，振奋精神，同心同德，踏实工作，共同谱写新的篇章。

【行政区划】 2016年1月，撤销仪阳镇，以其原行政区划设立仪阳街道办事处。2016年，全市区划为4个街道、10个镇、1个高新技术产业开发区，605个村（居）委员会，828个自然村。其中新城街道办事处23个行政村，3个村改居委会，40个自然村；老城街道26个行政村，7个村改居委会，87个自然村；潮泉镇11个行政村，41个自然村；王瓜店街道33个行政村，40个自然村；湖屯镇44个行政村，4个村改居委会，44个自然村；石横镇37个行政村，6个村改居委会，36个自然村；桃园镇40个行政村，56个自然村；王庄镇53个行政村，56个自然村；仪阳街道49个行政村，76个自然村；安临站镇48个行政村，76个自然村；孙伯镇17个行政村，28个自然村；安驾庄镇71个行政村、81个自然村；边院镇80个行政村，91个自然村；汶阳镇53个行政村，76个自然村。

环境资源

【土地资源及特征】 至年末，全市土地总面积1277.3平方千米，其中农用地面积97291.39公顷（耕地面积64083.33公顷、基本农田面积58241.93公顷），占总面积76.16%；建设用地面积20839.36公顷，占总面积16.31%；未利用地面积9614.38公顷，占总面积7.53%。人均耕地面积0.066公顷。境内地势东高西低，北高南低，由东北向西南倾斜。东北部潮泉镇境内的翦云山主峰海拔600米，为全市最高点，西南部王庄镇太平屯海拔57.7米，为最低点。中部隆起，北部形成以肥城盆地为特征的康汇平原，南部形成以汶河为特征的汶阳平原。全市较大的山头96座，山山相接，脉脉相连，沟壑纵横，自然形成山地、丘陵、平原、涝洼等多种地形。山地面积42917.3公顷，占总面积的33.6%。海拔高度在150米以上，地面坡度小于25°。青石山、砂石山约各占一半。湖屯镇关王殿以西北部山区，以及济（南）微（山）公路以西的大部低山为青石山，基岩主要由石灰岩构成；湖屯镇关王殿以东、市境北部、东部和边院、安驾庄镇以北低山为砂石山，基岩由花岗岩、花岗片麻岩构成。土壤多属褐土性土，土层厚度大都在30厘米左右。丘陵面积25418.3公顷，占总面积的19.9%，海拔高度在100—150米之间。分布于除汶阳镇以外的各乡镇低山周围。基岩主要由石灰岩、花岗岩组成，多为褐土性土，褐土和淋溶褐土，质地为壤质和沙壤质。地貌多属沟谷梯田、坡麓梯田，由坡积、洪积物形成。土层较厚，适于花生、地瓜、果树生长，有利于发展农业生产。平原面积59394.4公顷，占总面积的46.5%。主要分布于康王河、汇河、汶河、漕浊河流域，以及各乡镇近山阶地以下。土壤多为洪水冲积物形成，属褐土和潮褐土，土层厚，较肥沃。市境北部有康汇平原，南部有“汶阳田”，是全市的主要粮食产区。

【气候特征】 境内属暖温带大陆性半湿润季风气候区，四季分明。春季干旱少雨，夏季炎热多雨，秋季凉爽干燥，冬季寒冷少雪。年均气温14.3℃，比历年同期（1990—2010年统计值，下同）平均气温偏高0.7℃；年均最高气温20.2℃，比历年同期偏高0.9℃；年均最低气温9.5℃，比历年同期偏高0.9℃。年极端最高气温36.5℃，出现在7月30日；极端最低气温-17.7℃，出现在1月24日。年内≥35.0℃高温有5天，≤-10.0℃低温有10天。年降水总量782.6毫米，比历年同期偏多136.9毫米。全年日降水量≥50毫米的暴雨共出现4天，7月20日出现日降水量102.5毫米的大暴雨，为年内4天暴雨之最。全年积雪日数4天，无霜期218天。年日照时数2248.4小时，比历年同期偏少32.9小时。年均风速1.2米/秒，最多风向为东南。年内出现大雾36天，霾102天，浮尘2天，冰雹2天。

【水源特征】 肥城多年平均降水量为646.9毫米，其中汛期6—9月降水量占全年的74.2%。多年平均水面年蒸发量1224.5毫米，多年平均水资源总量2.6亿立方米，其中地表水资源量为1.5亿立方米，地下水资源总量为2.1亿立方米，重复计算量为1.0亿立方米。全市人均占有水资源量271立方米，仅为全国人均占有量的12.9%、全省的81.1%、泰安市的87.1%，属极度缺水区。境内大小河流共43条，多为行洪河道，流域面积在200平方千米以上的河道有7条，为大汶河、康王河、汇河、漕河、浊河、小汇河、上金线河，总长度196千米，均为季节性河流。2016年，全市新打机井297眼，维修机井145眼；新建及改造泵站266座；新修塘坝2座，维修塘坝4座；治理小流域35平方公里。

【矿产资源】 境内矿产资源丰富，已发现矿产种类29种，占全省已发现矿产总数的47.6%，其中能源矿产2种，金属矿产3种，非金属矿产22种，水矿产2种；已发现矿产地124处，探明（包括地方掌握）储量矿种17种，占已发现矿种的57%。已探明储量矿产地91处，矿点33处。大型矿床15处，中型9处，小型67处。资源分布以康王河和安驾庄——过村一线为界。康王河以北为煤、钾长石、花岗石及矿泉水分布区；康王河以南至安驾庄——过村一线以北为石灰岩、白云岩、紫色页岩、水泥配料粘土分布区，另外有萤石、铁矿、花岗石分布；安驾庄——过村一线以南为岩盐、石膏、钾盐、地热分布区，另外有建筑用砂分布。其中岩盐52.2亿吨，储量居全省第1位。

【生物资源】 境内农作物，林木，野生、观赏、药用植物等大约104科450种，其中蕨类植物7科9种，裸子植物4科10种，单子叶植物20科96种，双子叶植物73科335种。高等水生维管束植物有挺水植物、浮叶植物、漂浮植物、沉水植物4大类，分类属于蕨类植物门、被子植物门，共15科18个属30种。按其用途分类，其中林木果树113种，药用植物85种，粮食作物15种（包括豆科），经济作物9种（包括油麻类），蔬菜50种。域内有陆生脊椎动物233种，哺乳类17种，鸟类196种，爬行动物13种，两栖动物7种。昆虫中有1000多种害虫，30多种天敌益虫。

人口民族

【人口状况】 年末，全市常住人口96.78万人，同比增长0.54%。其中城镇人口57.28万人，同比增长4.4%，农村人口39.5万人，同比下降4.58%。全市出生人口13615人，人口出生率13.73‰；死亡6097人，死亡率6.15‰；人口自然增长率7.58‰。全市常住人口的地区分布，新城街道15.95万人，老城街道8.05万人，潮泉镇2.24万人，王瓜店街道3.48万人，湖屯镇8.36万人，石横镇8.76万人，桃园镇5.8万人，王庄镇5.6万人，仪阳街道4.51万人，安临站镇5.57万人，孙伯镇2.72万人，安驾庄镇8.73万人，边院镇8.4万人，汶阳镇7.8万人。

【民族概况】 肥城是全省24个民族工作重点县（市、区）之一，共有26个少数民族，总人口1.17万人。其中回族人口占99%，分布在边院、安驾庄、王庄、汶阳4个镇、21个行政村及城区和矿区。少数民族1000人以上的乡镇有边院镇、安驾庄镇、新城街道；少数民族人口超过50%的民族村有9个，纯少数民族村有前黄、后黄、升庄3个。

国民经济和社会发展概况

2016年，全市认真贯彻党的十八大和十八届三中、四中、五中、六中全会精神，主动适应引领经济发展新常态，牢牢把握稳中求进总基调，围绕扩投资、稳增长，转方式、调结构，惠民生、防风险等重点，创造性地开展工作，全市经济运行呈现出总体平稳、稳中有进、进中向好的态势。

克服巨大下行压力，经济保持平稳增长。强化经济运行分析，瞄准关键环节精准施策，积极防范化解各类风险，合理引导社会预期，经济运行稳定在合理区间。2016年，完成市内生产总值730亿元，比上年增长7.1%；实现一般公共预算收入42.1亿元，同口径增长4.9%，其中税收收入31.7亿元，增长7.2%;固定资产投资607.1亿元，增长10.9%；社会消费品零售总额290.6亿元，增长10.8%；城镇居民人均可支配收入31721元、农村居民人均可支配收入15130元，分别增长7.8%和8%。

突出质量效益导向，结构调整扎实推进。自觉强化质量效益导向，深入实施“四项行动计划”，三次产业结构优化为7.2∶49.7∶43.1。农业基础地位更加稳固。全市粮食总产58.7万吨，实现丰产丰收。持续提高优势农产品品质，调整“两菜一粮”种植结构，“三品一标”认证面积97.7亩。加快农业基础设施现代化、生产方式现代化，农业机械化水平89.2%、规模饲养比重87%。积极培育新型农业主体，规模以上农业龙头企业达到165家，其中国家级1家、省级7家；农民专业合作社1216家，家庭农场521家。工业转型升级步伐加快。加快工业经济率先突破，被泰安市确定为“一高三强两突破”产业布局战略中的工业经济率先突破区。加快“三强”企业培植，规模以上工业企业达到312家，实现主营业务收入1042.5亿元、利税105.1亿元、利润64.8亿元。引导企业技改升级，13个项目列入省重点技改导向计划。加快新兴产业发展，新兴产业产值295亿元、占比24.5%。服务业发展态势良好。实现服务业增加值312.5亿元，占比43.1%。研究实施现代物流、金融服务等行业的转型升级方案。电子商务加快发展，被列为全省电子商务示范县。文化旅游融合互动，旅游业总收入23.5亿元。在线医疗、网络约车、移动支付等新兴业态逐步成长。科技创新能力持续增强。深入推进“大众创业、万众创新”，创业氛围更浓，全市新增私营企业、个体工商户1362家、3445户。创新实力稳步提升，国家级高新技术企业达到17家，省级企业技术中心、工程实验室分别达到17家、2家。招才引智、品牌建设等工作扎实开展。生态环境保护取得实效。严格落实能源消费强度和总量“双控制”，单位生产总值能耗进一步下降。启动秀美肥城建设，实施大气污染防治“蓝天工程”十大行动计划、水污染防治行动计划，环境质量稳步优化。

蓄积发展活力后劲，不断扩大有效投资。提高投资精准性、有效性，发挥投资稳增长、补短板的关键作用。重大项目拉动作用增强。33个市级重点项目推进顺利，全年铺开投资过亿元项目120个、完成投资187.5亿元、60个项目竣工投产。农大肥业科技有限公司的国家土壤修复计划示范基地被列为省政府年度重点建设项目，21个项目被确定为泰安市重点项目。加速项目园区化、集聚化进程，“一区五园”汇聚了全市79.2%的重点项目和86.8%的新增投资。招商引资基础作用增强。开展“招大引强突破年”活动，锁定大企业、大项目，中节能、中国铝业、中国供销集团、华电国际等一批央企、国企纷纷落地肥城，全年累计签约落地、开工建设过亿元项目33个，实际到位资金94.1亿元。对上争取支撑作用增强。紧跟上级政策导向，564个项目列入国家、省、市专项扶持计划，到位上级扶持资金增长11.5%。强力争取重大政策、重大项目，肥城市被纳入济南都市拓展区，青兰高速、泰肥一级路西延开工建设，济微路济泰界至仪阳段升级通过省发改委核准。

聚焦破解瓶颈制约，改革开放全面深化。改革开放力度加大，经济社会发展的活力动力进一步激发。各项改革逐步落地见效。围绕争当“全国改革发展实验区”目标，重点推进国家级7项、省级8项改革试点任务，铺开实施231项具体改革任务。深化商事制度改革，“放管服”改革持续推进，农村产权制度改革继续深化，县乡党政机关公车改革基本完成，县级公立医院综合改革全面铺开，社会信用体系建设稳步推进。经济外向型水平稳步提升，持续培育壮大外贸主体队伍，开拓国际新兴市场，优化进出口结构，提升利用外资的总量质量，推动外贸回稳向好。全年完成外贸进出口总额46445万美元，实际利用外资10326万美元。

坚持全域协调共兴，城乡建设步伐加快。坚持以城带乡、城乡互动，以产促城、产城融合，扎实推进新型城镇化步伐。城市建设提档升级，实施了城区供热管网改造二期、污水处理厂扩能、文化中心、电视塔等城建工程，建成区面积 44.3 平方公里，城镇化率 58%。扎实抓好镇村开发，不断完善镇村交通、要素供给、环境保护等基础设施，3 个全国重点镇进入全国综合实力千强镇行列，石横镇列为全省新生小城市试点。继续实施“桃都美丽乡村建设行动”，城乡环卫一体化、农村危房改造、改水改厕等工作扎实推进。

落实普惠共享理念，民生福祉持续增进。78.3% 的财政支出用于保障改善民生，确定的民生实事基本完成。坚持就业优先战略，城镇登记失业率维持在较低水平。社会保障坚实有力，城乡居民基本医疗保障服务实现均等化，医疗保险、养老保险、低保、农村五保供养补助标准进一步提高。基础教育综合改革加快推进，加快义务教育全面“改薄”，大班额整治工作走在全省前列。文化、体育等社会事业全面发展。医疗卫生设施不断健全，公立医院实现药品零差率销售，群众就医条件进一步改善。聚力精准脱贫，建立“五位一体”帮扶体系，年度脱贫任务顺利完成。保障性住房建设顺利，住房保障逐步增强。安全生产形势保持稳定，社会治理不断创新，“平安肥城”建设深入开展。

（张文荣）

社会主义精神文明综述

2016 年，全市精神文明建设高举中国特色社会主义伟大旗帜，全面贯彻中央、省市委一系列方针政策，坚持围绕中心、服务大局，以创建全国文明城市为核心任务，牢牢抓住培育和践行社会主义核心价值观这一根本，不断深化思想道德建设，扎实开展各类文明创建活动，努力提升市民文明素质和社会文明程度，为建设“中国桃都、美好肥城”提供强大精神动力。

文明城市创建攻坚奋进。把 2016 年确定为全国文明城市创建攻坚年，实行条块结合、上下联动，健全工作例会、督导检查、问题督办、信息宣传、档案管理、责任追究等六项制度，推动创城工作全面深入开展。在“条”上，调整完善创城组织机构和工作重点，制定《提升行动实施方案》，在全市实施公共设施、公共秩序、美丽乡村、社区小区、文明创建、诚信建设“六大”提升行动、19 个工作项目，每项行动由 1 名市级领导包保督办，明确各项目牵头部门和配合单位，建立工作任务、问题整改、过程管理“三张清单”，实行工作进度周提报制度，分线推进工作开展。在“块上”，建立创城网格包保责任制，每个镇街单独作为 1 个网格，城区以社区为单位划分为 26 个网格，每个网格明确 1 名市级包保领导和 1 个牵头包保单位，在包保单位下设网格创城办，抓好网格内创城工作的组织、督导、考核、推进。加强对公益广告宣传活动的引导和管理，加大核心价值观、市民文明公约、市民行为守则和“讲文明树新风”公益广告的宣传。2016 年，刊播报纸、期刊公益广告版面 150 余个，广播、电视公益广告 7000 余条（次），利用建筑围挡刊播公益广告 6300 平方米。对全市各类公共基础设施进行全面排查治理，维修道路、人行道板 4000 余平方米，路灯 1300 余盏。改造向阳街部分路段，重新布局绿化带，增加道路宽度。全面铺开城区主要路段绿化补植、无障碍设施检查改造。加大对店外经营、占道经营、露天烧烤、早市夜市、便民市场等经营秩序治理力度，计划新建便民市场 7 处、改造 3 处、规范功能 3 处，重新规划定点，新增设 4 处临时摊点群，编制《城区定点定时经营区域图》，引导摊点定点有序经营。

文明细胞创建规范有序。充分发挥文明委成员单位作用，在全市开展文明单位、行业、窗口、镇村、社区、小区、楼道、家庭、五星级文明户、文明示范街、示范广场、示范市场创建，以细胞文明创建，促进文明城市整体创建。开展 2015 年度全市各级文明单位复查申报工作，对新增及通过复查的单位村镇社区进行了通报表彰，截至 2016 年，全市有省级文明单位、村镇、社区53个，泰安市级文明单位、村镇、社区157个，肥城市级文明单位、村镇、社区667个。市住建局、市疾控中心、孙伯镇、新城街道古店村、边院镇凤凰村、王庄镇东孔社区分别荣获新增省级文明单位、文明村镇、文明社区荣誉称号。在全市中小学校、技校中全面开展文明校园创建活动，6月份，举行肥城市2016桃都国学小名士经典诵读电视大赛活动，推荐一名选手代表泰安市参加山东省国学小名士经典诵读电视大赛，同月，组织开展2016年度肥城市优秀童谣征集评选活动，向泰安市文明办报送5首征集童谣歌曲，均进入泰安市前十名，并包揽前四名，成为泰安市唯一在中国文明网、央视网展播的节目。修订《肥城市文明行业创建活动实施方案》，发挥行业主管部门的指导作用，在商业零售、公安、交通、教育等重点行业广泛开展文明行业创建。联合市妇联开展文明家庭创建活动，广泛开展好家风好家训征集活动。开展文明小区、文明家庭争创活动，6月份，在新城街道同园社区开展肥城市首届社区“邻里文化节”，各个社区同步进行。

乡村文明行动深入开展。春节、元宵节期间，开展“全民大扫除·文明过大年”城乡环境卫生秩序集中整治活动。2月份，省乡村文明行动专题调研组来肥城市调研。5月份，对15个镇街区、90多个行政村环境卫生集中整治情况进行随机抽访、考核打分。6月份、11月份，两次对全市605个村城乡环卫一体化满意度进行电话调查统计，并印发通报。6月份，部署乡村文明行动“美丽家庭”“美丽村庄”“美丽乡镇”评选活动，汶阳镇、边院镇、潮泉镇3个镇被评为泰安市美丽乡镇；9月份，对各镇街区镇级财政2016年1至7月份城乡环卫一体化投入情况进行实地调研。11月份，组织市住建局、城管局、文广新局、民政局成立督查组，对城乡环卫一体化和移风易俗工作进行检查。同月，开展全市2016年度美丽乡村工作考核，评选精品村30个，示范村60个。汶阳镇孙孝门村、高新区蒋庄村、潮泉镇柳沟村入选第四批省级“乡村文明家园”建设示范村。12月份策划拍摄移风易俗树新风微电影《后悔不晚》。

身边好人评选卓有成效。持续开展“鲜花送文明”“寻找身边好人争做肥城好人”和“中国好人榜”群众线索推荐工作。2016年，推荐上报中国好人线索22万余条。入选中国好人5名、山东好人12名、泰安好人22名，为20名文明之星送上鲜花。加强对好人典型的宣传报道，2016年，报纸刊登“肥城好人”典型10余个，制作“鲜花送文明”广播电视专题34个。关爱礼遇身边好人，1月份，开展“我为身边好人拍张照”活动，为9名道德模范、身边好人免费拍摄证件照和生活照。同月，组织9个省级文明单位与肥城市9名道德模范和身边好人结对，在春节前开展走访道德模范和身边好人活动。4月份，组织开展道德模范、身边好人游桃源活动，6月份，举办第二届“德润桃都”道德模范颁奖典礼，对12名道德模范进行表彰和物质激励。

志愿服务之城展开推进。按照“志愿服务之城”建设标准，完善落实分级式负责、菜单式服务、项目化运作、动态化管理、孵化式培育、星级式评定、全媒体宣传、渗透式融合的运行机制，建立“志愿云”信息管理系统，做好志愿组织、志愿者、志愿项目和志愿活动的网络注册，截至目前，“志愿云”系统注册志愿者5000余人。推动志愿服务活动常态化，集中开展3月份“志愿服务月”活动，广泛开展“志愿服务学雷锋、全民公益靓肥城”，“领导干部带头争做志愿者、义务植树共建秀美家园”，“公交见文明、绿色环保行”，“环保创意手工作品大赛”、“残障人旅游我能行”，“爱心团队走进乡村小学”，“暑期陪伴留守儿童夏令营”等志愿服务活动，全民公益、人人参与的氛围进一步浓厚。

（刘凤惠）

组织机构及领导成员

中共肥城市委员会及工作部门

书　记　张成伟（12 月止）
　　　　常绪扩（12 月起）
副书记　常绪扩（12 月止）
　　　　李华民（12 月止）
　　　　王立军（挂职，9 月止）（12 月起）
　　　　殷锡瑞（12 月起）
常　委　李华民（12 月止）
　　　　常绪扩　侯庆洋
　　　　张　莉（女，12 月止）
　　　　王爱新（女，12 月止）
　　　　张成伟（12 月止）
　　　　孟庆刚（12 月止）
　　　　辛　涛　乔　磊　徐传柏
　　　　王立军（挂职，9 月止）（12 月起）
　　　　苏伟丽（女，挂职，3 月起，时间二年）
　　　　殷锡瑞（12 月起）
　　　　戴先锋（12 月起）
　　　　王勇强（12 月起）

市委办公室

主　　任　辛　涛（12 月止）
　　　　　王勇强（12 月起）
常务副主任　马　新
副 主 任　梁乙广　吴瑞华（12 月止）
　　　　　张阴明　吕　勇　有保龙
副主任科员　李洪岩　孙绪军（3 月止）

市委研究室

主　　任　梁乙广
副 主 任　杨宪坤　郭庆付
正科级干部　赵　健（12 月止）

市委机要保密局

局　长　赵　健（12 月止）
副局长　马　勇　刘　涛

市接待处

主　任　吴瑞华（12 月止）
　　　　李　晋（12 月起）
副主任　陈　鹏　郑凤霞（女，10 月止）

市委农村工作办公室

主　任　肖　勇（12 月止）
　　　　刘传忠（12 月起）
副主任　刘福新（12 月起）

市委维护稳定工作办公室

主　任　李　利

市委全面深化改革领导小组办公室

主　任　辛　涛（12 月止）
　　　　王勇强（12 月起）
副主任　韩立新（12 月止）
　　　　梁乙广　朱　国（副科级）
　　　　赵衍水（12 月起）

市扶贫开发领导小组办公室

（2 月设立，正科级临时机构）

主　　任　张阴明（3 月起）
副 主 任　刘传忠（正科级，3 月起）
　　　　　辛海庆（3 月起）
　　　　　庞祥锋（3 月起）

项目管理组

组　　长　王庆明（副科级，12 月起）

社会扶贫组

组　　长　张　芹（女，副科级，12 月起）

市委组织部

部　　长　乔　磊
常务副部长　高纪河
副 部 长　王　涛　赵衍军　雍彦明
　　　　　赵勤勇　谢元亮（12 月止）

张淑萍（女，12月起）

市委组织员办公室

主　任　杨仁峰（6月起）

市委党员电化教育中心

主　任　马士峰（1月止）

市委党员干部现代远程教育中心

副　主　任　刘奎东　王蓓蓓（女）

副主任科员　李　伟

市人才工作办公室

副主任　朱　刚（12月止）

市委非公有制经济组织和社会组织工作委员会

书　记　赵勤勇（12月起）

副书记　杨仁峰（6月止）

齐　勇（6月起）

市委宣传部

部　　长　孟庆刚（12月止）

名树伟（12月起）

常务副部长　李　军（12月止）

副　部　长　王小琳

王瑞红（女，12月止）

陈桂岭

王传政（12月起）

市精神文明建设委员会办公室

主　　任　王小琳

副主任　马　勇　王秀民

主任科员　李恒军

市新闻中心

主　任　郭允华（女）

副主任　张一民　李海峰

市文化体制改革和文化产业发展办公室

主　任　刘　正

市互联网新闻宣传管理办公室

主　任　宋　杰

市委统战部

部　　长　李华民（12月止）

付　玲（女，12月起）

常务副部长　王云飞

副　部　长　安学勇　毕宏伟

韩荣富　杨同喜

主任科员　安学勇　赵光勇

市委对台工作办公室

（市政府台湾事务办公室）

主　任　韩荣富

副主任　姜玉国

市委市直机关工委

书　　记　高振军（12月止）

雷印国（12月起）

副　书　记　裴　涛　楚红霞（女）

刘冬梅（女）

主任科员　王长水

副主任科员　张　丽（女）

机关武装部

部　长　刘庆来（副科级）

市委政法委员会

书　　记　侯庆洋（12月止）

辛　涛（12月起）

常务副书记　孙衍波

副　书　记　马　奔　滕永军

刘圣利（正科级）

副主任科员　王瑞丰　张　华

王　勇（12月起）

市社会治安综合治理办公室

主　　任　马　奔

副主任　胡建军　张　亮

主任科员　冯殿峰

市委党校

校　　长　张成伟（12月止）

常绪扩（12月起）

常务副校长（校委会主任）
李福杰
副　校　长（校委会副主任）
乔宏伟　袁春刚
王　兵　侯衍强

办公室
主　任　张胜泉

教务处
主　任　段绪恒

教研处
主　任　李林刚

进修处
主　任　刘　慧（女）

对外培训处
主　任　赵　慧（女）

总务处
主　任　秦紫微（女）

市委老干部局

局　　长　王　涛
副 局 长　王艾林（女）　谭　健
主任科员　吕仕华

市老年大学
校　长　谭　健
副校长　楚师平　杜　立（1月止）

市老干部活动中心
主　任　王艾林（女）
副主任　苏本正　武东华（女）

市委党史征集研究办公室
（市地方史志办公室）

主　任　石振东（12月止）
尉茂路（12月起）
副主任　项荣坤　贾安东　庄惠丽（女）

市委、市政府信访局

局　　长　有保龙
副　局　长　宿晓鹏　王明星
副主任科员　陈明利　肖传奎
魏秀莲（女，12月起）

市信访复查办公室
主　任　王明星
副主任　郝　伟

市档案局（馆）

局（馆）长　刘文东
副局（馆）长　陈秀红（女）　段志强
李庆红（女）　李洪军
党支部书记　李洪军
副　书　记　董　民（1月止）
刘文东

市督查局
（市工作目标责任制考核委员会办公室）

局长（主任）　赵衍军
副　局　长　郭庆斌　尉　建　雷印强
副　主　任　伊宪林　孔庆亮

市机构编制委员会办公室

主　　任　谢元亮（12月止）
张淑萍（女，12月起）
副 主 任　赵金生　石金山
主任科员　吴荣成

市事业单位监督管理局
（3月，市事业单位登记管理局易名为市事业单位监督管理局，调整为行政内设）
局　长　赵金生
副局长　张海岗（1月止）

市机构编制实名制管理中心
主　任　曹　涛

中共肥城市纪律检查委员会

书　记　张　莉（女，12月止）
戴先锋（12月起）
副书记　赵平江　杜宪侃（12月止）

常　委　杜宪侃（12 月止）
李庆利　马玉波
张　莉（女，12 月止）
赵平江　姬建芳（女，12 月止）
刘　东　戴先锋（12 月起）

正科级纪检监察员
张文亮　李东明
李开海（6 月止）
陈志伟
雷志勇（6 月起）
朱传忠（6 月起）

副科级纪检监察员
刘　净（女，6 月止）
李友琴（女，6 月止）
侯根田（6 月止）
尹　伟（6 月止）
于梁萍（女，6 月止）
蒋元宏（6 月止）

办公室
主　任　姬建芳（女，12 月止）

研究室（6 月撤销）
主　任　冯　强（6 月止）

信访室
（国家行政机关工作人员违法违纪举报中心）
主　任　梁　炜

组织部（6 月设立，副科级内设机构）
部　长　冯　强（6 月起）

宣传部（6 月设立，副科级内设机构）
部　长　刘　净（女，6 月起）

第一纪检监察室
主　任　朱传忠（6 月止）
张　林（6 月起）

第二纪检监察室
主　任　张　林（6 月止）
尹　伟（6 月起）

第三纪检监察室（6 月设立，副科级内设机构）
主　任　单光启（6 月起）

第四纪检监察室（6 月设立，副科级内设机构）
主　任　侯根田（6 月起）

案件审理室（案件申诉复查室）
主　任　王　兵

监察综合室（6 月撤销）
主　任　李东明（6 月止）

执法监察室（6 月撤销）
主　任　朱传忠（6 月止）

市委党风廉政建设办公室（6 月撤销）
主　任　李庆利（6 月止）

宣传教育室（6 月撤销）
主　任　魏庆辉（6 月止）

干部监督管理室（6 月撤销）
主　任　雷志勇（6 月止）

党风政风监督室
（市政府纠正行业不正之风办公室）（6 月设立，正科级内设机构）
主　任　李开海（6 月起）
副主任　于梁萍（女，6 月起）
蒋元宏（6 月起）

案件监督管理室（6 月设立，副科级内设机构）
主　任　李　斌（6 月起）

市廉政教育中心（6 月设立，正科级事业单位）
主　任　魏庆辉（6 月起）

派驻第一纪工委（监察分局）
书　记（局　长）　刘林波
副书记（副局长）　张　明　宋成国

派驻第二纪工委（监察分局）
书　记（局　长）　武　亢
副书记（副局长）　高　亮
李友琴（女，6 月起）

派驻第三纪工委（监察分局）
书　记（局　长）　王德凯
副书记（副局长）　刘传峰（6 月止）
杜宪芳
李　明（12 月起）
正科级纪检监察员　刘传峰（6 月起）

派驻第四纪工委（监察分局）
书　记（局　长）　付振文
副书记（副局长）　刘传军（6 月止）
　　　　　　　　　江　新
正科级纪检监察员　刘传军（6 月起）
派驻第五纪工委（监察分局）
书　记（局　长）　陈兆民
副书记（副局长）　赵　轶　张秀芬（女）
派驻第六纪工委（监察分局）
书　记（局　长）　王　忠
副书记（副局长）　王宽坦（6 月止）
　　　　　　　　　单光启（6 月止）
　　　　　　　　　郝高明（12 月起）
正科级纪检监察员　王宽坦（6 月起）
　　　　　　　　　高桓军（6 月起）
派驻第七纪工委（监察分局）
书　记（局　长）　赵春晖
副书记（副局长）　张德军（6 月止）
　　　　　　　　　李达坤
正科级纪检监察员　张德军
派驻第八纪工委（监察分局）
书　记（局　长）　王立柱
副书记（副局长）　赵传柱（6 月止）
　　　　　　　　　赵　斌
正科级纪检监察员　赵传柱

肥城市人大常委会及办事机构

主　　任　张成伟（3 月止）
　　　　　赵燕军（3 月起）
第一副主任　赵燕军（3 月止）
副 主 任　杜玉江　宁洪法
　　　　　王同华（女）
　　　　　刘　益
党组书记　赵燕军
副 书 记　杜玉江　宁洪法
　　　　　张　伟（12 月起）

法制（内务司法）委员会
主任委员　杜宪侃（12 月起）
副主任委员　高振军（12 月起）
财政经济委员会
主任委员　陈　方（12 月起）
副主任委员　张纪营（12 月起）
教育科学文化卫生委员会
主任委员　夏崇河（12 月起）
副主任委员　郭泗东（12 月起）
农业与农村委员会
主任委员　刘忠军（12 月起）
副主任委员　张元富（12 月起）
城乡建设与环境资源保护委员会
主任委员　谢元亮（12 月起）
副主任委员　胡怀庭（12 月起）
办公室
主　任　雷明广
副主任　魏传伟
人大代表选举工作室
主　　任　唐爱云（女）
副主任科员　路　辉（女）
法制工作委员会
主　任　李大志
财政经济工作委员会
主　　任　陈自才
主任科员　刘向辉
教育科学文化卫生工作委员会
主　　任　于树军
副 主 任　杨　忠
主任科员　杨　忠
农村经济工作委员会
主　任　魏战鹰
城乡建设环境保护工作委员会
主　任　张元富（12 月止）
　　　　吕尚民（12 月起）
预算工作委员会
主　任　张文秀

市政府及工作部门

市　　长　常绪扩（12 月止）
副 市 长　名树伟
王爱新（女，12 月止）
侯卫国（援疆）　李向东
赵兴广（回族）　王志勇
玉山江·卡斯木（挂职）
苏伟丽（女，挂职，3 月起，时间二年）
范　亮（挂职，3 月起，时间二年）
殷锡瑞（12 月起）
鄂宏超（满族，12 月起）
孙　琪（女，12 月起）
党组书记　常绪扩（12 月止）
殷锡瑞（12 月起）
副 书 记　李华民（2 月止）

市政府办公室

主　　任　步　文
副 主 任　陈位生　盛连波（12 月止）
张　坤　时向东（12 月起）
主任科员　汪达明（12 月止）
副主任科员　田　峰　姜瑞华
党组书记　步　文
副 书 记　鹿　森（12 月止）

市政府研究室
主　任　陈位生
副主任　金连震　赵　海

市政府法制局（市政府行政复议办公室）
局　长（主　任）　鹿　森（12 月止）
副局长（副主任）　王　勇

市电子政务中心
（6 月，加挂市智慧城市建设管理办公室牌子）
主　任　李建宏
副主任　王开民

市政府应急管理办公室
主　　任　盛连波（12 月止）
主任科员　陈传义

市爱国卫生运动委员会办公室
主　任　张　坤
副主任　刘俊丽（女）

市干群连心工作办公室
（12 月，划归市政府办公室管理）
主　任　赵勤勇（12 月止）
时向东（12 月起）
副主任　齐　勇（6 月止）

市人民防空办公室（市民防局）
主任（局长）　项茂军
党支部书记　李　泳

市金融工作办公室
（市地方金融监督管理局）

主　　任（局　长）　赵恒军（12 月止）
孙　建（12 月起）
副 主 任（副局长）　王　斌　王　鹏
党组书记　赵恒军（12 月止）
孙　建（12 月起）
副 书 记　李开锋（1 月止）

市经济合作局

局　　长　刘相伟（12 月止）
董　军（12 月起）
副 局 长　常　军（3 月止）
李　勇　邹　辉
党组书记　孙　建（12 月止）
董　军（12 月起）
副 书 记　刘相伟（12 月止）

中国国际贸易促进委员会肥城市委员会
副会长　王万里

市政务服务中心管理办公室

（3 月，市公共行政服务中心易名为市政务服务中心管理办公室）

主　　任　尹　丽（女）
副 主 任　邱士远　赵　刚
副科级干部　肖　民（女）
党委书记　尉茂路（12 月止）
副 书 记　尹　丽（女）

市公共资源交易中心

主　　任　尹小军
副 主 任　马立斌　王　祥
党支部书记　段绪昌
副 书 记　尹小军

市优化发展环境领导小组办公室

（6 月撤销）

主　任　杜宪侃（6 月止）
副主任　高桓军（6 月止）
　　　　李　斌（6 月止）
　　　　刘　东（6 月止）

市机关行政事务管理局

局　　长　赵洪武
副 局 长　杜君林　车　涛
　　　　　高　峰　王　东
党组书记　赵洪武
副 书 记　张宪军

市直机关物业管理服务中心

主　　任　刘　琼（女）
党支部书记　李　杭（1 月止）

市泰西宾馆

（市机关招待所）

经　理（所　长）　张吉东
副经理（副所长）　刘　静（女）
　　　　　　　　　路　红（女）
党支部副书记　张吉东
工 会 主 席　丁庆林

市人力资源和社会保障局

（市外国专家局）

局　　长　雍彦明
副 局 长　武益军　尹燕国　于茂平
主任科员　姚怀玉
副主任科员　杨联兴　乔善军
　　　　　　曹桂萍（女）　王敬强
党委书记　雍彦明
副 书 记　吕尚民（12 月止）
　　　　　王　文

市人才交流服务中心

主　　任　李　腾
党支部书记　王　平

市劳动人事争议仲裁院

院　　长　李海庆
副 院 长　邓兆伟
副主任科员　武建增

市劳动监察室（大队）

主　　任（大队长）　张道毅
副主任科员　赵　猛

市社会保险事业处

主　　任　吕尚民（12 月止）
　　　　　卞秀凤（女，12 月起）
副 主 任　张培新　孙　刚
　　　　　张　霞（女）
党总支书记　卞秀凤（女）
副 书 记　吕尚民（12 月止）

市医疗保险中心

主　　任　翟志刚
党支部书记　尹爱军

市新型农村合作医疗管理办公室

主　任　武　东

市劳动就业办公室

主　　任　王　文
副 主 任　吕翠英（女）　曹会霞（女）
　　　　　祝建新

副科级干部　石振东　赵曙光　辛显祥
党支部书记　李文平
副　书　记　王　文

市发展和改革局

局　　　长　韩立新（12月止）
　　　　　　赵衍水（12月起）
副　局　长　王　峰（12月止）
　　　　　　周脉昌　吴立华
主任科员　陈　强
副主任科员　雷明水　韩　栋
党组书记　韩立新（12月止）
　　　　　　赵衍水（12月起）
副　书　记　刘太盟

市重点建设项目办公室

主　任　刘太盟
副主任　孙殿军　杜　伟　宿晓栋
副书记　胡　瑞（1月止）

市服务业办公室

主　任　赵恒泉
副主任　张泗伟（女）

市物价局

局　　　长　张家勇
副　局　长　白树波　陈硕东
副科级干部　张凡强（8月止）
主任科员　赵其训
党组书记　张家勇
副　书　记　赵其训

市科学技术局

（市生产力促进中心）

局长（主任）　辛培祥（12月止）
　　　　　　张　鹏（12月起）
副局长（副主任）
　　　　　　于巧玲（女）
　　　　　　张树森　秦　勇
主任科员　高玉亭　陈　健　曹瑞才
副主任科员　董　勇
党组书记　辛培祥（12月止）
　　　　　　张　鹏（12月起）
副　书　记　曹瑞才

市地震局

局　　　长　张翠玲（女）
副科级干部　肖风萍（女，9月止）

市知识产权局

局　长　张衍海

市审计局

局　　　长　项荣国
副　局　长　武文军　李华东
　　　　　　石　晶（女）
主任科员　武文军　吕心镜
副主任科员　李大峰
总审计师　夏为民
党组书记　项荣国
副　书　记　吕心镜

市经济责任审计办公室

主　　　任　张立新（女）
党支部书记　乔　石（1月止）

市政府投资审计中心

主　任　杨瑞波

市统计局

局　　　长　鲍大庆
副　局　长　郭柏林　何　斌
　　　　　　郭建云（女）
副主任科员　胡圣峰　李蓓蓓（女）
党组书记　鲍大庆

市城市经济调查队

队　　　长　尹立新（女）
党支部书记　张　磊（1月止）

市社情民意调查中心

主　任　王开平

市民政局

局　　长　王宜峰
副 局 长　朱圣军　陈乃笋
　　　　　肖　云（女）
主任科员　尹效杰
副主任科员　梁运法
党组书记　王宜峰

市军队离退休干部休养所

所　　长　王　利
副 所 长　解庆兰（女，副科级）
党支部书记　徐衍磊

市民间组织管理局

局　长　梁明兴

市城乡最低生活保障办公室

主　任　刘　明

市民政局婚姻登记处

主　任　吴新华

市火化一场

场　长　郭　力

市火化二场

场　长　王建祥

市拥军优属拥政爱民工作领导小组办公室

主　任　王家才（副科级）

市环境保护局

局　　长　杨仁勇
副 局 长　母秋玲（女）
　　　　　李瑞军　王宗河
总工程师　魏学军
主任科员　宿广毅
党组书记　杨仁勇

市污染物排放总量控制办公室

主　　任　李永军
党支部书记　李　强

市环境监测站

站　　长　安玉峰
党支部书记　段文华

市环境监察大队

大 队 长　李开强
副主任科员　徐复忠

市国土资源局

局　　长　于为韬
副 局 长　宋绪永　孟凡生　陈宪明
总工程师　刘　涛
主任科员　王宜忠　宋绪永
副主任科员　王　峰
党组书记　于为韬
副 书 记　王宜忠
纪检组长　姜庆军

市土地收购储备中心

主　　任　王民芝
副 主 任　管恩东
党支部书记　刘英军（女）

市土地资产监管中心

主　任　刘长瑜

执法监察大队

队　长　丁　军

市城乡建设用地增减挂钩管理办公室

主　　任　魏　萍（女）
党支部书记　杜善宏

市旅游局

（市外事办、侨务办）

局长（主任）　石　勇（12 月止）
副局长（副主任）
　　　　　刘任力　孟　华
主任科员　李明国
副主任科员　张　勇（12 月起）
党组书记　石　勇（12 月止）
副 书 记　李明国
　　　　　刘任力（12 月起）

市世上桃源旅游度假区管委会

主　　任　石　勇（12 月止）
副 主 任　刘建军　李　琦（女）

党支部书记　刘　勇
副 书 记　石　勇（12月止）

市矿区农村搬迁办公室

主　　任　张继胜（12月止）
　　　　　盛连波（12月起）
副 主 任　周　强　马培超
　　　　　鲍明洋（1月止）
党组书记　刘家山
副 书 记　张继胜（12月止）
　　　　　盛连波（12月起）

市民族与宗教事务局

局　　长　张云丽（女）
副 局 长　王　潼　武　明
党组书记　张云丽（女）
副 书 记　欧阳丰梅（女，1月止）

市监察局

局　　　长　赵平江
副　局　长　李庆利　马玉波　王　强
正科级监察员　王　强（6月起）

市老龄工作委员会办公室

主　　　任　李国民（12月止）
　　　　　　鹿　森（12月起）
副　主　任　王同华（女）
主任科员　孙远海
副主任科员　卫荣梅（女）
党组书记　李国民（12月止）
　　　　　　鹿　森（12月起）

市检验检测中心

主　　任　雷　浩
副 主 任　刘同侠　辛爱民
　　　　　张荣国（1月止）
党组书记　刘同侠
副 书 记　雷　浩

市公安局

局　　长　褚　学（12月止）
　　　　　鄂宏超（满族，12月起）
副 局 长　杨立明　杨庆国
政　　委　邱士刚
副调研员　邱士刚
正科级侦察员（主任科员）
　　　　　杨　毅　石　杰　陈　军
　　　　　尹承民　杨立明　杨庆国
　　　　　汪顺才　施怀章
　　　　　孙建正（1月止）
　　　　　杨建国（9月止）
　　　　　张绪泉　王泽生　张尔厚
　　　　　庞　民　尹承生　刘茂圣
　　　　　尹逊庚（2月止）
　　　　　王瑞强（2月止）
　　　　　刘建民　梁义明
　　　　　刘传同（6月起）
　　　　　张永军（6月起）
　　　　　庞根明（6月起）
　　　　　徐利国（6月起）
　　　　　张　震（6月起）
副科级侦察员（副主任科员）
　　　　　解　斌　聂德成　罗　军
　　　　　许玉军（7月止）
　　　　　任显春（1月止）
　　　　　张林银　何洪玉　孙孟庚
　　　　　李纪水　吕宜斌（3月止）
　　　　　张树军　孙远忠　张兴旺
　　　　　王　新　尹诚忠　解培平
　　　　　马慎民　王金瑞　高　平（女）
　　　　　张国泽　袁明志　梁新胜
　　　　　刘宪伦　李　铖　王宗江
　　　　　李京山　李　涛　郭　彬
　　　　　赵　峰　陈文清
　　　　　闫云华（6月止）
　　　　　荆立忠　冯忠刚（6月起）
　　　　　梁昌录（6月起）

孙　勇（6月起）
辛　剑（6月起）
杜海东（6月起）
马俊东（6月起）

党委书记 褚　学（12月止）
鄂宏超（满族，12月起）

副书记 邱士刚　杨　毅　石　杰
陈　军　尹承民

纪委书记 汪顺才

110指挥中心

主　任 施怀章
教导员 张宾堂

刑事侦查大队

大队长 杨　强
教导员 贾启祥

治安警察大队

大队长 李卫东
教导员 王明立

经济犯罪侦察大队

大队长 王　军
教导员 张　震（6月止）
司　军（6月起）

警务督查大队

大队长 宿　斌
教导员 张立勇（6月止）
尹晓奇（6月起）

政治处

主　任 徐利国

国内安全保卫大队

大队长 刘传同
教导员 冉双庆

交通警察大队

大队长 解培臣
副大队长 付振岱　张纪斌　聂　伟
教导员 明　涛
副教导员 刘士良　赵方华（6月止）
赵环中

正科级侦察员（主任科员）
孙伟光（11月止）
付振岱　梁建俊　聂　伟
张纪斌　赵方华（6月起）

副科级侦察员（副主任科员）
张忠林　武保东　张卫东
郑宗鑫　李明生　徐戈辉
李福军　董光华　王明林
石海滨　武　健
聂升军（6月起）
李　刚（6月起）

党委书记 解培臣
副书记 明　涛　赵方华
纪委书记 罗宏军

特警大队

大队长 庞根明
教导员 汪顺银

桃花源派出所

所　长 张永军
教导员 朱朝阳

龙山派出所

所　长 张海泉
教导员 胡　波

王瓜店（高新区）派出所

所　长 邹大鹏
教导员 姜吉山（6月止）
闫云华（6月起）

石横派出所

所　长 车　辉
教导员 梁海军

老城派出所

所　长 刘　波
教导员 张庆阔

汶阳派出所

所　长 崔克新
教导员 李玉涛（6月止）
李　坤（6月起）

湖屯派出所

所　长　马衍华

教导员　冯忠刚（6 月止）

　　　　尹东毅（6 月起）

边院派出所

所　长　杨　健

教导员　张　兵

安临站派出所

所　长　袁明志（6 月止）

　　　　姜吉山（6 月起）

教导员　马朋兴

安驾庄派出所

所　长　刘培玉

教导员　张金华

市司法局

局　　长　武心国（12 月止）

　　　　　刘　舜（12 月起）

副 局 长　曹文东　李大文（女）

　　　　　刘松森

主任科员　曹文东　李邦杰

副主任科员　姜　奎　张　军（12 月起）

政治处主任　周忠宁

党组书记　武心国（12 月止）

　　　　　刘　舜（12 月起）

市公证处

主　任　徐　林

市经济和信息化局

局　　长　闫文明（12 月止）

　　　　　赵恒军（12 月起）

副 局 长　王公泉　朱玉山

　　　　　武俊涛（女）

主任科员　王德乾

副科级干部　段　青（女）　张继东

副主任科员　张正明　刘培新　孙学科

党委书记　闫文明（12 月止）

　　　　　赵恒军（12 月起）

副 书 记　袁志强

市化学工业办公室

主　　任　袁志强

副 主 任　张衍申　梁乙平

副科级干部　孙远海

党支部书记　王公泉

副 书 记　袁志强

市政府节约能源办公室（市节能监察大队）

主　任　石长英

市安全生产监督管理局

局　　长　刘　舜（12 月止）

　　　　　闫文明（12 月起）

副 局 长　辛显涛　李洪军

主任科员　张圣先

副主任科员　杨克存

党组书记　刘　舜（12 月止）

　　　　　闫文明（12 月起）

市安全生产监察大队

大队长　付　鹏

市煤炭工业管理局

局　　长　魏世忠

副 局 长　刘洪波　赵孝堂

副主任科员　王安刚　范昌城

党组书记　魏世忠

市交通运输局

局　　长　艾　东

副 局 长　孙国庆　杜宪华

　　　　　王传政（正科级，12 月止）

主任科员　辛培昂

副主任科员　王　斌

党委书记　艾　东

副 书 记　王传政（12 月止）

纪委书记　赵衍成

市市乡公路管理办公室

主　任　刘　岑（12 月止）

副主任　王　健

市交通运输管理所

所　长　张　健

市交通稽查大队

大 队 长　单立冬

党支部书记　张兴亮

市出租车管理办公室

主　　任　孙东方

副科级干部　薛冬云（女）

边院治超检测站

站　长　陈　东

市公路局

局　　长　胡怀庭（12月止）

　　　　　刘　岑（12月起）

副 局 长　王光伟　王　东

　　　　　白恩田　张　亮

党委书记　胡怀庭（12月止）

　　　　　刘　岑（12月起）

副 书 记　王　敏

市应急救援中心

（11月，济微路堽城坝路桥收费站更名为肥城市应急救援中心）

主　　任　李家伦

党支部书记　陈　光

市民营经济发展局

局　　长　孟庆国

副 局 长　刘文宏

主任科员　张界兆

副主任科员　汪　岩

党委书记　孟庆国

市乡镇企业职工中等专业学校

校　　长　尹逊峰

副科级干部　陈　涛

党支部书记　尹逊峰

市商务局

局　　长　赵衍水（12月止）

　　　　　刘相伟（12月起）

副 局 长　李正勇　杨　波

主任科员　李建刚　张　勇

副主任科员　刘　佳（女，12月起）

党组书记　赵衍水（12月止）

　　　　　刘相伟（12月起）

副 书 记　冀金秀　张　勇

市商贸局

局　　长　冀金秀

副 局 长　晁　明　于建昌　张军伟

正科级干部　胡连平

党委书记　于建昌

副 书 记　冀金秀

市商务综合行政执法大队

（“12312”商务举报投诉中心）

大 队 长　辛培富

党支部书记　王永昌（1月止）

市出口食品农产品质量安全示范区管理办公室

主　任　杨泽辉

副主任　雷明香（女）　李华利

市外派劳务服务中心

党支部书记　李志刚

市财政局

局　　长　陈正一

副 局 长　张衍明　张继勇　张新利

　　　　　韩　旭（挂职，10月起，时间二年）

副主任科员　张传海　姜秀红（女）

党组书记　陈正一

市非税收入管理中心

主　任　杨泽春

市乡镇财政管理局

局　长　梁新玲

副局长　王怀杰　尹承鑫

市政府采购管理办公室

主　任　张衍明

副主任　尹逊东　王　宏（女）

市财政监督局

局　长　乔洪晓

市国库管理中心

主　任　宫　华（女）

市政府投融资管理中心

主　任　张继勇

副主任　张兴铭（6月起）

党支部副书记

王焕英（女，1月止）

市财政投资评审中心

主　任　张兆伟

市经济开发投资公司

经　　理　张新利

副 经 理　韩　雷

党支部书记　张新利

市国有资产管理局

局　长　张凤辉

市城市建设投资有限公司

总 经 理　姜世文

市农业综合开发办公室

主　　任　田　涛

副 主 任　聂洪军　张中华（正科级）

副科级干部　刘德瑞

党支部书记　尚林生

副 书 记　田　涛

市工商行政管理局

（12月，撤销市工商行政管理局及党组，领导干部职务相应免除）

局　　长　郑凤宝（12月止）

副 局 长　张培东（12月止）

杜宪勇（12月止）

主任科员　张培东（12月止）

党组书记　郑凤宝（12月止）

副 书 记　杜宪勇（12月止）

纪检组长　孟庆利（12月止）

市质量技术监督局

（12月，撤销市质量技术监督局及党组，领导干部职务相应免除）

局　　长　张　鹏（12月止）

副 局 长　李振涛（12月止）

党组书记　张　鹏（12月止）

纪检组长　王　涛（12月止）

稽查队

大队长　王　兵（12月止）

市市场监督管理局

（12月，由市质量技术监督局和市工商行政管理局合并成立市市场监督管理局，同月成立党委）

局　　长　辛培祥（12月起）

副 局 长　李振涛（12月起）

杜宪勇（12月起）

孟庆利（12月起）

主任科员　张培东（12月起）

党委书记　郑凤宝（12月起）

副 书 记　辛培祥（12月起）

张培东（12月起）

纪委书记　王　涛（12月起）

市物资协会

（市物资集团总公司）

会长（总经理）

孔祥申

副会长（副总经理）

吴秀菊（女）

高红伟　闫云辉

副科级干部　张　玲（女）

党 委 书 记　孔凡涛

副 书 记　孔祥申

市商业协会

（市商贸总公司）

会　长（总经理）　郭启江

副会长（副总经理）

尹兰香（女）　赵衍国

副科级干部　王黎明（7 月止）

党委书记　郭启江

副　书　记　宋洪洞（1 月止）

市粮食局

局　　长　付振杰

副局长　杨　栋　汪　斌

项晓昕（女）

党委书记　项晓昕（女）

副书记　付振杰

市住房和城乡建设局

局　　长　赵永军

副局长　许代军（正科级）

桑桂亮（正科级）

魏光军　董庆焕（12 月止）

主任科员　陈西义　李东风（6 月起）

党委书记　赵永军

副书记　周建中（12 月止）

李东风（6 月止）

市公用事业管理局

局　长　李东风（6 月止）

副局长　董　军　赵　震

市城市房屋征收管理办公室

主　任　刘德强

市排水管理处

主　任　侯兆坤

市园林绿化管理局

局　　长　武保华

党支部书记　尹逊栋（12 月起）

市环境卫生管理处

主　　任　张　建

党支部书记　崔国鑫（1 月止）

市城市规划管理局

（12 月，成立党组）

局　　长　周建中

副　局　长　潘庆荣（女）

董庆焕（12 月起）

副科级干部　何跃进

党组书记　周建中（12 月起）

市建筑安装工程管理局

（市建筑安装工程总公司）

局长（总经理）

赵传兴

副局长（副总经理）

魏绪明　白树宝

刘爱红（女）

党组书记　刘爱红（女）

副书记　赵传兴

市房产管理局

局　　长　雷印国（12 月止）

王　利（12 月起）

副　局　长　韩立勇　韩　光　刘　劲

纪玉堂

副科级干部　王　磊

党委书记　纪玉堂

副　书　记　雷印国（12 月止）

王　利（12 月起）

市物业管理办公室

主　任　武　进

市城市管理局

局　　长　聂继佩

副局长　张田泽　张　建　王海龙

侯绪军（正科级）

主任科员　张田泽

党组书记　聂继佩

副书记　庞根明

直属执法一大队

大队长　贾同龙

教导员　张海滨

直属执法二大队

大队长　曹　斌

市农业局

局　　长　傅　强

副 局 长　王振斌　赵胜文

　　　　　姬建军（1月止）

主任科员　高云侠（女）

副主任科员　刘　敏（女）

　　　　　张琳琳（女，12月起）

党委书记　傅　强

副 书 记　吴培栋　索元胜

市农业技术推广中心

主　　任　王纪银

副 主 任　李凤英（女，副科级）

党支部书记　杨秀华（女）

省农业广播电视学校肥城分校

校　　长　李建平

党支部书记　邱士芬（女）

市良种示范繁殖农场

场　　长　张爱国

党支部书记　孙绪柱

市海泰实业开发公司

经　　理　吴培栋

党支部书记　吴培栋

副 书 记　白恩禄（1月止）

市有机农业发展办公室

主　　任　索元胜

副 主 任　武忠民　陈　峥

党支部书记　尹逊民

副 书 记　索元胜

市林业局

局　　长　孙庆良

副 局 长　李　军　肖明泉　张敬华

正科级干部　黄　旭

党委书记　孙庆良

副 书 记　师法萍（女）

市森林公安局（市森林警察大队）

局　长　王忠军

教导员　刘　英

市森林公安局牛山林区派出所

所　长　陈玉军

教导员　孟　国

市苗圃

主　　任　李自强

党支部书记　李自强

肥城桃产业发展办公室

主　　任　刘士勇

党支部书记　杨雪梅（女）

市牛山林场

场　　长　师法萍（女）

副 场 长　陈　波　张　海

党支部书记　师法萍（女）

副 书 记　赵德三

工会主席　马存台

市园艺场

场　　长　宋红日

副 场 长　宿茂恒　陈文玉　李明图

党支部书记　宋红日

副 书 记　王法国（1月止）

肥城桃开发总公司

经　　理　乔善晶

副 经 理　徐　景

党支部副书记　冯　锐（1月止）

市水利局

局　　长　田希庚

副 局 长　司晨辉　尚随刚　高　春

副主任科员　闫建华　路敦翔

党组书记　田希庚

市打井队

队　　长　陈文明

党支部书记　陈文明

省防汛抗旱机动总队第十支队

（市防汛抗旱服务队）

队　长　罗　勇

市农村公共供水管理中心

主　任　司晨辉

副主任　闫陆云（女）

市水利移民局

局　长　于吉祥

市河道管理局

局　　长　李庆锋

副 局 长　付　强

党支部书记　周汝标

副 书 记　李卫东　李庆锋

市水资源办公室

主　　任　荆学忠

副 主 任　孔　亮　张吉圣

副科级干部　韩　强

党支部书记　李　东

副 书 记　荆学忠

工会主席　李　忠

市矿坑水综合利用管理处

主　任　陶瑞卿

市水利开发总公司

副科级干部　王　锋

市农业机械管理局

局　　长　孙刚荣

副 局 长　张鼎信　张现才　刘士奎

党组书记　孙刚荣

市畜牧兽医局

局　　长　马兴国（12 月止）

赵　伟（12 月起）

副 局 长　王开斌　张洪军

副主任科员　马海滨（12 月起）

党组书记　马兴国（12 月止）

赵　伟（12 月起）

总兽医师　杨庆武

市动物疫病预防控制中心

主　　任　杨吉华

党支部书记　荆忠良

市农村经营管理办公室

主　　任　赵　波

副 主 任　孙素青（女）

张向东　管振波

党组书记　孟兆平

副 书 记　赵　波

市农村土地承包管理服务中心

主　任　辛爱美（女）

市减轻农民负担工作办公室

主　任　刘　辉

副主任　吴风伟（女）

市供销合作社联合社

理事会

主　　任　王　利（12 月止）

张继胜（12 月起）

副 主 任　宋绍敬　王传合

郑　玲（女）

副主任科员　董建丽（女）　李炳兆

党委书记　王　利（12 月止）

张继胜（12 月起）

副 书 记　张　伟（2 月止）

纪委书记　孙衍东

监事会

主　任　张　伟（2 月止）

副主任　孙　勇

市文化广电新闻出版局

（市文物局）

局　　长　高　冰

副 局 长　杨淑贞（女）　姜正涛

　　　　　赵　慧（女）

主任科员　苏继民

副主任科员　张明珍（女）

党组书记　高　冰

市文化市场综合执法大队

大队长　张　剑

市电影公司

副科级干部　李仁胜

市广播电视台

台　　长　夏崇河（12 月止）

　　　　　石　勇（12 月起）

副 台 长　张爱民

总 编 辑　胡子杰

副总编辑　张　修

党委书记　夏崇河（12 月止）

　　　　　石　勇（12 月起）

副 书 记　胡子杰

广播中心

主　任　刘建民

副主任　肖　东　李　庆

电视中心

主　任　张言伟

副主任　张绪东　阴全胜

市体育局

局　　长　张淑萍（女，12 月止）

　　　　　肖　勇（12 月起）

副 局 长　鹿焕勇　陶瑞生

党组书记　张淑萍（女，12 月止）

　　　　　肖　勇（12 月起）

副 书 记　李正中（正科级）

市教育局

局　　长　杜君河

副 局 长　庞运涛　杜建国　解培强

主任科员　解培强

副主任科员　温胜光　张秀东

党委书记　杜君河

副 书 记　庞运涛　张衍峰

纪委书记　武心军（6 月止）

市政府教育督导室

主　　任　庞运涛

副 主 任　李大鹏　左现刚

正科级督学　武心军（6 月起）

副科级督学　李怀强

党支部副书记

　　　　　庞运涛

市教学研究室

主　　任　周春生

副 主 任　冯　彬　李玉民　邓兆彬

党支部书记　杜建国

副 书 记　周春生

市招生考试中心

主　任　张文华

市第一高级中学

校　　长　王卫东

副 校 长　刘万祥　张明星　尚庆亮

　　　　　景志远　陈忠新

党总支书记　张衍峰

副 书 记　王卫东

工会主席　荣启耀

市第二高级中学

校　　长　高志国

副 校 长　李　涛　穆西成　周海广

党支部书记　王克东

副 书 记　高志国

工会主席　王克东

市第三高级中学

校　　长　周长华
副 校 长　王　勇　付生宝　程宪奉
　　　　　刘士超
党支部书记　滕兴凯
副 书 记　周长华　程宪奉

市第六高级中学

校　　长　赵元成
副 校 长　朱丰德　荣洪文　鹿焕东
副科级干部　李　东
党总支书记　武心军（6 月止）
副 书 记　赵元成　聂保社
工会主席　赵海军

市泰西中学

校　　长　宿文传
副 校 长　李英方　刘庆健（12 月止）
　　　　　周　伟　郭　良
党总支书记　杜先锋
副 书 记　房广年　宿文传

市实验初级中学

校　　长　姜传波
副 校 长　田仲河　马玉国　张淑彬
党支部书记　姜传波
副 书 记　田仲河　胡连红
纪委书记　房照祥

市龙山中学

校　　长　李志杰
副 校 长　石仁昌　刘培范　张爱芬（女）
　　　　　顾修超
党总支书记　赵法常
副 书 记　李志杰

市桃都中学

校　　长　臧传勇
副 校 长　张　欣　杨宪梓　李振兴
党支部书记　臧传勇
副 书 记　张　欣　王淑宝
纪委书记　李开锋

市丘明中学

校　　长　严铁军（12 月止）
副 校 长　白少坤　陈　勇　范洪栋
　　　　　王庆海　刘庆健（12 月起）
党总支书记　杜宪阳
副 书 记　严铁军（12 月止）
　　　　　刘庆健（12 月起）

市教师进修学校

校　　长　赵西美
副 校 长　石仁田　宿玉华　梁　虹（女）
　　　　　严铁军（正科级，12 月起）
党支部书记　郭庆哲

市高级技工学校

（市职教培训中心、山东职业专修学院）

校　　长　刘忠军（12 月止）
　　　　　杜君河（12 月起）
副 校 长　郭泗东（12 月止）
　　　　　温令自（正科级）
　　　　　王玉彬（副科级）
　　　　　赵　峰（副科级）
　　　　　耿立迎（副科级）
副科级干部　张广法
党委书记　赵志强
副 书 记　郭泗东（12 月止）
　　　　　李庆群　温令自　刘忠军
工会主席　卢光春
团委书记　王　强

办公室（人事处）

主任（处长）　邱伟生

教　务　处

处　　长　郭长青

学　工　处

处　　长　钱玉法

后　勤　处

处　　长　吕雪峰

教育综合部

主　　任　康吉安

党支部书记　李建民

社会培训部

主　　任　尹逊鸣

机械工程系

主　　任　武文虎

党支部书记　张兴刚

经济贸易系

主　　任　刘合军

信息中心（图书馆）

主　　任　郝建明

党支部书记　周建华

市卫生局

（市中医药管理局。12 月，撤销市卫生局及党委，领导干部职务相应免除）

局　　长　张玉霞（女，12 月止）

副 局 长　杜振华（12 月止）

　　　　　崔　平（女，12 月止）

主任科员　崔继涛（3 月止）

副科级干部　侯文涛（12 月止）

党委书记　张玉霞（女，12 月止）

市人口和计划生育局

（12 月，撤销市人口和计划生育局及党组，领导干部职务相应免除）

局　　长　李建民（12 月止）

副 局 长　车崇华（12 月止）

　　　　　范成军（12 月止）

主任科员　颜桂芝（女，12 月止）

副主任科员　郭庆芝（女，12 月止）

党组书记　李建民（12 月止）

市卫生和计划生育局

（12 月，由市卫生局与市人口和计划生育局合并成立，同月成立党委）

局　　长　吴瑞华（12 月起）

副 局 长　杜振华（12 月起）

　　　　　车崇华（12 月起）

　　　　　范成军（12 月起）

　　　　　崔　平（女，12 月起）

主任科员　颜桂芝（女，12 月起）

副主任科员　郭庆芝（女，12 月起）

　　　　　赵　辉（女，12 月起）

党组书记　李建民（12 月起）

副 书 记　吴瑞华（12 月起）

　　　　　杜振华（12 月起）

市流动人口计划生育管理办公室

主　任　王庆梅（女）

市人口宣传教育中心

主　任　栾绪剑

市计划生育服务站

站　　长　许　明

副 站 长　林　静（女）　巩香莲（女）

党支部书记　李庆东

副 书 记　许　明

市人民医院

院　　长　李　栋

副 院 长　宋秀玲（女）　辛培乾

　　　　　王桂霞（女）　王　伟

党委书记　李　栋

副 书 记　张曙明

纪委书记　秦　琴

市中医医院

院　　长　刘光西

副 院 长　尚海峰　张　强　刘兰芳（女）

党委书记　李钦明

副 书 记　刘光西

纪委书记　侯文涛

工会副主席　刘兰芳（女）

市疾病预防控制中心
（市卫生局卫生监督所）

主任（所长）
李秀勇
副主任（副所长）
王玉兴　韩来春　张　军
副科级干部　王运川
党总支书记　李光金
副　书　记　李秀勇

市妇幼保健院

院　　长　尹承勇
党支部书记　刘青峰
副　书　记　尹承勇

市第二人民医院

院　　长　张　斌
党支部书记　于宪章（1月止）

市精神卫生中心

主　　任　陈西勇
党支部书记　汪　杰（1月止）

市食品药品监督管理局
（市食品安全委员会办公室）

局　长（主任）
张纪营（12月止）
马兴国（12月起）
副局长（副主任）
赵国梁　刘　艳（女）
主任科员　王志贞　张钦富　楚红梅（女）
党组书记　张纪营（12月止）
马兴国（12月起）

市食品药品稽查大队

大　队　长　王庆涛
党支部书记　张同强（1月止）

中国人民政治协商会议肥城市委员会及办事机构

主　　席　何敬鹏
副 主 席　江玉祥（不驻会）
杨淑贞（女，不驻会）
杜尊春　张　伟　邹家强
付振江（不驻会）
秘 书 长　李云峰（12月止）
武心国（12月起）
党组书记　何敬鹏（12月止）
侯庆洋（12月起）
副 书 记　杜尊春　张　伟（12月止）

办公室

主　　任　李云峰（12月止）
刘衍军（12月起）
副主任科员　梁永安　张洪涛（1月止）
王　栋　李金钢

提案工作委员会

主　任　杨秋黎

学习宣传和文史资料委员会

主　　任　邓凡玉
主任科员　冯　伟

经济委员会

主　任　廉兴军

社会法制和民族宗教委员会

主　　任　李　光
副主任科员　董　丽（女，12月起）

科技教育文化卫生体育委员会

主　　任　刘衍军（12月止）
石振东（12月起）
主任科员　李长明

肥城市人民法院

院　　长　石　军
副 院 长　周　东　许　文（6月止）

秦开忠　曲　明（6月起）
政治处处长　孙　挚（6月止）
张　兵（6月起）
正　科　级
审　判　员　周　东　许　文　秦开忠
曲　明　孙　挚　段　涛
杨晓光　武　军　李云灿
张　兵　钱　华　刘　琴（女）
曹延林　谯　林（7月止）
秦开忠（6月起）
陈维学（6月起）
翟春峰（6月起）
曾庆利（6月起）
赵怀锐（6月起）
母海龙（6月起）
刘宗武（6月起）
张永卫（6月起）
乔善贵（6月起）
李克新（6月起）
孙健梅（女，6月起）
副　科　级
审　判　员　曾庆利（6月止）
赵怀锐（6月止）
母海龙（6月止）
陈维学（6月止）
张永卫（6月止）
乔善贵（6月止）
李克新（6月止）
孙健梅（女，6月止）
翟春峰（6月止）
武　卉（女）　司书祥　王金峰
李　新（女）　马　涛　杨泽祥
张　兴　鹿　军　石海峰
刘玉坤　刁　剑　阴东升
刘宗武（6月止）
韩　新（6月起）
孙青霞（6月起）
张昊旭（6月起）
主任科员　李　博（6月起）
副主任科员　赵　伟　李　博（6月止）
副科级干部　张传科
党组书记　石　军
副　书　记　周　东　许　文
纪检组长　曲　明（6月止）
孙　挚（6月起）

市人民法院执行局

局　长　秦开忠（6月止）
曲　明（6月起）
副局长　李云灿

市人民法院法警训练基地

主　任　李红兵

新城法庭

庭　长　陈维学（6月止）
翟春峰（6月起）

王瓜店法庭

庭　长　孙健梅（女）

石横法庭

庭　长　刘　琴（女）

安驾庄法庭

庭　长　司书祥

边院法庭

庭　长　翟春峰（6月止）
陈维学（6月起）

肥城市人民检察院

检　察　长　杨希沧
副检察长　吴明磊　纪　湛　张海强
正　科　级
检　察　员　张久荣（4月止）
石恩利　吴明磊　纪　湛
张海强　于正伟　梁兴青
许　莉（女）　于建广
赵桂杰（女）　孙建军
李　霞（女）　徐　军
张　伟　武红卫　苏树锦

周广阔　吴瑞水　赵　云
孙海庆（6月起）
卫家滨（6月起）
聂金凤（女，6月起）
张　奇（女，6月起）
王世刚（6月起）
李　木（6月起）
赵洪军（6月起）
付友声（6月起）

副 科 级
检 察 员 魏庆元
付友声（6月止）
卫家滨（6月止）
聂金凤（女，6月止）
谭淑君（女，4月止）
王世刚（6月止）
李　木（6月止）
赵洪军（6月止）
张　奇（6月止）
王启莎（女）
秦　伟　石德东　姜士恩
仇广磊（6月起）
赵伯军（6月起）

党组书记 杨希沧
副 书 记 吴明磊　纪　湛　许　莉（女）
赵桂杰（女）
纪检组长 吴瑞水
政治处处长 周广阔
副主任科员 张　涛（6月起）
徐金胜（6月起）
梁建新（6月起）

市人民检察院反贪污贿赂工作局

局　长 李大军
副局长 徐　军　张　伟

市人民检察院反渎职侵权局

局　长 李向东
副局长 武红卫　孙海庆

派驻王瓜店检察室

主　任 房爱华

派驻石横检察室

主　任 李　忠

派驻安驾庄检察室

主　任 冯绪建

派驻汶阳检察室

主　任 穆　平

人民团体

市总工会

主　　席 陈　方（12月止）
宋淑荣（女，12月起）
副 主 席 尹承运　于建亮　杨　曦
副主任科员 武文更　班　奎
党组书记 陈　方（12月止）
宋淑荣（女，12月起）

共青团肥城市委员会

书　　记 李　娟（女）
副 书 记 国　伟　王倩倩（12月止）
张晓菲（女）
党组书记 李　娟（女）

市妇女联合会

主　　席 宋淑荣（女，12月止）
张玉霞（女，12月起）
副 主 席 高爱莲（女）　李　莉（女）
王　新（女）
主任科员 刘青春（女）
党组书记 宋淑荣（女，12月止）
张玉霞（女，12月起）

市科学技术协会

主　　席 孔祥山
副 主 席 赵景伟　荣启璋　姜凤莲（女）
主任科员 郭启明

副主任科员　李　芸（女）
党组书记　孔祥山

市工商业联合会

会　　长　付振江
副 会 长　王　萍（女）　毕宏伟　阴武刚
　　　　　赵志强（正科级）
副主任科员　孟　涛
党组书记　毕宏伟

市计划生育协会

常务副会长　周生田
副 会 长　刘　君（女）　姜甲东
秘 书 长　宋　勇

市残疾人联合会

理 事 长　孙衍义
副理事长　杨勇军　翟光胜　辛显民
主任科员　梁　毅　马玉圣
副主任科员　杜新雪（女）
党组书记　孙衍义

市文学艺术界联合会
（市社会科学界联合会）

主　　席　王瑞红（女，12 月止）
　　　　　王传政（12 月起）
秘 书 长　郭庆勇
副主任科员　梁　旭（女）
　　　　　张　芳（女，12 月起）
党组书记　王瑞红（女，12 月止）
　　　　　王传政（12 月起）

中国人民解放军
山东省肥城市人民武装部

党委第一书记
　　张成伟（12 月止）
　　常绪扩（12 月起）
书　记　徐传柏
副书记　王来友
部　长　王来友
副部长　刘海波

军事科

科　长　刘海波

政工科

科　长　刘湘华（5 月起）

后勤科

科　长　李金国（3 月止）
　　　　张国强（5 月起）

民兵训练基地

主　任　尹训华
书　记　孙衍振

民兵武器装备仓库

主　任　张德峰

驻肥单位

市国家税务局

局　　长　王明光
副 局 长　邹　伟　杨　军
党组书记　王明光
纪检组长　王　霖

市地方税务局

局　　长　李京丰
副 局 长　霍　莹（9 月止）
　　　　　刘福胜（9 月止）
　　　　　栾绪杰（9 月起）
　　　　　孙新国（9 月起）
　　　　　韩　健（9 月起）
　　　　　陈绪华（9 月起）
主任科员　霍　莹（9 月起）
　　　　　刘福胜（9 月起）
副主任科员　徐　强（9 月止）　马宏儒
　　　　　李　冰（9 月起）
党组书记　李京丰

副 书 记 霍 莹（9月止）
纪检组长 栾绪杰（9月止）
陈绪华（9月起）

市邮政局

局 长 张 旻（8月止）
翟宗波（8月起）
副局长 刘元河 杨 军（3月起）
党委书记 张 旻（8月止）
翟宗波（8月起）
纪委书记 杨 军（3月起）

市盐务局

（市盐业公司）

局 长（经理）
王 勇（5月止）
刘洪伟（5月起）
副局长（副经理）
刘洪伟（5月止） 李桂申
张兴涛（7月止）

肥城正源丝绸有限公司

总经理 李瑞泉

山东泰山石油股份有限公司肥城石油公司

经 理 汪顺奎

山东泰安烟草有限公司肥城营销部

（市烟草专卖局）

局 长 陶 杰（8月止）
孙 涛（8月起）
副局长 江 涌（8月止）
陶 杰（正科级，8月起）
宋 猛（8月起）
经 理 陶 杰（8月止）
孙 涛（8月起）
副经理 李 锋（8月止）
陶 杰（8月起）

副主任科员 刘 军 阴法刚 宋凯军
党支部书记 陶 杰（8月止）
孙 涛（8月起）
副 书 记 陶 杰（8月起）

市气象局

局 长 纪钦堂
副局长 刘 云（女） 贾玉强
党支部书记 纪钦堂（6月止）
刘 云（女，6月起）
纪检组长 韩振成（1月止）
贾玉强（1月起）

市供电公司

经 理 王 磊（3月止）
冯承伟（3月起）
副经理 张成松（1月止）
陈兆鹏 赛 侠
党委书记 李圣龙
纪委书记 刘东燕
工会主席 孙 伟

中国移动通信集团山东有限公司肥城分公司

经 理 耿大庆
副经理 崔旭文（11月止）
程 军（9月起）
张志刚（3月起）

中国联合网络通信有限公司肥城市分公司

总经理 尹 广
副总经理 孙秀芝（女）
肖 鹏（4月止）
邱 强（1月起）
米 强（5月起）
党委书记 尹 广（7月起）
纪委书记 孙秀芝（女，7月起）
工会主席 孙秀芝（女）

山东广电网络有限公司肥城分公司

经　理　庞善军
副经理　张树民　吕俊忠　张　伟
　　　　黄海青（女）　井冠宇（女，9月起）

中国人民银行肥城市支行

行　　长　张继轩
副 行 长　冷　静（女）　牛兰季
副主任科员　李圣成　梁兴建　尹衍忠
党组书记　张　民
纪检组长　尹燕忠

中国银行肥城支行

行　长　周　鲁（7月止）
　　　　曹　峰（12月起）
副行长　王　建　董红霞（女）
　　　　张德强

中国农业银行肥城市支行

行　长　李立东
副行长　赵　彬　孙建华　张素云（女）

中国农业发展银行肥城市支行

行　　长　李正国
副 行 长　郭雪峰　李　云
党支部书记　李正国

中国工商银行肥城支行

行　长　张历波
副行长　曲少平（女，6月止）
　　　　祝云刚　尹　凯（4月止）
　　　　夏东生　朱兆宁　鞠　伟
　　　　李秀华（女，4月起）

中国建设银行肥城市支行

行　长　陈　军（7月止）
　　　　赵夫明（7月起）
副行长　张　燕（女）
　　　　孙国庆　武　鹏

中国邮政储蓄银行肥城支行

行　长　赵祥东
副行长　李振杰　高　扬（12月起）

山东肥城农村商业银行

（5月，肥城市农村信用合作联社改为肥城农村商业银行，同月撤销中共肥城市农村信用合作联社委员会，成立中共山东肥城农村商业银行股份有限公司委员会）

理 事 长　李传颖
行　　长　刘玉岳
监 事 长　王延防
副 行 长　胡家迎　邱岳强　王　铮
党委书记　李传颖
纪委书记　张瑞民

兴业银行泰安肥城支行

行　　长　汪冬生（2月止）
　　　　　王　虎（2月起）
副 行 长　周　勇（4月起）
行长助理　周　勇（4月止）

莱商银行

行　长　李新宇

中国银行业监督管理委员会泰安监管分局肥城办事处

主　任　刘同新

中国人民财产保险股份有限公司肥城支公司

经　理　王开阳

中国人寿保险股份有限公司肥城市支公司

经　理　董军建

镇街区

高新技术产业开发区

党工委书记　贾同国（12月止）
　　　　　　韩立新（12月起）
副　书　记　尹鲁逊　赵兴伟（12月止）
　　　　　　孟　强　张德奇（12月起）
纪工委书记　陈　刚
副　书　记　李秀辉　颜　辉
党委委员　赵兴伟（12月止）
　　　　　　尹鲁逊　孟　强　杨国利
　　　　　　曹会欣　陈　刚　王玉超
　　　　　　李伟成　张德奇（12月起）
主　　任　赵兴伟（12月止）
　　　　　　张德奇（12月起）
常务副主任　尹鲁逊
副　主　任　孟　强　杨国利　曹会欣
主任科员　孔庆东
工会主席　李西峰（12月止）
工会副主席　魏绪生（1月起）

人大工作委员会

主　任　李西峰（12月起）

党政办公室

主　任　孟　强
副主任　董宜镯　邓兆峰

经济发展局

局　　长　魏绪生（1月止）
副　局　长　刘　兵　陶志刚
副局级干部　张　静（女）

社会事务管理局

局　长　李伟成
副局长　李永亮

招商局

副局长　陈云库　孙　健

建设局

局　长　范传栋
副局长　聂汝庆　陈冬冬

市国土资源局高新区分局

局　　长　孟凡生
副主任科员　王甲志

财政局

局　长　王玉超
副局长　李　鹏　张明泉

市城市管理局高新区执法大队

大队长　李传刚

新城街道

中共新城街道工作委员会

书　　记　贾同国（12月止）
　　　　　　李宝军（12月起）
副　书　记　肖海霞（女）
　　　　　　时向东（12月止）
　　　　　　许兴斌（12月起）
党工委委员　马国兴　许兴斌
　　　　　　李　明（12月止）
　　　　　　肖海霞（女）
　　　　　　时向东（12月止）
　　　　　　张琳琳（女，12月止）
　　　　　　高德广　辛成勇
　　　　　　朱　国（挂职，3月起）
　　　　　　杨启国（回族，12月起）
　　　　　　魏　真（女，12月起）
　　　　　　辛成勇（12月起）
　　　　　　武文涛（12月起）

中共新城街道纪律检查工作委员会

书　记　许兴斌（12月止）
　　　　杨启国（回族，12月起）

新城街道人大工作室

主　任　贾同国（3月止）
　　　　郭瑞伟（3月起）
副主任　杨鲁平

新城街道办事处

主　　任　肖海霞（女）
副　主　任　李　明（12月止）
　　　　　　武文涛（12月止）

李　杭（1月至12月）
吴　萌（挂职，5月止）
朱　国（挂职，3月起）
马国兴（12月起）
李　青（女，12月起）
钱吉成（12月起）
王宗敏（女，12月起）

正科级干部　冉金凡
副科级干部　郝本生　张平贤

新城街道政协委员联络室

（3月，由政协工作联络室改称政协委员联络室）

主　任　郭瑞伟（3月止）
时向东（3月至12月）
许兴斌（12月起）

新城街道人民武装部

部　长　马国兴（12月止）
武文涛（12月起）

新城街道计划生育办公室

主　任　邓凡岭
副主任　孔令西　何道刚
钱吉成（12月止）
孙莉芸（女，12月起）

新城街道安全生产监督管理办公室

副主任　赵振广（12月起）

市现代农业高新技术产业示范区管委会

主　　任　纪成杰
副 主 任　朱传春　师承禄
党委书记　贾同国（12月止）
副 书 记　纪成杰
党委委员　李　青（女，12月止）
朱传春　师承禄
刘华伟（12月起）
纪委书记　李　青（女，12月止）
刘华伟（12月起）

老城街道

中共老城街道工作委员会

书　　记　付　玲（女，12月止）
孙　栋（12月起）
副 书 记　韩　鹏（12月止）　冉祥银
段　涛（挂职，3月起）
朱　刚（12月起）
党工委委员　冉祥银　李恒广
李　波（12月止）
韩　鹏（12月止）
王庆明（12月止）
魏　真（女，12月止）
刘　佳（女，12月止）
杨洪波（12月止）
段　涛（挂职，3月起）
朱　刚（12月起）
武文波（12月起）
武　斌（12月起）
聂潇雯（女，12月起）
张荣国（12月起）
李　杭（12月起）

中共老城街道纪律检查工作委员会

书　记　李　波（12月止）
武文波（12月起）

老城街道人大工作室

主　任　付　玲（女，3月止）
王　民（3月至12月）
副主任　王　民（正科级，3月止）
赵吉柱　李　民

老城街道办事处

主　任　韩　鹏（12月止）
冉祥银（12月起）
副主任　李恒广　张　军（12月止）
张荣国（1月至12月）
苗建伟（挂职，5月止）
张　伟（12月起）
杨东锋（12月起）
高　楠（女，12月起）

老城街道政协委员联络室

（3月，由政协工作联络室改称政协委员联络室）

主　任　张凡勇（3月止）

冉祥银（3 月至 12 月）
朱　刚（12 月起）

老城街道人民武装部

部　长　王庆明（12 月止）
张荣国（12 月起）

老城街道安全生产监督管理办公室

副主任　汪迎波（副科级，12 月起）

井楼小区管委会

主　　任　尉爱平（女）
党总支书记　岳　峰（12 月止）
展爱华（女，12 月起）

潮泉镇

中共潮泉镇委员会

书　　记　于　芳（女）
副 书 记　梁乙胜（12 月止）　朱建国
张建东（12 月起）
党委委员　郝庆功（3 月止）
梁乙胜（12 月止）
赵　刚（12 月止）
李　敏（女）　朱建国
张大鹏
张建东（12 月起）
韩　勇（12 月起）
白恩禄（12 月起）

中共潮泉镇纪律检查委员会

书　记　赵　刚（12 月止）
韩　勇（12 月起）

潮泉镇人大工作室

主　席　于　芳（女，3 月止）
张衍余（3 月起）
副主席　张衍余（正科级，3 月止）
曹　国（12 月起）

潮泉镇人民政府

镇　长　朱建国
副镇长　张大鹏
王永昌（1 月至 12 月）
白恩禄（1 月至 12 月）
刘东华（12 月起）
于加兵（12 月起）
王　静（女，12 月起）

潮泉镇政协委员联络室

（3 月，由政协工作联络室改称政协委员联络室）

主　任　梁乙胜（12 月止）
张建东（12 月起）

潮泉镇人民武装部

部　长　张大鹏

王瓜店街道

中共王瓜店街道工作委员会

书　　记　董　军（12 月止）
宋　毅（12 月起）
副 书 记　侯　斌（挂职，2 月止）
杜　辉
郝纪刚（3 月起）
党工委委员　郝纪刚　辛海庆（3 月止）
张建东（12 月止）
刘　勇　张艳贞（女）
侯　斌（挂职，2 月止）
杜　辉　李　杰（9 月止）
邹　磊（12 月起）
马琳琳（女，12 月起）
于延芳（12 月起）
冯　锐（12 月起）

中共王瓜店街道纪律检查工作委员会

书　记　李　杰（9 月止）
邹　磊（12 月起）

王瓜店街道人大工作室

主　任　董　军（3 月止）
王立刚（3 月起）
副主任　王立刚（正科级，3 月止）

王瓜店街道办事处

主　任　杜　辉
副主任　郝纪刚（3 月止）
董　丽（女，12 月止）
于延芳

郑　鹏（挂职，5月止）
李法保（12月起）
李　超（12月起）
吕　晋（女，12月起）

王瓜店街道政协委员联络室

（3月，由政协工作联络室改称政协委员联络室）

主　任　郝纪刚（3月起）

王瓜店街道人民武装部

部　长　辛海庆（3月止）
冯　锐（12月起）

王瓜店街道安全生产监督管理办公室

副主任　李光才（副科级，12月起）

湖屯镇

中共湖屯镇委员会

书　　记　于　辉
副 书 记　卢　军
迟晓妮（女，3月起）
党委委员　王　强（12月止）
赵　辉（女，12月止）
王　勇（12月止）
武　斌（12月止）
王朋刚　赵明辉　卢　军
迟晓妮（女，3月起）
裴　涛（挂职，3月起）
薛　利（12月起）
杨洪波（12月起）
李开锋（12月起）
孙衍振（12月起）

中共湖屯镇纪律检查委员会

书　记　王　勇（12月止）

湖屯镇人大工作室

主　席　于　辉（3月止）
蒋建华（3月起）
副主席　董广强（12月起）
张吉阳（12月起）

湖屯镇人民政府

镇　长　卢　军
副镇长　王　强（12月止）
鲍明洋（1月至12月）
李开锋（1月至12月）
裴　涛（挂职，3月起）
赵明辉（12月起）
田军花（女，12月起）
刘大龙（12月起）
尹逊波（12月起）

湖屯镇政协委员联络室

（3月，由政协工作联络室改称政协委员联络室）

主　任　蒋建华（3月止）
迟晓妮（女，3月起）

湖屯镇人民武装部

部　长　王朋刚（12月止）
孙衍振（12月起）

石横镇

中共石横镇委员会

书　　记　孙衍辉（副县级）
副 书 记　汪　涛（12月止）　李开磊
黄承双（挂职，2月止）
王　峰（12月起）
王倩倩（12月起）
党委委员　王　健（12月止）
汪　涛（12月止）
孟宪栋（3月止）
顾　磊（女，12月止）
李开磊
黄承双（挂职，2月止）
姜和强　李文新
刘传刚（12月止）
王　峰（12月起）
宋洪洞（12月起）
王法国（12月起）
鲍明洋（12月起）
王倩倩（12月起）

中共石横镇纪律检查委员会

书　记　姜和强

石横镇人大工作室

主　席　孙衍辉（3 月止）
　　　　李向云（3 月起）
副主席　李向云（正科级，3 月止）
　　　　张爱军（12 月起）

石横镇人民政府

镇　长　李开磊
副镇长　孟宪栋（3 月止）
　　　　宋洪洞（1 月至 12 月）
　　　　崔国鑫（1 月至 12 月）
　　　　王倩倩（12 月起）
　　　　牛　敏（12 月起）
　　　　杨　焕（女，12 月起）
　　　　肖云江（12 月起）

石横镇政协委员联络室

（3 月，由政协工作联络室改称政协委员联络室）

主　任　汪　涛（12 月止）
　　　　王　峰（12 月起）

石横镇人民武装部

部　长　李文新（12 月止）
　　　　鲍明洋（12 月起）

市循环经济产业园区管委会

（3 月设立，正科级行政机构。同月，成立中共肥城市循环经济产业园区委员会）

主　任　孟宪栋（3 月起）
副主任　赵夫红（女，12 月起）
书　记　孙衍辉（3 月至 12 月）
副书记　孟宪栋（3 月起）
委　员　赵夫红（女，12 月起）

循环经济产业园区安全监察大队

大队长　陈玉同（12 月起）

桃园镇

中共桃园镇委员会

书　　记　刘灿玉（12 月止）
　　　　　王　涛（12 月起）
副 书 记　宋　毅（12 月止）
　　　　　邵　波（3 月起）
　　　　　赵　健（12 月起）
党委委员　王宜强（12 月止）
　　　　　赵　磊（9 月止）
　　　　　宋　毅（12 月止）
　　　　　魏秀莲（女，12 月止）
　　　　　黄　超
　　　　　邵　波（3 月起）
　　　　　阴武刚（挂职，3 月起）
　　　　　赵　健（12 月起）
　　　　　赵　静（女，12 月起）
　　　　　张　磊（12 月起）
　　　　　王　强（12 月起）

中共桃园镇纪律检查委员会

书　记　赵　磊（9 月止）
　　　　王　强（12 月起）

桃园镇人大工作室

主　席　刘灿玉（3 月止）
　　　　史绪堂（3 月至 12 月）
　　　　王宜强（12 月起）
副主席　史绪堂（正科级，3 月止）
　　　　武　刚（12 月止）
　　　　张秀丽（女，12 月起）

桃园镇人民政府

镇　长　宋　毅（12 月止）
　　　　赵　健（12 月起）
副镇长　王宜强（12 月止）
　　　　张　磊（1 月至 12 月）
　　　　马士峰（1 月至 12 月）
　　　　阴武刚（挂职，3 月起）
　　　　赵　静（女，12 月起）
　　　　苏　立（12 月起）
　　　　孙明辉（12 月起）
　　　　陈玉红（女，12 月起）

桃园镇政协委员联络室

（3 月，由政协工作联络室改称政协委员联络室）

主　任　邵　波（3 月起）

桃园镇人民武装部

部　长　黄　超（12 月止）

张　磊（12月起）

王庄镇

中共王庄镇委员会

书　　记　和　强
副 书 记　赵　伟（12月止）
　　　　　李　晋（12月止）
　　　　　冯殿峰（挂职，3月起）
　　　　　李　军（12月起）
　　　　　梁永东（12月起）
党委委员　李　晋（12月止）
　　　　　梁永东　赵　伟（12月止）
　　　　　阴　才　冉　峰
　　　　　韩　勇（12月止）
　　　　　冯殿峰（挂职，3月起）
　　　　　李　军（12月起）
　　　　　李正勇（12月起）
　　　　　王焕英（女，12月起）

中共王庄镇纪律检查委员会

书　记　韩　勇（12月止）
　　　　李正勇（12月起）

王庄镇人大工作室

主　席　和　强（3月止）
　　　　张仲银（3月起）
副主席　张仲银（正科级，3月止）
　　　　鲍　建（12月起）

王庄镇人民政府

镇　长　赵　伟（12月止）
　　　　李　军（12月起）
副镇长　梁永东（12月止）
　　　　王焕英（女，1月至12月）
　　　　王法国（1月至12月）
　　　　阴　才（12月起）
　　　　张荣华（女，12月起）
　　　　冉祥燕（12月起）
　　　　尹玲玲（女，12月起）

王庄镇政协委员联络室

（3月，由政协工作联络室改称政协委员联络室）

主　任　李　晋（12月止）
　　　　梁永东（12月起）

王庄镇人民武装部

部　长　冉　峰（12月止）
　　　　阴　才（12月起）

仪阳街道

（1月，撤销仪阳镇，以其原行政区域设立仪阳街道）

中共仪阳街道工作委员会（中共仪阳镇委员会）

书　　记　张德奇（12月止）
　　　　　崔绪昌（12月起）
副 书 记　王　涛（12月止）
　　　　　欧阳光兵
　　　　　时信国（挂职，3月起）
　　　　　王继荣（12月起）
党工委委员　迟晓妮（女，3月止）
　　　　　王　涛（12月止）
　　　　　郝高明（12月止）
　　　　　张　伟　宋梦龙（1月止）
　　　　　米　峰（挂职，2月止）
　　　　　欧阳光兵
　　　　　张　芳（女，12月止）
　　　　　李　伟（12月止）
　　　　　时信国（挂职，3月起）
　　　　　王继荣（12月起）
　　　　　李　波（12月起）
　　　　　董　民（12月起）
　　　　　汪　杰（12月起）
　　　　　赵　峰（12月起）
　　　　　刘福新（挂职，12月起，时间一年）

中共仪阳街道纪律检查工作委员会

（中共仪阳镇纪律检查委员会）

书　记　郝高明（12月止）
　　　　李　波（12月起）

仪阳街道（镇）人大工作室

主　任　张德奇（3月止）
　　　　冀玉金（3月起）
副主任　刘学华
　　　　冀玉金（正科级，3月止）

仪阳街道办事处（仪阳镇人民政府）

主　　任（镇长）
　　　　王　涛（12月止）
　　　　王继荣（12月起）
副 主 任（副镇长）
　　　　张　伟
　　　　米　峰（挂职，2月止）
　　　　董　民（1月至12月）
　　　　汪　杰（1月至12月）
　　　　吴西军（12月起）
　　　　尹季青（女，12月起）
　　　　王春芳（女，12月起）
主任科员　明春华（女，3月起）

仪阳街道（镇）政协委员联络室

（3月，由政协工作联络室改称政协委员联络室）
主　任　明春华（女，3月止）
　　　　欧阳光兵（3月起）

仪阳街道（镇）人民武装部

部　长　宋梦龙（1月止）
　　　　董　民（12月起）

仪阳街道（镇）安全生产监督管理办公室

副主任　李言忠（副科级，12月起）

市新兴产业园区管委会

主　　任　桑　刚
副 主 任　王　丽（女）
　　　　　张延福（12月起）
书　　记　张德奇（12月止）
　　　　　崔绪昌（12月起）
副 书 记　王　涛（3月止）
　　　　　武　超（12月止）　桑　刚
委　　员　王　丽（女）　李　清
　　　　　张延福（12月起）
纪委书记　李　清

安临站镇

中共安临站镇委员会

书　　记　李宝军（12月止）
　　　　　王开军（12月起）
副 书 记　王开军（12月止）
　　　　　吴元胜（12月止）
　　　　　邵　鹏（挂职，2月止）
　　　　　张文秀（挂职，3月起）
　　　　　梁乙胜（12月起）
　　　　　王　健（12月起）
党委委员　邵　波（3月止）
　　　　　吴元胜（12月止）
　　　　　张　勇（12月止）
　　　　　赵　静（女，12月止）
　　　　　邵　鹏（挂职，2月止）
　　　　　韩建国　鹿传国　倪冬梅（女）
　　　　　张文秀（挂职，3月起）
　　　　　梁乙胜（12月起）
　　　　　王　健（12月起）
　　　　　孟　峰（12月起）
　　　　　车明伟（12月起）
　　　　　胡　瑞（12月起）

中共安临站镇纪律检查委员会

书　记　韩建国（12月止）
　　　　孟　峰（12月起）

安临站镇人大工作室

主　席　李宝军（3月止）
　　　　张德顺（3月起）
副主席　唐兴伟（12月起）

安临站镇人民政府

镇　长　王开军（12月止）
　　　　梁乙胜（12月起）
副镇长　邵　波（3月止）
　　　　杜　立（1月至12月）
　　　　孙衍振（1月至12月）
　　　　韩建国（12月起）
　　　　刘广金（12月起）
　　　　李　辉（女，12月起）

马泽云（女，12月起）

安临站镇政协委员联络室

（3月，由政协工作联络室改称政协委员联络室）

主　任　张德顺（3月止）

吴元胜（3月至12月）

王　健（12月起）

安临站镇人民武装部

部　长　张　勇（12月止）

胡　瑞（12月起）

孙伯镇

中共孙伯镇委员会

书　　记　崔绪昌（12月止）

韩　宁（12月起）

副书记　董　振　郝庆功（3月起）

党委委员　张　坤　李正勇（12月止）

孙　强（12月止）　石　魁

夏　辉（女，12月止）

董　振　郝庆功（3月起）

曹　涛（挂职，3月起）

李　伟（12月起）

欧阳丰梅（女，12月起）

王永昌（12月起）

中共孙伯镇纪律检查委员会

书　记　李正勇（12月止）

王永昌（12月起）

孙伯镇人大工作室

主　席　崔绪昌（3月止）

姬光珍（女，3月至12月）

夏　辉（女，12月起）

副主席　姬光珍（女，正科级，3月止）

徐玉山（12月起）

孙伯镇人民政府

镇　长　董　振

副镇长　石　魁　车明伟（12月止）

欧阳丰梅（女，1月至12月）

曹　涛（挂职，3月起）

王　红（女，12月起）

张树正（12月起）

王　坤（12月起）

孙伯镇政协委员联络室

（3月，由政协工作联络室改称政协委员联络室）

主　任　郝庆功（3月起）

孙伯镇人民武装部

部　长　石　魁

安驾庄镇

中共安驾庄镇委员会

书　　记　荆文忠

副书记　王继荣（12月止）

何卫兵（挂职，2月止）

刘文涛

邵　鹏（挂职，3月起）

吴元胜（12月起）

党委委员　王继荣（12月止）

杨启国（回族，12月止）

李　晓　赵光阔（12月止）

何卫兵（挂职，2月止）

刘文涛　邹　磊（12月止）

赵志国　张　芹（女，12月止）

邵　鹏（挂职，3月起）

吴元胜（12月起）

赵　刚（12月起）

刘传刚（12月起）

张同强（12月起）

杜　立（12月起）

中共安驾庄镇纪律检查委员会

书　记　杨启国（回族，12月止）

赵　刚（12月起）

安驾庄镇人大工作室

主　席　荆文忠（3月止）

梁如年（3月至12月）

赵光阔（12月起）

副主席　赵　萍（女，12月起）

刘太钢（12月起）

安驾庄镇人民政府

镇　长　王继荣（12 月止）
　　　　　刘文涛（12 月起）
副镇长　赵光阔（12 月止）
　　　　　胡　瑞（1 月至 12 月）
　　　　　张同强（1 月至 12 月）
　　　　　李　晓（12 月起）
　　　　　武　利（12 月起）
　　　　　石　磊（女，12 月起）
　　　　　刘海峰（回族，12 月起）

安驾庄镇政协委员联络室

（3 月，由政协工作联络室改称政协委员联络室）
主　任　梁如年（3 月止）
　　　　　刘文涛（3 月至 12 月）
　　　　　吴元胜（12 月起）

安驾庄镇人民武装部

部　长　赵志国（12 月止）
　　　　　杜　立（12 月起）

边院镇

中共边院镇委员会

书　　记　桑逢智
副 书 记　孙　栋（12 月止）
　　　　　　时信国（挂职，2 月止）
　　　　　　尹逊栋（12 月止）
　　　　　　黄承双（挂职，3 月起）
　　　　　　韩　鹏（12 月起）
　　　　　　李晓磊（12 月起）
党委委员　孙　栋（12 月止）
　　　　　　张海涛（12 月止）
　　　　　　李晓磊　马琳琳（女，12 月止）
　　　　　　时信国（挂职，2 月止）
　　　　　　尹逊栋（12 月止）
　　　　　　武文波（12 月止）　马　伟
　　　　　　黄承双（挂职，3 月起）
　　　　　　韩　鹏（12 月起）
　　　　　　武　超（12 月起）
　　　　　　顾　磊（女，12 月起）
　　　　　　张海岗（12 月起）
　　　　　　马士峰（12 月起）
　　　　　　刘　勇（12 月起）

中共边院镇纪律检查委员会

书　记　张海涛（12 月止）
　　　　　顾　磊（女，12 月起）

边院镇人大工作室

主　席　桑逢智（12 月止）
　　　　　张海涛（12 月起）
副主席　宿修亭（正科级，12 月止）
　　　　　马正辉（12 月起）
　　　　　于宪章（12 月起）

边院镇人民政府

镇　长　孙　栋（12 月止）
　　　　　韩　鹏（12 月起）
副镇长　张海岗（1 月至 12 月）
　　　　　于宪章（1 月至 12 月）
　　　　　武　超（12 月起）
　　　　　贾延青（12 月起）
　　　　　高业勇（12 月起）
　　　　　张清华（12 月起）

边院镇政协委员联络室

（3 月，由政协工作联络室改称政协委员联络室）
主　任　尹逊栋（3 月至 12 月）
　　　　　李晓磊（12 月起）

边院镇人民武装部

部　长　武文波（12 月止）
　　　　　刘　勇（12 月起）

市现代盐化工产业园区管委会

主　　任　刘传忠（3 月止）
　　　　　　常　军（3 月起）
副 主 任　吕中华（12 月止）　陈光强
　　　　　　刘　军（12 月起）
党委书记　桑逢智（12 月止）
副 书 记　孙　栋（3 月止）
　　　　　　刘传忠（3 月止）
　　　　　　常　军（3 月起）
　　　　　　吕中华（12 月起）

党委委员　吕中华　刘　军　陈光强
施建国（12月起）
纪委书记　刘　军（12月止）
施建国（12月起）

汶阳镇

中共汶阳镇委员会

书　　记　宋玉革（副县级）
副 书 记　韩　宁（12月止）　刘玉明
楚红梅（女，挂职，3月起）
姬建芳（女，12月起）
党委委员　韩　宁（12月止）
薛　利（12月止）
孟　峰（12月止）
聂潇雯（女，12月止）
刘玉明　马海滨（12月止）
吕　伟（12月止）　钱基进
楚红梅（女，挂职，3月起）
姬建芳（女，12月起）
王　强（12月起）
孙　强（12月起）
乔　石（12月起）
崔国鑫（12月起）

中共汶阳镇纪律检查委员会

书　记　薛　利（12月止）
王　强（12月起）

汶阳镇人大工作室

主　席　宋玉革（3月止）
刘灿军（3月起）
副主席　刘灿军（正科级，3月止）
张红伟（12月起）
聂志锋（12月起）

汶阳镇人民政府

镇　长　韩　宁（12月止）
姬建芳（女，12月起）
副镇长　孟　峰（12月止）
乔　石（1月至12月）
冯　锐（1月至12月）
钱基进（12月起）
邸　涛（12月起）
王文静（女，12月起）
丁法兵（12月起）

汶阳镇政协委员联络室

（3月，由政协工作联络室改称政协委员联络室）
主　任　王圣文（3月止）
刘玉明（3月起）

汶阳镇人民武装部

部　长　吕　伟（12月止）
乔　石（12月起）

（市委组织部供稿）

肥城年鉴

FEICHENG YEARBOOK

政党·政务

- 中国共产党肥城市委员会
- 中共肥城市纪律检查委员会
- 肥城市人民代表大会
- 肥城市人民政府
- 中国人民政治协商会议肥城市委员会
- 人民团体

政党·政务

中国共产党肥城市委员会

重要会议 决策

【中共肥城市委十三届六次全体会议】 1月6日，中共肥城市委十三届六次全体会议在市人民会堂召开。会议贯彻落实党的十八届五中全会和省委、泰安市委全会精神，回顾总结全市“十二五”时期的工作，研究谋划“十三五”时期的发展，安排部署开局之年的任务，动员全市各级认清形势，坚定信心，乘势而上开启新的征程，凝心聚力决胜全面小康，奋力谱写“中国桃都、美好肥城”建设的新篇章。市委书记、市人大常委会主任张成伟代表市委常委会作题为《乘势而上开启新的征程，凝心聚力决胜全面小康》的工作报告。全委会充分肯定“十二五”时期，面对错综复杂的宏观环境和艰巨繁重的改革发展任务，肥城市委牢牢把握稳中求进工作总基调，团结带领全市党员干部群众，适应和引领发展新常态，吹响转型集结号，打造发展升级版，全力以赴稳增长、调结构、促改革、惠民生，完成“十二五”各项目标任务，在全面小康进程中迈出坚实步伐，全市发展取得重大成就。确定“十三五”时期肥城经济社会发展的指导思想及具体工作措施。全委会分组讨论工作报告并审议通过《中国共产党肥城市第十三届委员会第六次全体会议公报》。

【中共肥城市委十三届七次全体会议】 1月30日，中共肥城市委十三届七次全体会议在市人民会堂召开。会议学习贯彻党的十八届六中全会、省委十届十五次全会和泰安市委十届十二次全会精神，报告市委十三届六次全会以来的工作，安排部署推进全面从严治党的任务，审议通过《中共肥城市委关于深入学习贯彻党的十八届六中全会精神的意见（草案）》《关于召开中国共产党肥城市第十四次代表大会的决议（草案）》以及《中国共产党肥城市第十三届委员会第七次全体会议公报（草案）》。市委书记张成伟在会上代表市委常委会作题为《坚定理想信念，全面从严治党，为加快五城建设决胜全面小康营造良好政治生态》的讲话。

【重要决策】 2016年，中国共产党肥城市委员会发挥领导核心作用，集中精力领导经济建设，组织协调各方面的力量，同心协力，围绕经济建设开展工作。努力按照科学发展观，实行民主、科学决策，制定、执行路线、方针、政策。年内，市委共制定发布《关于坚决打赢脱贫攻坚战的实施意见》《关于深化供销合作社综合改革的实施意见》《关于在全市开展“创新突破年”活动的实施意见》《关于深入做好融入省会城市群经济圈工作的实施意见》《2016年度科学发展考核意见》《关于贯彻落实〈中国共产党统一战线工作条例（试行）〉和省市委有关重要精神的实施意见的通知》《关于推进新型城镇化发展的意见》《关于加强社会主义协商民主建设的实施意见》《关于深入学习贯彻省委常委、省纪委书记李法泉同志来肥调研重要讲话精神的通知》等重要决策文件18件。

市委办公室工作

【概况】 市委办公室内设行政秘书、督查、文档3个科室，辖市委研究室、市机要保密局2个一级行政单位，市委农村工作办公室1个一级事业单位，市委维护社会稳定办公室1个二级行政单位。市委研究室内设综合一、综合二、信息3个科室；市委全面深化改革领导小组办公室设在市委研究室，一个机构、两块牌子，内设秘书、协调联络、督促指导 3 个科室；市机要保密局内设机要、保密 2 个科室。

【机要保密】 开展保密密码委员会日常工作，依法履行全市保密、密码行政管理职能，贯彻落实保密工作法律、法规，方针政策和规章制度，上级业务部门工作部署，研究提出解决本地保密工作重要问题的建议；根据有关法律、法规，制定相关制度，监督检查保密法及其配套保密法规、规章、制度的实施；依法组织开展保密宣传教育、保密检查、保密技术防护和泄密案件查处，对机关、单位的保密工作进行指导和监督；承办市委、市政府交办的其他事项。2016 年，组织实施全市保密大检查，开展全市保密干部的保密法规、政策宣传，提高全市保密工作水平。

（马勇）

【接待工作】 接待处为正科级全额事业单位，隶属市委办公室、市政府办公室管理，以市委办公室管理为主，编制 5 人。2016 年，全市共接待到肥重要客人 323 次 5400 余人。圆满完成田纪云等中央部委领导，郭树清、李法泉、杨东奇等省级领导，李洪峰、王云鹏、李希信等泰安市级领导的到肥视察参观活动；参与市领导带队外出参观打前站 3 次；先后接待外商和外地参观团 38 次 1800 余人，参与组织全国农村社区服务体系建设推进会、全国农村社区示范建设培训班、全省人防工程建设管理工作现场会、中国肥城第十五届桃花旅游节等大型会议及庆典活动 27 次、3000 余人。①业务建设。坚持学以致用、注意改进，充实完善《接待工作规范标准》《接待人员岗位职责》《关于严格接待程序、严明餐饮标准、严控费用支出的意见》《泰西宾馆接待规定细则》等一系列规章制度，确保接待工作更加规范化、科学化、标准化、程序化。强化协调机制，对上及时汇报情况，对外按照“对口接待、分工负责”的原则，与接待单位沟通、配合，对内及时召开协调会，搞好分工、部署工作，调度和统筹接待资源。在全市范围内初步形成配置合理、各司其职，通力协作、运转高效的接待工作机制。健全信息报告制度，填写《接待任务报告单》，涉及到肥领导和宾客的姓名、性别、民族、年龄、职务、抵离时间及方式、到肥目的、行程安排及要求、联络员姓名及联系电话、客人生活习惯等一系列信息。完善接待措施，坚持“硬件不足软件补”，大型会议、重要活动提前制定接待方案，设计服务手册、宴会领导名单、宴会菜单以及简洁实用的参观手提袋。②队伍建设。加强接待理论、礼仪知识的学习培训和肥城市情、人文历史、景点简介等的专题学习，提高接待人员的综合素质。开展业务培训，坚持“走出去、请进来”，组织接待人员不定期到兄弟县市考察取经，取长补短、博采众长。加强与上级业务部门的联系，做到资源共享、共同提高；紧抓廉政建设，对接待人员加强党风廉政警示教育，树立正确的地位观、权力观、利益观，规范办事程序，加强制度建设，遵守廉政纪律，增强廉政意识，做到“清正廉洁、干净干事”。

（李勇君）

【泰西宾馆】 泰西宾馆（市机关招待所）为全市政务接待定点三星级涉外宾馆，属典型的园林式布局，4 幢群楼连为一体，内有山水花园，环境幽静，为理想的居住、休闲场所。宾馆配备现代化的酒店管理系统、独立卫星电视接收系统、宽带网络系统、空调系统；拥有豪华套房、标准房间 216 间，大、中、小型会议室 9 个；有高级中、西餐厅及风格各异的雅间 36 个，大、中型宴会厅 3 个，可同时容纳 1300 人就餐；另设有商务中心、多功能厅、购物中心、旅行社等服务设施，为集吃、住、行、游、娱乐、商务于一体的多功能、现代化宾馆。2016 年，泰西宾馆接待了李洪峰、王云鹏、李希信等泰安市级领导就餐、住宿；承办了中国肥城第十五届桃花旅游节等大型会议、庆典活动。

（李勇君）

新农村建设

【概况】 市委农村工作办公室为正科级单位，核定编制5人，隶属市委办公室管理。2016年，落实市委、市政府和新农村建设领导小组的决定，协调解决新农村建设中遇到的有关问题；制定新农村建设年度工作要点、工作目标及考核办法，会同有关部门制定市级补助资金使用和管理办法；编发《新农村建设动态》，全面掌握全市新农村建设情况，组织新农村建设工作的总结、评比和表彰工作；坚持创新、协调、绿色、开放、共享发展理念，围绕农业增效、农民增收，实施新型城镇化与新农村建设"双轮驱动"，突出农村土地流转、发展设施农业、打好脱贫攻坚战"三个重点"，推动农业现代化与新型工业化、信息化、城镇化"四化同步"，加快农业全面振兴、增加农民收入、打造美丽乡村、农村综合改革、城乡统筹发展"五个步伐"，增创农业农村发展新优势。推进全市新农村建设发展。

【农业经济实力提升】 制定《全市农业全面振兴计划实施方案》，推动农业全面振兴，明确"五大片区、五大产业、六大体系、三大扶持"的总体思路。①特色产业。粮食种植面积达115.5万亩，总产58.67万吨，实现"十五连丰"，建成粮食创建示范方25万亩；蔬菜播种面积63.5万亩，产量234.5万吨，产值36.23亿元，其中设施栽培面积18.6万亩，产量106万吨，实现产值26.5亿元。"两菜一粮"总面积达到16.5万亩，蔬菜总产量128万吨、规模总量位居山东省第二位。林木覆盖率达41%，苗木花卉基地达12万亩；肥城桃品质持续提升，平均含糖量达21%；年孵化鸭苗1亿只，位居全省第一。②经营主体。规模以上农业龙头企业发展到160家，其中国家级1家、省级7家、泰安市级64家，成为泰安市省级以上农业龙头企业最多的县市；发展合作社1178家、联合社38家，带动农户9.2万户，创建示范社195家；家庭农场发展到514家、种养大户发展到1300多家；加强农产品质量安全监管，投资100万元建成400平方米的省级质量监管追溯平台，农产品抽检合格率达到100%，"三品一标"总面积达到93万亩；培育农产品中国驰名商标3件、国家地理标志保护产品证明商标4件、省著名商标9件。③服务体系。农业机械化水平达到89.2%；与中国农业大学、北京林业大学、山东农业大学等科研院校开展合作项目156个，年培训农民10万多人次；成立农业社会化服务公司，托管大田10万亩，租用飞机8架，日作业能力8000亩；整合5家农机合作社成立泰安市首家农机合作社联合社。

【美丽乡村标准化建设】 实施美丽乡村标准化建设，全市县级以上文明村镇达到442个，其中全国文明村镇1个，省级文明村镇16个，泰安市级文明村镇39个。推进"四化两处理"工程，累计投入15亿元，建成垃圾集中处理中心1处、大型污水处理厂2处、中型污水处理厂1

挂钩搬迁新区

处，建有污水处理设施及管网的村庄达109个；605个行政村主街道全部硬化，绿化面积316万平方米，安装路灯2.2万盏；15个镇街区全部建成运转垃圾压缩站，605个行政村配备保洁员3285名，移动式垃圾桶18356个，地埋式垃圾箱926个，拥有率、达标率均达到100%。开展垃圾分类试点，从源头上实现垃圾减量化。投资5000万元，建成地膜回收综合利用中心，设立薄膜回收点6个，年回收残膜800余吨。对境内43条河流、454千米河道实行分段管理，水质合格率100%，自来水普及率100%。加快实施“气化肥城”建设，14个镇街全部通达天然气，新建农村社区农户天然气使用率达到80%以上。精心打造“五好社区”，启动94个农村新型社区建设，建成居民楼2083栋、建筑面积946.4万平方米。

【农村产权制度改革】 在全省率先探索实施“6+1”农村产权制度综合改革，全方位赋予农民各项财产权利，激发农村发展活力。农村土地承包经营权确权登记颁证工作通过省级抽查验收，被评定为优秀档次；土地规模流转面积达32.5万亩，土地流转率达40.8%；528个村铺开集体经济组织产权制度改革，388个村成立村级股份经济合作社；农村集体建设用地和宅基地使用权确权颁证已于2013年底全部完成；209个村铺开农房确权发证工作，发放房产证1.5万本；完成林改面积71万亩，办理并发放林权证1.5万份，林改发证率达到100%，累计流转林地43.56万亩；被确定为全省农田水利设施产权制度改革和创新运行管护机制试点，发放农田水利设施产权证6031份，使用权证6006份；被确定为全国农民住房财产权抵押贷款试点，3月31日，发放省内首笔农民住房财产权抵押贷款，农民住房财产权抵押贷款余额6874万元。建立市镇村三级农村产权交易网络，开发农村产权网络交易系统，累计办理产权交易业务2595笔、2.3亿元，累计办理实现林权抵押贷款3.2亿；制定出台《关于开展金融支农“四项工程”促进现代农业发展的实施方案》，印发《金融支农信贷产品目录》，持续开展金融支持新农村建设“项目化合作”，更新融资需求项目库，整理入库项目224个，融资需求8.81亿元。4月7—8日，根据省农工办安排，山东师范大学农村发展研究中心到肥城市调研农村集体经济组织产权制度改革情况，形成《关于肥城市农村集体产权制度改革情况的调查与思考》的调研报告，分别呈报姜异康、郭树清、龚正、刘伟、赵润田等省级领导。9月12—13日，为贯彻落实郭树清省长对调研报告的批示精神，省政府在肥城市召开全省农村集体产权制度改革座谈会。肥城市作题为《实施集体产权制度改革，激增农业农村发展活力》的发言。

【城乡社会统筹推进】 镇区城区同步推进、协同发展，城镇化率达55%。①社会保障体系不断完善。新型农村社会养老保险实现适龄农民全覆盖；开展“阳光低保”“精准扶贫”行动，实现城乡低保全覆盖，农村低保标准提高到每人每年3000元，农村五保集中供养标准提高到5000元。②公共服务均衡共享。建成泰安市级以上规范化学校106处、占全市学校总数的94%；建成村级标准化卫生室404家，建立健康档案82.5万份，新型农村合作医疗参合率达到100%。③农民文化生活更加丰富。建成农村文化广场630个，实现全覆盖，县级以上文明村达到65%；组织开展“送欢乐下基层”巡演和“农民文化节”活动，受益群众4万余人；建设高水平文化队伍100支，改造升级农家书屋100家，培育高素质文化带头人5000余人。

（孙辉）

全面深化改革

【概况】 2014年3月，设立中共肥城市委全面深化改革领导小组办公室（简称市委改革办），为常设性工作机构，与市委研究室一个机构、两块牌子。市委改革办主任由市委常委、办公室主任兼任，设2名兼职副主任，分别由市委研究室主任、市发改局局长兼任，1名专职副主任（副科级），内设秘书科、协调联络科、督促指导科3个科室。2016年，按照顶层设计与基层探索相结合、整体推进与重点突破相结合的原则要求，结合全面深化改革年度目标任务，落实主体责任，聚力攻坚突破，全力推进改革攻坚之年改有所进、改有所成。

【全力推进改革】 ①健全改革推进机制。为确保改革工作落到实处，牵头将年度重点改革事项细化分解为231项具体任务，建立翔实的工作台账，逐一明确市级分管领导、牵头单位、具体责任人和时间进度，每月调度、季度通报、年终考评。每月召开一次专项小组联络员、联系人会议，定期研究和协调解决改革推进中存在的问题，确保各项改革任务按质按量、有序有效推进。把“要我干的改革”和“我要干的改革”有机统一，组织开展“创新突破年”活动，以创新蓄势发力、撬动改革、催生红利。印发活动实施方案，将改革攻坚之年的重点任务细化为134个创新项目精准发力、集中推进。②深化改革目标任务。年内，着重落实解决发展中存在的突出矛盾和问题，各项重点改革任务全面展开，有序推进。研究出台改革工作要点、公车改革方案、基础教育综合改革方案等改革领域文件54个，形成系列指导性、操作性强的制度成果。全市共承接各类改革试点18项，其中国家级试点8项，省级10项，完成国家级试点2项、省级6项。农村土地承包经营权确权登记试点任务全面完成，上半年顺利通过省级验收，被确定为优秀等次；全面完成知识产权试点任务，通过验收，被认定为“山东省知识产权示范单位”；开展农田水利设施产权制度改革和创新运行管护机制试点，对水利设施的安全管理、运行管理、经营管理及维修养护形成长效机制，共发放农田水利设施产权证6031份，使用权证6006份，全面完成试点任务。③加强改革宣传引导。总结提炼改革创新的经验做法，全年在省、泰安市级以上党报党刊、网络媒体刊发经验稿件90余篇。《凝心聚力打造创新创业新高地》《探索推进农村金融体制改革，积极破解农村融资难题》《坚持正确方向、大胆探索实践，努力在全面深化改革进程中走在前列》等文章先后在《山东通讯》《探索与实践》和《泰安工作》上刊发；反映肥城改革自选动作的专题片——《创新释放全面深改“新动能”》，在泰安和肥城电视台相继播发；《政务服务“微改革”的肥城实践和探索》被省委改革办确定为典型改革案例在全省推广。在市电视台、《今日肥城》和肥城政务网开辟《改革动态》专栏，对全市深化改革进展和重大举措及时跟踪报道，累计刊发改革动态、新闻、专题报道100余篇，编发《改革动态》23期。

（马春斌）

督查考核

【概况】 市委（市政府）督查局为正科级单位，经费实行财政全额拨款，隶属市委办公室和市政府办公室管理，以市委办公室管理为主，主要职责是负责对全市党务、政务等方面的工作的督促检查，推动工作开展，促进计划落实。工作目标责任制考核委员会由市长任主任，下设办公室，与督查局合署办公，负责对工作目标责任制考核管理，核定事业编制11人，其中督查局编制6人。

【督查机制】 开展决策督查，对市委全委（扩大）会议、人大政协“两会”、全市经济工作会议确定的重大决策部署，分解落实任务，督促有关部门抓好落实。对市领导交办的事项，实行专人专件督办，跟上盯靠督办，实现事事有着落、件件有回音。对重点项目建设、民生实事、重要经济指标任务等重点工作实行专项督查，及时调度、定期通报，保证目标任务落实。实行台账式管理制度，对全市重点工作建立精细化台账，把目标任务逐项分解到部门、具体到项目、落实到岗位和个人，跟踪督查，持续调度，实行挂账销号。坚持“问题在现场督办、典型在一线发现”的原则，凡是督查事项都深入现场，进行现场办公，把推动决策落实、促进工作开展作为出发点和落脚点，不断发现问题、解决问题。督查过程中坚持依法督查原则、领导负责原则、分级办理原则、求真务实原则、讲求时效原则“五个原则”，采取书面督查、电话督查、现场督查、联合督查、会办督查、评议督查、网络督查、调研督查“八种方式”，确保市委、市政府重要工作部署落实到位。

【考核体系】 改进考核方式方法，实施差异化考核。改进完善考核监督机制，打造“阳光考核”体系，充分发挥考核的“指挥棒”作用，最大限度地调动各个层面发展的积极性。对镇街区实行分组考核，分A、B、C三组。A组为高新技术产业开发区、新城、石横、仪阳（新兴产业园区）、边院、汶阳；B组为老城、王瓜店、湖屯、安临站、安驾庄；C组为潮泉、桃园、王庄、孙伯，实行千分制。考核内容有重点招商项目建设、对接争取、外资外贸、财政税收、服务业发展、农业农村工作、新型城镇化建设、联系服务群众、争优，重点督查事项扣分、创新加分。各组分值比重各有侧重。按组别设置综合奖个数，A组设一等奖3名、二等奖3名；B组设一等奖1名、二等奖3名、三等奖1名；C组设一等奖1名、二等奖2名、三等奖1名。对市直部门分4组进行考核，实行百分制。考核内容有重点招商项目投入、对接争取、服务发展、联系服务群众，争优加分、创新加分、重点督查事项扣分。各组分值比重各有侧重，按组别设置综合奖个数，进行“推进科学发展”的考核。对企业主要考核转型升级发展、财政贡献、品牌创建、科技创新、外贸出口、人才载体建设、招才引智、金融机构融资贡献等内容。

（杜利利　宋盈　徐志强）

组织工作

【概况】 市人才工作办公室增加人员编制8人，增配副主任领导职数1名。至年末，市委组织部内设9个科室，辖一级行政单位1个，二级行政单位1个，一级事业单位3个（其中参照管理单位1个），二级事业单位1个，实有干部职工35人。

（王晓磊）

【服务中心工作】 ①精心组织“两学一做”学习教育。坚持把学习教育作为重大政治任务，以严的标准、措施和纪律抓好组织推动。抓好统筹谋划，成立学习教育协调小组，分领域制定实施方案及配套文件，明确各层面学做的重点和推进措施，把学习教育的任务具体化、精准化、差异化。抓好学习教育，坚持以高质量专题党课起步，开展“送党课下基层”活动，宣讲420余场次；组织学习研讨，依托党校、智慧党务平台，运用正反两方面典型深化学习教育，不断夯实做合格党员的思想根基。抓好问题查改，开展“查改立”、干部作风整顿提升行动和问题党支部专项行动，共查摆出理想信念不坚定、不按规定缴纳党费等问题24万个；侵害群众利益、作风不民主等问题2.9万个；党支部职责履行不到位、组织生活不经常等问题1.1万个，均建立台账，确保整改到位。抓好建章立制，规范党员组织关系转接、党费缴纳、“三会一课”等基本制度，大力推行以“定量促学、定标赶超、定格联系、定期反思，党员和群众评议”为主要内容的“四定两评议”制度，落实每月26日“党员集中活动日”制度，实行发展党员违规行为责任追究，按照“385”工作法认定处置不合格党员，切实把抓在日常、严在经常落到实处。②扎实推进镇领导班子换届考察。坚持早谋划、早安排、早落实，先期成立换届工作领导小组，下设办公室及4个工作组，抓紧抓实学习梳理往届政策和经验问题、开展前期摸底调研和情况分析、加强干部综合研判和储备调配、做实前期材料准备和会议筹备等基础工作。印发市委《关于做好镇领导班子换届工作的通知》，对换届工作的指导思想、程序步骤、班子配备原则要求等作出明确规定。坚持新时期好干部标准和正确用人导向，严把政治关、作风关、能力关、廉政关，确保各项程序和每个环节严格按照有关法律法规和政策要求进行，共

8月2日，市委常委、组织部长乔磊（右三）调研王瓜店街道黄叶村三同教育基地建设

组织707人参加谈话调研、948人参加会议推荐、188人参加二次谈话推荐，会议征求意见953人、座谈征求意见565人，研究确定340人进入会议推荐参考范围、190人作为拟提拔重用人选考察对象进行公示。根据上级组织部门统一部署，做好三类人员选拔工作，经镇街区推荐、资格审查、公示、竞职演讲答辩等程序，确定28人进入差额考察。严格落实“九严禁”换届纪律要求，营造风清气正的换届环境，各项换届工作顺利推进。同时，做好市级人大代表、政协委员提名考察工作。③持续深化联系服务群众工作。探索党员干部联系服务群众新路径，深入推进“双联双帮”工程，实行“日常联系+重点走访+每月到村办公”机制，夯实市镇村三级党员干部联系服务群众的责任。建立月度分析、工作例会、诉求首接协办等制度，组织开展专项整治和集中攻坚“两个行动”，2016年共受理诉求2.3万件，按时办结率99.2%，回访满意率95.7%。优化改进“桃都365”微信平台版块内容，累计推送微信192期、阅读量达36万次。“民生365”电视栏目播出51期，开展“民生365”栏目走进城市社区、美丽乡村行等大型公益活动，打响桃都民生服务品牌。

【领导班子队伍建设】①健全制度精准选好用好干部。落实《领导班子和领导干部经常性考察工作暂行办法》，变集中考察、集中研判为经常性立体式考察、多维度全方位研判，全面了解掌握班子和干部情况。开发设计经常性考察综合分析研判系统，明确基本信息检索、日常表现分析和考察结果运用3个大板块、10项具体功能，发挥选拔任用辅助决策作用。按照《领导班子和领导干部品绩量化考核办法》，对128个领导班子、1302名领导干部进行品绩量化考核，同时推荐优秀副科级干部212人、优秀中层干部392人。对参评人员、考核内容、赋分方式、等次评定等内容作出调整，把当年考核数据、5年考核数据曲线、领导干部近3年考核优缺点、领导班子考核情况分析等内容，向被考核单位进行“一表式”反馈，使评价研判更加全面客观。研究制定《调整不适宜担任现职领导干部暂行办法》，提出调离岗位、改任非领导职务、免职、降职4种处理方式，明确具体情形38条，畅通“下”的渠道。加大对拟提拔重用干部的考察力度，注重对干部“德”的考核和八小时之外表现的了解，完善拟提拔重用人选适当扩大征求意见范围的办法。②全面从严做好干部管理监督。加强干部选拔任用工作监督，与市纪委、市法院、市检察院联合制定《关于及时沟通市管干部违纪违法案件中行贿买官人员情况的工作意见》，及时沟通有关信息。强化干部日常管理监督，出台《肥城市干部监督信息沟通办法》，将纪检、政法、公安等16个部门纳入信息沟通单位，明确沟通内容、时间和方式；印发《关于进一步加强领导干部社区监督工作的通知》，强化社区监督功能；落实关爱干部

“两告知三提醒”制度，加大领导干部任中经济责任审计力度，完成相关人员个人有关事项的填报工作，对20名领导干部进行提醒，对11名出现举报信访的干部进行函询。加大组织信访工作力度，排查出信访隐患163件次，全部制定措施并进行化解；受理举报信访68件，通过函询、直查、转办等方式进行调查处理；落实举报信访预警机制，制定具体的防控措施。扎实做好换届风气监督工作，制定《关于加强换届风气监督的实施方案》及《换届风气监督工作配档表》，对“五类责任主体”责任清单进行细化，统筹抓好“四必看”和“四必谈”工作，把“九严禁”换届纪律要求列为“两学一做”学习教育的重要内容，用好“12380”电话、来信、网络、短信和来访“五位一体”的综合举报受理平台，建立联合查核机制对发现违反换届纪律问题，快速行动，果断处置。③分层分类加强干部教育培训。突出学习重点，把习近平总书记系列重要讲话精神作为党委中心组、党校培训班次的必修课；深入挖掘黄叶“三同”教育基地、陆房烈士陵园、泰西抗日旧址等教学资源，系统打造党性教育精品课程；对接脱贫攻坚、新型城镇化建设、电子商务、改革创新等方面的新任务、新要求，加强相关政策、法规、知识和管理培训。灵活培训方式，选派87人次参加泰安级13个班次的培训，选派16人次参加省级15个班次培训；依托中国井冈山干部学院、延安干部学院举办举办领导干部党性教育专题培训班2期，培训干部110人；在市委党校举办三期党性教育培训班，实施“1+3+X”现场教学模式，提升党性教育水平；会同市委党校做好2015级农村干部业余大专班开课等工作。

【基层组织服务】 ①培强支部班子队伍。开展“创四型争五星”行动，创建政治引领型、经营保障型、民主规范型、服务满意型“四型”农村党组织书记队伍，激发干事创业的积极性。依托市委党校、山农大、复旦大学等，分类举办3期农村党组织书记培训班、1次对标学习培训和1期市派第一书记培训班，对全市605名农村党组织书记和119名市派第一书记进行全员轮训，进一步提升履职能力。调优配强76个省市贫困村第一书记，贫困村及软弱涣散村第一书记全覆盖；遴选11名第一书记担任镇街挂职干部，强化管理服务；落实第一书记管理考核办法，第一书记与原单位工作脱钩，每月住村不少于20天。开展问题党支部专项整治，把软弱涣散党支部和2015年度“五化五星”评定中一星级及以下的党支部全部纳入整治范围，推行市级领导包保、镇街派驻工作组、第一书记驻村、市直部门帮扶、用活内外资源“五位一体”帮扶机制，着力化解班子内部、队伍中间、干群之间的历史遗留和矛盾纠纷问题，126个问题党支部实现全面转化提升。②夯实基层服务基础。党建引领加快脱贫攻坚，扎实开展新一轮“村级增收三年行动”，持续深化“强村固基，一增双促”工程，组织村级增收“金点子好路子”竞赛，建立定期研判和监管机制，对76个省市贫困村重点用力、联合会诊，发放肥城市级财政专项扶持资金500万元、铺开项目85个，争取泰安市强村固基工程财政扶持资金980万元、铺开项目112个；划拨党费16万元，用于25个村级组织活动场所建设。在泰安市率先铺开村级审计督查试点工作，规范村级班子运行和村干部履职行为。深入推进街道、社区区域化党建，成立街道综合党委，建立街道、社区五级组织架构，依托街道便民服务大厅、社区服务中心、孵化器、商圈，高标准打造19个党群服务中心，面积全部达到1000平方米以上。突出事务联办，推行街道“大工委制”和社区“大党委制”，先后召开街道“大工委”会议3次。共性服务与特色活动相结合，深入开展联建活动，探索实行“积分式”管理，打造12个区域化党建特色品牌。集中推进“两新”组织“扩覆盖”，建立健全党建工作《台账》，设立100万元非公有制经济组织和社会组织党建工作经费，采取片区联建、同业共建、挂靠组建、派驻帮建、龙头带建等方式建立联合党组织，全市非公有制企业和社会组织党组织覆盖率分别达到97.24%和90.58%。③强化党员教育管理。不断完善“互联网+党建”工作阵地，智慧党务平台进一步优化党建专题、学用排行榜、党员e站、答疑释惑、在线考试、组织关系接转等功能模块；通过虚拟党支部QQ群，实现对流动党员的有效管理；党员干部微信教育平台《大道之行》累计发布党员教育作品89期，开展“两学一做”学习教育奖答活动39期，党员用户突破3万多人。严格落实发展党员违规行为责任追究办法，2016年分两期发展569名优秀入党积极分子入党；深入推行“385”不合格党员认定处置工作法，处置不合格党员72名，畅通党员队伍“出口”。做好大学生村官管理，组织开展“飞扬青春心向党，扎根基层当先锋”主题实践活动，继续推行“抱团发展”。召开全市纪念中国共产党建党95周年座谈会，遴选各条战线上的9位同志作事迹报告；2个基层党组织（政务服务中心党委、湖屯前兴隆村党支部）、1名村党支部书记（黄叶村张吉和）被评为山东省优秀基层党组织和优秀共产党员。稳妥推进重点整治任务，共排查并处理失联党员39名、违法违纪“两代表一委员”47名、受到刑事责任追究党员173名；72个未按时换届基层党组织按规定完成换届；开展党费收缴工作专项检查，补交党费597万元。

【人才及科技创新】 ①完善政策创优环境。策划实施人才队伍建设、科技创新“十大重点工程”，出台《肥城市引进高层次创新创业人才实施细则》，由普惠支持、重点支持全职引进的高层次人才向竞争择优、重点支持人才创办领办高科技项目转变，确定支持人选9名（个），支持资金377万元。制定出台《肥城市高层次人才创新创业种子资金管理办法》，设立500万元的高层次人才创新创业种子资金，通过股权投资方式，对高层次人才（团队）领办创办项目提供资金支持。会同市人社局制定《企业全职引进博士、硕士研究生生活津贴补助实施办法》、会同市农业局制定《桃都乡村之星选拔管理办法》，规范相关工作推进。②精准对接招才引智。开展“人才及科技创新服务企业年”活动，调研走访规模以上企业和部分中小微企业360余家，宣传人才和科技创新政策，征集人才、技术需求1320余条。举办“企业家成长大讲堂”，邀请有关专家培训企业家和高级经营管理人才近300名。赴哈尔滨工业大学、中船重工703所开展产学研对接活动；赴北京中关村开展招才引智活动。联合举办2016中国肥城第15届桃花节“魅力桃都，合作共赢”招商引资·招才引智洽谈会和2016中国肥城金秋品桃节“招商引资·招才引智”重点项目集中签约仪式，先后与齐鲁工业大学、中船重工703所签订全面战略合作协议，与北京林业大学、山东大学、中科院等28所高校、科研院所达成人才项目合作意向，68名专家教授、高层次人才来肥考察交流，签订人才及科技创新合作协议18个。③创新模式提升载体。加强高新区与中国矿业大学国家大学科技园的合作，优化“肥城分园”共建模式，进一步增强高新区孵化器对高端人才、高科技项目的集聚效应和承载能力；市新兴产业园区注册成立泰安市蔚蓝科技孵化有限公司，引入民营孵化器运作模式，建设高层次人才研发公共实验室，建立中国电动汽车百人会双创平台山东基地，被评为国家级众创空间；以1.4万多平方米沿河古建筑为依托，配套10项政策，建设高端人才孵化器基地肥城智创园，首批4个高科技项目已入驻运营，引进高层次人才12名。

【机关自身建设】 ①抓学习教育，综合素质再提高。抓住“两学一做”学习教育的重要契机，明确以“党性坚强、业务精通、作风优良、纪律严明”为实践要求，定期组织开展“思想见面会”、务虚会、组工业务大家谈、科室互访日和“寻访肥城党史、增强党性观念、助力五城建设”等活动，加强科室之间的相互学习交流，教育引导组工干部忠诚于党、自觉锤炼党性，履职尽责、提升业务水平，务实担当、加强作风建设，遵规守纪、严格自我要求，让部机关成员在做合格党员的基础上，做更高标准、更严要求的合格组工干部。②抓建章立制，机制约束再加强。严肃党内政治生活，健全“三会一课”、民主评议党员、党员联系服务群众等制度。落实民主集中制，通过部长办公会、周一部长例会等，对涉及重点工作任务、干部调整任用、市管党费及专项资金使用等实行民主决策。严格落实部机关督查工作规则、需求事项提报、业务办理限时承诺等工作制度，加强工作统筹和督查调度，确保各项工作高效推进落实。制定《部机关工作人员平时考核实施方案》，把党风廉政、工作作风等作为组工干部平时考核的重要内容，采取“日记录、周检查、月评鉴、季小结、年考核”的办法，全面客观地评价组工干部的德才表现和工作实绩。③抓监督管理，自身形象再提升。部领导班子带头，严格执行中央八项规定和省、市有关规定，落实组织部门“十要十不十严禁”规范和纪律，下基层调研轻车简从，严禁迎来送往。制定《肥城市组工干部不规范行为处理暂行办法》，明确具体处理措施，划出言行“红线”。落实党风廉政建设责任制，按照“一岗双责”要求，层层签订党风廉政责任书。扎实开展组织系统“提标准、查风险、抓整改”活动，围绕新形势下组织工作的新变化，对岗位风险点进行梳理排查。做好“明宗旨、强服务、提效能”作风整顿，面向社会公开承诺25项服务事项，广泛接受各界监督，引导机关人员在改进工作作风、联系服务群众上发挥表率作用。

（张振华）

宣传工作

【概况】 市委宣传部为正科级行政单位、党委工作部门。内设办公室（挂人秘科牌子）、宣传科、理论科、教育科、新闻出版科、企业宣传科6个职能科室。下属市精神文明建设委员会办公室1个正科级行政单位，市新闻中心1个正科级全额事业单位，市文化体制改革和文化产业发展办公室、市互联网新闻宣传管理办公室2个副科级全额事业单位。2016年，市委宣传部着力加强文明城市创建、思想理论建设、新闻舆论引导和文化改革发展，推动全市宣传文化工作发展。①理论舆论工作同向发力。学习贯彻习总书记系列讲话精神，结合“两学一做”学习教育实践活动，抓好党委（组）中心组学习、桃都讲坛、基层理论宣讲平台，在全市上下营造良好的学习氛围。围绕市委、市政府重大部署和重大举措，及时报道经济社会发展的新进展、新成就，展示新形象、新风貌。加强与中央、省市主要媒体、网络媒体的联系，建立畅通的信息渠道。指导办好市内报纸、电视、广播、网络、“两微”等平台，抓好全市性重要活动的宣传造势。②文明城市创建卓有成效。以创建全国文明城市为抓手，树立问题导向，深入推进创城“六大”提升行动，开展精神文明“六大”创建活动，志愿服务、好人评选、乡村文明等文明创建活动卓有成效，市民文明素质和社会文明水平大幅提升。③文化改革发展持续深入。把发展文化产业作为转方式、调结构的重要途径，深化文化体制改革，增强城市文化软实力。贯彻落实习近平总书记在网络安全和信息化工作座谈会上的讲话精神，以“网络文化建设年”活动为抓手，加大“345”网络服务模式执行力度，全力推进“桃都网事”系列微电影、“幸福肥城网友汇”两个网络品牌活动开展。加大基层公共文化服务体系建设力度，基层综合性文化服务中心覆盖面积不断扩大，各种文化惠民活动层出不穷，城乡文化活动异彩纷呈、成绩显著。肥城市保持全国县级文明城市提名城市、省级文明市称号，荣获泰安市基层公共文化服务体系建设先进县等荣誉称号；市委宣传部被确定为全省舆情信息直报点，荣获省委宣传部优秀调研和部刊工作联系点、大众日报新闻报道先进集体。

（董晓）

【新闻宣传】 在泰安市级主流媒

体刊发重要稿件3000余件，在省级及以上主流媒体刊发重要稿件1200余件。在《经济日报》刊发市委书记署名文章《从“干毛巾”里挤出利润——山东石横特钢集团有限公司调研报告》，引起较大反响。组织“全国重点媒体看肥城”和“全国重点网络媒体看肥城”两个活动，分别邀请中央、省级主流新闻媒体和全国重点网络媒体到肥城，对肥城经验、亮点工作进行实地采访、深入解读。组织第15届桃花节暨百家媒体、百家旅行社、百家自驾俱乐部“相约花海、畅游肥城”新闻发布会，新华网视频同步现场直播桃花节盛况，完成中国肥城第九届金秋品桃节、“招商引资·招才引智”和融入省会城市群经济圈等多场新闻发布会。“佛桃之乡、桃醉天下”城市形象登陆央视朝闻天下栏目。城市形象宣传片2016版《中国桃都、美好肥城》、宣传画册出版发行，分中文简体、中文繁体、英文和中文简体、日文、韩文两个版本。出台《肥城市对上对外新闻宣传工作考核办法》，对镇街区及市直部门单位对上报道、对外宣传、舆论引导、制作出版外宣出版作品等情况进行年度考评。策划制作“肥城好故事”专题节目，每两周一期，在电视、广播、报纸刊播。

（李胜男）

【文明城市】 把2016年确定为全国文明城市创建攻坚年，在全市实施公共设施、公共秩序、美丽乡村、社区小区、文明创建、诚信建设“六大”提升行动，逐一破题、依次调度，推动全国文明城市创建深入开展。公益广告宣传增量扩面，报纸、期刊刊播公益广告版面150余个，广播、电视7000余条（次），建筑围挡6300平方米。开展文明行业、村镇、单位、社区、家庭、学校“六大”创建活动，省、泰安、肥城市级文明村镇达441个、文明单位365个、文明社区41个。实施“桃都美丽乡村建设行动”，建成示范村居210个、精品村居60个、示范片区15个，建成村居全部达到美丽乡村标准；开展四次城乡环境卫生秩序集中整治，对存量垃圾、卫生死角进行重点清理；对全市城乡环卫一体化和移风易俗工作进行两次农村群众电话满意度调查；汶阳镇孙孝门村、高新区蒋庄村、潮泉镇柳沟村入选第四批省级“乡村文明家园”建设示范村。

（刘凤惠）

4月15日，肥城市启动“文明劝导日”志愿服务活动

【理论学习】 开展好全市党委（组）中心组学习工作，年初制定下发《全市党委中心组2016年理论学习安排意见》，为全市各级党委中心组的学习提供指导和方向。完成《习近平总书记系列重要讲话读本》《全面小康热点面对面》的学习宣传和发行工作。服务市委理论学习中心组学习，共参与组织市委理论学习中心组14次集体学习。以“桃都讲坛”为抓手深入推进学习党组织建设，全年共组织举办6期。开展十八届五中、六中全会精神理论学习宣传工作，组成讲师团在全市范围进行宣讲，并邀请泰安市委党校教授张文华到肥城市作学习贯彻党的十八届六中全会精神专题辅导报告。开展理论政策基层宣讲培训活动，全年共举行各类理论宣讲活动80余场。创新性开展“全民阅读·书香肥城”主题读书活动，对在全市范围内开展理论学

习——“读书会”活动进行安排，并在全市成立读书协会，定期精选推荐阅读理论书目。

（武文文）

【网络管理】 建立用好网络发言人、网络管理员、网络评论员、网络工作人员四支网络服务队伍，健全完善预评估、及时回应、分析报告、联席会议、责任追究五项制度，搭建“泰山幸福e家园”三级网站、百度“肥城民声直通车”贴吧、“肥城市委书记”留言板三大网络服务新平台，回复网民有实际内容的留言1万余条，及时回复率90%以上，解决群众和网民反映热点问题32个。开办“桃都微影院”，开展微电影剧本及公益广告脚本征集活动，发布“桃都网事”系列微电影友情篇《我被骗了》、亲情篇《妈，我错了》，两部微电影点击量均超过20万次，其中《我被骗了》入围第四届中国·武汉微电影大赛100部优秀影片，《妈，我错了》获第三届泰安市东岳文学艺术奖电影电视（集体）类三等奖。12月，移风易俗主题微电影《后悔不晚》完成拍摄。

（王秀民）

【公共文化】 制定下发《关于推进2016年度全市基层公共文化服务体系建设工作的通知》，全面铺开基层综合性文化服务中心建设，至年末，已建成435个，覆盖率达72%。申报肥城文体小广场省级服务标准化试点项目。制定农家书屋星级评选标准，创新开展星级示范农家书屋评选活动。加强文化辅导培训，累计培训15个镇街文化带头人5000余人。组建老年艺术大学和文化志愿者俱乐部，开办声乐、舞蹈等12个公益培训项目。以“永远跟党走、共筑五城梦”为主题，组织举办纪念建党95周年、长征胜利80周年合唱音乐节暨创建全国文明城市消夏广场文化活动，近万名干部职工、普通百姓参与合唱音乐节。组织优秀团队参加泰安市举办的“和平颂中国梦”大合唱比赛和优秀广场文化活动，均以第一名的成绩取得一等奖。举办首届城市社区“邻里文化节”。组织举办第五届广场舞大赛、百姓大舞台——农民文化节、四下乡文艺演出、第十五届民间艺术大展演、贫困村文化巡演、全国曲艺名家书画展等文化活动560余场。

（武连伟）

【道德建设】 持续开展“鲜花送文明”“寻找身边好人争做肥城好人”“中国好人榜”群众线索推荐工作，推荐上报中国好人线索22万余条，入选中国好人5名、山东好人12名、泰安好人22名，为20名文明之星送上鲜花。举办第二届“德润桃都”道德模范颁奖典礼，对12名道德模范进行表彰和物质激励。建立“志愿云”信息管理系统，开展志愿组织、志愿者、志愿项目和志愿活动的网络注册，“志愿云”系统注册志愿者7000余人，常态化开展“文明劝导”、“与爱同行为爱而歌”公益巡回演出、儿童“五防”安全教育进校园等志愿服务。6月18日，邀请中国志愿服务联合会联络部部长代恒猛到肥城市“桃都讲坛”作志愿服务工作专题辅导报告。推进四德工程建设，做好700余家部门、机关、企业、学校和村居评选、张榜、上传工作，率先完成省级网络平台建设任务，完成率达100%，列泰安市县市区第一位。11月，新城街道沙窝社区被评为山东省四德工程建设示范点。打造“厚道鲁商”文化品牌，深化“创新发展看鲁企”，宣传报道鲁泰科技、征途公司、供电公司、傲饰集团等一批重点企业。

（李海峰　刘霞）

【文化产业】 组织文化企业参加省文博会，以及泰安市相关荣誉的申报工作，其中山东恒业古镇文化旅游开发有限公司、泰山华博文化创意产业有限公司获第二届泰安市“十佳文化企业”，2人获泰安文化产业年度人物，2家企业、3个项目分别被认定为第二批泰安市重点文化企业和重点文化产业项目，3件展品获第六届省文博会优秀展品。

（张一民）

统一战线

【党外人士与机构概况】 肥城

市有民盟肥城支部、九三学社肥城支社2个民主党派支部，有各民主党派成员66人，涉及文化、教育、医疗卫生、企业等多个行业部门，其中担任各级人大代表和政协委员13人，当选为山东省人大代表1人。市工商联（总商会）下设行业商会16个，镇街商会15个，会员2268个，其中企业会员1259个，个人会员1009个。全市有台属111人，常驻台商26人，长期联系的台湾客商107人，台资企业12个。肥城市为全省21个民族工作重点县（市、区）之一，有少数民族24个，总人口1.1万人，其中回族占99%，主要分布在边院、安驾庄、王庄、汶阳4镇以及城区、矿区。少数民族1000人以上的街镇3个，少数民族村21个，其中人口超过50%的民族村有9个。伊斯兰教、佛教、道教、天主教、基督教五大宗教俱全，宗教活动场所70所，宗教团体2个，教职人员162人，信教群众4.6万人。

【党外代表人士队伍建设】 建立联谊交友、特约人员聘任制度。依托党外知识分子联谊会，开展党外人士联谊交友工作。建立党员领导干部联系党外代表人士制度、党外干部轮岗交流制度，召开座谈会和联谊活动，先后有3名党外干部实现岗位交流。推动检察、教育等7个部门聘任14名特约人员，明确特约人员履职权利和义务。建立情况通报会和座谈会制度。先后通过市委民主协商会、《政府工作报告》征求意见会、廉政建设通报会等征求意见建议4次，拓宽党外代表人士知情明政渠道。

【基层统战工作基础建设】 市委成立统一战线工作领导小组，出台《关于贯彻落实＜中国共产党统一战线工作条例（试行）＞和省市委有关重要精神的实施意见》，市直各部门全部明确统一战线工作负责人，镇街设立统战工作办公室，明确统战分工负责人、统战干事和村级统战联络员，确保有人管事、有人干事，建立覆盖全市的工作网络。规范阵地建设，把基层统战基础建设作为对党委领导班子和领导干部考核的重要内容。镇街党委对党外知识分子工作、非公有制经济人士工作、民族宗教工作，全部划归统战工作办公室负责。明确统战工作领导小组职责、基层各级统战干部职责、统战工作制度、统战工作基本原则，落实经费保障、逐步规范办公场所和活动场所建设。

【共同思想政治基础建设】 组织广大统战成员通过深入学习贯彻十八届六中全会精神、习近平总书记系列重要讲话和各级统战工作会议精神，凝聚共识、指导实践、推动工作见成效，先后开展学习交流座谈会8次，使统战理论入脑入心。

【多党合作和政治协商】 组织开展各种协商活动，召开民主协商会、情况通报会10次，其中市委、市政府主要领导主持召开3次。各民主党派工商联和无党派人士向市政协八届五次会议提交提案75件，占总提案的45%，其中10件被列为重点提案并全部办理完毕。1名民盟盟员和1名无党派人士在市政协八届五次会议上现场发言。

【民族宗教工作】 面向全市少数民族和信教群众发放“民宗连心卡”，确保诉求反映渠道24小时畅通。在全市少数民族学校开展“热爱伟大祖国，共建美好家园”主题活动，把民族基础知识、民族政策纳入校本课程，各级领导干部深入民族学校讲授课程，使孩子从小树立“民族大团结”观念。先后对各类宗教活动场所检查11次，清除基督教私设聚会点2处。在《今日肥城》及各城市社区发布张贴宗教场所信息公告，方便公众识别和监督依法登记的宗教活动场所，有效制止非宗教活动场所违规开展宗教活动。

【海外统战工作】 扩大海外联谊交流，开展赴台经贸、赴台参展等交流考察活动5次，结交新客商，进一步宣传肥城，推进肥城与台湾两地交流合作。重视落实侨政、维护侨益、涵养侨源、发挥侨力，在与老华侨、老朋友保持联系的同时，注重与新移民的联络工作，确定重点联络对象8名。

【换届工作】 强化部门协调配合，严格推荐程序、纪律、责任，利用非公有制经济人士综合评价系统，会同组织部、工商联、法院、检察院等15个部门对肥城市层面内的334名非公有制经济人士进行综合评价，有174名党外代表人士被推荐为九届市政协委员提名人选。同时向泰安市推荐12名优秀党外政协委员作为泰安市十三届政协委员提名推荐人选。

【服务经济社会发展】 把"创二代"培养工作作为非公有制经济发展环境的二级指标纳入科学发展综合考核；市工商联青年商会与团市委青年联合会结对交流，定期开展"创业沙龙""法律会客厅""阳光书吧""经贸学习"等活动，推动"创二代"顺利接班。

（张浩）

机构编制

【概况】 肥城市机构编制委员会办公室（以下简称市编办）承担市机构编制委员会的日常工作，负责全市行政管理体制改革、行政审批制度改革、机构改革、事业单位分类改革和机构编制管理等工作，为市委、市政府工作部门，列入市委机构序列。3月，事业单位登记管理局更名为事业单位监督管理局，调整为市编办正科级行政内设机构。至年末，市编办内设综合科、机构编制管理科、监督检查科3个职能科室及事业单位监督管理局、市政府审改办（副科级），下设市机构编制实名制管理中心（副科级），共有编制29名，实有人员19人。年内，顺利通过泰安市级文明单位复审。

【机构编制管理】 ①科学配置机构编制资源。2016年，全市共新设正科级机构3个，副科级机构3个，调整编制84名。招录（聘）用编433名，其中招录公务员81名，参公人员16名，招聘事业人员336名；政策性安置用编59名。同时，重新核定中小学教职工编制，稳妥解决大班额问题。探索公立医院人员控制总量备案制管理。②加强机构编制监督管理。开展2016年度机构编制执行情况评估，除新整合的卫计局和市场监管局外，22个政府工作部门和27个政府直属事业单位的评估工作已全部完成。开展普通中小学基本情况调研，摸清教职工队伍、在校生、课程设置、班级班额等有关情况。开展控编减编工作，迎接省编办督查，切实维护机构编制纪律。③推进机构编制信息化建设。开展年度编制统计和机构编制实名制月报工作，强化统计数据分析利用。进一步规范机关事业单位网上名称管理，实现中文域名注册和网站标识加挂两个"全覆盖"。

【行政审批制度改革】 ①削减行政权力事项。分两批次公布削减行政审批事项和承接省、泰安市政府下放行政审批事项，共削减行政审批事项4项，承接行政审批事项10项。②动态调整各类清单。印发《关于做好行政审批事项目录、行政审批中介服务收费清单和权责清单动态调整的通知》，对清单及时调整，实行动态管理。③强化事中事后监管。推广"双随机"抽查机制，建立健全市场主体名录库和执法检查人员名录库。截至年末，全市已纳入抽查事项216项，执法检查人员998名，检查对象48532个。④编制完成市级涉企收费清单。全市列入清单范围的33个部门单位共保留涉企收费事项129项，其中行政审批中介服务收费46项，行政事业性收费39项，经营服务性收费20项，政府性基金18项，政府性保证金、抵押金6项。

【事业单位改革】 ①稳步推进承担行政职能事业单位改革。2016年，肥城市被确定为全省承担行政职能事业单位改革试点。拟定《肥城市承担行政职能事业单位改革试点工作方案》，基本明确承担行政职能事业单位的职能调整、机构调整、编制置换、人员安置等具体办法。②集中清理"僵尸"事业单位。印发《肥城市集中清理"僵尸"事业单位工作方案》，明确清理的标准、范围和步骤。梳理汇总全市事业单位的职责、人员等基本情况以及清理相关事业单位的意见、理由，对事业单位进行详细摸底。③加强事业单位监督管理。开展事业单位登记管理工作，完成所登记的401个单位的年度报告公开工作，逐一换发新版事业单位法人证书；推进事业单位法人治理结构试点工作，组织文化馆、龙山小学、王瓜店街道社区卫生服务中心及其主管部门召开事业单位法人治理理事会，听取试点单位履职情况；开展事业单位"双随机、一公开"监管工作，印发《肥城市事业单位"双随机、一公开"监管工作实施方案》，集中两周时间，对市龙山小学、市文化馆、市水资源办公室等10个单位进行实地检查；抓好党政群机关、事业单位统一社会信用代码赋码及证书发放工作，截至年末，全面完成60个部门单位的赋码和证书发放工作。④加强事业单位印章管理。加强和规范事业单位印章的刻制、收缴、销毁、封存工作以及印章印模的备案、公示工作，全市共收缴封存印章75枚。

【重点领域体制改革】 ①探索推进综合行政执法体制改革。对全市行政执法队伍的机构设置、人员编制、主要职责等基本情况进行全面梳理，摸清详细底数，初步探索统分结合的"2+6+X"综合执法模式，为推进改革奠定基础。②推进纪检、司法、审计等领域体制改革。配合推进纪检体制改革，明确内设机构设置、人员编制和领导职数。按照省市部署要求，做好法院、检察院、审计机构编制上划省级统一管理工作。③深化镇街四领域改革工作。按照"属地监管与分级监管相结合、以属地监管为主"的原则，明确乡村安全生产、建设工程质量安全、环境保护、道路交通安全四个领域的监管机构设置、主要职责、人员配备等内容，加强基层安全监管工作。

【事业单位绩效考核】 事业单位绩效考核与落实全面从严治党主体责任现场检查、领导班子领导干部年度品绩量化考核同部署、同进行。教育卫生系统由教育、卫生主管部门牵头，在规定时间内自行组织实施。市事业单位考核委员会办公室负责全市事业单位绩效考核工作的指导和协调。印发《2016年度事业单位绩效考核工作实施方案》，组成检查考核组8个，集中两周时间，通过听取汇报、个别座谈、查阅资料、现场核查等方式对全市381个事业单位进行实地考核。

【创新工作】 ①编制农村村级（社区）工作事项清单。以省以上法律法规为依据梳理依法履职事项，以法律法规或省以上部门规范性文件为依据，明确协助工作事项，编制村（社区）工作事项清单，梳理出依法履职事项7大类45项、协助工作事项24个方面45项。肥城市探索建立村级工作事项清单的做法在省机构编制信息上予以刊发。②创新开展岗位职责信息公开工作。将权力清单、责任清单延伸到具体科室，将权力和责任细化到具体工作人员。印发《关于做好市直部门单位工作人员岗位职责信息公示的通知》，明确公开要求、公开对象、公开内容以及方法步骤。搭建肥城市岗位职责信息公开网站，将全市76个部门单位5200余名人员的姓名、职务、岗位职责、联系电话等信息在网上进行公开，接受社会监督，确保问事必有人、问人必有责、问责必有效。

（刘传琨）

台湾事务

【概况】 市台办围绕"抓园区、培龙头、强服务、促合作"工作主线，重点开展对台交往交流、对台经贸合作、台资重点项目建设、台资企业管理服务等四个方面工作，对台工作全面发展。全年赴台团组10批、16人次。接待台湾广兆蕙生技有限公司总经理林协同、台湾嘉义县观光协会副理事长萧道隆等到肥人士8批、27人次。新增台资项目1个，增资7个，实际到位台资1.15亿美元。1月，肥城"台湾城市广场"项目被山东省台湾事务办公室批准设立为"山东省海峡两岸交流示范点"。

【对台经贸工作】 筛选策划台湾

科技工业园、现代农业科技种植基地、生物医药、医养结合中心等25个重点项目充实完善对台招商信息库。全市共有台湾科技工业园、微生物有机肥加工、现代农业科技示范园、台湾大润发超市、现代医养结合服务中心、纺织机械精密加工等12个台资在谈项目，计划总投资3.1亿美元，拟利用台资1.2亿美元。加强督导协调，加快推进在建项目建设。台湾金泉商贸公司投资30亿人民币的台湾城市广场项目，一期开工商业面积6万平方米，已有85家客商达成入驻意向，外沿街全部租出，签订入驻合同45家。二期住宅已建三栋，其中两栋开盘后全部出售。泰安嘉安食品公司投资3000万元新上储量5000吨的有机蔬菜冷库项目已投入使用。山东傲饰国际及傲饰赛乐尔项目均投资新上针织、西服生产线项目，已投入运营。

【对台交往交流】 先后组织市农业局及相关专业合作社、山东泰鹏环保材料有限公司、肥城盐厂等部门及企业组团或随团赴台开展经贸、特色农业合作经济培训、乡村旅游、科技交流等考察活动。借助肥城桃花节、肥城有机农业论坛等平台，加大肥城宣传推介力度。1月，国民党中常委谢坤宏带领相关客商到肥城进行参观考察；3月，台湾嘉义县观光协会副理事长萧道隆一行4人到肥城参观考察；3月、6月，台湾台中农业研究所土壤改良及生物菌培养博士叶恭一行3人两次到肥城考察。

【三台服务工作】 年内，分两组对驻肥11家台资企业集中走访，督促企业学习先进经验，查找问题和不足，完善安全制度，健全防范措施，全面消除安全隐患，取得经济效益和企业安全的双丰收。

（孟泉成）

机关党建

【概况】 市直机关工作委员会为市委派出机构，领导市直机关党的工作。2016年，市直机关工委设行政编制7人，工勤编制1人。管理17个党委、25个党总支、324个党支部，党员7000余名。先后荣获“山东省机关党建调查研究与实践创新先进单位”“山东省机关党建宣传报道工作先进单位”“泰安市文明单位”“泰安市五星级党组织”“泰安市机关党建工作先进单位”等荣誉称号8项。

【机关党员思想教育】 引领广大市直机关党员开展“两学一做”学习教育。组织各单位建立网上党支部45个、“两学一做”学习教育栏目84个、学习交流群110余个。带头开展“今天我主讲”，所属党组织书记、党员领导干部为支部、村（社区）党员上党课600余次。带头组织观看庆祝中国共产党成立95周年大会、纪念红军长征胜利80周年大会、党的十八届六中全会等实况转播，学习习近平重要讲话，学习先进典型。组织党员开展红色教育、劳动实践1200多人次。举办市直机关纪念建党95周年暨“两学一做”学习教育“我身边的共产党员”宣讲会、“榜样在身边·党员微故事”征集等活动，宣传党员典型30余人次。分2批对党务干部进行《市直机关发展党员工作操作规范》培训，熟练掌握程序步骤和具体要求。严把入口，从500多名符合条件的入党积极分子中，经过双推发展对象、政审、考察、培训、接收预备党员、谈话等程序，新发展党员64名。

（张丽）

【组织与制度建设】 ①严格落实从严治党责任。履行机关党建小组职责，召开工委会46次、专题会6次、推进会2次，研究机关党建问题。制定2016年度党建责任清单、“两学一做”学习教育责任清单、党建重点任务责任清单，落实工委委员各项责任。参加每周五集体学习、每月党员集中活动日活动，组织“党性三问”等专题研讨6次，查摆问题21个，全部整改到位。为支部和董二街村党员上党课4次，联系村和社区困难家庭34户，结对帮扶2户、办实事解难题10件。实施“三抓三促”党建项目，推广5项党建工作做法。到社区、村开展环境整治、文明劝导等志愿服务活动20次，社区、志愿云分别积分39分、235小时。②推进各项制度落实。推进机关党建联络督导员等七项制度落实，严格党内政治生活。选派机关党建联络督导员80名，督导各单位党内组织生活2000余次。落实“四定两评议”制度，每天2小时定量促学，以苏庆亮、李保国为榜样定标赶超、定格联系村和社区群众34户，每季度进行定期反思，每半年组织党员和群众评议。严格落实“点支部”专项督查制度，每月抽查5个党支部督查七项重点任务落实、“三会一课”等内容。严格执行换届制度，组织240多个任期届满的机关党组织“公推直选”进行换届。严格落实发展党员制度，分2批对党务干部、入党积极分子进行培训，严格各项程序，发展预备党员64名。③落实七项任务清单。集中排查党组织关系，召开专题会、调度会6次，摸底核查7040名党员，11名流动党员。协调相关部门，排查所属党组织“两代表一委员”，无违法违纪情况；在违法违纪的党员中，11人受到刑事责任人追究，均受到党纪处分或组织处理，无违纪违法未给予处理情况发生。成立专项小组全面核查自2008年4月起300多个党支部党费缴纳情况，每周一督导，半月一调度，补缴党费120.69万元。除市委成立的和未到届的党组织外，其他党组织均已完成换届。所属非公企业8个、社会组织12个，均已建立党支部。加强包村支部班子建设，调整支部书记，帮助村里植树、修路、联系项目，增加集体收入近50万元，埋放自来水管6000米，硬化、绿化街道2000米，改造老旧线路1000米，增加办公电脑5台，图书2000册，救助白血病儿童1名，帮助贫困女童上学1名。

（楚红霞 刘冬梅）

【机关作风建设】 严格落实党委主体责任，树立“抓党风廉政建设是本职，抓不好党风廉政建设是失职，不抓党风廉政建设是渎职”理念，利用正反两方面典型加强对机关工委人员警示教育。先后召开党委会议6次、廉政工作会议1次。专题研究反腐倡廉工作，在日常各种会议中均作为重点内容，常常讲，时时抓，实现党风廉政建设与日常工作同安排、同部署。严格落实“一岗双责”，班子成员按照职责分工，经常督导检查分管科室的党风廉政建设工作。履行选人用人职责，严格执行《干部选拔任用工作条例》，选贤用能推荐干部。支持纪委、监察部门查处各类违法违纪行为。年内，机关工委接到市纪委提供违纪党员线索共计14例，全部按照纪检程序对涉及党员进行处理并对违纪党员进行教育。

（裴涛）

【精神文明建设】 开展系列文体活动，丰富市直机关广大干部职工的文化娱乐生活，促进市直机关精神文明建设。先后举办“庆新春”市直机关拔河比赛、群众娱乐大拜年活动。4月，组织举办市直机关篮球比赛。7月，组织举办每年度党群系统消夏文艺晚会。履行创城工作职责，严格落实市委、市政府各项创城工作部署，成立党群系统创城领导小组，在抓好机关工委自身工作的同时，邀请市创城办档案组组长为党群系统各单位网上申报档案员进行集中培训，对档案内容、要求、标准做详尽解释，对各单位提出的问题一一解答。2016年，市直机关工委连续5年被评为“泰安市文明单位”。

（刘庆来）

党校工作

【概况】 市委党校实行校委会负责制，校委会成员7人，下设办公室、教务处、总务处、对外培训处、教研处、进修处6个处室，均为副科级单位。有教职工30人，其中参照公务员管理7人，专业技术人员23人，专兼职教师19人，其中高级讲师5人、讲师10人、助理讲师4人，辅助系列4人，均为中级职称。离退休干部职工29人。设党总支，下辖3个党支部，共有党员50人。11月，市委党校新校区启用，新党校占地60亩，主体建筑包括综合楼1栋和报告厅1

座。综合楼总建筑面积22070平方米，分为办公、教学、住宿、就餐等区域，设有多媒体教室、多功能录播教室、文化活动室、体育活动室、图书室、电子阅览室等。报告厅建筑面积2027平方米，设置座席285个，可与市会议系统链接进行同步视频直播。2016年，荣获“山东省党校系统先进党校”称号，在全省党校工作座谈会上受到表彰并上台领奖。为泰安市级文明单位。

【干部培训】 全年共举办各类主体班次10期，其中全市农村党组织书记培训班3期，培训556人次；“第一书记”培训班1期，培训133人次；党性教育培训班3期，培训161人次；事业人员初任培训班1期，培训46人次；科级干部进修班1期，培训48人次；中青年干部培训班1期，培训52人次。发挥党校阵地优势，立足党校特点，办好农村干部大专班。开展党课订单服务活动，组建党的十八届六中全会精神宣讲团，深入到市直各系统、各镇街、高新区宣讲57场次，培训党员干部群众10000余人次。推出微型党课，组织13名教师完成“四个全面”战略布局、“两学一做”学习教育等56个专题的微型党课录制工作，并上传至“桃都微型党课”公众号。发挥陆房烈士陵园、泰西抗日武装起义纪念碑、清风阁廉政教育基地及黄叶“三同”党性锻炼教育实践基地作用，先后接待省直机关工委、省档案局、泰安市委党校等各类班次现场教学达3000余人次。

【教学工作】 创新“党校+基地”教学模式，新增市外教学基地2个，市内现场教学基地8个，聘请第三批客座教授共13人。灵活运用专题教学、现场教学、体验式教学和访谈式教学等形式，打造泰西抗日武装起义纪念碑、陆房烈士陵园无名烈士广场、毛公山红色文化博物馆、清风阁等4堂现场教学课，先后组织学员到市内10个现场教学基地及井冈山、延安、曲阜政德教育基地开展现场教学，增强教学的吸引力和培训效果。继续实施“红色教育筑党魂”党建创新项目，以全市基层党建工作为基础，选取5名优秀农村党组织书记，打造推出访谈教学课《桃都帅旗火样红》。拓宽培训渠道，根据教学计划安排，第一期农村干部大专班所有教学及集中实践环节任务已全部完成，第二期农村干部大专班已完成8门授课任务。年内，烟台大学法律硕士班共开设8门课程，全部课程已严格按照烟大要求完成考试，已进入论文答辩阶段。

11月29日，市委党校新校区启用暨2016年第二批学员开学典礼（张志明　供稿）

【科研工作】 年内，省级课题立项1项，泰安市级课题获批准立项并顺利结项3项，泰安市社会科学联合会课题立项2项。创新开展调研活动，实行调研课题项目制，把6月份确定为调研月。撰写形成分量较重、价值较大的调研报告7篇，撰写各类理论文章20余篇，在相关报刊及学术刊物上发表各类理论文章10余篇，多篇文章获得各级理论研讨会多项奖项。注重成果转化，对各类调研课题成果，通过汇报交流会的形式，逐项讨论、完善，并将科研成果汇编成册；围绕习近平总书记系列重要讲话精神、上级重要会议精神、“两学一做”学习教育、纪念长征胜利80周年、十八届六中全会精神等，开展系列理论研讨活动。编辑发行校刊《理论学习与实践》4期，供各级党员干部交流学习。

【队伍建设】 坚持周四集体学习活动，开展“理论学习周”活动，采取“领学+解读+谈体会”的形式，由领读人领读讲话原文，并进行解读，其他同志畅谈学习体会和收获。组织开展教学大练兵活动，主体班次教师根据自己的业务专长自选题目进行专题讲座。先后选派7名教师到中国井冈山干部学院接受革命传统教育，选派11名教师赴中国延安干部学院进行党性教育，选派2名教师到中国人民大学参加全国党校系统“两学一做”学习教育专题师资班，选派4名教师到省委党校参加全省党校系统学习宣传贯彻党的十八届六中全会精神培训班。开展教学观摩竞赛活动，1名青年教师在泰安党校系统主体班次教学观摩竞赛中获得第一名，被授予全省党校系统优秀教学奖。

【基础设施建设】 市委党校新校区于2014年7月份开工建设，总投资1亿元。通过新校建设领导小组的统筹协调，协同配合发改、财政、审计、住建、国土、环保、规划、公共资源交易以及燃气、供电、供热、供水等有关部门和单位，充分发挥基建办职能作用，按照规定程序规范运作，严格手续办理、工程招投标程序，中标单位高标准施工。2016年11月29日，市委党校新校区正式建成启用，可同时满足300人学习、住宿、就餐，达到封闭式培训管理的要求，为全省一流的“环境优美、布局合理、设施完善、功能齐全”的县级党校。

【服务中心工作】 助力文明城市创建，成立文明城市创建志愿服务队，将每周六确定为文明城市志愿服务日，以处室为单位划片分区，对责任区域内的不文明行为进行劝导，为文明城市创建起到宣传和引领作用。选派一名干部继续担任仪阳街道赵庄村“第一书记”，帮助村“两委”进一步理清发展思路，增加村集体和农民收入。先后争取无偿资金43.6万元，促进村集体经济发展和扶贫工作的开展。开展“双联双帮”活动，做好联系包保和帮扶工作，分三个工作组，对新城街道同圆社区、湖屯镇涧北村、仪阳街道三环村、赵庄村、胡台村共200个困难家庭进行走访，对困难群众重新梳理登记，共征集各类意见建议50余条，组织召开分析研判会，及时对群众反映的问题进行反馈，入户走访率和满意率达到100%。

（张志明）

党史资料征编与研究

【概况】 年内，市委党史办认真履行“存史、资政、育人”职能，强化资料征集、宣传教育等工作，《肥城抗战纪事》《肥城市抗战时期人口伤亡和财产损失调研资料》获得全省党史部门党史优秀成果著作类三等奖，《陆房突围战述评》获得全省党史部门党史优秀成果论文类三等奖，各项工作取得明显成效。

【党史征集和研究】 ①编辑《肥城党史资料（第二十辑）》。收集整理陆房突围胜利纪念馆落成典礼及研讨会相关讲话、致辞、发言材料，广泛征集其他党史专题资料、回忆文章及文学作品，汇编形成《肥城党史资料（第二十辑）》，共计15万余字。②开展“社会主义建设时期县委书记口述史”征编。理清重要历史脉络，共涵盖历任县委书记8位，整理口述史资料17篇。③开展《改革开放实录》征编。成立课题研究组，制定下发征编方案，确定上报省和泰安市的重要专题10个，《改革开放实录（肥城卷）》征编工作全面铺开。《肥城推进新农村建设的历程、成就及经验》一文被《山东省改革开放实录》收录。④加强红色文化专题研究。深入挖掘党史资源，开展陆房突围战专题研究及泰安毛公山红色文化专题研究。

【党史宣传教育】 在庆祝建党95周年之际，与《今日肥城》合作推出建党纪念专刊《向党汇报》，刊发党史文字资料1.5万余字、图片20幅。协助筹建陆房突围胜利网络数字纪念馆，协助毛公山红色纪念馆重新完善规划展览布局，更好地发挥宣传教育作用。在纪念红军长征胜利80周年之际，与泰安毛公山红色文化博物馆联合筹办“东方红、中国梦”剪纸展，共展出作品109幅。与市委组织部联合开展“缅怀先烈，铭记历史，以史为鉴”主题教育活动，组织机关党员干部到陆房突围胜利纪念馆、泰西抗日武装起义纪念碑、仪阳空杏寺等教育基地接受现场教育。与市委党校联合开展“丰碑矗立天地间——陆房突围永难忘”党史宣传教育活动，以访谈教学的方式在全市党性教育培训班、科级干部进修班及中青年干部培训班上授课。

（魏君）

11月24日，纪念建党95周年暨中国工农红军长征胜利80周年红色文化剪纸艺术展举办

资料链接

泰安毛公山红色文化博物馆

泰安毛公山红色文化博物馆位于安临站镇驻地，2011年由肥城市天和商贸有限公司投资兴办，同年12月16日正式开馆。博物馆占地面积6000余平方米，建筑面积3000平方米，由序厅、毛泽东生平图片展厅、百名将军书画展厅、不忘国耻展厅、八路军115师在泰西展厅等八大主题展厅组成，馆内收藏抗日战争、解放战争以来的有关民族解放事业和社会主义建设事业的革命文物一万余件，真实反映当时历史，对研究中国革命史、战争史、社会主义建设史具有一定的史料价值。博物馆每逢节假日面向市民免费开放，逐渐成为对广大群众，特别是广大青少年进行爱党、爱国、爱社会主义教育最直观、最有效的活动场所。先后被命名为“中国红色文化联合会教育基地”“泰安市级爱国主义教育基地”“泰安市国防教育基地”“泰安市党史教育基地”等。2014年11月28日，被山东省文物局同意设立为非国有博物馆，成为肥城市首家非国有博物馆。

老干部工作

【概况】 老干部工作以促进转型发展为目标，以为党和人民事业增添正能量为价值取向，围绕构建“大组织、大教育、大服务”的理念，立足实际、突出重点、主动作为，在政治引导、组织凝聚、文化养老、服务保障、自身建设等方面聚焦用力。全市离休干部207人，其中机关60人，事业单位75人，企业72人。享受正县级待遇4人，副县级待遇47人，科级待遇14人。

【党的建设和思想政治建设】 3月，召开离退休干部党工委成员单位会议，确保各单位将离退休干部党组织建设纳入本单位党建工作总体布局。8月，平稳顺利完成老干部支部换届工作，调整充实老干部支部书记32人，新建离退休干部党支部3个。10月，举办离退休干部党支部书记培训班，邀请泰安市委党校教授亓桂峰作“两学一做”专题辅导报告，并组织支部书记到陆房突围胜利纪念馆、曲阜市政德教育基地开展红色教育和政德教育。创新推行“支部+社团”模式，以新组建的肥城市经济文化协会党支部为示范点，探索建立功能型党支部，并选配活动开展好、作用发挥好的老同志担任支部书记，以党建引领社团建设。

【老干部思想及生活“两项待遇”落实】 落实离退休干部阅读文件、听报告、参加重要会议和重大活动、向离退休干部通报全市经济和社会发展情况、组织离退休干部就近参观考察、走访慰问离退休干部等制度。组织各有关单位为老干部订阅《老干部之家》杂志。完善运行好离休干部“三个机制”，主动协调财政、人社、卫生等部门解决好待遇落实中存在的问题，保障离休费及政策性补贴按时足额发放、医药费按规定报销。搭建老干部发挥作用“两大平台”。建立老年人才服务中心，为老年人才和用人单位提供信息登记、咨询服务和双向推介，定期发布老年人才和用人单位意向信息，为双方合作共事提供服务。服务中心共登记老年人才150人，被企事业单位、私人业主聘用的有8人，参与协会组织、志愿服务组织的25人。组织全市老干部党支部、老干部社团开展网上交流活动，有70个老干部组织完成网上注册，上网交流人数400人次。

【老干部作用发挥】 选拔事迹突出、宣讲能力强的老党员开班红旗课堂，上好主题党课、讲好入党故事，走进机关、社区、学校，为年轻党员特别是广大青少年讲党史、话国史、谈感受。全年共组织20名老党员举办红旗课堂50场次。在离退休干部党组织中推行“主题党日”制度，每个党支部紧扣“展示阳光心态、畅谈发展变化、体验美好生活”主题，每月固定一个时间，明确一项内容，开展一次活动。在全市开展“最美老干部”评选活动，评选出吴建华等“最美老干部”10位，影响和带动身边的老干部、老同志积极践行社会主义核心价值观。建立老干部人才库，吸收有相关知识、经验的老干部加入到各类兴趣团体中，并邀请有威望、有能力的老领导出任各团队、协会的负责人。截至年末，已建成肥城市老年大学艺术团、老干部舞蹈队、戏曲队、健身球队等老干部社团组织10余个。各老年社团广泛参与“建党95周年、红军长征胜利80周年”合唱音乐节、书画展、摄影展、主题征文等系列纪念活动。其中肥城市老年大学艺术团荣获2016年“山东省优秀老干部文艺团队”称号。健全“老有所为人才引领机制”，加强志愿服务组织建设，引导老干部积极发挥作用，打造正能量平台。以“桃都夕阳红”志愿服务组织为基础，结合全国文明城市创建，协调引导镇街、社区、部门、单位，新成立综合服务队、专业服务队等不同类型的志愿者组织13个，志愿者服务队达32个，志愿者人数突破2000人。各志愿者服务队先后开展创城宣传、文明劝导、文艺下乡、节日义演、扶困济贫等志愿活动30次，参与人数超过3000人次。其中肥城市老年大学志愿者艺术团荣获“泰安市离退休干部先进集体”称号，新城街道河西社区组织开展的“舞动梦想·夕阳最美”健身文化推广项目被山东省委老干部局评为“全省最佳老干部志愿服务项目”，吴建华、顾显国、康兰等3位退休干部被山东省委老干部局评为“全省最美老干部志愿者”。

【老年大学】 加强人员配备，市老年大学聘请具有专业背景的老同志加入教师队伍，方便师生之间交流互动。优化课程设置，全年共开设楷行书法、摄影基础等专业班8个，招收学员200余名。建成市老年大学驻镇街、社区教学点25个，根据不同镇街、社区老年人的需求，开办舞蹈、乒乓球等实用课程，实现“家门口”教学，帮助零基础的老年学员系统学习掌握相关技能。开办老年大学分校15所，配备电脑、健身、表演器材、报刊阅览等设备。组织发动老同志广泛参与国家、省、泰安市举办的各类交流活动，在全国老年大学协会举办的“第五届全国老年书画展”上，伊现香等9位老同志的书画作品入选参展；在泰安市老年大学协会举办的纪念“建党95周年、红军长征胜利80周年”主题征文活动中，刘家山等8位老同志获奖。

【老干部活动中心】 为市活动中心艺术团、戏曲室、舞蹈室安装吸音板、舞蹈把杆、运动地胶，配备音响设备，改善活动条件，提高演出和训练质量。在全市各镇街、社区、部分企事业单位新增老年人室内外活动场地32处，拓展140余个城市农村文体小广场作为老年人活动阵地，方便老干部就近参加活动。

（王楠楠）

信访工作

【概况】 市委、市政府信访局为正科级行政机关。截至年末，共有编制13个，其中行政编制12个、机关工勤编制1个，工作人员13人；局机关内设秘书科、接访科、办信科、督查督办科4个科室，市人民政府信访复查办公室与信访局合署办公。2016年，深入推进信访工作制度改革和信访法治化建设，加强基层基础建设，坚持推进事要解决与依法治访相结合，实现群众满意率最大化和上访登记量最小化的工作目标，营造和谐稳定的社会环境。全年信访总量为2200件起，同比下降17.2%，在各级“两会”、G20峰会、党的十八届六中全会、中央及省委巡视组“回头看”等重点敏感时期，均未发生问题。3月，市信访局被泰安市委组织部评为“四星级党组织”荣誉称号，市信访局再次被评为泰安市文明机关。10月，肥城市被山东省信访局列为泰安市唯一一个县市级信访工作先进联系点。

【组织领导体系】 实行信访工作党政“一把手”负责制。市级层面上市委书记、市长对全市信访工作负总责，为信访工作第一责任人；市委副书记分工信访工作，为信访工作的直接责任人，兼任信访工作领导小组组长及市信访联席会议召集人；市委常委、市委政法委书记，市政府一名副市长负责协助市委副书记抓好信访工作。各镇街、高新区及市直相关职能部门单位党政主要负责同志对本级本部门信访工作负总责，为第一责任人；各镇街党（工）委副书记、高新区社会事务局局长及市直相关部门一名领导班子成员分工信访工作，为信访工作的直接责任人，各镇街根据实际情况明确一名组织委员或副镇长（副主任）协助抓好信访工作。各村（居）主要负责同志对本村（居）信访工作负总责，成立信访工作领导小组，健全信访调解组织，设立信访信息员。

【制度机制建设】 实行各级党政领导轮流公开接访、领导包案、责任追究等工作制度，落实上级新部署新要求，加强完善信访制度机制建设。①市信访局转发省信访局《关于转发国家信访局〈信访事项简易办理办法（试行）的通知〉的通知》，对适用简易办理的初次信访事项范围做出界定并明确办理规程；②市信访局转发泰安市信访局《关于印发〈信访事项督查工作规程（试行）的通知〉的通知》，对市信访局及信访事项办理牵头部门开展信访事项督查工作流程进行具体规范，对信访事项立项、交办、包案、办理、重点督办、报告、审核、立案归档等8个环节提出规范性要求。③市人民政府办公室印发《肥城市人民政府信访事项听证员工作规则》的通知，对听证员选聘条件、听证员工作职责、劳务报酬及培训考核等内容进行明确，调整充实肥城市信访复查和听证委员会，建成涵盖律师、人大代表、政协委员、专家学者的105人听证员库；市信访局印发《关于做好信访事项听证工作的通知》，对推行简易听证、普通听证等工作提出要求。

【基层基础工作】 印发《2016年全市信访工作要点》，明确全年工作思路、工作目标及年度多项重点工作任务。①配齐配强基层信访单位工作力量。充实调整镇（街区）专兼职信访干部30余名，全市605个行政村配备信访信息员、代办员2466人，构建起市镇村“三个层面”的信访网络，基层单位化解纠纷、吸纳矛盾的能力明显提升。年内，发生到市上访1272起，同比下降11.8%；发生到泰安以上越级上访235起，同比下降32.1%。②持续抓好领导干部公开接访工作。健全市、镇“两级”，市、市直部门、镇（街、区）“三个层面”的党政领导干部公开接访、下访工作体系，发挥领导干部资源优势，解决群众诉求。年内，市级党政领导接待群众来访75起、1268人次（含集体访22件），立案交办75起，办结65起，结案率100%。14名市级包案领导深入镇村，开展下访活动53次，解决重点信访事项66起。③深化信访积案集中化解活动成效。开展信访积案化解“回头看”活动，中央巡视组交办信访事项107件起，化解96起，结服率89.7%；省、泰安市交办信访积案32件，办结率100%，满意率93.75%；肥城市自行交办信访积案82件，办结率100%，满意率90.24%。④加强进京非正常上访依法治理工作。实行进京非访事项市级领导包案制度，进京非访事项周调度、周通报、分级约谈、挂账销号，逐案落实“五个一”措施，全面落实非访处置“三到位一处理”要求，年内依法打击处理违法信访人16人次，判处刑罚2人；进京非访同比下降45%。⑤完成市委交办的其他工作任务。落实市委、市政府决策部署，承接肥矿集团社会职能移交过程中的社会稳定工作，采取召开座谈会、深入企业单位车间、村（社区）走访、查阅相关资料等方式，对涉及移交社会职能的18个单位进行深入调研、摸排，汇总信访隐患和问题，为市委、市政府决策提出意见建议，推进肥矿集团下属企业索力得公司的顺利移交。

【法规宣传和信访规范】 学习宣传新出台的《贯彻〈国家信访局关于进一步规范信访事项受理办理程序，引导来访人依法逐级走访的办法〉实施细则》《省四部门关于依法处理信访活动中违法犯罪行为的指导意见》等系列新规定新要求，全面开展信访干部、群众及机关工作人员的教育培训工作。4月、12月，分别在城区主要街道设置宣传台、咨询台，开展《山东省信访条例》宣传教育活动，现场解答群众疑问和诉求150人次，发放《信访条例》《信访人须知》明白纸3000份；举办各镇街区、市直有关部门专（兼）职信访干部培训班2次、460人次；利用市委党校阵地优势，在新任科级干部、中青年干部、村党支部书记培训班上宣讲信访法规知识，培训干部1100人次。年内，肥城市《突出四字抓清欠，切实维护农民工合法权益》《坚持四着力、四落实，夯实社会和谐稳定基础》等经验做法在《山东信访》上刊登。

【信息化建设】 完成山东省信访信息系统建设及应用工作，建立“互联网+信访”工作模式，各镇（街、区）、29个市直相关职能部门启用VPN账号73个，实现信访信息全录入、业务全流转、数据全生成、办理全公开。建成肥城市网上投诉受理平台（域名），拓宽信访渠道，方便群众诉求。年内，受理网上投诉124件，办理率100%。抓好“省长信箱”“市长信箱”网上投诉信息办理，全年受理人民来信（含网上投诉）693件，同比上升4.7%，办理国家、省、泰安市信访局转交办的网上投诉件及“省长信箱”信访件569件，网上投诉和领导信箱件受理率99.64%，责任单位按期办理率99.86%，群众对信访部门评价满意率98.91%，对责任单位评价满意率98.36%。

（宿晓鹏）

扶贫开发

【概况】 2月，市委调整扶贫开发工作机构，组建市扶贫开发领导小组办公室，隶属市委独立机构，正科级单位，行政编制5人，事业编制5人，设立4个工作组，领导班子按一正三副配备，主任由市委办公室副主任兼任。1月16日，召开全市经济会议暨扶贫开发工作会议，以增加贫困村和农村贫困人口收入为核心任务，按照“一村一策、一户一法”的原则，实施精准扶贫、精准脱贫，分类指导，对症施策，加快增收“大多数”、兜住“极少数”，打赢脱贫攻坚的硬仗。同时成立由市委书记任第一组长、市长任组长的双组长制的扶贫开发领导小组，研究脱贫攻坚工作和扶贫机构建设。2月25日，召开扶贫开发领导小组第一次全体成员扩大会议，制定《关于坚决打赢脱贫攻坚战的实施意见》，提出四大脱贫攻坚举措、七大基础设施建设、四大投入机制和“五位一体”的帮扶机制的脱贫攻坚工作思路，对扶贫开发工作进行具体部署，扎实推进精准扶贫工作。提出“十三五”期间主要目标任务为计划全市减少贫困人口2.2万人，35个省级贫困村和41个泰安市级贫困村实现整体脱贫。具体步骤为2016年脱贫1万人，2017年脱贫1.2万人，2018年全部兜底完成，2019年开展回头看，2020年巩固提升，建立长效机制，实现中央提出的农村贫困人口“两不愁、三保障”目标。

【精准识别与动态管理】 2月18日，从信息核查、数据清洗入手，开展扶贫对象建档立卡信息核查、动态管理工作，通过严把业务培训、农户申请、入户调查、民主评议、公示公告、建档立卡“六关”，严格农户自评、群众互评、代表测评、村级核评、镇街审评“五评”，把握根据省定贫困线3372元的刚性标准，一看房、二看粮、三看劳动力强不强、四看有没有读书郎、五看有没有病人躺在床的“五看识别法”，全面排查贫困底数。全市核查贫困人口12010户、22737人，逐户建立《贫困户档案册》，签订《精准扶贫帮扶到户双向承诺书》，为每个贫困户“量身订制”脱贫措施，算好家庭账、支出账、增收账，夯实精准扶贫基础。

【扶贫开发】 全市建立贫困村扶贫项目库，76个贫困村累计储备项目788个。中央、省、市、县共安排专项扶贫资金1637.8万元，扶持发展产业扶贫项目135个，带动贫困户5800户、8300人，落实项目分红119万元。组建扶贫项目评审专家库，对项目立项进行评审论证。委托第三方机构对项目进行工程造价及财务审计，确保项目资金使用和运行安全。出台《全市金融产业扶贫实施办法》，对贷款的建档立卡贫困户全额贴息，对带动贫困户脱贫的新型经营主体给予利率3%的贴息，全年放贷2760.5万元，带动贫困户591户、1236人。

【社会扶贫】 动员社会各方力量支持和投入脱贫攻坚工作，确保全面完成扶贫开发任务，下发《关于建立脱贫攻坚“五位一体”帮扶机制的通知》，建立起“五位一体”帮扶责任制，35名副县级以上领导干部、76个市直部门、76名第一书记、39家骨干企业及镇街包保干部，分别包保2—3个贫困村，联系若干贫困户，累计帮扶资金物资折款3000万元。制定“1+44”脱贫攻坚专项实施方案，发动各方力量开展社会扶贫。团市委设立“桃都青少年牵手基金”，征集资金41.66万元用于扶贫救助；妇联组织召开全市妇女创业就业暨“巾帼脱贫行动”现场推进会；民政部门完善“大救助”体系，“慈善一日捐”资金用于精准扶贫。部分工商企业主动承担社会责任，帮助贫困村发展生产、改善设施、摆脱贫困。开展“过暖冬过好年”活动，投入362.8万元，累计走访慰问10113人次。

【减贫成效】 通过专项扶贫、行业社会扶贫、金融扶贫、驻村帮扶、兜底政策等各种帮扶措施，实现全年脱贫5752户、11311人，4个省级贫困村、9个泰安市级贫困村整体摘帽。

（张付营　庞祥锋）

中共肥城市纪律检查委员会

【概况】 结合转职能、转方式、转作风要求，突出主责主业，聚焦党风廉政建设和反腐败斗争，调整优化整合市纪委机关（监察局）内设机构。撤销研究室、监察综合室；撤销市委党风廉政建设室、执法室、市优化发展环境领导小组办公室，设立党风政风监督室（挂市政府纠正行业不正之风办公室牌子，正科级规格及领导职数不变）；撤销干部监督管理室，设立组织部；撤销宣传教育室，设立宣传部；设立案件监督管理室、第三纪检监察室、第四纪检监察室。至年末，市纪委（监察局）机关设办公室、组织部、宣传部、党风政风监督室（市政府纠正行业不正之风办公室）、信访室（市国家行政机关工作人员违法违纪举报中心）、案件监督管理室、第一纪检监察室、第二纪检监察室、第三纪检监察室、第四纪检监察室、案件审理室（案件申诉复查室）等职能部室11个。

（李红）

【市纪委全委会】 2月2日，中共肥城市纪委第十三届七次全体会议在市人民会堂召开。市委书记张成伟讲话，市委常委、市纪委书记张莉作工作报告。会议要求全面贯彻党的十八大和十八届历次中央全会精神，深入贯彻习近平总书记系列重要讲话精神，按照中央纪委、省纪委、泰安市纪委全会部署，围绕市委提出的“六个常态化”要求，忠诚履行党章赋予的职责，聚焦监督执纪问责，深化标本兼治，创新体制机制制度，强化党内监督，把纪律挺在前面，持之以恒落实中央八项规定精神，着力解决群众身边的不正之风和腐败问题，建设忠诚干净担当的纪检监察队伍，不断取得党风廉政建设和反腐败斗争新成效。

（辛凤华）

【监督检查】 重点开展中央八项规定精神执行情况的监督检查，强力纠治“四风”。监督检查常态化，各级纪检监察组织按照各自责任范围，开展经常性监督检查，针对群众反映强烈的“四风”问题，坚持抓好每个节点，在重要时间节点，抽调人员集中明察暗访。持续保持正风肃纪高压态势，对顶风违纪行为零容忍，对违反中央八项规定精神的顶风违纪问题，查实一起、处理一起。2016年，查处违反中央八项规定精神问题76起、95人，给予党纪政纪处分90人。创新监督检查方式，努力破解“四风”隐形变异问题，点名道姓通报曝光。2016年，公开通报曝光典型问题32起、62人。把整治和查处侵害群众利益问题作为工作的重中之重，紧紧盯住惠农政策落实、农村集体“三资”管理、低保救助等领域的突出问题，全面梳理排查问题线索，开展集中整治，推动面上问题的解决。对重要问题线索，坚决彻查严惩。2016年，全市共查处涉及侵害群众利益的不正之风和腐败问题187起、232人，给予党纪政纪处分153人。坚持“一案双查”，通过问责追究来推动有关党组织和党员领导干部落实主体责任，2016年，共问责处理56人，其中纪律处分22人。

（于梁萍）

2月2日，中共肥城市纪委十三届七次全体会议召开

【廉政宣传教育】 ①信息宣传工作。全年共发表信息、稿件233篇，其中《中国纪检监察报》采用3篇，《党风廉政建设》采用1篇，《泰安纪检监察信息》采用10篇，《泰安日报》采用2篇。②党纪党规宣传教育。成立由委局班子成员，部分部室主任、派驻纪工委书记、正科级纪检监察员组成的党纪党规宣传队伍，共对16个单位开展宣讲13场次，受教育人数2000余人。继续做好《今日肥城》岗位廉政情景案例教育专栏，全年共刊发12期。11月，肥城市纪委监察局网站和“肥城纪检”微信公众号上线。征订《中国共产党

廉洁自律准则及纪律处分条例》《习近平关于严明党的纪律和规矩论述摘编》等学习读本27552册。③开展德廉和党风党纪知识测试。组织全市31名县级党员领导干部到泰安市参加德廉和党风党纪知识测试，全部通过测试。9月，组织全市1200多名党员领导干部参加知识测试，合格率99.8%。④廉政文化建设。搜集整理上报革命先辈守纪律、讲规矩，恪守廉洁自律底线的经典小故事，在泰安市纪委网站刊出3篇。上报《纪检人的家风》2篇，庆祝建党95周年征集文稿10篇，《楹联中的家风故事》4篇。按照创建全国文明城市要求，向“中国好人榜”群众线索推荐208条。⑤网络舆情监控工作。2016年，上报泰安反腐倡廉网络舆情91期。加强网上引导，就中央部署等重大新闻、热点问题，通过网站、论坛、博客、微博等多种形式在各大门户网站跟帖40余次。

（李婷婷）

【案件查办】 年内，市纪检监察机关共立案370件，同比增长20.9%，结案354件，同比增长16.4%。本地自办案件239件。其中市级纪检监察机关立查268件，同比增长14%，自办案件153件；乡镇纪委立查案件102件，同比增长43.7%，自办案件86件。所立案案件中，涉及科级干部案件15人。给予党纪政纪处分330人，同比增长15.4%，其中给予党纪处分330人、政纪处分14人、免予党纪处分23人、其他处理1人。其中给予党纪政纪双重处分14人。

（胥超）

【信访举报】 信访室一口受理上级转交办、领导交办、本级接受、部门单位移交、巡察检查发现、司法移交等信访举报。全面梳理摘报反映市管干部违反“六项纪律”的问题线索，重点关注涉及纪检监察干部的问题线索。在对信访举报信息进行分析、筛选的基础上，提出处置意见，报领导批复后进行转交办。及时将本级受理的检控类举报及上级转交办举报件录入纪检监察机关信访举报管理平台。配合各级领导班子换届工作，及时处理涉及换届纪律、换届风气的信访举报件。落实预审制度“二十四字方针”要求，对初核案卷、函询谈话案卷进行审核，提出意见建议、结案归档、补录平台。落实双向承诺制，完善核查意向书，载明核查事项，有效化解重复访、越级访，年内肥城市被评为“无越级集体访县（市、区）”。完善函询谈话程序性材料。对打击报复侵害举报人权益、应急突发易查易结的举报进行直查快办。配合做好委局领导接访和包案工作，实行台账管理、跟踪督办。加强信访举报情况分析研判，每周有针对性的制作《情况专报》，向市委主要负责同志报送。加强信访举报干部队伍建设，教育引导信访举报干部加强学习，熟练掌握纪律和政策。加强对工作人员的监督管理，严格工作程序和业务流程，督促纪检监察信访举报干部增强纪律和规矩意识，切实做到忠诚、干净、担当。

（王洪玲）

肥城市人民代表大会

重要会议

【市十七届人民代表大会第五次会议】 3月2—4日在市人民会堂召开。市委书记、市人大常委会主任张成伟作重要讲话。会议听取审议政府工作报告和市人大常委会、市人民法院、市人民检察院工作报告，审查批准《肥城市国民经济和社会发展第十三个五年规划纲要》《肥城市2015年国民经济和社会发展计划执行情况与2016年计划草案的报告》《肥城市2015年财政预算执行情况和2016年财政预算草案的报告》，并作出相关决议。大会选举赵燕军为肥城市人大常委会主任。

常委会主要工作

【概况】 市人大常委会围绕职能作用发挥和全年任务目标，依法履职，勇于担当，创新实践，真抓实干，各项工作均取得新成效，民主法治建设进程加快，推进经济社会持续健康发展。全年共召开常委会会议8次、主任会议7次。主要听取审议“一府两院”工作汇报、法律法规贯彻实施情况汇报，作出有关决议决定，进行人事任免，研究确定人代会召开有关事宜等。围绕审议内容会前组织常委会组成人员、部分代表对相关议题进行调研、视察和执法检查，撰写调研报告。常委会由市政府一名副市长、办公室主任，法院院长，检察院检察长，有关部门负责人，镇街区人大负责人及部分人大代表列席会议。推进市民促委工作开展，发挥牵头抓总作用，采取项目化运作、实事化推动的方式，加强宣传引导，提升服务质效，力促大众创业、万众创新再上新水平。抓好军事文化研究普及和书画文化发展工作。至年末，机关共有工作人员36人。

【决议决定】 常委会把贯彻执行市委决策部署作为首要任务，围绕全市发展大局，充分发挥职能作用，通过法定程序作出决议决定24项。市十七届人大五次会议作出《关于肥城市国民经济和社会发展第十三个五年规划纲要的决议》，审议批准《肥城市国民经济和社会发展第十三个五年规划纲要》。市十七届人大常委会第36次会议作出《关于在全市公民中开展第七个五年法治宣传教育的决议》《关于肥城市2016—2020年依法治市规划的决议》。同时，常委会就市镇人大换届选举等作出相关决议决定。

【监督】 市人大常委会通过听取审议“一府两院”工作汇报，对法律法规实施情况进行执法检查等形式开展监督。宏观经济方面主要听取审议市政府半年计划、财政执行情况和财政审计情况汇报，重点听取全市招商引资、电商、科技、工业运行、民营经济、安全生产、城建、交通、水利、金融、供电、水污染防治、民族宗教、扶贫、新型农业经营主体培育、教育、卫生、体育文化等工作情况的汇报。专题听取审议市法院关于行政审批、市检察院关于民行检察工作情况的报告。在听取审议报告的基础上，提出审议意见，督促办理落实，并对落实情况进行满意度测评。

【调研视察】 年内，市人大常委会组织常委会委员和人大代表开展调研视察20次，形成调研视察报告20篇，部分被《肥城通讯》转发。内容涉及招商引资、电商、科技、工业运行、民营经济、安全生产、城建、交通、水利、金融、供电、水污染防治、民族宗教、扶贫、新型农业经营主体培育、教育、卫生、体育文化等。其中对全市体育文化产业发展情况、民族宗教工作情况、水污染防治重点项目建设情况、推进新型农业经营主体培育工作情况分别进行调研，形成调研报告4篇；开展对全市安全生产及重大安全隐患整改、保障性住房和住宅小区物业管理、金融服务、医疗保障体系建设等19项工作的专项视察，分别听取工作报告，指出存在问题，提出意见建议，推动相关工作的深入开展和有效落实；对全市的《消防法》贯彻实施情况进行执法检查，促进全民消防意识的增强和消防水平的提高。

【人事任免】 坚持党管干部与人大依法任免相统一，进一步规范任免程序，做好市政府组成人员、法院审判人员、检察院检

5月25日，市人大常委会主任、党组书记赵燕军（左二）带领视察组视察全市医疗保障体系建设情况

察人员的任免，落实宪法宣誓制度。加强对任命干部的监督，增强干部的法律意识、履职意识和公仆意识。2016年，共依法任免市人大机关工作人员5名、政府组成人员7名、法院审判人员28名、检察院检察人员5名。

【代表工作】 坚持邀请代表列席常委会会议，参加常委会组织的调研、视察、执法检查等活动。创新代表工作评价机制，开展代表述职评议、“优秀市人大代表”评选活动，增强代表履职为民的责任感和使命感。对下半年开展市镇人大换届选举工作，市委高度重视，成立领导小组，转发市人大常委会党组关于做好市镇两级人民代表大会换届选举工作的意见，召开全市市镇人大换届选举工作会议，对工作作出全面部署。市人大常委会及选举委员会严格依法办事，加强协调调度，督导工作落实，将严肃纪律贯穿换届选举全过程，坚持严把关、细操作、稳推进，严防“带病当选”，营造风清气正的换届环境，确保全市市镇人大换届选举圆满成功。12月30日，全市77万选民分别在167个市人大代表选区、529个镇人大代表选区参加或委托投票，选举产生市人大代表315名、镇人大代表784名，代表结构进一步优化，代表素质进一步提高，为地方人大制度建设提供坚强组织保障。

【建议办理】 常委会从提高代表建议质量、提高建议办理质量“双提高”入手，坚持提前介入、积极调研、跟踪指导，听取审议市政府关于代表建议办理情况的报告，使代表建议转化为改进提升工作、推动科学发展的成果；对影响经济社会全局、事关群众切身利益的建议进行重点督办，并组织常委会委员和相关代表定期视察办理情况，提出改进意见，全程督促落实。对市十七届人大五次会议上代表提出的91件建议，均转交市政府办理完毕，并进行答复。代表对办理情况的满意度不断提高。

【宣传工作】 发挥报刊、广播电视和网站的舆论主渠道作用，宣传人民代表大会制度、民主法治建设成就、人大及其常委会履职情况、人大代表先进事迹。年内，在《人民权利报》、山东人大杂志、山东人大网、泰安人大杂志等各类媒体发表稿件和理论文章80篇。市人大常委会被省人大常委会评为宣传工作先进单位。

【基层人大工作】 市镇人大换届后，落实市镇人大主任专职配备，党委书记不再兼任人大主任。各镇街区人大组织市镇人大代表开展视察调研活动，向党委、政府提交意见建议100余条，为经济社会发展献计献策、加油助力。同时，市人大常委会坚持和完善常委会领导联系镇街区人大、邀请镇街区人大负责人列席常委会会议等制度，加强对镇街区人大的联系与指导，提升全市人大工作整体水平。

（刘翠　杜坤）

肥城市人民政府

综　述

【概况】 肥城市政府设置市政府办公室（挂市政府法制办公室牌子）、发展和改革局、经济和信息化局、教育局、科学技术局、公安局、监察局（与市纪律检查委员会机关合署办公，列入市政府工作部门序列，不计入政府机构个数）、民政局、司法局、财政局、人力资源和社会保障局（挂市外国专家局牌子）、国土资源局（挂市测绘地理信息局牌子）、住房和城乡建设局、交通运输局、水利局、农业局、商务局、卫生和计划生育局（挂市中医药管理局牌子）、审计局、环境保护局、统计局、林业局、安全生产监督管理局、食品药品监督管理局（挂市食品安全委员会办公室牌子）、市场监督管理局24个工作部门。深入践行“五大发展理念”，主动适应引领经济发展新常态，全面做好稳增长、促改革、调结构、惠民生各项工作，经济社会持续健康发展，实现“十三五”良好开局。①综合实力显著提升。2016年，完成市内生产总值730亿元，比上年增长7.1%；实现一般公共预算收入42.1亿元，同口径增长

4.9%，其中税收收入31.7亿元，增长7.2%；固定资产投资607.1亿元，增长10.9%；社会消费品零售总额290.6亿元，增长10.8%；城镇居民人均可支配收入31721元、农村居民人均可支配收入15130元，分别增长7.8%和8%。金融机构各项存贷款余额461.86亿元、286.83亿元，分别比年初增加39.44亿元、17.7亿元。在全国县域经济基本竞争力百强列第56位，中小城市综合实力百强、最具投资潜力百强分列第45位、16位。荣获全国国土资源节约集约模范县、农村一二三产业融合试点县、农村生活污水全面治理示范市，全省电子商务示范县、现代畜牧业示范县等荣誉称号。②发展质效同步提高。三次产业比例调整为7.1∶48.5∶44.4。明瑞集团靠碳酸锂项目“起死回生”，原恒基新材料重组启动，阿斯德科技项目顺利开工建设。肥矿集团剥离办社会职能稳妥有序推进。成为省优质纤维素醚生产基地和土工合成材料示范基地，工程机械及汽车配件、精细化工被认定为省重点产业集群。推动“四新一高”产业发展，高新技术和新兴产业产值占比分别达到32%、24.5%。建筑业总产值达到243.8亿元，服务业增加值实现323.8亿。旅游业加快发展，3个景区创建国家3A级景区。大力发展电子商务，被列为全省电子商务示范县。农业特色优势和质量效益稳步提升，“三品一标”认证总面积97.7万亩；规模以上农业龙头企业达到165家；全市规模饲养比重达到87%；农机化水平提高到89.2%。③发展后劲不断增强。坚持产业招商、专业招商、园区招商“三位一体”，突出招大引强，强化产业招商、专业化精准招商，与中节能、中铝、京粮等央企国企的战略合作不断深化。累计引进过亿元项目33个，到位资金94.2亿元；实际利用外资1.03亿美元；对上争取资金29.34亿元。探索完善代办服务、模拟审批等机制，加快推进瑞福锂业2万吨碳酸锂、中铝集团高性能强磁材料等120个过亿元项目，完成投资187.5亿元。青兰高速肥城段开工建设，泰肥一级路西延、济微路东移、泰梁线肥城段改建、泰聊铁路等重大项目取得积极进展。④城乡面貌明显改善。树立全域肥城理念，加快推进新型城镇化，促进城乡一体发展。城镇化率达59.2%。铺开背街小巷整治、便民市场建设、供水供热改造、污水处理厂升级等惠民工程。城区集中供暖面积覆盖1000多万平方米。推动基础设施向镇村延伸，城乡公交一体化稳步推进，镇街区驻地实现天然气全覆盖。集中培育特色文明村镇，10个镇被评为国家级生态镇，3个全国重点镇进入全国综合实力千强镇行列，石横镇列为全省新生小城市试点。加快城乡社区发展，农村社会化服务覆盖率达到99%。铺开农村厕所无害化改造，城乡环卫一体化群众满意度居全省前列，被列为全国农村生活污水全面治理示范县。⑤发展活力有效激发。“6+1”农村产权制度改革走在全省前列，农村集体建设用地和宅基地使用权确权颁证全面完成，土地承包经营权确权登记颁证试点通过省级验收，被确定为全国农民住房财产权抵押贷款试点县。公务用车、“营改增”、预算管理等改革顺利完成，国地税联合办税经验在全省推广，被确定为全国百佳国地税合作县级示范区。机关事业单位养老保险制度、医药卫生体制、户籍制度、事业单位、综合行政执法体制等改革稳步实施。推动金融创新，整合组建新的城投公司，农信社改制农村商业银行挂牌运营。新发展国家级高新技术企业3家，创建省级人才创新载体平台13家，农大肥业获批省级院士工作站。云宇制动成功在“新三板”挂牌，农信社改制农村商业银行正式运营。新增中国驰名商标2件、地理标志证明商标1件，被评为全省商标战略实施示范县。⑥社会大局和谐稳定。民生支出46.6亿元，增长11.9%，占一般预算支出的78.3%。承诺的民生实事全面完成。2016年，发放担保贷款9765万元扶持就业创业，城镇新增就业再就业1.23万人，登记失业率控制在1.5%以内。各类社会保障标准逐年提高，城乡养老、医疗保险制度实现统一，社保综合参保率达95.3%。开展规范农村低保专项行动，困难群众生活得到有效保障。推进基础教育综合改革，新建、改扩建多所学校，办学条件及教育质量明显提升。医疗卫生服务体系不断完善，建成使用一批医疗设施项目，基本药物实现“零差价”销售。稳妥有序实施全面两孩政策，促进人口均衡发展。文化体育事业更加繁荣，文体小广场实现行政村全覆盖。实行“五位一体”帮扶机制，13个泰安市级以上贫困村和1.1万贫困人口如期脱贫。深化“双联双帮”工程，泰安科学发展考核群众满意度电话年终访问连年居县市区首位。⑦政府建设持续加强。开展党的群众路线教育实践活动、“三严三实”专题教育、“两学一做”学习教育，严格落实中央八项规定精神，集中开展“庸懒散”专项整治行动，从严查纠发生在群众身边的“四风”问题，政风行风显著改善。坚持依法行政，建立政府法律顾问制度，加强政府合同备案审查，编制权力、责任、涉企收费、负面清单，强化项目投资审计监督，开展学法用法考法活动，法治政府建设深入推进。坚持“放管服”结合，推进简政放权，实施“五证合一、一照一码”制度，精简审批事项，完成服务大厅升级改造，行政服务效能大为提高，营商环境进一步优化。自觉接受市人大的法律监督和市政协的民主监督，办理人大代表议案建议、政协委员提案办复率均达到100%。

【经济工作会】 1月16日，全市经济工作会议在市人民会堂召开。会议主要贯彻落实中央、省、泰安市经济工作会议和扶贫开发工作会议精神，按照市委十三届六次全会部署，总结工作，兑现奖惩，安排部署今年经济工作和扶贫开发任务，动员全市各级坚定信心、主动作为、拼搏实干，努力推动经济平稳、健康、转型发展，加快扶贫开发步伐，为推进“五城建设”、实现全面小康奠定坚实基础。市委书记、市人大常委会主任张成伟，市委副书记、市长常绪扩分别在会上作重要讲话。市委副书记李华民主持会议，并就会议精神的贯彻落实讲意见。市委副书记王立军宣读《市委、市政府关于表彰2015年度科学发展先进单位和先进个人的通报》。会议对先进单位和先进个人进行表彰奖励。

【市政府全体（扩大）会议】 2月29日，市政府在市人民会堂召开全体（扩大）会议。市委副书记、市长常绪扩在会上作重要讲话。会议主要贯彻泰安市政府全体成员（扩大）会议精神，按照市委十三届六次全体会议、经济工作会等一系列会议要求，进一步细化分解全市重点工作，并就加强政府自身建设和廉政建设、全面推进工作落实进行安排部署。

【重要决策】 2016年，市政府、政府办公室共制定印发涉及意见、通知、通报、报告、请示、批复、议案、函等文件171件。1月，制定印发《关于进一步加强职业病防治工作的通知》；2月，制定《关于印发肥城市河道管护“河长制”实施方案的通知》；3月，制定印发《关于促进公益慈善事业健康发展的实施意见》；5月，制定《关于印发肥城市投资项目审批代办服务办法（试行）的通知》；6月，制定印发《关于进一步降低企业成本的意见》；7月，制定《关于印发肥城市城乡公交一体化改造实施方案的通知》；8月，制定印发《关于促进全市房地产市场平稳发展有关问题的通知》《关于进一步加强城镇棚户区改造工作的意见》；9月，制定印发《关于加快全市非煤矿山转型升级提高安全环保节约质效管理水平的通知》；11月，制定《关于印发肥城市养老服务业转型升级实施方案的通知》；12月，制定印发《关于加快推进分级诊疗制度建设的通知》。

综合协调服务

【概况】 至年末，市人民政府办公室设秘书科、综合科、督查科、信息科4个职能科室。辖市政府研究室、市政府应急管理办公室2个正科级行政单位，市电子政务中心、市爱卫办、市连心办3个正科级事业单位。研究室设综合调研科、农村工作科、经济贸易科、社会发展科4个科室。市电子政务中心设置综合规划科、政务网站管理科、政府信息公开科3个科室。市爱卫办设置综合科、业务科两个科室。6月，市电子政务中心加挂市智慧城市建设管理办公室牌子。年末，市干群连心工作办公室划归市政府办公室管理。

【办文办会】 ①高标准起草文稿。深刻领会领导意图，着眼前瞻性和指导性，突出实践性，起草好各类材料。共完成政府工作报告、经济工作会讲话等各类文稿360余件，其中事关经济社会发展的重要材料40多件。②高质量制发公文。坚持把质量作为公文的“生命线”，严把文件制发各个关口，保障公文的权威性、严肃性和准确性。共制发市政府文件103件、市政府办公室文件50件，审核市委、市政府联合行文20余件，合计173件。整理印发市长办公会、市政府常务会议纪要11件。③抓好会务组织接待。按照“一事一方案”的要求，主动对接承办单位，快速形成方案，一切按方案执行、遵照计划办理，努力做到“零失误”“零差错”。全年共组织召开全市经济工作会议、政府全体成员（扩大）会议等大型会议20余次，各类协调会、调度会650余次。参与组织全国农村社区服务体系建设推进会、泰安市大项目检查等重要活动30余次，均取得较好成效。

【调研信息】 围绕市委、市政府工作大局和重大决策部署，把握全市改革发展中的大事要事、社会各界关注的热点难点，强化调研，快速反应，重点在重要紧急信息的报送、高层次综合信息的收集、专题信息的调研、社情民意信息的反映等方面做工作，为领导决策提供众多有重要参考价值的信息，较好地发挥参谋助手作用。全年共上报政务信息595篇，其中国务院办公厅采用18篇、省政府办公厅采用83篇、泰安市政府办公室采用49篇。肥城市被评为“山东省政务信息工作先进单位”“泰安市政务信息工作先进单位”，在泰安市政务信息工作考核中获第一名，反映农民住房财产权抵押贷款的专报信息获得郭树清省长批示，反映钢铁企业运行情况信息在全省第二十七届政务信息年会上荣获二等奖。

【政务督查】 主要工作思路为“紧紧围绕市委市政府重大部署，以肥城市第十七届人大五次会议、第八届政协五次会议及经济工作会确定的目标为统领，稳妥、创新的落实督查工作”。①稳妥落实，完善常规督查。全年共办理市长批示件100件，书记批示件64件，信访呈阅件47件、市长转办单30余件；实行全年禁烧，编写下发禁烧通报50余期。执行禁烧保证金制度，对于禁烧巡查中发现的燃烧秸秆现象予以扣除相应的保证金；督促相关单位落实十件民生实事与提案建议。以周调度、月通报、责任到人制度来确保民生实事、建议议案能够落实到位。2016年民生实事已经全部办理完毕，建议议案的办结率、面复率、满意率均为100%。②创新督查方式，提高督查效果。坚持稳妥落实，稳中求变，变中求新。以现场督查、会议督查、跟踪督查、调度督查、定期巡查、专项督查、上级督查前预督查等各种方式提高督查的针对性与时效性，树立督查的权威与地位，起到良好的督查效果。其中全市地方史志开展情况、关于《全市大气污染防治二期行动计划“十大行动”目标责任书》落实情况等督查均得到泰安市督察室点名表扬。

【信息中心】 市电子政务中心加挂“市智慧城市建设管理办公室”牌子，统筹推进智慧城市相关重大基础建设，协调信息资源共享、智慧城市相关重大应用系统建设。根据《肥城市人民政府办公室关于加强政府网站建设和内容管理工作的通知》，建立完善政府网站群信息内容管理机制，站群二级子站达到38个。对“中国肥城”首页及二级页面进行优化，完成英文版开发建设，网站继续荣获“全国优秀政府网站”。实施电子政务专网设备更新及机房配套设施采购项目，完成机房的整体迁建和设备更新，实现业务系统的顺利割接和平稳过渡。农村股份合作社信息管理系统迁入电子政务云平台。对协同办公网络进行升级改造，实现与上级电子政务外网的互联互通，实现与山东省政务服务平台的网络连接。启动泰安市统一的政府信息公开服务系统，建设新版的肥城市政府信息公开专栏。全年共在“中国肥城”门户网站发布各类信息7000余条，开设2016年人大、政协“两会”专题，开展由公众参与的《肥城市城市总体规划（2016—2030年）》网上调查；为全市经济工作暨扶贫开发工作会议、市政府全体成员（扩大）暨廉政工作会议等15个大型会议，以视频会议形式召开提供技术保障服务；通过协同办公系统发送文件、传真、通知500余件，共计近2万份。

【应急管理】 ①应急预案修编及时。2016年，新修编专项预案19个。全市各类应急预案238个，其中市级预案41个、部门专项预案152个、街镇预案45个。②应急演练常态化、实战化。年内，全市组织开展各级各类应急演练360余次。其中防火演练37次；防汛演练52次；地震救灾演练75次；公共卫生事件处置演练36次，危化品应急演练134次，道路运输应急演练32次。仅6个煤矿就组织应急演练23次。③基层应急示范点建设及应急宣教和培训全面开展。全市基层应急管理示范点达到47个，充分发挥以点带面，带动示范作用。在中国肥城政务网站上开辟“应急常识”和“应急指南”2个栏目，及时发布应急预案和应急常识。结合“全国安全生产月”“全国防灾减灾日”“全国消防日”等宣传活动，突出宣传《突发事件应对法》和各类应急知识，提高宣教的针对性和实效性。④推进应急避难场所和应急物资储备建设。全市新建扩建应急避难场所16处，全部新设置高标准的应急避难场所标牌，便于群众认知，提高应急避难场所建设的标准化、规范化水平。肥城市救灾物资储备400平方米仓库建成使用。协调商贸企业建成应急物资储备联动机制，与山东银宝食品公司、泰山新合作（人民商厦）、山东泰鹏公司等大型生产及供应商签订应急物资储备及调运保障供应合同，确保关键时刻调得出，用得上。⑤推进应急专家组队伍建设。调整充实9个专家组成员49名。专家组在应急救援决策中的科技支撑作用增强。⑥加强专业应急救援队伍建设。市应急救援大队共有46人，其中现役官兵37人，政府专职消防队员9人，各类执勤消防车7辆，车载灭火剂总量38吨，其中载水34.8吨，泡沫3吨，A类泡沫0.2吨。在全市4处煤矿和非煤矿山企业共建立兼职应急救援队伍25个，队员312人。与肥城矿业集团救护大队专业救援队伍签订救援协议，保证充足的救援力量。依托市高级技校，常年开设100人的专门森林防火队员班，战时救援、平时学习。协调指导住建局、建管局、交运局、经信局等单位建立本系统的专兼职应急救援队伍。与供水、供电、医疗、交通等10个行业部门建立联动机制，签订《应急救援联勤协议书》，整合社会资源参与应急救援保障。专业应急救援队伍出色地完成一系列急、难、险、重任务，为全市经济社会发展和人民安居乐业提供有力保障。

【爱国卫生】 围绕卫生城市长效机制建设，开展春季爱国卫生运动。3—5月，在全市组织开展以“清洁家园、除害防病”为主题的春季爱国卫生运动，组织开展以“灭蚊防病，健康你我”为主题的爱国卫生月活动，发动广大群众参与清洁社区和村庄活动，集中清除房前屋后、屋顶、楼道及周边环境堆积的垃圾、杂物，进一步改善城乡居民居住环境卫生面貌。印发《肥城市2016年病媒生物防制工作实施方案》，重点开展以整治“四害”孳生地为主要内容的夏秋季灭蚊蝇和冬春季灭鼠活动，定期检查、定期通报，形成长效机制。指导各镇街区、各单位治理环境脏乱差等问题，巩固卫生先进创建成果，起到示范带动作用。2016年，全市新创省卫生先进单位4个，省卫生乡镇3个，省卫生村10个。申报省级健康城市和健康村镇示范点，准备备案材料。参加省培训班，并邀请省专家为各镇街区和主要职能部门培训两次。

（刘辉）

招商引资

【概况】 市经合局（中国国际贸易促进委员会肥城市委员会）内设综合部、招商一部、招商二部、招商三部、政策服务部、考核部6个部室，共有干部职工18人。2016年，克服经济发展放缓的不利影响，工作开展“稳中求进、进中求好”，完善招商机制，创新招商方式，加大招商力度，强化招商服务，全市招商引资工作呈现逆境发力、逆势上扬的良好态势。

【招商成果】 主动适应和把握经济发展新常态的内涵和规律，侧重大项目的引进考核，2016年，市经合局根据泰安下达任务数，结合当前经济形势，修改考核办法，下达招商引资任务102.6亿元。2016年全市考核认定项目593个，到位资金94.1亿元，完成任务118.46亿元，签约落地过亿元项目33个。

【招大引强】 组织开展“招大引强突破年”活动，把招商对象定向到世界500强、央企国企、知名品牌、行业龙头企业上。组织专人深入了解企业发展战略布局和年度投资计划，找准企业投资兴奋点、共振点和对接点，实施个性化、差异化引进，着力引进驰名商标、高新技术、上市公司、总部型、基地型等标志性项目。至年末，与中节能、中铝、中船重工、中电投、中车、中油金鸿、京粮等30多家央企、国企建立联系，新增在谈央企、知名民企项目29个，计划总投资168亿元，信发集团80万吨干燥盐、中国供销集团华东（新合作）物流配送中心、华润集团风光互补新能源等一批项目签约落地。

【外出招商】 ①领导招商。市大班子主要领导先后在山西、北京、深圳等地开展“承接京津冀产业转移”“珠三角专题招商”等集中招商活动8次，中节能节能环保产业园、龙马铝业高精度铝箔、中油金鸿新能源供应中心、健康医疗产业园等40余个项目快速推进。②产业招商。坚持“差异化”“特色化”方向，根据资源禀赋和产业基础，合理确定主导产业，做好项目对接、产品对接和产业链对接。2016年，新增现代服务业、人才教育、节能环保、融资融券4个产业，由市服务业办、人社局、科技局、环保局、金融办等部门承担相关任务。各产业招商部门开展外出招商活动110余次，洽谈对接重点产业项目在谈项目25个，计划总投资134.5亿元。③党政正职招商。各镇街区党政正职每月轮流带队外出，瞄准重点区域，有针对性地开展高频度、广范围、精目标的招商活动，加快项目推进。年内，共外出380人次，洽谈对接项目210个，全力推动项目招商提速提质。④蹲点招商。建立蹲点招商长效机制，全年共在北京、天津、广州、深圳等10多个重点城市开展活动10次，搜集重点项目信息182条，清洁能源产业园、万乐医药研发生产基地等30多个项目先后签约落地，为承接产业转移和后续招商工作打下坚实基础。

【重点招商活动】 1月，组织召开2016新年重点项目签约对接会，钕铁硼永磁材料生产加工、中国供销华东物流园、高精度铝箔新材料深加工、万乐医药研发生产基地、化学医药中间体等11个重点项目分别签约，计划总投资36亿元。4月，举办2016中国肥城第十五届桃花节“魅力桃都，合作共赢”招商引资·招才引智洽谈会，山东省贸促会、省国际商会党组书记宿华，齐鲁工业大学校长陈嘉川等领导出席洽谈会，来自全国80多家企业、协会的客商和20多家高校科研院所的专家教授参加洽谈会。洽谈会共签约40个招商引资项目和12个人才科技项目。9月，举办2016中国肥城第九届金秋品桃节“招商引资·招才引智”重点项目集中签约仪式，山东省贸促会、省国际商会党组书记宿华等领导参会。计划总投资99亿元的28个重点招商项目和6个人才科技项目在会上成功签约。

（江汀）

9月7日，金秋品桃节"招商引资·招才引智"重点项目集中签约仪式举行

地方史志

【概况】 认真贯彻实施全国、省及泰安市《地方志事业发展规划纲要》，以修志编鉴为重点，加快推进信息化和方志馆建设，推动史志事业全面发展。研究编制肥城市地方史志事业"十三五"发展规划。完成《山东年鉴》《山东史志年鉴》《山东省志·地方史志志（1981—2018）》《泰安年鉴》等肥城部分的供稿。推动基层志编修，《安驾庄镇志》《东里村志》出版发行。年内，《肥城抗战纪事》一书被省政府办公厅评选为"优秀地情研究成果"；《左丘明研究文集》荣获泰安市第三十次社会科学优秀成果三等奖。

【发展规划编制】 贯彻落实全国、省及泰安市《地方史志事业发展规划纲要》，以肥政办字文件印发《关于贯彻落实泰政办字〔2015〕91号文件精神推进地方史志事业发展的通知》。对"十三五"时期肥城市地方史志事业从基本原则、总体目标与主要任务、保障措施三个方面做出规划设计。通知要求到2020年，全面推动基层志书编修进程，做好第三轮修志启动准备；实现综合年鉴一年一鉴；加强对社会修志和编修地方史的指导与管理，基本形成修志编鉴、理论研究、质量保障、开发利用、工作保障"五位一体"的史志事业发展综合体系。

【对上供稿工作】 按时完成《山东省志·地方史志志（1981—2018）》的供稿工作，对自1981年至2015年，肥城市地方史志事业的历史与现状，包括机构队伍、志书编纂、年鉴编辑、旧志整理、信息化建设、方志馆建设、法制化建设、开发利用等等方面的内容进行纵向梳理，上报文字10000余字，具有代表性图片3幅，全面真实反映肥城市地方史志事业的发展历程；完成《山东地方史志年鉴（2016卷）》《山东年鉴》《泰安年鉴》《泰安年鉴（袖珍版）》供稿任务，精心筛选，提报具有地方特色和时代特征，突出全市重点、亮点和特色的条目，共上报文字15000余字，图片12幅。

【地情网站和方志馆建设】 开展"肥城市情网"安全维护及信息更新工作。按照网站管理规定要求及时更新栏目，完善补充内容，对新出版的书籍及时录入数据库。共更新、上传信息80余条，40000余字；为山东省情网、泰安市情网提报信息20余条。遵守保密规定，确保不出任何泄密问题；做好网站维护、技术服务工作，定期做好数据备份，保证网站安全稳定运行。健全完善方志馆各项管理、借阅制度；采用购置交换、征集等方式，收集各地各类志书、年鉴、地情书籍、家谱等，丰富方志馆馆藏，年内，与新疆、河北及省内部分地市交换志书，新增各类志书、文史资料100余册，接待前来咨询、查找资料20余人（批）次。

【基层志书编修】 结合省政府办公厅印发《关于做好乡镇村志编修工作的意见》，宣传乡镇村志编修的重要性和紧迫性，全面推进乡镇村志编修工作。年内，重点对全市住房城乡建设部、国家文物局评定的中国历史文化名镇名村，国家统计局公布的全国综合实力“千强镇”以及获得国家级、省级荣誉称号的特色名镇、名村进行摸底登记，督促上述有条件的镇村尽快启动基层志编修工作；11月，组织部分镇街史志办主任赴泰安市参加史志业务培训班，系统学习地方志及地方综合年鉴的编修方法，进一步提高基层史志队伍业务素质，提升修志办鉴水平，为乡镇村志的编修打基础；加强对部门志、企业志、乡镇村志等基层志书的指导力度。对《安驾庄镇志》《伊家沟村志》《马家埠村志》《肥城宇通机械厂志》等基层志编修工作进行跟踪指导，协助制定编纂规划，确定工作思路和实施步骤，确保修志工作顺利有序进行。年内，《安驾庄镇志》《东里村志》出版发行。

（庄惠丽）

审批服务

【概况】 深化“放管服”改革，方便群众办事，提高群众满意度，重点打造零障碍、低成本、高效率的服务平台，各项工作均取得显著成效。全年共办结各类审批服务事项297万余件，征缴各类规费4.17亿元。完成公共资源交易项目355个，总成交额55.32亿元。其中政府采购22.34亿元，采购节支率5.74%；工程成交额8.04亿元，土地出让总成交额4.15亿元，商住用地出让溢价6930.5万元；国有资产出让2宗，成交额1.94亿元，转让溢价2922万元。先后迎接省、市领导和同行调研考察14次，政务服务微改革微创新等经验做法被山东信息等媒体报道。7月，被省委授予“山东省先进基层党组织”称号。

【公共行政服务】 ①深化改革，提升审批效能智慧。贯彻落实“放管服”改革要求，督促相关窗口开展上级取消、调整、下放行政审批事项落实和衔接工作，配合有关部门深化商事制度、营改增、不动产登记等改革，按照上级规定及时调整、减免审批规费，简化企业设立和个体工商户登记程序，有效降低企业和创业者的办事成本。推进“互联网＋政务服务”新模式，主动融入省市县三级联网政务服务平台，初步实现“让数据跑路代替群众跑腿”。推进微改革、微创新，以评选表彰“行政审批服务创新进步奖”和“用心服务”优秀案例为抓手，鼓励大家主动钻研本职业务，学习外地经验，在对上争取授权、改变服务方式、优化审批流程、减少审批环节、取消审批前置、精简申报材料、压缩办结时限、细化量化审批自由裁量权、项目审批提前介入以及运用“互联网＋审批服务”等方面，搞改革、求突破，坚持不求“大”、不求“多”、不求“洋”，只求见到让办事企业和群众“少交一份材料、少盖一个章、少等待一天、少跑一趟腿”的实在成效，促进审批服务效能不断提升。2016年，共表彰行政审批服务创新项目和“用心服务”优秀案例34个。②开展代办服务，推进重点项目机制成熟。立足破解企业投资项目审批周期长、“无效等待”多、手续繁琐难题，重新梳理简化审批流程，改进重点项目联合预审办法，进一步精简立项、环评、规划等前置审批，提出国土、规划并联审批措施，提请市政府出台《肥城市投资项目审批代办制服务试行办法》，探索实施模拟审批、代办服务。探索制定建立一张清单，发挥代办员、协办员“两员”作用，打通模拟文件互认、审批文件置换、审批规费征缴三个环节，严格会前审查、用地预审和规划选址意见、模拟审批、环评审批和消防设计审查四个时限的“一二三四”工作推进措施。研究制定投资项目申报材料示范文本和投资项目联办一次性告知单，健全完善全市审批手续代办员和协办员网络以及集中会审、业务培训、书面承诺等工作制度，开展代办员和协办员集中培训。推行“一对一”精准服务，多部门联合办公，加强与有关审批部门的联系沟通，抓好业务协同、信息共享和手续传递，确保运行顺畅。首批试行推进12个项目，9个已开工建设，有效加快项目开工进度，破解瓶颈制约。③推行OSM现场管理，助推服务窗口的形象提升。针对大厅实施扩容改造升级后，现场管理的难度大大增加的实际问题，实施大厅 OSM 现场管理标准化建设，在人员管理、物品摆放、设备设施、环境卫生、安全管理等方面建立现场管理规范，将行之有效的现场管理服务规范上升为标准的形式固定下来，通过定期的监督检查使行为标准逐渐成为个人做事的习惯，提升窗口服务品质。同时，结合政务服务工作被列入全市市直部门科学发展考核，修订完善《窗口及窗口工作人员考核办法》，将原来较为笼统的考核，具体细化为对进驻部门、服务窗口、窗口人员以及银行窗口四个层次的考核，使考核办法更趋科学合理、更具针对性、更能调动积极性和创造力。

【公共资源交易】 以电子交易为支撑，公共资源交易运行更趋规范。推进“互联网 + 公共资源交易”改革，继 2015 年 7 月在泰安各县市区率先实现土地出让网上交易后，2016 年 4 月，在泰安市率先实施工程建设项目电子招投标，纳入泰安市统一公共资源交易网络平台，公共资源交易初步实现电子化、无纸化交易，实现交易全程留痕，为企业健康发展创造良好环境。全面放开民营投资项目特别是商品住宅项目招标管制，对民营投资项目包括商品住宅项目不再强制招标，建设单位自主决定不招标的，由交易中心提供直接发包备案服务，减轻企业负担。加强和完善流程管理改革，全面清理不合时宜的制度文件，调整优化科室职能，修订完善服务事项清单；加强交易保证金内部管理，建立保证金管理台账，严格做到账款分离；明确保证金内部管理流程，健全管理制度，规范保证金的收取和退付，切实降低廉政风险，维护好各方利益。

6 月 28 日，市政务服务中心管理办公室举办“庆七一•颂党恩•跟党走”文艺晚会

【党建工作】 坚持党建统领工作、党员引领服务，结合“两学一做”学习教育，设计“十个一”活动载体，在全体党员干部中开展学习比党性、业务比创新、服务比用心、岗位争先锋的“三比一争”活动。在活动中调整支部设置，把支部建在审批服务链上，充分发挥党组织思想政治引领和党员先锋模范作用，党组织的功能发挥和党员的党性意识、责任意识显著增强。组织举办“和谐中心 • 有我更精彩”、侵害群众利益的不正之风和腐败问题专项整治、“榜样在身边 • 党员微故事”征集等主题活动 12 次，成功举办“庆七一 • 颂党恩 • 跟党走”文艺晚会。在市委党建工作领导小组第二次会议暨“两学一做”党建创新观摩会和全市党校工作会议上，市政务办分别作典型发言，泰安、肥城等新闻媒体对市政务办党建工作和“两学一做”学习教育工作分别进行专题报道。

（彭建）

机关行政事务管理

【概况】 市机关行政事务管理局紧扣“管理科学、服务优质、保障有力”主题和建设节约型机关主线，以“制度落实年”为重点，实施党建固本、强化管理、文化塑魂、物业提升、制度建设和创城包保等“六大”工程，履行管理服务保障职责。先后荣获山东省“十二五”公共机构节能

8月4日，肥城市党政机关公车改革取消车辆网络拍卖会举办（付振明 摄）

工作先进集体，泰安市普法依法治理工作、三八红旗集体和无偿献血先进集体，被评为肥城市安全生产、信访工作和平安肥城建设先进单位。

【公务用车制度改革】 稳步推进全市公务用车制度改革工作，按职责参与制定车改政策文件。依法依规公开招标确定评估、拍卖公司，组织举办三次公开拍卖会，拍卖取消车辆251辆，净收益490.82万元，全部上缴市财政，全市公务用车制度改革顺利完成。同时，抓好公务出行用车保障，对保留的411辆公务用车建档立卡，实现“一车一档”；采取招标选定租赁车辆服务、定制泰肥公务专线、推进公共交通优化、建议推进公共自行车项目建设、协商降低出行加油费用和推进全市公务用车管理平台建设等六项措施，为公务出行用车保障打下坚实基础。

【公共机构节能管理】 推进全市公共机构节能宣传，采取发送短信、发放倡议书、宣传单等方式，开展节能宣传周和能源紧缺体验日活动；设计安装文明节能宣传栏，打造人民会堂节能广场，营造节能氛围；推动机关办公区、文广大厦、三农大厦等集中办公区能耗监测信息平台使用，组织申报全省公共机构新建绿色建筑、既有建筑节能改造项目立项，推广国家级、省级公共机构节能示范单位节能先进经验，以示范引领全市公共机构节能深入开展；为提高资源综合利用效益，发挥公共机构示范引领作用，协调市商务局和易回收公司在机关四宿舍安装集自动取款机、快递自取点、废品回收机、超市等功能于一体的综合便民服务亭一处，在市机关办公区安装2台废纸智能自动回收机，初步建立起功能完善、高效安全的回收体系。

【机关事务管理】 加强内控管理制度建设，完善财务制度，规范工作流程，财务和资产管理更趋规范。高质量完成38个部门单位的财务审核结算、预决算编制和“三公经费”公开工作；配合开展部分部门单位主要负责人的任中、离任审计工作，配合完成各级巡视工作。推进管理范围内38个市机关部门单位国有资产清查，完善国有资产监管平台，完成国有资产清查核实、建账建档和条码张贴等工作。按职责顺利完成办公用房调配，完成市机关宿舍区681户房产证和土地证信息摸排整理，完成宿舍区住户住房维修基金的核算工作，房地产管理日趋完善。

【机关事务服务保障】 严格物业监督管理，与天华物业公司签订市机关办公区、宿舍区物业服务合同，督促设立物业服务中心，公布24小时值班电话。严格执行考核制度，督促物业公司开展卫生保洁、绿化美化、开水供应和安全保卫等工作。加强安全（消防）及安全生产管理力度，先后组织开展安全生产和消防安全大检查4次，强化保安人员的监督管理，在市机关宿舍区完善消防通道，确保全年安全无事故。加强精细管理、问题管理和现场管理，督促基建维修水平不断提升。经法律顾问审核，依法依规续签和新签10个维修、基建施工、供暖和供水等专业合同。先后组织实施办公区自行车棚防锈刷漆及照明安装，宿舍区楼梯间、楼梯扶手、围墙的粉刷，河西宿舍树穴椅安装等零星工程，完成市机关办公区和市人民会堂的空调清洗维修工作。加强会服管理，强化技能培训，促使会服保障管理有效提升。全年保障大小会议1200场次，其中800人以上的大型会议、桃都讲坛及文艺活动21场次。

【联系服务群众】 及时解决群众反映问题，共接收3650000民生热线群众诉求21件，答复率100%，群众满意率达100%；先后为宿舍区和包保村广大群众解决问题73件。持续强化创城工作，成立包保责任区和对应督查工作小组，在市创城办3次督导检查中均名列前茅。强化精准扶贫力度，制定切实可行、步骤明确的脱贫实施方案，图板展示脱贫措施项目，促进包村帮扶工作持续发力。全年多渠道筹集资金70万元，硬化村内道路，新建绿化花池和排水沟，改善村容村貌；新开水井解决群众吃水难问题；安装健身器材、增设户外扩声音响、组建文艺队伍、打造健身广场；募集图书筹建农家书屋，绘制社会主义核心价值观、邻里和睦为主题的墙绘，活跃村民文化氛围；发展蓝莓和樱桃种植，注册企业网店，发展电子商务，促进村集体和贫苦户增收。

（刘洋）

外事侨务

【概况】 市人民政府外事办公室、市人民政府侨务办公室与市旅游局合署办公。2016年，市外侨办以促进全市经济、社会发展为目标，坚持“引进来”与“走出去”相结合，依法维护归侨、侨眷的合法权益，在对外友好交往方面下功夫，配合协调处理各类涉外事件，加强对外经济交流与合作，维护社会稳定，服务全市经济和社会发展。

【出访与接待】 ①规范因公出国审核上报管理。全年审核上报因公出访团组10批24人次，拓宽宣传肥城对外优惠政策，引进大项目、大企业及高技术人才的渠道。②服务企业国外邀请审核报批。全年为企业审核报批办理国外邀请函5批8人次，做到随到随办，为企业对外交流和引进专家、人才和技术搞好服务。③到肥考察团组接待工作。接待悉尼大学商学院考察访问团1例，迎接访问团就高管教育培训、学生实习交流等方面内容的参观访问。

【侨务工作】 贯彻落实“三侨考生”工作，上报高中段“三侨考生”1例，服务归侨侨眷。开展贫困归侨侨眷帮扶，贯彻落实《山东省归侨侨眷权益保护条例》，开展贫困归侨侨眷精准识别工作，并组织贫困归侨侨眷参加省侨办开展的职业技能培训班，为下岗失业、待业及有就业愿望的归侨侨眷提供学习平台。加大对外宣传联络，创新形式，与老华侨、海外侨社团保持联系，掌握其在外状况，不断加深友谊，为吸引外来投资开发奠定基础。

（范卉卉）

中国人民政治协商会议肥城市委员会

重要会议

【政协八届五次全委会议】 3月1—3日，政协第八届肥城市委员会第五次会议召开。会议听取并讨论市委书记张成伟在开幕会上所作的重要讲话；听取讨论并一致同意何敬鹏代表八届市政协常委会所作的政协常委会工作报告和杜尊春所作的提案工作报告；列席市十七届人大五次会议，听取并讨论《政府工作报告》及其他报告；听取14位委员的大会发言，书面印发9位委员的发言材料，市长常绪扩在听取委员发言后做重要讲话；对优秀政协委员及优秀提案、提案办理先进单位、提案工作先进个人进行表彰；审议通过八届五次会议提案审查情况的报告；审议通过大会政治决议；何敬鹏以“劳动”为主题作闭幕讲话。

【政协常委会议】 2016年，市政协共召开常委会议4次。2月

28日，召开八届十七次常委会议。听取市委常委、副市长王爱新代表市政府所作的《政府工作报告》（征求意见稿）起草情况说明；协商讨论《政府工作报告》（征求意见稿）；听取市政协八届五次会议筹备工作情况的说明；审议通过关于召开政协第八届肥城市委员会第五次会议的有关事宜；审议通过《关于表彰优秀政协委员的决定》《关于表彰优秀提案、提案办理工作先进单位和提案工作先进个人的决定》；审议通过有关人事事项；审议通过本次常委会议决议；何敬鹏作重要讲话。3月2日，召开八届十八次常委会议。协商审议八届五次会议的政治决议（草案）。6月13日，召开八届十九次常委会议。传达学习习近平总书记在全国科技创新大会等会议上的重要讲话精神；通报政协肥城市委员会2016年协商工作计划；审议通过有关人事事项；何敬鹏作重要讲话。8月23日，召开八届二十次常委会议。会议听取并分组讨论市委常委、副市长王爱新代表市政府所作的《全市上半年经济社会发展和政协提案办理情况通报》；何敬鹏作重要讲话。

（李金钢）

4月11日，市政协主席何敬鹏（左四）带领部分委员视察城市社区建设管理

主要工作

【调研视察】 1月30日，省政协主席刘伟到肥城走访慰问困难职工、群众，视察基层政协工作和全市经济社会发展情况。查看新城街道政协委员联络室、春秋古城及中国桃文化博物馆、农大肥业科技有限公司、云宇集团有限公司等现场。4月11日，视察城市社区建设管理，实地查看赵庄、贵和、同圆、向阳、桃都等社区场所。围绕社区用房、社区服务、人才队伍建设等方面提出意见和建议。5月6日，视察城市管理工作，实地查看数字化城管指挥中心、蓝色港湾垃圾运转站、康汇大街垃圾运转站、陈刘临时摊点群、金牛山大街等现场，对创建文明城市、加强城市管理提出意见和建议。6月15日，视察残疾人工作，实地查看于乐静推拿按摩诊所、市残疾儿童康复中心、市特殊教育学校、鲁岳化工有限公司等现场。对保障残疾儿童的心理健康、落实相关政策法规、推动残疾人事业发展提出意见和建议。7月1日，到泰西抗日武装起义旧址——空杏寺开展重温入党誓词活动，并集体收看庆祝中国共产党成立95周年大会实况。同月19日，组织开展全市重点产业园区建设工作专项视察。8月20日，开展“提升全市工业企业装备水平”专题协商会。同月22日，召开统筹解决中小学大班额问题对口协商会。同月25日，召开对口协商会，围绕推进农村改厕、改善农民居住环境建言献策。实地察看潮泉镇百福图村、仪阳街道黄柏山村、鱼山村改厕现场，听取相关情况介绍。9月8日，视察食品安全监管工作，实地察看金辉超市、河西花苑饺子王、河西幼儿园食堂、人防超市、文化南路便民市场等现场，并召开座谈会，围绕加强食品安全监管、保障群众“舌尖上的安全”提出意见和建议。同月14日，召开专题协商座谈会，围绕土壤污染防治问题建言献

策。10 月 28 日，市政协召开专题协商会议，围绕建设“秀美肥城”建言献策，助推市委市政府加快“秀美肥城”建设重大决策部署贯彻落实。

（刘衍军 李光 廉兴军）

【提案工作】 政协委员和政协各参加单位共提交提案 163 件，经审查立案 149 件。市委、市政府高度重视，各承办单位积极办理，立案提案均得到及时办复。其中已经落实 102 件，占 68%，列入计划落实的 42 件，占 28%，因客观因素和条件限制一时难以落实的 5 件，已向委员作出解释说明。提案委与政府办公室、督查局联合对 13 件重点提案承办单位进行上门督查，效果明显。市督查局将提案办理列入对承办部门的督查和考核，作为年底评议部门的重要依据。市政府办公室把提案办理作为政务督查的重要内容，定期督导，进一步促进提案工作。长山街拆除中间绿篱，结合供暖管网建设已全面改建完成；城乡公交已先期开通石横、王庄两条线路；建立公共自行车租赁服务系统，列入 2017 年为民所办十件实事之一，首期建设公共交通站点 25 个，投放 500 辆自行车，年底投入使用。

（杨秋黎）

【文史工作】 年内，发挥文史资料“存史、资政、团结、育人”的社会功能，开创领导高度重视、委员积极参与、各界广泛关注、业务不断创新的文史资料工作新局面。①编辑出版《肥城五千年》。该书是肥城历史文化简明读物，以推广普及肥城优秀传统文化为目标，以大众读者为阅读主体，于 2016 年 3 月由现代出版社出版。全书共 15.6 万字，以时间为序，从肥城历史起源直至新中国成立前，纵贯上下五千年，将发生在肥城大地上的重要史实、历史事件、文化现象、历史名人、地方风物等，以通俗易懂的条目式文字安排布局，涵盖肥城境内政治、经济、文化等各个领域，勘误部分以往肥城同类书籍中的有关内容，补充新发现史料，吸纳最新研究成果，为简洁明了的普及性地方正史文献。书名借鉴优秀历史读物《上下五千年》对中国历史所采用的古代传统说法，用“肥城五千年”代指整个肥城历史。②出版《君子之邑文丛》肥城历史文化系列普及读物。由肥城市左丘明文化研究院编撰，于 2016 年 3 月由中国出版集团现代出版社出版。该丛书由市政协副主席、市左丘明文化研究院院长杜尊春主编，以史祖左丘明故里——肥城为背景，以文史和诗歌、散文等形式，对“君子之邑”肥城的历史文化作多角度、全方位的观照与表述，为推广普及乡土文化、弘扬优秀传统文化的一有益尝试。《君子之邑文丛》共 6 册，分别为《肥城五千年》《甲午书简》《眉园韵》《桃源钓月》《跟我游牛山》《趣味习字歌》。作者全部为市左丘明文化研究院研究员。③召开海源阁·陶南别墅藏书文化座谈会。4 月 9 日，海源阁·陶南别墅藏书文化座谈会召开。聊城大学运河学研究院副院长、教授、海源阁历史文化研究专家丁延峰，聊城市海源阁图书馆馆长、海源阁管理处主任李付兴等专家学者参加会议。与会人员实地察看陶南别墅旧址。④召开《山东省志·左丘明志》评稿会。6 月 13 日，《山东省志·左丘明志》评稿会在市人民会堂召开。省政府办公厅党组成员、史志办主任刘爱军，省史志办副主任刘娟，泰安市副市长成丽，肥城市领导常绪扩、王立军、何敬鹏、杜尊春以及左丘明文化研究专家学者出席评稿会。⑤编辑出版 2 期《左丘明文化》。继 2015 年创刊出版 2 期后，2016 年编辑出版 2 期（累计出版 4 期）。推出史祖研究、君子文化、文本之外、儒学讲堂、书林拾叶、肥城春秋、乡贤遗踪、历史名人、史海钩沉、民间拾遗、地名文化、肥城梨园、书轩藏陶、旧时光影、文化校园等栏目 15 个，刊发学术论文 28 篇。刊登葛志毅、耿天勤、周郢等国内高校和科研机构专家学者及本地作者质量较高的稿件，受到中国社会科学院、孔子研究院、中国人民大学、中国石油大学、大连大学、山东大学、山东师范大学、山东农业大学、曲阜师范大学、泰山学院等高校、科研机构和部分高校图书馆以及高端媒体的关注，在民间学者和读者中产生积极影响。⑥完成对上供稿任务。完成省政协编纂的《记忆山东》丛书之《记忆齐长城》、泰安市政协编纂的《记忆大汶河》史料征编任务。

（邓凡玉　冯伟）

人民团体

总工会

【概况】 市总工会下设工人文化宫、困难职工帮扶中心、职工维权中心3个股级事业单位，工会贸易大厦1个企业单位，内设办公室、组织部、宣教部、法律民管部、生产保护部、女职工部、财务部、生活保障部8个部室，共有行政人员10名，事业人员12名，企业人员12名。全市共有单独工会组织2115家，工会联合会58家，涵盖单位507个，会员18万余人。2016年，围绕重点工作任务，履职尽责、担当作为，各项工作均取得良好成效。①开展职工技术创新竞赛活动。全市参赛职工人数累计达7.5万人，开展各类劳动竞赛550余场次，职工提合理化建议5600条，采纳1750条；组织评选技术创新能手660人，评选先进班组360个；培树劳模创新工作室，全市4家泰安市级、5家肥城市级劳模创新工作室申报发明专利261项，帮助企业解决技术难题650项，创造经济效益2.6亿元。②开展“查保促”活动。全年举办安全演练活动38次，举办安全技能培训班42期，参与职工3600人；开展“查保促”活动现场观摩会1次，开展安全生产知识答题竞赛活动2次，举办全市职工“讲身边安全人、说身边安全事”演讲比赛。③困难职工解困脱困工作。全年累计救助困难职工、困难劳模、困难单亲女职工600余人，发放救助金60万余元；开展各类培训班5期，培训下岗职工、大学生360余人；培树省级工友创业园1家，泰安市工友创业园1家，肥城市工友创业园3家，带动职工就业1400余人。④和谐劳动关系构建。评选省级劳动关系和谐企业2家，泰安市级30家，肥城市级327家；建立劳动争议调解委员会125个，工会劳动法律监督员发展到658人；签订工资专项集体合同1801份，覆盖企业1926家，签订女职工权益保护专项集体合同460份；已建工会的非公有制企业厂务公开、职代会建制率均达到98%以上。⑤女职工心灵关爱。以“品质女人、品质生活”为主题，开展系列沙龙活动：每周四下午举办瑜伽健身课，周五下午举办中国画培训班，周六下午开展心理沙龙活动;同时，开展法律知识宣传、“一封家书”征文、“不忘初心、继续前行”女职工学习等活动，让女职工身心更加健康、素质更加全面、内涵更加丰富。2016年，被山东省总工会评为“‘齐鲁文化大道’品牌创建工作先进县（市、区）总工会”。

（陈超）

【职工维权工作】 “五位一体”，推进工资集体协商工作提质增效。①宣传发动到位，营造协商氛围。充分发挥新闻媒体、网站、《今日肥城》等宣传阵地的作用，突出宣传报道工资集体协商在增加就业岗位、维护职工权益和社会稳定的积极作用。②摸排底数到位，明确协商任务。按照“三清二促一提高”的目标，要求企业数目清、开展要约的企业清、企业开展要约的情况清，促进企业和行业、区域工资集体协商制度的规范化建立，促进职工工资与企业效益协调增长，工资集体协商的企业数目明显提高。③突出重点到位，规范协商操作。根据企业实际，从职工工资分配方面迫切需要解决的突出问题入手，先易后难，循序渐进，注重实效，逐步提高。④明确责任到位，强化协商督导。对各镇街围绕如何选举协商代表、如何向企业提出要约书、要约书的内容、协商资料、意见的收集汇总、如何确定协商的方案、协商的内容，如何建立专业的协商指导员队伍和规范协商程序等方面进行指导。⑤建立机制到位，保障协商顺利。建立定期报告、定期通报、定期检查、督查验收等制度，把推进企业工资集体协商作为项目工程来运作。全市90%的企业开展工资协商，覆盖职工95%，达到企业与职工双赢。

年内，厂务公开民主管理工作在全省列第三名。

（辛城）

【困难职工帮扶】 开展“互联网+工友创业行动”，推动工会精准帮扶，985名困难职工实现就业再就业，其中再就业300名、转岗190名、创业安置390人、企业吸收105名，1032名困难职工基本实现脱贫解困。探索奏响“帮扶三部曲”。①就业帮扶曲。加强教育培训，开展办公软件、图形图像处理、电工、焊工、月嫂、电子商务等专业技能培训班16期，培训困难和下岗职工1700余人次；培树华联超市连锁、颐高电子商务产业园等工友创业基地15家。②济困帮扶曲。发放惠员卡1.5万张，扩大大病医疗互助会、爱心基金会、企业联合互助会、商业保险“五种医疗互助模式”覆盖范围，全市职工参加人数达到5494人次，筹集互助资金337万元，救助特困职工268人，发放救助金112万元。做好“金秋助学”“冬送温暖”帮扶救助品牌，救助困难职工及贫困大学生172名，发放救助金36.8万元。③特殊帮扶曲。通过泰山大姐家政服务公司对150名煤矿工人家属进行专业月嫂、育婴师培训，使矿嫂变成月嫂，实现再就业；与山东达润兴工贸有限公司达成用工协议，成功介绍40名下岗职工就业；重新安置山东能源集团肥城矿业公司170余名下岗工人到市属重点企业再就业，维护社会稳定，实现工会工作的顺利交接。

（李会）

【肥城市工会第十二次代表大会召开】 7月7日，肥城市工会第十二次代表大会召开。大会选举产生新一届委员会委员、经费审查委员会委员和新一届领导班子。市总工会主席陈方代表市总工会第十一届委员会向大会作工作报告，对过去五年工作进行回顾，并对今后五年工作作具体部署。之后，召开市总工会十二届一次全委会会议，选举产生市总工会新一届领导班子和常务委员。陈方当选为市总工会第十二届委员。

（张金杭）

【劳动模范管理服务工作】 推荐泰安市劳动模范和先进工作者12人。加大劳模创新工作室培树力度，坚持团结协作、集思广益、积极探索、勇于创新的工作理念，注重因人制宜、发挥专长，经济和社会效益显著。全市各级劳模创新工作室帮助企业解决技术难题650多项，申报发明专利260多项，创经济效益2.6亿元。肥城金塔供机械有限公司劳模创新工作室成立后累计有20项成果被评为国家实用新型专利，8项获授权国家发明专利，1个项目列入国家火炬计划项目，20项成果荣获省级表彰，36项成果荣获市级表彰，企业高新技术产品年销售收入占总收入的比例达65%以上，实现社会节能量超过10万吨标准煤，为企业发展作出突出贡献。

（尹延宝）

【厂务公开民主管理取得新突破】 9月8日，迎接全国厂务公开民主管理调研检查工作组到肥城市调研检查厂务公开民主管理工作，调研组先后查看精制盐厂、山东鲁泰科技有限公司、山东云宇机械有限公司、市总工会现场。至年末，肥城市企事业单位职代会建制率达100%，规模以上民营企业建制率达95%，厂务公开覆盖面达到98%，共有28家企事业单位被评为省、市厂务公开民主管理先进单位，肥城市先后被评为“全省民主管理工作先进县市区”“泰安市厂务公开民主管理工作先进单位”。

（辛城）

共青团

【概况】 至年末，共青团肥城市委（以下简称团市委）行政编制6个，机关工勤编制1个。全市有基层团（工）委43个，团总支65个，团支部1208个，团员4.2万余名，专兼职团干部930名。2016年，团市委主动作为，服务全市经济社会发展，服务青少年成长成才，团结带领广大团员青年为全市“五城建设”做贡献。①服务青年创业就业。开展“走进青年——我与返乡青年话创业”活动，呼吁引导外出返乡青年开展创业。发挥团属新媒体平台作用，推送青年创业、电子商务、跨境电商方面的专题信息110余条。②开展典型宣树工作。开展“桃都十大青年新锐（优秀）电商”评选，在全市范围表彰。做好优秀青年对上推荐。泰安市天瑞生态农业发展有限公司荆海军被评为全省“农村致富带头人”，并被泰安确定为全国致富带头人推荐对象。肥城市文化馆馆员庄媛荣获泰安市第十届“泰安十大杰出青年”荣誉称号。桃园镇东里一村村民张朋被评为“泰安最美青年”，汶阳镇东高于村村民赵西鹏荣获“泰安最美青年提名奖”。推荐东兴茶叶合作社陈云加入山东省青年联合会，推荐阴丽云、王德君2名同志参加全省“农村青年电商带头人”评选，8名同志参加泰安市“农村青年电商带头人”评选。③开展创业资金扶持。开展“鲁青基准贷”项目申报，完成440万元的贷款授信额度，惠及创业青年所在企业7家。同时，开展2015年度“鲁青基准贷”项目的贴息工作，为2家企业争取财政贴息4.8万元。联合市农商银行、市广播电台开展“青春相伴·爱满七夕”青年联谊活动，60余名机关事业单位青年参加。联合市委组织部开展以“飞扬青春心向党，扎根基层当先锋”为主题的全市大学生村官演讲比赛，50名村官参加活动。青少年维权中开展“两法一条例”宣传，参与制定全市《关于加强未成年人保护做好控辍保学工作的实施意见》，学习贯彻《山东省多元化解纠纷促进条例》，加强对青少年合理诉求的教育引导和服务。年内，团市委先后荣获山东省“牵手关爱行动”首批优秀组织奖、山东省青年志愿服务先进集体、泰安市红旗团委、泰安市青年公益志愿服务优秀集体、肥城市信访工作先进单位等荣誉称号。

【桃都青少年牵手基金】 5月4日，由肥城团市委发起的桃都青少年牵手基金（以下简称基金）正式成立，成为充分发挥共青团组织化和社会化动员优势，通过广泛整合社会资源而搭建的共青团参与精准扶贫的重要载体。基金经山东省青少年发展基金会授权，面向社会筹集资金，是全省成立的首支由县级共青团主导的青少年关爱基金。基金来源主要是对上争取相关项目资金、爱心企业及社会爱心人士自愿捐款、策划公益众筹项目等。基金账户设在山东省青基会，由山东省青基会开具捐赠收据并设立专账专人管理，做到专款专用。基金帮扶对象主要是全市范围内6—18周岁因家庭特别困难或特殊原因亟需救助的青少年群体，主要包括孤儿，单亲家庭子女，农村留守儿童，因病、因灾、因祸等原因导致家庭生活特别困难确需救助的，其他情况需要救助等几类情况。基金用于给生活贫困的青少年发放助学金，针对贫困青少年开展体验性、成长性的教育活动及其他情况。年内，通过争取各级政策项目扶持，爱心企业和爱心人士捐赠，开展“为爱牵手·让爱成长”公益集市活动和“手拉手同成长·助力牵手基金”爱心捐赠活动等方式，共筹集资金41.88万元。同时，依托“牵手关爱行动”“心手相牵·感悟城市”等活动载体，救助各类贫困青少年230名，发放救助款物共计128648元。基金还同步开通微信公众平台（微信号：tdqsnqsjj），实现信息发布、事项公示、网络募捐、心愿认领四大功能。基金的筹集和使用情况通过微信公众平台完全向社会公开，接受各级党团组织和纪委、审计等部门的监督。2016年，通过平台发布8期实现80名孩子的微心愿，并分别为1名白血病儿童及1名尿毒症儿童开展网上募捐。

【团的基层组织建设】 重点强化基层团组织覆盖和各类团青队伍建设，提升组织动员团员青年的能力。巩固扩大团的基层组织。开展区域化团组织格局创新工作，在青年自组织、农村青年专业合作组织等新兴领域建立“两新”组织建团398家。推动城乡区域化团建，在3个街道组建区域青年工作共建委员会。按照建设青年工作委员会的要求，辖区15个镇、街（区）青年工作委员会全部建成并发挥作用。建成青年之家10处，其中4处被团省委命名为第一批青年之家。实施基层活力提升工程。联合市委组织部转发泰青联《关于进一步加强镇村团组织建设的意见》，确保每个村（社区）、每个基层单位都“有班子、有责任人”。制定团市委班子成员分片区联系镇街制度，指导督促基层单位加强团组织建设。

【青年志愿服务】 加强与公益组织联系，组织开展“志愿青春·跃动桃都”公益志愿系列行动、“爱传百校”大型公益爱心捐助乡村百校活动、“迎七一青年志愿服务关爱老党员”等系列志愿服务活动。新城赵庄、老城乔庄两个社区青年志愿服务站分别通过省市检查验收。蓝水滴和爱心公益协会在全省第二届青年志愿服务项目大赛上荣获铜奖，并参与“青春扶贫·益暖齐鲁”贫困青少年关爱项目争取。团市委荣获山东省牵手关爱行动优秀组织奖，市青年志愿者协会被评为山东省青年志愿服务先进集体，边院、仪阳、潮泉、中医院等4个单位被评为泰安五四青年公益志愿服务先进集体。

【青少年理想信念教育】 把握建党95周年、红军长征胜利80周年等重大时间节点，开展主题教育实践活动，深化社会主义核心价值观教育。清明节开展“党旗耀光辉、薪火代代传”主题团队日暨革命传统教育活动。“五四青年节”组织镇街团（工）委开展各种纪念五四运动97周年活动。实验小学于冠英同学获山东省好少年提名奖，18名中小学生被评为泰安市美德少年。

（张天宇）

妇女联合会

【概况】 市妇联编制7人，下设市妇女儿童工作委员会办公室，编制3人，辖15个镇街区妇联、605个村妇代会、12个城市社区妇联、62个机关事业单位妇委会、89个“两新”妇女组织、850个女职工委员会。年内，市妇联以“巾帼建新功·共筑中国梦”为引领，积极作为、务实创新，重点突破、整体推进，引领妇女积极参与美好肥城建设，全市妇女工作实现新发展。肥城市被确定为省实施妇儿发展“十三五”规划示范县，市妇联荣获省“三八”红旗集体、省“幸福进家”先进集体、泰安市家庭教育先进单位等荣誉称号。

【巾帼创业就业】 推进妇女创业就业和“巾帼脱贫行动”，引领城乡妇女巾帼建功创业。加强调研，掌握妇女创业就业和贫困妇女现状。对15个镇街区手工编织加工、乡村旅游等妇女创业情况进行调研，确立潮泉恒昌农业、桃子姑娘生态农场等五处巾帼创业示范基地。为解决“要扶谁”问题，发动镇街村妇女干部深入到户，对留守妇女、单亲母亲、患病母亲、春蕾女童等四类弱势人员分门别类进行筛选，建立贫困女性登记台帐。多方联动，助力妇女创业脱贫。组织召开妇女创业就业暨“巾帼脱贫行动”现场推进会，救助贫困母亲100名，“桃都木兰汇”成员自愿选取了3—5户作为帮扶对象，实现“小康路上、你我同行”的目标。协调中国妇基会，先后在边院镇、汶阳镇举办公益培训活动，培训妇女280余名。联合举办全市农民绘画技能培训班、电子商务培训班，培训妇女110余名。开展巾帼创业“村村通”工程暨女性安康“千百万工程”，培训妇女260余名，全市80余名妇女获得政保专员资格。联合中国人寿泰安分公司开展“关爱贫困母亲”保险捐赠活动，为100名贫困母亲发放每人5万元的女性安康保险。品牌引领，带动妇女就业致富。以“桃都大姐”服务品牌为引领，成立桃都大姐家政培训学校，培训妇女1000余名，其中600余名妇女取得资格证书，灵活安置妇女就业260余名。强化服务指导，推进妇女创业发展。落实妇女小额担保贷款财政贴息政策，联合举办“就业帮扶 真情相助”集中招聘活动、“大众创业、万众创新”宣传推介活动，全年共帮助562名妇女贷款5105万元、贴息546万元、提供妇女就业岗位2600个。

【引领妇女共创和谐】 围绕培育践行社会主义核心价值观和创建

全国文明城市，组织妇女弘扬和谐精神、培育文明新风。组织开展“寻找最美”系列活动。从330余名候选人中评选出最美创业女性、最美家庭、最美母亲等8个类别16名典型代表，举办“花映桃都——肥城市庆‘三八’暨‘寻找最美’”颁奖典礼，激发全市妇女争做最美的新热潮。深化文明创建工作。通过评选表彰“三八”红旗集体（手）、巾帼文明岗、“好婆媳”“美好家庭”标兵户等先进典型，引领妇女在传承文明、弘扬新风中发挥独特作用。联合举办“助力创城，舞动桃都”四德歌广场舞电视大赛，激励妇女参与创建文明城市。开展家庭文明建设活动。启动“全民阅读进家庭”，开展“我爱我家·同悦书香”亲子阅读、“享乐成长·爱满家园”“最美家庭讲家风”等系列活动，提高家庭文明素质。深化“新农村新生活”培训。整合多方资源，举办妇女心理调适、亲子关系沟通以及农业技术技能等讲座、现场指导、知识竞赛等活动，累计培训妇女14万人。推进家庭教育宣传实践。先后举办“培育情商，幸福家庭”“开启孩子的智慧密码”“会阅读的孩子更成功”等家庭教育公益讲座。组织参与第三届山东省儿童少年“传承好家风·共圆中国梦”书画摄影大赛，43幅书画摄影作品获奖。评选表彰40名“桃都好少年”，促进未成年人思想道德建设。

【维护妇女儿童权益】 整合社会资源，服务妇女民生，为妇女儿童办实事、做好事。编制实施妇女儿童发展规划。组织编制《肥城市妇女儿童发展“十三五”规划》，为今后五年全市妇女儿童发展提供指导性文件。关爱困难妇女儿童。多方争取资金，救助贫困母亲500多名、“最美女性”6名、春蕾女童60名。协调山东小海豚文化传媒股份有限公司向潮泉镇中心小学捐赠价值10万元的图书。实施第三轮全国农村妇女“两癌”普查项目，免费筛查农村妇女1.32万名。以反家暴为重点进行普法宣传。开展维权周、宣传月、知识竞赛等活动，引导妇女学法守法。开展妇女信访代理工作，处理信访问题，发挥妇女维权站（点）的作用，协调推动解决信访案件43件。

【妇联组织自身建设】 开展“两学一做”专题教育，加强自身建设，提高妇联干部干事创业能力。选聘兼职妇女干部得到落实。加强基层妇女组织建设，全市共选聘妇女干部1274名，其中镇街妇联副主席、执委37人，社区妇联副主席、执委25人、村妇代会成员1212人。基层组织和阵地建设全面加强。结合城市社区建设，加强妇女组织和阵地建设，妇联组织，妇女之家、妇女维权驿站、温馨话吧等阵地逐步完善。指导老城乔庄社区建成省级妇女儿童家园。网上工作水平得到提高。建立全市妇联干部微信群、桃都女性微信、微博公众号，倾听妇女呼声，及时回应妇女关切问题，使妇女群众能随时找到组织、参加活动、得到服务。

（李莉　卢莹莹）

工商联

【概况】 市工商联定编6人，在编在岗6人，在组织建设、参政议政、服务经济建设、光彩事业、非公有制经济组织党的建设等方面开展工作。年内，新发展会员140家，新成立商会2家，走访非公有制经济企业、个体工商户20余家，听取意见建议10余条。服务经济建设，为会员企业提供政策、技术、人才等信息30余条，解答法律咨询10余件。被评为全国和山东省“五好”县级工商联。

【组织建设】 按照“抓基础、强制度、增活力”的方针，坚持原则、严格程序，严把标准，注重发现培养典型，有计划地选拔政治素质高、社会贡献大、有一定参政议政能力的非公有制经济代表人士，优化会员队伍结构，新发展会员140家。制订培养计划，举办培训班两期，采取理论学习、到企业实地参观考察，选派优秀非公经济人士赴浙大等方式进行培训。新成立肥城市济南商会、肥城市酒店服务业行业协会。规范商会组织工作制度以及发挥商会和商会党支部的作用，健全会长办公会制度、值班制度、档案管理制度等，为会员企业提供融资贷款、技术、信息、培训，解决经济纠纷、权益纠纷等维权方面的服务。餐饮商会举办厨艺、摆台等技术比武大赛；水产品商会为会员解决困难，协调资金，提供援助；金桃都商会查处假冒伪劣产品，增强品牌意识；维护会员合法权益，减轻会员在人防工程建设中的损失。

【参政议政】 深入基层开展调研活动，共走访非公有制经济企业、个体工商户20余家，听取意见建议10余条，并及时反映给市委、市政府，为发展决策提供依据。组织部分企业家和商会负责人围绕优化民营企业发展环境和精准扶贫召开座谈会。坚持重视发挥工商联非公有制经济代表人士中人大代表、政协委员的作用，在“两会”上共提交议案、提案和大会发言28件，2件被列为重点提案，4名工商联界别委员做大会发言。

【服务经济建设】 围绕融入济南都市圈工作，加强与省工商联、济南历下区和历城区工商联的联系。加强与省内异地商会的联系，宣传推介肥城。品桃节期间邀请山东省广东商会、福建商会、江苏商会等商会到肥城市进行考察。组织召开肥城在外人士新春座谈会，邀请70多名肥城籍在外知名企业家回乡参加投资创业。10月，返乡企业家阴文凯投资5000万元建设的“鲁运汽车交易中心”正式落地运营。持续开展人才、银企、科技“三对接”活动。组织5家会员企业参加高校人才专场招聘会；多次到全联科技处为金塔集团争取民企进军工项目。共为会员企业提供政策、技术、人才等信息30余条，解答法律咨询10余件。

【光彩事业】 向广大非公经济人士发出倡议，引导非公企业落实社会责任，多途径参与扶贫。成立扶贫领导小组，制订扶贫开发工作方案，深入企业、省市级贫困村进行座谈调研。鼓励支持民营企业立足于自身行业，在扶贫济困、帮老助幼、支教助学、科技推广等方面开展志愿服务活动，吸纳贫困村贫困家庭劳动力就业、以产业发展带动贫困村脱贫。两个省级贫困村与企业签订帮扶协议，10家企业与贫困村进行对接帮扶。鲁泰科技公司无偿提供资金10万元，帮扶老城街道田花峪村发展有机菜种植和光伏发电项目；东晨物业公司吸纳贫困村村民100余人就业；华联商贸公司扶持张花村养蜂，无偿提供蜂箱、蜂王和管理技术，帮扶30户60多箱蜂。

【非公有制经济组织党的建设】 全市共有非公企业544家，党员10071人，建立党组织277个，党组织覆盖率达到97.24%，选派党建工作指导员1000余名。履行党建工作“第一责任人”职责，研究制定非公企业党组织、党组织书记责任清单，明确11项党建任务；层层签订非公有制企业党组织书记目标责任书，压实党建责任。对非公企业进行全方位、立体式摸底排查，全面掌握企业基本情况、党建工作开展情况，建立工作台账，实行动态管理。通过内部选优、上级选派、社会选聘等方式，选优配强党组织书记。实施“党务工作志愿者行动计划”，建立2096人的党务工作志愿者人才库。开展“双诺双评”活动和“递进培养工程”，把员工中的优秀分子培养成党员，把党员培养成生产经营骨干，把党员生产经营骨干培养成政治素质高、管理水平高的优秀人才。开展党员“亮创争”活动，设置“党员责任区”“党员先锋岗”，组织党员主动亮明身份，在生产经营、技术攻关、产品销售、节能减排等方面创出业绩、争当先锋，推动企业健康发展。

（王萍）

社科联

【概况】 市社科联全称肥城市社会科学界联合会，成立于2015年，主要承担管理和协调市级社会科学门类的学会、研究会的工作，指导镇街社会科学团体的工作；组织开展各类社会科学学术活动，受委托组织开展社会科学学科项目联合攻关，依据省人大批准的《山东省社科普及条例》，

5 月 18 日，肥城市社科联成立揭牌仪式举行

开展社会科学普及活动；组织社会工作者参与决策论证、项目评估和成果鉴定等咨询服务活动；组织实施社科成果评奖工作；开展学术交流，促进学科建设，培养壮大社科理论队伍，维护社科工作者合法权益；编辑出版社科刊物；承担市委、市政府交办的其他事项。2016 年，立足本职工作，发挥桥梁纽带作用，参与社会科学工作，基层社科工作开创崭新局面。

【社科普及】 先后举办"社科知识大篷车进基层""桃都讲坛"等活动；成功举办齐鲁讲坛——泰安分坛暨"两学一做"活动辅导讲座；贯彻《山东省社科普及条例》，开展社科普及周活动，采取举办展览、讲座、文艺表演等形式开展富有特色、贴近群众、贴近生活的系列社科普及活动。与司法、科协、教育等市直单位联合举办科普宣传活动，通过现场悬挂条幅、设立彩虹门、咨询台等方式，向广大群众宣传讲解与生活息息相关的科普常识。各镇街利用乡村集市，开展"科学赶大集"活动，通过发放宣传材料、科普读物、现场演示等方式，揭示科学真理，戳穿伪科学的把戏。在村级将科普知识上墙，纳入精神文明一条街，定期更新维护，让科普知识深入人心。至年末，陆房突围胜利纪念馆、泰安毛公山红色文化博物馆、白云书院为泰安市社会科学普及基地，新城街道古店社区、沙窝社区、孙庄村，王瓜店街道黄叶村，高新区蒋庄社区、穆庄村 6 个村被评为省级社科示范村。

【社科研究】 围绕市委中心工作，组织动员社科工作者精心选题、集体攻关，组织策划有分量、有影响的重大社科研究课题，申报市级社科课题和社科优秀成果评选，先后获得一等奖 2 项，二等奖 5 项，三等奖 8 项。至年末，市委党校副校长乔宏伟、教研室主任段绪恒被评为泰安市社科专家，左丘明文化研究院被评为泰安市社科研究基地。

（刘家山　蒋海燕）

法治·军事

法治·军事

法治综述

【概况】 市委政法委领导全市政法机关防控各类风险，推进平安建设、法治建设、社会治理和过硬队伍建设，维护社会大局持续和谐稳定。构建多层次、全方位、立体化社会治安防控体系，推动“天网工程”深度应用，深化社会化治安大巡防；贯彻严打方针，坚持反恐怖、反邪教斗争常态化，重拳整治突出治安问题；推进司法体制改革，全市遴选员额法官54名，员额检察官37名；创新执法监督形式，加强司法规范化建设，支持政法机关依法独立行使职权，推动司法公信力不断提升；加强政法干警廉洁从警教育、职业道德教育和纪律作风教育，落实管党治党政治责任，营造风清气正、干事创业良好生态。

【社会治安综合治理】 4月11日，市社会管理综合治理委员会更名为市社会治安综合治理委员会。年内，围绕提高人民群众安全感和满意度目标，以落实综治领导责任制为核心，强化督查推动，严格考核问责，持续加强对社会治安综合治理的组织领导；全力构建全覆盖、全时空、立体化社会治安防控网络，高标准打造“警网”，科学布控“地网”，加快升级“天网”，创新发展“民网”，不断提升治安防控能力；持续开展严打整治斗争，相继组织开展安民行动、夏季攻势、秋季攻势等系列严打行动，以及校园及周边、铁路沿线等重点区域治安整治专项行动；全方位开展矛盾纠纷排查化解，调解各类矛盾纠纷1957件，调结率99.6%，最大限度地减少不稳定因素；创新社会治理机制，完善社区网格化管理，加强重点人群管理，夯实基层基础，推进基层平安创建活动，维护社会大局持续稳定。2016年度全省群众满意度电话访问中，肥城市“社会治安”满意度位列泰安市各县市区首位。

天网工程

【执法监督】 贯彻落实《领导干部干预司法活动、插手具体案件处理的记录、通报和责任追究规定》《山东省领导干部干预司法活动、插手具体案件处理的记录、通报和责任追究实施办法（试行）》，确保司法机关依法独立公正行使职权。成立案件评查小组，分别进驻法院、检察院、公安局，集中开展案件评查活动，共评查案件40件，评出优秀案件8件。指导政法各部门不断加强内部执法监督，增加执法办案行为的规范性和透明度，提高执法办案质量和效率。政法各部门制定《关于提高执法办案质效实施办法》《关于加强执法

市公安局开展知识竞赛庆祝建党 95 周年（刘洋 摄）

规范化建设的实施意见》《精品案件评选实施细则》《执法质效“一案一评”实施办法（试行）》《刑事案件执法质效考评实施细则（试行）》《严明执法责任十项措施（试行）》《“一警一审”实施办法（试行）》等文件及规定，从职业良知、法治底线、制度约束、权力运行四个环节入手，强化干警人权意识、证据意识、程序意识，确保执法决策、执法过程、执法结果等权力都在制度的笼子里运行，让人民群众在每一个司法案件中都能感受到公平正义，提升群众的满意度。

【政法队伍建设】 坚持问题导向、法治思维、改革创新，培养政治过硬的政法队伍。开展“两学一做”学习教育活动，强化理想信念教育。以学习苏庆亮同志精神、学习贯彻党的十八届六中全会精神为抓手，组织政法部门党组织主要负责人上专题党课 8 次，开展专题学习研讨 4 次，邀请专家进行专题培训 2 次，集中学习教育 800 余人次。加强干警职业能力培训，提升干警执法能力。以加强执法规范化建设为主线，在政法各部门广泛组织开展岗位练兵、跟班学习培训以及精品案件评选等活动，进一步加强干警执法能力。年内，政法部门共举办各类执法能力培训 20 余场次，受训干警达 900 余人。强化服务为民措施落实，提升服务质效。办好办实公安民安直通车、警务服务信息中心、交通事故四调合一、检察民生服务热线、法院巡回法庭、司法 12348 综合服务热线、法律援助救助热线、法律志愿服务队等 10 个载体平台，推行网上咨询、网上立案、网上服务，打造政法机关服务民生特色品牌。坚持从严治党，筑牢防腐拒变大堤。开展“作风建设年活动”“侵犯群众利益的不正之风和腐败问题专项整治活动”“廉洁自律专题教育活动”“开门评警”活动，解决政法干警在纪律作风方面存在的突出问题，提高政法干警综合素质。

【见义勇为】 年内，银宝满地香食品有限公司工人韩瑞峰被泰安市社会管理综合治理委员会、泰安市社会治安见义勇为奖励基金会表彰奖励为见义勇为先进分子。湖屯镇曹家庄村村民李志民、王福金被泰安市社会管理综合治理委员会、泰安市社会治安见义勇为奖励基金会表彰奖励为见义勇为先进群体。

（张华）

法治政府建设

【概况】 市政府办公室加挂市政府法制办公室牌子，不再保留原内设的政府法制局。市政府法制办公室重新核定行政编制 5 名，同时设立市政府行政复议办公室，为政府法制办公室内设机构，配备主任 1 名（副科级）。①强化制度建设，完善规范性文件制定程序。审查出台《肥城市重特大疾病医疗救助办法》《桃都乡村之星选拔管理办法》，严格执行统一登记、统一编号、统一公布制度，并标注有效期。对 2012 年以前制定的政府文件进行集中清理。②加强合法性审查，提高重大决策水平。依托肥城政务网，主动公布重大事项，广泛征集意见，拓宽人民群众参政议政的渠道。年内，审查市政府重大财政资金安排、重大投资项目以及制定环境保护、医疗卫生、住房建设等方面政策60余项议题合法性。审查把关以市政府名义对外签订的投资合作协议和战略合作协议，统一编号存档。政府法律顾问列席市政府常务会议8次，参与重大行政决策讨论，为市政府依法决策提供法律服务。③严格规范文明执法。编制《肥城市综合行政执法职权目录》。随机抽取10个部门2016年度已办结的120份行政处罚类案卷进行评查。严格落实行政执法人员资格管理，组织900多名执法人员参加网上在线年审考试，举办293名新上岗执法人员公共法律知识培训和考试。④改进加强行政复议和行政应诉工作。全年审结复议案件63件，参加行政应诉案件38件。配合泰安仲裁委员会在肥城设立高标准分会，宣传推广仲裁知识和业务，多元化解争议纠纷。

【依法行政组织协调和督促指导】 加强组织领导，全市依法行政工作领导小组履行牵头抓总、督导协调职责，组织全市各级各部门积极推动依法行政工作。年初召开政府法制工作会议，安排部署工作任务。11月，市十七届人大常委会第三十六次会议审议通过2016—2020年依法治市规划，出台相关决议。强化宣传引导，完善依法行政考核评议机制，将依法行政先进集体和个人纳入市级奖励表彰项目。开展依法行政示范单位创建活动，培养树立工作典型，推荐石横镇人民政府、市环保局作为泰安市依法行政工作联系点。市政府被确定为全省第二批依法行政工作联系点。

【制度建设】 ①加强政府规范性文件的监督管理。落实规范性文件备案审查制度。加强对各镇街、政府工作部门规范性文件备案审查工作，做到有件必备、有备必审、有错必纠。坚持将规范性文件的合法性、合理性和程序的规范性审查作为重点，在加强调研和充分征求意见的基础上提出审查意见。年内，审查出台《肥城市重特大疾病医疗救助办法》《桃都乡村之星选拔管理办法》，严格执行统一登记、统一编号、统一公布制度，并标注有效期。②严把规范性文件清理关。与发改局联合出台《关于开展全市公共资源交易规则清理并建立长效机制的通知》，对以市政府或政府办公室及各部门制定的有关“工程建设项目招投标、政府采购、土地使用权和矿业权出让转让、国有产权交易、特许经营权”等公共资源交易领域内规范性文件进行集中清理，对保留的规范性文件予以汇总，实行目录管理。对市政府2007—2012年制定的政府文件进行集中清理，宣布失效政府文件31件，通过《肥城市人民政府关于宣布失效一批政府文件的决定》予以公布。③完善规范性文件制定程序。通过市政府信息公开网站，设立规范性文件专栏，分规范性文件草案及意见征集公告、意见征集反馈回应、规范性文件等三个子栏目，吸收各方相关人员参与到规范性文件起草过程中来，文件制定部门通过召开座谈会、论证会、听证会等多种形式，广泛听取意见，采纳合理的意见和建议，使规范性文件制定工作步入制度化、程序化、科学化的轨道。

【决策服务】 ①落实重大行政决策程序。按照《山东省行政程序规定》的要求对政府重大决策程序进行全面修改，出台《关于印发肥城市人民政府工作制度的通知》，对政府重要规范性文件、规划计划、重大财政资金安排、国有资产处置、社会管理、有关民生及其他重大经济社会发展的事项列入重大行政决策事项，对行政决策程序进行详细规定。年内，市级所有重大行政决策事项，均严格按照制度要求全面落实重大行政决策的程序要求，确保政府行政行为的合法合规。②增强公众参与实效。依托肥城政务网，主动公布重大事项，广泛征集意见，进一步拓宽人民群众参政议政的渠道。落实行政决策听证制度，广邀社会群众、各方专家和人大代表、政协委员参加，做到“问政于民、问需于民、问计于民”。③加强合法性审查。年内，市政府重大财政资金安排、重大投资项目、重大国有资产处置以及市政府制定资源开发利用、环境保护、医疗卫生、住房建设等方面政策的60余项议题材料，均交由政府法制办进行合法性审查，最大限度降低决策风险、提升决策水平。严格落实《肥城市政府合同管理暂行办法》，对凡以市政府名义对外签订的投资合作协议和战略合作协议，一律由政府法制办审查把关，统一编号存档。充分发挥政府法律顾问作用。发挥政府法制办及8名政府法律顾问参与政府重大行政决策的作用，形成法律顾问列席政府常务会议的常态化制度。年内，政府法律顾问先后8次列席市政府常务会议，参与重大行政决策的讨论，为市政府依法决策提供法律服务。在肥矿集团移交、中节能污水处理厂特许经营权协议等会议议题讨论上，政府法律顾问提出具有建设性的审查意见，保证政府重大行政行为的合法性、科学性。

【行政执法监督协调】①理顺行政执法体制。对全市行政执法队伍的机构设置、人员编制、主要职责等基本情况进行全面梳理，结合权力清单，摸清行政执法队伍的权力事项和职责边界，编制《肥城市综合行政执法职权目录》。②加强行政执法案卷评查。10月，成立评查小组、制定下发案卷评查通知，随机抽取10个部门2016年度已办结的120份行政处罚类案卷进行评查，对评查中发现的内容表述和归档整理等其他方面的问题向执法部门进行反馈并要求限时整改。12月，省政府法制办印发《山东省行政执法文书示范文本》后，由法制办向各执法部门逐一下达通知，参照使用示范文本，进一步规范执法文书，提高行政执法水平和行政执法案卷质量。③严格落实行政执法人员资格管理。3月，正式启动行政执法人员资格清查工作，对全市各类行政执法人员的主体资格进行全面摸底和清理，依托执法监督管理平台，对编制不符合法规规定条件、年审考试未通过和已调离执法岗位的220名人员的执法证件予以收回或注销。组织执法证件年审考试。组织900多名持证时间较长的执法人员参加网上在线考试，考试合格率为89.8%。9月，举办293名新上岗执法人员公共法律知识培训和统一考试，提高执法人员依法行政意识和依法履职能力。④建立监督协作机制。与市检察院研究形成《关于建立行政执法监督协作机制的实施意见》，建立行政检察与行政执法监督衔接的长效机制。与检察院定期召开联席会议，联合开展专项执法监督检查，共同审查部门行政执法案卷，在法律许可的范围内互通信息，共同监督推进各部门依法行政工作的开展。

【行政复议应诉调解】①全面加强行政复议工作。强化行政复议工作保障，设立行政复议审理室、听证室、档案室等办案场所。年内，共审结复议案件63件，优先适用调解方式化解行政争议效果显著，10件投诉类案件通过简化审理程序，依法进行协调调解，维护了行政决定权威性，同时保障当事人合法权益。加强复议纠错力度，对依法应当纠错的案件坚决予以纠正，在已审结的案件中，对在履行职责方面不到位的7件行政复议案件作出责令履行决定。②依法应诉。全年行政应诉案件38件，充分准备每件行政诉讼案件，按时出庭应诉，听取原告诉求，化解矛盾纠纷。③促进仲裁工作发展。配合泰安仲裁委员会在肥城设立分会，建设高标准仲裁庭，配齐配强仲裁工作人员。通过4月法制宣传月和“12·4全国法制宣传日”等活动，加强对仲裁知识和业务的宣传，吸引更多市场主体通过仲裁方式处理民商事案件。

（刘辉）

公　安

【概况】全市公安机关重点推进“四项建设”，管控危机风险，驾驭复杂局势，打造“公安铁军”，推动公安工作和队伍建设实现新发展。①守住维稳底线。全力做好安保维稳，开展应急处突。持续紧盯肥矿集团、阿斯德化工公司改制重组等各类不稳定因素，妥善处置阿斯德化工公司职工、义乌商贸城商铺出租商聚集赴省非访事件。参加泰安市局组织开展的“使命2016-1”实兵衔接推演和实战磨合拉动，并自行组织开展“担当2016-1”等大规模警力拉动演练6场次。全力推进矛盾化解。成功化解聚源集团、盛世佳和购物超市、地下商城欠薪等涉稳矛盾纠纷105起，妥善处置各类医患纠纷25起，排查重点上访、肇事肇祸等不放心人员116人。②实现大局可控。全年共破获各类刑事案件3123起，同比上升2.93%；刑拘348人，逮捕138人，抓获团伙成员95人。年内发生的5起命案均在第一时间破获；成功破获公安部“2016-356”毒品目标案件及宇××等人特大跨省网络非法制造、买卖枪支案。全年共破获“盗抢骗”案815起，成功止损360万元，打掉团伙6个，打击处理56人。落实“三类案件”局长盯办制度，共侦办局长盯办案件77起，打掉涉恶团伙13个，判决团伙成员48人。抓获涉毒犯罪嫌疑人16人，逮捕12人，起诉16人；查获吸毒人员55人次，强制隔离戒毒3人，纳入社区戒毒社区康复12人。建设完善“天网工程”，增建重点区域、重要路口视频监控探头129处、公交站点监控探头47处、铁路沿线监控探头9处。强化“网上管控”，共开展导控7万余条，通过互联网信息监控处置系统上报情报信息913条。深化“平安行·你我他”行动，共查处各类交通违法行为51万余起。面向社会招收政府专职消防员38名，投资1400余万元购进消防车3辆。对全市119家寄递物流企业建立积分管理机制，为359名从业人员建立管理档案。对全市1处爆炸物品储存仓库、2家爆破公司、7家涉爆单位、17处石料厂实行民爆工作人员“一条龙”服务和爆炸物品管理治安承包两种制度，450处烟花爆竹销售点全面实行挂牌定点销售。③执法水平全面提升。创新执法管理制度，研发警情案件清结管理系统，实现110接警，群众电话报警或现场报警全部自动转入警综平台。创新实施执法质量考评机制，落实办案部门第一管理责任，研发设立“执法点评台”。落实受案立案制度改革，建成高质量案件管理中心和案件受理中心，15个派出所均建成高质量案件管理室和案件受理室。推进执法办案网上运行，完善六式“一案一评”执法质效考评，实行“一日一清”工作制度。全年共审核退查案件85起，问题全部整改到位，共移送起诉各类案件461起、645人。提升执法主体能力，开展“菜单式”、“定制式”培训，形成常态化教育训练机制，被省厅表彰为“全省公安机关法制宣传教育和普法依法治理工作成绩突出集体”。④促进警民和谐。全力服务经济发展大局，对发生的96起敏感案（事）件提前介入、积极作为。成功破获润和置业有限公司非法吸收公众存款案，在国税局、地税局建立警税联络机制办公室，强化黄金票案打击，成功侦办肥城泰丰粮油有限公司虚开增值税专用发票案。实施精准走访“进社区”、“广场舞”话平安等活动，提高群众知晓率、支持率。完善提升民生警务系统，加大9600110宣传力度，发放各种宣传资料12000余份。全年共受理泰安民生警务平台诉求15348件、9600110热线转办诉求172件、12345市长热线82件、肥城3650000民生服务热线139件。全面推进公安行政服务，开展窗口单位规范化建设，在户政、出入境、车驾管等服务窗口推出“在线、分类、一站式”等系列便民利民举措。夯实基层基础，升级改造警犬训练基地、交警大队、看守所、拘留所，建成启用桃园、孙伯、潮泉、石横派出所。⑤增强铁军实力。强化教育引领，组织开展“缅怀革命英烈，增强党性修养，锻造公安铁军”祭奠烈士活动，成功举办“开展两学一做、打造公安铁军”暨庆祝建党95周年知识竞赛。充分运用“公安网+”模式，为全局43个党支部建立“网上党支部”，把实体支部完整映像到网上。全年共组织开展集中学习300余次，召开支部党员大会129次、支部委员会390余次，开展专题研讨交流126次。开展实战培训和警务合作，先后赴上海、深圳等公安机关警察训练学校实地考察实战训练馆、室内射击场建设等工作，与四川省南充市阆中市公安局开展素质强警交流合作，年内互派两期26人学习交流考察团。先后举办突发事件处置、党建工作、执法办案闭环管理系统、指挥调度平台系统、吸毒检测等培训班14期，培训民警1300人次。发挥即时性表彰奖励的激励作用，共发布表彰通报43期，12个集体、130余名个人受到表彰。丰富警营文化生活，组织民警参加各类健身活动。筹措资金26万余元为全局537名在职人员办理人身意外伤害和疾病商业保险。

年内，市公安局被公安部表彰为“全国公安机关执法示范单位”、被省厅表彰为“全省优秀公安局”，连续三年被泰安市局表彰为“全市优秀公安局”，《执法质效“一案一评”实施办法》被公安部评定为“全国优秀执法制度”，车辆管理所被公安部评定为“全国一等县级车辆管理所”。

（张辉）

市公安局开展“法制安全教育进校园”活动（刘洋 摄）

【队伍建设】①坚持党建统领，筑牢忠诚警魂。开展“两学一做”学习教育，集中排查组织关系、收缴拖欠党费，组织开展“缅怀革命英烈，增强党性修养，锻造公安铁军”祭奠烈士、“纪念长征胜利80周年”主题征文、庆祝建党95周年知识竞赛等活动，创新建立“网上党支部”，全局各党组织开展集中学习、“三会一课”等800余次。6月8日，全市党建工作创新观摩会观摩该局现场，肯定推广党建创新经验。市公安局党委被泰安市表彰为“五星级党组织”。②坚持问题导向，提升队伍素质。赴上海、深圳等公安机关警察训练学校实地考察实战训练馆、室内射击场建设，为建成高标准民警训练基地提供借鉴。与四川省南充市阆中市公安局开展素质强警交流合作，互派两期26人学习交流考察团，推动两地公安工作和队伍建设共同提高。圆满完成“使命2016-1”演练任务，组织开展“担当2016-1”实战演练，紧急拉动警力300余人次。举办突发事件处置、执法办案闭环管理系统、吸毒检测等培训班14期，培训民警1300人次。组织67人参加上级调训，圆满完成培训任务。③坚持正向引导，增强队伍活力。全局12个集体、130余名个人受到上级表彰。组织民警参加泰安市公安系统环天泽湖自行车比赛、纪念中国工农红军长征胜利80周年暨“和平颂•中国梦”合唱音乐节、肥城市全民健身运动会、市直机关迎新春拔河比赛等活动赛事，均取得优异成绩。深入推进全国文明城市创建，牵头抓好包保网格创城工作，严格抓好实地考察、网上申报、问卷调查、上级部门评价等各项工作；持续抓好交通提升行动，创建文明畅通的交通安全环境。加强典型选树，汶阳派出所民警邢伟忠作为泰安市唯一代表当选“齐鲁最美警察”。加强内外宣传，全国、山东、泰安政工、宣传网发布信息1919条，“肥城公安”微信公众平台发布图文信息267条，总阅读量达40余万次。④坚持服务为先，提升队伍凝聚力。落实警衔津贴、执勤岗位津贴和加班补贴等民警工资制度改革政策，组织民警健康查体，全面落实《山东省人民警察抚恤优待实施办法》和公安民警因公负伤医疗费、人身意外伤害保险等制度，资助或优抚困难民警职工25人，发放资助金5.62万元。组织民警开展互助基金缴纳和返还工作，缴纳互助金263000元，申领互助金3人次、30万元，发放互助金10万元。⑤坚持利民惠民，赢得群众满意。深化提升“警民连心”工程，开展提升群众满意度“双十”行动，举办法制教育巡回报告会32场次，参与师生10万人次，印制发放《青少年安全防范攻略》12万余份。开展“广场舞”话平安，拍摄防范电信诈骗题材的“肥城公安最炫防骗风MV”。办理泰安民生警务平台诉求15348件，泰安12345市长热线82件，肥城3650000民生服务热线139件，满意率99.9%。强化春蕾护学、护企促商，严格落实户籍制度改革政策，在户政、出入境、车驾管等服务窗口推出“在线、分类、一站式”等系列便民利民举措，落实机动车省内异地查验、省内异地办理身份证等便民措施，最大限度便民利民惠民，肥城市群众对社会治安的满意度位居全省前列、泰安第一。

（李芳）

【刑事侦查】 全市共立刑事案件1264起，破获3123起（含隐积案），刑事拘留犯罪嫌疑人348人，逮捕138人，摧毁犯罪团伙5个，抓获团伙成员95人，追回逃犯104人。①坚持命案必破，大要案无积压。年内发生的5起命案，全部在第一时间破获。破获公安部目标案件2起，彭××、桑××等人网络贩毒案，打掉涉及湖南、湖北、山东等13个省（区）30多个地市的特大网络贩毒案，抓获犯罪嫌疑人13人；破获以宇××为首的网络贩枪案，缴获枪支5支，子弹3万余发，抓获犯罪嫌疑人7人。破获省厅目标案件5起，破获涉及吉林、山西、河南、四川、黑龙江、山东等6省24个地市的薛××等人利用POS机电信诈骗团伙，破获省厅督办打孔盗油案件4起，抓获省厅督捕逃犯4人。部、省级案件侦破受到上级表彰。②强势出击多发性侵财犯罪。采用“联勤研判+侦查单元”的破案新模式，做优“作战单元”，开展信息化合成作战。年内，破获徐××、居××系列盗窃案，董××等聋哑人系列盗窃案，王××等人盗窃工地电缆案等一批系列盗窃案，同时对“两抢、诈骗”案件破案攻坚，破获张××等人抢劫案，路××系列抢夺案，王××电信诈骗案，尹××系列诈骗案等一批案件。全年累计抓获侵财类嫌疑人134人，破获案件456起，提高群众的安全感和满意度。③主动进攻禁毒工作。全年共抓获涉毒犯罪嫌疑人16人，查获吸毒人员55人次，其中新发现吸毒人员33人，强制隔离戒毒3人，纳入社区戒毒社区康复12人。新建社区戒毒（康复）中心1处，自建高标准的禁毒宣传教育基地1处。④实行精准追逃。严格落实“五定一包”、“一逃一档”，全警全员追逃。全年抓获逃犯104人，其中省厅督捕逃犯4人，本地历年逃犯37人，外地历年逃犯7人，市级通缉令逃犯7人，协助外地抓获10年命案逃犯1人。⑤严打黑恶犯罪。摸排黑恶线索，对黑恶势力坚持露头就打，对三类高发的涉恶案件实行局长盯案，协调检法两院对涉黑涉恶案件快诉、快判。全年打掉涉恶类团伙13个，判决团伙成员48人；判决九类案件38起，判决人员76人。⑥刑事执法质量提升。严格推行主办侦查员负责制，执行“一日一清”、“一案一评”，侦办的“孙××故意杀人案”卷宗被评为2016全省十佳命案卷宗。⑦提升刑事技术。落实“一长四必”现场勘查制度，勘查现场220起，命案5起，非正常死亡类30起，法医检验鉴定826人次，采集DNA1800余份。通过现场勘验提取DNA直接比中案件嫌疑人20名，破获案件40余起。稳步推进警犬技术建设。全年警犬训练基地参与巡逻防护、各类安保、设卡堵截512次，参加案件侦破和警情处理10余次。4月12日，公安部南京片区警犬技术“四个服务”现场推进交流会在该局警犬基地召开。

（杨娜）

【经济犯罪侦查】 全年经侦大队共侦破各类经济犯罪案件32起，抓获并处理犯罪嫌疑人72人，挽回经济损失604万元。①开展打击非法集资专项行动。共立案侦查非法吸收公众存款案5起，破案4起，打击处理犯罪嫌疑人22人。侦办的××置业有限公司非法吸收公众存款案，涉案总价值2600余万元，为全市破获的首起利用房地产开发名义吸收存款案件；××农业种植专业合作社非法吸收公众存款案，涉案总价值706万元，涉及群众238户，为全市首起农业合作社非法集资案件。②开展打击发票违法犯罪专项行动。强化对黄金票案打击，共破获虚开增值税专用发票案12起，抓获犯罪嫌疑人25人，为国家追回税款损失489万元；强化警税协作，在市国税局、地税局分别设立警税联络机制办公室，进一步理顺案件线索移送渠道；强化集群作战意识，成功发起涉及全国10个省市、价税合计1.14亿元的××粮油有限公司虚开增值税专用发票集群战役。③开展打击传销犯罪专项行动。强化破案追逃，成功抓获组织、领导传销活动上网逃犯伊××，顺利移送起诉伊××及同案的3名犯罪嫌疑人；加大打击力度，立案侦查群众反响强烈的华莱黑茶传销案，抓获犯罪嫌疑人7名。④开展打击保险诈骗专项行动。强化与保险业联系沟通，共受理涉嫌保险诈骗线索8条，甄别后立案侦查保险诈骗案2起，破案2起，抓获犯罪嫌疑人4人，为保险公司追回全部经济损失。⑤开展打击地下钱庄和POS机套现专项行动。从刑警队破获的一起诈骗案入手，挖掘出洗钱犯罪线索并侦破陈××等人洗钱案；根据派出所移交案件线索，立案侦查并破获李××、吴××非法经营案，抓获犯罪嫌疑人2人，查获套现用POS机10余台、信用卡400余张。

（赵文静）

【户籍身份证管理】 ①户籍管理。制定《肥城市人民政府关于进一步推进户籍制度改革的意见》，促进有能力在城镇稳定就业和生活的常住人口有序实现市民化，共办理购房落户500余人。年内，共办理各类户口变动手续2457份。其中外县市迁入手续1764人，办理变更更证321人，补办落户手续317人，收养子女55人。②流动人口、出租房屋管理。1月1日，施行《居住证暂行条例》。年内，共登记流动人口18929人，出租房屋25839间，办理居住证2273个。流动人口、出租房屋责任书签订率100%，查获各类违法犯罪人员30余人。③开展门楼牌检查、复核、纠错工作。全市共摸排门楼牌203500个。坚决杜绝重号、街路巷名称错误等问题发生。实施居民身份证异地受理挂失申报和丢失招领制度。实施跨省异地居民身份证受理工作。全年共换发二代证75477个，制作临时身份证1851个。受理异地居民身份证323个。

（张彤）

【社会治安管理】 ①打击犯罪。以打开路，共办理各类刑事案件34起，刑事拘留24人，移送起

3月5日，市公安局开展“户籍制度改革宣传日”集中宣传活动（刘洋 摄）

诉24人，逮捕2人，抓获逃犯13人，行政拘留15人。查处阻碍执行职务案件9起，扰乱派出所工作秩序2起，协助派出所等单位查处各类案件19起，行政拘留26人，刑拘4人。破获肥城市首例虚假诉讼案，抓获犯罪嫌疑人5名，全部移送起诉，为受害单位挽回经济损失300余万元。②危爆物品管理。健全完善全市42家涉爆单位信息，发现整改安全隐患12处；收缴仿真枪5支，子弹78发，查处非法买卖危险物质案2起，行政拘留3人；开展输油管道安全监管，联合鲁宁、鲁皖、港枣输油管理处召开联席会议4次，首次实现历年来全年“零打孔”工作目标。③重点行业管理。建立全市特行管理微信群，发布管理信息120余条，召开例会24场次；维护旅馆业信息管理系统85家，年审特种行业许可证74家；配合邮政、交通等部门，加强寄递物流行业安全监管，督促企业严格落实主体责任，对全市7家物流寄递企业和63家加油站点进行建档登记，摸清实底，掌握实情。④不稳定因素摸排管控。与卫生部门沟通协作，加强对精神障碍患者排查管控和筛查救治工作，会同综治、维稳等部门，落实非正常上访重点人员，共排查稳控重点上访人员及易肇事肇祸精神病人63人；健全重大案事件应急处置预案，协助处置聚源集团、肥矿集团、化肥厂、盛世佳和、中央街地下商城等企业改制、欠薪、拖欠医疗和养老保险引发的群体性事件23起。⑤反恐怖工作。出台《肥城市反恐怖主义工作责任制实施细则》，指导全市52家重点目标单位制定反恐怖防范工作方案，成立反恐怖防范领导小组；打击新疆籍维吾尔族违法嫌疑人4人次，处理微信群传播涉恐信息案件1起，及时消除安全隐患。⑥各项安全保卫。先后完成两节、两会、桃花节、各级领导视察等各类安全保卫任务76次，特别是G20杭州峰会期间，立足“大事不出、小事也不出”，全警动员，全力以赴，确保圆满有序，万无一失。⑦强化校园安全保卫。在全市校园设立治安岗亭和报警点17个，清理流动摊位64处，检查校园周边公共场所362家次，处理各类涉校案件24起，召开法制课265场次，有效维护学校、幼儿园及周边安全。⑧打击黄赌专项行动。督促指导派出所对全市26家“KTV”、60家足浴及洗浴中心、192家宾馆旅店等重点区域场所进行全面排查整治，组织开展黄赌专项清查行动48次，净化社会环境。

（刘锡海）

【交通管理】 交警大队坚持“系统思维、标本兼治、机制创新、常态长效”的思路，持续开展交通秩序治理和交通事故预防，稳步推动“四项建设”全面提升，实现“交通事故四项指数稳中有降、群众安全感和满意度大幅度提升、单项工作争第一、全面工作创一流”的工作目标。全市共发生交通事故2089起，同比下降13%；死亡98人，同比上升1%；受伤1140人，同比下降16%；经济损失118万元，同比下降45%，无一次死亡3人以上重大交通事故发生。先后荣获肥城市委、市政府“平安肥城”建设先进单位，肥城市政协“2016年度政协提案办理先进单位”，共青团肥城市委先进团支部。①消除安全隐患。协同公路、交通、住建、城市执法局等部门，排查整改安全隐患436处。利用重点车辆和驾驶人监管平台，对11276名重点驾驶人实行属地化、户籍化管理，从源头上加强事故预防。拆除向阳街中央绿化带，取消城区除肥城一中以外的5处学校限行路段，安装信号灯自动配时系统7处，在4个交通流量大的路口设置左转待转区，路面隐患进一步减少，通行效率有效提高。②加强秩序整治。修订完善中队绩效考核办法，加大现场执法和重点违法行为查处力度。相继开展“严重交通违法行为集中整治”、“道路交通安全大排查、大整治”等专项行动，共查处交通违法行为57万余起，同比增长35%，现场查处129778起，同比增长32.4%，行政拘留205人，刑事拘留125人。率先在泰安市治理大货车超限超载违法行为，查处货车超限超载3260起，同比增长185%。③夯实基层基础。加大资金、警力和基本建设投入，提高软硬件建设水平，完成大队院落改造、五里垢和石横保安交通执法服务站建设，完善基层中队“五位一体”功能。研究制定《规范交通违法处理工作管理规定》，人防与技防相结合，强化违法处理监督。规范使用闭环管理系统，落实月度分析制度，狠抓执法规范化建设。三中队、四中队被省公安厅评为省一等公路巡逻民警中队，事故处理中队被评为省一等县级事故处理岗位，车管所先后被省厅、公安部评定为全省和全国优秀县级车辆管理所。④增强科技应用。完成“肥城智能交通建设项目优秀等级”的最终评定，获得公路智能交通安全系统建设奖励资金417万元。投资740余万元，新建高清电子警察15处，区间测速路段15处，监控卡口14处，违停自动抓拍11处，信号灯自动配时系统7处，左转信号灯6处，左转待转LED提示牌8处。利用缉查布控平台指挥调度1326次，查获违法车辆、肇事车辆、盗抢车辆等615起，抓拍非现场交通违法20余万起，信息应用和调度指挥能力不断增强。⑤开展文明创建。结合国家级文明城市创建活动，对城区11个重点路口、“五纵四横”城区街道进行交通渠划，采取清除路中绿化带“退绿还路”、清除路边临时停车位“还路于交通”，解除学校门前限行路段“打通断头路”等措施，将“向阳街”打造成文明交通示范街，创造出城区文明交通环境。⑥树立良好形象。落实年度教育培训计划，开展业务培训、岗位练兵以及“两学一做”学习教育，增强业务能力和党性修养。推广互联网交通安全综合服务平台应用，开通微信缴纳交通违章罚款，启用C1驾驶证网上预约，为群众提供更大便利。垫付交通事故社会救助基金37起、121万元。公布警务信息160余条，收集群众意见建议1200余条，接受群众咨询6400余人次。

巡逻民警带警犬进行街面治安巡逻（闫凤 摄）

（王立军）

【110报警服务】 年内，110报警服务台共接各类报警38614起，其中有效报警服务20371起。其中刑事案件1056起、治安案件3728起、各类纠纷4753起、交通事故7135起、火灾事故275起、群众求助1872起、群众举报违法犯罪线索106条、其他1446起。破获各类刑事案件215起，抓获各类违法犯罪人员532人，救助群众312人，挽救群众生命37人。①提升快速反应能力。建设“情指一体化”工作模式，确保“屯警街面、动中备勤”、“5分钟处警”及“反恐1分钟响应”机制落到实处，实现有效预防、精确打击、快速处置，建立“情指一体化”实战型指挥中心。推行完善指挥长机制，提升指挥调度的权威性、科学性和系统性，赋予指挥长先期处置权、“点对点”直接指挥权和必要的合成作战指挥调度权，减少指挥层级，压缩响应时间。②提升分析研判能力。推进情指一体化，全面加强警务实战指挥体系建设。实现信息研判、决策指挥、行动处置一体化运作，打造全新的信息预警战略平台，网安、国保、情报、刑侦、图侦等诸警种合成作战，集信息收集、

加工、传递、处理、综合分析、反馈于一体，便于协调配合，密切协作，同时也便于实战单位上报警情、汇报工作。通过信息分析研判，有针对性地开展控制、防范和打击工作。在全市率先成立反信息诈骗中心，实现有人值守、机制健全、常态运转，全年共受理群众报警、咨询836起，成功劝阻320起460余万元，止损217起230余万元。③强化社会联动。制定完善《肥城市110社会联动服务工作规范》，实现与医院、供水、供电等各职能部门的社会联动，对不属于公安机关受理范围的求助，及时向市直各职能部门或12345政府便民服务平台进行流转办理。通过社会联动工作，帮扶群众86人，救助伤员67名，解决群众困难421次，为群众提供咨询1263次。④强化应急演练。制定《市公安局应急拉动演练实施方案》，完善各类应急处突工作预案，先后组织开展“担当2016－X”警力拉动演练，处置群体性事件应急救援演练等13次演练，共动用警力1600余人次，出动车辆400余辆次。

（刘建平）

【看守工作】 看守所共收押各类犯罪嫌疑人583人，投送监狱104人，刑满释放39人，交付执行死刑1人，实现连续21年无脱逃越狱、无牢头狱霸、无自残自杀、无群众投诉、队伍无违法违纪的“五无”工作目标，连续五年被公安部评为“二级看守所”。以防事故、保安全为核心，不断完善和改造监管流程节，确保监所安全。①勤务模式科学化。2月，在警力不足情况下，进一步科学设置完善勤务岗位，保障勤务正常运转。严格落实所领导带班值班、巡视监控、收押提讯、管教、医疗、后勤等岗位工作制度。合理划分勤务范围，健全勤务工作制度和机制，制定完善处置自杀、脱逃、疾病、疫情、自然灾害等预案。②监管手段信息化。5月，投资30余万元配置新计算机，实现看守所监控信息系统、基础工作台账、在押人员日常管理、诉讼、医疗等工作信息智能化、模式化、科学化。③设施保障标准化。9月，投资70余万元，对看守所武警备勤室、监区东大门车辆通行道进行改造，加装提审通道防盗门，落实高标准单独关押监室，确保实现监所和民警双平安。2016年，共组织社会各界和家属参观交流120余人次，接待企事业单位接受警示教育500余人次。严格落实在押人员身体定期检查制度，依法保障在押人员权益，保证刑事诉讼活动顺利进行。

（孙秀华）

【拘留工作】 拘留所共收拘各类行政拘留1184人，实现连续20年安全无事故、队伍无违法违纪的工作目标。顺利完成拘留所等级评定工作，在公安部拘留所等级评定中被评为“一级所”。加强基础设施建设，不断投资建设升级基础设施，组织专业人员对拘留区进行维修、改造，全面提升拘留所基础设施水平。全力开展“三项重点工作”，持续提升执法规范管理、创新人权保障机制，进一步全面落实医疗社会化，提升保障在拘人员的合法权益水平，组织专门力量、与社会力量共同开展社会矛盾化解工作，共化解社会矛盾253起。全面落实省厅“三查”要求，在省厅每日网上巡查中全年达到零问题被通报。全年共组织安全大检查52次，不定期检查100余次。上级领导检查6次，整改排除隐患13起。

（汪晓东）

【食药环侦】 年内，食药环侦大队共侦破各类刑事案件46起，行政案件8起，抓获犯罪嫌疑人28人，刑事拘留4人，行政拘留4人，取保候审12人，起诉27人，法院逮捕7人，其中涉及食品安全的案件38起，涉及药品安全的案件5起，涉及环境污染的刑事案件3起（行政案件8起）。①打击食品领域犯罪。侦办陈××无食盐销售许可，销售无碘工业盐的不符合安全标准食品案。冉××向活猪体内注水，增加猪肉斤量的生产、销售伪劣产品案，并移送公安机关侦办。②打击药品领域犯罪。先后破获王××非法经营案、曲××销售假药案，涉案价值60

余万元，抓获犯罪嫌疑人3人，净化市场药品领域环境，增强人民群众的满意度。③打击环境领域犯罪。侦破司××设置转鼓、渗坑等建成非法毛皮加工点，并由河北刘××安排工人使用铬鞣剂和转鼓等设备加工羊皮，将产生的生产含铬废水（有毒物质）至少64吨全部排入渗坑处置的污染环境案，此案列入省级督办案件。

（张海）

检察

【概况】 2016年，市检察院下设办公室、政治处、侦监科、公诉科、反贪局、反渎局、执检科、民行科、控申科、预防局、技术科、警务科、行装科、信息科、监察室、检务督查办公室、案管中心、未成年人刑事犯罪检察科、老城检察室、王瓜店检察室、石横检察室、安庄检察室、汶阳检察室、机关服务中心24个科局处室，在职检察干警113人，其中检察员74人，书记员13人，法警9人，工勤人员18人。开展“五进两服务”、“双联双帮”活动。对14个农村社区和4300余户家庭、党员中心户详细情况、农村社区班子成员情况进行详细了解并做好记录。发放《全市工作提纲》4500份、农村《双联双帮工程入户调查问卷》4600份，问卷汇总整理后，将480份红色户台账，报送至市连心办公室，参加市委连心办开展的走访情况电话抽测，确保走访效果良好。干警帮扶困难家庭36户，救助资金11900元。对落后转化村仪阳镇东阳村、新城军地村选派第一书记，帮扶协调资金20余万元，帮助解决生产、生活上的困难。有8个先进集体和1名个人获省级以上表彰奖励。安驾庄检察室被山东省人民检察院评为“全省优秀派驻基层检察室”，老城检察室被山东省老龄办、省检察院、省民政厅等6部门联合表彰为“山东省老年人公益维权服务示范站”，控告申诉接待室被最高人民检察院命名为“全国文明接待室”，市检察院被山东省文明委评为“省级文明单位”。

【侦查监督检察】 推进平安肥城建设，依法履行审查批捕职能。共受理公安机关提请批捕案件123件147人，经审查批捕99件119人（追捕9件11人），不批准逮捕26件28人。向公安机关发出《不批准逮捕理由说明书》26份，发出《不批准逮捕案件补充侦查提纲》17份，发出《逮捕案件继续侦查取证意见书》20份，发出书面《纠正违法通知书》12份，监督公安机关立案8件8人，监督撤案7件7人，建议行政机关移送涉嫌犯罪案件1件。无捕后不诉、判无罪案件。

【诉讼监督检察】 受理移送审查起诉的各类刑事案件493件716人，经审查提起公诉454件607人。法院判决466件639人。已起诉案件的有罪判决率100%，无撤回起诉、超期羁押、因办理案件处理不当而引发申诉上访情况。加大诉讼监督力度，维护司法公正。提出抗诉案件3件，纠正侦查机关违法案件6件，纠正审判机关违法案件2件，发出检察建议1件，追诉漏犯28人和1个单位。

【反贪污贿赂检察】 年内，共立查贪污贿赂等职务犯罪案件14件14人（单位犯罪3件）。其中受贿案件1人，贪污案件4件，挪用公款案件1人，贪污、挪用公款案件2人，行贿案件3人，单位受贿案件3人。所办案件全部侦查终结，移送审查起诉，法院已判决6人，均为有罪判决。立案侦查张××挪用公款240余万元，被法院判处有期徒刑11年6个月。在14名犯罪嫌疑中，有处级干部2人，科级干部4人，一般干部8人。通过办案，为国家挽回直接经济损失340余万元。

【反渎职侵权检察】 立查渎职侵权案件2件10人。其中，滥用职权、贪污案件1件6人，滥用职权、受贿案件1件4人且属于特大案件。两起案件均已侦查终结并移送起诉。法院判决1件6人，均为有罪判决。为国家挽回直接经济损失180余万元。立案侦查6名村干部滥用职权、贪污小麦补贴款一案，震慑了犯罪，保障国家惠农政策的落实。

【监所检察】 年内，共进行收押、释放检察1046人次，谈话教育382人次。向看守所发出纠正违法通知书3份。发放检察官约见卡576张，妥善解决在押人员诉求14起，依法维护在押人员的合法权益。发放羁押必要性审查权利告知书28份，受理羁押必要性审查案件18件18人，发出检察建议18份，办案机关均接受建议，依法变更强制措施。配合市院监所处对1名宣判死刑人员进行临场监督。登记各类新增社区矫正人员356份，解除社区矫正人员507人。办理罪犯又犯罪案件2件2人。

【民事行政检察】 全年共办理民事行政监督案件104件。其中，对审判程序中违法行为的监督案件3件；对民事、行政生效监督案件4件；再审检察建议1件；支持起诉1件；行政执法检察监督案件57件；执行监督案件34件；市院交办案件4件。受理案件数位列泰安市院第一。

【控告申诉检察】 受理来信46件，接待群众来访258件450人。其中，初访194人，重复访64件81人。集体访5件27人。初核案件4件，司法救助案件2件。受理民事监督案件12件，下访巡访24次。对有信访风险的案件做出预警18件。

【预防职务犯罪检察】 预防职务犯罪警示教育工作向纵深发展，先后开展警示宣传教育20场次，受教育人数4000余人。受理行贿犯罪档案3000余次，把好工程建设“廉洁准入关”，保证政府投资安全。撰写案例分析报告4篇，发出检察建议4份，为市委领导决策部署及时提供客观依据，为引汶调水项目提供持续的法律服务，确保项目建设廉洁高效。

【检察技术工作】 办理法医技术性审查2件，解释、解答法医学、医学专业问题110次；办案医疗保障协作机制，为16名犯罪嫌疑人提供医疗保障。为讯问职务犯罪嫌疑人进行全程同步录音录像21件20人，技术协助1次，进行手机数据恢复20部，电脑硬盘、U盘数据恢复分析16次。配合本院及各部门照相录像200余次，发布图片新闻55条。干警孟令羽撰写的《语境分析——检察官从执法办案中提升法律修养的路径》获第五届中国检察官文化论坛三等奖、《桡神经裂断与拇长伸肌断裂鉴别诊断一例》在中国法医学会全国第十次法医学术会上交流发表。

【队伍建设】 加强思想政治建设，打造过硬检察队伍。按照“两学一做”工作部署及实施方案，党组中心组集中学习12次，召开专题民主生活会，查摆问题368条，全部制定针对性措施。组织副科级以上干部参加山东干部在线平台学习，37名科级以上领导干部全部完成学习任务。落实领导班子和领导干部考核、选拔任用工作，提拔正科级干部8人，副科级干部5人。坚持每周五学习日制度，集中学习党章和习近平总书记系列重要讲话，开展“入党三问”专题讨论，撰写体会文章177篇，交流

10月14日，市人民检察院工作人员为肥矿技师学院上法制教育课

文章368篇，实现思想政治学习常态化、长效化。树立“激情、荣耀、极致”的工作理念，营造廉洁奉公、干事创业的好氛围。组织检察官讲堂7期，开展岗位练兵，检察官教检察官、业务竞赛690余人次，参加上级院培训27人次。有序推进司法责任制改革，选拔44名检察官人选报省遴选委员会确定，经上级研究审定37名检察官入额。落实公务员职级待遇，对25名干警落实职级晋升。对10名司法警察警员进行新警衔套改工作。强化纪律作风建设。成立党组主体责任办公室，制定《落实党风廉政建设“两个责任”清单》，开展各项检务督查38次，制定纪律文件5份。

【派驻检察室】 年末，共建有老城、王瓜店、石横、安驾庄、汶阳5个检察室。检察室充分发挥工作职责，延伸法律监督职能，服务经济发展，促进社会和谐稳定。共移交自侦部门犯罪线索13起，协助办理职务犯罪案件15件，办理轻微刑事案件101件，强化对“两所一厅”执法活动的法律监督，发现并纠正违法行为67件。强化派驻检察室“信息超市”建设，更新录入惠农资金、农村低保、社区矫正等数据45万余条。5个派驻检察室全部被评为省院“一级规范化检察室”，安驾庄检察室被评为“全省优秀派驻基层检察室”，老城检察室被省老龄办、省检察院等6部门联合表彰为“山东省老年人公益维权服务示范站”。

【办公室工作】 强化工作职能，确保各项工作顺利开展。先后撰写各类文字材料59篇43万余字。编发各类工作信息116条，《检察情况反映》38期，收发文件56份，撰写月实绩报告12份，汇报包保情况12份，编发理论研究文章32篇，自办刊物《检察理论与实践》10期30篇，撰写《关于深化司法体制改革的调查报告》等专题调研报告8篇。档案管理新增录电子目录1349条，扫描档案页面13万余页。收发机要文件138份，内网转发文件36份。泰安市人民检察院为办公室荣记集体三等功。

【行政装备工作】 重点完成车改工作。6月成立车改小组，7月，制定《肥城市人民检察院公务出行保障办法（试行）》，对公车保障范围、一般公务出行保障、公务出行的审批、报销和监督做出详细规定，顺利完成车改任务。与人社部门沟通协调，年初完成机关服务中心考核、年检及注册登记事宜。创新管理，创优服务，先行试点电子考勤工作。

【警务工作】 共参与案件22起，出警198人次。其中，看管犯罪嫌疑人164人次，押解犯罪嫌疑人9人，出警18人。参与搜查8次，出警16人。

【检察信息化建设取得新成效】 完善政务系统，提升应用水平。在“实战法学院”下，创建“2016年学习型检察院建设”栏目和“2016年精细化管理考核系统”；调整机要秘书、内勤设置。完成统一系统升级，完善硬件建设，为反贪局新增三个互联网点，购置电脑、调通网络。部署职务犯罪侦查职能平台和廉洁事项报告系统，完成新版检务通系统建设。

【案管中心工作】 依托统一业务系统履行案件管理工作职能，发挥管理、监督作用。共录入各类案件信息881条，制作电子卷宗507件，接收、移交法律文书405份。公开案件程序性信息1198条，公开法律文书341份，发布重要案件信息2条。评查卷宗118件120册，接待辩护人、诉讼代理人137人次。

【检务督查工作】 开展检务督查48次，其中综合督查13次、专项督查35次。编发督查图片信息4期、《检务督查通报》4期，上报信息15次，对督查出的问题在网上及时进行通报，做到警钟长鸣，无顶风违法违纪问题发生。

（张有源）

法　院

【概况】 年末，市人民法院共有干警147名，其中员额制法官54名。内设办公室、政治处（含组织人事科、教育培训课）、立案庭、刑事审判庭、民事审判一庭、民事审判二庭、行政审判庭、审判监督庭、执行局（含执行局办公室、执行一庭、执行二庭、执行三庭）、研究室（审判管理办公室）、技术室（司法鉴定中心）、法警大队、行政装备管理科、未成年人案件综合审判庭和新城法庭、王瓜店法庭、石横法庭、安驾庄法庭、边院法庭5个派出法庭。围绕“努力让人民群众在每一个司法案件中都感受到公平正义”目标，把握司法为民、公正司法主线，坚持稳中求进工作基调，走内涵式发展道路，将审判执行工作融入经济社会发展大局。妥善化解矛盾纠纷，保障民生权益，规范司法行为，落实司法公开，加强审判管理，提升案件质效。坚持正规化、专业化、职业化建设方向，坚持抓信念强定力、抓培养提能力、抓廉洁保公正，打造信念坚定、司法为民、清正廉洁的法官队伍，为维护公平正义、促进和谐发展、保障民生权益作贡献。全年共受理各类案件8362件，审结8350件，结案率为96.3%。被最高法院表彰为“2016年度在司法理论宣传工作中做出突出成绩的法院”，民事审判二庭被山东省高级人民法院荣记集体二等功，老干部第一支部被泰安市委、市政府表彰为全市离退休干部先进集体，1名同志获山东省高级人民法院表彰，1名同志获泰安市委、市政府表彰。

【刑事审判】 年内，共审结刑事案件449件。依法打击各类侵财性、暴力性犯罪和生产、销售有毒有害食品等犯罪活动，审结破坏市场经济秩序犯罪案件27件、危害食品安全犯罪案件9件、破坏环境资源保护犯罪案件6件，非法吸收公众存款犯罪案件5件，增强人民群众安全感和幸福感。贯彻执行宽严相济刑事政策，坚持量刑规范化，对判处缓管免予刑罚人员进行集中帮教，共2次帮教700余人，使其改过自新、融入社会。通过深入校园授课、邀请师生走进法院、选派优秀法官担任法制副校长、办好《桃都少年审判报》和网上“爱心信箱”等方式，打造立体多元化未成年人保护平台。全年共讲授法律课8次，4名干警担任法制副校长，邀请60余名师生参观法院、旁听庭审，免费向中小学校发放《桃都少年审判报》6000余份，赠送法制书刊200余本，回复家长网络咨询邮件11封。

【民事审判】 年内，共审结民事案件3484件。坚持把民事审判作为服务保障民生的重要平台，加强对涉民生案件审理，妥善审理劳动争议、工伤保险等案件，平等保护劳资双方合法权益，促进建立和谐劳资关系；妥善审理相邻关系、损害赔偿等案件，以公正审判倡导睦邻友好的社会风尚；妥善审理农资及农产品买卖、农村土地承包转包、农民工追索劳动报酬等涉“三农”案件，依法保护农民合法权益。推进案件繁简分流，将能够适用简易程序的案件全部适用简易程序，民商事案件简易程序适用率达70.9%。

【商事审判】 年内，共审结商事案件1690件。依法审理买卖、加工承揽、建设工程类合同纠纷案件，维护诚实守信、公平竞争的市场环境。依法审理金融借款、融资租赁、票据等金融纠纷案，防范和化解金融风险。加强民间借贷纠纷案件审理，依法规范和引导民间资本健康运行。妥善审理商品房买卖、房屋租赁等房地产纠纷案件，促进房地产市场平稳健康发展。加强与有关部门沟通协调，为招商引资、城市建设、旧村改造等项目建设清障解难，提供法律咨询，强化诉前调解，推动相关纠纷依法有序解决。

【行政审判】 年内，共审结行政案件496件。将行政审判融入法治建设全局，坚持行政争议诉前、诉讼、执行“三段协调”解决机制，行政协调撤诉率达68.46%。贯彻落实新修订的《行政诉讼法》，畅通行政案件立案渠道，强化司法与行政良性互动，完善联席会议、行政机关负责人出庭应诉等制度，邀请行政执法人员旁听案件庭审，深入行政执法机关座谈、授课20余次，从源头上预防和减少行政争议，助推法治肥城建设。通过非诉手段妥善化解城市建设、计划生育、自然资源等方面行政争议，支持行政机关依法行政，共审查行政非诉案件415件。

【执行工作】 年内，共执结各类案件2231件。加强执行“一性两化”（强制性、信息化、规范化）建设，深入开展涉民生案件集中执行和“转变执行作风、规范执行行为”专项活动，落实执行工作日志、执行信息反馈告知等制度，深化执行指挥中心、执行案件信息查询、“点对点”查控等平台系统的建设应用，穷尽法律措施破解执行难，共依法采取查封、扣押、拘留等强制措施6000余人次，有效执结一批疑难复杂案件。加强与市检察、公安机关的协作联动，严厉打击拒不执行法院生效判决、裁定等犯罪行为。加大执行曝光力度，借助银行营业网点、户外电子显示屏、法院门户网站等平台，集中曝光8批605名失信被执行人信息，形成较好社会反响。

【规范管理】 依托审判业务管理系统门户平台应用，加强流程管理，严格控制审限，完善审判管理、审务督查、案卷质量“三项通报”制度，推进审委会改革，落实立案登记制改革，强化院庭长带头办案，落实合议庭、独任法官办案责任，

2月18日，市人民法院组织干警重温入党誓词（王士民 摄）

建立运转有序、责任明晰的审判权力运行机制。推进员额制改革，严格动员部署、资格审查、遴选报名、统一考试、报送审核等工作流程，共遴选员额法官54名。推进案件繁简分流，加强民商事案件简易程序适用，探索轻微刑事案件快速审理工作机制。深化司法公开，完善法院门户网站、官方微博、微信、案件终端查询系统等公开渠道，健全法院开放日、新闻发布会等制度，确保法院工作始终在“阳光”下运行。加强财务管理、车辆管理、档案管理、会务接待、公文机要管理、联络督查、后勤供给、物业管理和计划生育工作，政务管理规范有序。

【基层基础建设】 坚持科技强院，推进诉讼服务中心升级改造，建立诉调对接中心，优化整合安检导诉中心、诉讼服务中心、诉调对接中心功能。实施一号审判庭装修改造，配备现代化庭审设备和多媒体会议设备，实现会议室和审判庭双重功能。添置和更新配备电脑、复印机、扫描仪等办公设备，提高办公办案效率。加强软件研发应用，建立远程立案、电子印章系统，触摸屏案件查询系统、远程视频提讯系统、远程视频接访系统，加强审判业务管理系统、司法统计系统、多媒体会议系统、公文传输系统等建设，强化系统应用培训，有力推动办公办案的数字化、信息化、便捷化。加强队伍建设，扎实开展“两学一做”专题教育，通过集中学习、专题党课、重温誓词、义务献血和前往烈士陵园接受革命教育等形式，不断提升队伍的思想政治水平；加强法官教育培训，落实“3+3”教育培训机制，通过邀请上级法院资深法官和专家学者授课、实施青年法官导师制度、组织庭审观摩、优秀文书评比等方式，不断提升法官的履职能力。强化廉

洁自律，抓好全面从严治党“两个责任”，构筑不敢腐、不想腐、不能腐的廉政体系。

（王士民）

司法行政

【概况】 市司法局内设基层科、社区矫正科、律师公证管理科、法制宣传科（市普法办）、法规教育科、秘书科（分设办公室、研究室）、政治处等职能科室7个，以及法律援助中心、公证处、市公共法律服务中心等工作机构，下辖14个基层司法所，管理服务全市11个律师事务所、18个基层法律服务所及泰安正合司法鉴定所。2016年，围绕“平安肥城、法治肥城”建设，以公共法律服务体系建设、执法规范化建设和班子队伍建设“三项重点工作”为总抓手，推进矛盾纠纷排查调处、社区矫正执法规范化、普法依法治理、司法所规范化建设等重点任务落实，实现司法行政各项工作创新推进和整体提升。荣获全省普法依法治理工作先进市称号，市司法局被评为泰安市普法依法治理工作先进集体。

【人民调解】 加强人民调解规范化建设，健全完善纠纷登记、调解运行、排查预警、联动调处等工作机制。深化“五级四化一确认”调解模式，在不断完善市、镇、村、小组、家族五级调解组织的基础上，进一步推进行业性、专业性调解组织建设，新增设医疗纠纷人民调解中心，市镇调解中心达到17个，村调委会605个，村民调解小组2428个，家族调解小组3035个，行业性、专业性调解组织9个。推进“普调对接”“访调联动”，促进矛盾纠纷调处化解。2016年，全市各级调解组织化解矛盾纠纷2347件，调解成功2318件，调解率100%，调解成功率98.8%。

【社区矫正】 加强社区矫正执法规范化建设，严把每一个关键环节。入矫前，把好社会调查评估关，确保公正、客观、真实；入矫后，严格落实监管机制，开展训诫、教育、帮扶等工作；按照一人一档、单独立卷的标准，同步抓好矫正档案管理。在监管手段上，落实分类监管、分级处遇管理制度，建立社区矫正监管指挥中心，与14个所联网，实现监控督察、信息管理、手机定位等功能。围绕提高矫正效果，在司法所建立心理辅导室，开展心理辅导干预，其中仪阳司法所按照心理咨询专业标准要求，重点打造泰安市首个标准化社区矫正心理辅导室。开展刑满释放人员衔接管理和信息核查，推进安置帮教关口前移，协调落实安置帮教政策。

【普法宣传】 按照《关于在全市公民中开展法治宣传教育的第七个五年规划（2016—2020年）》决策要求，部署“七五”普法依法治理工作。年内，先后组织开展“1月送法下乡”“4月法治宣传月”以及多种形式的法律咨询、讲座等普法活动。各普法领导小组成员单位、行政执法单位履行普法责任，开展形式多样的法治宣传活动。村（社区）法律顾问通过集中授课、定点咨询等形式，加强对村“两委”干部、法治宣传员和家庭“法律明白人”的法律知识培训。12月，市普法办组织全市公务员进行网上宪法知识考试。

【法律服务】 全市法律服务业持续健康发展，律师事务所达到11个，基层法律服务所达到18个，其中新增山东大仟律师事务所、肥城市博远法律服务所。律师及基层法律服务工作者为全市招商引资、新农村建设、园区建设、重大工程项目、拆迁安置等提供优质高效的法律服务，在参与领导接访、协助处理涉法信访案件中发挥积极作用。市法律援助中心实施法律援助便民惠民工程，坚持应援尽援，为弱势困难群众开辟法律援助“绿色通道”，全年审批办理法律援助案件320余件。加强法律援助案件回访，促进办案数量和质量提升，法律援助中心被评为全省老年人公益维权服务示范站。升级打造“12348”法律援助热线为公共法律服务专线，全年接听解答法律咨询5200余人次。开展法律服务职业道德和执业纪律教育，增强行业社会公信力。

【公共法律服务】 1月，市公共法律服务中心正式投入使用。中心与各镇街公共法律服务工作站、村（社区）司法行政工作室共同构成全市公共法律服务体系的三级实体平台，为人民群众提供公益性、均等化、便利性的公共法律服务。公共法律服务中心采取窗口化服务模式，设置法治宣传、法律援助、法律咨询、人民调解、公证服务、司法鉴定及社区矫正等窗口，以“12348”公共法律服务热线、司法行政信息网络管理平台为依托，把窗口接待与后台延伸服务结合起来，为群众提供“一站式”服务，确保群众走进一个大门，解决一揽子法律服务需求。各镇街以司法所、基层法律服务所为主体，均成立公共法律服务站。

【公证事业】 年末，市公证处有工作人员12人，其中在编公证员3人，聘用公证员2人，公证辅助人员7人。下设民事科、经济科、涉外科、办公室、咨询受理室、技术室等科室。建设高标准档案室、办证室、微机室，实行网上办证，全省联网。公证处业务领域拓展到房改拆迁、劳务输出、招投标、金融服务等，全年共办理各类公证事项4062件，其中民事类2031件，经济类137件，涉外1876件，涉澳181件，涉台10件。

【基层基础建设】 制定出台《关于进一步推进基层司法所规范化建设的意见》，成立5个工作督导组，协调对接司法所建设工作。开展省级规范化司法所和“明星司法所”创建工作。14个司法所均调配五间以上位置相对集中的业务用房，办公环境和硬件设施均达到省级规范化标准，其中，仪阳、汶阳、孙伯等6个司法所按照“明星司法所”标准建设打造。司法所基础条件得到极大改善，司法行政前沿阵地进一步巩固。全面推进司法行政信息化建设，全面建成局所互通、覆盖全市的司法行政视频信息系统。

（王予栋）

市公共法律服务中心（王予栋 摄）

人民武装

【概况】 市人民武装部为中国人民解放军序列建制，正团级单位，设部长、政委、副部长兼军事科长各1人，编制员额10人（含士官1人），设军事科、政工科、后勤科。辖民兵武器装备仓库、民兵军事训练基地2个地方二级全额拨款事业单位，编制分别为7人、9人。2016年，注重提高完成多样化军事任务能力，坚持聚焦打赢，注重统筹兼顾，抓好工作落实，高标准地完成以遂行多样化军事任务为龙头的各项工作，落实民兵预备役工作双重领导、双向兼职、议军会议、军事日、现场办公、党管武装、工作述职等制度，主要领导管方向，抓大事，加强对武装工作的领导。被山东省军区评为“先进团级党委”。

【保障工作】 6月20日、7月3—4日，泰安市大学毕业生直招士官和定向培养直招士官体检工作在肥城市征兵体检站分别进行。两次体检共计4天时间，泰安市6个县（市、区）248名符合条件报名人员参加体检，市人武部

市人武部组织应届高中毕业生开展“国防军事日”活动。图为教官向同学们讲解轻武器知识（宋其秦 摄）

协调体检医务人员35人，车辆8台次，体检工作顺利完成，无违规违纪问题发生。6月28—29日，根据军分区统一安排，在市三中保障完成肥城市、宁阳县、东平县120余名考生50米、1000米、俯卧撑和立定跳远4项内容的体能测试工作，体测工作保障有力，测试过程安全顺利。10月26日—11月12日，外交部会同军委国际军事合作办公室，组织中日专家组对在新城街道太平村东侧（泰临路与潮汶路交叉口西侧300米处）发现的日遗化武埋藏区实施调查和探测挖掘，并对发现区域内的2枚紧急调查时回埋的炮弹和已回收到临时保管点的3枚炮弹进行外观鉴别和X光鉴别。经中日专家组X光鉴定，上述炮弹属日本遗弃化学炮弹3枚、常规炮弹2枚。中日专家对确认的3枚日遗化武及污染物实施密封包装，移交市民兵武器装备仓库临时保管，2枚常规炮弹移交市公安局销毁处理。市人武部负责此次探测和鉴别包装作业的交通、会议、食宿保障和军地协调，共动用各型车辆60余台次，保障房间50余间、会议20余次、就餐1000余人次，完成协调和保障任务，受到外交部、军委国际军事合作办公室和专家组成员的充分肯定。

【民兵应急分队防汛演练】 7月17—19日，在安驾庄镇夏辉河段组织进行以抗洪抢险为背景的集结演练，演练共出动兵力170人，动用应急指挥车1辆，电力抢修车1辆，通信抢修车1辆，救护车1辆，抗洪抢险器材、物料若干，进行快速集结、抗洪抢险器材使用和综合演练等方面的训练演练。演练过程中，应急队员克服炎热天气，服从命令，服从指挥，各负其责，勇敢作战，实战气氛热烈，展现出较高的整体指挥与协调配合水平。全市民兵防汛应急分队抗洪抢险能力建设得到提高，民兵防汛应急分队防汛抗洪意识得到增强。

【动员工作】 征兵工作针对出现的新特点、新情况、新问题，以新兵质量为核心，以廉洁征兵为重点，坚持公开公正，规范征兵

355名入伍新兵陆续启程（刘杰 摄）

秩序，强化纪律监督，全面落实依法征兵，廉洁征兵，和谐征兵。强化组织领导，深入宣传发动，严格审查把关，落实相关措施，严明征兵纪律，圆满完成新兵征集任务。所征新兵中，大学学历新兵占50.3%，高中文化程度新兵占49.7%，兵员素质与往年相比有较大幅度提高。

（张德峰）

人民防空

【概况】 人民防空工作遵循“长期准备、重点建设、平战结合”的方针，严格贯彻“应建尽建、应收尽收、以建为主、以收促建”的原则，注重人防军事斗争应急准备，参与城市建设管理，融合服务民生。完成审批结建人防地下室面积××××余平方米；安装警报器×台；参与大汶河防汛抢险演习；为全省人防工程建设管理工作现场会准备现场；对上争取市人民医院战时中心医院工程建设扶持资金500万元；完成“9.18”警报试鸣及疏散演练；建设人防宣传教育示范单位6家；人防工程建设有序推进，全面抓好人防工程质量及安全监管，无安全事故发生。被泰安人防办评为县级人防工作先进单位。

【防护工程体系建设】 ①全省人防工程建设管理工作现场会准备。6月23日，全省人防工程建设管理工作现场会在泰安市召开，会议期间与会人员到肥城市参观市人民医院战时中心医院工程（代号1069工程）现场，听取有关工作情况汇报。市人防办《规划引领，合力推进人防工程建设》汇报材料在会上下发。②防空地下室审批情况。全年收缴防空地下室易地建设费×××万余元，共审批结建人防地下室面积××××余平方米。根据省人防办、省财政厅、省编办、省物价局《关于取消人防工程施工图设计审查收费有关问题的通知》要求，在泰安各县市区中率先完成人防工程施工图设计审查服务机构项目公开招标工作，为进一步加强人防工程施工图审查管理打好基础。③人防工程维护管理和开发利用情况。推进长山街及新城路地下商业街工程建设工作，盯靠施工现场，在确保施工安全的前提下不断加快工程进度。

【人防宣传教育】 开拓社区、学校、企业宣传教育阵地，在沙窝社区、巧山社区、白云山学校、肥城六中、傲饰集团、瑞福锂业开展人防宣传教育示范单位建设工作，扩大人防宣传教育阵地，推进人防宣传教育大众化、普及化、实效化。“国际民防日”期间，在新城街道桃都社区开展以“走进社区，关注民防”为主题的社区宣传活动；“5.12”防灾减灾日期间，开展以“防空防灾一体化，以人为本保安康”为主题的“5.12”防灾减灾日上街宣传活动；“9.18”防空防灾警报试鸣活动期间，与市应急办联合在城市西区人员掩蔽工程组织开展2016年度“防空防灾”应急疏散演练，新城街道桃都社区200余名居民参与演练，增强居民的爱国意识和防空防灾意识，提高社区居民的应急避险能力和自救互救能力。“9.18”警报试鸣活动前后，在《今日肥城》报纸上刊发试鸣公告，专版刊登人民防空知识，并在肥城电视台、《泰山晚报》、肥城政务网等媒体进行宣传报到，扩大人防知识宣传覆盖面，提升宣传效果，使广大居民进一步了解、认识人防工作及相关知识。做好人防知识进课堂工作，城区中学初中二年级学生受课率达到100%，人防知识理论考试优秀率均在97%以上。

【指挥通信与信息化建设】 根据城区扩展情况，按照城市规划区内防空防灾警报音响覆盖率100%的要求，市人防办不断加大防空防灾警报网络建设。2016年，“9.18”警报试鸣前，对全市防空防灾警报器开展换频升级，汶阳镇、安驾庄镇等偏远警报器安装点实现短波无线控制；在安临站镇、高级技校新校区、瑞福锂业、傲饰集团等重点乡镇、企业新安装防空防灾警报器4台，在桃都社区安装多媒体警报器1台；将肥城矿务局管辖的3台防空防灾警报器纳入到

组织社区居民进行防空袭演练

城区通信警报网络体系，形成由38台警报器组成的防空防灾警报区域网，做到点面结合、不留死角，整体覆盖、无缝连接。推进县级机动指挥所建设，提高组织指挥、应急支援和指挥信息保障能力。7月19日，在全市组织开展的大汶河防汛抢险演习中，市人防办首次出动市人防机动指挥所应急指挥通信车全程参加防汛抢险演习，为演习的现场指挥提供重要平台。同时利用机动指挥所灵活机动的优势，参加到“国际民防日”、“防灾减灾周”、“9.18”警报试鸣活动等各种人防宣传活动中，增强宣传关注度，提升宣传效果。落实短波通信和北斗导航定位系统建设工作，各项设备均已到位并安装调试完毕。

（孙晓雯）

肥城年鉴

FEICHENG YEARBOOK

FEICHENG
YEARBOOK
2017

经济管理

经济管理

发展和改革

【概况】 市发改局是全市宏观经济工作的重要综合管理部门，承担拟定全市经济社会发展规划、加快重大项目和重点园区建设、牵头推进战略性新兴产业和服务业发展、协调对上争取工作、开展对口扶贫协作、推进有关领域改革等重要职能。市发改局设局长1人、副局长3人，设党组、成员7人；内设秘书科、综合科、工业科、农经科、体改科等业务科室16个，辖经济协作办公室1个副科级单位，下设项目办、服务业办2个一级事业单位。2016年，被评为泰安市级文明单位。

市发改局抢抓机遇，锐意进取，圆满完成各项目标任务。①项目建设呈现新成效。全年共组织74个重点项目集中开工，总投资242.8亿元；全年铺开投资过亿元项目120个、竣工投产项目60个；策划推介过亿元项目85个，计划总投资735.5亿元；②产业培植取得新突破。突出新能源、新材料、新医药、新节能环保、高端装备制造“四新一高”产业。铺开实施4个风电、20个光伏、1个生物质能项目，总装机容量507兆瓦，其中华电风电、中节能生物质能等10个项目已并网发电，昌盛光伏农业等15个项目加快推进；致力于打造200亿级锂电产业，重点推进瑞福锂业碳酸锂、氢氧化锂，正华磷酸铁锂电池等7个总投资29.1亿元的项目；规划建设医疗器械产业园、苏博生物医药产业园，铺开中医院东院、舒心港湾健康养老、科达医药等项目6个，总投资33.6亿元；与中节能集团开展全面合作，合作共建节能环保产业园，已有11个项目入园、9个节能环保项目洽谈中。全市新兴产业企业达到115家，实现产值295亿元，增长1.5%，占比24.5%；服务业跨越发展，铺开实施春秋古城、台湾城市广场等投资过亿元服务业项目47个，总投资331亿元，分别占39.2%、52.1%。全市实现服务业增加值312.5亿元，同比增长7.5%，占生产总值的43.1%。③对上争取再上新水平。成立经济协作办公室，专职负责经济协作、对上争取工作，建立全市对上争取工作信息管理系统，全方位提高项目管理的科学化、动态化水平；564个项目获中央、省市扶持，到位资金29.34亿元，增长11.47%。④重点改革开启新进程。深化实施“放管服”改革各项政策，推进投资项目在线审批监管平台建设，落实国家和省、市要求，精简项目立项前置条件，压缩办理时限，实行绿色通道服务制度，审批服务效能和服务质量不断提升；公务用车制度改革顺利完成，6月底前完成取消车辆封存停驶，司勤人员分流安置、交通补贴审核发放、取消车辆处置工作也顺利完成；推进社会信用体系建设，结合全国文明城市创建，会同有关部门推进政务诚信、商务诚信、社会诚信和司法公信建设，构建覆盖全面、连接有序、层次明晰、运行顺畅的社会信用体系。

【发展规划编制与实施】 ①年度计划。提出2016年国民经济和社会发展计划，通过市人代会审议。2016年经济社会发展的主要预期目标为市内生产总值增长7.5%，公共财政预算收入增长9.3%，全社会固定资产投资增长13.7%，社会消费品零售总额增长10.1%，实际利用外资增长8%，外贸进出口总额增长8%；城乡居民人均可支配收入增长8%；城镇登记失业率控制在3.0%以内，完成节能减排等约束性指标。②长期计划。继续组织实施“十三五”规划编制工作，牵头编制完成《肥城市国民经济和社会发展第十三个五年规划纲要》；主动做好扶贫协作工作，精准定位，突出产业帮扶，相互交流学习，加大支援帮扶力度，编制《肥城市扶贫协作重庆市巫溪县规划（2016—2020年）》，明确帮扶领域和重点工作。

【经济体制改革】 稳步推进全市公车改革工作，县乡党政机关公务用车改革基本完成，审核批复88个参改单位车改方案，全市涉改车辆全部封存停驶，司勤人员安置基本完成，保障公务出行的过渡性公务用车平台建成运营；牵头落实“放管服”改革，上级下放县级的所有审批事项均得到有序承接、有序使用；推进行政审批制度改革，接入省、市、县贯通的公共资源交易平台开展项目立项、备案、审批工作。年内，共办理项目立项、备案、审批239件，涉及投资142.9亿元；牵头推进社会信用体系建设，落实上级关于社会信用体系建设的各项部署要求，守信联合激励失信联合惩戒机制初步构建；“营改增”、预算管理等改革顺利完成，国地税联合办税经验在全省推广，肥城被确定为全国百佳国地税合作县级示范区。

【创新驱动】 深入推进创新创业，增创发展内生动力，新发展国家级高新技术企业3家，创建省级人才创新载体平台13家，农大肥业获批省级院士工作站；云宇制动成功在“新三板”挂牌，农村信用合作联社改制农村商业银行正式运营；引进领军型创新团队4个、各类高层次人才65人；新增中国驰名商标2件、地理标志证明商标1件，肥城被评为全省商标战略实施示范县。

【区域经济发展】 优化空间布局，区域经济发展开创新局面。集中打造以市高新技术开发区为龙头，新兴产业园区、现代农业高新技术产业示范园区、节能环保产业园区、循环经济园区、现代盐化工园区为主体的“一区五园”产业布局。持续加大园区水电路气、信息网络和公共服务平台建设，园区建成区总面积达到68.4平方公里，完成规划面积建设任务的51.1%，汇聚全市79.2%的重点项目和86.8%的新增投资；落实中央、省和泰安市扶贫协作部署安排，充分发挥扶贫协作牵头部门的作用，组织编制《肥城市扶贫协作重庆市巫溪县规划（2016—2020年）》，明确帮扶领域和重点工作。组织两次到巫溪县进行实地工作对接，参加鲁渝扶贫协作培训研讨班，拨付扶贫协作专项资金66.55万元；融入省会城市群经济圈，出台《关于做好融入省会城市群经济圈工作的实施意见》。肥城被纳入济南都市拓展区，市政府与齐鲁工业大学签订全面战略合作协议；抓住“一圈一带”规划深入实施的重大机遇，为超高温非织造过滤材料等4个项目争取省区域战略推进专项资金1220万元；青兰高速肥城段、泰肥一级路西延工程开工建设，济微路东移、泰聊铁路等重大交通项目均取得实质性突破和进展。

【重点项目建设】 全年铺开投资过亿元项目120个，计划总投

2月15日，全市2016年春季重点项目集中开工暨山东农大肥业缓控释肥项目奠基仪式在高新区举行

资636亿元，完成投资187.5亿元，竣工投产项目60个。2月15日组织32个重点项目集中开工，总投资110.3亿元。9月28日集中开工42个项目，总投资132.5亿元；农大肥业国家土壤修复计划示范基地被省政府确定为全省年度重点建设项目，鲁中国际电子商务园、康龙污水处理厂二期工程等21个项目列入泰安市2016年重点建设项目，计划总投资166.3亿元，聚发生物科技、中铝高性能烧结钕铁硼等15个项目被确定为泰安市重点前期推进项目；落实包保责任制，实行市大班子领导包保重点项目责任制，成立市重大项目推进领导小组，筛选33个市级重大项目，集中优势资源、全力以赴推进，对纳入全市重点项目名单的项目，分头健全工作班子，安排一名分管负责人具体负责，倒排工期，督促进度，跟上服务，确保如期完成项目建设任务；策划推介过亿元项目85个，计划总投资735.5亿元，其中过5亿元的37个、过10亿元的23个、过20亿元的10个。

【服务业发展】 实施服务业载体建设“1010工程”，重点推进红星美凯龙、总部经济区等服务业项目10个，总投资239亿元。10家骨干企业完成销售收入91.3亿元、实缴税金1.17亿元，分别增长23.2%和9.8%；全市完成服务业增加值323.8亿元，同比增长12.7%，占市内生产总值的44.4%，实现现代服务业增加值162亿元，占服务业增加值的50.2%，提高1个百分点；完成服务业固定资产投资305.7亿元，同比增长1.01%，占全社会固定资产投资的50.36%，占比降低4.84个百分点；实现服务业税收15.98亿元，同比增长13.09%，占全部税收的33.07%，同比提高1.8个百分点；规模以上服务业企业230家，同比增长16.16%，实现营业收入83.19亿元，同比增长18.21%。

（张文荣）

资料链接

风能开发

肥城市位于鲁中丘陵地带，风力资源较为丰富，属于典型的低风速区，风力资源主要集中在市东部、中部区域。先后有华电集团、美国UPC公司、华润电力3家企业与肥城市签订风电资源开发协议。有5个风力发电项目已经上级批复，总装机容量23.92万千瓦；成功并网发电项目3个，分别为华电桃园风电场、华电安站风电场、华电虎门风电场，总装机容量14.97万千瓦。

华电集团。2010年6月，华电集团与市政府签订风电开发协议。按照协议约定，华电集团在肥城市投资30亿元，规划建设30万千瓦机组。开发点主要位于安临站镇、边院镇、仪阳镇、湖屯镇、王瓜店街道等区域。已开发项目3个，总装机容量150MW。其中，华电桃园风电场、华电安站风电场于2015年建设并投入使用，已累计发电1.82亿千瓦时。

美国UPC公司。2010年11月，美国UPC公司与市政府签订风电开发协议，计划投资15亿元，分三期实施，规划建设15万千瓦机组。开发点位于王庄、桃园、安临站、仪阳、边院、安驾庄、孙伯7个镇街。截至年末，已开发装机容量49.5MW的UPC刘台风电场项目1个，该项目于2014年1月核准、2014年8月开工建设。

香港华润新能源控股有限公司。2014年8月，华润新能源与市政府签订风电开发协议，协议投资12亿元，规划建设15万千瓦机组。开发点主要位于石横镇、湖屯镇、仪阳街道、潮泉镇、老城街道等。截至年末，已开发总装机容量40MW的华润石横风电场项目1个，该项目于2016年10月经泰安市发改委核准，已启动电网接入、招投标等开工前期准备工作。

光伏发电

肥城市地处暖温带大陆性季风气候区，四季分明，境内光照资源比较丰富。年均总辐射量在116—132千卡/平方厘米，年日照时数在2315—2898小时之间，日照百分率为53%—65%，太阳能资源开发利用的潜力非常广阔。截至年末，共有17个光

位于王庄镇的盛阳光伏发电项目（李殷平 摄）

伏电站项目已办理立项手续，总装机容量323.5兆瓦。其中10个项目取得光伏建设指标，总装机容量124.5兆瓦。老城街道英电29.5兆瓦光伏项目、王庄镇盛阳20兆瓦光伏电站、安临站镇天辰20兆瓦光伏电站项目、湖屯镇泰盛30兆瓦农光互补一期10兆瓦项目、孙伯镇君明20兆瓦光伏电站等9个光伏电站项目已实现并网发电，总装机容量119.5兆瓦。鼓励充分利用具备条件的建筑屋顶（含附属空闲场地）资源，将分布式发电与新农村建设、农业设施相结合，促进农村农民生活改善和农业农村发展；鼓励各类电力用户按照“自发自用、余量上网，电网调节”等方式建设分布式光伏发电项目，支持在用电价格较高的工商业企业和工业园区屋顶及附属场地建设分布式光伏发电项目。截至年末，已审批分布式光伏发电项目165个，总装机容量7.83万千瓦。其中，已并网屋顶分布式项目120个，总装机容量1.17万千瓦。

工商行政管理

【概况】 年末，全市工商系统在职干部职工267人，下设13个科室，3个直属局，15个工商所。年内，市工商行政管理局深化改革、勇挑重担、依法履职，着力提升服务大局效能，突破监管执法难点，确保各项改革措施落地生根。继续保持“省级文明单位”荣誉称号，被肥城市委、市政府授予“科学发展考核二等奖”和“全市安全生产先进集体”，下属事业单位市个体私营企业协会被中国个体劳动者协会评为“全国个协协会系统先进单位”。12月23日，市工商行政管理局和市质量技术监督局正式合并组建为市市场监督管理局，全市市场监管工作揭开新篇章。

【消费者权益保护】 围绕“新消费，我做主”年主题，开展3.15国际消费者权益日纪念活动。与市广播电视台合作举办3.15消费维权咨询座谈会，提升消费者的维权意识和维权能力。市消费者协会参与居民自来水价格听证会，强化公众参与社会监督。实行“12315”与“3650000”民生热线并线接听，减少投诉处理流转环节。以家用电子电器等五大类商品和大中型商场为重点，指导经营者建立进货查验档案和不合格商品处置等制度。深化合同格式条款整治，加大对经营者的培训力度，指导经营者完善维权机制，督促经营者依法诚信经营，主动预防和及时化解消费纠纷。全年共受理消费者投诉629件，接受消费者咨询1248人次，查处消费违法案件15件，为消费者挽回经济损失32.97万元。

【整顿和规范市场秩序】 将与人民群众切身利益密切相关的水、电、气、暖、公共交通等领域作为整治重点，开展不正当竞争突出问题专项整治行动，对涉及的公用企业逐一约谈、排查。查处伪造石横特钢集团产品质量认证标识案件一宗。对4家房地产开发商在楼盘销售过程中夸大宣传、发布违法广告进行立案查处。开展“红盾网剑”行动，全年共利用山东工商网络交易监管平台巡查检查各类网站、网店、平台400余个次，发现违法违规线索40余个，下达责令改正通知书34份。组织开展农资、成品油市场商品质量抽检，抽检市场主体95户，抽样172个，发现不合格商品17批次，依法全部作出行政处罚。

自10月1日起，由工商行政管理部门核发加载法人和其他组织统一社会信用代码的营业执照，实现“五证合一、一照一码”

（杨光 摄）

【企业登记注册管理】 落实注册资本由实缴改认缴、“先照后证”、年检改年报等各项“宽进”改革措施，确保“五证合一、一照一码”登记制度、个体工商户营业执照和税务登记证“两证整合”登记制度全面实施。强化政策宣传保障，利用报纸、广播、微信公众平台、宣传册、明白纸等媒介，解读商事制度改革的最新动态。深入开展市场主体“增量提质”专项行动，强化窗口服务，开辟绿色通道，下放登记权限，实施特事特办，企业办理“五证合一、一照一码”营业执照时间与原来相比压减幅度超过80%。年内，全市新发展各类市场主体7203户，其中企业1924户，个体工商户5112户，农民专业合作社167户，实现“个转企”118户。开展僵尸企业清理工作，对310户连续两年未年报且未正常生产经营的企业实施吊销处罚。

【商标注册管理】 组织起草并以市委办公室、市政府办公室名义下发《“一镇一地标”创建活动实施方案》，编写并印刷《肥城市驰著名商标企业名录》。山东泰山轮胎有限公司的“泰山及图”、兴润建设集团有限公司的“兴润建设及图”2件商标被认定为中国驰名商标；“兴润建设及图”“鲁变LUBIAN”“联谊九州及图”3件商标被推荐为山东省著名商标，“河岔口鸭蛋及图”核准注册为地理标志证明商标。推荐山东银宝食品有限公司为泰安市商标协会会长单位。2016年，全市拥有中国驰名商标13件，山东省著名商标30件，马德里国际商标注册9件，注册商标突破3000件。其中，驰、著名商标、马德里国际商标注册数量在泰安市各县市区均列第一位。

【市场监督管理】 开展“净市场，惠民生”市场专项整治行动，出动执法人员1200余人次，检查各类集贸市场和农村大集60余个次，经营业户3000余户，发现各类违法经营行为112件，其中责令整改92件，立案查处20件。把市场主体“亮照经营”作为创城工作重点，明确责任分工，加大市场环境综合整治力度。牵头开展全市集贸市场综合整治和向阳社区网格文明创建工作，印制发放各类宣传资料20000余份，悬挂宣传版面4000多块，组织各类上街宣传、文明劝导活动40余次。

【广告合同监督管理】 组织广告管理人员学习领会省、市工商局广告发展战略精神，理解增强文化整体实力和竞争力的丰富内涵。加强对传统媒体广告的监管，严厉打击虚假违法广告，把打击重点放在与人民群众生产活关系紧密的医疗、药品、房地产等广告查处上。采取违法广告提示、约谈、集中培训等措施，进一步加大广告市场监管力度。加强投资担保类企业和互联网金融广告监管，对企业名称或经营范围中含有“投资”“投资咨询”等字样的63户企业逐一进行排查，排查互联网金融广告38条。年内，办结各类广告违法案件14件。

【个体私营经济管理】 落实扶持个体私营经济和中小微企业的各项政策措施，出台《关于开展深度服务促进企业转型升级的实施方案》。指导帮助征途科技公司、云宇制动器公司理顺股权结构。推进村级股份经济合作社的注册登记，成功注册4家村级股份经济合作社。运用“三押一推”（采用商标专用权质押、股权质押、动产抵押等多种方式融资解困，推动企业信用体系建设）职能，帮助企业解决融资难题。2016年，共办理股权出质登记68件，质押股权22.47亿元，被担保贷款15.77亿元；办理动产抵押行政确认50件，主债权数额23.99亿元，抵押物价值35.35亿元，支持企业健康发展。

（段峥）

质量技术监督

【概况】 市质量技术监督局下设办公室、业务科、特种设备安全监察科、食品与监督法制科、双基办、稽查队和计量测试所，共有在职干部职工52人。2016年，围绕全市发展大局抓质量、多元共治保安全、转变职能促发展，为经济社会的转型升级提供质量保障。12月23日，市质量技术监督局和市工商行政管理局正式合并组建为市市场监督管理局。

【质量强市战略】 充分发挥职能优势，大力推进名牌战略的实施。2016年，全市新增山东名牌4个，其中山东名牌产品2个、山东服务品牌2个，山东名牌总数达29个，培育和发展一批质量卓越、效益显著、体现肥城综合实力、具有较强竞争力的品牌企业和品牌产业。组织2016年度泰安市市长质量奖评选工作。年初，在泰安市质量强市会上，肥城市和山东农大肥业公司作书面材料交流。

2016年肥城市荣获“山东名牌产品”称号企业一览表

序号	企业名称	山东名牌产品名称
1	山东安信机械制造有限公司	金诺机械牌液压支架、单体液压支柱
2	山东肥城精制盐厂	鲁祥牌食盐

2016年肥城市荣获“山东省服务名牌”称号企业一览表

序号	企业名称	服务品牌名称
1	山东肥城农村商业银行股份有限公司	情怀五心 服务桃乡
2	泰安兴润检测有限公司	兴润检测

【计量监督与管理】 ①能源计量工作。对9家重点用能企业进行重点服务，出动服务队120人次，检定能源计量器具899台套，对9家企业的9名企业能源计量管理工作人员进行培训。进一步做好供电、供热、供水计量监督管理工作。落实“千户重点耗能企业能源数据网上直报制

度”。②民生计量工作。有序开展“推进诚信计量、建设和谐城乡”行动，重点开展“一机二器四表”检查，查处加油、供电、供气、供水计量失信行为。③法制计量工作。组织开展安全防护计量器具专项检查，对城市集贸市场、农村农产品交易市场、加油站、眼镜制配场所、医疗卫生单位进行计量专项执法检查。共检查全市 24 个集贸市场的 455 件计量器具，合格率 99.0%；检查 55 个加油站 206 台加油机，合格率 99.0%；检查 21 家医疗卫生单位的 1312 件强检计量器具，合格率 99.9%。加强对商品量的监督管理，在元旦、春节和中秋、国庆期间，组织开展流通领域商品量计量监督检查，抽查全市 35 个超市、商店、集贸市场销售的 56 批次定量包装商品，合格率 99.9%。

【标准化工作】 ①企业标准化。落实国家、省、市关于深化标准化工作改革的各项任务部署，指导市内企业落实企业产品和服务标准自主公开声明制度，年内，全市共有 44 家企业，在国家标准信息公共服务平台上自主公开声明标准 216 项。②工业标准化。2016 年，肥城市企业在工业领域参与制定国家标准 2 项，行业标准 1 项，助推肥城市工业企业转型升级。③服务标准化。指导、培育市文广新局在基层公共文化服务领域开展山东省服务标准化试点单位创建。

【特种设备安全监察】 先后组织开展“涉氨制冷企业安全专项整治”“锅炉安全与节能集中排查整治攻坚战”“安全宣传月”“电梯安全攻坚战”“油气输送管道隐患整治攻坚战”“全市乡镇街道安全大会战”“安全生产隐患大排查快整治严执法集中行动”等活动。共对 300 家特种设备使用单位进行检查，查出安全隐患 100 余条。共办理注册登记设备 614 台。为 115 家特种设备使用单位办理设备变更 570 台件，受理办结特种设备停用或注销或报废 573 台；督促企业落实主体责任，建立健全安全隐患排查治理机制。要求企业对在用特种设备安全隐患进行排查，形成自查自纠报告。编发《特监月讯》，对每月安全形势、会议精神、工作要求、专项整治工作、定期检验、隐患治理、行政执法等情况进行通报曝光。

【工业产品质量监督】 持续强化许可证证后监管。充分利用年度审查、巡查、飞行检查、回访等措施，对重点生产企业的生产条件、出厂检验、关键工序等项目进行核查，对存在问题的企业责令限期整改，使企业持续保持获证时的生产条件，确保产品质量的稳定。开展危化品等 7 类重点企业专项监督检查。推进工业产品企业分类监管。对工业产品获证企业实行分类监管，按照企业的质量状况，共划分为 AA 类、A 类、B 类、C 类等四类，分别实施信用监管、责任监管、常态监管、加严监管。

（刘磊）

物价管理

【概况】 市物价局是市政府综合管理全市价格工作的职能部门，一级行政执法单位。2016 年，在职人员 21 人，下设办公室、财务科、价格科、收费科、成本监审科、价格认证中心、价格信息中心、物价检查所、价格举报中心 9 个科室。年内，市物价局贯彻落实上级物价方针政策和宏观调控措施，研究拟定全市价格管理规范性文件和价格改革方案并组织实施；按照规定的定价权限和具体适用范围，会同有关部门制定全市实行政府指导价、政府定价商品和服务的价格，主持重要价格制定、调整的听证会；参与审批和申报行政性事业性收费的立项、负责收费标准的制定和管理工作；组织实施商品价格和收费的监督检查，依法查处价格违法案件，推行商品及收费的明码标价工作；负责全市涉案物品价格鉴证工作，调解处理价格争议，实施价格服务援助；负责市场价格动态监测、预测和综合分析，提出调控市场物价的建议和措施；发布市场价格信息，开展价格信息咨询服务；组织重要农产品成本调查，重要商品和服务价格的成本监审，为优化经济发展环境，促进全市经济持续快速健康发展和社会稳定做出积极贡献。被国家发改委授予“2016年度价格宣传报道工作表现突出单位”，连续3年被评为“泰安市级文明单位”。

【价格调控】 年内，上报价格监测周报81期，旬报33期，月报25期，国家畜禽及饲料价格监测49期，与群众生活密切相关的农副产品价格监测229期，价格监测分析报告24篇；将马铃薯和大白菜参保范围由5个镇街扩大到12个镇街，除仪阳、潮泉、老城外的所有街镇均参与保险。马铃薯保险投保亩数共计108099.48亩，大白菜保险投保亩数共计103670.71亩。马铃薯目标价格保险保险金额约2.16亿元，保费总额共计1729.59万元，其中农户自缴345.92万元，泰安、肥城市政府各补贴保费86.48万元，省级补贴保费1210.71万元。大白菜目标价格保险保险金额约1.56亿元，保费总额共计1244.05万元，其中农户自缴248.81万元，泰安、肥城市政府各补贴保费62.2万元，省级补贴保费870.84万元。马铃薯每亩赔付114.29元，群众获得约1235.47万元赔付金。

【价费管理】 年内，根据肥城桃都公交有限公司申请，按照程序，制定出台肥城至石横等线路公交票价；对国电石横、肥城宏源热力有限公司蒸汽出厂价格进行调整；为老城镇英电新能源有限公司、孙伯君明光伏有限公司、肥城市泰盛太阳能科技有限公司申请上网电价；重新梳理涉企收费，配合市编办，对涉企收费清单进行调整完善;根据申请，为市中医院停车场核定停车收费标准；根据湖屯镇申请，制定出台陶山风景区门票价格和停车场收费标准。

5月14日，市物价局全体成员走上街头捡拾垃圾、进行文明劝导（侯立群 摄）

【价格服务】 年内，办结价格认定案件140余件，涉案金额147余万元；进行农户存售粮、种植意向和农资购买情况调查；围绕调整农业生产结构，发展农村经济，增加农民收入，对小麦、玉米成本预测情况进行调查；对王庄镇、桃园镇等5个镇街的马铃薯种植成本进行调研，制定马铃薯目标保险价格。

【物价检查】 组织开展市场价格检查，共出动检查人员86人次，检查城区大型超市6家，宾馆饭店35家，旅行社8家，检查其他粮油商店、肉食品经营店、农贸市场共30家，发放价格法规宣传品1100多份，制作和免费发放明码标价牌400多块，对存在明码标价不规范、价格宣传广告用语不规范等轻微价格违法行为的14家单位提出限期整改要求;处理价格举报和咨询289件，其中连心办转办219件，电话举报59件，来人举报11件；退还多收款41583.4元。

（刘宾　张忠海）

审　计

【概况】 市审计局设秘书科、法规科、行政事业审计科、财政审计科（挂社会保障审计科牌子）、经贸审计科（挂农业资审计科牌子），编制数额28名，其中行政

13名、事业14名、工勤1名，实有人员28名，配备领导职数6名，其中正科级1名，副科级5名。年内，完成审计项目53个，全市共查出违规金额3382万元，管理不规范金额27875万元，提出审计建议55条，被采纳审计建议35条，被审计单位制定整改措施29条。继续保持省级文明单位称号，市火化一场审计项目获得“省级优秀审计项目”称号。

【财政金融审计】 完成对市财政局、地税局、环保局、公安局、工商局等12个单位的预算执行审计。通过审计，规范预算行为，节约财政资金，预防腐败问题发生，防范和化解财政风险。

【政府投资审计】 完成对市老干部活动中心改造工程、行管局2015年11—12月及2016年1—2月零星维修工程、市家具大世界西侧道路维修工程、引汶调水二期——尚庄炉泵站、引汶调水三期——磨山泵站等项目的结（决）算审计，继续对农田水利项目县2016年度项目、2016年度尚庄炉水库维修养护工程、职业教育中心ppp项目、2016年城区供热管网改造工程进行跟踪审计，促进建设项目管理，节约国家资金，提高政府投资效益。

【经济责任审计】 完成对市质监局、食药监局、发改局、司法局、社保处、交通运输局、行管局、团市委、畜牧局等22个单位的经济责任审计，促进领导干部履职尽责，揭露财政资金损失、国有资产流失等问题，充分发挥审计监督在推动政策落实和反腐倡廉中的作用。

【专项资金审计】 按照审计署统一部署，实施精准扶贫政策落实情况审计、养老服务业政策措施落实情况专项审计、落实企业自主权鼓励社会投资政策措施落实情况审计和科技资金使用专项审计等项目，较好发挥审计监督作用。

（秦晓凡）

统　计

【概况】 市统计局为市政府主管全市统计工作的部门，正科级行政单位。下设人秘科、综合科、农业统计科、工业统计科、服务业统计科、社会科6个职能科室和城市经济调查队、社情民意调查中心2个副科级事业单位。机关行政编制14人，事业编制14人，配备局长1名，副局长3名，有在职人员24人。2016年，先后荣获“山东省1%人口抽样调查先进集体”“山东省统计宣传工作先进集体”“泰安市先进县市区统计局”“泰安市妇女岗位建功先进集体”“泰安市四星级服务型党组织”，被肥城市委、市政府授予“科学发展争先进位先进单位”荣誉称号，连续12年荣获“泰安文明机关”称号，连续三年荣获“省级文明单位”称号。

【农业普查】 按照国务院统一部署，开展全国第三次农业普查。为确农业保普查工作顺利实施，按照《肥城市人民政府办公室关于开展第三次农业普查工作的通知》文件要求，成立肥城市第三次农业普查工作领导小组，并下设办公室，共抽调办公人员8人。全市15个镇街区也全部成立第三次农业普查领导小组和普查办公室，共抽调办公人员54人，全市精心选调普查指导员616人、普查员2468人。普查工作历经普查宣传，选聘普查员、普查指导员，人员培训，普查试点，电子地图绘制，清查摸底，截至12月30日，清查摸底工作已全部完成。

【重点领域统计改革】 市统计局抓好劳动就业统计改革、能源统计改革、服务业统计改革、固定资产投资统计制度改革，加快做好电子商务平台统计，全面实现联网直报，做好数据衔接，保证数据真实反映实际。

【统计服务】 市统计局接待来自单位、个人的数据咨询，定期发布全市重要经济社会发展数据；编辑出版《肥城市统计年鉴2015》，每月编印一期《肥城统计月报》，及时将各主要经济指标通报市主要领导和镇街区主要负责人。在各级报刊网站发表统计分析170篇，统计信息362篇，在肥城政务信息、智慧党务平台、中国文明网肥城站发表党务、政务信息17篇。受市委组织部、编办、宣传部、教育局、公安局、住建局、文广新局、卫生局等部门的委托，先后开展干群连心走访入户情况抽测调查、事业单位群众满意度、教育群众满意度、镇街环境卫生、社会治安整治、群众看病就医、居住环境等调查。立足统计职能，研究制定规划目标，为创建全国卫生城市、全国文明城市、山东省节水城市、山东省循环经济示范县等，提供相关统计资料，推动创建工作顺利开展。

【统计宣传】 按照全市统一部署，组织相关人员上街宣传《中华人民共和国统计法》相关知识两次。第三次农业普查期间，开展农业普查"宣传月"活动，在肥城电台、电视台播放全国第三次农业普查宣传公益广告；在《今日肥城》报登载农业普查专栏。各镇街区在村镇、集市等主要路口悬挂过街帘400余条，发放宣传画3000余份、《致农业普查对象的一封信》20万份，并利用社区LED显示屏和宣传车进行不间断宣传，确保《统计法》和全市第三次农业普查家喻户晓、深入人心。

【统计基础建设】 继续深入推进以完善统计机构、配强人员力量、提升素质能力、改善办公条件、健全规章制度、规范原始记录和统计台账等为主要内容的统计基层基础"六项提升"行动，巩固2015年全年的提升成果，进一步向基层延伸，督促各镇街、村委会（社区）、四上企业完善机构和人员配备，完善各项规章制度，优化办公条件，进一步完善统计记录和统计台账。各专业以年报会为契机，面向基层乡镇、企业统计人员，以统计法规和业务知识为主，分专业分批次开展培训会。年内，共举办各类法律法规、农业统计、工业统计、服务业统计、固定资产投资，建筑房地产统计、"四上"企业新增申报等业务培训6次，培训基层统计人员400余人次。

（杜坤）

食品药品监督

【概况】 市食品药品监督管理局（简称市食药监局，挂市食品安全员委员会办公室牌子）为市政府工作部门，主要负责对生产、经营环节的食品、药品、保健食品、化妆品及医疗器械实施监督管理，同时承担市食品安全委员会日常工作。内设秘书科、政策法规科（挂行政服务科牌子）、综合协调科（挂应急管理科牌子）、食品生产监管科、食品流通监管科、餐饮服务食品监管科、保健食品化妆品监管科、药品市场监管科（挂药品不良反应监测中心牌子）、医疗器械监管科9个职能科室；下设食品药品稽查大队，为局属事业单位；在14个镇街分别设立食品药品监督管理所，为局派出机构。2016年，共有行政编制91名、工勤编制2名、事业编制22名，实有行政人员78名、工勤人员2名、事业人员21名。年初，肥城市被选为省级食品安全先进市创建单位。市食药监局以此为抓手，大力加强监管能力建设，创新监管举措，有效提升食品安全监管水平。同时，坚持问题导向，深化专项整治，强化药械市场监管，有效保障全市人民群众的用药用械安全。

年末，全市共有食品生产企业60家；持证流通单位共计5967家，其中商场超市70家（包括大中型商场超市3家，连锁商场超市64家，连锁商场超市总部3家），市场110个（包括食用农产品批发市场2个，农贸市场14个，摊点群27个，集市67个），流通经营单位供货商（包括批兼零）424家，零售户5013家，现场制售366家；餐饮环节持证餐饮单位1360家，其中大型餐馆11家、中型餐馆55家、小型餐馆509家、学校食堂71家、快餐店714家；药品生产企业4家，药械经营单位292家，一级以上医疗机构36家。规模亿元以上食品生产加工企业5家，包括山东银宝食品有限公司、山东满地香食品有限公司、肥城富士康制粉有限公司、山东福宽生物工程有限公司、肥城康王酒业有限公司；药品领域以原辅料生产为主，有大凡神农制药有限公司、精制盐厂、瑞泰化工纤维素、明天化工4家生产企业。

【药品监管】 加大对重点场所、重点环节的检查频次，主动排查药械市场风险点，整顿规范市场秩序，检查涉药单位945家次，查处简易程序案件343起，一般程序案件23起。把提升ADR监测工作重心放在医疗机构，为全市38家一级以上医疗机构制作问题分析表格，开展一对一培训，手把手指导规范ADR报表填写，共上报药品不良反应1523例，严重不良反应报表65例，严重比例4.3%，医疗器械不良事件报表540例，化妆品不良反应报表82例。把药品抽验作为一项重要工作来抓，确定以个体诊所及往年出现过假劣药品的单位为抽验重点，重点跟踪高风险药品、易出问题药品以及《药品质量公告》中涉及到的不合格药品，共抽验药品60批。采取集中培训、自查自纠和实地查看，推进新版GSP认证工作，组织工作人员实地认证提出申请的企业，并提出整改报告，共认证药品连锁企业总部4家、连锁门店153家、单体药店52家。严肃整顿药品违法广告，密切与工商、广电等相关部门协同作战，形成联动机制，强化联合监管，及时互通信息，提高监管时效。对违法药械广告涉及企业纳入重点监管名单，形成高压常态化监管模式。将违法药械广告作为对企业检查的重要线索和切入点，进行全面检查和重点抽验。正式将保健食品和化妆品事权下放至基层监管所，推进关口前移、重心下移，有效破解上下职责不清的问题。

【食品监管】 加强组织领导，细化工作责任，强化监督抽检，严格按照“四个最严”标准，对食品生产经营单位进行全方位、精细化的规范整治。共检查食品生产经营单位9869家次，查处案件304起。在生产环节，坚持风险监管理念，对全市60家食品生产企业全面实施分类分级监管；积极服务企业，办理食品生产许可证申办、换发等事宜100余次；抓好食品生产抽检工作，共配合完成国抽、省抽72家（次）、14个品种、122批次产品。在流通环节，依托“星级”评定制度，强化流通环节示范店监管；深入推行“一票通”制度，并在70余家有条件的供货商和零售商推行“电子化一票通”；落实食用农产品批发市场质量安全监管办法。不断加强食品安全抽检工作，配合上级开展50批次的评价性抽检；自行组织抽检109个品种，1421批次。2月，申请10万元购买食品安全快速检测车；3月，市政府将市农业局的农残检测设备全部划转市食药监局。在“食安山东”示范创建活动中，采取样板引领，由点及面的办法推进示范建设，共上报“食安山东”示范街2条、示范店48家、示范企业4家。11月，郭树清省长调研“食安山东”示范创建工作，对肥城市食品安全监管工作给予充分肯定。

【综合治理和专项整治】 按照“日常监管上水平，专项整治求突破”的思路，坚持问题导向，加强综合治理和专项整治。在食品生产环节，开展食用植物油塑化剂和苯并芘、肉制品兽药残留、肉制品、饮用水、冷冻饮品、蜂蜜制品、月饼等重点产品专项整治。在食品流通环节，先后开展“食品快检进市场”活动、羊肉专项整治、打击加工经营病死猪肉专项整治、进口食品市场专项整治、农村食品市场专项整治等多项专项整治工作。在食品餐饮环节，开展旅游景区、学校食堂和“守护舌尖安全”专项整治。针对药械监管的不同特点，坚持飞行检查与暗访暗查相结合的方式，有计划、有针对性地加大对重点场所、重点环节的检查频次，主动排查药械市场风险点。先后组织开展疫苗、药品流通环节、中药配方颗粒和植入性医疗器械等专项检查，整顿规范市场秩序。同时，相继开展“呵护春蕾、关爱夕阳”保健食品、保化经营企业索证索票和台账管理等专项整治行动。通过食品药品综合治理和专项整治行动，有效提升食品药品安全监管水平。

4 月 13 日，肥城市创建省级食品安全先进市动员大会召开

【创建省级食品安全先进市】 推进省级食品安全先进市创建，制定《肥城市创建省级食品安全先进市工作方案》，成立专项工作领导小组，明确创建目标和创建任务，细化市食安委各成员单位的任务职责。推进各类示范单位建设，打造文化南路便民市场、新合作人防超市、富世康至尊酒店、白云山小学食堂等示范单位，发挥示范带动效应。大力宣传创建食品安全先进市，在报刊《今日肥城》开设“关注食品安全，创建食安肥城”专栏，在肥城电视台新闻栏目播放创建宣传标语、创建宣传动漫公益广告短片，与微博、微信、网站等新媒体的紧密结合，不断提高社会公众对创建工作的参与度。打造三条创建宣传街，在城区长山街、龙山路、新城路等主干道设置公益广告牌 24 块、公交站牌宣传画 36 幅、道路导向牌 48 块、路灯杆公益广告牌 138 块；在汽车站、中医院、河西社区设立 3 块创建宣传大型广告牌。各镇街区打造一条食品安全主街道，各村居社区刷写墙体标语、悬挂横幅、设置宣传栏。深入开展食品安全宣传教育活动，普及食品知识，营造创建工作人人有责、人人参与、人人受益的良好社会舆论氛围。

（孙庆恒　侯远大）

安全生产监督管理

【概况】 市安全生产监督管理局（简称安监局）为正科级财政拨款行政单位，下设办公室、综合监督管理科、矿山安全监督管理科、危险化学品安全监督管理科、规划科技科、工商贸安全监督管理科、职业安全健康监督管理科 7 个职能科室和安全生产监察大队、应急救援中心 2 个二级参公事业单位，有在职人员 27 人。主要负责指导协调全市安全生产工作，承担全市安全生产综合监督管理职权，指导协调、监督检查市政府有关部门和各街道办事处、镇人民政府安全生产工作，监督考核并通报安全生产控制指标执行情况，监督事故查处和责任追究落实情况。

【安全生产目标管理】 贯彻党的十八届历次全会和习近平总书记等中央领导关于加强安全生产工作的系列重要讲话精神，强化政府属地监管职责，落实“党政同责、一岗双责、齐抓共管”要求，建立健全“党委领导、政府监管、行业管理、企业负责、社会监督”的安全生产工作格局，实行一把手负总责和领导班子成员“一岗双责”的安全生产领导责任制，市政府与 15 个镇街区和 47 个安委会成员单位签订安全生产目标管理责任书，各镇街区和安委会成员单位与辖区（辖属）生产经营单位签订安全生产目标管理责任书。至年末，各镇街区和安委会成员单位均未突破安全生产控制指标。

【重点行业领域安全监管专项整治】 9 月，对全市 32 家涉氨制冷企业进行专项执法检查。开展金属冶炼企业专项整治工作，对金属冶炼企业煤气作业、高温熔融金属作业开展专项整治，督促企业落实安全生产主体责任，严格安全管理，整改存在的问题隐患。开展烟花爆竹专项整治活动。为确保烟花爆竹经营安全，成立烟花稽查小组，以聚居区为重点，对全市357个烟花爆竹销售网点开展全面稽查，严厉查处违法、违规行为，有效规范烟花爆竹经营行为。

【安全隐患排查】 以各类安全生产专项整治活动为基础，加大监察力度，严厉查处安全生产违法行为，严格检查，有效排查安全隐患。全年坚持专项检查和专家检查相结合、日常检查和联合检查相结合，共检查企业330余家次，下达责令限期整改指令书167份，排查隐患1378处。

【安全生产执法监察】 按照“安全生产隐患大排查、快整治、严执法集中行动”的总体要求，以治理隐患、防范事故为目的，深入开展隐患排查治理行动，对重点行业、重点企业、重点部位开展规范化、经常化、制度化检查，对检查中发现的问题，严格落实隐患整改责任和措施，能整改的要求立即整改；短期难以整改的，采取严密监控措施，限期整改；整改后仍不合格的，该罚的罚，该停的停，该关的关，切实做到排查不留死角、整治不留后患。严格执法，打击安全生产违法行为。组织开展、配合烟花爆竹百日专项行动、省异地执法大检查和液氨制冷企业大检查等4次专项执法检查行动。对存在非法违法行为的23家企业进行立案查处，共实施行政处罚21起，处罚金额21.9万元。

市安全生产监督管理局开展“安全生产月”宣传活动

【安全生产宣传培训】 开展安全教育培训，举办安全管理人员培训班16期，培训1600余人。开展“安全生产月”活动。制定下发“安全生产月”活动方案，召开动员会。组织开展全国第十五个“安全生产月”宣传咨询日活动，共设立宣传台48处，悬挂横幅95幅，制作展板100余块，发放宣传材料10000余份。举办“安全发展忠诚卫士”演讲比赛。邀请市委宣传部、市总工会、市妇联、团市委有关领导任评委，现场打分，评出一二三等奖，颁发荣誉证书。选拔三名选手参加泰安市“安全发展忠诚卫士”演讲比赛，1名选手荣获二等奖，肥城市政府被泰安市政府安委会授予优秀组织奖。市安监局被泰安市政府安委会授予“安全生产月”先进单位。

（张光中）

肥城年鉴
FEICHENG YEARBOOK

FEICHENG
YEARBOOK
2017

农业

农 业

综 述

【概况】 肥城为传统的农业大县，国家商品粮基地县，国内重要的有机、无公害蔬菜生产基地，传统的农业特产——肥城桃（又名佛桃）的发源地和生产基地。2016年，全市农业总产值97.6亿元，农民人均纯收15130元，分别比2015年增加3.04亿元、1121元，增长3.21%、8.0%。全市农作物总播种面积11.36万公顷，其中粮食作物播种面积7.41万公顷，占农作物总播种面积的65.23%，粮食作物以小麦、玉米为主，生产粮食53.85万吨。主要经济作物为蔬菜、花生、棉花等，蔬菜播种面积3.02万公顷，总产量187.58万吨；油料作物播种面积0.26万公顷，总产量1.0万吨，其主要作物为花生；棉花播种面积0.07万公顷，总产量0.1万吨。全市有林地面积69.96万亩，森林覆盖率41%，活立木蓄积量245万立方米，经济林总产量26.8万吨。肥城桃为境内独有的宝贵资源，已有1700多年的栽培历史，全市栽培面积0.28万公顷，主要品种有红里佛桃、白里佛桃。畜牧业以饲养猪、羊、蛋鸡、肉鸡、奶牛为主。截至年末，全市生猪存栏41.5万头、奶牛存栏4.3万头、家禽存栏718万只，肉羊存栏30.5万只，肉蛋奶产量20.9万吨，标准化规模饲养场区达到492个，畜禽规模饲养比重达到87%。全年完成农田水利基本建设总投资1.77亿元，发展节水灌溉面积9.5万亩；新打机井297眼，维修机井145眼；新建及改造泵站266座；新修塘坝2座，维修塘坝4座；治理小流域35平方公里。全市农机总动力928357千瓦，比2015年增长-13.49%。拖拉机拥有量19658台，其中大中型拖拉机6493台，分别比2015年增长2.22%、6.67%；电动机274021千瓦，柴油机646730千瓦，汽油机7606千瓦。年内，先后被授予“全国粮食生产先进县”“全国农田水利基本建设先进县”“全国农机监理‘为民服务创先争优’示范窗口单位”“全省粮食生产先进县”“全省林业系统先进集体”“全省科技兴农先进集体（农业机械）”“全省农田水利基本建设先进集体”“全省农村集体经济组织清产核资工作先进单位”“全省农村土地承包经营权确权登记示范单位”“全省现代畜牧业示范县”等荣誉称号。

【农业结构优化调整】 全市农业总产值97.6亿元，其中种植业产值54.1亿元、林业产

9月20日，全国小麦秋播现场观摩会在肥城市召开，副市长赵兴广（前排左六）陪同活动

值 2.1 亿元、牧业产值 32.9 亿元、渔业产值 0.5 亿元、农林牧渔服务业产值 7.9 亿元。①种植业结构调整。全市农作物总播种面积 11.36 万公顷，其中粮食作物播种面积 7.41 万公顷，油料作物播种面积 0.26 万公顷，棉花播种面积 0.07 万公顷，瓜菜类播种面积 3.02 万公顷。各种作物播种面积占农作物总播种面积的比例分别为 65.23%、2.28%、0.6%、26.58%。粮食作物播种面积相对稳定，保持粮食生产大县的地位；瓜菜类播种基本稳定，没有出现大起大落的局面。②林业结构调整。全市共完成造林 4.2 万亩，其中用材林 0.2 万亩，经济林 3 万亩，雨季造林 1 万亩；全市义务植树 155 万株。③畜牧业结构调整。年末，全市生猪存栏 41.5 万头、奶牛存栏 4.3 万头、家禽存栏 718 万只，肉羊存栏 30.5 万只，肉蛋奶产量 20.9 万吨，标准化规模饲养场区达到 492 个，畜禽规模饲养比重达到 87%。

农情智能检测站

【农业产业化经营】 年末，全市规模以上农产品加工流通企业达 165 家，过亿元企业 16 家，分别比 2015 年增 10 家、1 家，国家、省、泰安市级农业产业化重点龙头企业分别达到 1 家、7 家、53 家，省级以上龙头企业列泰安各县市区之首，实现销售收入 157.9 亿元，利税 10.3 亿元，分别比 2015 年增长 8.9%、6%。全市农产品商标注册 500 多件，比 2015 年增 100 余件，全市农产品拥有中国驰名商标 2 个、山东省著名商标 4 个、中国名牌 1 个、山东省名牌 3 个。①争取资金扶持。市财政划拨 600 万元作为专项资金，支持农产品加工重点龙头企业、农产品加工专业群体、农民专业合作组织等产业化组织发展。争取省级财政贷款贴息资金、农产品质量提升工程项目资金及泰安产业化扶持资金 1200 余万元。②推进银企合作。年内，金融机构对全市农业龙头企业发放贷款近 6 亿元。③企业升级、动态管理与监测。14 家企业升级为泰安市级农业产业化重点龙头企业。对泰安市级以上重点龙头企业实施动态管理和监测，通过各级材料集中初审、专家综合评审、意见反馈确认等程序，全市 61 家市级以上农业产业化重点龙头企业通过各级监测。

【生态农业建设】 组织实施山东八戒公司康源养猪场、肥城市新百利奶牛养殖专业合作社 2 个大型沼气工程项目。实施山东省耕地质量提升——秸秆综合项目，项目实施秸秆精细化机械还田 3.982 万亩，建设秸秆收储点 3 个，推广应用秸秆反应堆 1670 亩；建设秸秆工厂化生产有机肥 1 处。肥城市被省农业厅、省旅游委评为山东省级休闲农业和乡村旅游示范县。泰安恒昌农业科技发展有限公司被农业厅评为第一批省级生态循环农业示范点。

【农业科技创新与推广】 ①农业科技推广。组建农业专家团 12 名，遴选县、乡两级技术指导员 70 名，科技示范户 700 名，打造村级农业技术服务站点 55

个，选配村级农民技术人员70名，建设农业科技试验示范基地5处。推广济麦22号、良星66、郑单958、登海605等作物主导品种37个，推广冬小麦宽幅精播高产栽培技术、夏玉米精量直播晚收高产栽培技术等主推技术35项。主导品种和主推技术入户率及到位率达到98%以上；示范户和周边农户对农技人员服务效果满意率98%以上。②农业科技教育培训。完成新型职业农民培育项目，完成400人的新型职业农民培育工作，其中新型农业经营主体带头人340人，农机专业合作社带头人60人。遴选上报11名现代青年农场主。开展行业关键技术培训。先后邀请山东农业大学、泰安市农业局和泰安市农科院的专家教授，到肥城市对种植业大户、家庭农场、合作社及部分科技示范户分层次开展冬小麦按需补灌水肥一体化技术讲座、转基因技术讲座、病虫害管理等关键技术培训，共计培训500人。推进农业科技扶贫，从全市9个镇街的建档立卡贫困户中选取120名贫困户作为培训对象，重点以种养加实用生产技术和增收致富技能为主要内容，开展农业技术技能培训，累计培训36个学时。开展农业专题培训，在全市选拔优秀的农业企业、农民专业合作社和家庭农场经营管理人员等优秀农村发展带头人130名，到山东农业大学开展相关行业或领域专业知识的专题培训。③人才管理工作。印发《桃都乡村之星选拔管理办法》，启动全市第二届桃都乡村之星评选，召开评审会，在45名候选人中评选出20名桃都乡村之星，激励农村实用人才成长。

【农村基本政策落实】①农业支持保护补贴。全年核定小麦种植面积3.06万公顷，补贴标准1875元/公顷。②农业政策性保险。小麦、玉米均为每公顷投保225元，农民交45元，中央、省、市、县四级财政承担180元。棉花每公顷投保450元，农民交90元，各级财政承担360元。花生每公顷投保240元，农民交48元，各级财政承担192元。全年小麦、玉米分别投保2.61万公顷、2.96万公顷；小麦理赔金额218.22万元，玉米理赔金额721.16万元。

【农产品质量安全监督】①加强源头监管。全年开展专项整治行动8次，累计共出动执法人员610余人次，检查各类生产经营单位750家（次），种植基地177个，抽检各类农业投入品8批次。②严格抽样检测。全年完成抽样检测9037个，其中定性8000个，定量1037个，承担部、省、市等上级部门抽样检测23次，抽检样品925个，合格率均为100%。③农业标准化生产体系建设。围绕制定的粮食、瓜菜、果品、畜禽等行业50项《农业标准化生产技术规程》，完善田间管理档案，保障农产品安全；创建茶叶、蔬菜、果品等农业示范园38个，精品园10个，规范化生产基地2万多亩；完成绿色证书认证46个，无公害认证89个，有机、绿色、无公害标准化生产基地总面积达97.7万亩。

（王纪银）

农村经营管理

【概况】市农村经营管理办公室为一级事业单位，与减轻农民负担工作办公室合署办公，定编19人，下设办公室、农经科、农民负担监督管理科、肥城市农村土地承包管理服务中心（副科级事业单位）。2016年，依照法律法规和规章行使农村土地承包及承包合同管理、农民负担监督管理、农村集体资产与财务管理、农民专业合作社管理和农村集体经济审计监督职责，指导农业产业化经营、农业社会化服务体系建设，组织开展农业生产和农村经济统计、农村土地承包纠纷调解、仲裁等工作。肥城市被农业部命名为全国第三批农村集体“三资”管理示范县，全省农村集体产权制度改革座谈会在肥城市召开，农村土地承包经营权确权登记颁证顺利通过省级验收。

【农村专业合作经济组织】全市共依法登记农民专业合作社1216家，其中种植业占49%、林业占20%、养殖业占23%、渔业占1%、服务业占4%、其他占3%；发展社员8.5万人，带动农户9.2万户，占全市农户总数的48%；合作社拥有固定资产6.2亿元，全年实现经营收入8.6亿元，实现盈余返还1.7亿元，入社社员年人均纯收入比非社员同业农户增收2100余元，增加10.5%。全市共发展家庭农场521家，其中种植业355家，林业134家，养殖业16家，种养结合16家，经营总面积7.78万亩，农场劳动力953人，季节性雇工3100多人，机械设备1863套，农场注册资本1.36亿元，全年实现经营收入1.73亿元。9月19日，市金融办、农商银行和市经管办共同对20家农民合作社开展评级授信工作，其中信用等级AA级15家，A级5家，肥城市农商行按照信用等级向其中19家合作社共发放信用贷款1531万元，为新型农业经营主体发展提供信贷支持。

【土地承包经营权流转】 在2015年全部完成土地确权颁证工作的基础上，2016年，顺利通过省市两级的检查验收。突出抓好数据库建设和档案整理，在完成前期数据汇交的基础上，重点增加对汇交软件的一致性检查，共纠正错误信息8179条，涉及438个村6281户，为全市605个村配置专用档案橱，开展对市级档案的数字化扫描工作，共完成521个村的档案扫描。对市级“一户一薄”档案内容进行补充完善，新整理档案资料10582卷4976盒。建立健全以镇级土地流转服务中心为主阵地的市镇村三级服务体系，开展土地流转信息发布、价格评估、合同签订、纠纷调处等项服务。开发土地流转软件，建立专题网站，将全市土地流转基本信息全部纳入系统管理，及时在土地流转网上发布土地供需及相关信息。新增土地流转面积3.3万亩，全市土地流转面积达到32.5万亩，占承包总面积的40.8%。

5月5日，肥城市土地承包经营权确权登记颁证工作通过省级验收（田吉路 供稿）

【减轻农民负担】 ①规范“一事一议”筹资筹劳的监管。全年共审查备案村级一事一议筹资筹劳282个村，涉及筹资人口21.79万人，筹资总额420.2万元，负担人群人均筹资19.28元；涉及筹劳劳动力1.04万人，筹劳总额3.55万个，劳均3.41个。②落实农民负担卡制度。在全市范围内发放农民负担监督卡21.88万份，入户率达到100%，保存率达到98%，并将“一事一议”筹资筹劳等农民负担项目逐一在农民负担监督卡上进行登记。③农民来信来访工作。全年共接听电话及接待来信来访126件（次），办理案件22件，其中办理省厅来信来访3件，泰安市2件，肥城市纪委转办案件7起，肥城市10件。

【农村集体“三资”管理】 ①开展侵害群众利益农村集体“三资”管理专项整治活动。贯彻落实市委、市政府关于把农村“三资”管理作为开展侵害群众利益的不正之风和腐败问题专项整治重点领域的部署要求，起草下发工作方案，明确农村“三资”管理制度落实、贪占挪用集体资金、利用职务便利侵占国家惠农资金、侵占集体资产资源、村干部在财务收支中违反财经纪律的“四风”问题五个方面的整治重点。市镇两级按照工作部署和要求，通过实地检查、账实核对、文档调阅等有效形式，深入开展自查工作，共发现问题1028个，收缴退回各类资金312.52万元，移交纪委处理问题72个。②开展专项审计。由分工市领导牵头，从审计局、财政局、经管办抽调人员组成审计组，从全市15个镇街区农村“三资”管理信访量较多的村中随机选择23个村开展为期一个月的专项审计。7月6日，召开全市农村集体“三资”管理工作会议，通报专项审计情况，提出明确要求。③组织集中培训。围绕深入推进侵害群众利益的不正之风和腐败问题专项整治活动、切实提高农村“三资”监管水平，开展对全市所有农经干部和农村“三资”委托代理会计的业务知识培训，共计培训镇村干部1420余人。④加强财务管理和公章管理。随机抽取全市91个村，对各镇街第一季度村级财务公开情况进行检查，对存在的问题进行通报。推广应用电子公章，规范村级公章管理，全市293个村能正常使用电子印章系统，比去年增加138个。⑤规范产权交易。抓好农村产权交易系统软件的培训应用，新增标准化镇街农村产权交易中心1处，全市达到9处。全市共办理农村综合产权交易事项803起，交易额6410.9万元。⑥抓好强村固基村级增收。建立村集体经营性收入每月定期分析研判制度，2016年全市农村集体经营性收入3.28亿元。⑦稳妥推进农村集体产权制度改革工作。举办农村集体产权制度改革专题培训班，开发肥城市农村股份经济合作社信息管理系统，实现股权管理的信息化、标准化和制度化建设，全市506个村完成农村集体产权制度改革任务。

（田吉路）

农业综合开发

【概况】 市农业综合开发办公室为一级事业单位，内设开发、计划统计、综合、工程管护4个科，人员7人。2016年，把解决扶贫村“旱涝保收田”、改善扶贫村生产生活条件、帮助扶贫村增收作为工作目标，加强扶贫村农业生产基础设施建设，确保农业综合开发扶贫工作任务顺利完成。农业综合开发产业化发展项目实行先建后补，即在项目投资全额到位、项目建设内容全部完成后，再拨付财政补助资金，且先建后补项目财政资金补助范围仅限于固定资产投资。年内，共实施开发项目5个，完成投资15649万元，其中土地治理项目2个，治理面积1.15万亩，完成投资1515多万元；实施产业化项目3个，投资1129.52万元。

【农业综合开发项目】 年内，共实施开发项目5个。①石横镇高标准农田建设项目。治理面积0.6万亩，投资722万元，新打机井29眼，修复机电井13眼，埋设输变电线路13.1千米，埋设PVC管道28.4千米，开挖排水沟8.4千米，新建桥涵108座，新修生产路2公里，维修生产路4公里，硬化生产路8公里。②高标准农田建设扶贫项目。涉及石横、湖屯、桃园、安临站、安驾庄、新城、潮泉7个镇街32个扶贫村（省级和市级扶贫村各16个），到位扶贫资金793万元，新增和改善灌溉面积5500亩。新打机井15眼，修复机电井23眼，埋设输变电线路2.1千米，埋设PVC管道36千米，新建蓄水池7座，硬化生产路6.2公里。③10万吨多功能秸秆生物有机肥扩建项目。项目计划总投资563万元（项目实际完成投资自主调整为总投资580.52万元），共新建液体菌株发酵车间984平方米，业务用房276平方米，改建车间2700平方米，购置20000升发酵罐及搅拌系统2套，2000升发酵罐及搅拌系统2套，200升发酵罐及搅拌系统2套，100升消泡罐1套，20立方米储罐1套，测量控制系统设备和附属设备等各种所需设备。④2万套蛋种鸡养殖扩建项目。项目总投资335万元，共新建标准化种母鸡舍720平方米，种公鸡舍300平方米，饲料车间100平方米，种蛋库100平方米，发电机房40平方米，生产人员操作间90平方米，污染物处理处500平方米，蓄水池2座，硬化路面1284平方米；购置鸡笼300件，上料机1台，刮粪机1台，发电机1台，监控设备1

套，环境控制系统4套，消毒机1台；引进蛋种鸡20000只，技术培训200人次。⑤10万公斤优质核桃种植基地扩建项目。项目总投资214万元。共新建核桃存储房800平方米，新打机井1眼，维修蓄水池1座，新修生产路2公里，维修生产路0.7公里，硬化生产路0.8公里；购置管材6000米，水泵1台套，变压器1台套，电缆3000米；引进苗木20000株，技术培训100人次。

（张业良）

有机农业发展

【概况】 市有机农业发展办公室为农业局一级事业单位，加挂市菜篮子工程办公室牌子，工作人员5人，设政工、生产两个科室。截至年末，全市新增有机农产品认证15个，认证面积6700亩，除有机蔬菜外，新发展有机玫瑰139.5亩、有机茶1200亩、有机小麦237.9亩、有机桃99.9亩、有机苹果199.95亩。山东富世康生物科技有限公司生产加工的生物食用油和山东古树谷生物科技有限公司生产加工的亚麻籽油分别获得广州中签认证有限公司、北京五月华夏认证有限公司有机认证。新发展有机蔬菜标准园59个，面积1.4万亩；新建高效精品园17个，新增种植面积4900亩。在安驾庄镇建设的泰安市安东食品有限公司投产运行，公司分别在边院镇济河堂发展有机蔬菜基地462.5亩，安驾庄镇王家颜子发展基地320亩，年加工能力7000吨，主要销往美国、欧盟和加拿大等国家、地区，年出口创汇300万美元。有机蔬菜龙头加工企业达到7家，年加工能力9.3万吨，出口创汇3000多万美元。2015年中国泰山现代农业博览会暨第十届中国（肥城）国际有机农产品博览会被农业部贸促会认定为2016年全国3A农业展会。

【有机农业发展规划与实施】 ①发展规划。以创建全国有机产品示范县为抓手，以打造高端、高质、高效有机蔬菜为方向，推进有机蔬菜布局产业化、组织化、标准化，不断提高有机产业整体素质，提高有机蔬菜对农民增收的贡献率。2016年，计划发展有机认证及转化期认证3000亩，建设精品园5处。探索发展有机粮食、果品和畜禽产业，实现有机产业延伸和壮大。②有机农业实施。以济河堂、北村有机蔬菜示范园为依托，整体打造边院万亩有机蔬菜示范区，带动全市有机蔬菜种植基地的标准提升和健康发展。组织开展有机蔬菜标准园和高校精品园创建活动，突出抓好基地环境整治、水电路等硬件建设和基地管理各项规则的制定落实。组织实施有机蔬菜认证，实施农业品牌化发展战略，鼓励支持龙头企业和基地园区创建自主品牌，全市新增加有机农产品认证15个，面积6700亩。打造有机蔬菜高效精品园，精品园达到有独立法人、有商标包装、有产品认证、有管理体系、有销售市场“五有”标准，发挥精品园高端引领作用。巩固壮大国际市场，并配强龙头企业，开拓国内市场，绿源、银包、嘉禾等有机蔬菜成功销往国内大中城市。全市有机蔬菜国内销售收入突破9000万元。帮助指导琦煜庄园农业科技公司、大润农牧发展有机公司在市内建立有机蔬菜直营店。

【有机农业示范与推广】 加强标

泰安弘海食品有限公司外景

准化生产体系建设，在有机蔬菜基地园区设立隔离带、隔离网，安装杀虫灯、黄蓝板，实行统一品种、统一病虫防治、统一肥水管理。发挥肥城市农产品质量监管平台的作用，对每个基地进行实时监控，推行农产品产地准出、市场准入和质量追溯制度。实施农技推广补助和新型职业农民培育项目，全年先后开展有机农业技术培训班11次，累计培训有机蔬菜种植示范户2100多户，辐射带动1.5万余户，示范推广新品种15个。建设有机蔬菜种植示范基地2处。

【菜篮子工程】 2016年，全市瓜菜类播种面积45.3万亩，总产187.58万吨，其中有机蔬菜总面积达到5.2万亩，品种30多个。坚持调结构增效益，发展“马铃薯＋高产粮＋精品菜”“马铃薯＋精品菜＋精品菜”等种植模式，扩大两膜、三膜马铃薯栽培面积，调优面积达到1.2万亩。实施高效特色农业发展平台项目1个，总投资1623.9万元，其中对上争取资金600万元，自筹资金1023.9万元，项目分布在石横镇红庙村、王瓜店街道十里铺村、桃园镇鲁中桃园和王庄镇张庄村等基地村。泰盛光伏农业产业园建设高标准光伏大棚300多个，实现一二三产业有机融合。培育电商发展载体，与山东地主网签订合作框架协议，全面启动地主网肥城县级馆建设，2016年成功举办肥城市第一届农产品电商峰会。

（尹逊民　陈峥）

种植业

【概况】 2016年，农业局下设办公室、政工科、秘书科、科教科、宣传科、财务（审计）科、农业发展计划科、老干部科、计划生育管理办公室、生产指导科、农业产业化办公室、扶贫办公室、农业行政执法大队、种子管理站、农产品质量安全监管科、农村可再生能源科、保卫科17个科室，辖有机农业发展办公室、市海泰实业开发公司、农业技术推广中心（包括农业技术推广站、植保植检站、土壤肥料工作站、经济作物站、农业环境保护监理站、农药监督管理站）、中央农业广播电视学校肥城市分校、市良种示范繁殖农场，代管棉花生产办公室，共有干部职工148人。

2016年，全市农作物总播种面积113598公顷。其中粮食作物播种面积74112公顷，占农作物总播种面积的65.24%，总产量53.85万吨。粮食作物主要种植小麦和玉米，其中小麦播种面积32723公顷，占粮食作物播种面积的44.15%，产量23.02万吨，占粮食总产量的42.74%。玉米播种面积39795公顷，占粮食作物播种面积的53.7%，产量30.12万吨，占粮食总产量的55.93%；油料作物播种面积2638公顷，占农作物总播种面积的2.3%，总产量9942吨，其主要作物为花生；棉花播种面积674公顷，占农作物总播种面积的0.59%，总产量985吨；瓜菜（含菜用瓜）播种面积30213公顷，占农作物总播种面积的26.6%，总产量187.58万吨。

【粮棉油生产】 ①粮食生产。2016年，全市粮食播种面积

机械化麦收

74112公顷，单产7266公斤/公顷，总产53.85万吨，分别比2015年减少2924公顷、225公斤、38576吨，降低3.8%、3.0%、6.68%。②棉花生产。2016年，棉花播种面积为674公顷，总产为1985吨，分别比2015年减少416公顷、614吨，降低38.17%、38.4%。③油料生产。油料作物主要是花生，播种面积、单产、总产均略有增加。2016年，全市花生播种面积为2638公顷，总产为9942吨，分别比2015年增加162公顷、1045吨，增长5.79%、9.52%。

【蔬菜生产】 2016年，全市瓜菜播种面积30213公顷，总产187.58万吨。主要作物有大白菜、马铃薯、菠菜、豆类、茄果类、葱蒜类、瓜类等。全市春马铃薯播种面积7681公顷，占全市瓜菜总播种面积的25.42%，总产33.08万吨，占全市瓜菜总产量的17.63%；秋大白菜播种面积11375公顷，占全市瓜菜总播种面积的37.65%，总产99.98万吨，占全市瓜菜总产量的53.3%。

【土壤肥料】 实施测土配方施肥节肥增效项目，以转变农业发展方式为核心，以推进化肥减量增效为目标，树立“增产施肥、经济施肥、环保施肥”的施肥理念。取土试验固基础，技术示范创模式，“精、调、改、替”多措并举，协调推进化肥减量。深度开发新型经营主体的示范引领作用，依托规模化集约化生产和专业化服务，推进测土配方施肥技术普及，全面提高科学施肥水平。全市集成示范区通过采用秸秆还田、增施有机肥、施用新型肥料等措施，化肥减量达到16%。

【植物检疫与病虫害防治】 ①植物检疫。对全市900公顷小麦、玉米制种田进行产地检疫，生产合格良种6200吨，从源头杜绝危险性病虫草害的传播蔓延。②病虫害防治。全市病虫草鼠年发生面积50.27万公顷次，防治面积48.91万公顷次，挽回损失68.93万吨。共示范推广频振式杀虫灯、黄蓝诱虫板、性诱剂、生物农药等各种绿色防控技术30万公顷次；截至年末，全市植保专业化统防统治组织达到38家，专业机防队员660余人，植保无人机、自走式喷秆喷雾机等大中型植保喷药器械700多台套，日作业能力超过3万亩，全年农作物重大病虫害统防统治面积70万亩次。

（王纪银）

林果业

【概况】 市林业局下设人秘科、造林绿化科（挂市绿化委员会办公室牌子）、林政科（挂政策法规科、行政审批科牌子）、森林资源保护科（挂市护林防火指挥部办公室牌子）4个科室，在编在岗19人。下设林业站、森保站、经济林站、肥城桃产业发展办公室、场圃站、肥城桃研究所6个专业机构，专业技术干部46人。2016年，以“发展现代林业、建设秀美肥城”为目标，持续推进造林绿化，改善生态环境。完成新增造林4.2万亩，森林覆盖率达到41%，补植完善农田林网、绿色通道、杨树速生丰产林，推进全民义务植树，设立先锋林、双拥林、文明单位林等义务植树基地，调动全民植树的积极性。市林业局被省林业厅评为第十三届中国（菏泽）交易先进单位，承办泰安市雨季造林绿化现场推进会。迎接原国家林业局局长赵树丛到肥城指导林业生产工作。

【植树造林】 全市林业生态建设以“十三五”林业发展规划纲要为统领，加强林业项目建设，全面提升工程建设质量，调整林业产业结构，增加农民收入，实现生态、经济效益“双赢”目标。年内，全市共完成造林4.2万亩，其中用材林0.2万亩，经济林3万亩，雨季造林1万亩；全市义务植树155万株；全市林业总产值71.49亿元。

【森林防火】 对上争取泰安市林业局配发的2辆四轮越野摩托、5部脉冲式高压水炮、1部充气泵、2套串联式水泵等物资装备。投资130多万元，采取政府公开招标的形式，统一采购森林消防车一台、风力灭火机、割灌机等100台，实现扑火装备和物资储备的提档升级；重点开展森林防火基础设施建设，与泰安市圣地园林有限公司签订合同，邀请公司专家对肥城市北部山区镇街进行整体规划，建设60余公里的防火通道；牛山林场投资120万（其中自筹资金40万），铺设水管网，并利用山顶修建的2个蓄水坝，实施引水上山工程。

【林业执法】 加大《森林法》宣传，提高广大林农的依法营林意识，严格执行限额采伐管理规定，加强伐前设计、伐中监督和伐后验收，依法办理林木采伐许可证600余份；充分发挥森林公安职能作用，加大执法巡查力度，对发现和群众举报的林木案件，依法严肃处理，查处一案，教育一批，震慑一片。

【有害生物防控】 抽调专业技术人员组建队伍，开展松材线虫病疫情春季普查行动、松树冻害普查行动及苗木市场、涉木单位专项普查整治行动；抓好第一代美国白蛾等食叶害虫的防控，开展飞机防治工作，重点对康王河以北和泰肥一级路以北的区域以及潮汶路、济微路、孙牛路、王边路的部分路段两侧进行飞机喷药作业，飞防面积达30万亩。

【集体林权制度配套改革】 至年末，全市完成林权流转43.56万亩，办理林权抵押贷款2.19亿元，林业专业合作社达240多家，办理森林保险18.2万亩。年内，新增肥城市大王苗木种植专业合作社和肥城市文辉玫瑰庄园专业合作社2家省级林业专业示范社和5家泰安市级林业专业示范社。

【牛山国家AAA级旅游景区】 结合牛山林场地质公园地质遗迹保护，争取国土资源管理部门资金支持，先后建设完成地质博物馆、公园广场、停车场、标志石以及一批地学景点，配套完善各种景点简介牌、地质遗迹解说牌。年内，牛山景区成功创建国家AAA级旅游景区。

【三边绿化】 “三边绿化”（铁路、公路和河流两侧的绿化美化）为2016年泰安市委、市政府提出的重点工作、亮点工作，泰安市、肥城市均将其列入科学发展年度考核。市林业局制定《肥城市“三边”绿化规划方案》，将“三边”绿化任务分解到年份、镇街。2016年，全市完成“三边”绿化103公里，重点提升泰肥一级路、泰临路、孙牛路等干线公路和大汶河、漕河、康王河等河流两侧绿化标准。

【肥城桃发展】 年内，肥城桃获准国家农产品地理标志登记。全市网上销售肥城桃的企业、合作社、家庭农场、个人达200余家，销售量占肥城桃总销售量比例30%左右，网上销售占比较高的有新城街道西尚村，桃园镇北僧台村，桃李园专业合作社，仪阳街道刘台村、大梣村。2016年，肥城市获评全国首批“互联网+经济林营销模式示范单位”。

（江永恒）

10月11日，国家林业局原局长赵树丛（右二）到肥城调研指导林业生产工作

水 利

【概况】 市水利局主管全市水利与渔业工作，为正科级行政单位。局机关内设人秘科、计划财务科、业务科、政策法规科、水土保持科等5个职能科室。下属水资源办公室、河道管理局、农村公共供水管理中心、打井队、山东省防汛抗旱机动总队第十支队（肥城市防汛抗旱服务队）、水利移民管理局、农田水利管理站、水土保持监督管理站、水产站、引黄电灌管理所、尚庄炉水库管理所、安孙灌区管理所、物资站、防汛抗旱指挥部办公室、矿坑水综合利用管理处、水利开发总公司17个事业单位，其中水资源办公室、河道管理局、农村公共供水管理中心为正科级事业单位，打井队、省防汛抗旱机动总队第十支队、水利移民管理局、市矿坑水综合利用管理处为副科级事业单位，股级事业单位10个。至年末，核定行政编制10名，事业编制217名，实有在编人员154人，其中行政人员11人、事业人员143人（含2名离岗待退人员）；离退休人员168人，其中行政离退休人员13人，事业退休（职）人员155人；14个镇街设有水利水产站，业务上隶属水利局管理。年内，肥城市被确定为全省农业水价综合改革试点县、全省小型水库管理体制改革试点县，市水利局被确定为全省水政执法规范化单位、泰安市文明单位、泰安市水利渔业系统先进集体。漕浊河汶阳段治理工程被省厅评为“鲁水杯”优质工程；河砂资源执法管理工作荣获泰安市一等奖；石横镇、孙伯镇水利站被评为省级规范化水利站；张树国等7名同志被评为全市水利渔业系统先进个人。分别在水利部国家灌排中心组织举办的全国农田水利基本建设工作培训班、全国高效节水灌溉示范县建设交流会议、全省水利设施产权制度改革推进会议和泰安市水利渔业工作会议上代表省市县发言。

4月，《中国水利报》记者采访团到边院镇联邦蓝莓种植基地采访高效节水工作（董民 摄）

【农田水利基本建设】 年内，全市完成农田水利基本建设总投资1.77亿元，发展节水灌溉面积9.5万亩；新打机井297眼，维修机井145眼；新建及改造泵站266座；治理小流域35平方公里。以农田水利项目县建设为龙头，以提高水资源供给保障能力为中心，大力发展节水灌溉，提高灌溉水利用率、农田灌溉保证率，促进农业增产、农民增收、农村发展。农田水利项目县项目共完成投资2091万元，发展高效节水灌溉面积1.71万亩，维修配套机井26眼，新建塘坝2座，维修塘坝4座，新建泵站13座，新建及维修蓄水池85座，开挖排水沟5.2千米，建桥涵66座。项目完成后，新增有效灌溉面积5985亩，恢复灌溉面积5643亩，改善灌溉面积5472亩，年新增节水能力136.8万立方米；年新增粮食生产能力3920吨，年新增经济作物产值232.56万元；受益人口1.65万人，项目区农民人均增收400元。

【节水灌溉】 年内，发展节水灌溉9.5万亩；新增高效节水灌溉面积6.61万亩，其中管灌6.56

万亩，微灌0.05万亩，节水灌溉面积达75.55万亩，节水灌溉面积占有效灌溉面积的比重达96%；高效节水灌溉面积达71%；井灌区的管道输水灌溉、喷灌、微灌工程面积占该区节水灌溉工程面积比例达97%，灌溉水利用系数达到0.66；年新增供水能力337万立方米，年新增节水能力494万立方米。

【抗旱防汛】 受厄尔尼诺事件影响，降雨量异常偏多，全年累计降雨量达782.6毫米，防汛形势严峻。防汛工作坚持“以防为主，防重于抢，全力抢险”的原则，开展防洪工程安全大检查，调整充实防汛指挥部成员，及早召开全市防汛工作会议，签订防汛责任书，落实以行政首长负责制为核心的各项防汛责任制，制定各类防汛预案，开展大汶河防汛抢险演习，完善应急反应机制，抓好防汛队伍建设和防汛物料储备。市防办严格实行24小时值班和零报告制度，全力开展水利工程防汛检查，不分昼夜及时处置仪阳大黑山塘坝、老城瑶峪、高峪塘坝、王瓜店渔家湾水库、尚古庄塘坝等险情，确保工程安全度汛。配合山东电视台、省防总办及泰安市防办，在岱岳区黄前水库完成《山洪灾害历险记》公益微电影的录制拍摄工作。同时，围绕春季干旱形势，争取中央资金65万元，对12个重点旱灾村实施抗旱节水工程，确保群众饮水和灌溉的基本需求。9月2日，总投资1600万元的山洪灾害治理项目顺利通过省级验收。投资560万元完成老城抗旱应急提水项目建设，通过建泵站将矿坑水调至水源贫乏区，满足2000多亩“望天田”的抗旱应急灌溉需求，提高老城北部农作物抗旱应急保障能力。全市初步构建起工程措施与非工程措施相结合的山洪灾害防治体系，防灾减灾能力得到进一步提高。

【水土保持】 ①实施重点项目，推进水土保持生态环境建设。年内，全市已完成治理水土流失面积15.3平方公里，其中，整修水平梯田91公顷，新植经济林479公顷，水保林586.6公顷，封禁封育373.1公顷，修生产道路11千米，修建塘坝等小型蓄水保土工程49处，共完成投资715.5万元，投工10.2万个，动用土石方25.6万立方米。比2015年度投资增加9%，治理面积增加4%，水土流失面积减少5%。②策划项目，做好项目储备。共策划上报水土保持治理项目7个，包括已上报至省厅规划10平方公里的大型水土保持综合治理项目安临站关山小流域综合治理工程，投资匡算600万元。按照泰安市局要求和肥城市“十三五”规划编制工作进度安排，完成水土保持“十三五”规划初稿，规划投资匡算7500万元，涵盖小流域综合治理、生态河道治理、湖库修复与保护、坡耕地治理等内容，强力支撑全市水土保持生态治理。③水土保持监督执法工作。开展上街宣传2次，集中检查2次，出动执法检查90余人次，检查生产建设项目40个，责令其依法编报水土保持方案，审批水土保持方案11件，共征收水土保持补偿费145万元。

【农民饮水安全】 年内，市农村饮水安全巩固提升工程总投资2015万元，争取市以上财政资金1200万元。项目涉及全市10个街镇、73个行政村，总受益人口10.2万人，计划改扩建供水站1处、管网延伸工程8处、信息化控制系统1处，改建村内供水工程26处、水质检测中心供水工程1处，新建联村供水工程3处。巩固提升项目首次增加村内管网改造工程，解决农民切身利益，使3.97万群众吃上安全水。完成5个镇街各供水站水样取样检测工作，配合疾控中心完成20个省级监测点的水样采集工作，委托疾控中心完成100处水井的水质检测工作。争取省财政补助资金12万元，解决部分单村、联村饮水工程未配置消毒设施的现状，为东尚供水站、吕仙供水站、董四供水站等8个供水站购置安装8套次氯酸钠发生器。起草《肥城市农村公共供水单位（水厂）规范化管理先进单位考核办法（初稿）》，推动水厂运行管理工作规范化。

8月10日，通过引汶调水工程，大汶河水被引上山，解决了孙伯镇北部西坞、东坞和琶山山区贫困村祖祖辈辈用水难题。图为位于西坞村新建蓄水池（董民 摄）

【小型水库除险加固】 完成2015年度10座新出险小型水库除险加固工程的省级竣工验收。根据国家水利部审核下达的灾后水利薄弱环节任务范围，查勘筛选，及时将水库安全鉴定报告和初步设计上报省水利厅备案，全市共有35座水库列入2016—2019年度除险加固实施计划中，其中2016年度共有6座水库，概算投资855万元。

【依法行政】 全年依法查处水事违法案件11起，对相关设施个人和企业进行处罚。依法整治、联合执法，河道管理实现“禁得住、管得严、收益高、秩序好”的管理目标。共稽查车辆400余次、违规砂车22车次，违规砂场30个，下达相关法律文书27份，罚款68.78万元。抓好水利规费征收工作，以执法促收费，以收费促管理，把规费征收作为促进执法管理上水平的重要手段。全面开展征缴工作，上半年征收水土保持补偿费86万元，完成河砂税费征收6295.53万元，征收水资源费2400万元，实现应收尽收，足额征收。3月，市水利局被省水利厅确定为本年度“山东省水政执法规范化”创建单位，并于8月顺利通过省水利厅的验收。在“世界水日”“中国水周”期间，采取多种形式，加大法律法规宣传的力度和深度，严格水利执法，成效明显。

【河道管理】 先后投资2788万元，完成河道清淤8.55公里、河道堤防加固19.7公里、新修防汛路9.45公里、引水管线1.5公里、生态河道治理等。总投资2409万元，完成国家级东金线河王庄段治理工程，治理段长6.85公里，2015年10月开工建设，2016年5月竣工验收。总投资234万元，完成大汶河孙伯段标准化堤防治理工程，新修防汛路2.6公里，10月开工建设，12月竣工验收。总投资90万元，完成孙伯镇东程河生态治理工程，治理段长0.7公里，2月开工建设，7月竣工投入使用。总投资45万元，完成湖屯镇东湖东村引汇河北支水入小汇河调水工程，治理段长5公里，埋设管线1.5公里，自流引水至小汇河。

【水资源管理】 ①规范论证许可。抓好论证许可关口，对新建、改建和扩建项目实行水资源论证审批，确保全市用水量不超过上级分配的指标。年内，有序铺开边院盐化工园区和石横循环经济园区规划水资源论证工作。强化用水计划管理，对城区公共供水管网内的263家取用水户和78家自备水源井取用水户，下达年度用水计划。②严格水事执法。对重点取用水户定期巡查用水情况，对新批取水项目进行现场稽查，对变更用水计划的单位进行现场调查，对非法取水、无证取水和拖欠、拒缴水资源费等重大水事违法案件重点督查，严厉查处水事违法案件，严肃执法权威。③水资源费征收成果显著。采取有效措施，集中人力物力，持之以恒地强抓水资源费征收。全年共征收水资源费2461万元。④加强水资源保护。开展申报省级水利风景区工作，加强调度协调，从人员、资金上予以倾斜帮扶，多次到翦云山实地调研，帮助开展工作。9月6日，顺利通过省水利风景区验收专家组对翦云山的考察验收。翦云山景区被命名为第13批“山东省水利风景区”。⑤开创非常规水利用新局面。引进石横净水厂项目，扩大黄河水、矿坑水利用力度，供驻地企业生产所用，有效置换地下水资源。赵庄水库全年共引蓄矿坑水157万立方、购入黄河水710万立方，实现水费收入2014万元。

【渔业生产】 全市共完成水产品产量5000吨，实现产值6491万元，策划申报《肥城市2017年渔业现代化建设平台项目》《肥城市2016年基层渔技推广体系改革与建设项目实施方案》《肥城市2016年渔业资源增殖放流项目实施方案》《肥城市2016年新型渔民培训项目实施方案》《肥城市“十三五”渔业发展规划和年度计划》《肥城市创建省级食品安全先进市实施方案》等6项报告、批准项目3个，共争取上级无偿资金37.4万元，其中基层渔技推广15万元，城市水系增殖放流项目20万元，新型渔民培训项目2.4万元。联合市食安办、畜牧兽医局等部门开展渔业投入品专项整治，协助肥城市荣惠渔业有限公司成功申办鲤鱼无公害水产品证书和产地证书，完成国家、省、市各级组织的水产品质量安全抽检、风险监测等工作，共完成24个批次、30个鱼样、10个渔业投入品（鱼药、饲料）、1组鲤春病毒SVC送检鲤鱼苗种的安全风险监测等工作任务，合格率100%。

（司晨辉　刘洲）

畜牧业

【概况】 市畜牧兽医局为一级事业单位，下设办公室、计划财务科、畜牧生产科、畜产品质量安全科、市动物疫病预防与控制中心、市动物卫生监督所、市畜牧站、执法大队8个科室站所，干部职工50名。2016年，立足现代畜牧业发展和促进农民增收，重点发展标准化规模饲养、推进畜牧产业化经营，实现畜牧业持续稳定发展，先后被列为全国生猪调出大县、山东省粮改饲试点县，市畜牧站被评为全国畜牧技术推广示范站。

【畜禽养殖及产业化经营】 围绕生猪、奶牛、家禽、肉羊四大优势产业，项目带动、政策推动，促进标准化规模饲养发展。截至年末，全市生猪存栏41.5万头、奶牛存栏4.3万头、家禽存栏718万只，肉羊存栏30.5万只，肉蛋奶产量20.9万吨，标准化规模饲养场区达492个，畜禽规模饲养比重达87%。惠宇种禽通过国家级标准化示范场创建；喜悦蛋鸡、立华公司张里种鸡场、六和公司第四种鸭场、康乐养蜂专业合作社通过省级标准化示范场创建；银宝公司报批新型职业农民培育实训基地；泰溪公司创建为畜牧旅游示范园。5家畜牧企业新申报泰安市级农业产业化重点龙头企业。新发展畜牧业合作社11家。2家合作社被评为省级示范社，3家合作社被评为市级示范社。无公害畜产品认证企业总数达到114个，位居省内前列。省局抽取5个养殖场代表泰安市迎接对镇街“三品一标”考核的省级复验验收，全部通过。

【良种繁育与推广】 推广荷斯坦奶牛、大约克、长白、杜洛克生猪、雪山草鸡、枫叶鸭、樱桃谷肉鸭、小尾寒羊、洼地绵羊、杜泊羊、波尔山羊、鲁北白山羊、海兰褐蛋鸡。依托良种补贴项目，推广奶牛、生猪优良品种。重点培植肉种鸭繁育饲养，全市共建成樱桃谷父母代种鸭场7处，存栏种鸭67万只；建成美国枫叶祖代种鸭场4处，隔离场2处，存栏祖代枫叶鸭4万只。建成以王瓜店街道、王庄镇、孙伯镇、安临站镇为主的肉鸭繁育生产基地，邓李付、东大封、新镇、冉庄、十里铺等9处年饲养规模50万只以上的规模饲养场区。泰安市立华畜禽有限公司存栏

泰安立华畜禽有限公司雪山草鸡饲养场

"雪山草鸡"种鸡36万套，日供鸡苗5万多只。

（贺晓华）

【重大动物疫病防控】 下发《2016年肥城市重大动物疫病集中免疫行动实施方案》，培训防疫员及养殖场技术人员1000余人次，建立健全村级防疫员队伍，切实做好疫苗及免疫物资准备，全面完成年初疫苗计划，开展春秋两季集中免疫。强免结束后及时开展抗体检测，根据抗体水平科学评价免疫效果，及时组织补免，确保免疫密度达100%。开展人畜共患病监测和省定点监测及跨省调运检测工作，加强动物疫病流行病学调查工作，及时掌握畜禽疫病的发生和流行状态。全年按照卫生局通报处置人感染布鲁氏菌病8例，扑灭并无害化处理染疫羊6只。主动开展H7N9流感疫情监测预警，H7N9流行病学调查和监测工作，确保全市安全无疫。

（孙新　常静）

【畜产品质量安全】 ①加大抽检频次和力度。配合省、市两级完成畜产品质量监督、兽药残留、"瘦肉精"等各项抽检，共检测猪肉、鸡蛋、牛奶、蜂蜜、羊肉等共193批次，合格率100%。加大自行抽检的力度，5月、11月分别集中开展两次畜产品监督抽检，覆盖全市14个镇街，随机抽取近70个畜禽养殖场（户），市内在售肉品的外地生猪屠宰企业全部采样，监测样品105批次，合格率94.3%。对抽检检测结果不合格的，依法从严查处，肃清安全隐患。②强化产地检疫和屠宰检疫。全市设立报检点30个，配备电子出证设备34套。按照"全天候，全覆盖，全过程"的要求，全面落实产地检疫申报制度，产地检疫率达到90%以上。畜禽屠宰加工企业全部实行动物检疫员派驻制度，屠宰检疫率和市场检疫持证率均达到100%。监督企业做好病死畜禽及产品无害化处理工作，严禁未取得检疫合格证明或检疫不合格产品出场。③严格兽药、饲料管理。严格实施黑名单制度，共出动执法人员132人次，检查兽药、饲料生产、经营、使用企业135家（次），查处违规企业5家，查处违规原料产品17种、25吨并及时进行处理；全市18家兽药生产经营企业全部安装二维码追溯系统。④加大执法办案力度。全年出动执法车辆180余次、出动人员680余次，查处案件19起，现场处罚案件3起、移交司法机关2起、申请强制执行1起，对65个不法经营户下达责令整改并及时跟踪检查。全年共复检外来肉品15680吨，使用检疫证明4.05亿余张。与12个外来肉品代理商签订食品安全承诺书。对26个外来肉品厂家进行备案。全年对外来肉品和屠宰企业抽检4次，在执法检查中抽检监测3次，对发现的问题全部整改。⑤开展养殖场无公害认证。加强人员培训和现场指导，帮助企业完善内部控制、提高认证质量。11家养殖场参加并通过无公害认证。开展无公害农产品标志使用专项检查，对获证企业开展后续监管。

（武凯）

【饲料工业发展】 全市共有饲料生产企业12家，年产配合饲料

33.91万吨，浓缩饲料3289.48吨，添加剂预混料30887吨，饲料添加剂14.9万吨，实现总产值11.09亿元。

（刘滨）

【惠农政策落实】年内，争取的上级畜牧业扶持项目有粮改饲试点县项目、生猪调出大县、耕地质量提升项目、奶牛标准化改扩建项目、奶牛良种补贴、生猪良种补贴、重大动物疫病防控疫苗补贴、基层动物防疫工作补助，累计争取上级扶持资金1966万元。所有惠农政策均落实公示公开制度，严格按程序做好实施主体的选择，项目建设过程中加强监督管理，项目完成后做好验收拨付，保障项目落到实处，促进全市畜牧业高效快速发展。粮改饲试点县项目、生猪调出大县、耕地质量提升项目三个项目均拿出资金的20%约226万元用于扶贫，帮扶贫困人员241人，完成扶贫任务。

（贺晓华）

【合作经济组织建设】坚持从实际出发，因事制宜、分类指导，推动形成畜牧合作经济组织多主体创办、多形式发展、多渠道带动的发展格局。形成龙头企业带动、大户创办、村集体推动、产业自发等各类畜牧合作经济组织，使“龙头企业+合作经济组织+农户”的生产经营模式逐步完善，加快畜牧业产业化发展步伐。截至年末，全市畜牧合作社199个，创建国家级示范合作社3个，省级6个，泰安市级11个。

（贺晓华）

【畜牧科技】全年举办培训班56期，完成新型职业农民培训4888人次，完成培训任务的144%。组织人员参加上级组织的各类培训班。泰安市立华畜禽有限公司被评为省级新型职业农民培育实训基地。组织5名配种员参加省市畜牧兽医局、总工会组织的奶牛饲养工技能竞赛活动，获得二等奖1名，三等奖3名。

（贺晓华）

【动物卫生监督】全市共设立报检点30个，统一灯箱、匾牌和各项制度，配备电子出证设备34套。畜禽产地检疫工作按照“全天候、全覆盖、全过程”的要求，全面落实产地检疫报检制度，做到产地检疫到场、到点、到户。全市屠宰检疫实行动物检疫员派驻制度。驻场检疫员严格把好畜禽入厂（场）关，实施查证验物，确保证物相符，耳标齐全。对屠宰过程实施全程监管，严格把好三关（畜禽入场关、屠宰检疫关和产品出场关）、做好四登记（进场检疫登记、屠宰检疫登记、定期消毒登记、无害化处理登记），建立健全检疫档案，确保肉品质量安全。自3月起，建立畜禽屠宰管理工作月度报告制度。

（张东君）

农业机械

【概况】市农机局下设农机安全监理站、农业机械管理站、农业机械研究所、农业机械化学校、农机工程开发服务站，辖市久亿机械有限公司、市瑞通农机有限公司两个企业。市局干部职工共48人，其中具有高级职称的5人，中级职称10人。全市14个镇街均建有农机管理服务站，各类农机从业人员达到46886人，农机总值7.98亿元，农机服务总收入5.33亿元，全市农机总动力达到110.2万千瓦，农机化综合水平89.2%。年内，贯彻落实《农业机械化促进法》《道路交通安全法》《山东省农业机械化促进条例》《山东省农业机械管理条例》，坚持“立足大农业、发展大农机、服务新农村”的战略目标，提升农机化水平，强力推动，搞好服务，实现农机化工作健康快速发展。市农机局先后承办两次泰安市级农机化现场演示会，成功创建国家级农机合作社示范社1家，注册成立全省首家农机维修协会——肥城市王庄镇丰信农机维修协会，市农机局被山东省农机局评为全省农机修配工作先进单位、“农机安全宣传标兵单位”，唐作云在“2016年山东省农机职业技能竞赛”中，荣获“山东省农机操作技术能手”称号，是泰安市唯一获此殊荣的农机手。

（马庆泉）

【动力机械】 全市农机总动力92.84万千瓦，比2015年增长-13.49%。拖拉机拥有量19658台，其中大中型拖拉机6493台，分别比2015年增长2.22%、6.67%；电动机27.40万千瓦，柴油机64.67万千瓦，汽油机7606千瓦。

（李正军）

【作业机具】 机械范畴由以田间作业机械为主逐步向农村各业机械化装备发展，机械类型由中小型向大中型发展，主要有种植业机械、农产品初加工机械、畜牧养殖机械、渔业机械、林果业机械、运输机械、农田基本建设机械等。①种植业机械。拥有耕整地机械16138台，其中耕整机3360台，机引犁4145台，旋耕机4480台，深松机564台，机引耙3589台；种植施肥机械8364台，其中免耕播种机1000台，精少量播种机3116台；农用排灌机械36392台套，其中排灌动力机械20784台，农用水泵14954台；田间管理机械2459台，其中机动喷雾（粉）机2459台；收获机械14580台，其中稻麦联合收割机3946台，玉米联合收割机1517台，马铃薯收获机7934，花生收获机312台，秸秆粉碎还田机1915台，玉米收获专用割台61台，收货后处理机械1703台。②农产品初加工机械。拥有农产品初加工机械13651台，其中农产品初加工动力机械6640台，农产品初加工作业机械7011台。③畜牧养殖机械。拥有畜牧养殖机械2114台，其中饲草料加工机械1922台套，畜牧饲养机械65台套，畜产品采集加工机械75台套。④渔业机械。拥有渔业机械405台，其中增氧机190台，投饵机196台。⑤林果业机械。拥有林果业机械45台，其中挖坑机45台。⑥农田基本建设机械。拥有农田基本建设机械376台。

（李正军）

【农机合作组织】 年末，全市农机合作社119家，其中国家级3家、省级6家、泰安市级示范社数量11家。拥有机具数量5130台套，社员总数1260个，作业服务面积60.2万亩，全市农机合作社粮食烘干达到34台（组），烘干作业能力6.5万吨。

（尹燕国）

【农机跨区作业】 全年共组织220台次小麦联合收割机开展夏季跨区机收，收获小麦0.58万公顷；组织290台次大型农业机械开展秋季跨区机收、机耕。全市农机作业总收入达2.04亿元。

（尹燕国）

【农机科技推广】 落实国家农机购置补贴及实施2016年粮食烘干机械化创新示范工程，推广应用粮食低温循环式烘干技术、低温连续式烘干技术等。新增粮食烘干机2台组，新建粮食烘干基地2个。年内，全市累计推广大中型拖拉机406台，小麦联合收割机165台，玉米联合收获机157台，秸秆粉碎还田机92台，小麦免耕播种机80台，耕整地机械166台，马铃薯播种机3台，马铃薯收获机1263台，粮食烘干机16台，喷灌机9台，其他

地龙农机专业合作社石磨面粉加工生产线（马庆泉 摄）

玉米统防统治现场

新型农机具24台；全市小麦、玉米生产基本实现全程机械化，以马铃薯为主的经济作物机械化水平达到88.6%。

（赵洪亮）

【农机安全监理】 加强与公安、安监部门联合，开展全市农机安全生产隐患大排查快整治严执法集中行动、农机监理牌证档案规范化建设活动，依据《山东省农业经营服务组织农机安全生产管理规范》开展农机合作社示范点创建活动，其中肥城市地龙农机合作社被确定为山东省农机安全管理示范点，农机“三率”（挂牌率、年检率、从业人员持证率）均达到86%以上；开展“创建平安农机，促进新农村建设”、农机安全“十、百、千、万”示范活动，农机事故率控制在0.8‰以内，连续11年无重特大农机安全责任事故发生。全市累计核（换）发号牌960副、新训拖拉机驾驶员1050人、山东省平安农机示范合作社3个、农机安全示范村24个、农机安全示范户120个。

（张多勇）

【农机科教培训】 开展拖拉机驾驶员培训、阳光工程培训和农机管理人员、农机大户、联合收割机操作手新技术、实用技能培训，推动农村剩余劳力的转化。共培训各类农机技术人员2607人次，其中农机驾驶操作人员1587人次，农村机械修理工160余人次，农机管理人员200人次，农机技术人员660人次。

（宋秀明）

【农机修配管理与供应】 开展打假护农服务活动，对假冒伪劣产品和不法经销点进行集中整治，维护农机消费者的合法权益。2016年，共发放农机维修技术合格证7个，农机维修网点达109个，完成职业技能鉴定407人，农机维修总收入1201万元。全市共有农机销售网点13个，农机商品销售总额达到1380万元，实现利润276万元。

（冯伟 荣洪华）

肥城年鉴

FEICHENG YEARBOOK

君子之邑

FEICHENG
YEARBOOK
2017

肥城桃

- 栽培与管理
- 品牌建设与保护
- 宣传营销
- 旅游开发
- 桃木雕刻

肥城桃

栽培与管理

【品种引进与保护】 全年共引进品种 14 个。从郑州果树所引进桃木加工专用品种红花山桃、帚形山桃和中桃 7 号，从浙江农科院引进具有肥桃基因的白丽桃，从郑州果树所引进黛妃、玉妃、春丽和三个高糖品种（5-5-5，5-3-33，5-5-9），从山东农业大学引进鲁星 1 号和鲁红 618，从西安引进加纳岩和红清水。委托省果树所进行种胚组培获得的 4 个组合中已发现表现较好的组合 1 个，已由果树所基地嫁接到都市桃花源内，复选后可进行推广。发现酸肥桃、长毛大尖红里肥桃，资源圃已具规模。

【试验研究】 在省果树所指导下，继续进行桃树“Y”字形和主干形树型试验，树型已成形，并已少量结果；从罗马尼亚引进桃矮化枯木 70 株栽植在试验地，已全部成活，于夏季嫁接红白里肥城桃，进行矮化栽培研究；在市农业局的引荐下，同北京林业大学合作进行小分子诱导试验；引进试用岭石铁肥、富硒宝叶面肥和松尔液态膜，有效解决黄叶病，富硒肥城桃生产效果明显。开展实验地各项管理工作。嫁接苗成活率达 90% 以上，移栽苗全部成活；开展全园病虫害防治、杂草清除工作，桃树生长正常；对园内品种进行细致的观察、登记；更新安农水蜜和中华寿桃；学习应用新树形主干型、V 字型管理技术；雨季及时排水防涝，在年内两次水淹桃树时，加班加点抽水排水，保证桃树成活，没有造成严重损失。参与林业保险，获得理赔 10000 余元，弥补冰雹灾害等部分损失；修建冷风库 1 间，看园护园工作到位，在周边环境嘈杂的不利条件下，保证园内安全。

肥城桃（姜世杰　摄）

【技术推广】 明确增施基肥、桃园生草、起垄覆盖、高光效改造修剪和绿色控害五项关键技术，编印病虫害综合防治技术规程等技术资料，并从省果树研究所争取桃产业技术培训丛书 100 本，发放到农户手中。依托“会员通”软件平台和肥桃网，发布月管理历和当前农事提醒信息，及时指导桃农抓好肥城桃关键环节的技术管理，累计发送技术短信 8000 多条次。邀请山东农业大学教授彭福田在沙窝社区举办技术培训班，组织研究技术人员举办培训班 6 场次。

【示范园】 由肥城桃研究所采取租赁方式统一管理的西尚里村有

9月3日，2016年优质肥桃评选大赛举行。图为专家用专用测糖仪对参评佛桃糖分进行检测（张敏 摄）

机肥城桃示范园开始发挥示范带动作用，在8月中旬降水较多的情况下，示范园内肥城桃仍然保持较好品质，最高可溶性固形物含量达26%。示范园生产的科技含量得到提高，并发挥辐射带动作用，示范园优质生产的影响力进一步扩大。

【科研开发】①科研项目实施。2016年是肥城桃提质增效工程最后一年，为加快成果的推广应用，对试验进行了系统总结，编写《肥城桃提质增效栽培技术》，邀请山东农业大学教授彭福田和省果树所研究员张安宁进行审阅，并同山东科技出版社达成出版意向。肥城桃研究所邀请专家对“肥城桃资源收集整理及提纯复壮”“肥城桃原始种质资源保护与示范推广”“肥城桃现代栽培模式研究与示范”3个省级项目进行验收。根据泰安市科技局的要求，对泰安市“肥城桃科技示范园建设”项目进行验收，并获得优秀等次。②科研实验。续签西尚示范园合同，在示范园及实验地内进行梨小迷向保、松尔保护膜、富硒宝、岭石铁肥、施肥枪、滴灌、罗马尼亚矮砧苗、水分子实验等多项实验。在山东农业大学教授彭福田指导下开展精准施肥研究，由山东农业大学对肥城土壤进行精准测量，通过土壤元素分析专门配置水溶性肥料，用施肥枪精准定量施用，已完成施用工作。③科研基础设施建设。新设计、建成含有天平台、观察台、操作台、培养箱等设施完备的实验室1处，清理规范实验设备，加强实验用品的管理，提高科研实验分析能力。

品牌建设与保护

【概况】肥城桃开发总公司为科级事业单位，隶属肥城市林业局，承担肥城桃的销售服务、市场开拓及地理标志公用品牌的管理保护等工作。2016年，围绕“桃农增收、产业增效”，履行管理职责，强化措施，完善机制，抓好肥城桃名牌创建、管理保护及销售服务。肥城桃产业总产值达到70亿元，肥城桃品牌价值达到16.17亿元。肥城桃品牌成为肥城经济社会发展和对外开放的金色名片、金字招牌。

【管理保护】市委、市政府对肥城桃开发保护科学规划，加大投入，出台肥城桃保护发展激励政策和奖励措施，建立起160万元的肥城桃保护发展基金。肥城桃开发总公司履行管理职责，围绕“品牌兴农、商标富民”，不断强化措施，完善机制，抓好《肥城桃地理标志证明商标使用管理办法》组织实施，做好肥城桃区域公用品牌的使用管理。严格基地认证和标志使用授权许可，严把质量标准，严格标志发放管理，统一包装设计。指导生产经营者标准化组织生产、规范化使用标志、品牌化市场营销，促进肥城桃质量提升和桃农增收。依法抓好肥城桃地理标志驰名商标知识产权保护，协同工商、质监部门严格市场督查，严厉查处地理标志侵权违法行为，维护肥城桃生产经营秩序和品牌名优声誉。2016年，肥城桃开发总公司实施的肥城桃申报国家农产品地理标志登记获农业部批准，成为继肥城桃取得国家工商总局地理标志商标注册保护之后获得的又一项国家级地理标志保护成就，将对依法加强肥城桃品牌保护，提升肥城桃品牌价值，促进农民增收、产业增效起到推动作用。

【品牌打造】 以质量管理为根本，以品牌打造为目标，开展肥城桃质量安全追溯体系研究，参与制定并实施《地理标志产品——肥城桃》《肥城桃质量安全追溯要求》《无公害肥城桃生产技术规范》等省以上肥城桃质量标准6项。抓好名牌创建，肥城桃先后荣获“山东省名牌农产品”“山东省十大地理标志”“2015全国果品百强品牌”“2015全国果品公用品牌50强”“2016全国名优果品区域公用品牌”等称号。2009年、2012年两次被认定为“山东省著名商标”，2014年被国家工商总局认定为“中国驰名商标”。“肥城”桃成为泰安市唯一地理标志驰名商标。2016年，国家农产品品牌价值评估权威部门发布，肥城桃品牌价值提升至16.17亿元。在省政府工作报告中肥城桃品牌建设成果得到充分肯定。

宣传营销

【宣传推介】 围绕打造肥城桃金字招牌，开展肥城桃品牌宣传推介。每年举办“桃花旅游节”“金秋品桃节”“赛桃评优活动”，肥城桃开发总公司常年通过电视、网络、报刊等媒体宣传肥城桃。建成集品牌宣传推介、销售服务于一体的“肥城桃网”综合网络平台，组织参加各类品牌节、农交会、展览（销）会宣传推介肥城桃品牌。2016年，与山东省电视台《乡村季风》栏目合作，拍摄制作肥城桃品牌宣传片《肥城桃的前世今生》，提高肥城桃的知名度和美誉度，营造良好的名牌氛围。

【市场销售】 发挥在肥桃销售工作中桥梁纽带作用，利用“肥城桃网”服务平台，及时为桃农和客户发布供求信息，联络引进外地客商。协助山东电视台生活帮支农团、顺丰快递肥城分公司开展肥城桃电视促销和网络平台销售，指导肥城桃生产经营者由传统销售方式向订单农业、电子商务和农超对接等现代营销方式转变，培植树立九九桃园、桃子姑娘、天一农庄等10余个肥城桃现代营销典型会员。推进实施肥城桃名牌销售战略，指导专业合作社和桃农由无牌、散装、低档销售向中高档品牌销售转变，鼓励桃农使用“肥城”桃地理标志驰名商标和地理标志品牌包装，实现肥城桃外销有名有牌，扩大肥城桃品牌影响力，拓宽销售市场，经济效益大幅度提高。2016年，肥城桃网络销售已占肥城桃销售总量的40%。

旅游开发

【概况】 桃文化为肥城文化最鲜明的特色。肥城以桃文化为主题，以“两节一赛”为抓手，2002年举办首届桃花节，开启乡村旅游发展的序幕，经过十余年的开发建设，旅游业得到较快发展。至2016年末，发展国家3A级景区6处，国家2A级旅游景区3处，国家级工农业旅游示范点2个，全国乡村旅游模范村1个，省级工农业旅游示范点14个，旅游强乡镇6个，旅游特色村11个，山东省“好客人家”三星级农家乐39家，较好发挥示范引领作用。

【桃花节】 自2002年举办首届桃花旅游节开始，坚持“政府引导、企业主导、社会参与、市场运作”的办节思路，发挥商业化运作潜力，已连续成功举办十六届桃花旅游节，在社会上引起强烈反响。每届桃花旅游节都精心策划，求新创意，节庆内容丰富，活动创意新颖。桃花旅游节已逐步发展成为肥城经济、文化、旅游互动的综合性平台，桃花节跻身国内“四大桃花节”之列，先后荣获“节庆中国榜·2011中国十大品牌节庆”和“2012最佳自然原生态旅游节庆”荣誉称号。“桃花效应”为肥城带来巨大的经济效益和社会效益，肥城和肥城桃的知名度

桃花绽放引来八方游客（侯立群 摄）

进一步提高，桃文化产业链条拉长。2016年桃花节期间，共策划举办活动20项，活动规模为历届之最。其中乡野踏青金泰庄园休闲采摘季活动、桃花书画笔会等8项活动为首次举办，受到游客和市民好评。

【品桃节】 2008年，肥城市开始举办金秋品桃节。每年8月底、9月初举办的金秋品桃节以“品尝肥城佛桃，游览桃乡美景”“采摘佛桃，品味健康，感受吉祥”“健康休闲，快乐采摘”等为主题，成为继桃花旅游节之后，肥城又一独具特色的节庆活动。通过策划举办推介会、桃木商品创新发展研讨会，重点项目集中签约仪式、品桃会、桃王评比大赛，民俗体验等活动，吸引大量游客前来采摘、品桃，提升肥城旅游知名度。2016年品桃节期间，举办百家媒体、百家自驾俱乐部“相约桃都、畅游肥城”推介会。首次举办翦云山露营帐篷节、“桃醉金秋”桃文化系列展示展览等6项活动，为市民和游客打造集采摘、品桃、音乐、运动、文化、美食、会展于一体的休闲体验。

【全国桃木旅游商品创新设计大赛】 为进一步提高肥城桃木旅游商品的创新设计水平，提升产品文化内涵和附加值，自2008年开始，在桃花旅游节举办之际，举办全国桃木旅游商品创新设计大赛。大赛由中国旅游协会旅游商品与装备分会支持，山东省旅游行业协会、泰安市人民政府主办，山东省旅游商品开发服务中心、泰安市旅游发展委员会、肥城市人民政府承办。桃木旅游商品大赛为全国从事桃木旅游商品生产、加工、销售企业提供互相交流、互相学习的平台，传承和发扬桃文化和吉祥文化，有力提升“肥城桃木雕刻”旅游商品的品牌知名度，促进肥城桃木旅游商品的销售。2016年，创新“两节一赛”活动内容，推动节、会、赛创新融合，提升节庆品牌竞争力，节庆赛事旅游实现了新突破。2016年，全国桃木旅游商品大赛暨桃文化旅游商

肥城第九届金秋品桃节吸引众多游客前来采摘（侯立群 摄）

品评展活动吸引来自北京、上海、河北等26个省、市、自治区的5000多件商品类作品、200余件设计类作品参与展出和终评。共评出特别大奖1个，金奖11个，银奖18个，铜奖31个，特殊贡献奖2个。

【刘台村】 刘台村位于仪阳街道西部山区，通过开发建设刘台桃花源景区，集赏花、品桃、桃木工艺品开发为一体，实现强村富民。刘台桃花源景区三面环山，沟壑纵横，桃花漫山遍野，花海层次分明，为肥城十万亩桃花的精品园。先后被评为“全国首批农业旅游示范点”“山东省自驾游示范点”“国家AAA级旅游景区”。旅游开发带动果袋厂、纸箱厂、桃木加工等多家加工企业的发展，为当地经济和社会事业发展做出贡献。

桃木雕刻

【概况】 肥城市依托传承千年的桃文化，开发桃木雕刻旅游商品，被文化部授予“中国桃木雕刻之乡”称号。采取打造中国桃木旅游商品城、建设中国桃文化博物馆、桃木旅游商品一条街、举办全国桃木旅游商品创新设计大赛、举行全国桃木旅游商品开发研讨会、实施“肥城桃木雕刻流派”培树工程、整体品牌营销战略、借助“互联网+”开拓市场等多项举措，推动桃木产业集群化发展，构建起“一城一街一馆一大赛一研讨会”的产业发展平台。走出县级旅游商品开发的成功之路，形成国内旅游商品开发的“肥城模式”，促进“肥城桃木雕刻”旅游商品产业的发展壮大。至年末，市内桃木生产销售企业已达160多家，从业人员4万人，全国连锁加盟企业突破1500家。全行业销售收入达到12亿元，占全国桃木市场份额80%以上。

【产品研发】 实施“肥城桃木雕刻流派培树工程”，举办全国桃木旅游商品创新设计大赛，定期开展桃木雕刻技能竞赛，组织大师鉴定评选赛，培养各类高级雕刻人才500多人。桃木雕刻大师达到14人，成为全省民间手工艺制作大师最多的县市区。至年末，肥城桃木旅游商品已发展到30多个系列，4000多个品种。先后荣获“全国最受欢迎旅游纪念品”、“中国特色旅游商品评选”金奖、“中国旅游商品大赛”金奖等200多个奖项，被国家旅游局评为“中国最佳必购旅游商品”、“中国十强旅游商品”，并成功入选“第二届到山东最想买的100种特色旅游商品”。

【雕刻工艺】 “肥城桃木雕刻”以肥城境内独有的佛桃木为原材料，木体清香、色泽金黄，呈八卦螺旋形花纹。以传统平面浮雕为基本雕刻技法，包括浅浮雕、深浮雕、高浮雕、多层叠雕等手法，采用散点透视构图、线面结合、保留平面，以构图饱满、层次丰富见长。雕刻题材广泛，主要包括吉祥动物、神话传说、寄情花木、风流人物等。代表作品有桃木剑、桃木如意、桃印、桃符、桃木梳、桃木摆件及各种桃木小饰品，主要分为平安类、吉祥类、福寿类和实用类四大类。

【市场营销】 借助高端媒体，开展品牌营销。先后通过央视CCTV-7、CCTV-4《致富经》、《每日农经》、《远方的家》等栏目做专题宣传。2016年，桃木工艺品走进“好客山东”整体营销体系，登上央视CCTV-1、CCTV-3《朝闻天下》的宣传平台，提升肥城桃木工艺品在国内外的品牌形象，逐步形成“买桃木工艺品到肥城”的市场消费观念。搭建“互联网+桃木”平台膨胀产业规模。在淘宝网特色中国山东馆山东特产栏目专门设立“肥城桃木雕刻”销售窗口，宣传“肥城桃木雕刻”品牌。开通“醉美桃都”桃木专业微信公众号，推送图文信息200多条，宣传效应良好。2016年，全市桃木企业网店数量达到600多个，在线交易额突破6亿元，占桃木市场销售总额的一半以上。服务于桃木工艺品销售的快递企业达到20多家。积极参加国家级大赛，肥城桃木雕刻商品在国家、省、市各级大赛上均取得优异成绩，先后获得第二届海峡两岸旅游文创商品大赛金奖、第八届中国（山东）工艺美术博览会七项大奖、山东省新品牌旅游商品、第十四届山东省旅游商品创新设计大赛银奖等多项荣誉。12 月，肥城市成功获评“山东省桃木工艺品产业基地”称号，桃木商品产业发展实现新突破。

【行业协会】 2008 年 3 月，召开肥城市旅游行业协会旅游商品分会成立大会，各会员单位通过民主选举，产生旅游商品分会会长、副会长及秘书长。肥城正港木业工艺品厂总经理程银贵被选举为会长。肥城中大桃木工艺品厂总经理王来新等 4 人被选举为副会长。2016 年，为适应桃木商品产业发展新形势，充分发挥行业协会自律作用，召开肥城市旅游行业协会旅游商品分会会员代表大会，通过《分会章程》和《肥城市桃木旅游商品行业自律公约》，增补副会长 4 名，选举产生秘书长和副秘书长。通过立制度、设机构、增人员，促进分会的发展壮大。创新桃木行业规范办法，桃木商品产业发展实现新突破。创新使用“肥城桃木雕刻”地理标志证明商标。与知名软件公司合作确定商标的防伪样式。商标创新采用三重防伪保护，增强技术上的可用性。指导协会制定商标使用处罚制度。首批授权 9 家企业使用“肥城桃木雕刻”地理标志证明商标，推动桃木市场的规范管理。

【肥城正港木业工艺品厂】 成立于 2001 年 7 月，为肥城市第一家桃木加工企业，中国旅游协会旅游商品与装备分会理事单位、山东省工艺美术协会理事单位、肥城桃木旅游商品协会会长单位。工厂位于桃园镇晒书城，拥有正港品牌商店 1 家、程木匠品牌商店 1 家，为省级旅游商品金牌购物商店，年销售总额 1000 多万元。公司创办人程银贵先后被评为山东省首席技师、山东省民间手工艺制作大师、泰安市 2015 年度泰山英才领军人才。

【肥城鸿熹桃木文化用品有限公司】 为集桃木工艺品研发、生产、销售一体桃木行业骨干企业，为中国旅游协会旅游商品与装备分会理事单位、山东省工艺美术协会理事单位、肥城桃木旅游商品协会副会长单位。拥有泰山桃木王品牌商店 3 家，年销售总额 1000 多万元，被评为省级旅游商品金牌购物商店。公司创办人王来新被评为山东省非物质文化遗产——肥城桃木雕刻民俗代表性传承人。

2016 全国桃木旅游商品创新设计大赛暨全国桃文化旅游商品评展活动金奖作品

资料链接

中国桃文化博物馆

中国桃文化博物馆位于肥城市春秋古城景区，是中国首家桃文化和专业旅游商品展览展示博物馆。

博物馆以桃文化为主要展览展示内容和方向，建筑面积1500平方米，馆藏桃木工艺精品3000余件，主要分为肥城桃文化产业展示区、桃文化内涵展示区、桃文化民俗展示区、肥城桃木产业展示区、多媒体展示区、全国桃木旅游商品创新设计大赛区6个展区。分别对中国和肥城桃文化的发展进行探源，集中展示桃文化的基本内涵、社会民俗、物质载体，以及肥城桃文化产业发展情况，肥城历年在国内外旅游商品大赛上的获奖作品、历届全国桃木旅游商品大赛获奖作品和桃木雕刻精品。多媒体展示区通过动态方式对肥城吉祥桃文化、桃木旅游商品和产业发展等方面的成就进行展示。

中国桃文化博物馆

工业

- 综述
- 电力工业
- 钢铁冶金
- 机械制造
- 精细化工
- 煤炭工业
- 纺织服装
- 建筑材料
- 食品加工
- 信息产业

工 业

综 述

【概况】 市经信局设办公室、经济运行科、投资规划与技术进步科（挂行政审批科牌子）、政工科、信息产业与信息化推进科、综合科、安全生产科、企业科 8 个科室，下属市化学工业办公室 1 个正科级事业单位，市人民政府节约能源办公室 1 个副科级事业单位，市机械电子工业办公室、轻工纺织工业办公室、建材工业办公室 3 个股级事业单位，局机关工作人员 32 人。

把企业培植作为工作之重，围绕泰安市“一高三强两突破”战略，迅速推进落实。先后召开全市工业发展推进大会、重点企业培植暨企业家队伍建设座谈会、“三强带动”突破发展战略专题会议，成立工业“三强带动”突破发展领导小组，各镇街均成立由党委书记任组长的工业经济发展领导小组。强化对重点企业的重点管控指导，把握工业经济走势的基本面，保持定力、坚定信心；落实国家、省和泰安市扶持实体经济发展的一系列政策，出台肥城市《关于进一步降低企业成本的若干意见》，在水、电、汽、土地等方面给予企业最大限度的优惠，帮助企业降低成本。年末，规模以上工业企业累计实现主营业务收入 1041.83 亿元、利税 100.01 亿元、利润 61.92 亿元。煤电能源、钢铁冶金、工程机械、精细化工、纺织服装、食品加工、建筑建材七大支柱产业占全市工业总量的 87.42%，钢铁冶金产业、精细化工产业、机械制造产业达到百亿级。肥城市入选全国工业百强县、省级太阳能应用示范县、工业电商示范县；市经信局被评为全省经济和信息化工作先进集体、全省两化融合工作推进先进单位。

（尹晓君）

【工业经济效益】 面对宏观环境收紧，经济下行压力巨大的形势，全市工业企业积极主动作为，主动适应经济发展新常态，工业经济实现平稳发展的良好格局。全市规模以上工业企业增加值同比增长 2.2%，实现工业总产值 1070.77 亿元，累计实现主营业务收入 1041.83 亿元、利税 100.01 亿元、利润 61.92 亿元。全市对地方财政贡献百强企业共纳税 26.64 亿元、财政贡献 14.68 亿元，同比分别增长 2.16% 和 2.78%。其中工业企业税收总额 20.2 亿元，占比 75.82%，财政贡献 10.7 亿元，占比 72.89%。

（徐永峰）

【骨干企业培植】 年内，全市规模以上工业企业达到 321 家，其中石横特钢主营业务收入过百亿，纳税总额过亿元的企业 3 家、过千万的 43 家。对地方财政贡献百强企业中工业企业有 41 家，纳税总额过千万的有 26 家，过亿元的有石横电厂、石横特钢、肥矿集团 3 家，三家企业的纳税总额占到对地方财政贡献百强企业的 51.14%。

以“一高三强两突破”为统领，强化“三强”企业培植。泰安市将肥城市列为工业经济发展重点突破区，将石横特钢、一滕集团、昌盛石墨、胜利化工、瑞福锂业 5 家企业列为泰安市“三强企业”名单，集中各类资源要素，培植壮大。2016 年，5 家企业主营业务收入同比分别增长 18.22%、20.42%、12.17%、9.95%、193.85%；分别实现税收 5.98 亿元、2337 万元、4779 万元、7554 万元、4153 万元，区域拉动力、财政贡献力、行业竞争力不断增强。

（徐永峰）

【创新型企业培植】 推进创新型企业建设，山东一滕新材料股份有限公司、肥城金塔机械科技有限公司、山东傲饰集团有限公司等3家企业被认定为泰安市级创新型企业。截至年末，共有泰安市创新型企业33家。国家级高新技术企业发展到17家，新兴产业和高新技术产业产值占规模以上工业比重分别达到24.5%和32%。

（马园臻）

【技术创新】 以各种技术创新平台为依托，加大技改投入，组织实施创新项目，增强工业发展后劲，坚定不移提质增效。①加强技术创新平台建设。年内，全市有省级企业中心17家，市级技术中心25家，省级工程技术研究中心4家，院士工作站3家。②加大技术开发投入。企业平均技术开发投入占销售收入的比重为1.5%，省级以上技术中心技术开发投入都超过3%。山东泰鹏实业有限公司、肥城金塔机械有限公司等省级企业技术中心投入占销售收入的5%以上。③组织技术创新项目的实施。共实施技术创新项目51个，其中30项列入山东省技术创新项目计划，13项技术性能指标达到国际先进水平，17项达到国内先进（领先）水平。

（马园臻）

【项目建设】 全市规模企业累计完成技改投资128亿元，同比增长6%。13个项目入选山东省企业重点技术改造项目导向计划，总投资30亿元，省经信委集中向银行推荐，协助落实贷款2.2亿元。18个项目入选泰安市百项重点工业项目，项目个数居泰安各县市区首位，总计投资137.7亿元，当年完成投资20.4亿元。石横特钢提质增效环境综合治理项目，厂房建设、设备安装完成，4月份运行投产；泰山轮胎农用子午胎项目，设备安装完成，技术指标达国际先进水平，已具备批量生产能力；福宽30万吨淀粉生产线升级改造及10万吨F55果糖项目运行投产；云宇大型拖拉机驱动桥扩能项目，厂房建设完成，部分设备到位，陆续安装运行；一滕工业污泥资源化再利用项目，主体建设基本完成，冷凝器、烟气除尘设备开始安装；昌盛石墨30万吨预焙阳极项目焙烧一期环保提升工程1号线预除尘、电捕器、脱硫塔等调试，2号线设备安装基本完成，焙烧二期焙烧炉开始砌垒；鑫福源精密齿轮和差速器壳生产项目车间独立的封闭加工车间已完成，德国进口设备调试完成，已具备生产能力；总投资5.8亿元的泰鹏聚酯纺熔环保过滤材料项目，一线车间试产，二线部分设备已经到厂。

（马园臻）

【节能降耗】 不断强化节能技术进步，狠抓节能监督管理，加强节能预警调控，全力推进节能减排工作，全面完成年度节能减排目标任务。健全完善节能工作机制，严格落实“四不一奖”规定，实行“一票否决”制度；确定预警调控控制线，制定能源消耗总量控制方案，对每年用能进行有序规划、科学分配，分解落实到各用能单位，对能源消费量和增长幅度进行严格控制；严格节能评估审查，将节能评估审查纳入行政审批大厅统一管理，实行部门联合前置预审，对全市审批立项的58个工业项目进行节能评估审查。

（王雪曼）

【对上争取】 在结构调整、节能和电力直接交易等方面，围绕国家、省出台的扶持政策，对上沟通对接，争取各项资金扶持。其中结构调整项目中一滕纤维素醚建设项目、泰鹏涤纶纺粘SMS阻燃滤材项目、瑞泰植物胶囊用羟丙基淀粉共聚物项目、泰鹏智能家居高端户外帐篷智能制造生产线技术改造项目、鑫福源年产4700根带差速锁的轮式拖拉机前驱动桥技术改造项目共争取无偿资金401万元，低息贷款8010万元。节能项目中石横发电厂“购买高效节能空压机财政补贴项目”、金塔机械“节能型溶媒回收工艺及装置”、东城热力“供热锅炉升级改造项目”等项目共争取无偿资金111万元。实现电力直接交易，通过与省、市有关部门沟通、协调、争取，至年末全市共有石横特钢、胜利化工等19家企业入围电力交易试点，交易电量14.82亿度，节约电费7410万元。

（尹晓君）

电力工业

【概况】 境内电力生产企业以石横发电厂为主，运行总装机容量200万千瓦，处在山东电网负荷中心，为山东电网的主力发电厂，全国首批命名的“国际一流火力发电厂”。另有石横特钢集团、肥城城投热电有限公司（2016年接收肥城阿斯德热电公司）、肥城昌盛石墨公司、肥城胜利化工公司、山东瑞泰化工有限公司、肥城精制盐厂、山东泰西水泥有限公司、山东明瑞化工公司等8家自行发电企业，合计装机容量16.35万千瓦。电力供应企业有市供电公司一家，年供电量21亿千瓦时。

【市供电公司】 肥城市供电公司为国家中型二级企业。年末，有干部职工914人。公司党委下设党支部25个，党员767名。2010年9月经国资委批准，资产上划集团公司。公司总资产为8.28亿元，境内拥有500千伏变电站1座，220千伏变电站4座；公司所属110千伏变电站11座，35千伏变电站12座，主变总容量120万千伏安。110千伏输电线路14条、35千伏输电线路31条、6-10千伏配电线路142条，总长度2144千米。

年内，完成在肥投资4.5亿元，售电量21.47亿千瓦时，实现销售收入11.36亿元，上缴税费4329万元，全年安全生产无事故。截至年末，实现连续安全生产7201天。①在安全稳定上严守底线。开展“配网提升”专项整治行动，圆满完成全市“两会”、中高考等重要保电任务。公司被团中央授予安全生产“青年示范岗”荣誉称号，连续4年被评为山东省“安康杯”竞赛优胜单位。②在电网建设上科学布局。对上争取资金5000万元，实施湖屯110千伏输变电工程、军地110千伏变电站扩建工程，为“西北翼”石湖板块内工矿业、制造业及新兴产业园区提供可靠电力保障。实施220千伏桃园站切改工程，对8座变电站、11条输电线路开展特殊等级防护，为中心城“一轴带、五片区”提供可靠、优质电源。投资1.8亿元，实施两批农网改造升级工程，新建、改造10千伏及0.4千伏线路241千米，新上配变226台、容量49.4兆伏安。投资1.2亿元，实施三批机井通电及中心村工程，实现1181眼机井通电，完成79个中心村电网改造。公司被评为国网公司“配电网标准化建设改造创建活动”达标单位，1项工程被授予国网公司“百佳工程”，2项工程被授予省电力公司“优质工程”。③在服务民生上主动作为。对上争取资金5000余万元，配合阿斯德化工搬迁、白云片区建设实施线路迁改工程。参与全市扶贫攻坚“五位一体”帮扶活动，投资4670万元，为全市76个省、市级贫困村新建、改造线路91公里，新上配变105台。争取资金116万元，为新城街道王坊村新建高低压线路2公里、新增变压器3台，王坊村机井通电项目作为泰安市第一个样板工程，被评为山东省首批机井通电

11月22日，市供电公司启动“抗风雪、保供电”专项行动（崔伟昊　摄）

“示范工程”。全面开展“电能替代”，境内共建成光伏电站6座，总装机容量99.5兆瓦，年发电量2.1亿千瓦时；风电项目2个，总装机容量14.9万千瓦，年发电量2.5亿千瓦时；共受理分布式光伏发电项目234项，其中85项已并网发电，预计年发电量2000万千瓦时；投资2000万元，建成两座公交充电站，满足全市580余量公交车的充电需求。④在经营管理上先人一步。共成立2家售电公司，努力营造公平、有序的竞争环境。组织电力体制改革文件专题学习，积极促成山东泰山轮胎等13家大型企业与电厂直接交易，直接交易电量4.96亿千瓦时，为企业缩减成本2696万元。全省首家通过薪酬改革验收，薪酬管理经验和班组绩效沟通模式在省公司第一、五期人资“大讲堂”作典型讲解。⑤在队伍建设上尽心尽力。推进“两学一做”学习教育，集中宣传贯彻十八届六中全会精神，按期完成两委和支部换届选举。公司实现“国网故事汇”发稿3篇，1项典型案例通过国网公司优秀社会责任根植项目立项。被评为省公司先进基层党委荣誉称号。

（陈鹏鹏　刘瑞鑫）

【国电石横发电有限公司】 国电石横发电有限公司（原山东石横发电厂）为山东电网主力发电厂，隶属中国国电集团公司，为国家特大型企业，全厂现有6台发电机组，总装机容量192万千瓦，全厂职工1433人。2016年，完成发电量107.38亿千瓦时，创历史新高，售热量完成281.6万吉焦，实现利润6.1亿元，获得国电山东公司“先进集体”荣誉称号，蝉联国电山东公司目标责任制考核A级企业和国电集团公司五星级企业称号。①安全生产局面持续平稳。全面落实各级人员安全生产责任制，深入开展安全生产月、安全警示教育日、“百日事故学习讨论”等活动，对迎峰度夏及防暑降温工作进行重点部署。加强重点人群、重大技改、重点环节的管控，将外委单位和施工队伍纳入安全防控体系，实现安全管理全覆盖。获得“山东省电力安全生产标准化建设先进单位”荣誉。截至年末，实现连续安全生产6717天。②设备健康水平持续改善。实施安全文明生产标准化建设，制定推进计划及奖惩细则。落实设备主人责任制，加强消缺维护和定期工作管理，设备消缺率保持99.9%以上。圆满完成#2机组A修、#4机组B修、#1、#3、#5机组C修工作，完成检修项目6828项，实施#2汽轮机优化检修及高效喷嘴组改造、#2机组DCS控制系统改造等项目。按计划完成一二期黄河水处理工程，顺利投入使用。#6机实现全年连续可靠运行，获得国电集团公司300兆瓦金牌机组第一名。在全国火电300兆瓦机组能耗对标竞赛中，#4机组荣获二等奖、#3机组荣获三等奖。③机组减排能力持续增强。加强环保设施运行维护，脱硫、脱硝、除尘、污水处理等设备运转正常，二氧化硫、烟尘、氮氧化物等排放达标率99%以上。技术改造有序推进，按计划完成#2、#4机组超低排放改造。获得“泰安市环境保护工作先进单位”称号。④党建工作水平不断提高。持续推进党建量化考核，将党建、思想政治、纪检监察、工会团青工作统一量化，整体纳入考核体系。按照要求，召开党员代表大会，完成党委换届工作。重视基层组织建设，全面完成基层党支部换届选举。做实思想政治工作，强化特色载体作用，开展“四强十星”先优评选，树立各类专业明星40人。精准服务青年，推行青工“五小”创新创效，公司团委荣获“山东省电力行业五四红旗团委”称号。

（刘宏昌）

钢铁冶金

【概况】 年内，钢铁冶金产业实现主营业务收入140亿元。石横特钢集团为龙头企业，是集铁、钢、材、焦为一体的大型民营钢铁企业。公司注册资本10.1亿元，资产123.59亿元，员工6039人。具有年产焦炭100万吨、铁320万吨、钢350万吨、材360万吨的生产能力，公司主要产品有建筑钢材、锚杆用热轧带肋钢筋、热轧盘条、型材等。

2016年主营业务收入141亿元，入库税金6.2亿元。12月，石横特钢集团有限公司通过省级技术中心认定。成为全国最大锚杆钢筋生产供应基地，钢筋混凝土用热轧带肋钢筋荣评“山东省用户满意产品”。

石横特钢集团有限公司

【概况】 10月，山东石横特钢集团有限公司更名为石横特钢集团有限公司。石横特钢集团有限公司（以下简称石横特钢）地处肥城市境内，是集焦化、烧结、球团、炼铁、炼钢、轧钢、发电、机械制造、钢铁物流、民间资本管理于一体的股份制大型钢铁联合企业。注册资本10亿元，员工5000余人；拥有炼铁高炉3座，炼钢转炉3座，高速线材生产线1条、棒材生产线2条；主要产品有建筑钢材、锚杆钢筋、精轧螺纹、圆钢、电力角钢等。拥有肥城石横焦化有限公司、济南黄河特钢有限责任公司、肥城石横特钢民间资本管理有限公司、新疆昆玉钢铁有限公司、肥城泰顺房地产开发有限公司、肥城桃乡物流有限公司、肥城市桃都新能源有限公司、肥城石横特钢车辆拆解有限公司、山东阿斯德科技有限公司等子公司。综合经济实力名列中国企业500强之列，山东企业100强前列。2016年，生产经营创造公司历史最好效益水平，实现利润14.2亿元、入库税金6.2亿元。其中吨钢利润401元，单位产品效益继续保持行业领先地位；实物劳动生产率、人均年收入实现持续增长，获评2016年中国钢铁企业综合竞争力特强企业。

【生产经营】 面对复杂多变的市场环境，石横特钢在董事会的正确领导下，沉着应对，练内功，抓突破，在经济运行指标、生产降本、供给侧改革政策利用、市场营销、人力资源等方面实现重大突破。全年完成铁产量328万吨，钢产量355万吨，钢材产量384万吨，焦炭产量95万吨，人年实物劳动生产率达到775吨钢；主要经济运行指标有较大突破，流动比率185.8%、速动比率168.7%，均列行业第1位，资产负债率38.6%，位列行业第2位；实现降本总额2.07亿元，创历史最好水平，财务费用同比上年增利5500万元；主动与上级部门对接，适时减轻企业负担；产品与市场开发有突破，销售建材产品277万吨，销售型材总量54.8万吨；人力资源管控工作主动有效，全年实现优化人员506人。热轧带肋钢筋、锚杆用热轧带肋钢筋、“黄特”牌热轧中型角钢三个产品，继续保持山东名牌产品称号。

【工程建设】 以降低生产成本，提升市场竞争力为出发点，加快企业转型升级，重点进行炼钢厂转炉改造项目、饱和蒸汽发电项目建设等技改工程，取得显著成果。同时，为实现能源平衡，提高公司整体效益和长远竞争力，正式启动循环经济提效改造项目、石横焦化制备阿斯德原料气项目。饱和蒸汽发电项目回收富裕低压蒸汽，减少能源浪费，提高能源利用率。高质量完成30余项大项修任务，有力保证装备的安全稳定运行；吨钢维修费实现52.49元，较上年下降21.92元。

石横特钢集团具有国内先进水平的转炉炼钢生产线

【企业管理】 石横特钢把经济效益放在第一位，牢牢把握“产品适应市场的能力、企业的盈利能力和创新能力”三条生命线，不断提升企业的综合竞争力。加大推动企业战略落地，管理模式建设初见成效，梳理确定核心业务管理模式58个；健全创新管理机构，建立科学的立项、管理、评审、奖励模式，提升企业各方面的动力和活力。转型升级经验获社会各界高度关注。6月，国家发改委调研组开展“优化工业产品供给结构，做好去产能加减法”专题调研。7月、11月，山东电视台《山东新闻联播》记者分别就“供给侧结构性改革”“精细化管理”等进行采访报道；11月，山东省经信委组织宣传报道团对董事长张武宗进行专题采访，《中国经济时报》《齐鲁晚报》《大众日报》《生活日报》、大众网、企业界杂志社等多家媒体记者参加活动，并刊登采访新闻。2016年，石横特钢获评“泰安市商务工作先进单位”荣誉称号，董事长张武宗获评“2016中国经济年度人物”。

【技术管理】 坚持“质量是第一信誉”的理念，不断提升质量竞争力，产品质量和服务质量不断提高。11月22—25日，质量/环境/职业健康安全管理体系通过北京国金衡信管理体系认证有限公司的监督审核，保持认证资格。把改善经济技术指标作为主攻方向，创建独具特色的经济技术指标体系。2016年度重点经济技术指标共66项，有可比性重点经济技术指标52项，其中达到先进水平27项，达到领先水平18项。

技术创新实现新突破。全年共发布技术创新项目计划177项，确定“十三五技术研究课题”127项；鉴定验收2015年度公司级技术创新成果95项，发放奖金67.6万元；6项科技成果通过鉴定验收，其中2个项目鉴定为国际先进水平，3个项目鉴定为国内领先水平，1个项目鉴定为国内先进水平；“圆钢切分轧制工艺技术的开发与优化”等7个项目列入2016年山东省经信委技术创新项目计划。“Φ12mm～Φ32mm500N/500E澳新标带肋钢筋开发及工艺优化”项目获山东省冶金科技进步一等奖；“左旋精轧螺纹锚杆钢筋开发”“炼钢化学成分精准控制的研究与实践”2个项目获山东省冶金科技进步二等奖；“转炉金属料耗极限值研究与实践”“热风炉自动烧炉技术的研究与应用”2个项目获山东省冶金科技进步三等奖。向国家知识产权局申请专利36项，其中发明专利21项、实用新型专利15项，11项实用新型专利获授权。

【循环经济】 坚定不移地走低资源耗用、低污染排放的新型工业化道路，把节能减排、环境治理放在工作首位，成立节能减排领导小组，在机构设置、制度完善、先进技术的应用等方面开展大量工作，取得良好效果。在节能减排方面，建立管理考评运行机制，制定下发《工序能耗管理考核办法》，把节能减排目标纳入到经济责任制，严格落实、严格考核。2016年，烧结工序能耗、高炉工序能耗、转炉工序能耗、轧钢工序能耗均低于国家产品能耗限额标准，位居行业先进水平或先进平均水平。在环境治理方面，先后投资7亿多元，在各生产系统建设安装各类环保设施，在用除尘器100多台套，烟气脱硫装置2套，噪音治理设施100多台（套），水循环利用和废水处理系统40多台（套）；环保设施与主体生产设备同步运行率100%，基本实现生产全过程污染预防控制，未发生环境污染事故。坚持绿化与美化相结合，可绿化面积45.9万平方米，绿化率已达90%。2016年，荣获“泰安市节能突出贡献企业”荣誉称号；同时，列入省电力直接交易试点用户名单，有效促进节能减排和产业结构的优化调整；9月29日，董事长张武宗获评“2015山东循环经济年度人物”。

【企业文化】 深入践行“以人为本、共创共赢”的核心价值观，创造安定和谐的文化氛围，提升员工的幸福指数。同时，认真履行社会责任，为社会慈善事业发展做出突出贡献。①高度重视和支持教育事业的发展，力争为职工家属提供优质的教育资源。长期关注青少年的教育与成长，设立“张武宗董事长教育基金”，用于奖励优秀学生和业绩突出的教师，已连续颁发3年；投资89.5万元对生活区取暖及房屋进行维护；与市教育局确定将石横特钢厂学校办成肥城市一流学校的规划方案，投资180万元改善员工子女的教育环境和教育质量。②大力开展表彰先进活动，党建活动和文明创建活动成果显著。年内，共表彰特殊贡献项目10个、劳动模范12名、立功嘉奖人员281名，奖励人数和奖励额度创近年来历史之最；推出季度党员明星169人次，授予3个党支部“2015年度先进党支部”荣誉称号，授予60名党员“2015年度优秀共产党员”荣誉称号;评出“贤内助”22人，“五好家庭”10户，“公益活动先进者”15人，“好婆婆”“好儿媳”各6人。③热心社会公益事业，参与各种社会公益活动。截至年末，累计向社会捐款3000余万元，展示良好的企业形象和社会形象。投资650万元，承建肥城晒书城主体项目，顺利完工并交付地方政府。2016年9月，组织5983人开展“慈善月”捐款活动，捐款率99.38%，被泰安市慈善总会授予首届“泰安慈善奖”荣誉称号。

（李慧星）

机械制造

【概况】 机械制造产业为全市传统产业中的优势产业，企业规模大、发展稳定、带动力强，具有较强技术和装备优势，在全市工业经济格局中占有重要地位。2016年，工程机械产业主营业务收入189.82亿元，利税18.03亿元，利润12.03亿元。以云宇、金塔、索力得为代表的机械制造企业，不断发展壮大，处于行业龙头地位。云宇集团产品国内配套市场占有率达40%，制动器产销量居全国第一位，是江北最大的工程机械车桥生产基地；金塔酒精设备公司主导产品为“金”字牌酒精生产成套设备，在国内行业排名第一，是全国最大的酒精、燃料乙醇和DDGS高蛋白饲料全套设备设计制造公司；索力得焊材公司焊丝产品现有产能22万吨，在全国焊丝行业位居第二。

【山东索力得焊材股份有限公司】 注册资本5400万元，是专业从事焊丝科研开发和生产销售的现代化民营企业，中国焊接协会理事单位，中国电器工业协会焊接材料分会副理事长单位。主导产品“索力得”牌焊丝现有产能25万吨，据中国焊接协会统计，国内市场占有率为12%，为山东最大的实心焊丝材料生产商，在全国焊丝行业位居第二。公司于2015年在新三板正式挂牌上市（证券简称：索力得，证券代码832398）。公司主要产品包括气保焊丝和埋弧焊丝两大类，产品广泛应用于汽车、动车、船舶、工程机械、压力容器、煤矿机械、桥梁建筑、电力设备等制造行业的多个领域。2016年，焊丝销售收入7.4亿元，利税7000万元，焊丝出口1.2万吨，创汇842万美元。

山东索力得焊材股份有限公司生产车间（董亮 摄）

6月15日，公司质量管理体系、环境管理体系、职业健康安全管理体系通过中国船级社质量认证公司复审；7月14日，肥城市政府在公司举行矿区企业移交签字仪式，同月29日，公司党组织关系、团组织关系和工会组织关系正式由肥矿集团移交肥城市管理；同月28日，由新华社、人民日报、中央电视台、经济日报、山东卫视、大众日报等新闻媒体编辑、记者组成的“全国重点媒体看肥城”采访团来公司采访采风；8月20日，经泰安外专局、肥城市人力资源社会保障局引荐对接，邀请德国高级专家组织（SES）成员专家、博士、工程师巴特霍尔德到公司就相关技术问题进行无偿诊断和指导；12月28日，索力得焊材企业技术中心被认定为省级企业优秀技术中心。

公司加强与国内同行业、上下游企业、科研院所之间的信息共享与交流，发挥创新平台的优势，参与国际、国家和行业标准制定，对提升行业整体技术水平起到积极的作用。年内，《海洋工程用焊丝及其冶炼方法》的专利申请由国家知识产权局受理，公司科技成果《一种海洋工程用焊丝》《环保无镀铜焊丝生产技术》分别通过省经信委和省科技厅技术成果鉴定验收，《一种低温钢焊接用高韧性气体保护焊丝及使用方法》荣获泰安市专利奖三等奖、肥城市企业技术创新奖。11月1日，参与修订的国家标准《焊接用钢盘条》（GB/T3429—2015）标准正式实施。

金塔公司新区宽敞的生产车间

年内，公司被山东省工商行政管理局认定为“2014—2015年度山东省守合同重信用企业”，被山东省中小企业局评选为“山东省中小企业专精特新企业”，商标“索力得及图”通过山东省著名商标续展。被肥城市委、市政府授予肥城市十大突出贡献企业、财政贡献十强企业荣誉称号，公司董事长柴月华被授予“十大突出贡献企业家”荣誉称号。

【肥城金塔机械有限公司】 为国家高新技术企业、山东省文明单位、山东省和泰安市劳动关系和谐企业、省级企业技术中心，酒精及DDGS成套干燥设备生产基地，具备三类压力容器设计、制造资质，享有自营进出口权，“金字及图”商标酒精蒸馏塔为山东省名牌产品、中国驰名商标，在阿根廷、澳大利亚等国进行马德里商标注册，取得阿斯米国际认证。公司下设金塔机械科技有限公司、金塔酒精化工设备有限公司、金威机械有限公司、泰西无纺材料有限公司。

公司围绕“43211”总体工作思路，发挥“四大优势”（即市场开发有空间、技术创新占先机、提质增效存潜力、融资渠道据主动），打造“三支队伍”（即勇于担当的高管队伍、尽职尽责的中层队伍、爱岗敬业的职工队伍），开拓“两大市场”（即国内、国际市场），实施“一大战略”（即创新驱动战略），实现“一个目标”（即稳健发展目标），全力争市场、促创新、练内功、强管理，公司全年完成产值7.47亿元，实现销售收入7.16亿元，利税4869万元。

公司持续注重科技创新，“基于无中和反应的糠醛精制装置”项目被列为2016年度泰安市科技计划项目，“多效热耦合溶剂回收利用节能技术”项目申报2016年度山东省重点研发计划，“一种基于双粗和双精塔的酒精制备装置和方法”申报山东省第三批技术创新计划项目，“一种基于双粗和双精塔的酒精制备装置和方法”、“一种基于双精塔六塔四效蒸馏的酒精制备装置和方法”申请国家发明专利，完成省级企业技术中心年度评价材料申报工作，完成山东省著名商标续展工作；科技公司承担的山东省农机装备研发项目“高效谷物干燥装备”顺利通过省级新产品鉴定验收，进入产业化阶段，完成省经信委总集成总承包项目申报工作，并申报国家高企；酒精公司开展民企进军工资质认证工作，申报国家高企成功获准。

（尹晓君）

精细化工

【概况】 精细化工产业以农大肥业、瑞泰纤维素、一滕新材料、胜利化工、瑞福锂业为龙头，为肥城市潜力巨大、长势旺盛的产业。2016年主营业务收入173.35亿元，占总数比16.64%，利税15.21亿元，占总数比15.2%，利润10.65亿元，占总数比17.2%。

【山东农大肥业科技有限公司】 成立于1995年，前身是山东农业大学的专用肥厂，为全国唯一一家校办肥料企业。经过21年发展，农大肥业已经成为一家集腐植酸肥、缓控释肥、生物肥、水溶肥、土壤调理剂等新型肥料的研发、生产、销售、推广于一体的国家高新技术企业，拥有1项大世界基尼斯纪录、4个国家级科研平台、6个省级科研平台、80余项专利、1个中国驰名商标、2个山东省著名商标、4个山东名牌，是全国唯一一家腐植酸工程技术研究中心、中国腐植酸复合肥行业标准起草单位、中国腐植酸肥料领导品牌、亚洲最大的腐植酸肥料生产基地。2008年，农大肥业开始在肥城投资建厂。2015年，公司总部由泰安整体搬迁到肥城。

在肥料行业不景气的形势下，农大肥业仍产销两旺，各项经济指标再创新高。年内，实现销售收入10亿元，利税6783万元，同比增长90%，缴税同比增长249.9%，成为肥城市的纳税大企，成为肥城市“三强”企业中的龙头企业。技术研发实力更强，行业领导品牌地位进一步巩固。公司主导起草的国家标准、行业标准顺利通过评审。主持国家“十三五”课题2项；新授权8项专利、新申请10项专利；连续3次捧得腐植酸行业最高荣誉——“乌金杯”，产品连续8年全国销量领先。新产品层出不穷，新项目快速建设。年内，公司新研发、推广水稻免追肥、土壤调理剂、防线虫菌剂等微生物肥料，继续引领行业发展。作为2016年山东省重点建设项目的子项目，重点投资建设10万吨新型控释肥和5万吨水溶肥项目，为公司未来发展奠定良好基础。搭建平台，为企业引进优秀人才。公司新获批成立山东省院士工作站，加上已经运作的国家博士后科研工作站，为引进优秀人才提供良好平台，保证公司发展对人才的需求。履行社会责任，高规模赞助支持肥城市第十五届桃花节；与王瓜店街道、安驾庄镇建立扶贫对接关系，用实实在在的肥料和良好的肥效帮助困难农户脱贫；冠名赞助肥城市举办的“美好生活，爱在农大”关爱农村留守儿童活动。

农大肥业的快速健康持续发展，得到了政府及社会各界的高度赞誉。1月30日，山东省政协主席刘伟到农大肥业视察指导，对农大肥业发展高度认可。农大肥业荣获全国农民朋友依赖的肥料品牌五十强、泰安市市长质量奖。农大肥业公司董事长兼总经理马学文被中国腐植酸工业协会评为“优秀经理人”、被选为泰安市人大代表、肥城市劳动模范。

【山东肥城精制盐厂】 始建于1991年6月，历经二十多年的发展，已成为拥有固定资产6.6亿元的国有中（一）型企业，国家食盐生产定点厂。2016年，针对盐业改革的不断深入，不断挖潜增效，通过技术创新、管理创新降低成本，提高效益。同

山东肥城精制盐厂全景

时，利用食盐专营的最后时机，加大市场推广力度，工业盐、饲料盐、生活洗浴盐销量不断提升。全年实现主营业务收入2.4亿元，税金480万元。

（尹晓君）

煤炭工业

【概况】 市煤炭工业管理局为正科级全额拨款事业单位，参照公务员管理，内设安全监管科、技术管理科、秘书科3个科室，核定编制15人。负责山东新查庄矿业有限责任公司等7处煤矿的安全生产监督监察工作和山东鲁泰建筑工程集团有限公司等20余家地面生产经营企业的安全监管工作。下属煤矿安全监测监控中心，为股级全额拨款事业单位，8月，机构规格调整为副科级，核定编制10人。负责煤矿井下有毒有害气体、主要水仓水位、矿井上下主要设备等煤矿重点部位和重点场所的监控工作。

市煤炭局积极响应国家煤炭行业化解过剩产能相关政策，引导辖区内的山东兴杨矿业、山东鑫国煤电、山东新查庄矿业、山东新陶阳矿业、济南华玫矿业、山东聚源矿业、山东隆源矿业等7处煤矿（核定生产能力370万吨/年）主动退出产能，截至年末，鑫国、华玫、聚源等3处煤矿已引导关闭到位（计划2018年关闭退出的聚源煤矿提前退出），并通过省、市、县三级组织的现场验收，化解过剩产能105万吨，超额完成目标任务。

【安全监管】 以“党建保安”为引领，贯彻落实《安全生产法》和上级有关煤矿安全生产的规定，突出依法治理，坚持监管方式创新，逐步建立健全主体责任管控、安全基础管理、安全风险预控、技术支撑保障、监管责任管控和执法责任管控六大体系，着力提高煤矿安全生产的质量和水平，努力构建安全生产的长效机制，实现安全发展、科学发展。制定《落实煤矿安全生产主体责任考核办法》和《肥城矿区地面企单位安全基础管理检查要素表》，企业主体责任得到有效落实；深化“三项制度，五步工作法”安全监管模式，初步建立起肥城市煤矿安全生产责任管控体系；创立“党建保安”安全文化品牌，提升安全监管质效，省煤监局、煤炭局、鲁中监察分局和泰安市煤炭局领导先后到局调研工作，给予充分肯定。

4月17日，国家煤矿安全监察局调研组到市煤炭工业管理局调研指导煤矿安全监管工作

【引导煤矿关闭退出】 依据《国务院关于煤炭行业化解过剩产能实现脱困发展的意见》文件精神，编制《肥城市化解煤炭过剩产能初步方案》，制定化解煤炭过剩产能年度计划，成立以分管副市长为组长，发改局、人社局、经信局、财政局、国土局、煤炭局分管负责人为成员的领导小组，领导小组下设办公室，办公室设在市煤炭局，全面协调煤矿关闭退出工作。加大政策宣传力度，引导煤矿关闭退出。国务院文件下发后，市政府立即召开由煤矿企业主要负责人参加的宣贯会，按照灾害严重程度、资源条件、开采条件、经营状况等逐一研判，对隐患严重、资源枯竭、资源赋存条件差、长期亏损、资不抵债的煤矿，建议退出。按照《肥城市化解煤炭过剩产能初步方案》，到2020年，肥城市监管7处煤矿全部退出。为保证2016年关闭退出煤矿按照省化解过剩产能领导小组要求关闭到位，市煤炭局与鑫国公司、济南华玫公司、聚源集团公司签订化解煤炭过剩产能责任书，明确责任时限，确保退出煤矿关闭到位。截至年末，济南华玫矿业、山东鑫国煤电、山东聚源矿业等3处煤矿已关闭到位（计划2018年关闭退出的聚源煤矿提前退出），并通过省、市、县三级组织的现场验收，化解过剩产能105万吨，超额完成目标任务。

【山东聚源矿业集团有限公司】 山东聚源矿业集团公司是于2002年12月改制而成的股份制民营企业，员工2000余人，各类专业技术人员400余人。2016年，公司响应国家号召，淘汰落后产能，对煤矿实施关闭退出，并对矿工进行妥善安置。为进一步发展生产、扩大就业，公司正加紧建设年产80万吨的石膏矿，预计1—2年的时间将投入生产。集团公司坚持以人为本、诚信为先的理念，以满足用户需求为第一追求，视产品质量为企业生命，既抓企业生产经营，又投入社会公益事业，实现两个文明双丰收，先后被评为泰安市百强煤炭企业、泰安市发展非煤产业先进企业、泰安市思想政治工作优秀企业、肥城市安全生产先进单位、肥城市财政贡献奖先进企业。

（孔祥田）

肥城矿业集团有限责任公司

【概况】 年内，肥矿煤业注册成立，新老公司完成资产分割，社会职能移交及历史遗留问题处置取得较大进展。企业负债率由最初的150%降到79%。人均产能提高25%。人工成本影响吨煤下降至少50元。新公司效益支撑作用越加明显。商品煤量稳中有升。有序退出低效无效矿井。销号一批亏损企业。盘活闲置多年的泰铝、平铝厂区，实现租赁经营，非煤及经费单位比预算节支1.8亿元。成立矿业服务公司，构建起“六心一院”格局，实行公司化运营。托管内蒙古三矿，全年创收超亿元。

【强化内部管理】 深化“精品工程”和标准岗建设，持续加强环境洁净定置化管理，动态评价“后三名”，鞭策后进，提升层次。坚持完善安全重点要素管控，发挥业务保安作用，划分现场重点、生产线，点线结合全面落实安全网格化和责任区，明确规定动作，严格过程控制。创新安全培训教育，完善安全心智教育模式，培育特色教育培训，不断丰富肥矿安全文化品牌。持续优化调整生产组织，细化生产组织管理，强化专业保产作用，坚定对标管理，促进“三个煤量”稳步提高。采取积极的营销策略，以效益调整产品结构，较好提高精煤回收率，扩大市场份额。强化分线作战、分兵突围，市场化选聘矿长经理人，招聘外出托管团队，增添生机活力。做实集团帮促、部室包矿、专业管控，推动管理重心下移。持续建设“管理、技术、技能”三条人才成长通道，实施百名后备人才培养计划。公司机关通过市场化选聘、竞争上岗，形成“8部室+126人”格局，实现“小机关、大部室、大服务”。锻造集控新模式，完善“五加九”模块功能，重塑管控新流程，5F协同管理系统全面应用于安全生产、经营管理，多业务报表数据综合展示，预算管理、风险预警、对标提升成为常态。

【员工分流安置】 组织召开两级职代会，全票通过员工分流方案。做到政策解读、争议协调、服务举措与员工群众“三见面”，支付经济补偿和特殊奖励专款专用，全面公示，接受监督，保证安置费用有序发放、员工队伍总体稳定。抓好“双创”，较好承接分流压力，成为员工安置的托底工程。举办大型的用工招聘会。对于富余人员，开设月嫂育婴师、电商、地面电工、电焊工、煤矿井下电钳工、煤矿爆破工、转岗心理心智疏导等培训，较好实现员工转岗不下岗、转业不失业。11月，省长郭树清到肥矿调研，召开工作座谈会，实地到转岗培训中心调研，听取创业代表的发言，给予充分肯定。坚持实施精准帮扶救助，进家入户1312户，送米面17410斤，送油、盐、月饼4221斤，累计帮扶物资及资金219.04万元。发放助学款123.9万元，资助困难员工子女533人。为符合条件的57户家庭申办低保。协助地方民政部门为422户发放低保金307万元，为171名患病员工申请地方医疗救助金63.99万元，为180名低保户申请慈善资金7.2万元。

（王百灵）

纺织服装

【概况】 纺织服装产业以泰鹏集团、傲饰集团、龙祥纺织等企业为骨干，纺织与服装相得益彰，有纺和无纺相互补充。年内，纺织服装主营业务收入98.97亿元，利税9.52亿元，利润5.89亿元。

【山东泰鹏集团有限公司】 集团上下牢固把握改革、创新、规范的主旋律，紧盯市场脉动，精心布局，本着“以用户需求为根本经营目的”，不断调整经营理念，加快产业升级和渠道升级。2月，泰鹏环保材料股份有限公司第四条涤纶无纺布生产线顺利投产，该项目投资1.1亿元，引进德国设备，国际一流工艺，产品质量达到国际先进水平。4月，泰鹏智能家居有限公司投资近千万元对车间部分设备进行升级换代，打造设备智能化管理，购置自动切管、包管、封箱、焊接等先进智能化装备，尤其是焊接机器人、等离子焊机的应用替代传统人工，实现单机台自动化、生产线规模自动化，着力打造装备升级与物联网相结合的高新技术企业。5月，泰鹏环保材料股份有限公司五线项目正式全面启动，已完成车间图纸设计、施工队伍考察、设备安装预案、资金筹备等一系列工作，同时在设备安装间隙。6月份对胶棉一、二线进行技改，于年末完成施工投入生产运行。

【山东傲饰集团】 为1997年4月组建的肥城市首家省级企业集团，2003年8月实现民营化改制。改制以来，建设傲饰西服和新华印刷两大工业园，培育“傲饰”“康王河”两大品牌，涉足房地产开发，打造旅游、现代服务产业，奠定多元产业发展格局。2016年，加快转型升级，着力培植服装订制、电子商务、数字印刷、现代酿酒、商贸物流以及翦云山风景区“山青世界”拓展基地，努力提升可持续发展的能力和空间。全年实现主营业务收入21.61亿元、利税1.67亿元。年末，拥有总资产12.8亿元，员工3248人。

傲饰服装以荣获“中国驰名商标”为契机，实施“设计+营销”发展战略，布局国内市场，成功中标国家铁路服六个包段，总金额1.05亿元。同时，在湖屯、汶阳、潮泉建成3个分厂，打造休闲装、女装、童装系列化产品格局，已具备年产西装20万套、各类服装500万件（套）的能力。印刷业发挥“国家印刷示范基地”的行业优势，实施“技术改造+优质客户”发展战略，引进3台八色胶印轮转机，增加四色以上高端产能，全年印刷大纸96万令。康王酒业坚持走“市场+复合型营销”发展之路，在发展白酒的同时，与澳洲1847酒庄签约“宝蒂庄园”品牌，涉足红酒市场，在市内及周边市场确立竞争优势。

【肥城市龙祥纺织有限公司】为2002年9月改制成立的股份制民营企业，主要从事棉纺织、钕铁硼磁材生产及销售。是农行、建行、工行“AA”级以上信誉单位，纳税先进单位。公司拥有自营进出口权，并获得ISO9001：2000质量国际认证、ISO14001：2004环保体系认证；是泰安市农业龙头企业，“十一五”全国少数民族特需商品定点生产企业；被中国棉纺织行业协会、中国针织工业协会评为“用户信得过产品”。2016年，实现主营业务收入12.9亿元、利税2475万元。

公司具备年产线锭10万枚、1.4万吨棉纱的生产规模及能力，产品覆盖7—80支系列纯棉及混纺纱线，主要销往新疆、甘肃、宁夏、山东、江苏、浙江、湖北、深圳、广州、贵州、云南等地，出口欧洲及港澳。永磁材料产品有N52、50M、48H、44SH、38UH、35EH等高性能的磁体，主要销往美国、日本、韩国、西欧等国家和地区。2016年，生产各类棉纱1.1万吨，实现销售收入4.5亿元，在经济形势下滑、棉纺行业举步维艰的情况下，做到产销两旺，工资及时足额发放，各项社会保险不拖欠。

（尹晓君）

建筑材料

【概况】建筑材料产业以泰西水泥、鲁泰建材科技、联谊工程塑料为龙头，为肥城市传统产业，同时也是新兴产业中的新材料产业，成为全市工业经济的重要组成部分。2016年，建筑材料产业实现主营业务收入95.93亿元，利税8.91亿元，利润5.98亿元。

【山东泰西水泥有限公司】成立于2016年1月6日，5月吸收合并肥城米山水泥有限公司。米山水泥前身是国家二级企业——地方国营肥城市水泥厂，始建于1968年，主导产品“米山牌”水泥系山东省著名商标和山东省名牌产品。泰西水泥占地面积54万平方米，注册资金7500万元，资产总额8亿元。下设水泥西厂和东厂2个分厂，肥城市九鼎水泥有限公司1个全资子公司。拥有日产4000吨和2000吨2条新型干法回转窑熟料水泥生产线，主要生产52.5级、42.5级普通硅酸盐水泥及32.5R复合硅酸盐水泥，年生产能力260万吨，熟料产能列全国水泥行业第63位、全省第7位。

泰西水泥抓住国家实施“三去一降一补”供给侧改革，推进水泥错峰生产的机遇，实现全年生产水泥175.74万吨，销售水泥175.36万吨，实现产销平衡。在宏观经济不景气、市场低迷情势下，做到按时发放员工工资，及时上缴五类保险金。经过摸索实践、持续攻关，自主成功研发出52.5级普通硅酸盐水泥。“米山牌”水泥成功中标青兰高速公路肥城段、泰安段项目，填补泰西水泥在国家级高速路工程中业绩的空白。

泰西水泥响应时代要求，践行节能减排，推进清洁生产，着

山东泰西水泥有限公司五级预热器和余热锅炉

力打造绿色生产企业。通过对自制助磨剂、铁矿尾渣、煤矸石、锂灰渣、脱硫石膏等工业废渣的综合利用，降低能资消耗，实现经济效益和环境效益双丰收。12月，对西厂水泥磨机进行半终粉磨技术改造，磨机台时提高30吨，电耗下降4千瓦时，年创造效益300余万元；投入200余万元，先后实施无费、低费方案68项，中高费方案5项，粉尘和废气排放低于国家标准，促进水泥生产向零排放、零污染和清洁化方向发展；投资800多万元新建全密闭物料堆棚，增设物料抑尘网、洗车台等环保治理设施；投资100多万元对西厂包装系统和包装机进行改造，提高装车效率，彻底解决岗位扬尘现象，现场环境焕然一新。

坚持“安全第一、预防为主、综合治理”的工作方针，强化基层基础管理，建立健全安全生产工作长效机制，保持稳定健康的发展态势。泰西水泥被泰安市委宣传部、泰安市安监局、泰安市总工会联合授予“安全文化建设示范企业”称号，成为肥城市受到通报表彰两家工业企业之一。

12月，市委宣传部鲜花送文明活动办公室工作人员将“文明之星”荣誉证书和鲜花送到鲁泰建材科技集团党委书记、董事长赵德存的手中，表彰他所做的一系列慈善文明之举

【山东鲁泰建材科技集团有限公司】 为市属第一批改制民营企业，集团拥有五家子（分）公司，总注册资本8800万元，在职职工650余人。主导产品为建材、化工两大类四大系列产品。其中，“自力牌”水泥电杆年产能10万条，位居省内第二；“鲁泰牌”纤维增强硅酸钙板年产能1000万平方米，位居长江以北第一、国内前五；“墙冠牌”涂装板和装饰保温一体板年产能100万平方米，位居省内前三、国内洁净板前三；“鲁泰德源牌”环氧树脂和固化剂年产能3万吨，位居省内第一。

制品分公司在年初完成东区车间扩建、迁移离心和养护工序的基础上，先后在西区、东区进行泵送布料工艺技术改造，对提高机械化水平和生产效率、降低劳动强度、改善现场环境起到促进作用；9月，板业分公司在西区开始建设板材生产线二期项目，计划在2017年3月底完成设备安装并进行试生产，建成达产后将加快向无石棉板产品的升级，大幅提升板材产品的产能规模；化工分公司投资进行环氧车间墙体保温改造、增加废盐储存棚和环氧氯丙烷储罐等配套设施，对提高生产能力、控制采购成本起到较好作用；墙冠分公司通过增加叉车、滚涂机等设备设施提高生产效率和加工质量，同时在生产环境改善上对淋涂设备、换风系统进行改造，较好的改善车间的气味问题。年内，先后投资22万元帮扶肥城市老城街道田花峪村和张花峪村建设“有机蔬菜及生态农业种植项目”和“分布式光伏发电项目”，为地方建设作贡献。

集团“创建‘孝悌、负责、快乐’企业文化，打造和谐幸福企业”企业文化建设体系荣获2016年度全国建材企业管理现代化创新成果一等奖，集团党委书记、董事长赵德存被授予全国建材企业管理创新突出贡献人物、山东省企业文化建设十大贡献人物等荣誉称号。全国总工会调研组、省市工会、泰安市工商联领导到公司参观、视察指导工作时，对公司的企业文化建设工作均给予高度评价。

【肥城联谊工程塑料有限公司】成立于2002年9月，为专业生产各类土工格栅、土工合成材料等新型建材的民营高科技企业，经营范围涵盖建材、化工、旅游等领域。位于山东省肥城市高新技术产业开发区，总占地面积30万平方米，其中建筑面积21万平方米。2016年，新上塑料格栅生产线1条，改造钢塑格栅设备5条。截至年末，公司共有目前国内最先进的各类土工格栅生产线40多条，其中拥有德国进口经编机16台套，涂层设备11台套，钢塑格栅及塑料格栅生产设备12台套。共有员工500余人，其中大专以上学历人员300余名，各类工程技术人员81名。公司为中国土工合成材料工程协会会员单位、世界杰出华商协会理事单位、泰安市创新型企业、省级技术中心和高新技术企业。先后荣获“国家火炬计划重点高新技术企业”“全国产品质量监督抽查合格企业”“315质量信誉服务消费者满意诚信承诺单位”“山东省著名品牌”“省级守合同重信用企业”等荣誉称号。

（尹晓君）

食品加工

【概况】 食品加工产业为肥城市的资源转化型产业，主要有食用盐加工、肉制品加工、蔬菜加工等，骨干企业有银宝食品、八戒食品、福宽生物等。2016年，食品加工产业主营业务收入97.73亿元，利税8.31亿元，利润6.07亿元。

【山东福宽生物工程有限公司】是由北京粮食集团与北京汇源集团合资成立的混合所有制企业，成立于2004年3月，位于肥城市高新技术产业开发区，注册资金3.51亿元，总资产8.9亿元。主要致力于淀粉糖的研发、生产和销售；主营F42/F55果葡糖浆、玉米淀粉及其胚芽、蛋白、纤维等产品，2016年实现营业收入54662万元。产品生产和质量控制已通过ISO9001质量管理体系和ISO22000食品安全管理体系认证。果葡糖浆为汇源果汁集团指定采购产品，同时供应国内诸多乳品、饮料品牌企业，为业内知名生产商和供应商。

公司作为京粮集团国有控股企业，充分挖掘自身在玉米深加工领域具有的技术、设备优势，深入利用集团内部产业链资源，不遗余力提升技术创新能力，在变性淀粉研究、精炼产品开发，以及发酵及其它化工产品研发方面走在国内同行业前列。与山东齐鲁工业大学联合成立生物发酵研究院，引进高端技术人才，研发高附加值产品，持续投资5亿多元，完成年产30万吨淀粉生产线扩能扩规、年产10万吨F55果葡糖浆生产线、F42果糖线升级改造等项目，确保在产品技术水平和产业化技术水平方面，走出产、供、收一体化经营合作双赢之路。同时，公司为实现“能源+工业+城市服务”园区发展模式，先后新上2台130吨高温高压锅炉配2台12000兆瓦背压机组，形成“热电联产”自备电厂运营，并承担肥城市区西区约300万平方米的居民供暖和高新区12家生产企业工业用汽，取得良好的社会效益和经济效益。公司先后被认定为泰安市农业产业化龙头企业，泰安市创新型企业，泰安市节能先进企业，山东省企业技术中心，山东省安全生产标准化二级企业，全国食品工业优秀龙头食品企业，中国淀粉工业协会理事单位。

（尹晓君）

信息产业

中国联合网络通信有限公司肥城市分公司

【概况】 中国联合网络通信有限公司肥城市分公司（简称肥城联通公司）拥有功能完善、覆盖全市、通达全国的移动通信网络、宽带通信网络和本地电话网络，是名副其实的全业务运营商，为社会各界提供包括固话、宽带、移动、服务外包在内的综合信息服务。设置综合部、自有渠道中心、集团客户中心、社会渠道中心和运行维护中心的“一部四中心”体制。公司连年保持省级文明单位称号。

【经营发展】 通信产品结构不断优化，重点业务发展迅速。4G业务实现规模发展，依托FTTH新建及改造区域，大力开展IPTV业务营销，扩大客户对IPTV的消费认知。以“互联网+”为驱动，实施行业应用及行业项目落地，形成沃支付、金融天网、农机通、护林宝、智能巡检等多项信息化建设成果。

【信息化建设】 肥城联通勇担肥城信息化建设主力军重任，参与“智慧肥城”建设，推进“政务信息化”“农村信息化”“企业信息化”“社区信息化”“家庭信息化”及农村“光缆进村”为主要内容的信息化“5+1”提升工程，信息化主力军地位进一步巩固。完成商务应用平台的建设。在电力、医疗、物流、城管、商务、监管、安防等领域，重点推广远程健康监控、移动执法查询、外勤位置定位、环境数据采集、无线POS、移动视频回传等重点应用。实现成熟信息化产品的深度挖掘和规模化推广，稳固在肥城信息服务领域的主导地位。持续为政府制定民生决策当好参谋，为相关部门及时制定处理突发事件的应急预案提供真实可靠的事实依据。

【网络建设】 加大网络建设及维护工作力度，全力构建精品网络。建成规模宏大、技术先进、功能完善、覆盖全市的精品网络。完成金融天网、交警队天网、公安局天网、智慧医疗工程，覆盖全市所有村庄，深入推进信息技术在经济社会各领域的应用。肥城联通强力推进4G网建设，新建4G基站为历年最多。同时为满足用户的高带宽要求，按照国家“建光网、提速度、广普及、促应用、降资费、惠民生”的宽带战略目标要求，落实国务院“提速降费”工作部署，投入1000多万元推进网络光纤化改造，率先建成“全光网络县”。

【客户服务】 以服务促发展，狠抓服务规范化。启动服务提升活动，以客户口碑评价NPS为基础，围绕网络、业务、服务三个层面，通过对重点环节的管控，实现服务水平的提升。推出宽带“三承诺”服务，累计提速用户20万户，20兆以上用户占比99%；宽带装机超时率由12.9%下降到3.7%。开展有针对性客户维系工作，提高存量用户的在网粘度，移网合约续约率全省排名第三位。继续荣获“真诚无限”全省优质服务品牌荣誉称号。

（李良）

中国移动通信集团山东有限公司肥城分公司

【概况】 中国移动通信集团山东有限公司肥城分公司（以下简称肥城移动）成立于1999年7月，隶属于中国移动通信集团山东有限公司，为国内最大的综合通信业务运营公司，位于泰临路19号。公司内设综合部、业务运营部、集团客户家庭客户部、网络建设部4个部室，营业厅（经营部）20个，在职员工141人，业务网点1000余处。2016年，公司致力于为用户提供通信质量高、服务水平一流的移动通信网络，新建4G基站150多个，4G基站总数达到530多个，基本实现城区深度覆盖，乡村广度覆盖。肥城移动用户总数超过60万户，客户服务满意度连续10年始终保持在99%以上。年上缴利税超过800万元，为肥城经济发展做出突出贡献。公司先后荣获“桃乡移动情”省级服务名牌，“消费者满意单位”等荣誉称号，并在行风评议中名列同行业前列。新城路营业厅顺利通过省“青年文明号”、市“巾帼文明岗”的严格验收。

【网络建设和品牌服务】 为客户提供一流的精品网络，满足全市人民的通信需求，以保持网络绝对领先优势为目标和动力，实施品牌网络战略。在网络建设上投入巨大资金，不断扩大网络容量和规模。精耕细作、坚持不懈建成全市最大、全覆盖、全数字移动通信网络。在原有品牌的情况下，为客户提供天王卡、流量大王卡、4G飞享套餐——小区语音版、4G统一套餐、全家亲、宽带业务、家庭固话IMS、咪咕视频、咪咕音乐、139邮箱、手机报、和通讯录、和彩云、和生活等多款产品。2016年，新建4G基站150多个，4G基站总数达到530多个，基本实现城区深度覆盖，乡村广度覆盖。肥城移动用户总数超过60万户，客户服务满意度连续10年始终保持在99%以上。

【满意服务】 肥城移动始终坚持“客户至上”的服务理念，不断进行服务与业务创新，持续提升客户满意度。大力提升营业厅营销服务水平，紧抓细节，减少因管理不到位造成的营业厅基本服务问题，杜绝服务态度及业务差错，强化营业窗口服务管理制度和服务规范标准化落实。梳理投诉处理流程，提升客户满意度，转变经营思路，提升营销水平、服务水平，始终以服务于肥城市经济社会发展、服务于广大桃乡客户为己任，充分发挥服务与业务双领先优势，打造一流的综合数字信息网络，助力“智慧肥城”建设。

（许辉）

中国电信肥城分公司

【概况】 2008年，中国电信收购中国联通CDMA网络，10月1日正式交接，成立中国电信肥城分公司，公司位于肥城长山街045号。2016年，共有员工60余人。公司加大4G网络建设，在完成整个城区的4G网络覆盖开通的基础上，完成肥城所有乡镇以及主要村庄的网络覆盖，基站建设总数达107个。秉承“用户至上、用心服务”服务理念，拥有“我的e家”“天翼”“商务领航”三大著名客户品牌，用户号码段包括“133、153、180、181、189、173、177”，为客户提供基本的语音业务和宽带网络等数据通信业务。为适应中小企业、广大客户的需求，开发天翼对讲、外勤助手、车管专家、综合办公及云存储、云主机业务等信息化业务，致力于中小企业管理应用，提供个性化服务，满足市场需求。公司始终坚持“终端引领”的经营思路，秉承“共赢、服务、长久”的渠道合作原则，突出“天翼”品牌及差异化产品优势，面向社会开展“为民服务，创先争优”客户服务活动，大力开展“光网城市”“宽带中国”网络建设。

资料链接

2016年度
十大突出贡献企业

石横特钢集团有限公司
国电石横发电有限公司
山东云宇机械集团有限公司
山东农大肥业科技有限公司
肥城昌盛特种石墨有限公司
山东泰鹏集团有限公司
山东一滕集团有限公司
山东瑞福锂业有限公司
山东索力得焊材股份有限公司
肥城胜利化工有限公司

肥城年鉴

FEICHENG YEARBOOK

FEICHENG YEARBOOK 2017

经济园区·民营经济

- 高新技术产业开发区
- 四大产业园区
- 民营经济
- 重点民企

经济园区·民营经济

高新技术产业开发区

【概况】 高新区为省级高新技术产业开发区，交通便利，资源丰富。具有市级管理权限，一级财政体制，实行“封闭式管理，开放式运行”。至年末，建设面积24平方公里，下辖10个社区（村），总人口5.1万人，旧村占地5524亩。区内含煤面积6.4平方公里，煤炭总储量3188万吨；北部山区花岗岩、钾长石、云母、石英储量达1.8亿立方米；南部山区优质石灰岩储量为2.6亿吨；康王河河床砂资源1800万立方米；水资源储量达6100万立方米。年内，围绕“三强带动”战略，以打造千亿级园区为目标，深入推行招商引资、项目推进、社会事务“三线联动”工作模式，突出招大引强，加快转型升级。全年新签约项目17个，重点跟进洽谈项目32个。共铺开新建续建项目21个，其中泰鹏SMS阻燃滤材、鑫福源轮式拖拉机前驱动桥、中铝高性能烧结钕铁硼等7个项目投入运营或试生产，中材分布式光伏等4个项目已安装调试设备。新引进股权投资企业1家和研发项目4个。

【经济发展】 围绕“创建国家级高新区”这一目标，突出招商引资和项目建设两个重点。全年共实现全区生产总值183.6亿元，增长7.6%；主营业务收入531亿元，利税52.7亿元，分别比2015年增长10.5%和9.8%；固定资产投资84亿元，增长9.6%；外贸进出口总额5200万美元，利用外资1400万美元；实现地方财政收入3.06亿元，其中工商税收1.25亿元，分别增长12.54%和0.57%。加强园区建设，投资2020万元，建设道路1.4公里，绿化6.3万平方米，安装路灯84盏，信号灯3组12盏。在稳步推进城市开发的基础上，重点进行社区建设，共拆迁旧宅600户腾空土地550亩，开工建设住宅楼及社区配建设施16栋，建筑面积8万平方米，搬迁安置居民500户；完成社区硬化3万平方米、绿化1.5万平方米，安装各类路灯146盏，铺设雨污水管道1.5公里、供水管线2.8公里、燃气管道2.8公里、供电线路3.8公里、暖气管道2.4公里，社区环境水平得到提升。增进民生福祉，推进社会公益事业。开展阳光低保、慈善救助专项行动，发放各类补贴、善款400余万元，救助各类贫困群体550余人；新农合参保率达95%以上，城乡居民养老保险参保人数19160人，做到应保尽保；为穆庄日间照料中心争取运营补助6万元，建成蒋庄、朱庄村日间照料中心。完善劳动保障服务窗口平台建设，完成创业、再就业、农村劳动力转移1955人。

【科技创新】 ①完善载体平台建设。提升研发产业园服务企业、支持创业的能力水平，吸引高层次人才带项目、信息入驻研发孵化，加快项目充填。年内，新引进股权投资企业1家，研发项目4个。服务鸣迅科技公司在齐鲁股权交易中心新设“科技板”挂牌上市工作。②深化产学研合作。鼓励企业加强与清华大学、上海交大、中国科学院、省食品发酵工业研究院等一流学院和研发机构的交流对接，提升项目水平。农大肥业“增效复混肥料关键技术研究”和“苹果专用缓控释肥生产与大面积示范”2个项目成功纳入国家重点研发计划。培育企业自主创新能力，组织农大、云宇、福宽等16家企业加入“山东省科技协会创新驱动助力工程”，其中依诺威、鸣迅2家企业被列为创新驱动工程服务站，新增省级工程实验室1家、泰安市科技型企业2家，新

高新区科技孵化器大楼

取得专利 17 件、软件著作权 10 件。③强化人才队伍建设。采取“刚柔并济”的方式，协同推进招才和引智工作。组织 9 家企业参加“外国专家泰安行”活动，4 家企业与 5 名专家签订聘用意向书，并邀请专家到公司进行实地考察，深入沟通交流。全年引进各类高层次人才 13 人，其中“千人计划”专家 1 名、山东省泰山产业领军人才 1 名、博士及以上人才 5 人，新认定创新创业人才 3 名。

【企业建设】 推进电商发展，聚集区引进电商企业 11 家，网上销售额突破 1000 万元，电商企业聚集效应逐步体现。泰鹏安琪尔、富世康工贸、傲饰西服、金塔机械、大庚科技等电商示范企业网上销售额增加 35%；引导农大肥业、云宇机械、隆泰金属、伟远磨具、腾达食品、阳光天润等企业利用电商平台开展网络洽谈订货、销售业务，网上销售比例达到 10% 以上。全力推进淘宝村建设，活跃店铺达到 96 家，实现销售额 1000 万元以上。年末，全区共有淘宝、天猫店铺 270 家，分别完成累计销售额 2123 万元和 1239 万元，逐步形成以安琪尔家纺、傲饰服装、桃木工艺品、手工艺品、家居用品为代表的五大产品类别。

【项目引进】 年内，共引进项目 22 个，计划总投资 61.2 亿元，实际到位资金 15.6 亿元，过亿元项目 9 个。

（尹静）

2016 年高新区投资亿元以上项目一览表

单位：万元

项目名称	项目内容	计划总投资	完成情况
中铝高性能烧结钕铁硼项目	由中铝集团中国稀有稀土股份有限公司和山东依诺威强磁材料有限公司合资，主要对原车间、设备进行改造升级、膨胀扩能，使年产能达到 1500 吨；二期工程投资 3 亿元，新建厂房、仓库及附属配套设施等 15260 平方米，购置安装 600Kg 铸片炉、1200 型氢碎炉、350 型气流磨等主要生产及辅助设备 361 台（套）。	35000	在建
泓任消防科技产业园项目	泓任建设控股有限公司是香港泓任集团全资子公司，该公司在高新区新上的消防科技产业园项目，以消防产品创意产业为核心，全面打造集科技、研发、中试、孵化、生产、生活、教育、体验及商业设施于一体的综合性产业聚集区。项目总占地面积 735 亩，总建筑面积 64 万平方米，分三期建设，规划建设消防科技馆、消防博览馆，以 5D 体验的方式开展消防科普教育，组建消防义务中队，创建以消防为主要特色的专业学校，把消防真正代入人们的生活中，推动“中国消防制造”走向“中国消防创造”的大时代。	300000	在建

续表

项目名称	项目内容	计划总投资	完成情况
轮式拖拉机前驱动桥项目	由山东鑫福源机械锻压有限公司投资兴建，建设综合研发、检测检验及生产车间等公辅设施8000平方米，购置德国数控刀条磨刀机、数控螺旋锥齿轮切齿机、数控螺旋锥齿轮磨齿机等进口设备26台（套），国产设备10台（套）。	15000	在建
中材分布式光伏项目	该项目由山东中材工程有限公司投资建设，该项目分两期进行，一期利用高新区车间屋顶主要从事屋顶分布式光伏电站的开发、应用。二期主要从事微晶氧化铝耐磨制品、熔融石英陶瓷系列制品的开发、应用。该项目建成后，可大大节约标准煤、二氧化碳、二氧化硫、粉尘、用水的排放。目前已完成云宇车间光伏发电板建设。	60000	在建
SMS阻燃环保滤材项目	由山东泰鹏实业有限公司投资新上，建筑面积5000平方米，纺丝及热轧设备采用日本NKK公司原装进口设备，为国内、国际领先的集成创新生产线，具有设备制造精良、速度快、产量高、自动化控制水平先进、品种适应面广的特点。主导产品涤纶纺粘SMS阻燃滤材广泛应用于空气净化、液体净化等领域。	15000	在建
55万吨新型生态肥料项目	建设生产车间、库房及其他辅助设施4万平方米，新上5万吨黄腐酸钾生产线一条，10万吨控释肥、水溶肥生产线各一条，15万吨缓释肥生产线两条，购置各类生产设备112台（套），分析仪器设备24台（套）。	58000	在建

（尹静）

资料链接

高新区标志及释义

1. 标志线条简洁大气，流畅自然，气势昂扬，表现了高新区人奋发向上的精神。

2. 标志是字母红灰两个“C”（城）的结合而成字母“X”（新），整个形状又像一个“F”（肥城），寓意“肥城高新区”、

3. 下灰上红，象征肥城高新区人扎根人扎根沃土，响应国家号召，高举高新技术大旗，积极创业，创造辉煌。

4. 标志易于制作，便于记忆。能给人留下深刻的印象。

四大产业园区

【新兴产业园区】 新兴产业园区位于仪阳街道东北部，东至潮汶路、西至济兖路、南至青兰高速、北至文化南路，规划面积15平方公里，与仪阳街道实行“区街合一”。

新兴产业园区以“城市新兴产业集成基地”为战略定位，重点发展产业孵化服务组团、现代农业组团、商贸物流组团、产业延伸组团、北部楼宇工业基地、南部工业制造基地“六大组团”。培植新能源、新材料、新医药、新节能环保、高端装备制造、商贸物流业“六大产业”。打造总部经济中心、公共服务中心、产业服务中心、社区服务中心“四大中心”。

新兴产业园区内有世上桃源旅游度假区、鲁西·义乌国际商贸城、煜城鑫碳纳米电池、泰山温泉度假区、泰山植物园、总部经济区、君威国际、一滕开元名都大酒店、达润兴物流配送中心、商贸物流信息平台等。

【现代盐化工产业园区】 现代盐化工产业园区位于边院镇西部，规划面积10平方公里。园区规划以盐化工、精细化工、高新材料为主导产业，不断延伸产业链，最终形成三大产业集群协同发展、互为补充的循环经济产业格局。2011年纳入山东半岛蓝色经济区，是28个海洋产业联动发展示范基地之一。

为提高园区承载能力和管理服务水平，全面实施“引汶调水”、污水处理、道路硬化绿化、变电站、加气站、天然气以及园区服务中心、专家公寓和职工公寓、物流产业园等配套设施建设。

园区已落户制盐企业4家。胜利化工有限公司采用“卤水净化—五效蒸发—热电联产”制盐工艺，是全国年产量最大的井矿盐企业。肥城海晶盐化有限公司绿色制盐项目、肥城光明岩盐有限公司的高品质盐项目、山东盐业公司的药用氯化钠和精制盐项目，均已建成达产，全部采用世界上最先进的MVR热泵技术，国外工艺包，德国压缩机，绿色环保。园区年制盐能力达606万吨，是全国最大的井矿盐生产基地，产品包含工业盐、食用盐、药用盐、畜牧盐、营养盐、保健盐、洗浴盐等20多个品种。

【节能环保产业园区】 节能环保产业园位于老城街道办事处驻地以北，北至红五路、南至老泰临路、西至北坦路、东至肥万路，占地面积5.12平方公里。

园区定位为国家新能源科技创新示范园区、山东省环保产业聚集区、山东省环保科技创新孵化园。园区共分为精细化工示范区、节能环保装备制造区、静脉产业园区、创业孵化园四大产业板块。园区内有2000余亩存量建设用地可供项目建设使用，发展空间、预留空间面积充足、规划明晰。

园区内已有碳酸锂、硫酸及余热发电、红外辐射采暖设备、生物质发电、腾跃化工、环保能源、高分子助燃剂等项目。

【循环经济产业园区】 循环经济产业园位于石横镇西部，东至青兰高速连接线、西至肥城昌盛特种石墨有限公司、北至新泰临路、南至汇河，总规划面积12平方公里。

园区基础设施配套完善，“六纵五横”的道路框架格局已形成，建有220千伏降压站、110千伏降压站各1处，日处理4万吨的污水处理厂1处、日供应1万吨的社会化供水站1处和年供气400万方的天然气站1处，实施电厂热力管道延伸和昌盛余热发电热力输送工程，建设通讯基站2座。

园区建设坚持以循环经济为核心，以可持续发展为方向，重点发展化工产业，依托肥城焦化有限公司、山东阿斯德化工有限公司，走好“煤焦化路线”和“煤气化路线”；依托山东一滕新材料股份有限公司纤维素醚产品、德源化工环氧树脂和固化剂产品、鲁岳化工医药中心体产品，延伸开发下游产品，打造精细化工产品产销基地；依托鑫岳化工、诚创生物制药，利用现有土地资源，规划建设生物医药产业园，承接各地区产业转移。发展装配制造产业，依托正泰机械、科创矿山等龙头企业，重点做好工程机械、矿山设备、数控机床等产品的研发生产。发展特种材料产业，依托昌盛石墨电极和索力得焊材2大龙头企业，延伸开发石墨烯、石墨电极板、不锈钢焊丝、药芯焊丝等下游产品。

民营经济

【概况】 年末，全市个体工商户达到32644户、私营企业7097家，分别增长3.5%和17.98%；民营经济实缴税金43.5亿元，增长7.28%，占全市总税收的90.19%；规模企业发展到414家。被评为“山东省中小企业服务体系建设示范服务单位”，代表泰安市迎接省委民营经济发展工作的专项督查。

【服务平台】 市中小企业公共服务中心由服务大厅和特色服务金融超市组成，服务功能有信息服务、融资、创业辅导、政策咨询、事务代理、法律服务、管理提升、交流合作，实现线上服务与实体服务链接互动，形成中心—网络—机制为一体的综合服务平台。截至年末，入驻服务机构10家，签订委托代理协议机构28家，服务类型涉及金融、电子商务等领域，服务中小微企业626家。开通中小企业公共服务平台微信公众号，制定出台小微企业服务“补贴券”实施办法，对到服务中心办理业务的小微企业和优秀服务机构进行补贴。

【产业集群】成立以市长为组长的工程机械、食品加工、玻纤制品、石膏建材、精细化工、岩盐化工、纺织服装、桃木旅游商品八大产业集群发展领导小组，每个产业集群均成立由市级领导牵头，一个职能部门主抓的指挥部运作推进机制。2016年，全部产业集群共有企业590户，从业人员101416人，营业收入756.2亿元，利润64.5亿元，税金91.4亿元，省级名牌产品14个，著名驰名商标31个。产业集群内研发机构275家，企业发明专利83件，实用新型专利1065件，外观设计专利390件。产业集群内各类服务平台136家，其中研发检测平台53家，人才培训平台15家，电子商务平台40家，物流仓储平台28家。截至年末，产业集群内共有上市企业7家（包括新三板和场外挂牌企业）。先后有工程机械产业集群和精细化工产业集群被认定为省级重点产业集群。精细化工产业集群内共有企业109家，规模以上企业40家，从业人员13963人，技术专有人员1654人，其中年营业收入过10亿元的4家。精细化工产业集群全年实现营业收入112亿元，利税23.82亿元。

【发展环境】①创优融资。强化金融风险防控，应对经济下行带来的企业资金风险，坚持主动作为、市场化运作，加强银企协调沟通，妥善处置担保圈企业关系，部分企业资金风险得到有效化解，全市企业运行保持平稳态势，无系统性和区域性资金危机出现。搭建融资平台，定期组织各种形式的银企对接活动，向优质企业推荐金融新产品，不断创优融资环境。市财政出资1亿元设立泰安基金担保公司肥城分公司。筛选130家有融资要求的企业举办融资对接会，并深入到部分镇街区与重点企业对接。鼓励引导成长性好的中小企业上市融资，引导企业开展直接融资，“新三板”挂牌工作，泰鹏环保、索力得焊材、一滕新材料、征途信息科技8家企业成功挂牌，“新三板”挂牌数量泰安市第一。②简政放权。完善实施扶持创新创业的权力清单、责任清单、服务清单和负面清单制度，用政府权力的“减法”，换取市场活力的“乘法”，激发各类市场主体创新创业的活力。深化商事制度改革，强化现有制度规定与“三证合一”“一照一码”的有效衔接、联动实施；在“三证合一”基础上，整合涉及企业的社会保险登记证、统计登记证，推进“三证合一”“一照一码”的稳步改革；推进个体、工商户的营业执照和税务登记证“两证合一”；推进工商登记全程电子化试点，加快推行电子营业执照。深化行政审批制度改革，推进“瘦身”“缩时”，推行“互联网+政务”，提高信息化水平，变“群众少跑腿”为“信息多跑路”。持续开展优化发展环境集中整治行动，严肃查处行政不作为、乱作为、慢作为等问题。对重点企业、重大项目、经济园区驻地开展治安环境专项治理，严厉打击各类干扰企业正常生产经营和影响公平竞争的非法行为，依法维护创业者的合法权益。构建“亲”“清”新型政商关系，建立顺畅的双向沟通交流机制，帮助企业家解决实际问题。推进诚信肥城建设，加快建立全市公共信用信息平台、信用评价制度、信用信息发布机制和失信惩戒机制，营造良好的营商环境。③打造平台提供创业保障。以“一区五园”和各类服务平台，作为创业创新的“主”载体平台，创造条件，打造民营企业创业创新基地，为创业主体获得生产经营场所提供便利。培育和支持小型微型企业创业创新基地建设。支持各镇街利用闲置厂房、楼宇，各类园区、产业集群、孵化基地等，开展小型微型企业创业创新基地建设。总结推广创客空间、创业咖啡、创新工场等新型孵化模式，加快发展市场化、专业化、集成化、网络化的众创空间，实现创新与创业、线上与线下、孵化与投资相结合，为创业者提供低成本、便利化、全要素、开放式综合服务。2016年，新增2300余家市场主体落户各镇街项目聚集区。

重点民企

【山东征途信息科技股份有限公司】 公司为从事计算机系统集成、物联网、云计算、大数据技术与产品研发、应用、服务的高新技术企业，泰莱地区首家IT行业新三板挂牌上市企业，证券代码834700。先后与山东大学、中国科学院、中国软件评测中心、浪潮集团等国内知名高校、科研院所签订战略合作协议，为用户提供稳定可靠的产品、完善专业的信息化解决方案以及定制化的专项培训等服务。公司产品在稳定性、效率等技术上处于领先水平，已成为国家“双软认证”企业、ISO9001质量管理体系认证企业、IEC27001信息安全管理体系认证企业、山东省一企一技术创新企业、全省创新驱动助力工程服务站、山东省专精特新企业、山东省星级科普教育基地、山东省物联网重点企业，荣获山东省诚信示范企业、山东省物联网最具成长力企业、受大学生关注的物联网企业等荣誉称号，并取得信息系统集成及服务资质和安防设计施工资质。

【肥城昌盛特种石墨有限公司】 成立于2008年8月，注册资金6000万元，主要生产、销售、研发石墨及碳素制品，生产设备先进，基础设施完善。公司规划占地600亩，员工近600人。2016年，实现销售收入12.64亿元，利润7498万元，税收5466万元。公司生产线主要包含煅烧、成型、焙烧三大工序，具备年产炭素制品30万吨的生产能力。公司的废气余热发电项目100%利用炭素煅烧生产过程中通过自体循环所产生的约1200度的高温废气进行发电，发电过程无需添加任何其他能源，属典型的资源综合利用项目，年发电量可达2.5亿度。公司投资建设脱硫废料项目，利用氨回收法技术，将回收的二氧化硫、氨全部转化为化肥硫酸铵，不产生废水、废液和废渣，无二次污染，将污染物全部资源化。公司多次被评为“肥城市年度财政贡献先进企业”“年度发展投入先进企业”“肥城市节能先进企业”，被认定为“高新技术企业”、山东省“专精特新”中小企业、泰安市“三强”企业，通过质量、环境、职业健康安全、能源四体系认证，拥有“泰安市市级企业技术中心”。

肥城市首家IT行业上市企业——山东征途信息科技股份有限公司

【山东鲁岳化工有限公司】 成立于2003年10月，是现代化的高科技精细化学品专业生产、福利企业。公司注册资金1000万元，职工330人。2016年，销售收入1.26亿元，利税3000万多元。公司主要生产烯丙基胺、二烯丙基胺、三烯丙基胺系列产品，二甲基二烯丙基氯化铵水溶液单体，年生产能力10000吨居国内首位，产品质量达到国际水平，市场遍及国内各省市并销往国外十几个国家和地区。获得ISO9001国际质量体系和ISO14001环境管理体系认证。2007—2016年连续10年被泰安市政府评为安全环保工作先进集体。2016年，公司被列为肥城市“退城入园”化工企业，计划投资2.3亿元的山东聚发生物科技有限公司新建项目各种手续全部办完，院墙、大门、厂区道路修建完毕，车间、仓库、办公楼正在建设之中；计划投资2.46亿元的山东鲁岳化工搬迁项目已启动，各项手续办理已全部展开。

【山东三同新材料股份有限公司】为专业生产各种高档绳索、编织绳、线、网、带等企业，成立于2004年9月，产品主要有各种绳索、编织绳、钻石编织绳、金刚打编织绳、双编绳、中空编织绳、纤维绳索、特种绳、编织绳网、吊床网等。产品用途广泛，主要应用于服装服饰、宠物玩具、吊床帐篷、登山滑水、户外宿营、探险救援、帆船升旗、游艇系泊、拖车牵引、包装捆扎、体育休闲、农业渔业、航海军事等领域。远销北美、欧洲、澳洲、中东、东南亚等地区。公司已有专利14项，中国注册商标1个，美国商标1个，欧盟商标1个，2014年首次实现在欧美市场自主品牌的销售。公司为国家级高新技术企业，肥城市大学生创业培训示范基地，“三同及santong”国家商标，ISO9001：2008质量体系认证（上海英格尔），CE国际质量认证，泰安市科技型中小企业。

【泰安九洲金城机械有限公司】为集工程机械研发、生产、销售、进出口于一体的专业企业，具备年产万台轮式装载机和工程机械驱动桥的能力。成立于2002年，坚持“诚信、求实、创新、发展”精神和“技术驱动进步、质量创造优势”理念，质量为本，创新为魂，2005年，通过ISO9001质量管理体系认证。2008年，取得欧盟CE安全认证。2009年，“力星”商标被评为山东省著名商标。

【泰安科创矿山设备有限公司】成立于2004年8月，注册资本3118万元，为专业的矿山设备研发及制造企业。公司占地面积120亩，建筑面积约5万多平方米，有职工167余人，其中具有大专以上学历的科技人员48人，占企业职工总数的比例为27%；直接从事新产品新技术研究开发的人员22人，占企业职工总数的比例为13%；同时，与中国矿业大学以及多家矿业集团拥有广泛的技术合作，在行业内拥有较强设备研发实力和较高知名度。公司先后被评为“AAA+”级资信认证企业，ISO9001国际质量体系认证企业，《工业产品生产许可证》认证企业，市级文明单位，泰安市技术中心企业，市级“一企一技术”创新型企业，泰安市创新型企业，省级“专精特新”中小型企业，省级“一企一技术”研发中心、省级知识产权优势企业。截至2015年，公司共取得《矿用产品安全标志证书》170余套、《防爆合格证书》100余套，及25项国家专利。2007年，被国家安标中心指定为唯一的斜巷跑车防护装置国家试验检验基地。产品涉及矿山运输、采掘、车场等多个领域，产品覆盖全国32个省区（直辖市），遍销国内100余个矿业集团（矿务局），并出口至越南、印度、南非、菲律宾等十几个国家。

【肥城通盛混凝土有限公司】成立于2010年8月，占地面积50余亩，主要经营预拌商品混凝土生产与销售，建筑材料销售。拥有员工30人，其中有高级管理人员8人，均具有大专以上文化文凭，中级以上技术人员10名。固定资产2000余万元，具备预拌（商品）混凝土三级资质。公司拥有全新现代化全自动三一商品砼180/H生产线二组，装载机三台，地磅一台，设有合格实验室，配置健全砼质量控制设备和高素质实验质检人才，建立完善混凝土质量保证体系，可生产C10—C60普通混凝土和各种特种砼及高性能砼（主营各种高性能混凝土）。为全市唯一一家配有砂石分离机设备的搅拌站，日生产能力可达6000立方，建立完善的混凝土质量保证体系，生产的商品混凝土具有同行业内先进技术水平，质量可靠，市场占有率大，拥有固定的供应商及企业客户群。公司先后参与全市城区26层以上的70%的大楼建设。投资近300万元建设的砂石堆置厂房，以及搅拌楼全封闭式厂房，已基本完工。

（董宗国）

建筑安装

建筑安装

综　述

【概况】 年末，全市有资质的建筑安装企业112家，其中一级资质企业12家，二级资质企业51家，三级资质企业32家，劳务企业7家，在册职工107209人。具备房屋建筑工程、市政工程、机电安装工程、石油化工工程总承包一级资质；钢结构工程、装饰装修工程、高耸构筑物工程专业承包一级资质；消防设施、管道专业承包二级资质；火电设备安装、公路工程三级资质及压力管道施工等多项专业施工资质。建筑企业总产值231亿元，增加值57.6亿元，分别比去年同期增长5.6%、5.5%，外出施工产值完成190亿元，年创利润总额18.6亿元，全员劳动生产率22.24万元/人，房屋竣工工程面积455.13万平方米。国内市场遍布30个省、市、自治区，国外市场拓展到日本、俄罗斯、南非等20多个国家。全市建筑业以改革创新发展为主线，以确保施工安全和工程质量为重点，以机制创新为动力，加强市场管理和监督，健全行业保障体系，强化队伍素质和外向开拓，增强宏观指导和服务功能，使全市建筑管理各项工作保持高质量运转，建筑业得到保障、快速、健康发展。年内，肥城市财政贡献百名企业中建筑企业占据16个席位，兴润公司税收总额4903万元，位列全市第6位，建筑企业第一位，显通公司税收总额3180万元，位列全市第16位，建筑企业第二位。

【劳保统筹管理】 全市有49家建筑企业办理养老保障金拨付资格证书，年收缴总额1895.75万元。其中上缴上级主管部门189.58万元，返还及补贴企业457万元。

【职工教育培训】 举办技能岗位新训、关键岗位新训、特殊工种新训、关键岗位继续教育、三类人员继续教育、特殊工种继续教育等35个专业的各类培训班8期，培训人员2169人次。全市共有专业技术人员28780人，占职工总数的26.8%，一、二级建造师（含临时）2085人，持关键岗位证书人员4740人。2016年，被泰安市建培中心评为培训管理先进单位。

行业管理

【概况】 市建管局坚持以科学发展观为统领，按照建筑行业管理规范化要求，履行管理部门职责，以整顿和规范建筑市场为主线，推进建筑业转型创新工作，建筑业平稳健康发展。开展“打非治违”专项行动，全年共检查工地316项次，查出隐患2389条，下达隐患整改通知书156份，停工整改21项次。完成5家建筑企业资质升级、10家企业资质增项和3家三级资质企业的换证工作。市建设工程质量监督站累计受监工程361项，面积361万平方米，竣工工程212项，面积123万平方米，竣工合格率98%。检测站共检测项目37664项，不合格项目33项。办理安全报监手续148项，累计检查工地537项次。年内，肥城市建管局被泰安市住房和城乡建设局评为“泰安市建筑工程质量管理先进单位”。

【建筑工程施工管理】 组织开展“打非治违”专项行动，与各企业签订《安全生产管理目标责任书》，制定年度工作要点，并根据重大节假日及季节时节特点，制定相关文件。全年共检查工地316项次，查出隐患2389条，下达隐患整改通知书156份，停工整改21项次。开展“安全文明工地”创建活动，全市有2个工地被评为“省级示范工地”，

10个工地被评为“泰安市安全文明工地”。

【建筑企业管理】 市建管局进一步规范建筑市场，提高行业管理水平，对全市总承包类、专业承包类、劳务类建筑业企业进行资质换证，完成5家建筑企业资质升级、10家企业资质增项和3家三级资质企业的换证工作。山东鲁顺建设公司、肥城长山建安公司、石横建安公司、肥城富利源建材公司、泰安腾岳建材公司、肥城名扬商混公司、肥城润苑商混公司、肥城居鑫建材公司未能通过换证，被注销资质，另有肥城市天泽装饰有限公司等8家装饰企业划归市建管局管理。至年末，全市拥有建筑资质企业112家，其中一级资质企业12家，二级资质企业51家，三级企业资质32家，劳务企业17家，形成以施工总承包企业为“龙头”、专业承包、劳务分包企业为依托的产业格局。

2016年肥城市有资质建筑安装企业一览表

序号	企业名称	企业性质	法定代表人	部批	省　批	泰安市批
1	兴润建设集团有限公司	有限责任	李云岱	建筑工程总包一级 市政公用总包一级 机电工程总包一级 钢结构工程专业一级	建筑装修装饰工程专业承包一级 消防设施工程专业承包一级 建筑机电安装工程专业承包一级 石油化工工程施工总承包二级 防水防腐保温工程专业承包二级 电子与智能化工程专业承包二级	公路工程总包三级电力工程总包三级环保工程专业三级城市及道路照明工程专业承包承包三级
2	山东省显通安装有限公司	有限责任	雷印峰	机电安装总包一级 钢结构专业一级	石油化工总包二级 建筑工程总包二级 市政公用工程总包二级 消防设施专业一级 防水防腐保温专业二级	建筑机电安装工程专业承包三级
3	山东宇兴建设有限公司	有限责任	王兴东	建筑工程施工总承包一级	建筑机电安装工程专业承包一级 钢结构工程专业承包二级 建筑装修装饰工程专业承包一级 市政公用工程施工总承包二级 特种工程（结构补强）	石油化工施工总承包三级环保工程专业承包三级
4	信邦建设工程有限公司（原山东省肥城市第一设备安装工程有限公司）	集　体	苗庆明	机电安装总包一级	消防设施专业二级 建筑工程总包二级 钢结构工程二级 石油化工总包二级 市政公用工程总包二级 防水防腐保温工程专业二级	冶金工程总包三级环保工程专业承包三级电力工程总包三级建筑机电专业三级
5	山东华建建筑安装工程有限公司	有限责任	李建华	建筑工程总包一级	建筑装修装饰专业二级	石油化工总包三级起重设备安装专业三级建筑机电专业三级
6	山东益通安装有限公司	有限责任	雷印智	机电工程总包一级 钢结构专业一级	建筑装饰装修工程专业二级 防水防腐保温工程专业二级 石油化工工程总包二级 市政公用工程总包二级 消防设施工程专业二级 建筑机电专业二级 电子智能化专业二级 建筑幕墙专业二级	建筑工程总包三级空气净化工程专业承包三级电力工程施工总承包三级冶金工程施工总承包三级

续表

序号	企业名称	企业性质	法定代表人	部批	省批	泰安市批
7	山东军辉建设安装工程有限公司	有限责任	李军英	石油化工总包一级 机电工程总包一级	防水防腐专业二级 建筑工程总包二级 钢结构专业二级 消防设施工程专业二级 装饰装修专业级	电力工程总包三级市政工程总包三级
8	山东四方安装工程有限公司	有限责任	张修森	机电安装工程一级	防水防腐保温专业二级 石油化工总包二级	建筑工程总包三级市政工程总包三级钢结构专业三级
9	山东鲁泰建筑工程集团有限公司	有限责任	张成新	矿山工程总承包一级 建筑工程总包一级	建筑装修装饰专业承包一级 电力工程施工总承包二级 起重设备安装专业承包二级 钢结构工程专业承包二级 市政公用工程总承包二级 电子与智能化专业承包二级	
10	山东一滕集团有限公司	有限责任	李西安	钢结构专业一级	建筑装饰装修专业二级 建筑幕墙专业二级	建筑机电安装工程专业三级
11	肥城市建筑安装工程总公司	有限责任	辛　锋		建筑施工总包二级	市政公用总包三级石油化工总包三级钢结构专业承包三级
12	山东泰银建设有限公司	有限责任	刘光明		建筑施工总包二级 建筑装饰装修工程专业二级 钢结构工程专业二级 建筑幕墙工程专业二级 市政公用工程总包二级 机电设备安装工程专业二级	环保工程专业三级
13	山东振远建设工程有限公司	有限责任	刘宗军		建筑工程总包二级 建筑装饰装修工程专业二级	钢结构工程专业三级 建筑机电安装工程专业三级
14	肥城市第五建筑安装公司	集　体	李长官		建筑工程施工总承包二级 建筑装修装饰工程专业承包二级 防水防腐保温工程专业承包二级	钢结构工程专业承包三级建筑机电安装工程专业承包三级
15	肥城市第六建筑安装工程公司	集　体	陈玉海		建筑工程施工总承包二级 建筑装修装饰工程专业承包二级	市政公用工程总承包三级
16	肥城市通利达建安公司	集　体	孙绪国		建筑工程总包二级钢结构专业二级建筑装修装饰专业二级	建筑机电安装工程专业三级
17	山东金瑞建筑有限公司	有限责任	陈德顺		建筑工程总包二级 建筑装修装饰专业二级	建筑机电安装工程专业三级
18	肥城市盛业建筑安装工程有限责任公司	有限责任	汪明华		建筑工程施工总承包资质二级 建筑装修装饰工程专业承包二级 防水防腐保温工程专业承包二级 建筑机电安装工程专业承包资质二级	钢结构工程三级
19	肥城市富鑫建设公司（新城东付村建筑安装工程公司）	集　体	王立国		建筑工程施工总承包二级 建筑装修装饰工程专业承包二级	建筑机电安装工程专业承包资质三级

续表

序号	企业名称	企业性质	法定代表人	部批	省批	泰安市批
20	肥城市王西建筑安装工程公司	集　体	赵衍科		建筑工程施工总承包二级 建筑装修装饰工程专业承包二级 防水防腐保温工程专业承包二级	建筑机电安装工程专业承包三级
21	肥城市鲁强建安工程有限公司	有限责任	胡士强		建筑工程总包二级 建筑装饰装修工程专业二级	建筑机电安装工程专业三级
22	山东泰方建筑安装工程有限公司	有限责任	李秀芳		建筑工程施工总承包二级 建筑装修装饰工程专业承包二级	
23	山东朝阳建设工程有限公司	有限责任	汪心文		机电工程施工总承包二级 冶金工程施工总承包二级 钢结构工程专业承包二级	建筑工程施工总承包三级市政公用工程施工总承包三级石油化工工程施工总承包三级
24	山东宏润安装工程有限公司	有限责任	汪建军		建筑工程施工总承包二级 防水防腐保温工程专业承包二级	建筑机电安装工程专业承包三级
25	山东弘腾建设置业有限公司	有限责任	顾修弘		建筑幕墙专业二级 建筑装修装饰专业二级 建筑工程总包二级	市政公用总包三级建筑机电专业三级
26	山东富泰建设工程有限公司	有限责任	董贻军		机电安装工程总包二级 石油化工总包二级 防水防腐专业二级 钢结构专业二级 建筑装修装饰专业二级	建筑工程总包三级电力工程总包三级
27	山东正工建设工程有限公司	有限责任	欧阳光友		建筑工程总包二级 建筑装饰装修工程二级 防水防腐专业二级	钢结构工程专业三级建筑机电安装专业三级
28	山东永康建设投资有限公司	有限责任	付云霞	建筑机电安装工程专业承包一级	建筑工程总包二级 防水防腐专业二级 建筑幕墙专业二级	市政公用总包三级
29	山东康诚医用设备工程有限公司	有限责任	汪海鹏		建筑机电安装工程专业承包二级 建筑装修装饰工程专业承包一级 电子与智能化工程专业承包二级 环保工程专业承包二级	
30	山东兴宇建设有限公司	有限责任	杨仁军		建筑工程总包二级 电子智能化专业二级 防水防腐保温专业二级 建筑装修装饰专业二级	钢结构工程专业承包三级建筑机电安装专业三级
31	山东汇功建设集团有限公司	有限责任	郭　峰		建筑工程施工总包二级 建筑装饰装修工程专业二级 建筑机电安装工程专业二级	市政公用总包三级钢结构工程专业三级
32	山东东方腾飞安装工程有限公司	有限责任	宋吉生		机电工程总包二级 防水防腐专业二级	石油化工总包三级环保工程专业三级建筑工程施工总承包三级
33	肥城宏远建设有限公司	有限责任	徐胜刚		建筑工程总包二级 电子与智能化专业二级 钢结构专业二级 建筑机电安装专业二级 环保工程专业二级	电力工程总包三级石油化工总包三级建筑智能化工程专业承包三级水利水电施工总承包三级

续表

序号	企业名称	企业性质	法定代表人	部批	省批	泰安市批
34	肥城市新城巧山建筑安装工程公司	集体	孙远森		建筑工程施工总承包二级	
35	肥城市兴盛天泽建设工程有限公司	有限责任	范士刚		建筑工程总包二级 建筑装饰装修工程专业二级	钢结构专业三级
36	肥城宏扬建筑安装工程有限公司	有限责任	梁　明		建筑工程施工总承包二级 建筑装修装饰工程专业承包二级	
37	肥城阳光建筑安装工程有限公司	有限责任	鲁　斌		建筑工程施工总承包二级 建筑装修装饰工程专业承包二级	
38	山东双河建筑工程有限公司	有限责任	王建华		建筑工程总包二级	
39	山东鲁中能源集团建筑安装工程有限公司	有限责任	刘兴俊		建筑工程总包二级	
40	肥城市广厦建筑安装工程有限责任公司	有限责任	朱联合		建筑工程总包二级	
41	肥城市傲饰建筑安装工程有限公司	有限责任	夏法军		建筑装修装饰工程专业二级	建筑工程三级
42	肥城市通达建筑安装工程有限公司	有限责任	陈德军		建筑装修装饰专业二级	建筑施工总包三级
43	肥城市建筑装饰装潢工程公司	集　体	张连昌		建筑装饰装修工程二级	建筑工程施工总包三级
44	肥城市金健建设工程有限公司	有限责任	尹东逊		建筑装饰装修工程二级 防水防腐专业二级	建筑工程施工总包三级市政公用总包三级
45	山东鸿华建筑安装工程有限公司	有限责任	宋吉华		建筑装饰装修专业二级	建筑工程总包三级
46	肥城路兴工程有限公司	有限责任	张　亮		公路工程总包二级 公路路面专业二级 公路路基专业二级	
47	肥城建发工程有限公司	有限责任	庞建利		建筑机电安装工程专业承包资质二级	建筑工程施工总承包三级石油化工工程施工总包三级钢结构三级
48	山东华显安装建设有限公司	有限责任	张其华		建筑机电专业一级消防设施专业二级 防水防腐专业二级石油化工总包二级	冶金工程施工总承包三级市政公用工程施工总承包三级建筑机电总包三级
49	山东亿嘉润建设有限公司	有限责任	魏　华		防水防腐保温专业二级	
50	肥城市新世纪建筑安装工程有限公司	有限责任	石兆来		防水防腐保温专业二级	建筑工程施工总包三级建筑机电安装专业三级

续表

序号	企业名称	企业性质	法定代表人	部批	省批	泰安市批
51	山东新大地实业集团有限公司	有限责任	伊宪峰		防水防腐保温专业二级	
52	山东省肥城水利地质基础公司	全民所有	赵启新		地基基础工程专业二级	
53	山东安信机械制造有限公司	有限责任	赵医民		钢结构二级	
54	泰安建工消防工程有限公司	有限责任	张　文		消防设施二级	
55	山东鼎辰装饰工程有限公司	有限责任	陈　强		防水防腐保温二级	
56	肥城市博科电力有限责任公司	有限责任	赵　伟		电力工程施工总承包三级 建筑工程施工总承包三级	
57	肥城腾达建筑安装有限责任公司	有限责任	岳　强		建筑工程施工总承包三级	
58	肥城市德信建筑安装工程有限公司	有限责任	王文明		建筑工程三级	
59	山东泰峰达建设有限公司	有限责任	冀玉明		建筑施工总包三级	
60	肥城市仪兴建筑安装有限公司	有限责任	张圣勇		建筑工程总包三级	
61	肥城市赵庄建筑安装工程公司	集　　体	李洪金		建筑工程总包三级	
62	肥城市泰西建筑安装工程有限公司	有限责任	李祥森		建筑工程总包三级	
63	肥城市富源建筑安装工程有限公司	有限责任	贾岳利		建筑工程总包三级	
64	肥城峰鑫建筑安装工程有限公司	有限责任	王吉才		建筑工程三级	
65	泰安市同兴建筑安装工程有限公司	有限责任	孟现勇		建筑工程总包三级	
66	山东万悦建筑工程有限公司	有限责任	赵　红		建筑工程总包三级	
67	山东鼎昌建设有限公司	有限责任	邱德忠		建筑工程总包三级	
68	肥城隆源矿业工程有限公司	有限责任	汪关军		矿山施工总包三级	
69	肥城市金正建设置业有限公司	有限责任	梁　峰		建筑工程总包三级	
70	山东瑞科电气有限公司	有限责任	赵　辉		电力工程总包三级	
71	山东大汉医用设备有限公司	有限责任	张绪辰		机电设备安装工程三级	

续表

序号	企业名称	企业性质	法定代表人	部批	省批	泰安市批
72	泰安华润钢结构工程有限公司	有限责任	李磊磊		钢结构工程专业承包三级	
73	肥城市诚信劳务有限公司	有限责任	魏尚德		模板脚手架部分等级	
74	山东广顺诚建筑劳务有限公司	有限责任	吴勇祥		模板脚手架不分等级	
75	肥城市中兴建安工程有限公司	有限责任	汪心良		模板脚手架不分等级	
76	肥城市宇兴建筑安装有限公司	有限责任	王兴东		模板脚手架不分等级	
77	山东博远建筑设计有限公司	有限责任	辛　明		地基基础专业三级	
78	山东兴润园林建设有限公司	有限责任	张忠峰		古建筑专业承包三级	
79	肥城市城市热力工程有限公司	有限责任	荣启华		建筑机电安装工程专业三级	
80	肥城通盛混凝土有限公司	有限责任	付　金		预拌混凝凝土专业承包	
81	山东龙强建筑安装工程有限公司	有限责任	王启龙		建筑总包三级	
82	山东凯鑫建设工程有限公司	有限责任	杨　敏		机电总包三级、建筑总包三级	
83	肥城同源建材有限公司	有限责任	常媛媛			预拌商品混凝土专业承包资质
84	山东省富利源建材有限公司	有限责任	车光强			预拌商品混凝土专业承包资质
85	肥城汇功建材有限公司	有限责任	梁红岗			预拌商品混凝土专业承包资质
86	泰安力群劳务服务有限公司	有限责任	张政堂			模板脚手架不分等级
87	山东国超建设有限公司	有限责任	李国超			机电工程施工总包三级建筑工程施工总包三级
88	山东润德工贸有限公司	有限责任	刘德锋			机电工程施工总承包三级
89	肥城市天泽装饰有限公司	有限责任	范士军		建筑装修装饰工程专业承包一级 建筑幕墙工程专业承包二级 钢结构工程专业承包二级 电子与智能化工程专业承包二级	
90	山东一安实业有限公司	有限责任	李西安		建筑装修装饰工程二级 建筑幕墙工程二级	建筑机电安装工程三级 钢结构工程三级
91	山东兴田装饰工程有限公司	有限责任	田德安		建筑装修装饰工程专业承包二级 建筑幕墙工程专业承包二级	钢结构工程专业承包三级
92	山东双九建设有限公司	有限责任	董梅英		建筑装修装饰专业二级 建筑幕墙专业承包二级	钢结构专业三级
93	泰安阳光安乐装饰有限公司	有限责任	阴德安		建筑装修装饰专业二级	

续表

序号	企业名称	企业性质	法定代表人	部批	省批	泰安市批
94	山东一滕集团肥城装饰工程有限公司	有限责任	滕洪新		建筑装修装饰专业二级	
95	肥城市舒雅装饰工程有限公司	有限责任	韩春生		建筑装修装饰专业二级	
96	肥城鑫艺装饰工程有限公司	有限责任	高德水		建筑装修装饰专业二级	

2016 年肥城市有资质建筑劳务分包企业一览表

序号	企业名称	企业性质	法定代表人	企业注册资本金	主项资质	增项资质
1	肥城市环宇建筑安装有限公司	有限责任	辛　锋		水暖电安装作业分包不分等级	木制作业一级 砌筑作业一级 抹灰作业不分 石制作业不分 油漆作业不分 钢筋作业一级 混凝土作业不分 脚手架作业一级 模板作业一级 焊接作业一级 钣金作业不分
2	肥城泰山安装有限公司	有限责任	雷印峰		水暖电安装作业分包不分等级	焊接作业一级 钣金作业不分
3	肥城市诚信劳务有限公司	有限责任	周长生		水暖电安装作业分包不分等级	木制作业一级 砌筑作业一级 抹灰作业不分 石制作业不分 油漆作业不分 钢筋作业一级 混凝土作业不分 脚手架作业一级 模板作业一级 焊接作业一级 钣金作业不分架线作业不分
4	肥城宏业建安有限公司	有限责任	许庆华		水暖电安装作业分包不分等级	砌筑作业一级 抹灰作业不分 钢筋作业一级 混凝土作业不分 焊接作业一级
5	肥城市宇兴建筑安装有限公司	有限责任	王兴东		水暖电安装作业分包不分等级	砌筑作业二级
6	泰安市华泰建筑安装工程有限公司	有限责任	张修森		水暖电安装作业分包不分等级	

续表

序号	企业名称	企业性质	法定代表人	企业注册资本金	主项资质	增项资质
7	肥城市中兴建安工程有限公司	有限责任	汪心良		水暖电安装作业分包不分等级	木制作业一级 砌筑作业一级 抹灰作业不分 油漆作业不分 钢筋作业一级 混凝土作业不分 脚手架作业一级 模板作业一级 焊接作业一级 钣金作业不分 架线作业不分
8	肥城市弘信安装有限公司	有限责任	雷印智		水暖电安装作业分包不分等级	
9	山东鑫昌建设工程有限公司	有限责任	刘宪长		水暖电安装作业分包不分等级	油漆作业不分 焊接作业一级
10	山东金昊建设工程有限公司	有限责任	刘培行		水暖电安装作业分包不分等级	油漆作业不分 脚手架作业一级 焊接作业不分 钣金作业不分
11	肥城金全建安有限公司	有限责任	师成芳		水暖电安装作业分包不分等级	
12	肥城市军辉劳务有限公司	有限责任	吕桂兰		水暖电安装作业分包不分等级	砌筑作业分包一级抹灰作业不分等级混凝土作业不分等级
13	泰安市金润建筑安装有限公司	有限责任	宋吉华		水暖电安装作业分包不分等级	木制作业一级钢筋作业一级
14	泰安立邦建筑工程有限公司	有限责任	张　兵		焊接作业分包二级	
15	泰安利群劳务服务有限公司	有限责任	张政堂		钢筋作业分包一级	木制作业分包一级砌筑作业分包二级脚手架作业分包二级
16	山东广顺诚建筑劳务有限公司	有限责任	吴勇祥		木制作业分包一级	脚手架作业分包一级 水暖作业分包钢筋作业分包二级

【外出施工】 年内，完成外出施工产值190亿元，占企业总产值82%，人数6.51万人，占施工总人数的65%，施工区域遍布除港澳台以外的所有省份；完成出国施工产值7.9亿元，出国施工4000人。

【建筑节能】 在承接原有的工作措施外，贯彻落实《山东省民用建筑节能条例》及《省住房和城乡建设厅关于认真执行新版〈居住建筑节能设计标准〉的通知》，健全新建建筑节能闭合式管理机制，全面执行居住建筑节能75%、公共建筑节能65%设计标准。全面推广绿色建筑，建立完善绿色建筑全过程监管机制，执行省厅印发的绿色建筑规划、设计与施工图审查等技术要点，强化规划、图审等关键环节的审查把关。推进可再生能源建筑面积的应用比例，太阳能光热与建筑一体化设计、施工和验收。研究制定发展装配式建筑的指导意见。开展绿色建材评价标示，推广绿色建材产品，加快发展绿色建材产业。巩固“禁实”成果，推进城市“限粘”，发展应用绿色建材。

【质量监督】 年内，市建设工程质量监督站累计受监工程361

项，面积361万平方米，竣工工程212项，面积123万平方米，竣工合格率98%。48项工程被评为泰安市级优良工程，4项工程被评为山东省级优良工程，1项荣获山东省工程质量泰山杯工程。改善提高监督职能、监督手段。①调整监管模式。将安全和质量监督对象统一，改变原先质量监督以单位工程为单位的监督对象现状，按照新的区域划分方式开展监督工作，除工程开工、竣工验收必须到位外，施工过程中的各环节以抽、巡查为主。②改进监管方法。加强现场监管，统一思想，改变监督理念，将监管重点首先放在责任主体的行为上，其次是现场工程实体。在严格实行重大危险源监控的基础上，尤其加强对参建各方责任人员的配备、到位率及履职等行为方面的监管力度。同时，加强对基本建设程序、建设主体经营行为等方面监管。实施差别化监管，对众多工程项目根据工程项目的规模、性质，施工、监理企业的资质等级、信用状况，项目的管理能力，工程的质量状况等因素将工程划分为重点监控对象、次重点监控对象、一般监控对象，分类别决定监督检查的频率、范围和深度等，提升建设工程质量监管效能。实施动态监管，洞察项目管理真实状况，将监管的力量用在重点项目上，发挥监管的作用，提升监管效能。③提升监督信息化管理水平。探索新形势下的信息化监管手段，逐步推动远程视频监控等信息化手段的运用。利用信息化手段，对施工现场质量管理人员情况进行实时自动监控，实现施工现场质量管理体系的动态监管，改善传统施工现场监管中遇到的人手不足、调度困难等现象。

【质量检测】 市建设工程质量检测站坚持“公证、科学、准确、及时 ”的质量方针，对客户委托检验的产品或进入工地现场的建筑构（配）件、制品、建筑材料及工程结构的质量做出公正、客观、准确的评价。检测站在原有实验室基础上提高实验室利用率，采取有效措施保证实验室的环境要求。2016年，检测站共检测项目37664项，不合格项目33项。为监督站监督在建工程提供有理数据支持，及早发现在建工程问题，及早处理问题，保证工程质量。年内，新增水泥混凝土标准箱4台，保证检测室及工程送检混凝土试块在标准环境下进行养护，确保混凝土试块真实反映工程中混凝土质量，为评定工程质量提供科学准确的依据。新增砂浆恒温恒湿养护箱4台，实现水泥胶砂试块智能养护，减少人为失误对试验数据的影响，确保送检水泥试样数据真实反映工地实际使用情况，为下一步进行判定提供准确数据。电器室新增水浴箱1台，电气室球压仪和剩余电流保护器测试台，为试样检测提供更准确数据，严格把握送样质量，确保用户使用安全可靠电气电缆。新增用于存放试验样品干燥箱若干个，大幅减少人为因素和环境因素对试验数据影响。建立“肥城市建设工程质量监督检测网”，使工程建设项目各方及时了解国家、省、市在工程建设方面的最新信息，及时针对建设要求变化做好应对措施。在网站开通网上委托，方便各项目试样送检，减少在检测站排队等候时间，提高工作效率。

【施工安全】 年内，共办理安全报监手续148项，累计检查工地537项次，下达隐患整改通知书148份，行政执法文书33份，整改意见2716条，整改率93%以上，开展安全教育培训4次，培训人员804人，三类人员411人，特殊工种培训393人。持续开展安全文明工地创建活动，年内，创省、市级建筑施工安全文明优良工地13项。

重点工程

【肥城市阳光凤凰城6#楼工程】 由兴润建设集团有限公司承建，工程位于肥城市肥桃路以北，泰山轮胎厂以西，总建筑面积12768平方米，建筑高度55.65米，地下2层，地上18层。钢筋混凝土剪力墙结构，地基为CFG桩复合地基，基础结构形式采用钢筋混凝土板式筏形基础。本工程抗震等级为四级，设计使用年限为50年，耐火等级为地上二级，地下一级。地下工程防水等级为二级，混凝土抗渗等级P6，屋面防水等级为二类。该工程由山东阳光盛华集团有限公司投资建设，青岛原创工程设计有限公司设计，新泰市地基基础工程公司勘察，山东省剑威工程建设监理有限公司监理，兴润建设集团有限公司承建施工。主体施工中未发生任何质量安全事故，结构安全可靠，荣获2015年度“山东省建筑工程优质结构奖”。

肥城市贵和园南区16# 楼工程

【肥城市贵和园南区16# 楼工程】位于肥城市文化南路以南，大桥村民公寓以北，总建筑面积11416.4平方米，地下一层，地上十八层，建筑高度52.7米，基础为筏板基础，剪力墙结构；主体围护墙体为加气混凝土砌块；地下一层楼面为水泥楼面，地上铺地砖楼面；内墙为乳胶漆和瓷砖镶贴墙面，外墙为粘贴保温聚苯板，真石漆墙面，立面造型美观大方，线条流畅，观感效果良好。屋面为挤塑聚苯板保温防水屋面。该工程由山东傲饰建设置业有限公司投资兴建，青岛原创工程设计有限公司设计，新泰地基基础工程公司勘察，肥城华宇工程监理有限公司监理，兴润建设集团有限公司承建。于2013年2月26日开工建设，2014年8月30日竣工。工程各个分部分项工程均达到优良标准，被评为泰安市优良工程和优秀设计工程，2015年度山东省工程质量泰山杯工程。经过使用检验和回访，地基基础工程未出现沉降情况，主体结构安全可靠，在泰安市建管局及主管部门组织的多次考察验收中，认定该工程质量过硬，各项功能满足设计要求和使用要求。

【信义亳州市利辛县20MW+20MW光伏电站项目】由山东省显通安装有限公司承建。该电站所采用的组件、逆变器、汇流箱、变压器、电缆、SVG、综合自动化、远程控制系统等设备均为全球知名的一线品牌厂商的产品。程家集光伏电站建有1座35千伏开关站，站内设置35千伏母线一段；工程自程家集电站将母线引1回35千伏线路将其电力汇集至信义20MWp+20MWp分布式光伏电站站内母线，线路长约2公里，再自信义20MWp+20MWp分布式光伏电站站内母线以1回35千伏线路至220千伏茨淮变将两期电力一同送出，线路长约4公里。容量为40兆瓦，总投资规模为3亿元；2014年11月开工建设，2015年9月竣工，同月进行工程验收。该工程由山东省显通安装有限公司承建。建设单位为信义新能源（亳州）有限公司。监理单位为安徽能建工程监理咨询有限公司。设计单位为中国能源建设集团安徽省电力设计院有限公司。质量监督单位为安徽省电力工程质量监督中心站。

山东省显通安装有限公司承建的信义亳州市利辛县20MW+20MW光伏电站项目

荣获2016年度山东省优质安装工程“鲁安杯”。

【枣庄杰富意振兴化工有限公司50万吨/年煤焦油深加工项目】 由山东华显安装建设有限公司承建。枣庄杰富意振兴化工有限公司由山东杰富意振兴化工有限公司、日本JFE化工株式会社及山东潍焦集团有限公司合资组建。该工程是原投资方在潍坊合资公司已建成投产的50万吨煤焦油深加工系统优化项目的基础上异地新建，产品主要为市场上紧俏的煤系列化工产品。该项目的煤焦油加工技术采用日本JFE的生产技术和工艺流程，工程最大难点为钢结构主框架及框架内塔体设备的倒装施工，其施工周期短，施工中土建与安装互相交叉作业多，危险性大，施工现场场地复杂，作业面窄，立体施工作业量大，管道制作安装焊接工程量大，技术要求高，大型吊车作业半径小。工程建设中本着“树精品意识，创品牌工程”的思想，坚持以“静态控制，动态管理”的管理方式，加强工程质量管理和安全文明施工管理，精心组织，大胆进行技术革新，采用新技术，新材料，新设备，边学习边施工，研究探讨新的施工方法，吸取同行的先进经验，攻克施工难题。建设单位为枣庄杰富意振兴化工有限公司，监理单位为潍坊海源工程建设监理有限公司，设计单位为中国化学赛鼎工程有限公司，工程造价3856万元。

【王瓜店办事处福邸社区47#、48#住宅楼工程】 由山东振远建设工程有限公司承建，设计单位为泰安大伟建筑设计有限公司，监理单位为肥城华宇工程监理有限公司，该工程为十一层地下储藏室剪力墙结构，建筑面积分别为47#楼8458平方米，48#楼5625平方米。该工程为钢筋砼筏板基础，剪力墙承重，整体现浇，加气砼砌块围护，木门塑钢窗，水泥地面，镶贴楼面，混合砂浆刷乳胶漆内墙、顶棚，保温板保温、镶贴面砖外墙，水、电、暖、卫安装。该工程被评为2015年度泰安市优质结构、泰安市建筑施工安全文明工地称号。

重点企业

【兴润建设集团有限公司】 前身为成立于1950年3月的原国有企业肥城市建筑安装工程公司，2004年改制成立山东兴润建设有限公司。至2016年末，拥有各类专业技术管理人员1217人，其中高、中级职称人员796人，注册资本3亿元，资产总额33.6亿元，年完成产值100亿元以上。公司下辖建筑、安装、市政、电力、钢结构、路桥、石化、装饰装修、机械设备制造、房地产开发、园林绿化、生态农业、物业管理、检测和海外公司等多个生产经营单位及14个子公司，在全国大中城市设立分公司40家，施工区域跨30个省、市、自治区。2004年开始进入国际市场。先后在阿联酋、阿尔及利亚、刚果（金）、日本、印度尼西亚、越南、印度等国承建大批工业和公建及民用工程，并向日本、韩国、加拿大、新加坡、赤道几内亚等国家派遣各类研修生和建筑劳务6000余人次，年完成海外施工产值10亿元。为建筑工程、市政公用工程、机电工程施工总承包壹级；钢结构工程、建筑装饰装修工程、高耸构筑物工程、建筑机电安装工程、消防设施工程专业承包壹级资质企业。具有石油化工工程总承包贰级、公路工程施工总承包叁级、电力工程施工总承包叁级资质和电子与智能化工程专业承包二级资质、环保工程专业承包三级资质；城市园林绿化壹级，房地产开发、经营贰级，物业管理贰级，园林古建筑工程叁级资质。具有特种设备安装改造维修许可证；锅炉Ⅰ级、电梯安装A级、起重机械A级、压力管道（GB1、GB2、GC1、GD1级）及承装（修、试）电力设施等多项专业施工生产许可证。经商务部批准具有对外工程承包、对外劳务合作经营资格的企业。通过ISO9001质量、ISO14001环境、OHSAS18001职业健康安全管理体系认证。工程创优率年均达95%以上，安全文明工地达标率100%。

公司连年在泰安市建筑、装饰企业年度综合考核中名列第一。先后荣获山东省建筑业先进集体、山东省建筑业“十佳安全管理”企业、“安康杯”竞赛先进企业、山东省安装行业“十强企业”和“山东省二十强品牌企业”、山东省质量管理先进企业、山东省首批诚信企业、山东省“富民兴鲁劳动奖状”、山东省建筑业外出施工先进单位和山东省建筑业企业综合实力50强第8名等荣誉称号。荣获全国“守合同、重信用”企业和全国建设系统“AAA级资信等级”企业、全国优秀施工企业、中国建筑业优秀企业、全国安装行业先进企业、中国建筑业最具成长性百强企业、中国建筑业竞争力百强企业等荣誉称号。2016年，“兴润建设”被评为山东省著名商标和全国驰名商标。

【山东省显通安装有限公司】 前身为始建于1965年的肥城市设备安装工程公司，属国家住房与城乡建设部核准的机电工程施工总承包壹级、钢结构专业承包壹级、省住建厅核准的石油化工总承包贰级、建筑施工总承包贰级、市政公用工程总承包贰级、消防设施专业承包壹级、防水防腐专业承包贰级、建筑机电工程专业承包叁级施工企业。国家质检总局颁发的压力管道安装许可范围：GA1乙长输管道、GC1类工业管道、GB级公用管道，和省质检总局颁发的一级锅炉安装单位。2004年1月公司通过ISO9000、ISO14001、OHSAS18001质量、环境、职业健康安全三个管理体系的整合认证。2012年取得对外承包工程资格。

公司下设31个经营单位，施工队伍分布于全国27个省、市、自治区，分别在北京、上海、天津、杭州、呼和浩特、乌鲁木齐设有办事处。加快实施“海外战略”，先后开拓俄罗斯、白俄罗斯、新加坡、缅甸、马来西亚、印尼、阿联酋、乍得、乌兹别克斯坦等国外市场。至2016年末，有施工人员10000余人，其中拥有中高级职称的各类技术人员633人，一级建造师24人，二级建造师64人，注册资金6100万元，各种机械设备6200台（套）。完成施工产值42亿元，营业收入24亿元，上缴税收3180.36万元，形成机电安装为龙头，专业承包为主体，劳务分包为依托的产业格局。

公司先后承建重大建筑安装工程120余项，其中参建的青岛市保利百合花园13#住宅楼荣获山东省建筑工程质量泰山杯奖；承建的鲁抗7ACA扩产项目、中石化管道储运公司鲁宁输油处临邑站原油混合设施输配安装工程、山东石大胜利化工集团股份有限公司100kt/a气分改扩建项目、“舍尔特中加（天津）钢木结构工程有限公司新建厂房二期加工车间工程”、天津市“享顺电子元件研发及孵化中心项目”、亳州市利辛县20MW+20MW光伏电站项目荣获山东省优质安装工程“鲁安杯”奖。公司先后被评为“山东省先进集体建筑企业”“全国先进集体建筑企业”“山东省建筑施工企业综合实力五十强”“国家守合同重信用企业”“省特级（AAA）信用企业”。

【山东宇兴建设有限公司】 由始建于1965年的原肥城市第二建筑安装工程公司于2004年改制成立。公司注册金20167万元，有职工1837人。公司下设北京、天津、济南、淄博、一辰等分公司。拥有各类专业技术和经济职称人员766名，其中高级职称33名，中级职称316名。具有年施工产值逾30亿元、年承建202万平方米工程的总承包能力；竣工工程质量合格率连年达到100%，优良品率达60%以上。公司具有房屋建筑总承包国家一级，机电设备安装专业承包一级，建筑装修装饰专业承包一级，钢结构安装专业承包二级，环保工程专业承包三级，化工石油设备管道安装总承包三级，锅炉安装二级，市政公用工程总承包二级，特种工程（结构补强）、压力管道（GB1、GB2、GC2）安装工程等资质。通过国家质量管理体系（GB/T19001-2008/ISO 9001：2008）、环境管理体系（GB/T24001-2004/ISO14001 ：2004）、职业健康安全管理体系（GB/T28001-2001/OHSAS18001 ：2007）三大体系认证，为集房屋建筑、机电设备安装、建筑装修装饰、化工石油管道设备、钢结构、市政公用工程、锅炉及压力管道等多业并举的大型企业。

先后创建国家、省、市级优良工程 438 项，其中土建工程施工的济南燕子山小区 27#、69# 楼分别获金牌和国家银质奖；北京长富宫、新华社业务大楼、北京亚运村运动员公寓获建筑工程鲁班奖；济南世纪中华城住宅楼 5#、6#、7#、8# 住宅楼获山东省建筑工程质量“泰山杯”奖；装修装饰专业承包的毛主席纪念堂内部装修被评为北京市优良工程；肥城桃都国际城 K4、K5、J 区 9#、10#，住宅楼被评为泰安市优良工程、优质结构（11 项）、安全文明工地（5 项）。机电设备安装施工的陕西渭南啤酒灌装线、天津市博物馆空调安装获安全文明工地称号；水电安装施工的北京奥运场馆鸟巢和水立方地下通道机电安装工程，被评为北京市五星级样板工程；化工石油设备安装施工的石家庄炼油厂 100 万吨重油催化装置工程、包头 180 万吨甲醇装置整体安装、黄岛 1000 万吨炼油常压装置获得中国石化集团“质量优胜”奖；钢结构施工的中日合资淄博旭销公司轻钢结构厂房工程、博山腾龙泵业轻钢结构车间安装工程均一次性交验合格；锅炉安装施工的甘肃银光化工集团 35 吨锅炉安装工程、齐鲁制药厂 35 吨锅炉安装工程，胜利油田现河采油厂 75 吨锅炉安装工程分别获得市级优良工程和“质量优胜”奖。公司多次获得国家“先进建筑企业”、山东省“先进建筑企业”、山东省“省级文明单位”、“三 A 级信用企业”、山东省“诚信企业”、泰安市“建筑先进企业”、“安全生产管理先进企业”、“质量先进管理企业”等荣誉称号。北京第十项目部经理王金叶，因成绩卓著被推选为北京奥运会火炬手。

【信邦建设工程有限公司】 具有机电工程施工总承包壹级，建筑工程施工、市政公用工程施工、石油化工工程施工总承包贰级，冶金工程施工、电力工程施工总承包叁级，消防设施工程、钢结构工程、防水防腐保温工程、建筑装饰装修工程专业承包贰级，建筑机电安装工程、环保工程专业承包叁级资质，是经商务部批准具有对外工程承包、对外劳务合作经营资格的企业。公司具备 GB1、GB1(PE 专项）、GB2、GC1 安装许可证和锅炉安装维修一级许可证，并通过 GB/T19001、GB/T24001 和 GB/T28001 三大管理体系的认证。为适应市场需要，公司先后成立山东鑫昌建设工程有限公司和山东金昊建设工程有限公司 2 家劳务公司。

公司前身为肥城市第一设备安装工程有限公司，成立于 1993 年，2007 年改制为股份制企业，企业注册资金 1.5 亿元。2016 年末，有职工 8400 余人，其中工程技术人员和经济管理人员 416 人，经行业主管部门考核持证的施工管理人员和特种作业人员 1600 余人；拥有运输吊装、冷热加工、焊接探伤以及理化检测等各类机械设备 3600 台（套），固定资产总值达 2.5 亿元。公司在北京、天津、济南、杭州、太原、青岛、烟台等近 30 个大中城市设立分公司办事处，施工区域遍布全国 27 个省、市、自治区，3000 余人次赴印尼、越南、印度、哥伦比亚、尼日利亚、阿联酋、约旦、巴布亚新几内亚、沙特、巴西等国家参加海外电力、煤气工程建设。工程合格率保持 100%，优良率达到 85% 以上，合同履约率 100%，2016 年完成建筑安装业产值 16 亿元。

秉持“诚信为本、科学管理、质量为先、合作共赢”的经营理念，社会声誉良好。连续两届荣获山东省“安装业十强企业”“建筑企业先进集体”“建筑业工程质量管理先进单位”“建筑业外出施工先进企业”“省级守合同重信用企业”“特级信用企业”；第三届“全国诚信单位光荣榜”上榜单位、“中国优秀企业数据库”入库单位、“最具发展潜力企业”、“全国质量、安全信誉 AAA 级优秀企业”，被泰安市工商局授予“光彩之星”称号，被山东省统计局评为山东省“三上”企业统计工作规范化五星级单位，被肥城市委、市政府授予2016年度财政贡献先进企业荣誉称号。配合中建八局一公司施工的青岛海尔工业园特种冰箱厂钢结构厂房制作安装工程荣获“中国建筑工程鲁班奖”，独立承建的东岳集团有机硅工程，荣获山东省建筑安装业工程质量“泰山杯”和“鲁安杯”奖，参建的新县城给水厂工程荣获山东省援建北川建设工程质量“泰山杯”奖，肥城市世纪经典4#、5#楼标段工程被评为优质结构工程。

山东华建建筑安装工程有限公司世纪花园16#住宅楼项目

【山东华建建筑安装工程有限公司】 由1992年5月成立的肥城市政协实体——肥城市友联建筑安装工程公司改制而来，隶属于肥城市建设（管）局。至年末，公司有职工2607人，下设14个管理科室，4个控股公司。有职称的各类专业技术人员350余人，其中高中级职称127人。有持证建造师48人，其中一级建造师13人，持证注册造价师3人，关键岗位86人。是具有房屋建筑工程施工总承包壹级资质，建筑装修装饰工程专业承包贰级资质，石油化工工程施工总承包叁级、建筑机电设备安装工程专业承包叁级的有限责任公司。同时公司还具备房地产开发、经营叁级资质。公司承接土建、安装、市政、园林、路、桥及泰安境内的大部分加油站建设等工程，开发世纪花园、世纪嘉年华、世纪城嘉园等住宅小区，联合开发肥城市清华苑、御景苑住宅小区。施工的特钢小区11#住宅楼被评为山东省最高工程质量奖“泰山杯”奖；世纪花园4#、7#住宅楼被评为省级“质量诚信、用户满意”工程；中医院病房门诊楼、岱岳凤山城6#、7#住宅楼等30余项单位工程，被评为市级“优良工程”或“质量诚信、用户满意”工程，工程一次交验合格率达100%，创优率达60%以上。施工的世纪花园9#、16#住宅楼分别通过检查，被评为省级“安全文明示范工地”；桃都国际城小区被验收为泰安市级“文明施工小区”；彩虹花园7#、10#住宅楼、汽运公司综合楼等20项单位工程被验收为市级“安全文明工地”；书香御景1#-7#楼荣获“2015年度泰安市建筑施工安全文明小区”的称号；龙山一品15#楼被评为“泰安市建设工程优质结构杯奖”。公司多次被肥城市委、市政府评为建筑业“十佳先进企业”，连年被评为“泰安市建筑业质量管理先进企业”“泰安市建筑业安全生产先进企业”，被评为山东省“守合同、重信用”企业，“第六届、第八届消费者满意单位”，荣获“立信师范单位”荣誉证书。

【山东益通安装有限公司】 始建于1968年4月，原为肥城市通用设备安装工程公司，2004年12月改制，变更为山东益通安装有限公司。企业具有机电工程施工总承包壹级资质，并同时具有钢结构工程专业承包壹级、建筑机电安装工程专业承包壹级、石油化工工程施工总承包贰级、市政公用工程施工总承包贰级、电子与智能化工程专业承包贰级、消防设施工程专业承包贰级、防水防腐保温工程专业承包贰级、建筑装修装饰工程专业承包贰级、建筑幕墙工程专业承包贰级、建筑工程施工总承包叁级、电力工程施工总承包叁级、冶金工程施工总承包叁级、环保工程专业承包叁级、城市园林绿化工程叁级、电力设施承装承修承试四级等资质，同时取得一级锅炉安装改造、GB1/GB2（1）级、GC1 级、GD1 级压力管道施工许可资质以及国外承包工程项目施工资格，通过 GB/T19001—2008/ISO9001：2008；GB/T50430—2007 质量管理体系和 GB/T24001—2004/ISO14001：2004 环境管理体系和 GB/T28001—2011/OHSAS18001：2007 职业健康安全管理体系认证。

公司注册资本金 10000 万元，净资产为 13524.84 万元，资产总额为 21165.58 万元，各类机械设备 3200 多台件，人均技术装备率 0.7 万元。有职工 6000 余人，其中有职称的经济技术人员 656 人。在立足本省的基础上开拓省外市场，施工队伍分布在北京、天津、上海、重庆、河南、河北、湖南、湖北、山西、陕西、江苏、浙江、安徽、广东、广西、江西、福建、云南、贵州、四川、青海、甘肃、宁夏、新疆、西藏、内蒙古以及东北三省等省、市、自治区。

【山东军辉建设集团有限公司】

公司已有 40 余年的历史，2004 年改制为民营企业。为石油化工施工总承包、机电安装总承包一级企业。于 2006 年先后取得压力管道 GA 类、GB 类、GC 类、GD 类安装改造维修许可证、1 级锅炉安装改造维修许可，A1、A2 级压力容器制造、设计许可，B 级起重机安装、维修许可，房屋建筑二级企业、消防工程、钢结构工程、电力工程、市政工程资质。企业通过 GB/T19001—2000 质量管理、GB/T24001—1996 环境管理、GB/T28001—2011 职业健康安全管理体系认证。至 2016 年末，有职工 3000 余人，其中各类专业技术人员 680 人，高级职称 56 人，中级职称 376 人，一级建造师 38 人，二级建造师 86 人，企业注册资金 5 个亿，拥有各种机械 2868 台（件）。

集团公司长期从事石油化工、化肥、焦化、硫酸、水泥等成套设备的制作安装。先后完了 60-300Kt/a 硫磺制酸、硫铁矿制酸成套装置 40 余套；化肥、焦化生产装置几十套，多套工程创省优工程。开发研究磷石膏、天然石膏及工业石膏制酸，取得突破性进展，已有多套在建和运行装置，实现投资省、见效快、成本低，环保达标、运行稳定，使生产企业取得较好的经济效益。

集团公司不断深化和加快企业内部各项改革，遵循市场运营规律，坚持以市场为中心，以人为本，与时俱进，开拓创新，强化管理，推进科技进步，努力提高企业素质，强化和提高市场竞争力，拓展施工空间及发展领域，先后开发北京、天津、上海、河北、河南、江苏、安徽、广西、辽宁、甘肃、宁夏、新疆、山西、内蒙古、陕西、湖北等省、市、自治区的建安市场。公司连年获得泰安市外拓市场先进单位称号。

【山东四方安装工程有限公司】

始建于 1965 年，历经建筑队、肥城市安装工程公司，于 2004 年改制为山东四方安装工程有限公司，公司具有机电工程施工总承包壹级、石油化工工程施工总承包贰级、建筑工程施工总承包叁级、市政公用工程总承包叁级、防水防腐保温工程专业承包贰级、钢结构专业承包叁级、锅炉安装 2 级、压力管道 GB 类、GC 类安装资质，中国安装协会会员单位，中国化工协会会员单位。至 2016 年末，公司有职工 3000 余人，各类专业技术人员 586 人，其中高级专业技术职称 20 人，中级专业技术职称 218 人，壹级建造师 22 人，二级建造 48 人，关键岗位 223 人。公司注册资本金 5160 万元、企业净资产 6778 万元。拥有各类机械设备3720台（套），总功率120095千瓦，年产值10亿元以上。公司积累近50年从事大中型工业与民用工程施工经验，具备完善的工程技术检查和检验手段，具备承担技术要求高、施工难度大、建筑工艺复杂的工程项目。先后在北京、天津、新疆等30个省、市、自治区承揽各类工程项目。先后承建潍柴动力股份有限公司、万华集团、三角集团、山东鲁抗医药股份有限公司、二十三届省运会媒体中心空调安装工程、海南2台10万立储罐制作安装、国家重点工程广东茂名30万吨乙烯工程、广州石化800万吨/年常减压装置和加氢联合装置、山东海化集团80万吨重油催化裂化装置，相继施工阿尔及利亚谢立夫市污水处理、海水淡化工程、阿联酋、沙特、哈萨克斯坦、毛里求斯等国输油管道、炼油工程。

【山东华显安装建设有限公司】 成立于1968年，前身为山东省肥城市工业设备安装工程公司，2004年更名为山东华显安装建设有限公司，注册资本5500万元。公司具有机电设备安装一级资质、化工石油贰级资质、消防设施工程贰级资质、防腐保温工程贰级资质、市政工程叁级资质、冶金工程施工贰级资质，具有一级锅炉安装维修，GC1、GB1、GB2、GC2类压力管道安装，一、二、三类压力容器设计及制造资格，B级起重机械安装维修资格，节能环保等工程施工资格。

公司为专业工种齐全，技术素质较高的大型设备安装企业。具有健全的组织机构和质量保证体系及完善的管理制度和检测手段，具有大件、超大件设备的吊装能力及手段。公司现下设1个工程处、9个分公司、3个办事处、26个独立项目部、一个压力容器厂和一个中心实验室。公司承建的安装工程分布在北京、天津、内蒙古、河南、河北、辽宁、吉林、江苏、山西、陕西、四川、新疆、宁夏以及山东境内的济南、青岛、德州、临沂、枣庄、济宁、淄博、东营、聊城、泰安、菏泽等地。公司先后参加天津港、邯郸钢铁集团、潍坊柴油机厂、山西焦化厂、北京亚运村、齐鲁制药厂、常庆油田、中原油田、辽河油田、胜利油田、枣庄水泥厂、济南裕兴化工总厂、鲁北化工集团、山东恒源集团公司、山东红日集团公司、山东菱花集团公司、山东华阳集团、泰安燃气集团等国家和地方重点工程建设，创建大批优质工程和精品工程，连年被评为省市级“先进企业”“重合同守信用企业”“消费者满意单位”“诚信合作单位”“中国建设银行山东省分行信用等级AAA级企业”，被中国建筑业授予全面质量管理优秀奖，并多次荣获国家、省、市及其他区域的表彰和鼓励。

【山东泰银建设有限公司】 成立于1985年1月，原为肥城县技工学校建筑安装装饰装潢公司；1992年因企业需要变更为肥城市第三建筑安装工程公司；2000年企业改制改为山东泰银建设有限公司。2011年，公司注册资本金增加到5100万元，固定资产9660万元，流动资金6900万元。至2016年末，有职工3256人，其中各类专业技术人员879人，具有各类持证上岗专业人员2200余人，下设8个土建分公司，2个安装分公司、2个装饰分公司、2个钢构分公司。拥有各类机械设备1450台套，设备总功率16600千瓦。具有房屋建筑工程贰级资质，建筑装饰装修工程贰级资质，建筑幕墙工程贰级资质，机电设备安装工程贰级资质，市政公用工程贰级，钢结构贰级，环保工程叁级。公司主要从事房屋建筑、装饰工程、机电安装、钢结构工程、环保工程等。

公司先后承建中骏·南湖1号、山东宝地城市广场项目、光大家园A区1#-4#住宅楼、马连村新农村建设住宅楼工程、润东新天地B座，菏泽鲁商凤凰城之南区住宅3#、5#、6#楼及车库项目、山东云宇集团1#、2#住宅楼工程、吴江市明港水泥厂圆筒仓项目等。承建兴业银行装饰工程、泰安商业银行装饰工程。参承建山东恒基钢铁钢构车间一期及二期工程、岱岳区钢结构工程、岱银集团纺织钢结构车间。承建齐河军用机场机电安装工程，泰安党校新校区道路工程等。公司荣获“守合同重信用企业”称号；多次被评为山东省年度安装行业先进集体；肥城市先进集体荣誉称号等。

【山东富泰建设工程有限公司】 始建于2002年，占地面积2400余平方米，注册资金6158万元，拥有固定资产1800余万元，各种机械设备200余台，机械总功率9300千瓦，员工1000余人。具有机电安装总承包、钢结构工程专业承包、化工石油安装总承包二级资质；建筑工程总承包三级、建筑装修装饰工程专业承包贰级、防水防腐保温工程专业承包贰级，电力工程施工总承包叁级、锅炉安装、改造一级；压力管道GA1乙、GC1、GC2、GB1安装，通过IS9001质量体系、健康、安全与环境管理体系认证。公司主营机电安装工程、化工石油工程、钢结构制作安装工程、非标制作安装工程、压力管道工程、锅炉安装、维修、改造工程、装修装饰工程、防水防腐保温工程、建筑工程、环保节能工程。

【山东永康建设投资有限公司】 成立于2007年10月。为建筑工程施工总承包贰级，市政公用工程施工总承包叁级，防水防腐保温工程专业承包贰级，建筑幕墙工程专业承包贰级企业。至2016年末，有在册职工200余人，高级职称5人，中级职称25人，一级建造师2人，二级建造师19人，技术人员105人，企业资产总额达4亿元。公司旗下控股公司有山东晨宏置业有限公司、山东省富利源建材有限公司、泰安海力华盛房地产开发公司、泰安永康物业管理有限公司、肥城市汇源工贸有限公司。

公司以诚信为根本，靠质量谋生存，在安全至上的指导思想下，凭借创新求发展，对内提高管理水平，对外提升竞争能力，从最初只能承担房屋建筑工程施工逐步扩展成为集房地产开发、房屋建筑施工、建材制造、物业管理为一体的集团公司。公司先后被市政府授予“十佳文明企业”“龙头企业”“税收标兵”，全国“守合同、重信用”施工企业。承建的湿地公园获得“国家水利风景区”最适宜人类居住奖；承建的清华苑小区、博文家园、御景苑小区、泰安华博工业园、紫荆城分别荣获“省优秀小区”奖、“泰安市建筑工程优质结构杯”群体优良工程奖；承建的山东永康生产加工综合楼获得“山东省安全文明示范工地”称号。

【山东东方腾飞安装工程有限公司】 成立于2002年8月，2005年2月改制为山东东方腾飞安装工程有限公司。具有机电工程施工总承包贰级，防水防腐保温工程专业承包贰级，建筑工程施工总承包叁级，石油化工工程施工总承包叁级，环保工程专业承包叁级资质，山东省乙级取费施工企业。公司取得GB1级、GB2级和GC2级压力管道安装改造维修许可证，化工石油设备管道GB1级、GB2级、GC2级安装许可证，锅炉特种设备安装改造维修I级许可证，能承接设备、线路、管道安装、钢结构制作安装工程，锅炉、汽机、脱硫、电除尘器、空冷岛等工艺设备安装工程，防腐保温工程，电气、仪表安装工程。通过质量环境管理体系认证，职业健康安全管理体系认证。至2016年末，有在册职工1200余人，各类专业技术人员166人，其中高中级以上人员78人，一级建造师2人，二级建造师15人，三类人员安全A4人，安全B11人，安全C17人，企业注册资金5900万元，各种机械设备900台（件），人均技术装备率7600元/人。公司施工区域面向全国21个省市自治区，被评为“守合同重信用企业”的称号。

【肥城市兴盛天泽建设工程有限公司】 成立于2008年，注册资本2010万元，具有房屋建筑工程总承包贰级资质。至2016年末，有职工2000余人，净资产1亿元，大中型机械设备164多台（件），有职称的工程技术经济管理人员154人，各岗位持证上岗人员195人，一级建造师5人，有资质的项目经理17人，下设10个项目部，年完成建安产值10亿元。

先后承建山东裕景置业有

限公司开发的山水名园小区、肥城市东城植物园置业有限公司开发的书香名苑小区、龙泽佳园整个小区1-8#楼、东城商务中心办公楼、福山大厦、康诚丽都小区1#、3#、15#、28#楼、河西小学实验楼、凤山小学教学楼等工程。承建的工程优良率达到80%，合格率达到100%。公司先后获得“守合同、重信用”单位、“先进民营企业”等荣誉称号，其中公司员工贾玉芝获得全国优秀项目经理荣誉称号。承建的山水名园42#楼、46#楼、17#楼、27#楼、26#楼及地下车库工程获得优质结构工程。

【山东正工建设工程有限公司】 成立于1998年11月，为房屋建筑工程总承包贰级资质。系房屋建筑工程、建筑装饰装修工程、机电设备安装工程、钢结构工程、防水防腐保温工程为一体的综合性建筑安装施工企业。公司注册资本金2003万元，固定资产1725万元，流动资产8194万元。至2016年末，有干部职工1200多人，公司下设董事会、监事会、生产部、经营部、技术部、安全部、质量部、预算部、人力资源部、财务部、后勤部11个科室，具有各类专业人员246人，其中中级以上工程专业技术人员106人，各类建造师29人，具有各类持证上岗作业人员106人；下设土建、安装、装饰、构件制作、钢结构等共16个项目部，拥有各类机械设备149台套，设备总功率1797千瓦。公司连续五年被建行山东省分行评为“AAA级信用企业”，连年被肥城市和泰安市主管部门评为“先进企业”。公司施工的静馨园小区荣获山东省建筑施工安全文明优良工地、山东省施工现场综合管理样板工程、泰安市施工现场综合管理样板工程。公司建设的紫竹文苑小区荣获建筑施工安全文明工地。

【山东振远建设工程有限公司】 前身为肥城市第四建筑安装有限公司，成立于1962年8月，2004年7月改制。具备建筑工程施工总承包贰级，建筑装饰装修工程专业承包贰级；钢结构工程专业承包叁级，建筑机电安装工程专业承包叁级和省施工企业乙级取费资质，为山东省建筑协会会员，中国施工企业管理协会团体会员。至2016年末，公司有员工2360人，各类专业技术人员216人，其中高级职称3人，中级职称87人，一级建造师1人，二级建造师28人，企业注册资金2180万元，各类机械设备1700余台（件）。先后施工肥城市曹庄矿学校教学楼工程、肥城市龙山中学综合教学楼工程、肥城市王庄镇中心小学2#综合楼；全国新增千亿斤粮食生产能力规划肥城市2016年田间工程建设项目工程，肥城市殡仪馆扩建及附属项目，山东聚发生物科技有限公司年产42000吨功能性单体及聚合物项目变配电／柴油发电机、配电室、五金／成品仓库、控制室／化验室等工程。先后争创和配属争创优良工程和省级安全文明工地300多项，主要有祥瑞花苑1#、7#、13#商住楼，6#、12#、15#-18#住宅楼，名邸花苑1#-14#、16#-21#、23#-24#、29#-30#、32#住宅楼，肥城市丘明中学小学部教学楼，王庄镇张庄村社区5#-8#住宅楼，福邸社区47#-48#住宅楼，淄博奥林匹克花园AB11#、12#楼等。开拓外出市场，先后承建山东天润电气集团、山东电力设备检修公司、华能济南供电公司、青岛恒源送变电公司、山东格瑞德输电工程公司、山东黄泰热力有限公司、潍坊五洲电气公司、江苏徐矿电厂、山西信发化工有限公司、贵州黔东电厂、石横电厂、肥城鲁源实业公司、肥城博科公司电力工程、空军济南航空四站装备修理厂4吨锅炉维修等安装维修工程。实现房地产配套服务，公司下属嘉诚物业公司，对宏瑞、祥瑞和名邸花苑采取智能化封闭式的物业管理，实现开发、建设、管理一条龙。连年被评为省“守合同、重信用”企业，泰安市建筑先进企业、精神文明先进单位，“外出施工管理”、“安全生产”先进单位，肥城市“十强”企业。

（梁兴中　王居厚　孔飞飞）

肥城年鉴

FEICHENG YEARBOOK

商务

- 综述
- 商贸流通
- 供销合作
- 粮油流通
- 物资流通
- 石油经营
- 烟草专卖
- 盐业经营与管理

商　务

综　述

【概况】 市商务局于2014年由原市商务局和原市商业贸易局合并组成，内设9个科室，下辖3个事业单位，代政府管理1个，其中市商业贸易局、出口食品农产品质量安全示范区管理办公室2个正科级单位，市外派劳务服务中心、市商务综合行政执法大队2个副科级单位。2016年，全市完成进出口28.88亿元、实际利用外资10326.5万美元、社会消费品零售总额290.6亿元、电子商务交易额50亿元、网络零售额16亿元。荣获“智慧外贸先锋县域”称号，被评为第二批山东省电子商务示范县。

【消费市场运行】 重点围绕农村“一村一店”、镇区“一镇三市”、城区“一城三圈”目标，不断提升新城路商业中心，打造城西、城东、高新区和新兴产业开发区4个商业副中心。推进便利消费进社区、便民服务进家庭“双进工程”，打造“十五分钟”便民服务圈。深化“互联网+流通”应用，加快智慧物流建设。加快农副产品、桃木制品、汽车汽配、生活生产资料、家居饰品、建筑建材6大市场集聚区培育。推进易回收互联网运营模式发展，规范发展家政服务业，商贸流通行业繁荣发展。

【电子商务发展】 实施“2345”工程，建立起“服务平台+电商平台+网商”的电商发展新模式。全市有6个村被命名为淘宝村，新城街道获评淘宝镇，为泰安市首个获此称号的镇街。引进阿里巴巴、京东、杭州久点久、山东华谋咨询、济南洪海龙腾、泰安影响力、泰安雅皓、泰安酷购等20多家电商服务公司。重点培育富世康植根电子商务、泰之源蜂业、胖城寿桃、孔庄粉皮网上商城、泰山玫瑰、联邦蓝莓等电商企业，自建肥城优质农产品、原产汇、桃都农贸商城、同城速购等33个本地电商平台。华联、富世康、泰山新合作等重点商贸流通企业在天猫、京东商城等平台开设旗舰店。全市规模以上生产企业和限额以上商贸流通企业电子商务应用率达到85%。全市网商达到6000多家、网店14000多个，在淘宝开设C店的超过1万家。

【外贸进出口】 以进出口企业孵化工作为抓手，培育外贸进出口主体，加大对新获进出口权企业的帮扶力度，挖掘外贸增长源，提速扩量，扩大进出口规模。组织28家企业参加境内外各类展会52个，向70多家企业发布展会信息830次。组织111家企业、191人次参加外贸实务、金

市电子商务公共服务中心及“京东商城·中国特产”泰安馆

融政策等培训会9个。新增进出口业绩企业9家，总数达到71家、同比增加8家。制定《关于创建2017—2019年度山东省国际知名品牌推进方案》，将12家企业列为扶持重点。加快“互联网+工业”深度融合，鼓励石横特钢、泰鹏集团等重点企业试水跨境电商等业务，全市31家企业通过阿里巴巴国际网开展外贸业务。

【外资利用】 加大外资项目督导力度，实行“一个项目、一名干部、一套方案、一抓到底”的保姆式服务机制，加快外资到位进度。重点做好石横特钢股权增资并购、华润风电、港华燃气、金城重工股权并购等项目推进，对已批未到位的优能新能源有限公司、冠城生活垃圾发电有限公司等大项目，加强与外商沟通对接，争取资金早日到位。按照国家产业政策，做好项目库建设，共策划包装项目23个，涵盖现代农业、高端制造业、现代服务业、文化旅游和社会事业等六大产业。继续实施“两地、两国、两洲”的境外招商策略，瞄准国内闽浙地区、“北上广”三市以及省内“济青烟威”等外商聚集区，坚持组织小分队“走出去”招商，全市在谈、拟建、在建外资项目存量达到52个。

【对外经济技术合作】 创新服务平台，开通“肥城市外派劳务服务中心网络平台”“肥城出国劳务微信公众平台”“肥城出国劳务易信信息发布平台”三大信息发布平台，引导务工人员走正规途径出国务工。引导企业利用“两个市场、两种资源”，支持、协助泰安华利进出口公司成功获批对外劳务合作经营资格，帮助华显公司申请对外承包工程资质。至年末，全市共有4家企业获得对外承包工程资质。

【出口食品农产品质量安全示范区工作】 以标准化为重点，加快示范区建设工作。做好农业化学投入品控制工作，出台《肥城市2016年农资市场专项整治工作实施方案的通知》等相关文件。做好配送中心产品登记备案监管，将符合条件的镇村经营店纳入配送体系，扩大配送队伍，完善直供配送网络。创新农资台账管理，建立农资市场监管“一账通”制度，对批发、配送、零售和使用等流通环节全程记录监管，确保农资特别是农业化学投入品的可查可控。充分利用质量安全追溯监管平台，逐步建立农产品流通各个环节登记制度，对农业化学投入品经营单位和种养殖基地实施追溯监管。至年末，全市共备案农资批发商、零售商和生产经营企业345家（户），对农资经营店、种养基地和企业等32家重点单位实现实时监控，建成批发市场、农产品公司、种养基地和加工企业追溯点25处。

（李波）

商贸流通

【概况】 市商业协会与市商业贸易集团总公司一个机构、两块牌子，为正科级事业单位，实行财政差额拨款，定编19人。年内，设党委、纪委、工会、团委、妇委会等组织，下设办公室、政工部、业务部、财务部、经济运行部。所属商校、幼儿园2个差额事业单位，辖山东银宝食品有限公司、山东八戒食品有限公司、双利食品有限公司、肥城中百商贸有限公司、肥城恒丰商贸有限公司、肥城平安劳动保护用品有限公司、肥城鑫田商贸有限公司、肥城鑫通商贸有限公司、肥城百联副食有限公司、肥城百隆商贸有限公司、肥城饮食服务有限公司、肥城宏远水产品有限公司、肥城三源家用电器有限公司、肥城市闽泰商场、国营6651库、肥城联众商贸有限公司16个下属企业，共有干部职工6320人。主要承担商业企业行业管理，指导商业企业改革、发展、生产经营，协调与政府间的关系，向政府反映企业的经验、做法、问题和要求，向企业提供政务信息、业务指导，提供经营、市场、营销等方面咨询服务，促进商业流通部门之间的信息交流，帮助企业培训人员、提高素质等方面工作。

【商业经济发展】 商业经济继续保持平稳较快增长态势，市场竞争能力进一步增强，在拉动消费、安置就业、提供税收，促进商业经济持续发展等方面作用日趋明显，各项主要经济指标有较大幅度增长。实现商品销售收入62.62亿元，增长14.85%；完成利税1.62亿元，增长14.91%；完成市委市政府下达的1702.9万元招商引资任务。

【商业企业管理】 继续加大对改制企业的监管力度，重点是规范运作改制企业内部机制，监督改制企业严格执行《企业改制方案》中的各项规定。向欠职工养老保险金、失业金、职工集资、工资及其他债务的企业派出监管责任人，督导其兑现承诺，履行改制方案，确保职工利益得到保护，监管、指导、协调帮助企业做好各项工作。商业企业管理中成立两个指挥部，形成以机关、信访、安全、党建工作和招商引资、对上争取、企业发展两条工作主线，在工作中实行一线工作法、现场办公法。重点落实对企事业单位的10+1考核，特别对招商引资、安全生产、信访稳定、计划生育、党的建设等重点工作方面的经常性考核。

【商业网点改造与建设】 重点运作转型升级项目6个。①宏远水产品公司6层综合商务楼项目。将新城路繁华地段旧经营设施扩建改造建成6层综合商务楼，总投资4000万元，该项目占地11亩，建筑面积1.2万平方米，已完工并投入使用。②银宝食品公司油脂回收无害化处理项目。总投资3500万元，年处理油脂原料1万吨。③银宝食品公司成立宽宏小额贷款有限公司。注册资本1亿元，成为肥城金融机构的新亮点。④八戒食品公司17层商住楼开发项目。总投资7500万元，总建筑面积1.82万平方米。⑤宏远水产公司16层综合商务楼项目。充分利用公司机关闲置资产，投资8800万元，拆除改造建设16层、总建筑面积2.16万平方米综合商务楼。⑥八戒食品公司新上二手车交易市场项目。项目占地30亩，总建筑面积1万平方米。

（赵衍国）

山东银宝食品有限公司车间外景

供销合作

【概况】 全市供销社系统销售总额、利润分别比上年增长35%、37%，经济运行良好。在泰安市供销社系统上半年综合业务考核中列第一位。被全国供销总社授予“百强县级社”荣誉称号（位居全国供销社系统第26位，在全省排名第五位，为泰安市唯一入围的县级市）；安驾庄、安临站、湖屯、仪阳、汶阳5家基层社被评为全国“基层社标杆社”；王瓜店供销社联谊农机合作社、仪阳供销社刘台村惠农肥桃产销合作社和仪阳供销社农丰核桃产销合作社被评为全国“农民合作社示范社”。年内，重点抓好总投资过亿元项目3个，投资2.7亿元占地65亩的新合作仓储物流项目已开工建设，投资1亿元的供销大集加盟店项目已在全泰安市铺开，投资1.2亿元的中央城项目已开工建设。

【农业社会化服务】 在新成立的众益达现代农业服务有限公司的

统一规划下，建设完善为农服务中心4处，新增农业机械100余台（套），无人机小麦“一喷三防”服务面积5万余亩，每亩降低成本30多元，打造“农民外出打工，供销社为农民打工”的服务品牌。组建全省首家县级农民专业合作社联合社，在安临站、汶阳、仪阳3个街镇进行联合社分社的注册试点。年内，新增专业合作社12处，联合社3处，全系统领办和参办农民专业合作社达66个，入社社员2.4万余户，新注册天籁、水果之冠2个商标。

【精准扶贫】 与扶贫办对接联系贫困户901户，1364人。依托土地托管，采取“公司+合作社+贫困户”和“社村共建”等办法，实施产业融合分类扶贫，得到上级社重视，向系统争取无偿扶贫资金92万元划归市扶贫办统筹管理使用。湖屯、王瓜店社被省社评为全省“党建带社建、社村共建”示范点。

【农村经营服务网络】 全年共建成自营县域电商平台3个，特色网店63个。村级服务社达到560家，日用品、农资、再生资源和农产品连锁经营网点达到647个。供销社从领办专业合作社、建立标准化优质农产品基地到农产品的品牌培育、社团营销、电子商务，建立起农产品生产经营的全新载体，推进“布点、连线、织网”工作，推动日用品经营、农资直供、农产品销售等网络链条纵向延伸和横向连接，提高土地产出率、资源利用率和劳动生产率，降低生产成本，减少农民支出，促进农业增效和农民增收。

（李言峰）

粮油流通

【概况】 市粮食局为市政府直属正科级全额拨款事业单位，编制15人。内设办公室、人事科、储备粮管理科、法制科、调控监督科、产业发展科、财务科、经营科等机构。共有机关人员39人，其中事业编制13人、无编制26人。2016年，在项目建设、粮食流通监督检查、地储粮油管理、粮食产业发展、放心粮油工程建设、信访稳定、安全生产以及党建等方面取得较好成绩。①各项经济指标超额完成。完成粮食购销总量204万吨、社会粮食收购102万吨，实现销售收入34亿元、综合利润4110万元，加工转化粮食总量50万吨，分别比去年同期增长13.3%、18.6%、3.4%、1%、6%。②依法管粮，重点业务工作成效显著。严格程序，规范粮食行政审批。共为2户粮食经营者办理粮食收购许可，为4户粮食经营者办理年审换证。定期对辖区内粮食经营者收购资格进行全面核查。强化监督，维护粮食市场秩序。开展各类执法检查26次，检查企业和个人业户80余家，处理违规收购案件3起，有效规范全市粮食流通秩序。③加强管理，确保粮油仓储安全。扎实做好地方储备粮库存检查工作，坚持每月一次粮油库存检查，发现隐患8处，提出整改意见10条。共完成粮油轮换4378吨、增储任务2000吨。④抢抓机遇，做好夏粮托市收购。制定夏粮托市收购方案，圆满完成收购任务，共收购托市粮5319吨，进一步稳定粮食市场、保护种粮农民利益。⑤加强指导，粮食产业化健康发展。创新驱动，促进企业转型升级。指导富世康公司加大电子商务和物流体系建设力度。开设农村电商服务网点52家。其下属丰达物流公司销售网点辐射到周边地市，并代理多个知名品牌。⑥放心粮油工程建设效果明显。新开设放心粮油店20个，完成泰安市粮食局下达的目标任务。开展“创建全国放心粮油供应网络建设示范县”试点申报工作。⑦统筹兼顾，各项中心工作再上新台阶。招商引资、对上争取成效显著。全年完成招商引资1750万元，对上争取2950万元。开展“两学一做”学教活动。老干部、安全生产、计划生育等工作有序开展。

【地方储备粮油管理】 年初，按照《山东省2016年粮食库存检查工作方案》要求，对全市地方储备粮库存账目、质量安全、轮换、储存安全和安全生产、粮食购销政策、政策性粮食补贴拨付使用等情况进行全面自查，对发现问题进行整改。4月，通过省粮食局检查组检查。同时，与储粮单位签订目标责任书，坚持每月一次粮油库存检查，发现和解决各类隐患问题8处，提出整改意见10条，全部整改到位。8月，向省局申报粮食储备库智能化改造项目，11月得到批复。全年共完成粮油轮换4378吨，其中地储小麦3128吨、地储油450吨、面粉800吨，小麦增储任务2000吨，取得良好经济效益。

【夏粮托市收购】 按照早谋划、早部署、早行动原则，成立夏粮托市收购领导小组、制定工作方案、召开专题会议，统一安排所需仓容、设备、维修、资金等，确保仓容、资金等到位。8月2日正式启动，托市收购工作小组深入现场，督导落实收购政策、收购进度和粮食质量等，9月25日完成。共收购托市粮5319吨，进一步稳定粮食市场、保护种粮农民利益。

【粮食产业化发展】 不断加大对粮食企业的指导力度，引导企业加快产业结构调整，延伸产业链条，促进转型升级。重点指导富世康公司加大电子商务和物流体系建设力度。创新"互联网+"营销模式，广泛开展电子商务进农村业务，开设农村电商服务网点52家。公司下属的丰达物流公司，销售网点遍布肥城城乡，并辐射到周边地市，在泰安、济南、东北三省等省市设立面粉销售办事处。该物流公司除销售公司自产的面粉、挂面、食用油等产品外，与其他品牌合作，成为康师傅、王老吉等知名品牌的肥城代理。所配送商品进入多家大中型超市和商店。6月2日，省粮食局局长杨丽丽带领全省粮食流通工作会议与会人员，现场观摩富世康公司粮食产业化观摩点，给予高度评价。

【"放心粮油"工程】 引导富世康公司充分发挥自身加工、专业配送优势，不断扩大放心粮油城乡覆盖面积，先后在城区、城乡接合部以及乡镇驻地新开设放心粮油店20个，全面完成泰安市粮食局下达的目标任务。同时，抓好"创建全国放心粮油供应网络建设示范县"试点申报工作。按照《关于进行放心粮油示范县试点工作的通知》精神，制定工作方案、成立领导小组，打造工作亮点，收集相关申报材料报送至中国粮食行业协会审批。

（武文斌）

物资流通

【概况】 市物资协会为全市物资流通企业主管部门，代政府行使行业管理职能。2016年，机关定编19人，下设7个科室，共有机关干部32人。下属民营企业11个，国有控股企业1个，专业市场2个。经济效益持续增长，完成销售总额31.44亿元，占计划的101.41%，实现利税1920万元，占计划的101.05%，其中利润181.3万元，占计划的100.07%，同比分别增长14.99%、9.8%和10.5%。经营效益和综合实力在泰安市同行业位列第一，全省名列前位。聚焦民生，充分利用"网上信访"工作平台，建立信访工作"常态化"工作机制。全年共接待群众来信来访110余人次，对群众反映的问题，严格按照相关政策，及时进行化解处理。为第一书记所包王庄阴山前村对上争取到位资金46万元。无偿支援各类家具一宗2万元。帮扶建设的核桃园、村内道路架电和幸福园已全面完工，并通过各级验收，投入使用。切实关注职工群众关心的热点、难点和焦点问题，先后为困难职工解决房屋翻修、供热管线改造和老旧家属院排水等民生问题，受到职工群众好评。年内，被山东省文化厅确定为"省级文化产业示范基地"，继续保持泰安市委、市政府"精神文明先进单位"、肥城市委、市政府"安全生产先进单位"荣誉称号。

【市场建设】 鲁西建材批发市场坚持"边运营边建设"的原则，利用新市场70亩土地抵押，在农村信用社低息贷款1600万元，用于办理新建鲁西建材批发城未征用土地手续和归还部分业户急需拆借资金，并全面完成鲁西建材批发城2栋新建沿街精品楼的建设，2栋沿街精品楼已通过质检验收交付使用；先后投资200余万元完成鲁西建材批发城第二期消防改造工程和供电线路、排水管线等配套工程建设，消除市场安全隐患。不断完善市场配置，改善经营环境，与市场驻地仪阳街道密切合作，利用新建沿街精品楼，引进北京客商投资建设电子商务平台。从桃木旅游商品城的实际情况出发，整体规划，统筹安排，引导企业运用“互联网+”，开展网络营销。桃木城内40%的桃木雕刻产品通过电商平台完成，有6家桃木雕刻企业的电商平台年销售额超过千万元。2016年，组织部分有影响力的桃木工艺品生产经营商户，参加第六届山东文化产业博览交易会，桃木旅游商品城并被山东省文化厅确认为“省级文化示范基地”。为业户提供融资贷款、政策咨询、人员培训、信息交流等指导服务，努力实现多方共赢、共同发展；协调开发商实施银泰隆公寓给排水改造；投资5万余元，建设自行车棚1处，基本满足经营业户需求。

（裴云超）

石油经营

【概况】 中国石化山东泰山石油股份有限公司肥城石油公司下设零售、财务、非油品、安全4个科室，1个客户部，加油站27座（其中包含属地肥城绿能石油化工有限公司两座加油站），网点遍布城乡，主要经营汽油、乙醇汽油、柴油、润滑油，每座加油站均建有标准化的易捷便利店，共有干部职工166人。年内，完成各类成品油5.1万吨，成品油销售收入4亿余元。6月16日，根据山东省石油公司统一部署全面启动微信营销，肥城公司同步开启全员微信营销模式。电子代金券及微信赠券营销活动的开展，为消费者带来全新的消费体验和实实在在的优惠，同时促进加油站非油销售。新销售模式的转变，使非油品营业额和员工销售收入得到提升。员工销售积极性大幅提高，非油品品种由最初的几百种上升到上千种，非油品收入达1500万余元，实现历史性突破。

（董建涛　刘龙）

微笑服务的加油站员工

烟草专卖

【概况】 肥城市烟草专卖局（营销部）主要负责全市14个镇街的专卖管理、卷烟销售工作，下设综合办、营销科、专卖科、财务科、法制科、内部专卖监督管理派驻工作组6个科室和1个稽查大队、5个管理服务站、5个稽查中队。2016年共有从业人员126人，其中聘用员工72人。辖区共有卷烟零售客户3744户。

【专卖管理和卷烟经营】 以“稳销量、调结构”为主线，围绕上级下达的任务目标，加强专卖管理，深挖市场潜力，较好完成各项工作任务。①加强专卖管理，净化卷烟市场。狠抓专卖队伍建设，提高专卖执法水平；充分利用“APCD”工作法，强化层级分析，提高市场监管水平；联合公安、工商等部门适时开展专项整治，加大网络案件侦办力度，提高市场净化水平。共查处各类违法案件365起，查获各类非法卷烟305.10万支，案件标值74.26万元。刑事拘留3人，逮捕1人，判刑3人，破获符合公安部、国家局标准网络案件1起。②加强营销管理，提高卷烟经营水平。通过加强客户服务，深入推进品牌培育、现代终端建设和零售户致富工程，实现卷烟销售稳量、提档。共销售卷烟2.36万箱，实现销售收入4.57亿元，实现利税1.52亿元，其中实现利润0.65亿元。

（梁金平）

市盐务局联合有关部门开展居民碘盐监测工作（葛瑞华 张敏杰 摄）

盐业经营与管理

【概况】 肥城盐业公司下设综合办公室、财务科、业务科、4个区域部、非盐商品经营部、2个稽查中队、生产用盐科等科室，共有干部员工81人，负责全市境内食盐和厂矿企业用盐供应。

【食盐专营】 境内划分为4个区域部，下设11个客户经理部，负责将食盐直供到零售网点，发放食盐零售许可证2546个，年销售各类食盐1.2万吨。入口小包装食盐年均销售3450吨左右，食盐工业用盐年销量保持万吨以上。

【盐政管理】 公司设盐政稽查中队2个，负责境内食盐零售市场及厂矿企业用盐的管理服务，共查获涉盐违法案件457起，涉盐产品12.6吨，罚没收入7.75万元，移交公安机关案件6起，刑事拘留涉盐分子2人。

（梁乙军）

肥城年鉴

FEICHENG YEARBOOK

财政·税务

- 财 政
- 国家税务
- 地方税务

财政·税务

财 政

【概述】 坚持依法治税，支持配合税务部门开展税务稽查和专项检查，深入推进联合办税。在协调税务部门集中清欠、深度挖掘营业税增收潜力的基础上，推进建筑企业跨区建筑服务纳税办理业务。探索支持经济发展新方式，引导各类资本投向稳增长、促转调、培财源领域。保障重点支出，更加注重“保基本、保民生、补短板”。

【财政收支】 年末，全市一般公共预算收入42.2亿元，完成预算的100%，同口径增长4.9%。其中税收收入31.7亿元，完成预算的96.4%，增长7.2%；非税收入10.5亿元，完成预算的109.2%，下降1.5%。全市一般公共预算支出59.5亿元，完成预算的106.3%，增长10.7%。

2016年肥城市一般公共预算收入情况表

单位：万元

预算科目	2016年
一、税收收入	316921
增值税	70625
营业税	22730
企业所得税	22955
个人所得税	5070
资源税	46322
城市维护建设税	14006
房产税	6887
印花税	2638
城镇土地使用税	31262
土地增值税	6976
车船税	2182
耕地占用税	77530
契税	7738
二、非税收入	104548
专项收入	16789
行政事业性收费收入	5474
罚没收入	7984

续表

预算科目	2016年
国有资本经营收入	
国有资源（资产）有偿使用收入	71004
其他收入	3297
收入合计	421469
1、工商税收	231653
2、农业两税	85268
3、专项收入	16789

2016年肥城市一般公共预算支出情况表

单位：万元

预算科目	2016年
一般公共服务支出	34944
外交支出	0
国防支出	695
公共安全支出	16366
教育支出	143474
科学技术支出	9157
文化体育与传媒支出	8087
社会保障和就业支出	71893
医疗卫生与计划生育支出	71090
节能环保支出	20933
城乡社区支出	18359
农林水支出	155341
交通运输支出	20702
资源勘探信息等支出	4107
商业服务业等支出	3485
金融支出	285
国土海洋气象等支出	2649
住房保障支出	4557
粮油物资储备支出	623
其他支出	3819

续表

预算科目	2016年
债务付息支出	4020
支出合计	594586

【社会保障】 ①国家基本药物制度。全年共拨付实施国家基本药物财政补助资金3426万元。②居民基本医疗保险。将居民基本医疗保险政府补助标准提高至每人每年420元。共筹资4.2亿元，其中个人缴费1.1亿元，各级财政投入3.05亿元。③基本公共卫生服务。全市实际补助服务人口96.07万人，基本公共卫生服务经费标准提高至年人均45元，财政投入资金4323万元。④城乡低保。城市居民继续执行每人每月500元的标准，市财政发放城镇最低生活保障金1061万元。将全市农村低保标准提高到每人每年3600元，市财政发放农村最低生活保障金4333万元。⑤五保供养。各级财政投入资金927万元，将集中供养、分散供养标准分别提高到每人每年6500元、5200元。⑥居民基本养老保险。各级财政对基础养老金补助和缴费补助共计1.73亿元，将居民基础养老金发放标准每人每月提高到100元。

【财税改革】 开展“财税改革落实年”活动，加快推进各项财税改革进程。推进预决算公开，及时公开全市及市级财政预决算和87个部门预决算、“三公”经费预决算。盘活存量资金，共清理暂存款1.2亿元，收回财政存量资金2150万元。深入推进国库集中支付，将全市所有财政性资金纳入集中支付范围。全年政府采购规模达到3.74亿元，其中货物8440.74万元，工程24154.27万元，服务4817.49万元。节支率分别为6.37%，10.78%，9.6%，总节支率为9.67%，节约资金4005万元。完成财政投资预决算评审101项、金额6.7亿元，审减资金2996万元，审减率为4.5%。加快推进公车改革，共清理公务用车361辆，其中收回98辆、拍卖251辆、报废12辆，回收资金415.3万元。落实公务员公车补贴政策。

【财源建设】 引导各类资本投向稳增长、促转调、培财源领域。落实减税降负政策。全年累计向企业减免各项税收2.8亿元，减征停征18项涉企行政事业性收费。加大财政支持力度。市级财政整合资金1.1亿元，全面落实骨干企业发展、招商引资和上市奖励等扶持政策。全方位对接中央和省、泰安市稳增长、调结构财税政策，争取无偿资金2.8亿元，支持企业自主创新、产业升级和膨胀发展。坚持把对上争取作为实现借力发展的重要途径，争取转移支付和专项资金，共争取上级转移支付、专项资金18.39亿元，比上年增长10.2%。

【政府投融资】 把政府融资作为保障发展的措施之一。成功

11月，市财政局、国税局、地税局联合召开全市深化财税合作加强税收征管工作会议

发行“肥城15公司债”8.8亿元，利率低于同期银行贷款利率1.11%。创新融资方式，首次通过中期票据实现融资，申报的10亿元中期票据首期发行5亿元，有效缓解财政支出压力。发挥新兴产业发展引导基金、中小企业发展基金作用，通过银行共为120家企业发放贷款4亿元。小额担保贷款基金达到2850万元，贷款规模扩大到1.4亿元，缓解企业融资难和资金链紧张等问题。完成市西区实验学校、职业教育中心校2个项目招投标工作，总投资3.1亿元。

【重点支出】 严格落实中央八项规定，“三公”经费同比压减353万元、下降8.7%。筹集资金19.5亿元，保障市镇两级机关事业单位工资及津贴补贴足额发放；筹集资金8.9亿元，保障全市义务教育、城乡居民医疗保险等民生政策的落实。保障性住房建设支出6783万元，建成各类保障性住房2426套，任务完成率为135.7%。加大对下帮扶力度，市及以上财政安排对下转移支付4.7亿元、专项资金1.5亿元。推进精准扶贫、精准脱贫，统筹整合资金1亿元，实施市以上产业扶贫项目81个。投入资金4328万元，支持“强村固基”工程和“一事一议”财政奖补等。

【财政监督和会计管理】 实施财政《内部控制基本制度》，扎紧制度笼子，提升规范化水平。开展会计信息质量、“小金库”等9项专项检查，共查处违规违纪资金2936万元。进一步加强会计管理，强化会计基础管理，突出高端人才培养，实施第二批会计领军人才选拔培养工作，有5人成功入选泰安市第二批会计领军人才。全年共组织行政事业单位的53名财会人员分4批次参加省财政厅组织的《内控专题》培训班。推行网络培训、“定单式”培训和完善视同完成继续教育培训，全年共培训会计人员9785人次。

（尹逊东 刘浩珍）

国家税务

【概况】 年末，在职干部职工174人，其中党员150人。内设办公室、政策法规科、税政管理科、收入核算科、纳税服务科、征收管理科、人事教育科、监察室、税源管理 科、税源管理二科、财务管理科11个机关行政科室，1个事业单位信息中心；下设1个直属机构稽查局，城区、高新技术产业开发区、石横、桃园、安驾庄、汶阳6个税务分局。辖区内共有15598户纳税人，其中个体类9672户、企业类5926户。2016年，围绕实现税收现代化的主题，把握依法治税、深化改革、倾情带队三项重点，坚持以改革创新促发展，以强化管理提绩效，以优化服务树形象，推动国税工作全面发展，实现税收收入214578万元。荣获“全国百佳国税地税合作县级示范区”和“全国税务系统法治基地”称号。

【税收征管】 ①落实征管改革部署。推进商事制度改革和“五证合一”“两证整合”，圆满完成营改增扩围试点任务。针对营改增后建筑业异地经营面临问题，制定业务办理规范，通过多部门税收共治，减少体制性税收流失。②加强风险管理。探索推进“互联网＋风险防控”新模式，以预警评估系统为抓手，制定风险管理规划，加大第三方信息采集应用，实施国地税联合防控，税收风险管理不断深化。全年发起评估任务330户次、风险提醒511户次，辅导大企业风险自查5户次。③加强税务稽查。完善管理机制，加大稽查力度，全力做好重点税源、专项检查、举报案件等涉税违法案件查处。全年实施稽查81户次，有效震慑涉税违法行为。④顺利推进税制改革。将营改增扩围作为重要政治任务，成立领导机构，制定实施方案，集中搭建过户确认、税控发行、发票领购为一体的一站式服务模式。分行业分类别分层次开展政策辅导、操作培训，实施错峰申报、预约申报等分流措施，以及领导带班、业务骨干坐班等服务措施，确保各环节工作有序推进。被评为“山东省国税系统全面推开营改增试点工作突出贡献单位”。

5月1日，营改增首日市国税局工作人员在办税服务厅成功代开全市首份增值税发票

【纳税服务】 持续推进纳税服务基础建设和改革创新，不断提升纳税人满意度和获得感。①强化政策培训。立足于纳税人实际需求，结合重点工作开展，全年共举办营改增政策、所得税汇算清缴、风险防范等专题培训20余期，确保纳税人读懂政策、用活政策。②深化通办力度。在全市设置13个通办窗口，实现7类44项业务全省通办。在此基础上，不断强化由外单位、外地区受理并办结业务的后续管理，系统梳理主要风险点，降低执法风险。③开展涉税辅导。制作含110项涉税业务的二维码标识牌，放置各办税服务场所，实现涉税事项扫码查询一次性告知。成立涉税咨询专家团队，通过纳税人学堂、"肥城纳税人之家"微信公众号、税企微信群等途径，及时准确解答纳税人涉税咨询1500余人次。同时，结合年内重大税制改革事项，组织业务骨干深入企业生产一线开展上门服务，为企业答疑解惑。

【便民办税】 全面打造以网上办税为主、自助办税为辅、第三方代办相补充、办税厅兜底的"四位一体"办税新模式。①拓展网上平台建设。拓宽网上办税应用，引导纳税人使用网上办税平台，实现足不出户即可办理相关业务。完善"肥城纳税人之家"微信公众号，探索网上预约、材料预审等新功能，让纳税人"多走网路、少跑马路"。②加强自助办税服务。与肥城农商银行合作，在城区搭建24小时银税合作自助服务厅，在乡镇设置自助服务点，实现网上办税、发票领取、发票代开、存取款等业务一站式办理。③深入推进税收共治。与14家单位签订委托代征代开协议，利用街镇财政所、便民服务中心等场所，在全市设置17个委托代征和代开网点。编织协税护税网络，加大纳税人自主办税的选择空间，为纳税人提供便捷高效的纳税服务。④完善办税服务厅标准化建设。优化导税、首问责任制度，突出抓好税务登记、文书受理、票证管理，为纳税人提供高效顺畅的办税服务。

【依法行政】 围绕法治政府建设实施意见和全面推进依法治税指导意见，探索适合基层国税的法治工作模式。①理念引领，高位启动。制定含6大类20余项创建任务的法治国税建设规划，结合新形势提出法治国税建设，恪守法治先行、公平合理、法律至上、监督制衡"四个理念"，确保依法治税工作深入开展。②问题触动，健全制度。立足基层依法治税工作存在问题，坚持以制度强约束，健全完善科学民主的集体决策机制、公正公平的政务公开机制、透明完备的权力监督机制、科学有效的权益保障机制和标准明确的考核管理机制。③统筹规划，重点推动。践行项目化管理思维，明确法治税务示范基地创建、取消行政审批后续管理、营改增政策执行反馈、税收法制员执法风险防范、内控机制与征管系统衔接、国地税联合稽查评估等10余个重点项目，推动法治国税建设由面及点深入开展。市委书记常绪扩做出"肥城国税局依法治税，公正执法，纪律严明，既着眼当前，又考虑长远，在实践中率先践行了新一届市委提出的加快构筑党建新高地、法治新高地、市场新高地的目标要求，是一支优秀的队伍，是全市党政干部学习的榜样”的重要批示。

【队伍建设】 ①推进全面从严治党。全面落实党风廉政建设“两个责任”，严格执行各项纪律规矩，实践好监督执纪“四种形态”，配合集中巡视，抓好问题整改，营造风清气正的政治生态。②深化基层党建。扎实开展“两学一做”学习教育，夯实思想基础；强化国地税党建协作，加大基层党建品牌建设；发挥党建引领，创新党建带团建“6+6”工作法。在全市纪念建党95周年座谈会上作典型经验介绍。③开展教育培训。结合“练兵、比武、提能”和数字人事“两测”考试，利用网络远程教育平台、税校等载体，分批次、分类别开展岗位知识培训，在全省业务大比武考试中有2名同志进入“岗位能手”行列。④完善干部选拔任用。规范组织竞争上岗，通过资格审查、民主推荐、笔试及组织考察，选拔14名同志充实股级干部队伍，树立良好的选人用人导向。

（姜咪咪）

地方税务

【概况】 年末，内设办公室、政策法规科、征收管理科、计划统计科、人事政工科、监察室、税源管理科、纳税服务中心、党建办公室9个职能科室，下设6个中心税务所和2个派出机构。在职干部职工173人，其中党员169人。累计组织税收收入26.86亿元，同比增收1.98亿元，增长7.9%。扣除营改增基数，完成23.58亿元，同比增收2.87亿元，增长13.8%，收入总量与增幅均列泰安县市区第一位。荣获“全国税务系统先进集体”“全国工人先锋号”“全国百佳国税地税合作县级示范区”“全国税收好新闻”4项国字号荣誉，再获泰安地税系统绩效考核第一名。

【税收管理】 以“三证合一”和“两证整合”登记制度改革为重点，强化与市场监管、国税等部门的沟通和对接，联合做好业务衔接、技术保障、信息传输、数据交换等工作，全年新增纳税人2487户。依托税收风险管理平台，识别推送纳税风险3223户次，入库税款1.98亿元。利用大数据税收风险防控平台，对1892户次的企业变更信息进行评估分析，检索确认47户风险纳税人，涉及风险点53个，评估核实入库税款4350.5万元。结合金税三期优化版上线工作，对纳税人银行登记信息、税务机关代码逐一核对，迁移纳税人信息3万余条，补录纳税人信息870条。

【税收执法】 突出以查促管，结合“营改增”政策的衔接，组织开展房地产、建筑业专项检查，查补税款1.39亿元。编制并公开税收执法权力运行流程图和相关清单，制度体系日臻完善。建立执法全过程记录制度，为基层中心所配备执法记录仪、建立执法约谈室等，日常执法行为进一步规范。加大部门之间打击偷税漏税合作力度，与市公安局成立

市地税局实行“二维码”一次性告知，纳税人方便快捷获取办税指南

税警联络办公室，协作打击成为常态。以风险查找为突破口，结合岗位职责，探索推进正负面清单管理，深化执法360应用，被省地税局命名为“全省第二批法治税务示范基地”。

【纳税服务】 以建设全省纳税服务规范示范点为契机，全面落实《全国税务机关纳税服务规范》，各项服务标准和工作要求在规范中落在实处。以搭建“网站+移动终端+自助办税终端”新型服务网络为载体，持续完善管理制度，梳理办税流程，实现网上、实体服务大厅双轨平稳运行。继续深化国地税联合办税，在联合评估、联合征收、联合宣传、联合稽查等方面深层次推动事项联合，国地税两家打破“一亩三分地”的思维定式，在机制共建、资源共享、措施共推等方面形成优势。

2016年地税收入分税种完成情况表

单位：万元

项目及税种	2016年
税收合计	256188
营业税	32788
企业所得税	14522
个人所得税	12674
房产税	6886
车船税	2182
印花税	2638
资源税	46321
城镇土地使用税	31262
土地增值税	6976
城市维护建设税	14006
耕地占用税	77530
契税	7739
增值税	664
其他收入合计	12457
教育费附加	5959
文化事业建设费	1
地方教育附加	3962
地方水利建设基金	1991
其他罚没收入	3
残疾人就业保障金	255
工会经费	287

（孙振鲁）

肥城年鉴
FEICHENG YEARBOOK

FEICHENG
YEARBOOK
2017

金融

金　融

综　述

【概况】　年末，全市有金融机构和金融组织53家。其中，银行业机构12家，存款余额461.86亿元，比年初新增39.44亿元，比年初（下同）增长9.34%；驻泰银行业机构表内贷款余额286.8亿元，比年初新增17.7亿元，增长6.58%。保险业机构34家，实现保费收入12.9亿元。证券机构分支2家，小额贷款公司2家，民间资本管理公司2家，典当行1家。全国中小企业股份转让系统挂牌企业5家，区域性股权交易系统挂牌企业12家。

5月19日，肥城农村商业银行开业暨金融扶贫启动仪式举行（陈元　摄）

【企业对接资本市场】　以全国中小企业股份转让系统（新三板）为重点，加强优质企业对接资本市场推进力度，加速企业转型升级、做大做强。成功实现云宇制动器在全国中小企业股份转让系统挂牌，全市累计挂牌企业达到5家，超过全省平均值，在泰安各县市区中数量最多。加快重点企业挂牌进程，筛选优质证券公司、会计师和律师事务所反复与企业对接，多层面召开问题协调会、路演观摩会，集中精力为企业解决困难问题。强化对已挂牌企业的指导帮扶。

【政银企对接服务】　突出对重点领域、主导产业和“三农”的金融服务，探索多种形式的合作模式，深化金融与实体经济的对接、融合发展。先后召开政银企联席会、洽谈会、产品推介会40多次，重点为中医院建设项目组织7家银行召开贷款对接会。结合金融精准扶贫、农民住房抵押试点等工作，引导各行社金融服务更加向“三农”倾斜，贴近农民生产、生活，大力发展农村普惠金融，加大支农产品创新，扩大抵押、质押物范围，活跃农村金融市场。制定《肥城市金融产业扶贫实施办法》，为金融扶贫贷款投放、使用提供精确指导。

【金融机构引进建设】　围绕全市重点项目、工业运行、园区发展，特别是民营经济和小微企业发展，及时调研掌握项目进展、产业动态和融资需求，随时向各行社通报、对接信息，让各行社及时跟进超前服务。强化金融体系建设，加大与省市有关部门和金融机构的对接争取力度，推进商业银行引进和地方新型金融机构设立以及服务网点、终端设备的布设，金融服务的覆盖面和实效性进一步提升。新引入并开业运营中国人寿财险公司，肥城农信社改制农村商业银行工作经过积极努力顺利完成并挂牌开业，成功引进山东高速、山东黄金两大股东参股5.94亿元。农行、建行、泰安银行新建设综合服务性网点3处，农商行、农行新增金融便利店15处。民丰村镇银行综合楼建设顺利。

【金融风险防控】 排查清理影响金融稳定的各类因素，及时处置有关资金风险，为全市经济发展营造良好环境。强化金融机构与企业的协调沟通，帮助资金链风险企业和相互担保企业协调债权银行，争取续贷；防范互联网金融风险，联合公安局、工商局、人行、银监办等部门对P2P网络借贷平台等进行重点检查，严防非法集资苗头性问题。在电视台持续播发公益广告，提醒广大市民防范警惕互联网金融非法集资行为；加大非法集资的防范力度。市政府与各镇街、各镇街与各村层层签订《防范和处置非法集资责任书》，将责任具体落实到位，明细防范任务，确保非法集资防范严密有序。

（孙曙光）

银行业

人民银行肥城市支行

【概况】 2016年9月，根据济南分行统一部署和中支党委要求，进行内设机构和人员整合，合并办公室和纪检监察室，新设金融稳定科，并调整综合业务部和调查信息部。整合优化后，内设办公室（纪检监察室）、货币信贷调统科、金融稳定科和金融服务管理科4个科室。在职职工31人，其中党员26人。立足肥城实际，引导金融机构积极落实货币政策，优化信贷投向，提高对实体经济的支持力度。结合现场监管和常规监管，引导金融机构合规经营，监测辖区内经济金融动态，防范金融风险。落实经理国库职能，服务地方财政。提供支付结算、征信查询等金融服务，促进地区支付水平和信用意识的提升。①推进农民住房财产权抵押贷款试点工作。制发《农房抵押贷款试点实施方案》和指导意见，指导农商银行肥城支行发放首笔农房抵押贷款。②加大金融精准扶贫力度。起草《肥城市金融产业扶贫实施办法》并印发各金融机构，指导银行制定配套制度，精准筛选客户，有效投放扶贫贷款，推广农户生产经营贷款、农村创业贷款等贷款品种。③以金融产品创新助推实体经济发展。集中推介中小微企业，召开银企座谈会、联席会，开展项目现场直接对接、新型金融产品推介等活动。做好重点企业流动资金贷款需求和重点技改导向计划项目金融服务对接，加大对实体经济支持力度。扩大小微企业和农户抵质押物的范围，开办第三方监管动产质押、股权质押、商标专用权质押等贷款品种。先后被评为泰安市文明单位、肥城市工会工作先进单位和全市普法依法治理工作先进集体。

【金融运行与监管】 贯彻落实货币信贷政策，强化“窗口指导”力度，督促引导金融机构加大信贷资金投入，支持地方经济发展。年末，各项存款余额为461.86亿元，较年初增加39.44亿元，增长9.34%。其中储蓄存款余额286.14亿元，较年初增加25.45亿元，增长9.76%。各项贷款余额为286.82亿元，较年初增加17.7亿元，增长6.58%。为强化金融监管和服务，防范和化解金融风险，坚持日常监管和现场监管相结合。①落实存款保险制度，做好《存款保险条例》实施。完善政府主导、多部门参加的金融稳定协调机制，促进政银企三方密切合作，化解企业担保圈风险。开展风险预警提示，完善应急预案，使金融机构掌握资金申请管理程序，提高风险处置能力。组织金融机构学习执行《中国人民银行泰安中心支行银行业金融机构重大事项报告管理办法》。②加强对存款准备金、账户、国库、统计、反洗钱等业务的监督管理。强化日常动态监测，严格现场监管。共进行现场执法检查4次，涉及金融统计、国库、征信管理、存款准备金及支农再贷款方面的业务。全面开展“两管理、两综合、一保护”工作，参考金融机构全面运行及对地方支持力度情况开展综合评价。三家银行、两家保险、一家证券机构被评为A类机构。③做好金融宣传。开展“金融消费者权益日”和“金融知识普及月”宣传，在农行肥城支行和肥城市农商银行配合下，实现全市14个镇街农村金融消费维权联络点全覆盖。④加强统计监测，开展风险评估。提升金融统计数据质量和统计管理水平，按照“准、快、全”要求，实现统计工作零差错。开展法人金融机构流动性监测，落实企业走访制度，完善银企沟通协调机制，做好重点企业监测和企业景气监测。⑤强化资金监管，预防洗钱犯罪。搞好反洗钱监督检查和日常管理，落实派驻地方法人金融机构反洗钱监管专员制度。

【金融服务】 强化服务意识，金融服务水平不断提高。①完善信用体系。全年共办理个人查询14395次，企业查询397次，司法机关查询31次。深化中小企业和农村信用体系建设，扩大信用信息采集、信用评价和信息产品应用覆盖范围，采集信息38.92万条，成功加载35.56万条。②维护清算秩序。拓展电子商业汇票业务，扩大现代化支付系统覆盖面。维护支付清算业务系统稳定运行，做好账户信息比对和账户业务行政许可信息公示。搞好金融机构迁址和名称变更管理。与公安等部门联合建立电信诈骗风险管理平台，对电信诈骗进行风险评估，搞好支付机构监管。拓展金融IC卡服务，推动银行与银联商务合作，实现出租车移动终端付款。完善农村支付环境建设，银行卡助农取款服务点开通现金汇款、转账汇款、代理缴费和跨行支付功能。③加强国库管理。严格执行《国库会计管理规定》《国库会计核算业务操作规程》等制度，形成财税库行联合防范、内部控制严密到位、业务操作规范有序的工作机制。开展TCBS系统、国库统计分析系统运行升级和应急演练，做好国库监管子系统铺底上线，扩大国库直接收付范围，压缩国库资金汇划在途时间。

【外汇管理】 按照外汇管理总分局提出“五个转变”的要求，牢固树立均衡管理、宏观审慎管理、服务、防范风险、依法行政的理念，坚定不移推进外汇主体监管，大力促进贸易投资便利化，加强国际收支双向监测预警，努力防范跨境资金大幅波动风险。主动适应经济新常态，促进全市涉外经济平稳健康发展。①资本项目。共有38家企业完成权益登记网上申报，对剩余28家企业中的12家进行业务管控，并撰写权益登记情况报告向上报送。②经常项目。以名录登记业务为主，共办理31笔名录登记、21笔名录变更，为6家企业办理21笔贸易信贷报告业务；1笔退汇业务；9笔辅导期报告业务；实施现场核查19次。③日常管理。配合泰安中心支局对工行和中行两家外汇指定银行的业务进行检查；按要求一周至少一次向泰安中心支局报送资本信息要报，共上报24期420篇。完成辖内相关外商企业出口不收汇情况专项调查。

（梁兴建　梁晓　张圣猛　王泽宇）

中国银行业监督管理委员会泰安监管分局肥城办事处

【概况】 年末，在职职工2人，承担对肥城辖区银行业12家机构550亿元资产、114个银行网点、19名高级管理人员、1397名从业人员的监督管理任务。全辖银行业金融机构各项存款余额463.2亿元，增长7.78%；各项贷款余额286.83亿元，增长6.06%。不良贷款余额7.85亿元，不良贷款率2.74%。无违法违纪案件、无安全责任事故、无影响社会稳定的群访事件发生。

【支持地方经济发展】 督导辖区银行机构坚决贯彻“保增长、保稳定、保民生”的宏观政策，以贷款新规的贯彻落实为抓手，着力增强服务大局、服务地方经济的能力。辖区贷款主要投向批发零售业、制造业、采矿业及个人贷款等主导产业。同时，推动农村信用社银行化改革步伐，加强对“三农”的支持力度；按照“全市银行业小企业金融服务工作推进会”要求，落实小微企业贷款发展的六项措施，推动各银行机构加强小企业贷款专营机构和管理机制建设。全辖银行业共成立小企业贷款专营机构2家，特色支行 2 家。年末，全市小微企业贷款余额 42.28 亿元，较年初增长 33.88%，比各项贷款增幅高 27.82 个百分点；涉农贷款余额 171.81 亿元，增长 5.8%。

【风险防控】 持续监测辖区银行机构信用风险状况，加大不良贷款处置力度，不良贷款余额和不良率双下降。强化落实案防“一把手责任制”，开展“深化案防执行年活动”，贯彻落实《关于进一步加强辖区银行业从业人员管理的通知》，部署银行业机构排查和管控员工从事民间借贷、以贷牟利、充当资金中介等违规行为。督导各银行机构贯彻落实国家宏观调控政策和上级监管要求，加强房地产信贷管控，推进“政府融资平台贷款”“贷款新规”“中长期贷款合同整改”三项重大监管工作的贯彻落实。继续做好舆情监测和信访维稳工作，强化声誉风险管理。

【监管改革】 引领各银行业加快改革发展步伐。推动银行机构向县域和镇街延伸新设网点，支小支农惠农效果显现。肥城农村信用合作联社顺利完成银行化改革，山东肥城农村商业银行股份有限公司于 5 月 18 日正式挂牌成立，泰安银行肥城安驾庄小微支行和肥城石横小微支行相继开业。年内，多家银行设立 8 处自助银行设备服务社会大众。

【提升监管能力】 坚持严抓敢管，转变监管方式，增强工作的针对性、深入性和有效性，全面开展各项银行监管工作。初步确立分类监管、激励相容的导向，因行施策，对症下药，提升监管工作的针对性、前瞻性和有效性。创造和谐有序监管氛围，牢固树立寓监管于服务之中的理念，加强与银行业机构的沟通，通过会议、调研等形式及时传导监管思路，共同探讨运行形势和工作措施，增强机构执行监管要求的自觉性，形成相互配合、相互信赖的良性工作局面。全面指导辖区银行业服务实体经济和风险防控工作，树立严明高效的监管形象。

（刘同新）

中国农业银行肥城市支行

【概况】 年末，有 15 个综合网点（含营业部）、5 个机关部室、2 个专业中心（个贷中心、分期中心）、7 个金融便利店，244 名在职员工。2016 年，坚持以科学发展观为指导，以服务全市经济社会发展为目标，积极作为，扎实奉献，为建设美好肥城作出力所能及的贡献。年末，本外币各项存款时点余额 76.09 亿元，较年初增长 8.05 亿元；存款日均余额 71.78 亿元，较年初增长 6.17 亿元；各项贷款余额 54.44 亿元，比年初增长 5.13 亿元；实现中间业务收入 4563 万元，同比增加 1018 万元。先后荣获农行总行“三化三铁”良好级支行、山东省分行第五届文明单位和“运营基础管理良好单位”、肥城市融资贡献先进单位等称号。

【服务实体经济发展】 新三板上市企业股权质押贷款业务实现突破。研究小微企业重点产品，抓

4 月，中国农业银行肥城市支行被评为泰安市“春天行动”先进支行

好三级核心客户营销，拓展优质小微企业信贷客户，发放小微企业贷款1000万元，成功营销小微企业重点产品银票通业务700万元。个贷业务发展呈现良好态势。年末，个人贷款余额17.64亿元，较年初增长5.91亿元。顺应农民进城新趋势，率先推出针对农民的贷款产品——“农民安家贷”，累放贷款1.87亿元。

【现代支付结算载体推广】 组织营业网点深入镇街、村居开展宣传推介活动，宣传以卡结算便利，引导农民群众转变传统的现金结算观念，提高电子渠道产品在农村的普及度。被上级行推荐为全国“送金融知识下乡先进单位”。

【基础管理】 贯彻落实市委、市政府创城工作部署，完成创城各项工作任务，助力美好肥城建设。加强精神文明建设，顺利通过泰安市文明单位和省行精神文明建设先进单位验收。开展特困家庭帮扶慰问、志愿宣传、社区服务、反假币、反洗钱等活动，履行社会责任，提升社会形象。

（魏啸）

中国工商银行股份有限公司肥城支行

【概况】 年末，下设四部一室、9个营业网点，共有干部员工133人。本外币各项存款（含同业）余额为59.94亿元，较年初增加4.81亿元，其中储蓄存款余额39.12亿元，对公存款余额20.35亿元，同业存款余额4713万元；本外币各项贷款余额43.71亿元（包含贴现数据），其中法人客户贷款余额26.26亿元，个人贷款余额14.49亿元；全年实现中间业务收入4452万元；实现拨备前利润15780万元。荣获省工行“先进基层党组织”、肥城市“融资贡献先进单位”等称号。营业室被中国银行业协会评为文明规范服务千佳示范网点，被总行评为五星级示范网点；城东支行和阳光舜城支行被评为总行四星级示范网点。

【信贷投放】 全年累计办理各类融资43.71亿元，其中累计发放各类贷款40.74亿元，累计办理表外业务（信用证、银行承兑等）3亿元，有力支持全市经济社会发展。面对复杂的经济形势，尤其是肥城市过渡依靠煤炭、钢铁等传统行业的产业结构特点，主动调整信贷结构，实现信贷业务新突破。成功营销“肥城大班额项目”、华电肥城新能源发电有限公司优质项目等。成功营销对公保险1000万元，销售额在省工行排名第一。全年累计贴现21.76亿元，其中小微企业6.66亿元。大力营销个贷业务，紧盯楼盘，加强同开发商合作，及时捕捉新楼盘的各种有利信息，抢抓先机，取得较好的营销成果。全年累计发放个人住房贷款22138万元，累计发放住房公积金贷款10634万元。

【为民服务】 坚持以客户为中心，强化服务管理，丰富服务手段，提升服务内涵，服务质量

12月28日，中国工商银行肥城支行营业室被中国银行业协会评为“2016年度中国银行业文明规范服务千佳示范单位”。图为揭牌仪式（张昌勇 摄）

和水平得到明显提升。新建2家离行式自助银行，对8个网点进行智能化改造，新上智能化设备31台，全行9个网点全部实现智能化，服务客户能力得到提升。全年销售各种保险2.1亿元，销售理财产品25.3 亿元，基金销售1.45亿元，客户得到较好的收益。电子银行业务得到快速发展，个人电子银行和企业规模类指标当年增量均位居泰安分行第一，其中企业网银新增455户，融e行客户新增21166户，融e联客户新增33984户，新开卡电子银行同步开通率60.73%，电商平台新增客户3户。新开对公账户534户，财智卡业务量7532笔，交易量18.84亿元，工银E缴费业务量4615万元，个人缴费客户净增25608笔，以上指标在泰安分行均排名第一。营销定期积存304户，票据池新增42户，票据池托管30.77亿元，法人理财销售5807万元。

（张昌勇）

中国建设银行股份有限公司肥城支行

【概况】 年末，在职员工130人，内设办公室、公司业务部、个人金融部、个人贷款中心，辖设肥城支行营业室、肥城新城路支行、肥城矿区支行、肥城桃都支行、肥城支行高余分理处、肥城支行文化路分理处等6个营业网点。以转型发展为总抓手，以

5月24日，建设银行肥城桃都支行开业

内控合规为基础，以改革创新为驱动，持续提升核心竞争力，持续提高价值创造力，持续加强信贷资产质量管控，持续关注内控与基础管理，持续强化过程和目标管控，各项业务实现健康快速可持续发展。年末，个人存款时点余额25.31亿元，比年初新增3.21亿元，新增位居系统内首位。对公业务稳步发展。对公存款时点余额20.1亿元，受社保资金上划、公积金支取、保证金业务停止办理等因素影响，较年初减少5.8亿元，对公存款余额保持四行第一的位置。渠道建设全面推进。完成肥城电厂支行迁址更名；桃都支行装修完毕开始营业；完成矿区支行营业室改造；建成离行式自助银行2处；成功运作山东泰山新合作商贸连锁有限公司商户收单业务，在泰山新合作生活广场店安装POS机60部；家园龙卡项目成功落地。个人贷款业务新发放个人类贷款1546笔2.5亿元，当年实现新增6451万元，贷款余额达到13.1亿元，贷款余额居系统内第一、同业第二。中间业务收入完成全年计划，名列分行第一位。全年实现中间业务净收入3507万元，完成全年计划的117%，收入总额和计划完成率均名列分行系统第一位。实现营业收入1.63亿元，实现利润1.28亿元。

12月23日，与肥城泰燃天然气有限公司合作的燃气代收费项目成功上线。用户可通过建行个人网银、手机银行、电话银行、悦生活、微信以及柜面等渠道实现天然气的快速缴费。肥城泰燃天然气有限公司为肥城最大的燃气销售商，服务居民用户8.3万户，商业用户300多家，工业用户4家，日用气量10万余方，年销售收入近4亿元。代收费项目成功上线后，可极大方便客户缴费，提升建行社会形象

和美誉度。

（于佑洋）

中国银行肥城支行

【概况】 年末，下设综合管理部、业务发展一部、业务发展二部、营业部、矿务局支行、泰西大街支行、新城路支行，干部职工80人。各项人民币存款余额32.2亿元，各项外汇存款余额2388万美元，各项人民币贷款余额30.93亿元。荣获省级文明单位、泰安市银行业文明规范服务示范单位、泰安市银行业金融机构现金服务示范网点、肥城市融资贡献先进单位、肥城市A级金融机构、肥城市银行业综合评价A级金融机构、肥城市银行业金融机构现金服务示范网点等称号。整体工作中强化内控管理保平安，深入推动基层网点风险管控措施“50条”落地实施，提升基层机构的内控案防意识和管理水平。充分发挥三道防线作用，对各类检查发现的问题，列明清单，逐一跟进、逐一整改、逐一问责、逐一销账。开展党建强素质活动，高度重视党风廉政建设，确保“一岗双责”落到实处。打造敢于担当的企业文化，围绕“团结奋进、简单清新、温馨和谐”的企业文化，有计划、有步骤的创新开展各类企业文化活动，增强员工的归属感和主人翁意识，激发员工干事创业的热情。年内，成功叙做2.5亿元低风险境外融资业务。在分行贸易金融部的支持下，及时把握住稍纵即逝的市场机会，以超高的效率为山东石横特钢集团有限公司叙做低风险境外融资业务2.5亿元，增加跨境人民币业务量2.5亿元，同时为企业节省财务成本700余万元。此笔业务的成功叙做，是海内外联动的又一成功案例，进一步巩固中行是企业“走出去”首选合作银行的品牌形象。

（鲍大勇）

农业发展银行肥城市支行

【概况】 年末，共有职工22人，其中党员19人，班子成员3人。内设办公室、客户部、会计结算部三个机构。各项资产总额5.13亿元，比年初减少2578万元。各项贷款余额5.08亿元，比年初减少2775万元；各项负债总额5.05亿元，比年初减少2395万元。所有者权益795万元，比年初减少184万元。实现账面利润795万元，同比减少184万元，人均利润36.14万元，同比减少8.36万元。①粮油信贷业务。年末，粮油贷款余额4583万元。全年累计投放各类粮食收购贷款1000万元，支持开户企业购进粮食362万公斤，粮油不良贷款额继续“双降”，年末余额1860万元。②农村流通体系建设贷款业务。全年投放贷款9100万元，累计支持贷款客户3家。③农村基础设施建设贷款业务。全年累计发放贷款1亿元，支持项目1个。新建或改扩建管网总长度约21公里、换热站27座。全年实现中间业务收入38.91万元，同比减少15.42万元，人均中间业务收入1.77万元，同比减少0.7万元。办理国际业务89笔、5486.13万美元，完成全年任务的203.19%，比去年同期增加

农业发展银行肥城市支行贷款支持肥城西区开发

4747.39万美元；实现国际结算收益5.76万元，完成全年任务的23.04%。

【风险防控】狠抓信贷基础管理，强化风险防控。①做好到、逾期贷款监控收回工作。在强化对贷款客户监督同时，加强与贷款客户联系，及时下发贷款到期通知书，年内按期收回贷款2.04亿元、贷款利息2804万元。②强化担保方式，增强担保的有效性。③加强地储粮增储、轮换监管。严格按照储备贷款管理办法要求，加强资金支付把关和资金用途监督，强化库存监管，有效防范粮油信贷风险。

（张勇）

中国邮政储蓄银行肥城市支行

【概况】实施“特色办行、人才立行、科技强行、依规治行、文化兴行”五大战略，抓住机遇，开拓进取，以“经营业绩好、资产质量好、内控管理好、遵纪守法好、社会服务好”良好银行标准为目标，狠抓内控，加快发展，巩固传统业务，开拓新型业务，用心工作，真抓实干，各项工作呈现出良好的发展态势。年末，各项存款余额15.86亿元，增幅16.70%；信贷余额4.96亿元，年增1.84亿元，增幅59.14%。年内，为国电石横发电厂、石横特钢、傲饰集团、金塔集团、泰鹏集团、一滕集团等当地支柱性企业发放流动资金贷款约2亿元，票据贴现1.5亿元。被肥城市委、市政府评为“2016年度融资贡献先进单位”。

（王岭岭）

山东肥城农村商业银行股份有限公司

【概况】肥城农商银行成立于2016年5月19日，是在原肥城市农村信用合作社的基础上改制成立的、具有独立企业法人资格的股份制商业银行，主要为农民、农业、农村经济服务。经营范围包括吸收公众存款，发放短期、中期和长期贷款，办理国内外结算，办理票据承兑与贴现，代理发行、代理兑付、承销政府债券，买卖政府债券、金融债券，参与货币市场，从事同业拆借，代理收付款项及代理保险业务，提供保管箱服务，国务院银行业监督管理机构批准的其他业务。

肥城农商银行下设营业部1家、支行22家、分理处18家，分支机构总数41个，在岗员工582人，为肥城市机构网点最广、从业人员最多、存贷款规模最大的地方性金融机构。年末，各项存款余额153.34亿元，各项贷款余额79.76亿元，存贷款规模均居肥城市同行业之首。营业收入9.65亿元，营业支出8.08亿元，利润总额1.58亿元，纳税7877万元，净利润1.13亿元，实现经营利润2.67亿元。被肥城市委、市政府评为“2016年度融资贡献先进单位”“2016年度财政贡献十强企业”；被泰安市委组织部授予“五星级党组织”，被共青团泰安市委授予“五四红旗团支部”，荣获泰安市第一届业务技能竞赛“团体一等奖”、泰安金融青年支持创新创业“金点子”和“好项目”现场展示和评选活动二等奖；荣获“山东省服务名牌”称号。

（杨振宁）

山东肥城民丰村镇银行有限责任公司

【概况】年末，在职员工49人，其中高管2名。内设综合管理部、财务会计部、风险管理部、市场拓展部、营业部等5个职能部门，下设安驾庄、边院两家乡镇支行。全行资产总额6.34亿元，各项存款余额4.31亿元，各项贷款余额4.01亿元，其中涉农贷款3.52亿元，涉农贷款占比达到87.68%。贷款结构得到进一步优化，特别是个人贷款推行三台分离后，个人贷款增长迅速，余额达到1.75亿元，战略转型初见成效。存贷比为93.01%，年度缴纳各项税收376.98万元，自2011年10月19日开业以来累计缴纳各项税收2109.59万元。被评为诚信示范企业，受到地方党政部门和社会各界好评。

（高聚义）

兴业银行泰安肥城支行

【概况】 年末，在职干部员工26人，为泰安分行输送优质人才6人。各项存款余额5.6亿元，其中储蓄存款余额1.9亿元，对公存款余额3.7亿元；各项贷款余额4.53亿元。

秉承“打造一流银行”办行理念，贯彻落实国家政策导向，紧随上级行业务指引方向，努力挖掘信贷增长潜力，调整投放结构，促进经济转型发展。全年累计投放各类业务金额8.8亿元，其中累计发放各类贷款5亿元、办理表外业务（信用证、银行承兑等）3.8亿元。①突出支持重点优质客户和重点项目建设，重点支持三英、瑞泰等企业；针对小微企业，组建小企业业务中心，加强专营团队建设，推出“简捷贷”等融资产品，累计提供5000万元额度支持。②完善个贷产品体系，推出“按揭贷款，消费分期”等贴近市场的特色产品，实现差异化服务，全年累计投放个人住房贷款1.2亿元，为全市400户家庭解决住房问题。加强理财产品研发，提供多种理财类产品，在确保高收益低风险的前提下，为满足居民财富保值增值需求提供更多选择。年末，理财产品存续期余额5.5亿元，较年初增加1.2亿元。③电子银行业务。为进一步推动智慧城市建设，研究居民消费升级，努力探索新型消费模式。通过与财付通支付科技有限公司合作，为各类商户提供微信支付签约、对接、管理、资金清算等移动支付服务。利用兴业银行自己开发的二次清分系统，为商家实现多级清分、收支两条线等独特功能。开展全员营销，拓展辖区内各类客户群体，涵盖零售类、医疗、社区、交通、旅游等领域，实现智慧商圈、智慧医疗、智慧社区、智慧交通、智慧旅游建设。共计拓展1600户零售商户，实现肥城市中医医院、永春堂、科达、百灵等医疗类商户微信支付上线使用。依托移动支付技术，让市民在衣食住行、看病挂号等方面享受互联网带来的便利。

（秦业坤）

兴业银行泰安肥城支行服务大厅

泰安银行股份有限公司肥城支行

【概况】 年末，下辖泰安银行凤山支行一家二级支行，边院、王庄、石横、安驾庄四家小微支行，共有营业网点6个，员工88人。各项存款余额20.20亿元，较年初增加8.51亿元，增幅72.7%。其中储蓄存款余额10.06亿元，较年初增加3.26亿元，增幅48%；对公存款余额10.14亿元，较年初增加5.24亿元；增幅107%。贷款余额7.01亿元，较年初贷款余额增加0.63亿元，增幅10%。无新增不良贷款。大力发展小微信贷业务，累计向肥城小微企业、农村个体经营者贷款3亿元，有力支持当地经济发展。年末，共有小微信贷客户131户，余额6121万元。由小微团队积极开展农房抵押客户营销，于11月初顺利完成首笔农房抵押业务放款。努力化解企业不良贷款，支持肥矿集团债务重组1亿元，向两家涉矿企业支持降息，调整授信结构，帮助企业渡过难关。支持肥城大型项目的建设，为山东

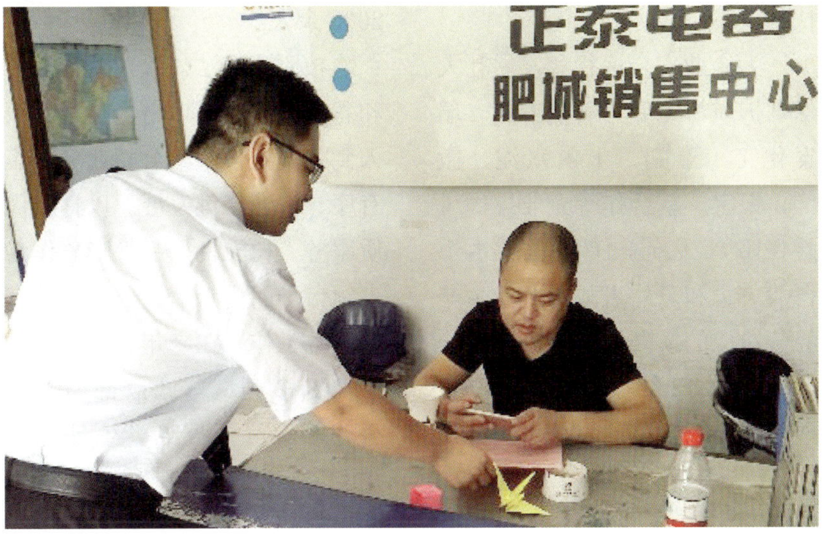

交通银行泰安肥城支行工作人员深入商户发放产品宣传单

亚科环保科技有限公司办理项目贷3000万元、肥城市城镇保障房建设投资有限公司授信5000万元、肥城热力有限公司项目贷6000万元等。坚持“村村通”战略，在各街镇设立金融助农服务站点32家。推进手机银行、网上银行、微信银行等业务，宣传普及相关金融知识，为广大客户提供良好的金融产品和便捷高效的服务。荣获“2016年度先进管辖行”称号，下属凤山支行被授予“2016年泰安银行先进支行”称号。

（裴磊）

交通银行泰安肥城支行

【概况】 年末，各项存款总计6.22亿元，各类贷款10.25亿元。坚持“服务当地经济、服务中小企业、服务城乡居民”的市场定位，大力服务县域经济发展，加快贷款投放工作。密切关注政府扶持和倡导的行业，及时了解和掌握企业的资金需求变化情况，为有资金需求的企业提供更快更好的服务，力争贷款早投放、早收益。大力发展电子银行，拓宽服务范围和领域。继续深入企业、学校、机关、社区等宣传讲解电子银行产品不受时间和空间限制，全天候为客户服务、费用低、节省成本等优势，使客户了解、接受和使用电子银行产品，提升电子银行交易占比，弥补因网点少而给客户带来的不便。加强教育，勤督勤查，切实防范案件发生。严格按合规文化教育活动的具体要求，切实抓好员工的学习和教育。深入开展案件专项治理“回头看”检查和治理商业贿赂专项工作，增强全员依法治行、合规经营、遵章守纪意识；多管齐下，深入开展自查自纠，预防违法违纪违规案件发生，为肥城经济持续稳健发展提供安全、有力保障。

（吴士军）

莱商银行泰安肥城支行

【概况】 年末，内设业务部、营业部，在岗职工13人。资产总额4.2亿元，各项存款余额2.87亿元，各项贷款余额3.66亿元，共有存量授信客户42户，完成国际业务结算量2717.01万美元。年内，调整工作思路，以农机客户为切入点，营销农机贷业务。通过与肥城旭东农业机械有限公司等企业建立业务合作，以此为契机引进部分信用状况良好、资产质量较好的优质客户作为农户贷款的试点。推动个贷业务发展，为5户农户贷款25万元。被肥城市委、市政府评为“2016年度融资贡献先进单位”，被莱商银行泰安分行评为“先进集体”。

（王鑫）

保险业

中国人民财产保险股份有限公司肥城市支公司

【概况】 年末，开办保险种类达620余个，其中全国性条款238个，区域性条款382个，覆盖15个险种；设（街）镇保险服务部5个，保险服务站（镇）15个，保险服务点（村）605个，保险理赔分中心一个。年内，累计保费收入7449万元，同比增长16.88%；市场份额42.86%；上缴税收1085万元，其中代缴车船税664万元，占全市整个财险行业的近二分之一。累计处理案件7106件，支付赔款6874万元。

结合肥城实际，创新开展特色民生类保险项目。开办地域特色肥桃保险，支付肥桃赔款91万元；开办马铃薯价格指数保险、大白菜价格指数保险；为残疾人办理人身意外保险、小微出口企业提供信用保证保险、生产型企业化解安全生产责任风险、食品安全流通提供食品安全责任保险等。共支付民生类保险赔款522万元。全力做好政策性农业保险，累计支付赔款1755万元。参与精准扶贫，为15个镇街100户贫困人员发放贫困金10万元，并将其聘为协保员，长期扶贫。

为企业安全运行和发展壮大保驾护航，先后为石横特钢、瑞泰化工、泰鹏、米山水泥、傲饰、银宝、新合作等企业提供风险保障82亿元，有效化解由于自然灾害和意外事故对企业生产经营造成的损失，支付企业保险赔款869万元。

（吴萌萌）

中国人寿保险股份有限公司肥城市支公司

【概况】 年末，内设个险销售部、团险销售部、银行保险部、客户服务部、综合部等5个部门，营服网点遍布全市各街镇，干部职工40余人，销售人员2000余人。

按照政策法规以及监管部门和省市公司要求，将内控合规深入到各项工作中，公司业务健康有序、快速稳健发展。以打造优质服务、树立良好品牌形象作为占领市场的优势，进一步加强客户服务工作。在老年、扶贫、医疗等诸多领域与政府部门密切合作，继续开展“学生幼儿平安”“银龄安康工程”“城乡居民大病保险”“女性安康工程”等惠民工程建设工作。全年实现总保费收入2.8亿元、新单收入近1.35亿元，增长幅度均有较大提升；处理理赔赔案4000余件，为全市数十万人次提供各种养老、医疗及意外伤害风险保障。

（董军建）

肥城年鉴

FEICHENG YEARBOOK

FEICHENG
YEARBOOK
2017

交通·邮政

■ 公路

■ 铁路

■ 邮政

交通·邮政

公　路

【概况】 年末，市交通运输局内设办公室、政工科、政策法规科、财务科、规划基建科、安全监督科、综合运输科7个职能科室。辖公路局、市乡公路管理办公室2个正科级事业单位，交通运输管理所、交通稽查大队、出租车管理办公室、超限检测站、公路应急救援中心5个副科级事业单位和市交通运输有限公司、市公共汽车公司2家企业单位。共有行政人员12名，事业人员161名。10月，堽城坝路桥收费站停止收费，12月，更名为肥城市公路应急救援中心。同月，边院治超检测站更名为肥城市超限检测站。

汽车行驶在泰肥一级路上（张敏 摄）

以“抓班子、带队伍、勇于担当，畅通路、搞服务、树好形象”为工作思路，突出“项目建设、惠民实事”两大重点，努力克服要素制约和复杂经济环境的不利影响，全力推进交通运输各项工作，保持平稳较快发展态势。①推进基础设施建设。加快推进青兰高速项目肥城段建设，完成境内34.5公里清障任务，施工单位已经全部进场，展开清表和路基施工作业。立足于完善提升农村公路路网通行能力，服务区域经济发展，合理筹划，采取多种措施推进农村公路建设。经积极争取，肥城市于10月14日被列为全省农村公路网化建设范围，计划利用三年时间实现主要街道与临近公路的连接通达，村与村之间实现互联互通；每个行政村硬化2—3条主要街道，村容村貌有较大改观；农村公路养护管理水平进一步提高，好路率达85%，建设合格率达100%。②提升交通服务能力。积极稳妥实施城乡公交一体化改造。在确保社会稳定的前提下，快速有效推进王庄、石横两条线路的公交运营；结合国家、省、市推广新能源公交车的利好政策，争取补助资金，升级城市公交车辆结构，推进城市公共交通发展。实施农村公路安全生命防护工程。重点在县乡公路穿越村镇、平面交叉口、临水临崖、急弯陡坡等路段，设置防护栏、标志标线、减速带、警示桩、黄闪灯等，提高安全保障水平。③规范运输市场管理。坚持科学发展、协调发展、和谐发展理念，加强运输组织结构、经营结构、运力结构的调整，增强货运市场的竞争力。加大运输市场监管力度，严厉打击违法经营行为，净化运输市场秩序。④抓牢职工作风建设。结合“两学一做”学习教育，在全系统党组织开展以“勇于担当作表率，当好群众铺路人”为主题的学习教育，倡导“教干部、干部教”，每月开展“领导干部上讲台”活动，提升交通干部职工道德修养和职业素质。年内，市交通运输局被授予“全国交通运输文化建设卓越单位”“山东省安全生产工作先进单位”，被泰安市交通运输局评为综合工作先进单位、行业管理先进单位、安全生产先进单位。

市公路局为具有行政职能的事业单位，承担肥城市境内国省干线公路的规划、建设、养护、路政管理、通行费征收等工作，下设办公室、政工科、信息宣传科、财审科、安全科、行政科、养护科、路政科（路政大队）、政策法规科、工会办公室、养护工程处、工程处（路兴工程公司）、路兴实业中心13个科室单位，代管济微路堽城坝路桥收费站。管养境内S104济微路、S250肥梁路、S329薛馆路、S330莱肥路、S331泰商路5条省道，总里程145.4公里。

（杨丽伟）

【市乡公路建设与养护】 ①开展农村公路建设改造。2016年，全市继续以老油路改造、村街硬化和村级公路连通工程为重点，持续加大投入，深化提升路网结构，加大交通精准扶贫力度。全市共建设完成农村公路131.9公里，改造危窄桥3座。其中完成中央车购税项目82个，完成建设里程109.9公里，完成投资5241万元，计划完成率100%；完成35个贫困村道路建设项目，完成里程38.5公里，完成投资1419万元；改造桥梁3座129.28延米，投资675万元。②开展安全生命防护工程。全市共完成波形护栏60442米，水泥护栏1600米，标牌3426套，警示桩20529根，柱式轮廓标1337根，附着式轮廓标1679个，溶剂立面标记3010平方米，反光膜立面标记3365平方米，标线16.08万平方米，振荡线6954.7平方米，黄闪灯391个，路侧边沟盖板2500米，交叉口综合处置278处。③开展预防性养护。全市县道完成灌封5.3万余米、挖补坑槽1.3万平方米，乡村公路完成坑槽挖补5.7万平方米、油封6.9万平方米、灌缝33.9万米、罩面1.97万平方米，共完成投资1990万元。建设维护路宅分家4.6万米，刷新桥涵600余座，整修路肩边坡2000余公里，补植树木2万余棵，粉刷行道树20万余棵，完成投资700余万元。④开展路政管理。增加路政投入，配备执法车辆2辆，配齐人员装备。接听路政举报电话65个，处理路损赔偿案件158起，追回路损赔偿20余万元，路政罚款10余万元。加大路政宣传力度，出动宣传车60余台次，发放宣传材料200余份。针对麦秋两季打场晒粮，果农占道经营、摆摊设点，进行宣传劝导、驱离，保障农村公路安全畅通，维护路产路权。

（路茂新）

【干线公路建设】 全力抓好S329薛馆线仪阳至石横段改建工程（泰肥一级路西延）、S104济微线济南泰安界至肥城仪阳段改建工程（济微路东移）、S243泰梁线肥城桃园至东平大羊段改建工程（肥梁路改建）三个重点项目的对上争

9月28日，S329薛馆线仪阳至石横段改建工程开工（侯立群 摄）

取和项目前期工作，取得重大进展。①泰肥一级路西延项目。于2015年12月31日完成立项审批。该项目路线全长22.9公里，采用双向四车道一级公路标准，设计速度80公里/小时，路基宽度25.5米，其中新建段长18.94公里，改建肥桃路段长3.96公里，施工图预算投资6.65亿元，建设工期24个月。9月28日，举行开工仪式。项目建设指挥部、项目管理办公室已建设完毕并进驻办公，监理、施工单位全部到位。②S104济微路东移项目。于8月4日完成立项审批。该项目路线全长27.82公里，全线采用双向四车道一级公路技术标准，设计速度80公里/小时，路基宽度25.5米，估算总投资8.4亿元。已完成初步设计评审。③S243肥梁路改建项目。于8月17日完成立项审批。该项目路线全长20.47公里，全线采用双向四车道一级公路技术标准，设计速度80公里/小时，路基宽度25.5米，估算总投资4.68亿元。已完成初步设计评审。加快推进大中修工程施工。中标S329薛馆线岱岳区卧牛石至肥城仪阳互通立交段中修工程（泰肥一级路），中标价1566.8万元。加强施工管理、安全生产、质量检测等工作，科学应对雨季、高温等不利因素，全力推进工程施工，按合同工期圆满完成施工任务。为更好地完成施工任务，购置安迈4000型沥青拌合站、摊铺机1台、压路机2台。完善养护应急中心及拌合场建设。

【干线公路养护】 加强公路养护和交通保障。开展日常保洁和巡查，利用原有三台清扫车及泰安市局新配两辆清扫车，实现机械化清扫，提高机械清扫频率，保持公路整洁顺畅。开展小修保养工作，整修路基边沟排水沟131公里，行道树刷白110公里，刷新沿线设施143公里，补设标志标牌42块，道口桩、百米桩等1600多根，桥梁刷新刷白53座，整修标准路基7公里，补植法桐370棵，清理公路标志遮挡143公里，绿化修剪85公里，共完成工程投资100余万元。推进养护小修专项工程，完成路面坑槽挖补23400余平方米，路面灌缝48000余米；桥梁更换伸缩缝48米，板底勾缝810余平方米，共完成工程投资430余万元。严格落实桥梁“四个一”制度，确保桥梁技术状况始终处于可控状态。全力实施公路安全生命防护工程，按照交通部《生命安全防护工程实施指南》的要求，对济微线、泰商线、薛馆线、肥梁线的交通安全设施进行改造、加固。4月30日，及时发现济微路老城桥病害，采取安全保护措施，经市局和济南桥梁检测中心评定为三类桥梁，已完成维修。完善应急预案，做好抢险保畅工作，针对护栏损坏、路基水毁、树木倒伏等突发事件，及时组织抢险保通，共计修复路基190立方米，处理歪斜行道树412株，修复护栏500多米。实施大站式管理，大力整合公路人力、物力、技术和管理资源，将原有14个公路站调整划分为5个公路大站，每个大站分别管辖一条干线公路，将养护、管

公路养护现场

理、应急处置及基层服务等工作融为一体，推进公路大站管养一体化。

【路政管理】 依法加强路政管理，推进路政人员实时在线学习、网上集中考试，顺利完成省政府行政执法证件年审考试。加强日常巡查和夜间巡查，做好路政审批工作，及时查处路政事案，保护路产路权。建立巩固路警联动、信息共享机制，与交警队联合治超治洒，有力提升路政办案效率。联合有关部门，对利用公路开展集市贸易、摆摊设点、非法设置非公路标志标牌等现象进行集中治理。针对砂石运输车辆增多、抛洒物料污染公路的现象，进行运输车辆抛撒滴漏集中整治，并对公路桥下空间进行专项整治，进一步净化路域环境。年内，实施路政巡查20万公里，出动法制宣传车100台次，发放宣传印刷品2万份，清埋非公路标志及乱搭乱建600余处，清理占道经营、摆摊设点及集市贸易140余处，清理桥下空间23处。

【通行费征收】 主要是济微路堽城坝路桥收费站通行费征收。1—10月，完成收费1109万元，法定节假日减免通行费车辆25526辆，绿色通道减免1793辆。按要求于11月1日零时停止收费，顺利完成撤站工作。

【货运市场管理】 ①证件办理。以市行政审批中心为依托，规范各类道路运输证件的办理流程，坚持常年办理、随到随办制度，从咨询、受理、审批、发证等各个环节，公开透明，限时办结，文明服务，证件办理无错办、漏办现象和信访案件的发生。年内，共办理道路运输证850件，审验道路运输证3352件。②驾培管理。对所有教练车辆进行技术等级评定和二级维护检测。建立机动车驾驶员培训监督投诉机制，在所有教练车内张贴教学质量监督卡。打击非法培训行为，先后查处外县市区在肥城市设立的非法招生点、代办点和培训点9处，依法取缔分布在各街镇的挂靠、擅自经营的培训点9个。截至年末，共培训驾驶员7345名，其中营运性驾驶员1155名，考试合格率达95%以上。③货运企业管理。严格检查和审核运输企业的经营资质条件，对照开业技术条件进行逐项检查。对在营193部危货运输车辆、3507部普货运输车辆定期维护和检测。

（孙久波）

【维修行业管理】 至年末，全市共有汽车维修经营企业190家，其中一类6家，二类20家，三类164家。组织实施营运性车辆二级维护投标，通过自愿申请、资料审查、标准辅导和现场考核综合评定，签订服务公约。

（孙久波）

【超限超载治理】 根据辖区内所属道路的车辆流向、流量、地理位置等，建立以石横治超站为中心，以“潮汶路与泰肥一级路交汇处”和“老城五里垢公安防爆站”两个固定检查点为结合点，向境内市乡公路延伸，科学严密、堵疏有序的治超执法监督网络，堵住车辆超限超载死角。采取固定检查和路面检查相结合的方式，加大对全市辖区内道路全天候巡查力度，形成“点、线、面”相结合的严密治超网络防控体系。全年共出动执法人员1.2万人次，巡查公路20万公里，检查过往车辆3.5万辆次，查处违章车辆7000辆，其中超限超载运输车辆1500辆，卸货1200吨，辖区内车辆超限超载率控制在4%以下。

（明为民）

【客运市场管理】 至年末，全市共有客运出租车辆733辆，其中出租汽车402辆，客运客车331辆。全市有客运线路110条。其中市运总公司51条，班车156辆；泰客运输公司肥城分公司线路96条，班车91辆；运兴公司37条，班车84辆。肥城汽车站日发班次207个，其中过路车103个班次，长途车19个班次，市内157余个班次。全市有运兴、运通、长虹3家出租车公司，车型以捷达、桑塔纳为主，从业人员600余人。7月，七部门联合颁布《网络预约出租汽车经营服务管理暂行办法》部令，网约车开始纳入管理。10月1日，

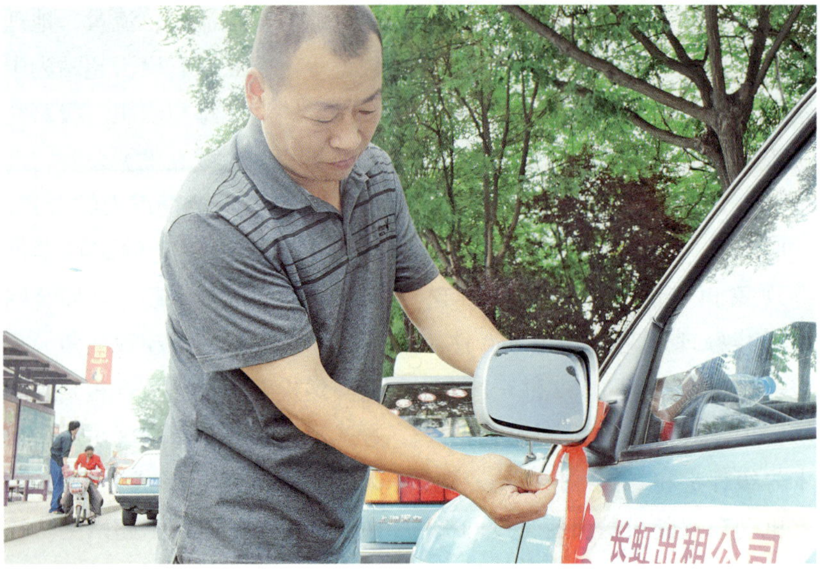

6月3日，由市出租车驾驶员及爱心人士自发组织的肥城市首个出租车爱心车队——“红丝带”爱心车队正式成立（张敏 摄）

实施新的《出租汽车驾驶员从业资格管理规定》。在城乡客运管理上，借鉴外地经验、做法，结合肥城实际，广泛征求运输业户意见建议，经过多次论证，反复磋商研究，7月26日出台《肥城市城乡公交一体化改造实施方案》。坚持“政府主导、部门联动、市场运作、企业经营”的原则，由三家客运企业入股组建肥城桃都公交有限公司，公司依法取得公共汽车客运线路运营权。先后完成票价审批、融资购车、线路规划等工作，完成公交充电站一期工程。购置134辆新能源公交车作为城乡公交线路的运营车辆，完成检测挂牌和车载设备安装等工作。12月26日，肥城至王庄城乡公交线路开通。

（王楠 王其林）

【城市公共交通】 年末，全市公共汽车公司营运车辆286台，公交线路11条，全年营运里程550万公里，年客运量1000万人次。①公交车辆更新。2016年，市公共汽车公司购置新能源纯电动公交车160辆，车型均为8米以上。6月19日，102辆公交车更新投放仪式举行，此次更新涉及1路、2路、4路、5路、8路、11路、101路共7条公交线路的公交车，剩余58辆在年底陆续投入运营。车型全部为烟台舒驰和江西上饶高档空调车，配备车载GPS卫星定位报站系统、IC卡乘车收费系统。②公交车票价调整。城区公交车票价从9月1日起作适度调整。纯电动空调公交车运营线路全部实行“K”字当头，票价执行2元/人次，非空调车1元/人次。在11条公交线路中，执行新的票价标准后，有4条线路票价标准调高，7条线路票价保持不变。③停保场、充电桩建设。在原有两处公交停车场的基础上新增春秋古城停车场，并建设完善市公共汽车公司运营分公司、西大封停保场两处充电桩。④线路调整。9月1日延伸K1路（特钢小区—西大封）为（春秋古城—西大封）、K2路（颐和园—曹庄矿）为（春秋西城—曹庄矿）。

新能源公交车

⑤公交车辆安全管理。全年共检查车辆7722台次，其它设施69次，排除故障隐患42次，纠正违章60人次，通过智能调度系统和监控系统对26例存在超速行为的驾驶人进行严厉处罚，确保运行安全。

（李红梅）

【安全生产】 市交通运输局在年初层层分解安全生产控制指标，逐级签订安全生产目标责任书360余份。全年安委会共印发文件18个，安函9个。制作安全文化宣传阵地，编印《交通运输安全文化知识汇编》，下发全局干部职工；孔祥华编制的“交通运输安全监督管理四字歌”被交通部在全国推广。翻印法释〔2015〕22号文单行本和宣传挂图及《企业安全生产主体责任全面落实年活动材料汇编》和《安全生产风险管控和隐患排查治理双重预防机制建设材料汇编》；制作重点岗位安全风险告知卡，下发行业管理单位和所辖企业。6月23—24日、7月22日分别举办安全生产管理培训班，形成由局和行业监管单位组织的层级教育培训体系。6月16日，组织相关单位上街开展“安全咨询日”活动。开展春运、“两会”“五一”、夏季汛期、“安全生产月”“十一”、冬季等重要时段安全活动。同时按照上级部署，开展“平安交通”“安如泰山”科学预防体系建设、“公路安全生命防护工程”“安全生产隐患大排查快整治严执法集中行动”“企业安全生产主体责任落实年”“集中治理严重交通违法行为”“分级管控和深化打非治违预防事故”等专项活动。8月17日，承办泰安市局召开的“交通运输安全生产隐患模拟责任倒查分析会和安全生产风险防控现场观摩会”。10月27日，局安办组织全市客运企业相关人员30余人参观学习中石油肥城物流分公司的安全经验和先进做法。积极推动5家运输企业通过安全生产标准化达标创建工作。安全生产月期间督促企业开展规模性维修企业消防、危化品泄露等专项演练，提高预防和处理突发事件的安全意识和处置能力。

市公路局加强安全生产，分层次签订安全生产责任书273份，严格安全生产责任。组织参加省市各级安全生产监管人员培训班共计270余人次。建立安全风险分级防控机制，开展安全风险点核查和防控措施的制定。组织“安全生产月”活动，共开展活动6项，取得明显效果。做好春运、冬季、夏汛和“五一”“十一”期间安全生产和保畅工作，实现生产安全、公路畅通目标。以安全生产隐患大排查快整治严执法集中行动为载体，进行全面安全生产大检查和隐患排查整治，对排查出的49个问题完成整改，消除事故隐患。

（王珊珊　李霞）

铁　路

肥城火车站

【概况】 位于老城街道办事处驻地200米，中心里程位于泰肥线自泰山站起32k+223m处，隶属济南铁路局济南车务段管辖。是段管三等站，按技术作业为中间站，按业务性质为货运站。设站长1人，党总支书记1人，副站长2人，职工74人。

站内有正线1条，到发线3条，货物线1条，专用线3条，在路网上办理货运、军运，装卸和列车到发、会让等工作，不办理客运业务。日发送货物3843吨，装车61次，卸车26次，服务肥城经济发展。

湖屯火车站

【概况】 湖屯火车站位于湖屯镇政府偏西南约500米处，为泰（安）湖（屯）铁路线上的终点站，上行邻站穆庄站，下行为厂、矿、军队专用线。1968年8月建成通车，设线路3条，站舍及办公地点皆为平房。1985年站场扩建线路增至6条，又新建行车业务楼1座。1988年1月设备改为64D型单线色灯半自动闭塞设备。车站隶属济南车务段管辖，工种主要有行车、调车、货运三大项。主要担负石横发电厂、石横特钢厂、肥城矿务局查庄煤矿、国庄煤矿，中国人民解放军某部军转站等6条铁路专用线的取送车业务及鲁西南的聊城市、梁山、东平、平阴、肥城等几个县（市）的大部分工农产品的铁路运输任务。自2015年开办集装箱运输业务。2016年，到站货物785万吨，发送105万吨。

穆庄火车站

【概况】 穆庄火车站位于王瓜店街道境内，中心里程位于泰肥线自泰山站起39K+990m处，隶属济南铁路局济南车务段管辖，是段管三等站，按技术作业为中间站，按业务性质为货运站。在路网上担负货运、军运、装卸任务和列车接发、会让等工作。2016年，共有干部职工80人，其中干部5人，职工75人，有线路正线1条，到发线兼货物线2条，专线5条，货场2处。站内装车以化肥、粮食、钢材、饲料为主。卸车以散煤、化肥、钢材、矿石、粮食为主。2016年，车站装车数9403车，卸车数8554车，重量56.2万吨，运输收入3577万元。

邮　政

【概况】 肥城邮政分公司秉承百年邮政的良好信誉，依法经营各项邮政业务，承担邮政普遍服务义务，同时受政府委托提供邮政特殊服务，对竞争性邮政业务实行商业化运营。服务业务包含邮政、金融、速递物流三大板块，涵盖邮政、金融、物流、文化、出版发行、电子商务等多个领域，主要有国内和国际信函寄递业务，国内和国际包裹快递业务；报刊、图书等出版物发行和文化传媒业务；邮票发行业务；邮政汇兑业务；特种通信业务；邮政金融业务；邮政物流业务；电子商务业务；各类邮政代理业务和增值业务及国家规定和批准开办的其他业务，共200多个服务品种。截至年末，公司固定资产1816万元；职工259人，下设综合部、市场部2个中层管理单位，代理金融部、文化传媒部、包裹快递部、渠道平台部4个专业部室。年内业务收入8954万元、同比增长18%；保险业务量3.1亿元；储蓄余额净增7.87亿元，总余额达40.1亿元。

【服务网络设施】 至年末，公司下辖农村、乡镇、厂矿邮电支局网点24个，全部为标准电子化支局；邮政便民服务站所930处、农友之家1025处；全市新增信报箱格口800个，总数达到5800个；市内汽车邮路2条，城区投递段道18条，城区投递平台41个，市内投递路线总长度204.5公里，农村投递段道32条，投递平台521个，投送站点5156个；投递路线总长度2135公里；运输能力实现大宗邮件汽车运输、平邮摩托化投递；邮路遍布城区、乡镇街道、607个行政村，邮政服务网络无缝覆盖全市。成为联系社会经济各部门，为广大人民群众提供信息交流、物品运递、资金融通的现代化综合服务平台。

（孙伟涛）

肥城年鉴

FEICHENG YEARBOOK

FEICHENG
YEARBOOK
2017

建设·环保

- 城乡建设综述
- 城乡规划
- 城市基础设施
- 园林绿化
- 房产管理
- 国土资源管理
- 环境保护

建设·环保

城乡建设综述

【概况】 市住房和城乡建设局（以下简称市住建局）为一级行政单位。局机关设办公室、财务科、督查投诉科、政策法规科、招标管理科（安全科）、档案馆、审计科、定额站、节能节水与科技科、勘察设计科、质监站、行政审批服务科13个科室；辖17个企事业单位，其中房管局、规划局、建管局、城管局、公用事业管理局5个一级事业单位，园林局、环卫处、征收办、排水处4个二级事业单位，自来水公司、城市热力公司、东城热力公司、泰燃天然气有限公司、城建房地产开发有限公司、市政建设有限公司、康龙排水有限公司、康汇水处理有限公司8个企业单位。局机关在编人员100人，其中行政18人，事业82人。全系统干部职工3000余人。2016年，牢固树立“创新、协调、绿色、开放、共享”的发展理念，以新型城镇化为统领，坚持城乡统筹，内涵发展，以项目管理带动全局工作，继续保持城乡建设事业平稳较快发展，城镇化率达到59.19%，户籍人口城镇化率达到50.58%。招商引资、对上争取到位资金达到2.64亿元、4422万元，完成全年任务的824.34%和102.13%。肥城市被评为全国农村污水治理示范县。市住建局被评为省级文明单位。

新型城镇化稳步推进。全面部署新型城镇化工作。制定出台《肥城市关于推进新型城镇化发展的意见》，将新型城镇化建设列入对各镇街区的科学发展考核。经过积极努力和争取，肥城市先后被确定为省级新型城镇化综合试点、省级中等城市试点，石横镇被确定为省级新生小城市试点，潮泉镇和潮泉镇柳沟村分别获得省级第三批宜居小镇、宜居村庄荣誉称号。城镇化规划体系进一步完善。先后编制完成《肥城市新型城镇化规划（2016—2020年）》《肥城市农村新型社区和新农村发展规划（2016—2030年）》《海绵城市专项规划》《地下综合管廊专项规划》《农村生活污水治理规划》。镇村环境持续改善。继续实施“气化肥城”，所有镇驻地实现天然气全覆盖，农村天然气用户超过1万户。开展农村危房改造，全年改造完成792户，圆满完成改造任务。全面铺开农村厕所无害化改造工作，改造完成1万余户，超额完成年初确定的任务。开展铁路沿线环境综合治理活动，编制《铁路沿线环境综合治理规划》，对排查出的6处垃圾点进行清理，对其中4处进行绿化。

城区综合承载能力不断增强。重点城建项目正常推进。文

肥城城市建设一角（姜世杰 摄）

化中心完成主体建设，钢构、外墙GRC板完成安装；电视塔主体结构及钢结构、桅杆等施工已完成，塔身修建至199.1米；沿河古建全面完工，经过两次公开拍卖，出售商铺45套，面积1.6万平方米。先后铺开龙山南路、向阳西街、龙山中路东延、规划支路等道路建设，凤山大街南延完成招标工作，城区路网进一步完善。城市基础设施不断完善。继续实施城区供热管网改造工程，完成DN700主管网铺设，实现以向阳街为分界，石横电厂热源和福宽生物热源分区域供热的格局。2016年，铺设各类管网10千米，完成新技校、御景园等6座换热站建设，新增供热面积150万平方米，城区集中供热覆盖面积超1000万平方米。实施老旧小区供暖改造工程，对32个老旧小区的二级管网和6个换热站进行改造，分户控制改造6500户，物业小区自管换热站均收归城市热力公司管理。完成向阳街（泰临路至肥桃路段）大修改造。有计划地开展道路基础设施维护，累计维修道路约21000平方米，人行道板约8600平方米，路沿石4000米；清挖雨污水井5000座/次，维修疏通管线1300余米，检查更换雨污水井（盖）1000余套；安装信号灯4组。完成城区路灯及配套设施摸底工作，制定改造方案，年内共更换配电低柜13台、电缆8500米、灯杆68根，新装路灯150盏。完成向阳街供水管网改造，新建孙牛路新技校等路段的管网，铺设管网近3公里。完成明桂花园小区、地税局宿舍等七个小区600余户的自来水户表改造工作。顺利通过国家住建部供水水质督察，水质综合合格率多年保持100%。城市生态环境持续优化。持续改善绿化环境，完成一级路绿化工程，绿化面积30万平方米。完善城区绿化，完成泰西大街、龙山路、工业三路等十余条道路绿化补植工作，共补植各类乔木1000余株，花灌木11.2万余株，绿化裸露土地近6万平方米。对龙山河、范蠡公园、孙牛路两侧康王河河道进行水生态治理，通过实施“清淤”“堵污”“补水”“养源”四项举措，水生态环境不断优化。加快推进康龙污水处理厂扩能改造项目实施，项目已完成招标工作，开始进行施工。加强对污水处理厂监管力度，全年累计处理污水2574万吨，城市污水处理率达到91%以上。征收污水处理费1485万元，较去年同期增加26.9%。加大污水管网维修力度，累计疏通污水管道7930米，改造污水管道247米，清理检查井615座。全面执行新的建筑节能和绿色建筑设计标准，推动市中医院东院、市委党校、高级技工学校、保障性住房实施绿色建筑建设，完成农信家属院3.4万平方米既有建筑节能改造。完成节能审查备案79项、面积179万平方米，验收43项、面积113万平方米，返还新型墙体材料专项基金268万元。

项目管理服务水平进一步提升。强化招投标管理，抓好全市建设工程招投标系列文件、施工合同备案、监督管理，以及全省建筑市场监管与诚信信息一体化平台运行、管理、维护工作。2016年，完成招标工程24项，工程总价约1.16亿元；完成招标备案59项，合同备案142项，工程面积约295万平方米，金额约30.8亿元，上传备案合同139项。提高审批服务质效，办理各类审批服务事项1352件，其中城市建设工程规划许可113件、面积311万平方米，村镇建设工程规划许可68件、面积52万平方米；城市建设用地许可36件、面积117万平方米，村镇建设用地许可20件、面积25万平方米；企业注册审核、质量监督、规划放线验线等审批事项1115件。收取各项规费9066.12万元，其中城市配套费1951.3万元、村镇配套费715.8万元、供热配套费3677.96万元、供水专项配套费1660.73万元、供气专项配套费352.64万元、墙体节能费707.7万元。

项目质量安全管理水平进一步强化。创新质量管理。把项目建设中的质量管理、安全管理等百余项内容，均由工作人员将现场检查结果、整改意见、签字意见高拍上传系统数据库，实现建设项目质量安全执法过程可溯、可查。搭建检测平台，为建设项目提供建设工程质量管理信息发布、工程质量监督检测、检测业务网上委托、质量投诉、创优申报、信息查询等服务功能，优化办事流程，提高质量检测效率。2016年，共办理监督注册手续工程351项，面积213万平方米；竣工工程212项，面积170万平方米；备案工程134项，面积98万平方米；预拌混凝土合同备案138项；监理合同备案131项，工程竣工验收合格率98.6%；“省优质结构杯”工程3项、“泰山杯”工程1项、泰安市优质结构工程17项、泰安市优良工程11项。实施质量备案。在全市房地产开发项目中实施竣工综合验收备案制度，共审批备案项目61个，建筑面积255万平方米，竣工综合验收备案项目19个，建筑面积89万平方米。强化安全管理，开展“打非治违”“安全生产月”、中秋、国庆等安全大检查活动六次，检查工地316次，查出隐患2044处，下达隐患整改通知书102份，停工整改21次。先后进行5次燃气、供热安全大检查，组织联合执法10余次，自主排查20余次，查处各类安全隐患130处。

（孙海鹏）

城乡规划

【概况】 市规划局牢固树立“以人为本、全域肥城”的规划理念，科学编制城乡规划，完善城乡规划管理制度，提升规划服务水平。发挥规划在统筹城乡发展，完善城乡空间布局，完善各项配套设施方面的主导和控制作用，保障全市经济的快速发展。肥城市获得2016年全国县（市）域乡村建设规划示范。

【城市规划】 年内，启动《肥城市城市总体规划修编》；组织编制完成《肥城市新型城镇化规划（2016—2020年）》《肥城市农村新型社区和新农村发展规划（2016—2030年）》《肥城市市域乡村建设规划（2016—2030年）》《肥城市农村生活污水治理规划（2016—2020年）》《肥城市海绵城市专项规划（2016—2030年）》《肥城市北部城区控制性详细规划》《肥城市城市地下综合管廊专项规划（2016—2030年）》《肥城市老城化工项目聚集区供热专项规划（2016—2020年）》《肥城市南部区域供热专项规划（2016—2030年）》等专项规划；稳妥开展城中村改造的详细规划。

【镇村规划】 启动并加快实施小城镇新一轮总体规划修编工作。安驾庄镇、汶阳镇、安临站镇3个镇完成镇总体规划的初稿。在农村新型社区详细规划基本编制完成的基础上，启动新一轮村庄规划编制。仪阳街道空杏寺村、安临站镇井峪村被确定为第二批山东省传统村落后，编制传统村落保护发展规划。

【规划管理】 结合国务院及上级简政放权的要求，及时梳理规划许可申报材料，梳理工作流程，优化审核程序。对重点项目，建立绿色通道，专人负责，促进项目进展。推动管理重心从重批前向批前批后并重延伸。年内，办理建设用地规划许可58件，合计建设用地面积120公顷；城市建设工程规划许可185件，合计建筑面积366万平方米；乡村建设规划许可60件，建筑面积49.4万平方米；建设工程竣工验收40件，合计建筑面积103

3月3日，市住建局召开新型城镇化规划评审会

万平方米；审批市政管线工程46件；出具违法建设规划技术认证函12件；大型户外广告审批21件。

【制度完善】 完善肥城市城乡规划委员会三级审查制度。调整充实城乡规划委员会中专家、公众代表的比例，规范城乡规划审批程序，提高科学规划决策水平。进一步完善“阳光规划”制度，保障群众的知情权、参与权、监督权。年内，接受群众合理化建议35件，回复人大、政协提案12件，满意率均为100%。严格执行违法建设查处协调机制。针对违法、违规建设，与城市管理局建立协调运作机制，及时发现和查处违法建设。

（王智勇　宁静）

城市基础设施

市自来水公司一站式客户服务中心

【供水】 市自来水有限公司隶属于市住建局，为国有独资企业。年末，在册职工436人。主要供水设施有水源深井28眼，规模为0.6万立方米/日东水厂一座，1.5万立方米/日西水厂一座，容量2300立方米高位调节水池一座。DN75以上管道149.59公里，日供水能力5.3万立方米，服务面积39.84平方公里，服务人口24.8万人，供水普及率96%。坚持“城市发展，供水先行”的工作方针，加大供水基础设施建设和改造。年内，投资146万元，实施孙牛路新技校、阿斯德宿舍、农大肥业、书香名苑等4处主管道安装，铺设DN100-DN300管线1708米。投资110万元，实施向阳街供水管网改造，铺设DN300管线1425米。全力推进老旧小区自来水“一户一表”改造工程。对明桂花园小区、地税局宿舍、法院宿舍等7个小区（单位）589居民户实施户表改造。至年末，实现抄表到户总户数3.5万户。加强企业管理信息化建设。利用“互联网+”和物联网，升级改造供水调度系统，实现水质在线监测；在营业收费系统基础上，开发“手持机移动在线收费”和“支付宝在线交费”平台，用户缴费更加便捷。2016年，推广应用《博洋供水管网在线监测平台》，实现对供水管网和二次加压设备实时在线监测，形成覆盖生产、经营、管理和服务等领域综合性信息化管理平台。

【供热】 市城市热力有限公司根据用热需求及总体规划，继续施工建设2015年已完成招标的供热工程。DN700管网作为城区供热的重点工程，自工业三路DN800主管网接出，沿向阳街向南铺设至肥桃路。管网总长约2.7公里，位置为去除向阳街中间绿化带，沿路中央直埋敷设。DN700管网工程的建设，满足了肥桃路以南周边区域的供热需求，形成以向阳街为分界，石横电厂热源和福宽生物热源分区域供热的格局。

由于城区1994年就开始集中供热，供热实施较早，经过前期摸排，部分小区仍沿用20年前的管网设施，且供热设施以串联为主，捆绑式供暖，无法实施分户控制，存在一户不交暖气费整栋楼无法供暖、单户维修不得不整栋楼全部停暖等情况；有的供热设施已经运行20余年，老化、腐蚀、泄漏严重，居民反映意见大，零星及局部抢修已对供暖效果作用不明显。另有部分小区换热站和配套管网由用热单位或开发商设计建设，换热站存在设计不规范、设备技术水平落后、安装不合理、工艺参数不匹配等问题，造成设备运行效率低、无法确保供水量正常循环，致使供热效果不尽人意。为解决上述供热问题，对部分老旧小区内供热管网及换热站进行改造，同时将老式串联供热方式改造为分户控制。共改造既有建筑老式串联供热分户控制约100万平方米，老旧小区二级管网32个，换热站24座。自9月份开始，公司陆续接收28座居民小区高温水自管站。实现由开发商运行到供热公司统一管理的转变，同时依照现有计费标准实现收费到户，实现“用热清楚、缴费明白”。

【燃气供应与管理】 肥城泰燃天然气有限公司是由泰安市泰山燃气集团出资5000万元注册成立的直属全资公司。公司于2008年7月份成立，为肥城市唯一一家市政府批准的特许经营供气企业，主要负责肥城市天然气销售，燃气工程设计、安装，燃器具制造、销售维修及售后服务，CNG/LNG汽车加气、加气站建设等业务。至年末，有员工280人，其中高级职称4人，中级职称20人，初级职称36人，大专以上学历人员占总人数的63%，下设20个部门。管理机构建全，体系完善，职责明确。燃气基础设施及输配管网铺设已形成完善的供气系统。

年末，肥城区已建成供气能力5000立方米/小时天然气门站两座、CNG加气站两座，在建加气站两座，调压站200多个，燃气中压管道110公里、低压管道168公里。双天然气门站、中压成环、低压成网，完备的设施、合理的管网布局，充分保障“十三五”期间用气量的增加。公司服务用户8万户，其中居民用户79600多户，工商业用户349家，日用气量15万立方米。

【城市管理】 年内，市城市管理局共查处各类违法违规案件2574件，其中简易程序2527件，一般程序47件。①行政执法。城区容貌整治以占道经营、店外经营、乱扯乱挂、乱贴乱画、乱设广告牌、噪音扰民等现象为重点，坚持集中整治和日常管理相结合，以大队、中队为单位，先后开展6次集中整治，组织人员逐街逐路逐门逐店梳理排查，下发通告16000余份，对各类违规行为进行清理规范，对违规业主耐心劝导教育，对屡纠不改的严管重罚。特别是针对占道经营问题，通过疏堵结合，进行有效治理。油烟噪声整治方面，发放《餐饮油烟治理告知书》。争取政府补贴，每安装一台油烟净化设备，政府补贴30%。安装油烟净化设备45家，使安装总数达到150多家。加大露天烧烤整治力度，设立禁烧区域，明确营业时段，明确经营规范。对12户存在露天烧烤和违规排放油烟的业户，依法进行查处。建筑工地整治方面，办理建筑垃圾处置许可证26件；办理渣土运输通行证718件，查处违规渣土运输700余辆次。农贸市场早餐点整治方面，已建成使用陈刘便民市场，其他在建、拟建市场正在完善推进。新增设肥桃临时销售点9处，并印制肥桃临时销售点示意图1000份，向桃农进行发放宣传，引导桃农定点有序销售。对早市、夜市、便民市场周边等重点部位加强值班管理，确保秩序规范。开展早餐点经营秩序专项整治，共查处违规经营行为130多户次。户外广告整治方面，印发《关于加强城区户外广告设置审批管理的通知》3000份，共审批各类广告202件，查处各类违规广告252处。加大“野广告”清理整治力度，专门成立“野广告”巡查清理中队，开展专项整治活动，加强日常巡查督办清理，建成启用“野广告”号码追呼系统，使“野广告”得到有效治理。违法建设整治方面，对城市主要街道、风景区、各类开发区等重点区域加强巡查，对乱搭乱建、违法建设及时发现，及时查处，共查处违法建设案件57起。对省城乡规划卫星遥感督办的35处违法建设进行集中查处，其中拆除3处，共计2800平方米。加大乱搭乱建拆除力度，联合新城街道办事处对市场路31处、五金胡同49处，共计3000余平方米乱搭乱建进行拆除。②投诉接处。利用数字城管系统，共接报信息9130件，立案8940件，结案8316件，结案率96.78%。办理群众反映的占道经营、噪声扰民等问题998件。案件回复率为100%。③管理机制。加强思想政治建设。开讲“廉政课堂”“法制课堂”“道德讲堂”；组织全体党员到泰西抗日武装起义纪念碑前重温入党誓词，表彰优秀党员，讲授专题党课。开展激励教育。组织科室负责人、大队长、中队长、指导员等中层以上人员近20人分别到新泰、莱芜、泰安进行实地学习，安排2名中队长、1名执法队员到寿光蹲点学习10余天，召开中层正职以上人员城市管理务虚会，使大家进一步开阔眼界，认识差距，统一思想，增添干劲。持续加强思想道德建设，涌现出帮走丢的孩子上学，把因病倒地老人送回家等好人好事，在6月举办的肥城市第二届“德润桃都”道德模范颁奖典礼上，市城市管理局被评为助人为乐群体。加强依法行政建设。完善执法程序和执法文书；对证据保全物品实行查扣分离；制作执法办案文书夹，将常用处罚条款张贴在上面，方便执法办案；开展执法研讨，举办法制培训班，采用随机抽题每人必答的形式进行法律法规知识考试，调动学法用法积极性，有效提高执法人员的法律业务素质，进一步规范执法行为。调整机构人员。对领导班子分工进行调整，由过去的“块块”为主，变成“条块结合”；调整科室、中队设置，将原法制督查科调整为法制科和督查考核科，增设联系服务群众办公室、执法一大队三中队，促进工作衔接和对上协调；对部分科室负责人进行调整，重用务实能干、作风优良、群众基础好的人员，树立新风正气，调动工作积极性。加强制度建设。制定《工作人员请销假管理办法》，建立城管工作交流微信平台，强化督导检查，实行局领导检查和督查考核科督查相结合，促进工作落实。

（邱娟　陈衍兵）

【环境卫生】 开展深度保洁，在康汇大街以西7公里路段开展深度保洁试点，在泰安市组织的深度保洁检查督导中，以96.5分列市区前列，受到泰安市城管局通报表彰；将道路扬尘污染防治纳入道路保洁作业内容，推行“三位一体、机扫人保”清扫保洁作业模式，主要街道保洁时间达到16小时，一般街道保洁时间不低于10小时，城区环卫作业面积增至370万平方米，机扫面积增至206万平方米，机扫率达到90%；生活垃圾日产日清，切实做到密闭化运输，确保清运垃圾道路不滞留、进站不积存、清运不遗撒，日清运量达180吨，清运及时率达到100%；探索垃圾处理方式，与中节能合作完成日处理能力700吨的垃圾焚烧发电厂选址，开始办理土地和环评手续。对老旧公厕进行改造粉刷，增设无障碍通行设施，新增垃圾压缩站3座，购置安放分

干净整洁的环卫设施

类果皮箱400个，提高环卫配套服务功能；处理民生服务热线群众反映问题300多件，处理数字化城管环境卫生应急事件100多件，办理答复人大、政协建议提案6件，事项办结率和群众满意率均达100%。

（邱娟　陈衍兵）

园林绿化

【概况】 市园林绿化管理局为二级事业单位，内设办公室、财务、绿化、设计4个科室。辖绿化养护一、二、三、四公司；龙山、康王河、古店西区管理所；科研所及绿茵公司9个作业公司，主要负责城区园林绿化养护工作的规划、设计和管理工作。至年末，城区绿地面积达到1489万平方米，绿地养护面积达705万平方米，城区绿化率、绿化覆盖率分别达到38%、41.5%，人均公园绿地面积19.5平方米。

【公游园建设】 全市城区有龙山公园、范蠡公园、市民广场、康王河公园、白云山公园5个公园，均为公益性开放式公园。利用穿城而过的龙山河打造成十里画廊，成为城区内的又一亮点景区，总长9.84公里，对驳岸、水景、植被、林相进行精品化设计打造，建成市民广场、笑园、文化中心、范蠡公园等重要景观节点，共设置3道船闸，1道橡皮坝，8道拦水坝，沿河完成古建筑建设。随着城区居住小区的增加，利用街头裸露空闲绿地设计建成广场游园，先后建设街头游园45处，方便市民的就近休闲，丰富市民的业余文化生活。

【交通绿地建设】 城区交通绿地采用两板三带，三板四带的种植模式，绿化效果简洁明亮，视野开阔；城区行道树采用双排或多排种植模式，因地制宜、适地适树的原则，以当地树种植为主，引进部分南方树种实验种植，体现植物生长的多样性、层次性和季相性，体现当地独有的特色模式，城市道路绿化率达到100%。

【基础设施建设】 为维护城区绿化效果，丰富市民的夜间娱乐生活，年内，完善龙山公园、市民广场、范蠡公园、百信广场的灯饰亮化；公园内逐步加强完善配套基础设施建设。至年末，城区公游园共有公厕11个，共安装健身器材60套，丰富市民的休闲娱乐生活。

【园林绿地养护管理】 年内，累计补植各类乔木1000株，灌木3.4万株，铺设鸢尾、麦冬等地被7.2万平方米，绿化带周边安装围栏约6000米，不断加强园林绿地的养护管理，逐步将养护工作推向市场化，进一步完善城

城市公园——范蠡公园

区绿化，保证绿化效果。

【古树名木保护】 组织专人对全市境内古树名木情况进行普查、登记挂牌、设立标识、拍照建档和定期检查、养护。截至年末，全市共有古树名木149棵，一级保护古树名木68棵，二级保护古树名木81棵。

（尚圆园）

房产管理

【概况】 市房产管理局下设市物业管理办公室1个副科级事业单位，市住房保障中心、市房地产交易监理所2个股级事业单位，1个房产综合服务大厅，内设人秘科、财务科、监审科、法规科、监督投诉科、房地产市场监管科、档案科和房地产测绘管理办公室8个科室，设事业编制51个，实有人员44名。市房产管理局主动适应新常态，突出服务民生主线，创新行业监管举措，各项工作实现新发展新跨越。继续荣膺“省特级档案管理先进单位”“泰安市住建系统先进集体”“泰安市文明单位”等称号。

（贾振）

【住房保障】 全市棚户区改造完成投资4.6亿元，新开工建设棚户区改造项目19个、3096套，其中一般性棚改项目17个、2948套，货币化安置项目2个、148套，基本建成各类保障性住房2426套，分别完成年初计划任务的219.3%、135.7%。审核分配经济适用住房167套，公共租赁住房195套，累计发放廉租住房租金补贴432户次、50280元，保障住房困难家庭36户。

（杨磊）

10月28日，市公共租赁住房摇号分配仪式举行（侯立群 摄）

【房地产市场】 6月，修订《肥城市商品房预售合同备案管理办法》，进一步规范开发企业商品房预售行为。8月，全面实施《山东省新版商品房买卖合同》，解决开户费收取历史遗留问题。至年末，全市房地产业完成投资29亿元，施工面积394万平方米，销售面积82.9万平方米，办理商品房合同网上备案确认6959份。核发开发经营权许可22份，建筑面积114万平方米；核发商品房预售许可36份，面积89万平方米。审查签订商品房预售资金监管协议24份；审查核准商品房预售资金使用材料55份，资金27亿元。

（宋现录）

【物业管理】 6月，联合市物价局公布肥城市城区普通住宅物业服务收费基准价格，推行物业星级服务模式。9月，制定下发《关于社区物业管理职权下移和调整相关业务办理流程的通知》，将9项职能下放街道物业办，建立起社区物业管理新格局。全年共办理前期物业管理项目21个，项目规划会审项目21个，物业承接查验项目18个，竣工综合验收16次。新申报物业企业资质3家，注销企业资质7家。至年末，收缴物业质量保修金3004万元，归集住宅专项维修资金2.48亿元，支用850万元。处理物业诉求2100件次。

（师承智 何庆凤 郑波）

【交易监管】 8月，联合市国土资源局制定《关于做好不动产统一登记与房屋交易和产权管理工作的衔接办法》，明确业务办理流程，双方信息共享办法等内容，实现不动产登记与房屋交易监管的有序衔接。2016年，共办理各类房产登记及交易监管业务26474件，发放房产证及交易确认书16048件。采取政府购买服务方式，加快推进农村集体土地房屋登记发证。共办理6个镇街、172个村、35936户村民的农房登记申请业务。规范房产档案管理利用，共整理各类产权档案1.81万卷，接待社会群众和单位，查询利用房产档案2.41万人次。

（宿琳　管勇　王丽娟）

国土资源管理

【概况】 市国土资源局立足“三个定位”，依法行政，高效服务，各项工作取得新成效。12月19日，根据《关于肥城市国土资源勘察测绘站机构设置有关问题的批复》文件，撤销肥城市土地勘察测绘站，将肥城市矿产资源开发公司更名为肥城市国土资源勘察测绘站，承担国土资源勘察测绘职能。原肥城市土地勘察测绘站编制、工作人员划转到肥城市不动产登记中心。变动后，市国土资源局（市测绘地理信息局、不动产登记局）在编人员146人，局机关内设8个职能科室；设1个正科级国土资源分局，14个派出国土资源所；辖2个一级事业单位，4个二级事业单位，2个股级事业单位。年内，肥城市被表彰为第三届全国国土资源节约集约模范市、2015年度土地利用和管理形势观测分析工作成效突出观测点；市国土资源局连续9年保持省级文明单位称号，获得山东省第五届“地科杯”征文优秀组织单位、泰安市矿政管理先进单位、泰安市国土资源系统信息宣传先进单位和肥城市尊师重教先进单位、环境保护先进单位、信访先进单位、安全生产先进单位、政务服务工作先进集体等荣誉。

11月21日，肥城市国土资源信息化（智慧国土）建设部分项目通过省国土资源信息中心验收（仲强　摄）

【规划管理】 严格执行土地利用总体规划，全面开展土地利用总体规划调整完善工作；稳步推进第三轮矿产资源总体规划及“十三五”土地整治规划编制工作；严格执行土地利用年度计划，合理控制建设用地总量，保护和改善生态环境，划定全域永久基本农田5.68万公顷。

【耕地保护】 落实最严格的耕地保护制度，完善市、镇、村、户“四级”责任制；根据2015年土地利用变更调查成果，全市耕地保有量6.41万公顷，基本农田保有量5.82万公顷，分别超出泰安市政府下达任务数0.03万公顷、0.15万公顷；城乡建设用地增减挂钩项目验收5个，复垦耕地57.52公顷，节余挂钩指标36.73公顷；工矿废弃地复垦利用项目立项实施6个，面积32.13公顷；耕地占补平衡项目立项实施26个，面积243.25公顷，新增耕地228.76公顷；实施高标准基本农田整理项目2个，面积1103.19公顷，新增耕地15.95公顷。

【土地利用及建设用地管理】 制定发布年度国有建设用地供应计划，规范供应土地79宗，面积123.13公顷；储备土地15.72公顷。实行国有建设用地使用权网上交易，招拍挂出让40宗，面积73.69公顷。制定建设用地监管方案64个，面积110.73公顷；监管出让金缴纳47宗，金额6.4亿元；交地确认57宗；开竣工申报137宗；竣工土地检查核验10宗；盘活存量土地19宗，面积81.32公顷；收缴土地租金1019.33万元。

【执法监察】 建立国土资源执法监管共同责任机制，动态巡查875人次，发现、制止和查处国土资源违法案件16件；国家土地督察济南局2016年土地例行督察整改立案查处43件；完成两轮全天候遥感监测图斑的核查整改和2015年度的卫片执法监督检查工作。

【政策法规】 年内，依法应对行政复议和诉讼案件28件；依法答复依申请信息公开案件6件；利用3.19矿法宣传日、6.25全国土地日、12.4宪法日等纪念日，举办宣传文艺汇演7场、专题培训20余场次，发放宣传和培训资料8000余份，累计培训镇、村基层干部3000余人次。

【地籍管理】 农村集体土地所有权确权登记发证完成1980宗，发证率97.3%；农村集体建设用地使用权发证完成1568宗，发证率96.31%；农村宅基地确权发证涉及438个行政村，13.67万宗，发证率85.49%；建设完成权属调查数据库；权属纠纷调处1件，矛盾化解率100%。

【不动产登记管理】 市不动产登记中心在市政务服务中心大厅设置服务窗口16个，统一受理不动产登记业务。肥城市自8月29日起停发《房屋所有权证》和《国有土地使用权证》，二证合一。截至年末，颁发不动产权证书2900本、出具不动产权证明1960本。

【矿产资源勘查与管理】 截至年末，境内开发的矿产资源主要有煤炭、石膏、岩盐及普通建材等10个矿种，共有矿山企业32个，从业人数1.12万人，年产矿量952.16万吨，工业总产值17.29亿元；采矿权人年检合格率100%；矿山企业储量年报编制率100%；科技管矿监管平台实现对12家矿山的实时监管；严格落实汛期矿山安全“一岗双责”和督查包保责任制；肥城市煤矿开采区治理工程项目列入《全国矿产资源规划（2016—2020年）》，通过国务院审批；投资279.49万元，完成水泥用灰岩和重晶石矿岩心钻探勘查2097.82米。

【地质环境管理】 编制印发《肥城市地质灾害防治方案》；制定实施全市13处突发性地质灾害隐患点防灾方案；治理潮泉镇孤山地裂缝地质灾害隐患点；实施地质环境治理项目10个；收缴地质环境恢复治理保证金949.53万元。

【测绘管理】 编制完成《肥城市“十三五”基础测绘规划》，完成2000国家大地坐标系转换，测量标志管护完好率100%；数字肥城地理空间框架建设被评为五星级平台；开展地图市场清理清查2次，印发新版《肥城市地图》，实现天地图·肥城24小时在线服务和实时在线查询服务；开展测绘质量监督检查，合格率100%。

【信息化建设】 建成国土资源“一张图”核心数据库体系，完成科技执法系统、科技防腐和效能督察系统以及中心机房基础环境建设等建设任务；完善政务信息网上公开体系，主动公开政府信息3679条；先后迎接山东省委和泰安市委深改办的调研。

【档案管理】 年内，市国土资源局严格标准，整理入库档案4.11万卷；提供档案服务3200人次，调档约16.5万卷次；完成电子档案扫描16.34万卷，42.63万页；定期检查指导各国土资源所、分局档案管理情况。

【队伍建设】 严格落实《关于新形势下党内政治生活的若干准则》，落实党建工作主体责任，

8月29日，市国土资源局组织工作人员开展第14个全国测绘法宣传日活动

扎实开展“两学一做”学习教育和“五化五星”党组织创建活动;落实党风廉政建设主体责任，开展廉政教育专题活动两次，全面贯彻执行民主集中制，坚持以制度规范权力；采取集中学习、分层培训、逐级帮带和轮岗锻炼等方式，强化提升干部职工“四种能力”;清理岗位职责184项，规范自由裁量权38项，理清行政审批事项权力边界；坚持“亮点引领”，推选优秀基础性工作36项，评出月、季、半年以及全年亮点工作51项；组织开展山东省第五届“地科杯”征文活动；承办泰安市国土资源系统第二届羽毛球比赛，荣获团体第三名；14个国土资源所全部通过文明单位复查；安全生产、社会治安综合治理等各项工作均取得优异成绩。

（王宜忠　王峰　宋鲁晋）

环境保护

【概况】 市环保局为一级行政单位，内设人秘科、环境管理科、污控科、法宣科、应急科、信访科、机动车尾气监控中心7个职能科室，下属市环境监察大队、市环境监测站、市污染物排放总量控制办公室3个事业单位。全局在职干部职工72人，其中行政14人，事业58人。2016年，牢固树立绿色发展理念，以改善生态环境质量为核心，落实最严格的环境保护制度，坚持法治严管，密切协作配合，突出抓好污染防治、生态建设、风险防控等重点工作，有效解决损害群众利益的突出环境问题，各项环保工作均取得显著成效，全市环境质量得到全面改善，实现“十三五”环保工作良好开局。

【环境质量改善】 ①空气环境质量。肥城市城区空气自动监测站共两个，主要开展SO_2、NO_2、PM10、PM2.5、臭氧和CO六个空气污染因子监测，共取得监测数据10.5万个，前四项监测指标年均值分别为SO_2为0.035毫克/立方米、NO_2为0.038毫克/立方米、PM10为0.117毫克/立方米、PM2.5为0.066毫克/立方米；年均值同比下降为14.3%、0.0%、10.7%和18.5%；从监测情况分析看，二级以上良好天数SO_2为366天、NO_2为363天、PM10为297天、PM2.5为272天；综合分析为269天，同比增加53天，优良比例为73.5%，同比增加14.4%，超标项目以PM2.5和PM10为主。②大气降水、降尘监测。做到逢雨雪必测，2016年未发现酸雨现象。③环境水体。每月对康汇河、大汶河9个断面的水质至少监测一次，对康汇河出境断面陈屯桥的水质每月监测3次以上，陈屯桥的COD监测平均值为37毫克/升，同比下降7.5%，超过地表水IV类水质标准（30毫克/升）0.23倍；氨氮监测平均值为3.68毫克/升，同比上升了8.55%，超过标准1.45倍。大汶河各控制断面的水质监测指标COD和氨氮均符合地表水IV类水质标准。④农村环境质量监测。对肥城市王瓜店镇邓李付村进行环境质量监测，包括地表水、地下水、环境空气和土壤，共采集土壤样品5个，从监测情况看，地下水、环境空气和土壤均符合相应的国家环境标准。

【大气污染防治】 围绕大气污染“十大行动”计划，狠抓大气污染治理。实施工业达标提升行动，完成石横发电厂2#、4#、5#、6#燃煤机组和东城热力公司2台40吨/时锅炉超低排放改造；建成20家砖厂烟气治污设施；完成14家企业挥发性有机物治理；完成2016年禁燃区锅炉淘汰任务，8家企业实现“煤改气”或“煤改集中供汽”；开展24家石材加工业、老泰临路扬尘等行业、区域专项整治；健全完善秸秆收储加工网络，坚持全年全面抓禁烧，禁烧结果一年好于一年。

【水污染防治】 ①做调查。完成全市造纸、焦化、农副食品加工等“十大”重点行业水资源利用、水污染治理现状和清洁化水平全面调查。完成省级贫困村饮用水源摸底调查。调查结果已全面纳入下一步整治计划中。②治点源。加强涉水企业监管，完成佳禾食品公司、六和银宝养殖公司污水治理设施升级改造。狠抓畜禽养殖污染防治，划定畜禽养殖禁养区、限养区，启动养殖废弃物收集、转化、利用“三级网络”综合利用试点项目。③带全面。基本完成40个中央农村环境综合整治项目（8个镇街27处农村污水处理设施、12处污水处理管网总长18公里、桃园镇建设兼性塘1处）和12个镇街的36处饮用水井保护工程。⑤抓提升。完成农村生活污水处理和生活垃圾处理的现状调查，进行调度通报和考核，推动镇村环境卫生综合整治。

【生态环境建设】 制定印发《肥城市落实〈水污染防治行动计划〉实施方案》，签订目标责任书；完成《城区饮用水源地区划方案（报批稿）》上报泰安市政府；编制完成《肥城市“十三五”农村环境综合整治实施方案》和《白云山水源涵养工程规划》。完成农村饮用水水源地水质状况调查和划分基础工作。划定生态红线，将城区地下水源地保护区、康王河国家湿地公园、牛山国家森林公园和牛山省级地质公园划为禁止开发区，将部分山顶植被覆盖率较高的区域划为重要生态功能区，生态红线保护面积占市域面积的4.97%。

【环境安全保障】 坚持源头严防，不符合环保准入条件的，坚决否决。全年审批建设项目204件，验收建设项目102件，否决近20件，对18个未批先建、久试不验、未验先投等违法行为依法处理。落实违规项目清理，列入省级清理的11个违规建设项目，已全部完成整改；376个长期试运行未验收的建设项目中，除去在建的项目31个，未建设的49个，停止生产的38个外，完成验收或已委托编制验收监测报告的243个，仍有15个建设项目未申请竣工环保验收，着手准备对其采取处罚措施。强化应急监管，制定值班备勤制度，参与开展2016年环境应急实兵演练暨监察监测技术比武；完成108家固废企业注册申报，10家企业重金属基础调查，30家企业环境激素类化学品调查，102家企业土壤污染空间位置遥感核实；联合市公安局对涉嫌环境犯罪的湖屯镇东湖东村非法毛皮制品加工点进行查处，对遗留的废水和危险废物进行无害化处理；修订《突发环境事件应急预案》，完成全市45家企业《突发环境事件应急预案》编制和备案；开展49家核技术利用企业辐射安全检查。做好环境统计，开展污染源现状调查，共统计加工制造类企业932家，畜禽养殖企业423家，餐饮娱乐行业704家，机动车维修保养行业142家。

【环境执法规范化建设】 结合行业专项整治，对11家石材厂进行行政处罚，推动以罚促治；联合工商、供电等部门，对博元纸业进行关闭处理，推动违规项目清理；清理“土小”企业21家；始终保持环境执法高压态势，全年处罚企业50家/次，其中按日连续处罚3起，罚款1414万元，为上年的4倍多，拘留2人、查封1起；实施行政执法与刑事司法“两法衔接”，严惩环境犯罪，2人涉嫌污染环境犯罪移送公安机关调查处理。深化拓展检察监督行动，完成镇村生活垃圾处理现状的专项监察活动，检察院对有关镇街下达检察建议书6份，相关问题已经得到解决。严格足额征缴排污费，充分发挥排污费杠杆作用，促使排污单位主动治污、减少污染排放。2016年，共计征收排污费1776万元，征收额继续列泰安第一。落实网格监管责任，按照"五定"要求，完善市、镇、村三级网格化环境监管体系，不留盲区、不留隐患，建立全市上下一体的密集监控网络。对湖屯镇东湖村环境监管失职问题，启动追责程序。

【环境监测】 对康汇河、大汶河9个断面、15个街镇区的地表水出境断面水质按月监测，对康汇河出境断面陈屯桥的水质每月监测3次以上;每季度对全市国控、省控污染源监测一次，对市控污染源每半年监测一次；每季度对城区的3眼自来水水井监测一次，对14个街镇的集中式供水水井水质每半年监测一次；2个空气自动站全年运行24小时连续监测，共取得监测数据10.5万个；1个固定降雨测点，逢雨雪必测。环境质量监测为行政决策提供科学依据，监督监测为执法监管提供有力证据。

【宣传教育】 开展"六五"环境日宣传、"2016环保大篷车走进肥城"等宣传活动10余次。2016年，首次举办环保办工作人员和新进人员业务培训班，组织行风热线活动2期、党校授课活动3次。做好"肥城环境"双微平台管理，在掌上肥城等新媒体宣传工作动态近20期，不断推进新媒体宣传工作。在山东环境发表署名文章1篇、在《泰山晚报》、《今日肥城》每月刊发工作动态，加强政务信息报送，荣获市政务信息先进单位。落实环境信息公开。在环保局网站公开行政处罚、执法监管和工作动态等政务信息，依法妥善应对济南公益组织信息公开申请和履职申请、完成杨政权案应诉。完成全市46家重点企事业单位环境信息公开。开展企业环境信用评价，6家企业评为红标（优秀）企业，5家企业评为黑榜企业，30余家企业因受到行政处罚被评为黄标企业。

【服务发展】 抢抓招商和对上争取，超额完成招商引资任务。市政府与中节能公司签订全面战略合作协议，中节能生物质发电厂已建成投产，污泥焚烧发电项目已竣工。多次到省厅、市局对接大气二期行动计划项目，市环保局申报的大气项目全部纳入省厅二期项目清单，2016年共争取无偿资金1426.5万元。妥善化解群众投诉。继续实施科级以上干部包保环境信访，对镇街区一月一扣分考核通报，全年共受理各类环境信访事项550件，同比减少339件，实现连年减少，受理率、及时交办率100%，办结率98.1%。泰安以上信访量仅次于泰山区，实现新突破。

【廉政建设】 开展"两学一做"学习教育。按照上级要求，制定工作方案、配档表，坚持周六集中学习要求篇目，按要求做好党费清理，整理档案近200盒，通过党建检查。健全管权用权制度。制定《廉政谈心谈话制度》，层层开展廉政谈话提醒告诫，做到防微杜渐。制定《党风廉政建设风险点防控意见》，成立污染治理项目建设和资金使用、排污费征收、建设项目审批验收、财务管理四个监督审议工作组，定期召开监督审议会议，促进用权透明。严格落实民主决策。制定《重大事项集体研究制度》，对于年度财务预决算、固定资产管理及大额经费开支事项、环保治理资金使用、重要建设项目审批、人员调整以及干部职务任免等重大事项，全部由党组集体研究，避免随意决策，实现科学用权。从严落实八项规定。强化接待、公车、差旅费监管，将八项规定贯彻落实到每个人每件事。通过以上措施，党风廉政建设不断强化，四个党支部被授予三星级党支部。

（徐复忠 何作伟）

中介服务

- 法律服务
- 房产中介
- 项目管理
- 人力资源
- 进出口贸易
- 评估服务

中介服务

法律服务

【概况】 至年末，全市共有律师事务所11家，其中合伙所5家、个人所6家，执业律师133名，其中党员14人，女律师16名，4名律师担任肥城市政协委员、1名律师担任泰安市人大代表。有4家律师事务所成立独立党支部，7家联合支部，培养入党积极分子4名。针对律师流动性较大的特点，除平时加强教育外，利用双休日、节假日及律师不开庭办案的间隙，加强对律师的教育和管理。调研律师基层党支部的党建工作，使律师党建工作逐步走上规范化的管理轨道。进一步发挥律师在信访接待和涉法信访中的作用，推进涉法信访工作制度化、规范化、法制化。结合贯彻落实全市全面深化改革，根据省政府办公厅和泰安市政府办公室《关于建立政府法律顾问制度的意见》精神，律师科协助政府法制局建立肥城市法律专家库，市政府聘用执业10年以上5名优秀律师担当法律顾问。8家律师事务所在8大社区建立律师会客室，接待群众提供法律咨询和法律援助，引导群众依法维权。结合社区群众情况，德然律师事务所联合老龄委在社区对老年人进行《老年人权益保障法》知识讲座。联合公、检、法成立律师值班室。贯彻落实市委提出的建设“法治新高地”部署要求，动员发动全市广大干部群众参与法治建设，市委政法委组织成立法治宣讲团，选派2名优秀律师采取集中授课、作报告、演讲、案例解读等方式，在全市集中开展法治宣传活动。响应《肥城市司法局关于推进“一村（居）一顾问”工作的意见（试行）》号召，助力“一村居一顾问”法律服务平台搭建，由律师担任村居法律顾问，并对法律服务工作量、实际效果、群众满意度等进行考核，其结果直接与法律服务费用挂钩。与132个村签订常年法律顾问，部分律师与村（居）建立日常有联系、经常有见面、定期有讲座的法律服务模式，使律师直接面向社区、农村，提供全方位、面对面、零距离的法律服务。结合乡镇领导干部换届选举，市司法局组织10余名专业律师，到各乡镇对领导干部进行合同法、土地流转的法治讲座10余场。规范市政府信访事项听证员管理工作，选派10名律师担当听证员，保障市政府信访事项办理和复查工作质量。按照市政法委关于案件评查活动的部署要求，选派6名业务骨干参与公检法的案件评查工作，重点对群众反映强烈的信访案件、容易发生违规违法的案件，律师经过事实认定、证据收集、程序应用、法律适用、处理结果、社会效果等方面，对被评查案件提出明确的书面评查意见。大仟律师事务所与肥城电视台零距离栏目组联合主办的惠民生“大仟”杯普法知识竞赛，历时4个月，网络投票和现场竞赛两个环节网络参与人数达到15万人，6月17日在肥城广播电视台700平方米的演播大厅进行微信现场直播，精心挑选涉及民法、婚姻法、劳动法等方面的1000道法律常识题目在肥城零距离微信公众平台展示，供广大市民学习了解，起到较好的普法教育效果。德然律师事务所被市直机关党工委向省委推荐为全市两家“两新”组织省级“党建示范点”之一、被泰安市司法局党委、泰安市律师协会党委授予“泰安市律师事务所党组织规范化建设示范点”。

（郝昭）

【山东卓知律师事务所】 位于肥城市新城路088号，2005年4月经国家司法部核准备案，为山东省司法厅批准设立的合伙制律师事务所，原始合伙人为

山东卓知律师事务所开展法律宣传活动

张俊霞、张兴东。2005年4月至2016年3月，张俊霞任事务所主任，2016年3月起，任肥城市医疗纠纷人民调解中心主任，并自2015年起担任肥城市政府及肥城市委法律顾问。2016年3月起，张兴东任事务所主任。至年末，有员工22名，其中执业律师20人，党员6人，全部执业律师均具有法律大学以上学历，每年均参加全国、省以上专业培训和学习，具有扎实的理论基础及多年执业经验，能够独立承办各类案件。事务所服务单位有各级政府、金融机构、机关单位、泰安市大中型国有企业、民营企业等，担任常年法律顾问100余家。担任多家大型国有、民营企业法律顾问，常年为中国农业银行肥城支行、中国银行肥城支行、中国建设银行肥城支行、肥城市农村信用联社、肥城民丰村镇银行等金融机构从事金融业务服务。为金融机构担任非诉讼律师见证业务期间，勤勉敬业，提供见证、逾期贷款的催收及诉讼工作，及时送达催收通知，由合伙人律师亲自参与，及时提供法律意见，有效避免逾期还贷纠纷的发生，为金融机构挽回经济损失两千多万元，减少金融部门的管理成本。在经年的律师见证业务及法律顾问工作中积累金融、房地产法律服务经验，掌握翔实的法律实务知识。在工作中与肥城市行政、执法部门建立稳定的业务关系，维护金融部门及顾问单位的合法权益，受到金融部门及顾问单位的好评。卓知律师事务所律师以公正、廉洁、博学、进取的精神，在工作中精益求精，为客户寻求真正具有建设性的方案，为每一位客户竭诚提供优质、高效的法律服务。事务所有优越的办公场所和先进、高效的现代化办公设施设备，所内电脑全部通过局域网络相互联接，拥有先进完善的文印系统、信息资料系统和网络通讯系统。运用先进的业务管理、信息收集、资源共享和标准化规程的管理系统，业务实行专业化分工，设有民商、公司、金融、刑事、建设工程等专业业务部，随时为客户提供优质高效的法律服务。事务所先后被肥城市委、市政府授予“人民满意政法单位”，被泰安市授予“文明律师事务所”。

（张俊霞 张兴东）

【山东德然律师事务所】 2012年1月经山东省司法厅批准设立，同年4月21日开业揭牌，为肥城市第一家个人律所。至年末，有执业律师、辅助人员11人。2013年11月，德然律所党支部成立，有党员6名，律所主任谢振国兼任党支部书记。律所建设中秉持“以人为本、以法为鉴、以诚为信”的办所理念，恪守“团队、专业、沟通、解决”的服务之道，坚持“专心专业·为客户创造价值”的核心价值观，围绕服务地方经济发展、服务和谐社会建设，稳步推进规范化、专业化、品牌化建设，发展成为以企业法律顾问、公司法律、企业破产管理人及其他非诉讼法律业务为特色的综合性法律服务机构。2016年，取得山东省高级人民法院审定的二级破产管理人资质。加强律师继续教育，通过点睛网学习、外出培训等形式，提高执业律师业务理论水平。抓好优质高效法律服务，在泰安市司法局2016年度律师事务所检查考核中综合评定为较好，受到通报表扬。开展法律援助、“12·4”宪法宣传日等公益活动，为农村“两委”举办法律培训，送法律进企业、进社区、进课堂。担任政府法律顾问，为政府依法行政、依法决策提供法律意见。党支部建设坚持“围绕中心抓党建，抓好党建促发展”理念，严肃党内组织生活，加强党员教育，加强党建示范点建设，先后组织开展党的群众路线教育实践活动、“三严三实”专题教育和“两学一做”学习教育；以社会主义核心价值观为统领，加强律师政治理论、思想品德、职业道德和廉洁从业教育；抓好党建示范点建设和党内创先争优活动，创建“守正初心·司法为民”党建品牌，建设过硬党支部。引导执业律师坚定理想信念，牢记全心全意为人民服务的宗旨，尽心司法为民，尽力提供服务，尽责公正释法，维护法律尊严，促进公平正义。2016年，德然律所党支部被泰安市司法局党委评为“规范化建设党支部”。被肥城市委命名表彰为“先进基层党组织”，被泰安市司法局党委、泰安市律师协会党委授予“泰安市律师事务所党组织规范化建设示范点”，被肥城市委市直机关工委列为“党建示范点”，推荐为肥城市“两新”组织省级“党建示范点”。先后被泰安市司法局、肥城市司法局评为“优秀律师事务所”“法律援助先进单位”。执业律师被评为“十佳律师”和“法律援助”“三下乡”活动先进个人等荣誉称号。

【山东大仟律师事务所】 由孙绪河个人申请，经批准于2016年4月设立，属个人律师事务所。至年末，有执业律师4名，行政人员2名。主要提供劳动人事领域的诉讼和非诉讼法律业务、婚姻家事法律服务和特殊侵权类法律服务，法律服务团队化、专业化优势显著。建所后，把坚持“党的领导”作为基本要求，以坚持“依法治国、公平正义”的执业理念，“准确及时、审慎尽责、团队合作”的服务理念，“专业化发展、团队化服务”的运作模式，达到依法追求客户利益最大化的服务目的。参与依法治市、以法治村工程，参加各类公益性活动。与肥城市电视台合作举行惠民生“大仟杯”普法知识竞赛，宣传法律知识、普及法律常识，取得良好社会效果。2016年，办理劳动争议案件42件，婚姻家事案件26件，特殊侵权类案件19件，其他案件12件，担任法律顾问8家，解答法律咨询260多人次。顾问韩少军、律师郭涛各获赠委托人锦旗1面，郭涛被评为肥城市优秀律师，孙绪河被评为泰安市法律援助优秀律师。

房产中介

【泰安市理想房地产经纪有限公司】 成立于2006年，秉承“理想源自专业真诚”的服务理念，

泰安市理想房地产经纪有限公司直营门店

服务于广大市民。至年末，有员工180余人，18家直营门店。公司主要业务包括房屋租赁买卖、房产评估过户、按揭贷款、权证代理、楼盘营销策划代理等，服务范围辐射肥城、泰安等地，为肥城乃至泰安周边房地产经纪行业中规模最大、最具影响力的房地产经纪公司。12月，发起成立“房地产中介行业协会”，被选举为首届会长单位。公司先后荣获“泰安市文明诚信单位”“泰安市第九届消费者满意单位”“肥城市网签备案服务点”等荣誉称号。

【肥城市万泰房产服务有限公司】 成立于2009年，秉承“让服务改变生活”的服务理念，服务于肥城市民。主要业务有房屋租赁买卖、房产评估过户、按揭贷款、权证代理、楼盘营销策划代理等。在市区建有四家门店，公司员工20人。2015年，取得“肥城市网签备案服务点”，进一步为市民提供优质服务。2016年，与肥城同行业共同发起成立“房地产中介行业协会”，公司被选举为首届副会长单位，切实保护群众合法权益，营造安全健康的房地产中介市场秩序。

【肥城鸿基房地产服务有限公司】 成立于2009年6月。秉承“诚信、专业、高效、共赢”的服务理念，推进实现房地产流通服务领域的专业化、渠道化、品牌化经营，创新服务和渠道，让终端客户低成本享受高性价比房产，谋求开发商顾客、终端顾客和公司的共赢。代理业务逐步形成为房地产开发过程提供项目选取、地块研究、可行性分析、建筑策划、营销策划、销售代理、银行代理等一站式地产产业服务链。至年末，有人员20余人，拥有在建项目的营销中心三处，代理的望山嘉园项目，一年周期的销售率完成90%以上。

【肥城满堂红房产服务有限公司】 成立于2010年，有门店1家，职工5人。至2016年末，发展到十家门店，职工60人。秉承诚实、守信、守法，以诚为本的执业原则，真心以客户的利益为己任，保证交易安全、公开、透明。2016年，因政策微调使房地产市场行情火爆，满堂红房产二手房成交量环比增长超过130%，在租赁方面也取得较好成绩。公司多次评为“最佳房产中介”，为“房管局备案网点”“中介协会副会长单位”。

【肥城万家房地产经纪有限公司】 成立于2013年，是经肥城工商局注册、房管局备案的正规房产经纪公司。公司主营房产信息咨询，二手房交易，房产营销策划，代办房产抵押贷款、按揭贷款，土地证、房产证登记代理，房屋租赁等业务。在肥城开设店面3家，工作人员10余名，均为经过正规培训的房产经纪人。业内率先推出官方微信公众平台“肥城万家地产”，实现微信在线选房，在线委托登记，开启全新购房体验。率先推出真实房源网站，网站所有房源图片均为经纪人实地实景拍摄、人工审核，前后台系统实时对接，变价记录全公开，房源信息无重复发布。

【泰安市鲁亿房地产服务有限公司】 成立于2014年1月。主要业务有房地产信息咨询服务、房产营销策划、二手房买卖、房屋租赁、代办房产过户、评估、抵押贷款、物业管理等。至年末，有直营店2家，员工20余人，2个楼盘代理销售、策划，业务辐射新城、王瓜店、高新区、汶阳等。2015年，以肥城在线网络运营中心发起的肥城最佳房产选举中被誉为“最佳房产中介”。公司为房地产中介协会会员单位，切实维护消费者合法权利，实现公司经营零纠纷。

【肥城傲饰房产信息咨询有限公司】 成立于2014年，为经工商注册、房管局备案的房产中介机构，是隶属于山东傲饰集团旗下建设置业有限公司的专业房产服务子公司。主要从事房地产买卖、房屋租赁、代办房屋权证、代办银行贷款及房屋产权过户手续、房产信息咨询等业务。至年末，有经理1名，专业房产经纪人4名。率先实行承诺真实房源制、开展安心服务承诺制、建立三方保证金等制度，保证交易双方安全。收集肥城市近千套房屋信息，通过对房屋数据、人群数据和交易数据的挖掘和处理，提高交易效率，优化交易体验。搭建房产服务者平台，严格制定服务标准、人才培养等规定。定期聘请资深房地产专业培训师，对员工进行全面的专业知识及专业技能培训，提升员工专业素质。

【泰安嘉智利合商业管理有限公司】 成立于2014年5月，总经理潘英。前身为成立于2007年，专门从事房地产经纪服务的专业公司——肥城佳利房地产服务有限公司。公司业务范围包括房地产营销策划、楼盘代理、办证过户、评估咨询、法院涉案评估、商业摊位、广告位及设施的经营管理、租赁、维修，室内门窗、室内外装饰装修，商业信息咨询服务等。公司设有行政部、信贷部、产权办理部、评估咨询部、市场部、营销部、策划部7个部门。先后代理销售肥城颐景园住宅项目、宁阳县辛安社区住宅项目、肥城水岸桃源住宅项目、菏泽大田集商业项目、百亿中央街商业项目。

【肥城市众合房产信息服务有限公司】 成立于2014年5月，为经工商注册、房管局备案的房产中介机构。至年末，设经理1名，会计1名，员工3人。秉承“买房放心，卖房安心”的服务理念，本着“以人为本”的经营理念，服务于广大市民。公司主要业务包括房屋租赁买卖、房产评估过户、按揭贷款、权证代理、楼盘营销策划代理等，服务范围辐射肥城及周边社区。

【肥城市中宇房地产服务有限公司】 2015年6月注册成立，业务范围主要是房产信息的咨询，房产租赁代理，房地产营销策划，产权证代办。自成立以来，为众多客户提供真实可靠房源和多种购房选择，为客户排忧解难。至年末，公司有经理1名，店长1名，房产经纪人2名。以二手房的过户贷款评估业务为重心，以优质的服务回报客户。开拓楼盘代理、营销和策划。围绕龙山小学学区房开发进入黄金时期，龙山中学仪阳校区的成立、东部名城引领城市新中心，附近的小区各自的特点等，为不同需求的客户提供多种选择。针对每个小区的特点，介绍特定的客户，为成熟小区拓展新的客户群体。深入社区，实地看房，看样板间；与小区业主沟通，熟悉业主的构成。与网络平台合作，微推进入房屋销售市场，增加信息量的出现频率，为公司带来新客源。

【肥城金诺房产信息服务有限公司】 成立于2016年2月，注册资金50万元，公司总部设于新城街道丰园小区2号沿街楼东首，主要业务有二手房出租出售、代办贷款、代办过户等。公司秉承“金诺房产，一诺千金”和“低收入、高服务”的服务理念，诚信经营，优质服务，公司知名度、美誉度迅速提升，成交量在肥城地区名列前茅。公司实行科学化、人性化管理，注重员工成长和人文关怀，员工整体素质较高。至年末，拥有门店6家，员工40余人。服务范围辐射新城、高新区和矿区。公司总经理从维凯为肥城矿业集团公司安置分流人员，国家、省市媒体多次对从维凯及金诺房产的

12月9日，肥城市房地产中介行业协会成立暨首届会员大会召开

事迹进行宣传报道。先后被山东能源授予“创新创效创业”十佳个人，被泰安市总工会授予工友创业优秀个人、振兴泰安劳动奖章。2016年11月，山东省省长郭树清到肥城检查工作时亲切接见从维凯。

【肥城链家房产服务有限公司】为经工商注册的合法房产机构、专业的房产服务公司。主要从事房地产信息咨询服务、房地产营销策划、房产过户、贷款手续、房屋买卖、房屋租赁代理等业务。公司经营实现规模化、规范化、服务一体化，秉承“诚信、专业、高效”的服务理念。拥有年轻化、专业化的房产经纪人专业队伍，重视人才的培养与积累，定期组织学习，对员工进行全面的专业知识及专业技能培训，不断提升员工的专业素质。2016年，公司加入房地产中介协会。

项目管理

【泰安宏建项目管理有限公司】成立于2000年3月，原隶属于肥城市建设局，前身为肥城第一家从事工程招标代理业务的机构——肥城宏建建设工程咨询服务所。至年末，公司拥有专职人员15人，其中注册造价工程师5人，造价员5人，高级工程师4人，中级工程师11人，二级建造师1人。具有政府采购和工程招标代理机构乙级资质，主要承接政府采购代理业务和建设工程项目的施工招标、设计招标、勘察招标、监理招标；建设工程有关的重要设备招标和重要材料采购招标；建设工程的预、决算，工程造价审计，标底编制；建设工程施工中的项目管理；相关咨询服务等。制订严格的执业制度、业务管理制度、人事管理制度、档案管理制度等，公司各项工作有条不紊进行。2016年，业务总量达到47项，其中公开招标项目16项、邀请招标项目5项、竞争性谈判项目12项、竞争性磋商项目4项、询价项目8项、单一来源采购项目3项。

【泰安田园建设项目管理有限公司】成立于2000年4月，为具有工程造价咨询、工程招标代理、政府采购代理、工程咨询资质及接受委托开展政府采购、预算、绩效考核、评价服务，能够提供建设工程项目管理专业化服务的法人单位，注册资金500万元，员工26名，其中注册造价工程师等各类执业资格人员13名。以行业规章制度为指导，恪守“诚信、守法、公正、合理”的立业兴业之本，内强素质、外树形象，取得良好的经济和社会效益。公司先后承接各类招标代理项目700项，总额25余亿元，节约资金近亿元；工程造价咨询项目1000多项，总额35亿元，调整不合理结算资金近10亿元。具体实施建设局路网工程、水利局水库除险加固工程、肥城市东区及西区学校建设、公安局道路智能管理系统、市书香雅居安置房、市森林公园、市白云山公园、市康王河公园、市惠民小区经济适用房等一大批高难度项目的招标代理及跟踪审计工作，有效维护甲乙双方的合法权益。公司先后被评为“招标采购代理服务先进单位”“泰安市优秀工程造价咨询单位”和“泰安市守合同重信用企业”。2016年，共招标代理190项项目，总成交额2.6亿，其中政府采购项目67项，成交额1.3亿；工程招标3项，成交额0.6亿；自行采购项目120项，成交额0.7亿。完成结算审计、跟踪审计业务5亿元，节约资金约5000万元。政府采购项目有肥城市人民法院科技审判庭庭审系统采购项目、肥城市仪阳中学操场（含塑胶跑道、人工草坪）建设工程施工、肥城市潮泉镇孤山地裂缝隙地质灾害隐患治理工程施工、肥城市三维管网及规划综合管理平台项目硬件部分采购及安装、肥城市委党校新校办公教学、学员宿舍家具采购、肥城市凤山大街南延工程、肥城市公务用车制度改革处置车辆3家拍卖服务机构项目、肥城市潮泉镇初级中学塑胶运动场改造项目、肥城市一级路两侧绿化施工工程项目、肥城市委党校外环境景观工程、肥城市体育局农民体育健身工程健身器材采购、山东省肥城师范学校附属小学多媒体教室设备采购项目、肥城市高级技工学校教学综合培训一体化系统采购项目等。工程招标项目有肥城市人民医院病房楼改造工程施工、肥城市新城街道办事处孙家庄村西区一期34#-38#居民楼建设项目施工等。自行采购项目有肥城市桃园镇南僧台村等三村土地开发项目、肥城市特殊教育学校教学楼综合楼电梯设备及安装工程、肥城市委党校新校综合办公楼防火门、肥城市龙山小学创客工作室建设工程项目、肥城市王庄镇演马小学厕所及附属工程施工等。咨询审计项目有肥城市第二高级中学建设项目、市医院门诊楼及综合楼建设项目、中医院病房楼改造项目、巧山社区和沙窝社区建设项目、住建局装饰、龙山河沿河古建项目、边院镇济河小学等三所学校建设项目、行管局2016年零星项目等近400项。

【山东博远工程项目管理有限公司】 成立于2002年4月。至年末，有专业技术人员55人，高级职称5人，中级职称38人，其中注册监理工程师15人，注册一级建造师9人次，注册造价工程师4人。公司具备房屋建筑工程监理甲级资质，市政公用工程乙级资质，人防工程建设监理丙级资质，主要开展相应类别建设工程的项目管理、技术咨询、人防工程监理等业务。2016年，监理的工程有肥城市桃都国际城住宅楼工程、卓亚香格里住宅小区工程、肥城市书香名苑工程、肥城市书香御景工程、龙山一品小区住宅楼工程、王瓜店镇朱庄村居民楼工程、穆庄新村住宅楼工程、肥城星美城市广场工程、肥城特钢东区安居苑住宅楼工程等。投资省、进度快、质量高、监理服务到位。其中，肥城市特钢小区11#住宅楼工程荣获山东省建筑工程质量“泰山杯”奖（省优质工程）；肥城市水岸桃源13#住宅楼工程荣获山东省建筑工程质量“泰山杯”奖（省优质工程）、肥城市惠民小区6#楼荣获山东省安全文明工地奖，多项工程荣获泰安市优质结构奖、安全文明工地奖。公司每年均被评为泰安市建设监理“先进企业”单位。

人力资源

【山东前程似锦人力资源有限公司】 成立于2007年1月，注册资金300万元。主要从事劳务输出、职业介绍，劳务派遣、劳务承包、服务外包、技术服务、人才培训、劳动保障事务代理、企业管理咨询、商务信息咨询服务、教育信息咨询服务、文化艺术交流策划服务等，为业务专业、管理规范、全省知名的综合性人力资源服务机构。始终坚持“以人为本，诚信经营，扎实服务，开拓创新”的经营理念，以“方便企业用工、促进劳动就业、理顺劳动关系、保障社会稳定”为宗旨。先后为300多家国有大中型企业，党政机关事业单位以及大中专院校成功输送各类人才，开展广泛的人才服务、劳务输出、服务外包、劳务外包、劳务派遣等合作。2008年，被联合国开发计划署、中国农村发展中心评为“全国优秀科技特派员工程项目”。2014—2016年，连续两次被山东省人力资源社会保障厅评为“山东省人力资源服务业十大品牌”，2015年被山东省人力资源社会保障厅评为“山东省人力资源服务业十强机构”，2016年被山东省工商行政管理局评为“山东省著名商标”“山东省守合同重信用”企业。

【肥城市泰兴人力资源服务有限公司】 成立于2014年5月，为社会各行各业提供人力资源服务。公司下设肥城泰兴家政服务有限公司，有员工160余人，主要从事人力资源管理咨询服务、职业介绍、社保代理、人事代理、档案代理、退休代理、医疗保险代理、家政服务、保洁服务等。秉承服务与管理理念，坚持规范与创新并重，建立健全人力资源管理制度、职业介绍制度、档案管理制度、社保代理制度、家政服务制度等各项规章制度。2016年，深化社保服务，为30名下岗人员代办退休手续、200名居民代交医疗保险，为36名下岗职工办理社保代理手续。规范家政服务，为60余户人家输送家庭服务员，输送医院陪护20余人，为120个家庭做家庭保洁。为下岗职工提供就业机会，开展多种形式的就业再就业服务，为300名下岗职工介绍家政工作。档案管理标准、规范，整理各类档案290件。

进出口贸易

【泰安华利进出口贸易有限公司】 2013年10月成立，注册资金1000万元，为以进出口贸易为主体，工商、贸易、劳务合作、食品、服务一体化的综合性企业。经营范围包括允许范围内的进出口业务，向境外派遣各类劳务人员，日用百货、酒水、食品、服装、化妆品、工艺品、建筑材料、装饰材料、煤炭销售。坚持以人才为本、诚信立业的经营原则，将国外先进的信息技术、管理方法及企业经验与国内企业的具体实际相结合，为企业提供全方位的解决方案，帮助企业提高管理水平和服务能力，使企业在激烈的市场竞争中始终立于不败之地，实现企业快速、稳定地发展。公司现有职工15人，全部具有大专以上文化程度。2016年，公司与阿里巴巴合作，通过网络营销扩大销路，加强企业整体实力，增加知名度和信心，协助企业寻求国外发展机会。通过出台政策、业务人员培训、出国考察、举办国内外展览会、阿里巴巴网络营销等措施，市场拓展能力明显提高。先后和德国、加拿大、印度、巴基斯坦、沙特、也门、巴西、阿联酋、坦桑尼亚、阿富汗、阿根廷、俄罗斯、乌克兰等20多个国家的用户签订合作协议及外贸合同。

评估服务

【山东伟峰环境科学研究院有限公司】 由原隶属肥城市环保局的龙山环保科研所改制而成，是经国家环境保护部批准注册的环境影响评价机构。有注册环境影响评价工程师2人，高级工程师2人，工程师3人，技术人员全部具有本科以上学历，其中研究生3人。公司主要业务范围包括建设项目环境影响评价，企业事业单位突发环境时间应急预案编制，环境科学研究与试验发展活动，环境污染治理及环保设备技术研究和相关的技术开发、推广。2016年，在济南、德州、聊城、东营、泰安、莱芜等地开展化工项目产业升级评级评价三十余家，为化工、钢铁、碳素、机械加工等行业近百家企业开展环境影响评价与突发环境事件应急预案编制。

2016年山东伟峰环境科学研究院有限公司开展项目一览表

序号	项目名称
1	泰鑫橡胶机械有限公司环境影响评价报告
2	泰安市香康佬食品有限公司环境影响评价报告
3	肥城市丰泉垃圾处理有限公司突发环境事件应急预案
4	泰安市泰岳环保科技有限公司突发环境事件应急预案
5	山东福宽生物工程有限公司突发环境事件应急预案
6	肥城同亨达食品有限公司环境影响评价报告
7	山东富世康制粉有限公司突发环境事件应急预案
8	肥城泰西乙炔气有限公司突发环境事件应急预案
9	肥城金火焰燃气工业有限公司突发环境事件应急预案
10	肥城平安气体厂突发环境事件应急预案

续表

序号	项目名称
11	肥城市鸿泰气体有限公司突发环境事件应急预案
12	肥城金火焰燃气工业有限公司突发环境事件应急预案
13	山东农大肥业科技有限公司环境影响评价报告
14	山东瑞浩机械有限公司突发环境事件应急预案
15	山东农悦肥料科技有限公司2500吨掺混肥项目环境影响评价报告
16	建设局城区路网建设工程环境影响评价报告
17	肥城市水源涵养区养殖项目清理及街镇畜禽养殖污染治理工程环境影响评价报告
18	肥城市镇街人工湿地工程项目环境影响评价报告
19	肥城市镇街社区污水处理设施及污水管网工程环境影响评价报告
20	山东嘉安远隆食品有限公司突发环境事件应急预案
21	山东昊蓝洁净能源科技有限公司环境影响评价报告
22	东营市富源棉业有限公司突发环境事件应急预案
23	山东福胶药业有限公司突发环境事件应急预案
24	济南泉景建设工程检测有限公司环境影响评价报告
25	东营市金威化工有限公司突发环境事件应急预案
26	东营市河口区人民武装部战时人防工程环境影响评价报告
27	水利局2016年度山东省肥城市农村饮用水安全巩固提升工程
28	肥城环安机动车检测有限公司环境影响评价报告
29	泰安圣奥化工有限公司环境影响评价报告
30	肥城宏远热力有限公司供热扩建工程环境影响评价报告
31	济南宏祥机械制造有限公司突发环境事件应急预案
32	肥城市老城街道办事处辛屯村民委员会环境影响评价报告
33	山东国金旅游开发有限公司东疏园林森林公园基础设施建设项目
34	山东泰鹏用品家具有限公司突发环境事件应急预案
35	中节能肥城生物质能有限公司突发环境事件应急预案
36	肥城市城市热力有限公司城区集中供热改造工程
37	山东瑞泰化工集团有限公司突发环境事件应急预案
38	广饶泰发新型建材有限公司环境影响评价报告
39	山东福胶集团东阿镇阿胶有限公司突发环境事件应急预案
40	东营市诺尔化工有限责任公司突发环境事件应急预案
41	山东新轮轮胎有限公司突发环境事件应急预案

续表

序号	项目名称
42	广饶奥星石油化工有限公司突发环境事件应急预案
43	德州凯密迪化工有限公司突发环境事件应急预案
44	肥城市桃花源中学项目环境影响评价报告
45	泰安昆仑耐特天然气有限公司环境影响评价报告
46	肥城市广播电视台广播电视转播塔建设项目环境影响评价报告
47	垦利环保局网格化调查
48	垦利环保局固废信息申报审核
49	山东金谊通电器有限公司环境影响评价报告
50	山东润石制釉材料有限公司环境影响评价报告
51	东营市河口区六合街道办事处绿化工程环境影响评价报告
52	东营市达伟晟荣化工有限责任公司环境影响评价报告
53	东营市科宏化工有限公司突发环境事件应急预案
54	东营海源化工股份有限公司突发环境事件应急预案
55	广饶县天虹化工有限公司突发环境事件应急预案
56	山东西部石子有限公司年产 10 万吨铁路石渣项目环境影响评价报告
57	肥城中盛煤粉有限公司煤粉制备项目环境影响评价报告
58	东营奥星石油化工有限公司突发环境事件应急预案
59	肥城环保局固废信息系统审核
60	济南彗盛新型建材有限公司锅炉技改项目环境影响评价报告
61	山东肥城精制盐厂突发环境事件应急预案
62	济南市琦泉热电有限责任公司突发环境事件应急预案
63	山东平阴福胶酒业有限公司突发环境事件应急预案
64	济南市长清区精诚洗涤服务中心年 21.6 万套洗涤项目
65	泰安嘉大农业科技有限公司大型沼气工程
66	山东盛屹机电设备有限公司 400 台 / 年换热设备、100 台 / 年压力容器生产项目
67	利津县第二实验学校田径运动场二期建设项目环境影响评价报告
68	东营丰华香油有限公司环境影响评价报告
69	东营河海浩源化工有限公司环境影响评价报告
70	济南天卉玫瑰生物科技有限公司环境影响评价报告
71	平阴县孝直镇佳利蔬菜种植专业合作社新建 6000 吨蔬菜冷藏库环境影响评价报告
72	济南永宏涂装设备有限公司突发环境事件应急预案

续表

序号	项目名称
73	章丘市庆霞新型建材厂突发环境事件应急预案
74	东营顺通化工（集团）有限公司突发环境事件应急预案

【山东信邦房地产土地评估有限公司】 由山东省建设厅、山东省土地估价师协会、泰安市房产管理局、泰安市国土资源局批准成立，具有房地产估价三级资质、土地B级资质。公司成立于2007年，至2016年末，有员工14人，其中专职房地产注册估价师、土地注册估价师7人，会计人员2名，档案管理人员2名，业务人员3名。专业技术人员占全体员工的70%以上。为肥城市唯一一家专业化、综合性的房地产评估公司。主要从事经营房地产评估、土地评估、土地登记代理服务、不动产登记代理服务。建立健全内部管理制度，规范经营制度，社会信誉良好，执业过程中无违法行为发生。参加行业内的人员继续教育、组织评估人员进行培训。公司在2012年肥城存量房交易计税价格评估机构投标项目中以第一名的成绩中标，持续维护肥城市地税局存量房交易系统，在2015年10月维护当地价格最新。2016年，公司先后受托为肥城市二手房转让市场、银行抵押贷款业务服务，分别在建设银行、工商银行、邮政储蓄银行、农村信用合作社、兴业银行、民丰银行办理准入手续。

科学技术

- 科技管理
- 科技普及
- 防震减灾
- 气象测报

科学技术

科技管理

【概况】 市科技局下设秘书科、政策法规科、发展计划科、科技成果科（挂行政审批科牌子）、科技情报所5个科所及地震局、知识产权局2个二级全额事业单位。共有在职干部职工19人。年内，全市科技工作以建设创新型城市为战略目标，以提高自主创新能力为主线，以经济发展方式转调升级为动力，聚集科技资源，优化创新创业环境，为全市经济和社会发展提供强大科技支撑。共有1个项目被评为山东省科技进步奖、5个项目被评为泰安市科技进步奖，19个项目被评为肥城市科技进步奖。①政产学研合作成效明显。进一步深化与高校院所、科研机构的交流与合作，组织开展“专家教授肥城行”“企业校园行”活动，引导企业走“企业出题，科研机构破题”的协同创新之路。先后组织40余家企业赴哈尔滨工业大学、中船重工第703研究所、中科院大连化物所、齐鲁工业大学等院校开展产学研对接活动；“桃花节”“品桃节”期间成功举办招才引智洽谈会，邀请山东大学、武汉理工大学等20多家高校科研院所60余位专家教授来肥城考察洽谈。通过一系列产学研对接交流活动，市政府与齐鲁工业大学、中船重工第703研究所签订全面战略合作协议，新签订光纤格栅传感器、大型收获机械底盘传动系统等25个科技人才合作项目。其中农大肥业引进的南京农业大学教授徐阳春被评为山东省泰山产业领军人才（高效生态农业创新类），填补全市泰山产业领军人才空白。②创新平台建设不断夯实。进一步强化企业技术创新和科技投入主体地位，引导企业加大科技投入，着力提升企业平台对重大科研项目、高端人才智力的承载能力，形成人才平台递进创建、扶持资金递进奖励、平台层次递进提升的工作格局。高新区创业咖啡厅、新兴产业园智库众创空间被认定为国家级众创空间；肥城市现代农业高新技术产业示范区、立华畜禽雪山鸡养殖农业科技园区被认定为国家级“星创天地”；农大肥业申报的山东省院士工作站获得批准；格瑞蓝热能设备公司组建的泰安市级工程技术研究中心通过验收；傲饰服饰、泰鹏新材料、三英纤维等7家企业申报的泰安市产业技术研究院获得组建；一滕新材料“泰安市纤维素及淀粉衍生物产业技术创新战略联盟”被认定为市级产业技术创新战略示范联盟；肥城欣锐文化创意公司、傲视服装科技公司被认定为泰安市级科技企业孵化器。③高新技术产业发展迅速。深入实施传统产业提升发展和新兴产业培育壮大工程，明确以新节能环保、新材料、新能源、新医药及生物产业、高端装备制造“四新一高”为重点的高新技术产业主攻方向，构筑起以高新技术产业开发区为龙头、以新兴产业开发区为增长极、以镇街工业园区为补充的高新技术产业发展格局。瑞福锂业、泰鹏家居等7家企业被认定为国家高新技术企业，国家高新技术企业达到17家；新增泰安市科技型中小企业28家，泰安市级科技型中小企业达到98家；全市高新技术产业产值实现344.59亿元，同比增长11.67%，占规模以上工业比重32.18%，比2015年提高3.04个百分点。④科技成果转化能力增强。坚持以实施重大科技项目为引领，引导企业持续加大科技研发项目的实施转化。在高端装备制造、新材料、新能源等优势产业和战略性新兴产业领域，策划包装科研项目，力争纳入国家、省市重点研发计划，着力突破一批制约发展的关键技术、核心技术，取得一批具有自主知识产权的原始创新成果。组织上报泰安市级以上各类科研项目60余项，有效调动企业技术创新积极性。其中农大肥业公司“增效复混肥料关键技术研究”“苹果专用缓控释肥生产与大面积示范”，众成饲料公司“高浓度畜禽粪便沼气发酵技术示范”3个项目成功参与到国家重点研发计划，使肥城市在国家级重点研发计划实现突破。全市研发经费投入16.29亿元，占生产总值比重达到2.33%。

【农村科技服务】 按照国家、省市扶贫工作要求，充分发挥科技创新对精准扶贫、精准脱贫的支撑引领作用，通过“输血”与“造血”相结合，打造“传统产业+技术创新+精准就业”的科技扶贫新模式，实现扶贫到村入户，让群众真正享受科技之惠。结合全市扶贫工作实际，制定出台《肥城市科技扶贫工作实施方案》《关于建立肥城市科技精准扶贫包保制度的工作方案》，成立科技扶贫领导小组，选派科技指导员协助第一书记开展扶贫工作，实现贫困村科技指导员全覆盖。先后开展科技扶贫专项培训12场次，培训农民1500余人次；获批科技部星创天地2家，泰安市科技特派员项目5项，泰安市精准扶贫示范样板项目2项，泰安市农业科技示范园6家；上报省农科驿站17家。

【知识产权管理】 ①强化知识产权培育。2016年，三英纤维、科创矿山两家企业进入优势企业培育名单；一滕新材料、农大肥业两家企业顺利通过标准认定。②加大知识产权奖励。墙冠建材、金塔机械、索力得焊材、农大肥业等8家企业和个人申报2016年度泰安市政府专利奖，共获得二等奖1项，三等奖3项；依托泰安市知识产权专项发展资金，对全市企业和个人知识产权补助金额共计23850元。③强化专利宣传培训工作。通过3月份的科普宣传月、4.26世界知识产权日，大力宣传《专利法》、专利申报知识，着重向企业科技人员宣传专利申请的扶持政策和专利申报知识，增强科技工作者对科技创新、申报专利的积极性。④开展知识产权执法活动。配合泰安市知识产权局对新合作购物广场、三源家电以及银座商城等商场进行专利产品大检查，对家用电器为主的商品进行抽查，核对专利的真实性和有效性。共查处假冒专利6件，及时做出相应处理，同时协助泰安市局处理专利纠纷2起。⑤推进企业知识产权质押融资工作。瑞福锂业与中国建设银行达成融资协议，获得知识产权质押资金4000余万。年末，全市拥有省知识产权优势企业10家，省知识产权示范企业2家；全市申请专利822件，其中发明267件；授权专利369件，其中发明22件。

（邓斌）

7月18日，市委书记张成伟到哈工大机器人集团开展政产学研对接

科技普及

【概况】 年末，市科学技术协会有工作人员8人。全市15个镇街（区）、605个行政村（社区）建立科协组织，配备专兼职人员650人。市级学会（协会）19个，

会员1286人，企业科协11个，会员382人。镇街科普站14个，村级科普站476个。农村专业技术协会76个，技术交流型15个，技术经济型28个，经济实体型33个，会员2.5万人，全市科普组织网络建立健全。

年内，围绕贯彻落实《全民科学素质行动计划纲要》，不断健全科普组织网络、完善科普设施，广泛开展科普活动、提升科普服务效能，科技知识普及率逐步提高，未成年人、农村（社区）居民、城镇劳动者、领导干部和公务员等重点人群的科学素质得到提升。肥城市被确定为2016年度山东省科协助力地方创新发展工程先进示范区和省科协党组书记、副主席王春秋联系点。

【省科协助力地方创新驱动发展示范区工程】 申报2016年度山东省科协助力地方创新驱动发展工程示范区。召开省科协助力地方创新驱动发展工程肥城市示范区启动仪式暨人才项目对接会，由省工程师协会组织来自山东大学、山东理工大学、山东交通学院等知名院校的16位专家教授，分别在新材料制造组、机械自动控制组、机械加工组与肥城市32家科技创新型企业进行对接座谈。年末，省工程师协会共在肥城建立“企业技术创新驱动服务站”15个。推进省工程师协会与征途科技深度合作。省工程师协会专家，山东大学信息工程学院院长、博士生导师袁东风，原中国赛宝山东实验室主任、正高级研究员李建华多次到山东征途科技调研指导，双方在技术攻关、协同创新、企业技术服务、企业发展项目、人才培养等方面达成多项合作协议。

【科普宣传】 集中开展春节前“科技下乡”、三月“科普宣传月”、五月“科技活动周”、九月“全国科普日”等大型集中科普宣传活动。在潮泉、安驾庄、石横、湖屯、边院、高新区、安临站等镇街区开展科技下乡活动，科协带领农、林、畜牧、农机、水利5个学会以及医学会、中医学会科普志愿者向广大群众宣讲科学知识并免费赠送相关书籍，共发放明白纸1万余份，受益群众16000余人次。在全市范围内开展“科普迎春”科技下乡活动，组织各镇街和市直学会开展科技培训180期，开展科技咨询3000余人，发放各类科普资料3万余份。

【科技推广工程】 科技信息应用成效明显，组织举办双创科技信息推广应用专题会，泰安市科技咨询中心向50名企业技术负责人讲解《科技信息检索系统的相关应用》和《网络版科技信息检索系统操作实务》。年末，全市已有15家企业注册网络版科技信息检索系统。山东农大肥业利用科技信息库进行检索指导科研生产，取得明显成效，已获得专利10项；腐殖酸项目借助信息库中国外相关装备专利信息技术的启发，研制新型反应工艺，反应条件温和安全，能耗显著降低，生产成本仅为传统工艺的1/10。

【未成年人科学教育】 ①组织开展各类科技竞赛。年初，联合市教育局成功举办第六届肥城市青少年科技创新大赛。经大赛评审委员会严格评审，共评选出青少年科技创新项目56项、青少年科技实践活动3项、科技辅导员论文27篇、科技辅导员创新项目5项、少年儿童科学幻想画89幅。根据各单位获奖作品数量得分评选出优秀科技辅导教师10名，优秀参赛学校10处。组织参加上级各类赛事。10月22日，组织全市中小学生参加第二十二届全国青少年信息学奥林匹克联赛（NOIP2016）泰安赛区初赛。10月27日，泰安市第七届航空、航天模型竞赛在肥城市龙山中学举行，开展手掷直线距离赛、橡筋动力留空赛、橡筋动力竞时赛、带降模型火箭留空时间和遥控模型障碍飞行赛5个项目的比拼。②组织引导全市中小学设立科学素质校本课程。由市教育局牵头，立足中小学校科普教育，组织全市中小学设立科学素质校本课程。至年末，全市127所中小学校均设立培养未成年人科学素质校本课程，实现全覆盖。③组织开展科普专家进校园活动。10月18—20日，山东省青少年科普专家团副团长赵历男、济南市精神卫生中心心理科主任赵长英和济南市青少年宫创新名师刘小虎，分别在肥城二中、肥城三中、丘明中学、实验中学、王瓜店中学、老城中学、边院中学、白庄矿学校、安驾庄镇中心小学、桃园镇中心小学、龙山小学和实验小学桃花源校区作 12 场科普报告，5000 余名中小学生听取专家的精彩讲座。④创新开展青少年科普体验活动。利用校园科技馆这一科普资源，组织全市中小学生每月定期轮流参观校园科技馆。校园科技馆里每个科普器材都配备一名学生讲解员，为前来参观的学生演示科普器材，对原理和所涉及的学科知识进行讲解，并组织学生进行体验互动。

【老科学技术工作者协会】 市老科学技术工作者协会（以下简称老科协）围绕中心，服务大局，开展科普活动，取得较好成效。年末，共有会员 157 人，14 个镇街分设老科协分会，市直设立民营、建设、教育、医学、中医、农业、林业、水利、畜牧、农机等 10 个老科协分会。

（李芸）

防震减灾

【概况】 防震减灾工作坚持“预防为主、防御与救助相结合”的工作方针，开拓进取，扎实工作，有力推进“监测预报、震灾预防、应急救援”三大体系建设。①加强地震监测管理。加强震情短临跟踪工作，强化地震监测台站运行管理；完成肥城市承担的国家烈度速报与预警工程项目 10 个一般站的台址勘选工作；通过向高新区、王瓜店街道、潮泉镇、仪阳街道和边院镇 5 个街镇区 170 个村赠送地震科普知识，强化宣传阵地功能，推进防震减灾“三网一员”体系建设。②提高震害防御能力。会同住建部门，贯彻实施国家标准 GB18306—2015《中国地震动参数区划图》，做好抗震设防要求；新城街道阳光社区被国家地震局评为国家地震安全示范社区，前兴隆社区和巧山社区被评为泰安市地震安全示范社区；桃园镇中心小学、孙伯镇中心小学被列入山东省级地震示范学校行列，仪阳街道中心小学、桃园镇中心小学、桃都中学和实验小学 4 所学校被评为泰安市地震示范学校；推荐泰西无纺上报省级地震示范企业，供电公司被评为泰安市级地震示范企业。联合教育局和科协共同创建肥城市级地震科普示范学校 6 家；联合民政局和科协共同创建肥城市级地震安全示范社区 5 个；联合安监局共同创建肥城市地震安全企业 4 家。③增强地震应急救援能力。制定下发《肥城市防震减灾第十三个五年规划》；根据人员变动和工作需要，对全市防震减灾领导小组成员进行及时调整。5 月 9 日，联合市政府应急办、市民政局、市教育局、市科技局在实验小学桃花源校区举行全市地震应急疏散演练。同时推进地震应急避难场所建设向镇街、村延伸，全市 15 个镇街（区)605 个村（社区）中，街镇（区）全部建有地震应急避难场所，有 30 个村（社区）完成地震应急避难场所建设。④开展防震减灾宣传教育。利用 4 月份法治宣传月集中开展防震减灾集中宣传活动；5 月 12 日，举行以“减少灾害风险，建设安全城市”为主题的社区科普知识宣传活动；联合市科技局、市安监局开展防震减灾知识进企业活动，提升企业员工应对地震应急能力和技能。加强信息报送工作，在中国地震局网站刊登工作信息 1 篇；省局地震减灾网站刊登工作信息动态 4 条；泰安市级防震减灾网站刊登工作信息动态 16 条。

（张翠玲）

气象测报

【概况】 肥城市气象局（站）属国家一般气象站、山东省农气基本站，隶属山东省气象局，由泰安市气象局和肥城市人民政府双重领导，正科级事业单位。至年末下设肥城市气象台，科技服务科（肥城市人民政府人工增雨防雹办公室，肥城市防雷电安全办公室），办公室、财务室等职能科室，辖肥城市风云气象科技服务中心与泰安市安泰雷电防护有限责任公司肥城分公司（由科技服务科负责管理）。

【气象业务】 全市设17个自动观测气象站，肥城国家气象观测站位于肥城市新城路东首与东外环路交界处，为江苏省无线电科学研究所有限公司生产的DZZ4型自动观测站，采用人工和自动化气象观测相结合方式，24小时不间断地监测大气要素及变化，气压、气温、湿度、风向、风速、地温、降水、能见度八要素的观测已实现自动化，大雾、轻雾、霾、浮尘、杨沙和沙尘暴等视程障碍天气现象由计算机自动识别完成；毛毛雨、雨、阵雨、雨夹雪、雪、阵雪、阵性雨夹雪，结冰、积雪、雾凇、霜冻、露、冰雹、大风等天气现象的观测以及日照、冻土、雪压、雪深的观测由人工完成。除以上常规业务外，国家站还担负部分临时加密观测任务。其他自动气象观测站亦为24小时自动观测，雨量站设在牛山、河西学校和新城办事处，使用江苏省无线电科学研究所有限公司生产的WUSH-RG型自动雨量观测站，自动观测雨量。4要素自动站设在石横、桃园、王瓜店、老城、潮泉、仪阳、王庄、安临站、边院、孙伯和安驾庄，使用天津气象仪器厂生产的CAWS600-B（T）型自动观测站，自动观测气温、雨量、风向、风速。6要素自动站设在湖屯、汶阳，使用江苏省无线电科学研究所有限公司生产的ZQZ-A型自动观测站，自动观测气压、气温、湿度、雨量、风向、风速。农气基本站负责春花生生育期生长情况的观测；肥城桃始花期的观测；境内出现的天气事件和灾情调查。上海长望气象科技有限公司生产的DZN1型土壤水分自动观测站，位于新城街道办事处太平村，24小时不间断地监测5、10、20、30、40、50、80、100土壤深度的水分和变化情况。

【气象服务】 负责制作短期天气预报，中、长期天气趋势预测；根据预测和天气发展的趋势制作重要天气预报、各类天气预警信号；承担市委、市政府有关桃花旅游节、金秋品桃节等市内重大节日期间的天气预测服务。气象服务形式不断拓展，通过手机短信平台、报纸、12121声讯电话、电子信息显示屏、广播、电视、互联网等渠道发布24、48、72小时日常天气预报，提供重大天气预测服务；通过手机短信平台向市委、市政府领导与部门防汛负责人提供24小时内全市降水情况；与环保部门合作，联合制作发布空气质量预报；向农业、民政、国土、林业、水利、公安、交通、煤炭等部门提供专项天气服务。

【防雷电灾害管理】 市防雷电安全办公室对境内发生的雷电活动进行调查。在全市范围内开展防雷装置的安全检测工作，检测对象为易燃易爆场所、学校医院人员密集场所、金融通信行业、大型仓储及部分工厂企业。在全市开展新建建筑物防雷验收检测工作。

【人工影响天气】 市人民政府人工增雨防雹办公室负责境内的人工影响天气活动的组织与管理。2016年，肥城拥有车载4管火箭发射架1台，高炮10门，通过向空中云层发射碘化银火箭的方式人工影响天气，增加或减少降落境内的雨量，消除雹害。

（梁国坚）

教育

教 育

综 述

【概况】 年末，全市共有各级各类学校142处，幼儿园129处，在校生11万余人，在园幼儿3.1万人，在职教职工9229人。2016年，市委、市政府继续把教育作为最大民生，摆在突出位置，围绕实施“幸福教育工程”，以“推进教育高位均衡发展、建设现代化教育强市”为目标，持续加大投入，强力推进“大班额”问题解决和基础教育综合改革，教育工作取得新突破。泰安市教育工作综合督导评估再次位居第一；群众对教育的满意度连续五年排名泰安市各县市区第一。①教育质量。全市各学段的教育教学质量继续稳居泰安市排头，高考取得历史性突破，各项指标均以绝对优势在泰安市领先、居全省前列。艺体本科上线、春季高考质量继续名列泰安市前茅。初中升高中学业考试，千分以上尖子生人数、高分段人数继续在泰安保持领先地位。小学教育教学改革走在全省前列。学前教育保教水平持续提升，年内有8处幼儿园通过省级示范性幼儿园验收，8处幼儿园通过省级复评，省级示范性幼儿园创建率达23%，泰安市级以上

1月18日，全市小学教育教学改革三年成果亮点展示暨翻转课堂推进工作年度总结会召开

规范化幼儿园创建率达67%。②均衡发展。深化实施“农村中小学食宿设施改造、普通中小学办学条件标准化、城乡教育资源整合、全面改造薄弱学校、解决大班额、教育信息化升级”等“六大提升工程”，全力推进教育高位均衡发展。优化学校布局，统筹城乡教育一体化发展。整合优化城区教育资源，在城区形成东西南北中“五大教育园区”，实现城区义务教育一体化、高中教育城区化。在镇街打造中心幼儿园、中心小学、中心初中和成教中心校“四中心”，所有农村学校均实现校舍楼房化、标准化，内设优质化、现代化。落实主体责任，全力解决大班额问题。市委、市政府主要领导先后多次到现场调研工作，督促大班额工作全力推进。4月，泰安市在肥城召开解决大班额工作现场会，通报各县市区大班额工作进展情况，肥城项目竣工率、建筑面积竣工率、投资完成率均列泰安市各县市区第一。搭建教育共同体，均衡提升城乡办学水平。全市小学建立五大市级共同体、36个镇级共同体、若干个学科发展共同体；初中建立4大共同体；6处高中建立共同体教学研管制度；共同体的建设打破城乡间、校际间、学科间的教研壁垒，实现优质教育资源共建共享的常态

化、生态化。③信息化建设。以“三通两平台”建设为目标，以“建网、建云”为重点，在全市“宽带网络校校通”的基础上，对教育城域网进行全面升级，完成教育城域网扩容升级，更换信息中心及骨干节点设备，增加互联网出口带宽，基本建成“万兆到学校，千兆到桌面，有线、无线全覆盖”的教育城域网，实现“宽带网络校校通、优质资源班班通、教师教研人人通”。同时，强化设施配备，开辟创客空间，与中国第二学习网合作建设富有本土特色的肥城教育资源在线，并多次组织干部教师培训，确保全市教师快速掌握该平台各项功能，积极参与优质教育资源的共建共享。依托教育城域网和优质高效的录播系统，建成集网络教研、视频会议、同步课堂于一体的综合应用系统，为加强区域教育管理、开展教学研究、促进资源共享搭建了一个全新的互动平台。④综合改革。经过多年探索实践，高效课堂初步构建，校本课程日益丰富，学校文化渐露特色，现代学校制度日益完善。在德育改革方面，初步建立起“小、初、高”纵向衔接、各有侧重、全员全程全面育人的德育课程体系，不断加大国家德育课程、地方德育课程和学校德育课程的结合力度，充分挖掘学科课程的德育功能，有效提升德育效果。在招生方面，设立21个学区，义务教育按学区免试就近入学，高中招生实施“一考多取”、普通高中指标生占比60%、特长生自主招生等方式，扩大学校办学自主权。在评价方面，引导学校坚持多元化和特色化发展，按照“底线管理+特色发展”的标准，对全市中小学进行评估认定，有效增强学校办学的开放性和学生入学的选择性。在人事方面，建立学校中层以上干部业绩档案，完成中小学职称改革，落实绩效工资，实施校长、教师挂职、轮岗交流。先后承办“全国翻转课堂实战观摩暨教育均衡发展现场研讨会”“山东省第二届创新教育节”，《中国教育报》《中国教师报》《大众日报》等多家媒体专版深度报道肥城教改经验。⑤党建工作。落实党委书记抓基层党建主体责任，与各基层党组织书记签订党建工作目标责任书，逐一明确各级党组织、书记和成员的党建工作职责。严格落实民主集中制、发展党员、“三会一课”督导、民主生活会、组织生活会、党员联系服务群众等制度。在教育系统开展“两学一做”学习教育、“幸福教育党员领航行动”“五化五星”服务型党组织创建等活动。做好党员发展、党费收缴和党建调研相关工作，安排部署对基层党组织的党建考核，并结合考核对基层党组织和党员进行表彰。⑥作风建设。严格执行中央“八项规定”，强化执纪问责，对全市各学校进行检查审计，发现问题及时整改。强化师德师风建设，重点开展“三讲三爱”和“三修三争”师德教育，深入开展侵害群众利益的不正之风和腐败问题专项整治，尤其是针对社会意见集中的有偿补课问题，采取让教师宣誓、签责任书、公开承诺、教育局巡回检查、电话抽测、问卷调查等方式，开展深度治理。同时，坚持开展“千名教师访万户，师生情谊传万家”家访活动，强化家校共育，提升服务水平。

（邓兆彬）

【教师队伍建设】 ①抓实师德建设。始终把师德建设工作放在教师队伍建设的首要位置。制定对学校、教师师德考核实施办法，精心组织考核。开展以“甘守三尺讲台，争做‘四有’老师”为主题的师德建设月活动，组织学习贯彻中央领导同志教师节重要指示精神和李振华先进事迹。抓好师德日常工作，做好向泰安市教育局师德月报告，开展对在职教师有偿办班整治。②推进基础教育综合改革。印发《关于公布肥城市教育局基础教育综合改革工作领导小组及办公机构的通知》等改革配套文件，健全工作推进机构，确定科室负责制和项目组负责制。联合市编办重新核定中小学教职工编制7373名。联合市人社局，提高中小学专业技术职务中高级设岗比例，并按照提高后的标准重新设置中小学岗位，极大调动中小学教职工教育教学工作积极性。开展2016—2017学年校长、教师交流轮岗，共安排220名干部教师进行县域间、城乡学校间、镇街间及镇街内部学校间的交流轮岗，优化优质师资的再配置，促进城乡教育高位均衡发展。赴威海、日照、潍坊考察学习中小学校长职级制改革开展情况，稳妥推进全市中小学校长职级制改革。③组织教师公开招聘。通过网上报名、资格审查、笔试、面试说课、体检、选岗等环节共招聘新教师240名，充实教师队伍，改善教师队伍结构，满足教育教学需要。④开展城东区教育资源整合。8月，将仪阳街道初级中学整合并入市龙山中学，成立龙山中学东校区，优化城市东区教育布局，缓解城中区教育资源压力。⑤加强干部教师培训。制定培训方案，提升培训效率，年内共培训干部教师11000余人次。

（张文华　谢庆勇　王振良）

【教育科研】　坚持以“办好每一所学校，教好每一个学生，发展好每一位教师”为根本指导思想，以指导和引领教师把握学科课程标准，提高学科教学能力，促进教师专业发展为基本任务。强化课题研究的引领作用，鼓励广大学校和教师，积极参与课题研究，通过研究破解教育教学改革中的困惑与难题，强化过程性管理与监控，突出成果的总结与推广。自2月起，根据省市工作部署，多次召开专题会议，组织全市承担省、市、县级课题的负责人和成员，总结梳理研究成果，撰写研究报告，整理过程性材料。年内共有49项山东省教育科学“十二五”规划课题、83项泰安市和111项肥城市教育科学“十二五”规划和年度课题分别通过省、市、县三级结题鉴定；11项省级、143项市级课题立项。另有6项课题研究成果申报省、泰安市首届教育科研优秀成果评选活动，其中1项获省一等奖，5项获泰安市级一、二、三等奖。

（王文涛）

9月27日，全市少儿消防主题书信发放仪式在实验小学桃花源校区举行

【学校建设】　市委、市政府以解决大班额和全面改薄工程为重点，继续加大教育投入，改善办学条件。总投资1.7亿元，建筑面积8万平方米，新建西区实验学校，扩建安驾庄张侯小学和马埠小学、孙伯中心小学、安临站中心小学、老城罗窑小学、石横中学、王庄中学和中心小学、演马小学、曹庄矿学校、市龙山中学和龙山小学。①强化政府行为，狠抓政府推动。市主要领导持续关注大班额工作；市政府专门召开调度会，协调相关部门解决具体问题；市人大、政协为解决大班额问题献计献策。②强化工作职能，狠抓部门协调。市里成立以市长为组长的领导小组和工作小组，各镇街也成立相应工作机构。市政府与各镇街签订目标责任书，明确职责任务，推进工作落实。市政府还建立联席会议推进机制，充分发挥部门的职能作用，群策群力共同做好解决大班额工作。③强化多措并举，狠抓资金筹措。在市镇投入、对上争取、社会捐助的同时，创新方式融资贷款。通过政府购买服务，银行贷款1.38亿元；将西

区实验学校、新技校建设项目作为PPP项目运作，争取3.5亿元社会资本注入西区实验学校和新职教中心校建设。④强化督促调度，狠抓工程进度。坚持每周一调度，每月一通报。市督查局每季度进行一次全方位督查。⑤规范化创建。全市共有12处学校参加泰安市级规范化学校复评。7月1日，市教育局在仪阳街道中心小学召开现场培训会，12处学校校长、分工校长和档案、功能室管理人员参加培训并签订目标责任书。11月14—15日，泰安市教育局对肥城复评学校进行验收，12处学校全部顺利通过复评。肥城市规范化学校创建工作继续以创建率100%成绩位居泰安市第一。

（李波　公海坤）

【条件装备】 5月，由泰安市教育局条装办牵头、肥城市教育局承办的泰安市创新教育培训会在肥城市实验中学召开。中央电教馆特聘工程师作专题报告并对100余名参会人员进行相关培训，推动泰安市中小学创新教育的普及和提高。6月18—19日，由全国创新教育联盟、中国创新教育网、山东创新教育研究院主办，泰安市教育局、肥城市教育局承办的山东省“第二届创新教育节”在肥城市桃花源小学成功举行。会议首次实现全市14个镇街分会场现场直播和网络直播，并成功实现网络教研、视频会议与同步课堂现场展示、手机同屏演示以及微信平台搭建和信息发布。来自全省各地的教育专家、省厅领导以及各地市教育局局长、信息中心主任、教研室主任、学校校长等共计600余人参会。依托北京第二教育网建成肥城教育资源在线，涵盖中小学所有学科，充实资源100余万个；建成同步课堂、网络教研和视频会议系统，覆盖所有市直学校、镇街中心校和薄弱学校，加快肥城市城乡一体化教学的步伐。

（王芳　王骏飞）

基础教育

【学前教育】 全面落实《肥城市第二期学前教育三年行动计划（2015—2017年）》，加快农村标准化幼儿园建设，年内新建幼儿园6处、改扩建15处，总投资4300万元，新增、改善幼儿学位3700余个。投资500万元为全市所有幼儿园配备高标准的科学发现室，幼儿园设施设备达标率达到85%以上。充分挖掘民办学前教育发展潜力，在城区和镇街大型社区引进优质资源举办高端民办园，年内新建成4处标准较高的民办幼儿园，初步形成公办、民办资源共享、优势互补、协调推进、共同发展的学前教育新格局。

年末，全市共有各类注册幼儿园169处，其中定点幼儿园129处、附设分园40处。按照定点幼儿园进行统计，公办及公办性质幼儿园100处，民办幼儿园29处；全市幼儿园共有教职工2587人，其中专任教师2322人，专科及以上学历1466人，占63%；持有教师资

4月29日，全市学前教育创新改革现场观摩交流研讨会在实验幼儿园召开

格证1045人，占45%。全市在园幼儿31214人，其中公办及公办性质幼儿园在园幼儿22914人，占比73.4%；民办园在园幼儿8300人，占比26.6%。全市学前一年入园率100%，学前三年入园率达98%。全市有山东省“十佳”幼儿园2处，泰安市“十佳”幼儿园4处；省级实验（示范）幼儿园29处，市级规范化幼儿园58处，市级以上规范化幼儿园占比67%。

（夏光山 田伟）

【义务教育】王瓜店街道蒋庄社区学校由完全小学变更为九年一贯制学校，边院镇古城小学、石横镇赵庄小学撤并，全市普通中小学调减为118处，在校生83300人。推进基础教育综合改革，开展解决“大班额”工作生源预测和调研，坚持义务教育就近入学和学区制管理，做好小学和初中招生接轨，小学、初中入学率达100%。开展校园欺凌专项整治，以国务院教育督导委员会办公室下发的《关于开展校园欺凌专项治理的通知》要求为工作重点，在各中小学开展“增强法治意识，拒绝校园欺凌”法治报告会124场。加强农村留守儿童关爱，下发《关于进一步加强农村留守儿童关爱保护工作的实施意见》，开展“爱心365”留守儿童关爱活动，配合9个志愿服务团体在18处农村小学开展留守儿童关爱活动42场次；暑期陪伴留守儿童夏令营义务支教活动，与市桃都志愿服务中心、市爱心公益协会开展“暑期留守儿童陪伴”活动。做好农村教育扶贫摸底，对全市教育扶贫范围内35个省级贫困村和41个市级贫困村教育情况进行排查。开展“义务教育辍学情况调研”，由市委办公室、市政府办公室联合下发《关于进一步做好未成年人“控辍保学”工作的实施意见》，进一步明确控辍部门职责。

（公海坤）

【高中教育】全市初中毕业生人数10205人，普通高中入学率63.31%。年末，全市共有普通高中6处，在校生19397人。7月，肥城二中由边院镇驻地整建制迁入城区新校。

（公海坤）

2016年肥城市普通高中学校在校学生一览表

单位：人

学校	在校生				高中招生建档人数
	高一（2016级）	高二（2015级）	高三（2014级）	合计	
肥城一中	1321	1396	1379	4096	1321
泰西中学	1321	1401	1387	4109	1321
肥城六中	1322	1402	1425	4149	1322
肥城二中	975	854	783	2612	975
肥城三中	1107	1072	1072	3251	1107
丘明中学	415	447	318	1180	415
合计	6461	6572	6364	19397	6461

【义务教育经费保障】坚持把推进义务教育经费保障机制改革作为教育事业发展的基础，不断强化教育财务核算，夯实义务教育经费管理机制，确保各项资金规范高效、安全运行。①强化责任意识，健全财务制度。落实“一岗双责”要求，明确分工，落实责任。各项财务制度逐步健全

完善，科学设置“账务流程图”，明确报账、初审、复审会计以及总会计职责等，并装框上墙，为确保财务内部控制管理安全运行打下坚实基础。②强化学习意识，提升业务素质。组织全市中小学财会管理人员参加“行政事业单位内部控制规范讲座”“会计人员继续教育”等相关业务培训。同时，加强社会主义核心价值观教育，树立正确的职业道德观念，提升财会人员自律能力。③强化安全意识，做好财务防范。设置局域网或安全防护软件，与互联网进行隔离或设置保护；对财务专用电脑及财务软件实施加密，保证财务软件不受外界干扰；设置岗位电脑操作权限，有效避免交叉、重复、越权等操作行为；优化财务档案管理，把会计电子档案与纸质档案同等保存，并定期对会计电子系统进行检测、维护和数据备份。④强化督查意识，确保公开透明。组织开展义务教育经费专项审计，对学校经费使用、管理等方面存在的问题即查即改、公开通报。把提高义务教育经费审核透明度作为财务核算重要内容，实现教育经费开支公开透明。

（张前）

【课程和课堂教学改革】 为适应“互联网+”教育新要求，大力倡导微课、翻转课堂、同步课堂、电子书包等新型教学模式，探索信息技术与课堂教的深度融合，形成以信息技术为支撑

翻转课堂

的教、学、研、评新常态，课上课下、线上线下、校内校外自主学习成为现实，实现课程资源城乡同步开发、同步使用、同步上课。先后承办“全国翻转课堂实战观摩与教育均衡发展大会”“山东省第二届创新教育节”。肥城对翻转课堂的探索与实践、技术助力课堂教学、课程建设的做法，先后在青岛国际信息化大会、华北数字化联盟会议上作典型发言，《中国教育报》《中国教师报》等媒体进行专题报道。

（张修彬）

【网络教研和共同体建设】 5月，肥城市网络教研视频会议系统建成并投入使用。之后，教研室小学部、初中部先后召开部分学科网络教研会议。9月，印发《关于加强网络教研工作的意见（试行）》，进一步明确开展网络教研的意义、内容、工作体系和制度保障；印发《肥城市小学学校发展共同体考核评价方案（试行）》，主要从组织领导、工作机制、活动成效等方面对共同体考核评价作出规定。

（孙瑞明）

【初中教学质量】 课程与教学改革强力推进，信息技术与教育教学深度融合，教学研究不断创新，学校的办学水平进一步提升。18处中小学被评为泰安市课程与教学工作先进单位。初中学段的学业考试综合质量实现高位持续提升，考生千分以上人数及其它各高分段人数的数量和比例以绝对优势居泰安市各县市区（初中四年制的泰山区除外）第一位，参加学业考试的考生总分平均分均超过四年制县区，教育教学质量实现新跨越。

（董家新）

【高中教学质量】 各高中学校进行硬件升级，实现教育技术现代化。在高考中有两名考生的高考

成绩进入山东省理科前10名。自招、学科竞赛走在泰安市前列，被评为泰安市课程建设与教学质量先进单位。

（张凡旺）

【特殊教育】 全面贯彻落实中央、省市《特殊教育提升计划（2014—2016年）》，推进全纳教育，利用“助残日”广泛号召社会各界捐资助残，改善特教学校师生工作学习和生活条件。在全市开展0—18周岁残疾儿童摸底建档。在泰安市率先推开“送教上门”工作，为全市38名特殊儿童实施送教上门、送康复上门、送关爱上门。全面铺开资源教室建设工作，争取财政资金45万元，为全市5人以上特殊儿童的9处学校建设标准资源教室。加强送教上门和随班就读指导教师培训，5月、6月，分别在特殊教育学校和安庄镇中小学举办随班就读骨干教师业务培训，培训教师120余人次。12月，特教学校新建4000平方米综合楼大楼交付使用。

（公海坤）

职业教育

【概况】 全市有国办的市职业中等专业学校职成学校，部门办的乡企中专、商业学校等职业学校3处。市职业中等专业学校与市高级技工学校为一体办学单位。学校新校位于城区西部，部分建成启用，8月仪阳校区整体迁入。机械加工技术专业被评为山东省“品牌专业”。在职教职工446人。年内招生2279人，同比增加42%；在校生达4807人，其中预备技师班学生158人、高级班学生696人。加入联想职业教育集团，举办第一期“联想专班”，获得山东省职业教育创新创业教育典型案例优秀奖。网络安全项目获得山东省职业院校技能大赛一等奖，张蕾等9名教师获得全国信息化教学大赛二等奖，获得全国中职学校“文明风采”竞赛一等奖1个、二等奖3个，学校被评为“全国竞赛优秀组织奖”“山东省竞赛突出贡献奖”。安置1265名学生进入中国重汽、众泰汽车、美的集团等企业就业，就业满意率达92%。有54名学生分别被山东交通学院、泰山医学院、临沂大学等本科院校录取。开展特种作业、“金蓝领”、电子商务短期培训6000余人次。学校被评为“2016年度泰安最具影响力学校”。

（王伟　李庆伟）

成人教育

【概况】 全市共有成教中心校13处，总占地153.88亩，建筑面积1.46万平方米，固定资产总值1964.1万元。在职教职工166人，校外兼职教师112人。坚持“建基地、上项目、强队伍、抓管理、搞培训和劳务输出，多元发展提效益”的工作思路，办学质量效益居泰安市前列。石横利用资源整合的有利时机，将原赵庄小学划归成教中心，原成教中心校作为基地。立足地方实际，注重培训效果，创新培训方式，扎实做好各类“新型农民”培训，累计培训4000余人次。充分利用各种资源，结合自身实际，继续坚持“自我完善、自我发展、由小及大、滚动发展”的办学路子，实现“用项目带发展，以收益养学校”的目标。

（王伟）

肥城年鉴

FEICHENG YEARBOOK

FEICHENG
YEARBOOK
2017

文化·旅游·体育

- 文化综述
- 广播电视
- 文物
- 档案
- 图书
- 文联
- 旅游
- 体育

文化·旅游·体育

文化综述

【概况】 市文化广电新闻出版局内设人秘科、文化艺术科、文化市场科、新闻出版科、广播影视科、文化产业科6个科室，编制14人。下设广播电视台、文化市场综合执法大队、文化馆、图书馆、博物馆、电影公司、剧团留守处7个单位，全市有文化干部89人。2016年，市文广新局围绕市委、市政府“实施文化兴市战略，奋力建设文化强市”的目标定位，有力推进文化民生、文化经济、文化传承、文化安全工作开展。荣获全省全民阅读活动示范县称号，泰安市级先进荣誉8个。桃木商品城被评为第五批省级文创产业示范基地，非遗保护协会列入省级非遗生产性保护示范区名录，左丘明文化研究列入全省中华优秀传统文化故事会展播项目库。

（郭梁）

【公共文化服务体系建设】 加快集“图、博、美”三馆功能于一体的文化中心建设步伐，本着“空间利用最大化、运营效益最大化”的原则，重新调整功能分区规划方案。加快基层综合性文化服务中心建设，已建成461个，行政村覆盖率达到76%。文化馆新建赵庄社区分馆，图书馆新建小神童艺术学校分馆，图书分馆达到3处。市文化馆组建文化志愿者俱乐部，开办声乐、舞蹈等12个公益培训项目和文艺创作培训班。培训15个镇街区的文化志愿者、文艺骨干5600余人次。培养高水平文化团队70余个。文化志愿者舞蹈团队在全省、泰安市各类广场舞大赛中，获得5个一等奖。开展群众文化活动650余场次，送戏下乡605场，公益电影放映7200多场次，群众性文化活动蓬勃开展。更加广泛地发动全社会参与纪念建党95周年合唱音乐节，让群众真正在文化活动中唱主角。

（张晓丽）

【文学艺术创作】 举办全市文艺创作培训班，开展文艺作品征集活动，遴选基层优秀原创文艺作品60多件，进一步加工提升。文化馆集体创作的小品《保姆》，荣获第三届泰安市东岳文学艺术奖二等奖，有两名文艺干部作品分别荣获舞蹈类、声乐类三等奖。

（赵琰）

【非物质文化遗产保护】 年内，新增左丘明传说故事、望鲁山皮影等泰安市级项目12项，市级传承人4人，公布肥城市第四批县级非遗保护名录15项。省市县三级名录分别达到5个、29个、78个。组织项目参加第四届中国非物质文化遗产文博会、泰安市非遗展示周、泰安市文化遗产日、扁仓书院暨传统医药非遗项目泰山孵化基地、

1月26日，全市2016年文化科技卫生法律“四下乡”活动在潮泉镇启动

泰山“互联网+文化”孵化器揭牌仪式等活动。肥城市非遗保护协会被评为山东省第二批非物质文化遗产生产性保护示范基地。协助配合中央电视台、山东电视台有关栏目对桃木雕刻民俗、演马金光牛肉制作技艺等非遗项目进行采访报道。

（张晓丽）

【文化产业】 年初，肥城万兴国际商品（桃木）有限公司被评为全省第五批文化产业示范基地。策划桃木商品推广交易、春秋古城文化园等7个项目，申报山东省重点文化企业项目库。文化影视创作和新媒体发展综合平台项目入选省新闻出版广播影视产业项目。借助全省文化产业信息服务平台的资源优势，发布项目招商、投融资信息8个。先后策划文化创意、数字印刷、文化旅游等类别项目6个，赴北京、深圳、济南等地推介招商。文创产业孵化器新引进移动互联网客户端研发、动漫设计、平面设计等项目5个，入孵项目总数达到16个，征途科技、金正动画两家上市企业在内设立全资子公司。以肥城市文化传媒集团为投资主体，成立肥城欣锐文化创意有限公司，作为孵化器的法人单位，探索市场化运作路子。被评为泰安市创客空间、泰安市科技孵化器项目。

（郭梁）

【文化市场规范化建设】 推进行政审批规范化，通过行政服务中心窗口一站式服务，在平台上运行审批环节，推动行政审批便利化、规范化、透明化和可预期；做好全市文化市场技术监管与服务平台上线应用有关工作，平台使用率达100%。做好网吧审批放开工作，解读互联网上网服务行业新政策，不断推进互联网上网服务行业转型升级，引导6家企业转型升级。全市有出版物印刷企业6家、数字印刷3家、包装装潢10家、其他印刷品30家、图书报刊零售119家、打字复印142家、内部资料10家。

（张颖）

【文化市场管理与执法】 结合创建国家文明城市，进一步强化执法监管，印发《肥城市文广新局推广随机抽查规范事中事后监管工作实施方案》，建立执法检查人员和检查对象“双随机”抽查机制，结合群众需求和重大活动节点组织开展2016“净网、清源、秋风、护苗”等专项整治活动，累计出动执法人员1089人次，检查文化经营场所528家次，取缔销售非法出版物的游商地摊18个，黑广播电台3个，收缴非法出版物1862份，立案10宗，吊销许可证1家，确保市场健康有序发展。

（张颖　宿谦）

【新闻出版管理】 开展版权保护宣传，桃木工艺总商会被评为全省版权示范单位。推进印刷企业绿色化、数字化、智能化发展，新华印刷公司被评为全省保护保全示范单位，被中国印刷技术协会授予“推进绿色印刷标兵企业”称号。开展星级示范农家书屋评选活动，仪阳街道荣获全省首届书香之乡，王瓜店街道被省评为示范书香之村，新城街道沙窝社区被评为省级示范农家书屋。

（张颖）

资料链接

马家埠民俗博物馆

马家埠民俗博物馆位于安驾庄镇马埠村，是以建于元末民初具有600多年历史的古建筑“丁家庙”为主扩建而成，共占地2600平方米。民俗博物馆集生活起居展厅、农耕生产展厅、文房四宝展厅、族谱契约展厅等7个展厅和1个传统民俗体验区于一体，共有陶瓷器、木雕家具、传统生产生活用具等各类展品500余种、3000余件，大部分由村民捐赠，展品年代主要集中在清朝中期至20世纪80年代之间，具有较高的历史参考价值。千姿百态的展品中，有的原本是生活中司空见惯的日常用品，有的则用活态展示，还原着数十年前古老的农耕生活。浇地的水车、磨豆腐的古辗、织布用的车、烧柴用的风匣，播放音乐的留声机……这些在电影里才能看到的古旧物品一一呈现在游客的视线

马家埠民俗博物馆

中，真正达到让游客“望得见山，看得见水，记得住乡愁”的意境。

广播电视

【概况】 市广播电视台下设广播中心、电视中心、广告中心3个中心（广播中心和电视中心为科级单位，广告中心为股级单位）和办公室、政工科、技术动力科、财务科、总编室、文体部、招商（工会）办公室、影视频道节目部、新媒体部9个科部室，全台共有干部职工211人，其中高级职称16人，中级职称43人。2016年，广播电视台干部职工攻坚克难，创新发展，新闻宣传、事业发展、安全播出等工作继续走在泰安市乃至全省的前列。市广播电视台连续三十年获得山东电台集体记者一等奖，并获得三十连冠称号，被评为山东电视台新闻宣传先进集体一等奖、全省统一供片先进单位、全省优胜发射台、泰安市广播电视宣传报道先进集体等。22件作品在省和泰安市获奖。

【广播电视宣传】 ①新闻宣传围绕中心，服务大局。高标准、高质量地完成各级领导视察、人大政协“两会”、创建全国文明城市、“两节一赛”活动、“两学一做”学习教育、纪念中国共产党成立95周年和红军长征胜利80周年、学习贯彻落实十八届六中全会精神等重要会议、重要调研、重大活动的宣传报道任务。围绕市委市政府中心工作和全市阶段性重点工作开设新闻栏目，组织重点报道，开设《述说十二五，展望十三五》《“两学一做”学习教育》《全民参与争创全国文明城市》《脱贫攻坚在行动》《坚持绿色发展，建设秀美肥城》《冲刺四季度，打好总决战》等40多个栏目。②专题宣传贴近基层，关注民生。成立电视社会新闻部，推出首档电视民生新闻栏目《肥城零距离》。《行风热线》《鲜花送文明》《桃都聚焦》《桃都先锋》《民生365》等广播电视品牌栏目，确保质量，不断创新，影响力日益扩大。广播、电视《鲜花送文明》节目组荣获全市敬业奉献道德模范荣誉称号。③对上宣传积极主动，成绩显著。广播在省电台发稿位居全省第三名，荣获全省广播宣传一等奖，蝉联集体记者一等奖30连冠；在泰安台发稿位居前列，荣获先进集体称号。电视在省电视台发稿居全省第12名，荣获全省电视宣传先进集体一等奖；在泰安台发稿位居六个县市区第二名，荣获新闻宣传先进集体称号。④广告宣传质量和水平进一步提高。围绕创建全国文明城市等活动，集中制作和播出“讲文明树新风”、未成年人思想道德建设等一大批公益广告。⑤影视剧宣传重点突出。按照国家和省市广电部门要求，围绕建党95周年和长征胜利80周年等重大主题，及早安排部署，播出电影300多部，电视剧8000多集。同时，高质量地完成流动电台、城市形象专题片、会议播音、活动主持、实况录像等临时性宣传服务工作。

【广播技术和事业建设】 年内，投入近万元新增广播中心录音调音台1台，直播话筒2只，广播专业采访机1部。105.2MHZ肥城调频全年播出及无线发射8700小时，101.6MHZ乐活调频全年播出5200小时。

【电视技术和事业建设】 年内，投入46万余元新购置数字高清摄像机3部，服务器配置非线编2台，办公电脑3台，社会民生部非线编1台、暗访机1部，700平舞台改造38.72平方米，DVD光盘、硬盘、显卡、鼠标、路由器等电脑耗材。全年开展包括第二届春晚、文体部少儿培训汇报演出、庆三八文艺演出、家具展、纪念五四运动97周年暨桃都青少年牵手基金成立仪式等大小演出活动21场次。肥城综合频道电视节目播出5642小时、肥城影视频道电视节目播出5570小时、肥城生活频道电视节目播出5541小时、党建文明电视节目播出5497小时，肥城一套电视节目无线发射4669小时、转山东公共频道电视节目无线发射5052小时。配合做好新电视塔规划施工，按照省市要求扎实推进全市地面无线数字电视建设。

（张爱民）

文　物

【概况】 6月，成立市博物馆，加挂市文物管理所牌子。坚持贯彻“保护为主、抢救第一、合理利用、加强管理”的工作方针，承担全市文物保护管理和博物馆的双重任务，负责全市文物调查保护、管理、征集、收藏与展览研究工作。至年末，全市有各类文化遗产218处，其中国家级文物保护单位1处，省级9处，泰安市级19处，县级87处。有馆藏文物2600余件（套），其中国家二级文物16件，三级文物341件。1月，洞灵观遗址、左丘明墓、陶南山馆等11处文物点被泰安市政府公布为第四批市级文物保护单位。6月，肥城市在泰安市内率先完成第一次可移动文物普查工作，在国家文物局普查平台共录入文物2672件（套）。9月，编写完成《肥城市第一次全国可移动文物普查工作报告》，全面反映全市第一次全国可移动文物普查工作的详细经过。12月，荣获山东省第一次全国可移动文物普查先进集体。年内，编制上报陶山朝阳洞石刻造像文保修缮方案，通过省文物局立项。上报新福泉酒文化博物馆、万隆书画博物馆、乡村民俗博物馆三个非国有博物馆项目。成立齐长城看管员队伍，9月，组织湖泉中学师生70余人开展“徒步古长城，争当小卫士”宣传教育活动。开展博物馆“三进”（即进社区、进校园、进军营）活动，以满足群众日益增长的精神文化需求，实现让收藏在博物馆里的文物“活”起来。年内，先后走进新城街道向阳社区、安驾庄中心小学、王瓜店街道王西小学和牛山空军某部队开展宣传活动，社会效果良好。

（孙健）

档　案

【概况】 市档案局、市档案馆合署办公，一个机构两块牌子，履行档案行政管理和保管利用两种职能，局（馆）内设人秘科、编研管理科、业务指导科、法制科4个科室，编制15人。至年末，实有人员10名。年内，市档案局践行“忠诚守护肥城记忆、忠实记录肥城轨迹、忠心服务肥城人民”的工作理念，着力规范提升基层基础工作，努力提高档案服务经济社会发展大局的能力，各项工作走到了省、市前列。获评“山东省档案宣传工作先进集体”“泰安市五星级党组织”“泰安市档案工作先进集体”“泰安市消防安全先进集体”等荣誉。

（吕筱敏）

【档案保管与利用】 ①档案保管。坚持不懈地通过各种渠道征集收集有价值的档案资料，年内，先后接收原肥城市政协主席刘方元捐赠的1985年国务院副总理田纪云到肥合影一张，王世芳捐赠的其父亲王汝为的革命军人家属证及转业军人证明书各一件，并进行数字化处理，接收社会各界捐赠的图书、志书、族谱等共计18册，并为捐赠人颁发收藏证书；接收市档案局2011—2015年共计283件档案进馆，同时补充完善其全宗卷及归档文件目录；严格按照档案“九防”要求对库房采取药物

市档案局工作人员到新城街道河西社区指导社区建档工作

防虫防鼠措施，清点年度使用频繁的档案资料，确保档案实体安全；将查档过程中发现的93卷零散、破损案卷重新装订、裱糊，并聘请专家抢救修复《肥城县志》《肥城县乡土志》等珍贵濒危资料；按照《国家档案局关于做好国家重点档案目录基础体系建设工作的通知》及《国家重点档案文件级目录数据采集操作办法》等文件要求，将列入国家重点档案的93件馆藏档案按照明清档案、民国档案、革命历史档案的分类重新著录。②档案利用。深入发掘馆藏档案资源，结合工作实际，先后编写《留住百年乡愁——清光绪三十四年〈肥城县乡土志〉三问》《肥城市档案局人防技防结合力保档案安全》《肥城市档案馆压箱底儿的老照片，重现“肥城·1960”》等微信，撰写《肥城市档案局（馆）完成2016年度电子档案异地容灾备份工作》《市档案馆开展国家重点档案目录基础体系建设工作》《市档案局数字档案馆续建项目正式启动》等工作信息并在微信平台和政务网发表；继续做好档案查阅利用服务工作，全年服务窗口共接待社会各界查档人员2924人次，提取档案资料3051卷次，提供证明3160份，共计5999页，为各单位和社会各界群众解决各类问题提供大量翔实可靠的依据。

（刘佳）

【档案监督与指导】 档案监督和指导工作以围绕中心、服务大局为核心，为市乡机关、企事业单位档案工作提供指导服务，不断加大对辖区内档案工作的监管力度。①印发《肥城市档案局关于做好2015年度立卷归档工作的通知》，安排部署全市2015年度立卷归档工作，要求各单位要按时保质完成年度立卷归档工作，不断提高各门类档案收集、整理、归档的标准化、规范化、科学化水平。②开展山东省档案工作科学化管理申报工作。通过实地查考、综合评议，确定公安局申报“山东省档案工作科学化管理示范单位”，教育局、老城街道、潮泉镇申报“先进单位”。市档案局及时跟进指导，确保4个单位顺利通过山东省档案工作科学化评估验收。③服务全市创城中心工作，举办各类培训会6次，共计培训400余人，不断提高全市创城材料准备标准，确保顺利完成2016年测评。④开展农村土地确权档案整理工作。与市经管办协调配合，制定符合本市实际的档案整理规则，专题培训15个镇街经管站工作人员以及598个村会计，共计722人。指导市经管办投资建设标准独立档案室5间，总面积280平方米，整理登记簿档案9632盒，图纸1700件，高标准完成土地确权档案整理工作。指导到全市15个镇街区、598个村土地确权登记颁证工作建档，确保全市农村土地确权登记颁证工作顺利通过省验收组验收。⑤日常业务指导工作。全年指导组织部、住建局等40多个单位文书档案、专业档案、档案馆库建设、档案工作制度等各方面的规范化和标准化建设，不断提升全市档案工作管理水平。⑥监督房管局、国土局做好房产登记簿档案电子数据移交工作，并在市档案馆进行电子数据备份。

（吕筱敏）

【档案法制宣传教育】 市档案局

坚持依法治档，强化档案行政管理职能，努力营造档案执法氛围，不断增强社会的档案法制观念。加强档案法律法规宣传，深入贯彻落实档案系统“六五”普法规划，参加“12•4”全国法制宣传日宣传等各项宣传活动，发放明白纸，扩大档案工作的社会影响。结合档案日常指导检查，加强档案行政执法检查，检查中发现问题的单位要求限时整改，不断提高全市档案工作法制建设。做好单位到期执法证年审和未申请执法证人员培训、申领工作，确保全部工作人员都有执法资格，完成单位执法人员行政复议应诉资格证申报。重新梳理行政审批事项、收费清单、权责清单，梳理新增非行政审批事项，梳理行政处罚与行政强制事项，制定《肥城市档案行政许可“双随机、一公开”监管工作实施方案》，完善执法人员名录库、随机抽查对象名录库、随机抽查事项清单。做好市县一体化政务服务平台网上审批事项工作流程的填报和应用测试。利用肥城档案微信公众号、肥城政务网等平台发布《市档案局安排部署全市2015年度立卷归档工作》《全市农村土地确权登记颁证档案工作通过省验收组检查验收》《“新老土改”见证历史变迁》等档案信息30余篇，不断提升档案工作影响力。

（吕筱敏）

【档案信息化建设】 探索和推进档案资源的信息化建设，年内，市档案局按照《关于转发＜关于在山东省电子文件（档案）容灾备份中心开展电子文件（档案）离线备份数据接收工作的通知＞的通知》文件要求，于5月份同山东省档案局（馆）签订《电子档案容灾备份异地存放协议》，首次将局域网及政务网数据库、系统、原文、网站数据等备份，使用专用存储设备存放至省档案局电子档案容灾备份管理中心，更大程度地确保档案数据安全。9月，按照国家档案局开展数字档案馆系统测试的工作部署，正式启动数字档案馆续建项目。根据《山东省档案局关于印发＜关于全面加强数字档案馆建设的意见＞的通知》要求，截至“十三五”结束须完成10万条条目著录（包括案卷级、文件级及人名级）、263万页档案原文数字化扫描、档案管理系统全文检索功能升级及档案自助查询系统配置等多项工作目标。在市档案局2006—2010年开展的数字档案馆一期工程中完成目录数据库248万条、原文数据库242万页、照片档案数据库2930张、多媒体数据库9898分钟，档案数字化率约占全部馆藏的40%。该续建项目结束后，档案数字化率将达到90%以上，除干部、纪检等少数几类特殊档案外，绝大部分档案无需再提卷调阅，可极大程度保护档案实体安全并提高查阅利用效率。

（刘佳）

图　书

【概况】 市图书馆建于1985年，1993年对外开放。至年末，有干部职工8人。年内新购图书6469册，报刊100余种，新建特钢社区、赵庄社区、湖屯张店社区、文广大厦、驻肥部队图书流动站5处，配送图书3727册。开展送图书下乡活动，为6个镇街文化站配送图书7160册、阅览桌椅62套、书橱书架16个，扶持老城街道大石铺村、潮泉张庄村两个贫困村阅览室图书2500册。探索数字阅读服务，购置两台电子书借阅机，安置在市委、文广大厦楼内，提供免费图书下载服务。开展“世界读书日”“服务宣传周”六进活动，采取主题讲座、读书交流、曲艺展演、书画展演等形式，帮扶开展书香机关、书香军营创建活动，营造多读书、爱读书的良好社会风尚。

（徐莉）

文　联

【概况】 市文学艺术界联合会（简称市文联），加挂市社会科学界联合会牌子，下设协会部和办公室两个科室。至年末，共有会员单位26个，会员3000余名，其中国家级会员25名，省级会员170余名，泰安市级会员680余名。文艺队伍专业分布合理，老中青比例适当，文化层次较高，队伍实力逐步增强。建有《桃花源》《桃都美术》《肥城书法》《肥城摄影》《桃都文艺》、肥城文联网等文艺平台，设有《艺术旅程》电视栏目，为文艺工作者艺术交流和施展才华提供广阔的空间。

【开展文艺活动】 文艺活动丰富多彩。举办全国曲艺名家书画展、“油墨彩”2016美术教师联展暨春秋美术馆迎新春美术展、山东水彩画写生基地及水彩名家写生活动及画展、“书画进万家，公益美中华”全国书画巡展肥城展、红色文化剪纸艺术展等展览14场；主办写春联送“福”活动、金猴献瑞和桃文化剪纸创作活动、首届“钜鼎金融杯”电视戏曲大赛决赛、肥城市首届“追逐艺术的太阳”中小学生书画大赛暨中国少儿绘画大赛选拔赛、2016大圣桃花书画笔会、“家国情怀”端午文学笔会，举办肥城市第一个诗歌学会文学创作基地揭牌仪式暨“故园之恋”诗歌朗诵会，创刊出版摄影杂志《肥城摄影》，与电视台联合承办原创民族舞蹈《风筝》，在泰山牡丹园举办摄影家协会泰山牡丹园创作基地成立揭牌仪式等活动11项；组织参加第二届泰山艺术节闭幕演出、文明肥城随手拍活动、“中华民族一家亲·同心共筑中国梦”民族团结进步宣传月文艺演出等6项活动。

【服务中心工作】 配合文明城市创建，开展“我为身边好人拍张照”活动，为9个省级以上身边好人拍生活照，并将他们的事迹在肥城手机台和文联网上宣传；参与市委、市政府《中国桃都美好肥城》画册制作，组织摄影集体采风活动3次，提供相关摄影图片；配合市政协“永远跟党走、坚决听党话”纪念建党95周年书画展，征集参展作品60余幅；开展“留住乡愁、最美桃都”文艺采风活动，在仪阳街道空杏寺村举办启动仪式，到安临站镇牛庄村等进行采风；到安临站镇圣井峪村摄影采风并提供摄影图片，配合圣井峪旅游开发；参与接待浙江省奉化市考察团到肥参观考察肥城市办节经验和桃文化相关工作。

【协会和基地建设】 市文联工作在泰安市文联工作会议上作典型发言；美术家协会在泰安年会上作典型发言；市摄影家协会在泰安年会上获组织工作奖；市音乐家协会参加泰安市纪念抗日战争胜利95周年歌手大赛，获得优秀组织奖；市曲协参加泰安市曲艺大赛，获得优秀组织奖。根据湖屯镇前兴隆村党支部书记贾爱云事迹，创作的报告文学《云之梦》在《山东文学》发表；武金凤剪纸《桃之夭夭》在桃文化创新大赛中获金奖。年内，共有7项作品获得国家级荣誉，有11项作品获得省级荣誉，有3人获得东岳文学艺术奖。在空杏寺、圣井峪村、黑牛山村等建立采风写生基地。

（刘家山　蒋海燕）

旅　游

【概况】 市旅游局（挂市外事办、市侨务办牌子）为市政府直属事业单位，核定编制8人，有工作人员7人。2012年8月，肥城市世上桃源旅游度假区管委会成立，为正科级全额财政拨款事业单位，与旅游局合署办公，人员编制8人，有工作人员4人。以全域旅游理念为引领，以休闲旅游为发展方向，创新工作举措，加大工作力度，实现“六创新、六突破”。旅游业发展后劲显著增强，旅游业在全市经济发展中的地位更加突出。年末，全市接待游客180万人次，实现旅游总收入23.5亿元，比2015年分别增长18.4%、27%。

【旅游规划】 聘请山东稼轩旅游咨询服务有限公司和山东省城镇规划建筑设计院分别编制完成《肥城市汶阳镇汪城宫村旅游发展总体规划》和《圣井峪村传统村落保护发展规划》，并通过专家评审。

【旅游景区开发】 牛山景区投资210万元对雄鹰石、葡萄沟及小十八盘三处地质崩塌遗迹进行加固完善；新建和改建旅游厕所各1处；在三岔河处建设长105米吊桥1处，引进青少年拓展器材1套；高标准建设景区游客中心1处；成功创建国家AAA级旅游景区。陶山景区投资300余万元，建设景区游客中心1处，旅游厕所2处；制作完善景区简介、导游图、导览标识牌、景物介绍牌、公共服务信息标牌、安全警示牌等旅游标识系统；购进绿色环保垃圾箱50个；对景区停车场铺设沙石进行硬化，在停车场周围及景区主干道旁种植2000余棵绿化苗木；成功创建国家AAA级旅游景区。迷你农乐园景区投资近500万元，建成核桃园、杏园、肥桃园、山楂园、石榴园、松树园、柿子园、樱桃园、李子园、蔬菜园等10个生态果园；建设游泳池、生态步游道、人工河道等园内娱乐设施；高标准建设大门、游客中心、旅游厕所、停车场、旅游标识等景区旅游基础设施；成功创建国家AA级旅游景区。恒昌农业金泰庄园景区投资500余万元，改造示范园内部路面1.4公里，栽植各类苗木200余株；新建水冲式公共卫生间2处，水冲厕位达到18个；开辟1处亲子游戏场地，完善游客中心、停车场，建设农产品展厅1500平方米、游客餐厅8个等;发展“互联网+旅游”经营模式，将农副产品与旅游、互联网紧密结合；成功创建国家AA级旅游景区。

【基础设施建设】 建设湖屯镇游客服务中心1处。新建改建旅游厕所37座。在孙牛路上设置五埠伙大门、圣井峪旅游度假村道路指示牌4个。发展国家AAA级旅游景区2处，国家AA级旅游景区2处，山东省旅游强乡镇1个，山东省旅游特色村3个，省级工农业旅游示范点3处，山东省精品采摘园3处，山东省开心农场3处，山东省三星级“好客人家”农家乐8家。

【中国肥城桃花节】 肥城拥有十万亩桃花园，春季桃花遍野，争奇斗艳，秋季果实累累，香飘万里，是真正的世外桃源，人间仙境。年内，成功举办第十五届桃花节。本届桃花节以“同抒桃乡情，共筑五城梦”为主题，坚持“简约节俭，企业主办”的原则，共组织策划活动20项，活动规模为历届之最。各项活动的成功举办，既为广大游客和市民朋友提供了一场丰富多彩的文化、旅游、休闲盛宴，也为中外客商在肥城投资兴业搭建了一个优质高效的载体平台，社会反响强烈，收到良好的经济效益和社会效益。

提升肥城形象。通过举办桃花节，让更多的外地游客来到肥城，近距离认识肥城，了解肥城。而“大而美，高而实”的文艺演出，影响广泛的全国桃木旅游商品大赛、经济合作洽谈会等一系列活动的举办，更进一步提升全市的城市旅游品位，使城市整体形象在更大范围内、更高层面上得到更加充分的展示。拉动服务业发展。桃花节是一项综合性的系统工程，通过各项活动的顺利开展，成功拉动交通运输、商业零售、餐饮住宿、休闲娱乐等相关服务行业的发展。有力拉动内需，促进全市经济社会发展。扩大对外交流合作。以大赛、经济合作洽谈会为代表，吸引来自全国各地的桃木企业和客商参会，既向外地展示“桃都”肥城的历史人文风情和经济社会发展成就，也为肥城带来其他地方先进的经济发展理念、文化理念，深化交流合作。推动桃文化产业发展。桃花节以全国桃木旅游商品大赛、桃花旅游、文化娱

桃花盛开（姜世杰 摄）

乐等多项活动为代表，以源远流长的桃文化贯穿始终，用活桃花和桃木资源，繁荣桃花经济，壮大桃文化产业，推动桃木加工产业规模的扩大和效益的提升，有力促进地方经济发展。

（董丽　李耀文　李红燕）

体　育

【概况】 市体育局以增强人民体质为根本，深化各项体育事业改革，全面推进体育工作协调、有序、可持续发展，全市体育工作实现新跨越、新发展。群众体育、体育产业再创辉煌。体育基础设施不断完善，农民体育健身工程快速发展，全年为96个行政村及镇街配发健身器材。年内，荣获山东省第六届全民健身运动会先进单位，山东省体育彩票工作突出贡献单位，泰安市老年体育工作先进单位、全民健身活动先进单位、群众体育工作贡献奖等荣誉称号。

（袁根华）

【群众体育】 4月9日，举办中国体育彩票肥城市2016年“康王河杯”第六届全民健身运动会；5月10日，在仪阳街道举行2016年全民健身月启动仪式暨“十里画廊”健步走活动；5月28日，举办2016年山东省第八届“万人象棋”泰安市第六届全民健身运动会暨首届“肥城白云书院”杯象棋邀请赛；8月8日，举行中国体育彩票肥城市2016年庆祝“全民健身日”活动启动仪式暨健身腰鼓比赛；9月19—20日，成功举办2016年山东省第六届全民健身运动会万人太极比赛；10月24—26日，举办山东省第六届全民健身运动会健身球操比赛。

（鹿向宁）

【竞技体育】 竞技体育在泰安市届赛中保持前三名的成绩。保持发展武术、散打、跆拳道、摔跤、柔道特色项目，带动田径、举重、乒乓球、游泳等项目的发展，先后向省泰安市输送出大批优秀运动员。校外基地陶阳矿学校被评为“泰安市优秀人才后备基地”。加强体教结合，打造传统项目学校、后备人才基地，年末，全市共有省级传统项目学校5所、泰安市级9所、后备人才基地3处，为肥城市竞技体育人才发掘提供强有力的保障。继续鼓励学校体育场馆向社会开放，先后有实验中学、龙山中学等8所学校向公众开放体育设施，有效缓解市民健身需求压力。

（王辉）

【体育彩票】 体育彩票销售呈现良好势头。电彩销量8454万元，即开型销量422万元，累计销量8876万元。站点数78台，网点布局更加合理。被评为山东省体育彩票工作突出贡献单位。

（冯国强）

9月20日，山东省第六届全民健身运动会万人太极（泰安赛区）比赛在肥城市举行

肥城年鉴

FEICHENG YEARBOOK

君子之邑

FEICHENG
YEARBOOK
2017

卫生和计划生育

- 综述
- 医药卫生体制改革
- 预防保健
- 医疗服务
- 中医中药
- 卫生法治与监督
- 人口和计划生育

卫生和计划生育

综　述

【概况】 年末，全市总人口99.3万人，已婚育龄妇女18.6万人。有各级各类医疗卫生机构558所，拥有病床4550张，卫生人员7310人，其中乡村医生、卫生员1128人。全市有医院18所，其中综合医院15所、中医医院1所、专科医院2所；基层医疗卫生机构520所，其中社区卫生服务中心（站）41所、卫生院13所、村卫生室413所、诊所（卫生所、医务室）53所；专业公共卫生机构3所，其中疾病预防控制中心1所、专科疾病防治院（所、站）2所；妇幼保健院1所、卫生监督所1所；其他卫生机构15所。全年出生13615人，出生率13.73‰，死亡6097人，死亡率6.15‰，自然增长7518人，自然增长率7.58‰。在出生人口中，合法生育13543人，合法生育率99.47%，出生人口性别比为106.29∶100；一孩出生4550人，占出生总数的33.4%；二孩出生8993人，占出生总数的66.1%，三孩出生72人，占出生总数的0.5%。妇女总和生育率（平均每个妇女生育子女数量）为1.87。全年共为27508对符合两孩以内生育政策的夫妇进行生育登记，审批生育证280例。

医药卫生体制改革

【基本公共卫生服务】 基本公共卫生服务经费标准提高到人均45元。城乡居民健康档案建档率81.65%。开展基层城乡家庭医生式服务，签约家庭7.67万户。重点人群健康管理率0—6岁儿童达到89%以上、孕产妇达到85%以上、65岁以上老年人72.04%；0—6岁适龄儿童预防接种建证率98%、建卡率98%，基础免疫接种覆盖率98%。新城街道社区卫生服务中心创建为全省星级（示范）社区卫生服务中心；石横镇、汶阳镇卫生院创建为全国群众满意的乡镇卫生院；新城街道社区卫生服务中心创建为泰安市社区卫生服务中心标准化建设与规范管理示范单位；王瓜店街道、石横镇、汶阳镇、安驾庄镇、安临站镇卫生院创建为泰安市乡镇卫生院标准化建设与规范管理示范单位。

【县级公立医院综合改革】 健全完善县级公立医院综合改革效果评价指标体系，强化对公立医院改革效果的考核评估，制定并与2家县级医院签订《肥城市2016年县级公立医院综合改革任务责任书》，继续实施综合改革目标管理。进一步落实改善医疗服务

新城街道社区卫生服务中心开展医疗服务质量提升年活动（刘杰 摄）

行动计划，提升医疗服务水平，改善就医感受，增强人民群众获得感。

【分级诊疗制度建设】 推进分级诊疗制度建设，市政府制定出台《关于加快推进分级诊疗制度建设的通知》，逐步形成基层首诊、双向转诊、急慢分治、上下联动的分级诊疗制度，实现“小病就医在基层、大病就医不出县，疑难、危、重、杂症到大医院”的目标。转发《山东省医师多点执业实施办法（试行）》，鼓励医师到基层、边远地区和其他有需求的医疗机构多点执业，推进形成分级诊疗格局。

【基本药物制度】 联合市财政局制定下发《关于开展基层医疗卫生机构实施基本药物制度绩效考核工作的通知》，对基层医疗卫生机构实施国家基本药物制度情况进行绩效考核，考核原则上一年一次。转发《山东省卫生和计划生育委员会关于执行新一轮药品集中采购结果的通知》，组织医疗机构优先采购新一轮药品集中采购中标产品，逐步消化库存，更换使用过渡期内药品。基层医疗机构配备使用的所有药品（中药饮片除外），必须通过省药品集中采购平台网上采购，杜绝网下采购、标外采购。

（张柏安　李庆华　徐辉）

预防保健

【传染病防控】 年内，报告发生甲、乙、丙类传染病 19 种计 2633 例，死亡 6 例，报告发病率为 270.82/10 万，死亡率为 0.62/10 万，病死率为 0.23%。与 2015 年相比，发病数上升 360 例，总发病率上升 15.72%；死亡数上升 3 例，死亡率上升 99.77%，病死率上升 76.92%。甲类传染病无报告，乙类传染病报告 14 种计 1407 例，丙类传染病报告 5 种计 1226 例，乙类传染病发病率为 144.72/10 万，丙类传染病发病率为 126.10/10 万。各种传染病百分构成分别为病毒性肝炎 35.66%、手足口病 23.78%、其它感染性腹泻 20.43%、肺结核 7.29%、猩红热 2.43%、梅毒 2.13%、流行性腮腺炎 1.71%、流行性感冒 1.71%、痢疾 1.52%、淋病 1.33%、百日咳 0.84%、疟疾 0.65%、布病 0.57%、麻疹 0.38%、出血热 0.30%、艾滋病 0.23%、伤寒 + 副伤寒 0.08%、乙脑 0.04%、急性出血性结膜炎 0.04%。居传染病发病第一位的是乙肝，发病 825 例，发病率为 84.85/10 万；居传染病发病第二位的是手足口病，发病 626 例，发病率为 59.61/10 万；居传染病发病第三位的是其它感染性腹泻病，发病 538 例，发病率为 55.34/10 万；居传染病发病第四位的是肺结核，发病 192 例，发病率为 19.75/10 万；居传染病发病第五位的是丙肝，发病 77 例，7.92/10 万；猩红热发病 64 例；流行性腮腺炎发病 45 例；细菌性痢疾发病 40 例；百日咳发病 22 例；疟疾发病 17 例；布病发病 15 例；麻疹发病 10 例；出血热发病 8 例；艾滋病发病 6 例。

【免疫规划管理】 年内，全市免疫规划以国家免疫规划疫苗接种率改善率为重点，组织实施扩大国家免疫规划项目，开展免疫规划疫苗常规接种。各接种单位为适龄儿童免费接种乙肝疫苗 30863 人次，卡介苗 11860 人次，脊灰疫苗 35851 人次，百白破疫苗 34557 人次，白破疫苗 9238 人次，含麻疹成分疫苗 26041 人次，流脑疫苗 30792 人次，乙脑疫苗 16862 人次，甲肝疫苗 11522 人次。八苗全程接种率保持在 90% 以上。继续组织开展二类疫苗推广接种，对重点人群接种水痘疫苗、b 型流感嗜血杆菌疫苗、23 价肺炎疫苗、口服轮状病毒疫苗、流感疫苗和狂犬病疫苗等二类疫苗 30 余种，计 98365 人次。4—5 月，组织实施脊灰疫苗免疫策略转换工作，及时停用三价脊灰疫苗并进行封存和回收，按照统一部署准时换用二价脊灰疫苗并纳入正常运转。常规开展适龄儿童疫苗查漏补种工作，坚持每年入托、入学儿童预防接种查验制度，接种证查验率达到100%，疫苗补种后免疫规划疫苗全程接种率保持在95%以上。落实免疫规划疫苗针对疾病监测与控制措施，使针对传染病控制在较低水平，维持无脊灰状态，白喉连续43年无病例发生，麻疹、甲肝、乙肝、流脑和乙脑等疫苗控制疾病的发病率均保持在历史最低水平。1—6月，组织开展预防接种规范管理专项活动。按照《肥城市预防接种规范管理专项活动实施方案》要求积极整改，使各项规范管理要求和措施落到实处。12月，在全省“2016年度科学发展免疫规划综合考核”中取得优良成绩。

【慢性非传染性疾病综合防治】①慢病及死因监测工作。全年共上报死亡病例7557张，报告死亡率7.63‰。3—4月，开展2014—2015年度人群死亡漏报调查及2011—2015年脑卒中（包括脑梗死、脑出血、蛛网膜下腔出血和未分类脑卒中）与冠心病（包括急性心肌梗死、冠心病猝死）的发病回顾性调查和漏报调查工作，完成肥城市2015年死因监测年度分析报告和2015年肥城市脑卒中/冠心病监测工作分析报告。②减盐防控高血压项目。1—3月，联合教育局、食品药品监督管理局、商务局及妇联开展减盐防控高血压百日行动，在全市中小学、餐饮单位、大型商场超市、妇女干部中广泛开展减盐宣传活动。上报学校减盐案例5份，采取减盐措施的餐饮单位230家，在5家大型超市开展“比比食品盐含量”大型宣传活动。4—5月，开展山东省基于社区高血压患者管理的减盐干预项目基线调查工作。5月3—4日，迎接历时10天的山东省疾控中心慢病所对基线调查工作的督导检查，参与调查对象143人，应答率83.63%。4—10月，完成第一、二次随访。5—10月，开展山东省联合减盐防控高血压项目人群终期评估工作，调查学生人群106人，并对安驾庄镇（马埠村、大龙村、店子村）、边院镇（陈洼村、姜堂村、南庄村）、新城街道（井楼村、东尚里村、巧山社区）3个街镇9个村的990人完成大型人群调查，调查重点人群67人，餐饮单位56家，餐饮单位负责人、厨师共计149人。11月22日，代表泰安市迎接省卫计委减盐防控高血压项目终期考核评估。

【艾滋病防治】全市共有艾滋病检测点16处，艾滋病筛查实验室4处。截至年末，16家艾滋病检测点开展艾滋病自愿咨询检测及4家艾滋病筛查实验室筛查手术病人、孕产妇等共46083人，其中阳性11例。

【精神卫生工作】全市累计建档4098人，在册患者3850人，全部录入“国家重性精神疾病基本数据收集分析系统”。患者检出率为3.96‰，管理率83.61%，规范管理率77.86%。对全市“686项目”（中央补助地方卫生经费重性精神疾病管理治疗项目）涉及的108名贫困精神病人给予免费发药补助，每月一次随访，每季度一次查体，每年一次疗效评估的项目服务，所有项目病人病情稳定。农村癫痫防治管理工作进展良好，共管理611人，其中苯巴比妥组427人，丙戊酸钠75人，合并组72人，死亡22人，退组15人。

【妇幼保健】依法规范妇幼健康服务管理，严格机构、人员技术准入。对从事母婴保健专项技术服务的医疗卫生单位和人员从严管理，依法审批，换发、校验《母婴保健技术服务执业许可证》《母婴保健技术考核合格证书》。年内，为17人新核发《母婴保健技术考核合格证书》。实施资源调配，应对全面两孩政策实施。年内，全市增加产科医护人员43人，儿科医护人员57人，产科床位79张，儿科床位64张，新生儿科床位11张，有效缓解资源紧张情况。提升急危重症孕产妇和新生儿救治能力，市人民医院确定为全市急危重症孕产妇区域救治中心和急危重症新生儿区域救治中心。市妇幼保健院被评为“泰安市三八红旗集体”。

（孙英艳　辛欣　刘秀惠）

【信息化建设】卫生计生专线网络建成，专网覆盖各镇街计生服务部门和全市助产机构，启用山东省住院分娩实名登记管理系统。8月，在原有系统升级完善的基础上，山东省出生医学证明管理及住院分娩直报系统上线运行。

（赵侃）

医疗服务

【医疗质量管理】 ①合理利用医疗资源。制订《肥城市医疗机构设置规划（2016—2020年）》。围绕“保基本、强基层、建机制”的要求，进一步深化医药卫生体制改革，加快构建现代化医疗卫生服务体系，规划以合理利用医疗资源、公平提供高质量的基本医疗服务为目的，对全市医疗机构统一规划布局，健全市、镇（街道）、村（居）三级医疗服务网络，提升医疗服务能力和水平，促进医疗卫生事业持续健康发展。②开展医疗机构医疗废物处置监督集中检查。根据卫生行政部门工作部署，市卫生局印发方案，组织专家对各单位医疗废物处置情况进行抽查，掌握全市各镇街卫生院、市直医院医疗废物处置的基本情况，存在的问题和薄弱环节，提出整改意见，不断改善医疗废物管理的基础设施，促进医疗废物管理走向规范。③开展血液管理专项督查活动。贯彻卫生系统“医疗服务质量提升年”活动精神，坚持以人为本，以人民群众满意为出发点和落脚点，落实血液管理相关法律法规要求，坚持查严、查实、查细的原则，督促指导各医疗机构进一步加强血液管理，科学认识并有效消除血液安全隐患，强化血液安全意识，落实血液安全责任，提高血液管理工作质量，做到采血、储血、供血和用血管理、监督“四到位”，使临床用血安全得到有效保障。④加强医院感染管理。对医院感染管理进行督导，进一步落实《传染病防治法》《医院感染管理办法》《医疗废物管理条例》等法律法规和《基层医疗机构医院感染管理基本要求》等文件规定，加强和规范医院感染管理，查找县级医院和基层医疗机构医院感染管理存在的问题，有针对性的采取措施，标本兼治，持续改进，全市县级医院和基层医疗机构医院感染管理能力和水平得到提高。⑤加强医疗质量规范化管理。完善审核程序，严把准入关，成立肥城市麻醉、病理、检验等10个质控中心，各专业质控中心设立专家组，由全市相关专业专家组成。

【城乡对口支援】 坚持“人民群众得实惠，医疗机构可承受，卫生事业发展可持续”原则，2家市直医院作为支援医院与14家受援镇街卫生院签订对口支援关系。落实对口支援工作各项措施，帮助受援镇街卫生院巩固和提高专业技能，实现支援与受援双方互赢，逐步缩小城乡医疗卫生差距。年内，两家县级医院派出前往卫生院进行对口支援帮扶工作医疗技术人员40名。在支援期间，多次开展临床示教及查房工作。努力帮助受援卫生院培养骨干和科室带头人，完善受援

市卫生局联合山东容大医药有限公司在王瓜店街道和湖屯镇卫生院开展精准扶贫义诊活动（张玲　摄）

医院的工作制度和技术操作规程，规范和改进管理流程，提高医院管理水平和服务水平。积极支持并免费接收受援卫生院医务人员进修，对卫生院医务人员进行专业技能培训。

市人民医院举行义诊活动（刘杰 摄）

【医学科技教育】 完成年度医师护士考试工作，65人参加全国护士执业资格考试，366人参加国家医师资格实践技能考试，185名参加综合笔试考试。完成20名全科医师转岗培训工作，均考核合格。

【推行医疗责任保险】 联合市综治办、市司法局、市财政局、市金融办印发《关于在全市医疗机构推行医疗责任保险的实施意见》，在二级以上医疗机构推行医疗责任保险，鼓励其他医疗机构参加。成立肥城市医疗责任保险工作领导小组和谈判小组，谈判小组成员由市医调中心主任和四家二级以上医疗机构的相应专家组成。委托第三方通过竞争性磋商的方式选出保险中介和保险公司，并推动二级以上医疗机构签订合同尽快实施。

（李庆华 徐辉）

【市人民医院】 市人民医院编制床位1469张，设临床专业科室45个，医技科室8个，在职职工1475人，其中高级职称专家66人，硕士研究生74人，特聘省级专家8人，门诊业务量41万余人次，出院病人5.9万余人次，床位使用率89.69%。相继开展“医疗服务质量提升年”“三升一增”“服务百姓健康行动”义诊、卫生应急知识“十进”等活动，新增医保咨询处、病历复印登记处、候诊排队叫号系统，方便群众就医。新购置口腔CT、乳腺机、DR拍片机、GE大C型臂数字减影系统、爱尔康玻璃体切除设备、眼科超声乳化治疗仪等医疗设备。年初，成立麻醉、病案、护理等10个医疗质控中心，扩大临床路径范围，开展抗菌药物专项整治；应对全面两孩政策需求，扩大产科病区，开展产后康复与盆底功能诊疗并建立母婴健康管理平台；成立尚德俊周围血管病传承基地，血管外科走上发展快车道，开展的滤网置入取出术、支架置入术、球囊扩张术填补肥城市医疗技术空白，达到国内领先水平。普外科腔镜下治疗术完成485例，胸外专业开展胸腹腔镜食管癌根治术138例。全年共开展医疗、护理业务学习100余次，派出14人外出进修学习，开展大型业务讲座10余次。4月，与泰安日报社合作，改版发行《桃都医风报》。10月，建立“肥城市人民医院中国脑卒中红手环志愿者服务团”，并通过中国脑卒中中心授牌认证。成功举办癌症早诊早治中国行——肥城站2016年度消化道癌早诊早治项目培训班和“健康大讲堂”活动，医院被山东肿瘤防办批准成立“山东省消化道肿瘤内镜诊治技术培训中心”。荣获泰安市文明单位、泰安市离退休干部先进集体、泰安市急危重症孕产妇救治技能竞赛三等奖，心脏检查科被评为肥城市“十佳文明示范窗口”，骨三科被评为肥城市“青年文明号”，病理科被批准为“肥城市病理诊断中心”和“泰安市临床重点专科”。

（张景旺）

【市中医医院】 年末，市中医医院编制床位500张，在编职工405人，其中副高级以上技术人员39人，山东省五级师承导师4人，泰安市名中医4人，泰安市名中医培养后备人才3人，泰山医学家1人，肥城市专业技术拔尖人才4人，硕士研究生55人，博士1人。主任医师郝晓成为山东省五级师承省市级指导老师，尚海峰主任医师工作室被评为2016年全国基层名老中医药专家传承工作室建设项目。全年完成门诊、急诊29.2万人次，出院病人2万人次，分别比上年增长12%和6%。投资购置高端四维彩超、骨科C型臂、呼吸机、透析机、钬激光等专业技术设备。增设妇产科床位20张。举办全国第四届细银针和红外热像诊疗学习班、泰安市冠脉介入诊疗研讨会、肥城市第二届肛肠专业学术交流会。以中医特色为基础，以微创、介入为突破，开展新技术、新项目，申报山东中医药高等专科学校科研专项课题4项，“肝脏局灶性结节增生的CT灌注及磁共振的诊断研究”获得泰安市科技进步三等奖，11篇论文在泰安市第十二届自然科学论文评选中获奖。顺利通过全国百姓放心示范医院动态管理第五周期考核，医院妇委会被评为山东省城乡妇女岗位建功先进集体，刘光西被评为中国医院协会优秀医院院长，检验科被评为山东省“一单通”认可单位。医院被确定为山东省基层中医药适宜技术服务能力建设项目单位，肥城市“直肠癌流行病普查培训基地”。疼痛科、临床细胞分子遗传专业两个诊疗科目顺利通过泰安市卫计委审核验收，增设为医院的诊疗项目。针灸科被确定为山东省“十三五”中医药重点专科建设单位。

（张国强）

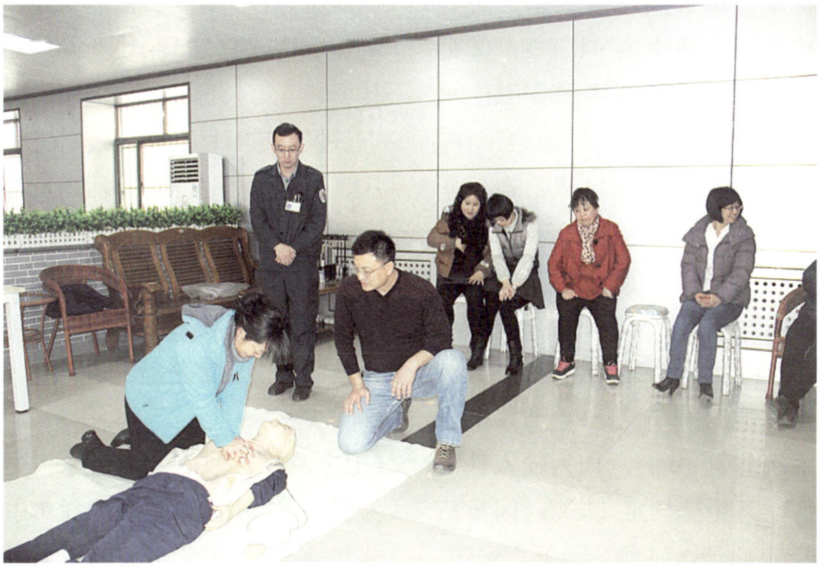

市中医医院送急救知识进社区（鲍圣波 摄）

中医中药

【概况】 发挥中医药特色优势，推广中医药适宜技术，推进中医药特色服务进农村、进社区、进家庭。3月28日，市中医医院心血管科被省卫计委公布为山东省中药服务能力提升工程项目第四批中医药重点专科评审验收合格单位。5月13日，老城街道卫生院、汶阳镇卫生院被确定为2016年中医馆项目。6月24日，12人（报名21人）通过2016年传统医学确有专长考核。7月21日，市中医医院针灸科确定为山东省“十三五”中医药重点专科建设单位。8月10—13日，在全市开展中药饮片管理专项检查，检查对象包括14家镇街卫生院、社区卫生服务中心，部分村卫生室、社区卫生服务站。10月12日，迎接省基层医疗卫生机构中医诊疗区（中医馆）服务能力建设项目和山东省中心卫生院国医堂项目省级考核评估专家组对桃园中心卫生院、边院中心卫生院国医堂建设评估。12月3日，在市中医医院举办第二届中医肛肠学术交流会。12月26日，尚海峰被确定为2016年全国基层名老中医药专家传承工作室建设项目专家。

（石跃革）

卫生法治与监督

【卫生法治】 落实《2013—2015年全市卫生监督员培训规划》要求，提高监督员业务素质。12月，对全市各镇街的卫生监督协管员进行业务培训。通过开展法治宣传月、职业病防治宣传周、生活饮用水宣传周、食品安全宣传周等活动进行卫生法治宣传，共发放各种宣传资料5000份，提高市民法律意识和自我保护能力。

【卫生应急】 坚持和完善突发事件卫生应急风险评估机制，落实监测预警制度。重新组建卫生应急专家咨询委员会成员及各类卫生应急队伍，提高处置突发事件能力。巩固和扩大卫生应急示范区创建成果，夯实基层卫生应急工作网底。完善通讯保障措施，强化应急值守，确保各类突发事件卫生应急及时有效处置率达到100%。开展应急资源储备工作普查。市人民医院、市中医医院、市疾控中心三家市直单位分别进行应急演练，提高应急处置能力。自11月开始在全市范围内开展卫生应急知识十进活动。

【红十字事业】 2例捐献志愿者实现成功捐献，其中一例捐献者事迹在《泰山晚报》肥城版进行宣传报道。对6名符合条例的农村贫困心脏病、白血病0—14岁儿童进行小天使、天使阳光基金登记。征订《红十字报》《博爱》19份。把泰安市红十字下拨的50份米、面、油、现金等发放到全市建档立卡贫困群众手中。

【地方病防治】 ①碘缺乏病防治。全年完成日常碘盐监测216份，合格率100%。3—4月，开展中央补助山东省公共卫生专项资金居民碘盐监测工作，碘盐覆盖率为95.67%，碘盐合格率均为89.67%。5月，组织开展全市碘缺乏病防治日宣传活动。按照上级要求开展中央补助山东省重大公共卫生服务地方性氟中毒健康教育项目工作，对省级卫生扶贫村进行地方性氟中毒防治知识宣传，采集9份水样送泰安市疾控中心检测，合格率为100%。11月，开展2016年高氟村改水工程调查及水砷水氟监测调查工作，共采集9个街镇72个病区村的144份水样送泰安市疾控中心进行检测，合格率为94.44%。②疟疾防治。指导各级医疗卫生机构开展“三热病人”血检工作，全年共计血检2844人，血检率2.87‰，复检血片334张，复检率11.74%，符合率100%，其中阳性人数4人，阳性率0.14%。对35名从高疟区回国劳务人员进行血检和调查。全年共报告疟疾病例16例，均为输入性病例，其中恶性疟11例，间日疟4例，卵形疟1例，无死亡病例。全部病例均按照要求进行规范治疗和流行病学调查，疫点处置率100%。春季对2015年1例间日疟进行休止期根治治疗。4月26日，在第9个“全国疟疾日”，各医疗单位进行了疟疾防治知识宣传；5月19日，对全市各医疗机构进行疟疾防治综合技术培训；6月7日，举办全市医疗机构镜检人员培训班，培训人员全部考核合格；11月3日，代表泰安市顺利通过省卫计委消除疟疾市级考核评估。

【健康教育】 利用《今日肥城》、广播电台、电视台、《泰安卫生报》、微信平台、网站等新闻主流媒体，传播健康知识，普及疾病预防知识，培养健康生活方式。利用各种宣传日等卫生宣传活动，开展重点疾病防治知识宣传和健康知识普及，不断增强群众卫生意识和自我保健能力。全年共开展健康教育宣传周、世界卫生日、世界无烟日、减盐防控高血压等各类宣传日活动15次，制作宣传版面300余块，发放宣传资料5万余份。开展健康教育“五进”（进社区、进学校、进村庄、进机关、进工厂）活动，举办各类健康知识讲座120余次。开展公共场所禁烟活动，印制戒烟标识2万余份，为全市公共场所全面禁烟奠定基础。

【卫生监督】 ①生活饮用水卫生监督。重点开展城区及农村集中式供水卫生监督监测工作，对城区集中式供水单位的水源水水质66份及东、西水厂的出厂

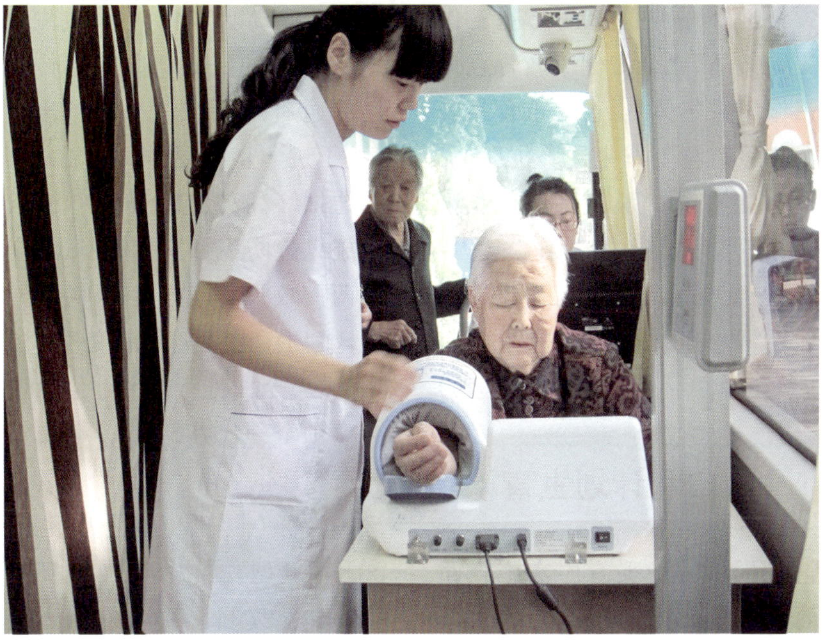

新城街道社区卫生服务中心公共卫生查体车

水8份、末梢水132份进行采样检测，合格率100%，水样检测合格率通过卫生局网站向社会进行公布。供管水人员健康体检率100%；重点监督检查厂区卫生、消毒设备的使用情况及自来水公司的日常监测工作，保障城区居民饮水安全。完成国家关于农村饮用水监测项目的监测任务，进行枯水期、丰水期水质监测，共检测出厂水及末梢水70份，合格43份，合格率为61.43%。在全市开展现制现售饮用水卫生监督检查工作，采集102份水样，合格率98.04%。对全市农村饮用水监测工作开展情况进行督查，争取财政支持，完成农村水质监测100份，保证农村饮用水水质监测的整体推进。②公共场所卫生监督。3月1日，依照国务院规定，不再对饭馆、餐厅、酒吧、茶座场所进行卫生监督。全年共出动卫生监督人员2610人次，车辆320车次，监督检查美容美发场所217家，宾馆住宿66家，洗浴11家，文化娱乐场所24家，商场超市35家，公共用品用具消毒效果检测1516件。核发《公共场所卫生许可证》78家，开展公共场所从业人员健康查体1.96万余人次。6月，组织开展以游泳场所为重点的卫生专项整治行动，共出动车辆12台次，出动监督员28人次，监督检查7家次。6—9月，配合全市国家文明城市创建，开展公共场所“四小”行业专项整治工作。继续推进公共场所卫生监督量化分级管理，在住宿场所、美容美发场所、游泳场所、洗浴场所全面实行量化分级管理，量化分级实施率达100%。A级单位11家，B级单位27家，其中住宿业A级5家，B级8家；美容美发业A级5家，B级16家；沐浴场所A级1家，B级3家。其余为C级单位。③学校卫生监督。以《生活饮用水管理办法》《全国学生常见病防治方案》等法律法规为依据，组织人员对全市127处中小学校进行常见病、传染病的督导。④生活饮用水管理。对所有向学生提供饮水的学校进行生活饮用水的检测，检测率100%。对全市所有88391名中小学生进行健康体检，中小学生的视力不良率为30.71%、肥胖率为16.15%、龋齿率为10.05%，体检数据及时上报山东健康体检数据系统，及时进行学生健康评价报告的反馈。⑤放射卫生监督。对34家放射诊疗单位的执业条件、持证情况、放射诊疗工作人员个人剂量监测和健康检查以及受检者防护措施等方面进行监督检查，并及时填报卫生监督信息。对2家单位发放放射诊疗许可证，并完成32家单位放射卫生许可证的校验、换发工作。对2家放射诊疗单位进行卫生行政处罚，已全部结案。11月，举行两期放射工作人员学习考试，共有276名放射工作人员参加，考试成绩全部合格。⑥食源性疾病监测。山东省卫生计生委新增肥城市中医医院、肥城市第二人民医院、肥城矿业中心医院为食源性疾病监测哨点医院，全市监测哨点医院增至4家。全年报告食源性疾病694例，报告食源性疾病暴发事件6起，中毒人数13人，无死亡。⑦医疗市场监管及传染病监督工作。对辖区内513家医疗机构进行监督检测，下达书面不良执业行为记分表400余份，下达书面监督意见书52份；对无证行医行为进行严厉打击，立案处罚19家；对辖区内7家餐饮具消毒企业开展专项整治，对消毒企业的选址、工艺流程进行全面的监督，对消毒餐具进行检测采样。

【市疾病预防控制中心】 市疾病预防控制中心（肥城市卫生局卫生监督所）为全额拨款的一级事业单位。人员编制98人，有干部职工81人，其中管理人员6人，专业技术人员72人（在聘高级职称人员6人，中级职称人员24人，初级职称人员42人），工勤人员3人。设办公室、财务科、总务科、档案设备科、稽查科、行政服务科、公共卫生监督科、医疗机构监督科、职业卫生监督科、学校卫生监督科、宣教科、理化检验科、微生物检验科、质量管理科、免疫规划科、艾滋病防治科、药械科、地慢科、结防科、查体科、医学影像科、临床检验科等职能科室25个，承担全市疾病预防控制、卫生监督执法、卫生检测检验、健康教育宣传培训、突发公共卫生事件处置、各类健康查体等工作任务。2016年被评为“山东省文明单位”“全省消毒与感染控制工作先进集体”“全省食品安全风险监测工作先进集体”“2014—2015年度山东省慢性非传染性疾病防制工作先进集体”“全省健康教育宣传工作先进集体”“泰安市食品安全风险监测工作先进单位”“卫生计生系统女职工建功立业标兵岗”“慢病监测工作先进集体”“免疫规划业务工作先进集体”“平安肥城建设先进单位”。

（孙英艳　刘秀惠）

人口和计划生育

【概况】 ①稳妥有序实施全面两孩政策。先后三次采取入户调查、网络调查、问卷随机调查等不同方式，开展生育意愿调查并进行风险评估，准确把握全市人口形势、群众生育意愿、生育水平状况，预测未来一个时期全面两孩政策对全市出生人口的影响，制定应对措施和手段，加强风险防控。下发《关于认真做好全面两孩政策落实工作的通知》，与市委宣传部联合出台《关于开展〈中共中央、国务院关于实施全面两孩政策改革完善计划生育服务管理的决定〉主题宣传活动的通知》。3—5月，相继出台《关于进一步方便群众办证办事的通知》《肥城市全面两孩政策实施风险防控预案》《肥城市全面两孩政策实施方案》《关于开展计划生育服务管理制度改革的通知》。全面推行“计划生育服务事项全程代办制度”，由市镇村三级计生人员“接力”全程办理，为群众提供免费代办服务。②开展转型发展大学习大调研活动。5月27日，制定出台《关于在全市开展计划生育工作转型发展大学习大调研的活动方案》，加快实现计划生育工作“三个转变”。9月28—29日，作为大学习大调研活动具体表现形式的全省第一届计划生育基层服务管理技能竞赛省级总决赛在肥城市举办并取得圆满成功，得到省市领导和兄弟地市一致好评，肥城市被山东省卫生计生委、山东省总工会授予“全省第一届计划生育

聘请省齐鲁医院专家举办优生知识讲座（石磊　摄）

基层服务管理技能竞赛团体优秀奖”荣誉称号；在泰安市举办的计划生育基层服务管理技能竞赛中，被泰安市卫计委、泰安市总工会授予“全市计划生育基层服务管理技能竞赛团体一等奖”，桃园镇计划生育办公室统计员谢连荣被泰安市卫计委、泰安市总工会评为“全市计划生育基层服务管理技能竞赛综合特等奖”，并颁发“振兴泰安劳动奖章”。③争创全国计划生育优质服务先进单位。3月22日，出台《创建全国计划生育优质服务先进单位实施方案》。7月22日，市委、市政府办公室联合印发《肥城市创建全国计划生育优质服务先进单位的实施方案》。8月10日，召开全市人口和计划生育工作暨创建全国计划生育优质服务先进单位动员大会。全市计划生育工作达到领导保障到位、综合治理到位、规范管理到位、优质服务到位、社会评价优良的“四到位一优良”的目标。12月29日，被国家卫生计生委正式命名为“2014—2016年全国计划生育优质服务先进单位”。④加强信息共享，提升服务效能。强化人口共享信息应用，利用幸福家庭指导站平台，每天反馈婚姻变更信息，及时纳入服务管理。4月18日，肥城市“设立幸福家庭指导站，为群众提供一站式服务”的先进经验被山东省人口和计划生育领导小组授予“2015年度全省计划生育服务管理创新奖”。充分发挥省级共享信息平台和医疗机构作用，将基层未及时掌握的出生人口信息统计上报。强化孕产妇信息应用，利用孕产妇健康管理信息，对孕情无故消失人员严格回推倒查，严肃查处“两非”案件。不断提升信息化建设水平，在城区20个社区布设计生内网，试点村级人口信息直报制度，提高出生人口统计信息质量。出台《关于进一步提升人口统计信息质量的通知》，实施出生人口动态监测点工作。12月2日，出台《关于进一步规范计划生育审查工作的通知》，继续坚持党政一把手亲自抓、负总责，严格落实计划生育“一票否决”制度。

（陶国杰　王斌　荣翠翠）

【计划生育协会】 继续推进实施全国计划生育基层群众自治示范县项目工作，市计生协会组织建设得到进一步发展，列入群众团体序列，编制增加至11人，设立办公室、组织宣传部、群众工作部。推进计生特殊家庭帮扶关怀工作，联合有关部门、单位，大力实施“双联双帮”“两全帮扶”等活动，形成长效工作机制。开展“金秋助学”活动，为考取大中专院校的计生困难家庭学生106人，发放助学金14.4万元。开展计生家庭意外伤害保险工作，发动18150户计生家庭参加保险，提高计生家庭抵御风险的能力。5月18日，在中国计生协召开的第八次全国代表大会上肥城市被授予“全国计划生育协会先进单位”。

（宋勇）

【宣传教育】 制定下发《关于开展中央决定主题宣传活动的通知》，利用电子屏、宣传车进行专项宣传。市体育场电子屏定期更新计生内容并每天2小时播放，电子屏宣传车在元旦、711世界人口日和国庆节期间在各镇街巡回宣传60余天，重点宣传计生法律法规和“桃都人口奖”“桃都幸福家庭”“幸福使者”等先模事迹。8月9日，肥城市“扎实开展‘双舞美’活动，努力探索新形势下宣传教育工作新路子”被泰安市人口和计划生育工作领导小组办公室评为2015年度人口和计划生育创新奖；利用肥城市人口计生局网站及桃都幸福家庭微信公众平台不断丰富妇幼、卫生、优生优育、法律法规等知识，接受在线咨询1000余条，并及时回复，群众满意率95%以上。在市人口早期发展促进会开展的桃都幸福家庭·萌宝秀微信评选活动中，桃都幸福家庭微信号关注人数达到16万人。在泰安市级以上媒体杂志发表稿件200余篇，其中《中国人口报》14篇（头版3篇）、《中国人口杂志》1篇、《人口健康报》12篇（头版2篇）、人民网2篇、大众网22篇，齐鲁网、《泰安日报》《泰山晚报》等媒体100余篇。继续开展人口早教示范基地建设，重点培植王瓜店朱

7月28日，市计划生育基层服务管理技能知识竞赛决赛举行（尹涛 摄）

庄幼儿园和潮泉幼儿园早教示范基地，申请专项资金，完善相关设备，并联系早教机构对基地教师进行培训，开展早教讲座，取得良好的效果。开展育婴师培训工作。联合相关单位对全市600名镇街村居基层计生工作人员进行育婴师培训，促进基层人口早教工作。开展基层调研，理论研讨和学术交流，撰写的《转型发展下基层人口计生工作重点和方向的思考》理论文章相继在《中国人口报》等刊物发表，并参加在四川眉山召开的完善全面两孩政策配套措施专题研讨会。把综合治理出生人口性别比、严厉打击“两非”（非医学需要的胎儿性别鉴定、非医学需要的选择性别的人工终止妊娠行为）行为作为计生工作突出的重点，标本兼治。完成上级下达的一例“两非”案件任务，出生人口性别比为106.29 ∶ 100，保持在正常范围之内。

（尹涛）

【依法管理】 ①完善依法行政长效机制。结合全面两孩生育政策调整，按照新修订的法律法规要求，进一步衔接完善独生子女父母光荣证办理、社会抚养费征收、利益导向政策落实等直接关系群众切身利益的权力行使，进一步完善人口计生干部依法行政长效机制。②规范依法行政服务管理行为。进一步简政便民，不设置任何障碍，真正做到规范文明执法。继续落实好计划生育收费“三规范一公开”（规范计划生育收费项目的主体、标准、程序，实行收费公开制度）工作制度。③强化执法监督，健全依法服务管理网络。办理群众来访来电、3650000民生热线和上级转办等案件，主动化解常规性计生信访问题，对首接负责制、分级办理制、限时办结制、责任追究制、定期通报制等制度进行进一步规范和完善，形成有序、高效的信访工作机制。继续实施“分级落实、分类督办、联合行动”为主要内容的“两分一联”疑难问题破解工作机制，对存在的计划生育疑难问题和信访个案按照“分级落实、分类督办、上下联动、限期整改、挂账销号”的原则，由市、镇、村三级分层次、分重点加以解决，做到事事有回音，件件有结果。

（高西水）

【流动人口计划生育服务管理】 ①制度建设。建立健全流动人口基本公共服务均等化工作机制，与市综治办、公安、卫生、计生、人社、教育、民政、司法等十个部门单位联系接洽，联合制订出台了《肥城市流动人口基本公共服务均等化推进工作实施方案》。②活动推进。大力开展“流动人口三关爱志愿服务行动”，组建爱心志愿者队伍81个，发展会员12000余人，为8000多个家庭提供服务，为3000多名需要帮助的留守儿童提供作业辅导、心理疏导、精神慰藉、困难帮助等方面服务，为5000多名留守老人开展心理咨询、精神慰抚和困难帮助等结对帮扶活动。建立“爱心服务站”256个，发挥服务站日间照料中心作用，为1000多个留守老人提供居住生活和娱乐活动等方面的照料。在生育证办理、优生优育指导、生殖健康服务、计生待遇落实等方面，开通“绿色通道”，实施代办和上门服务；市镇计生协会在开展的“金秋助学”活动中，先后为300多名困难学生提供专项奖励基金；各村居均结合《双向约定》的修订和推行，有针对性地制定落实优先优惠政策规定。③机制创新。广泛建立桃都人口联谊会，北京、济南、青岛、潍坊、唐山、晋城、信阳、石狮、深圳、杭州等全国21个城市分会相继建立，并在城区建立“桃都外来人口联谊会”，辐射联系全市流出人口9.1万人，占全部流出人口的81%。联谊会及其分会共组织开展各类爱心公益活动120余次。济南分会开展“2016最美桃都人评选”“2015到家乡采摘肥城桃”“为家乡捐资筑路”等活动；北京分会开展“为独生子女家庭白血病患者雷丽媛捐款救助4.8万元”活动。出资5万余元，为新城街道20个社区三优驿站配备办公桌椅、档案橱、和服务管理版面，进一步加强城市社区计生阵地建设。

（王涛）

【妇幼保健】 对从事母婴保健专项技术服务的医疗卫生单位和人员从严管理，依法审批，换发、校验《母婴保健技术服务执业许可证》《母婴保健技术考核合格证书》。为17人新核发《母婴保健技术考核合格证书》。积极应对全面两孩政策实施，全市增加产科医护人员43人，儿科医护人员57人，产科床位79张，儿科床位64张，新生儿科床位11张。提升急危重症孕产妇和新生儿救治能力，确定市人民医院为市急危重症孕产妇区域救治中心和急危重症新生儿区域救治中心。肥城市妇幼保健院被评为2016年度“泰安市三八红旗集体”。

（辛欣）

桃都外来人口联谊会揭牌仪式（王斌 尹涛 摄）

【队伍建设】 稳定加强镇村计生队伍，按照“年轻化、知识化、女性化”的要求，重点抓好村级队伍网络建设，村计生委主任工资实行市级统筹，每月基础工资400元，绩效工资由镇街发放，每月不低于100元，在此基础上，全面推进其他专职人员工资镇级统筹发放。开展“计生工作转型发展大学习大调研活动”，举办市镇村所有计生人员参加的计划生育基层服务管理技能知识培训班，开展计划生育基层服务管理技能竞赛活动。

（王斌 荣翠翠）

【计生利益导向机制建设】 ①落实现有利益导向政策。根据《山东省人口与计划生育条例》及泰安市委、市政府关于计划生育利益导向机制建设文件精神，把各项法定奖励政策和优先优惠规定全部落实到位。全市18周岁以下独生子女父母家庭6.6万个，发放独生子女父母奖励费534万元，全市独生子女父母奖励费落实率100%；对“失独”家庭特别扶助标准由每人每月500元提高到600元，全市享受计划生育奖励扶助和特别扶助人数分别为10113人和539人，共发放扶助金1307.47万元。②重点解决退休独生子女父母养老补助落实难问题。按照《肥城市人民政府办公室关于认真落实市属企业职工中独生子女父母退休时一次性养老补助政策的通知》，明确一次性养老补助的适用范围和资金来源，全市落实发放市属破产改制企业退休独生子女父母一次性养老补助金333.3万元。

（刘树丽）

【科技服务工作】 重点加强对全市计划生育技术服务机构的监管，加强对15个计划生育服务站监管监督，落实免费计划生育基本项目技术服务，生殖保健查体18万人次，药具发放13万人次，优生优育培训1.6万人次。推进国家免费孕前优生健康检查工作，参加免费孕前健康检查14108人次，目标人群覆盖率达100%，艾滋病初筛14695人次，孕前优生检查结果暨评估建议告知率、高风险人群优生咨询指导服务率、早孕及妊娠结局随访率均达到100%，完成省市下达的考核指标。认真组织开展病残儿医学鉴定、计划生育节育手术并发症和不孕不育医学鉴定，病残儿医学鉴定10例、不孕不育医学鉴定56例、计划生育节育手术并发症27例。镇村开展以避孕节育措施落实、免费避孕药具发放、健康查体、孕情随访为主的技术服务工作。

（辛欣　刘红）

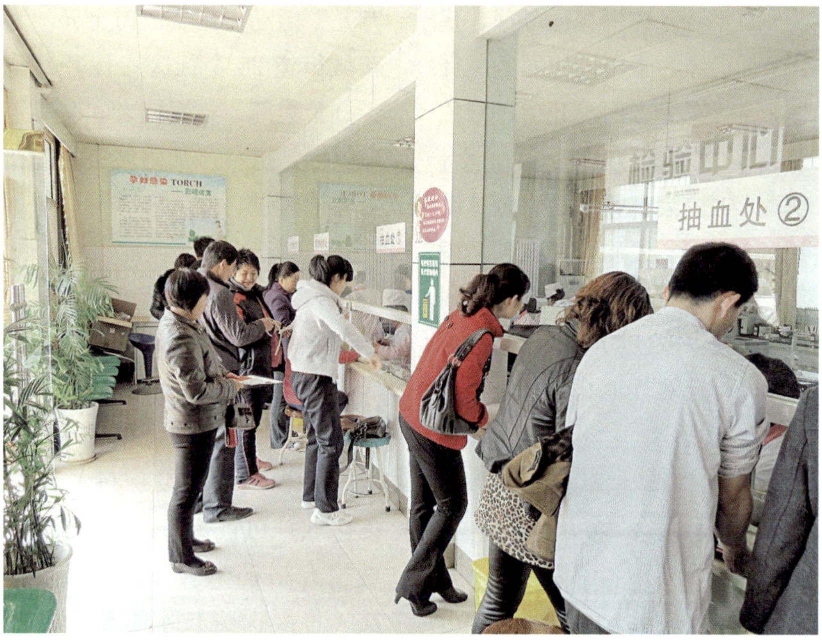

市计划生育服务站检验中心大厅（石磊 摄）

肥城年鉴

FEICHENG YEARBOOK

FEICHENG
YEARBOOK
2017

社会生活

- 人力资源和社会保障
- 民政事务
- 民族宗教
- 残疾人事业
- 老龄工作
- 人民生活

社会生活

人力资源和社会保障

【概况】 市人力资源和社会保障局坚持民生为本，立足服务优先，统筹推进城乡就业创业，加快完善社会保障体系，深入开展人事制度改革，加强人才队伍建设，构建和谐劳动关系。年内，全市新增城镇就业再就业1.23万人，扶持创业1890人。社会保险累计参保203万人次，综合覆盖率达到95.31%。全年引进高层次人才52人。新增省首席技师1人、泰安市首席技师3人。全市高技能人才总量达到2.72万人，专业技术人员总量达到5.2万人。深入落实事业单位绩效工资制度、公务员职务与职级并行制度改革工作，不断提高劳动人事争议调解仲裁和劳动保障监察效能，劳动关系更趋和谐。先后被山东省人社厅评为全省人社系统先进单位、人力资源和社会保障宣传工作先进单位、人才资源统计调查工作先进单位。被泰安市委、市政府表彰为泰安市级文明单位、全市老干部工作先进单位、全市社会保险工作先进单位、全市职业能力鉴定考试工作先进单位。被肥城市委、市政府表彰为科学发展先进单位、机关作风和政风行风建设先进单位、安全生产先进单位、信访工作先进单位、人口与计划生育工作先进单位。市劳动人事争议仲裁院被省人社厅评为全省示范劳动人事争议仲裁院。

创业就业

【概况】 受化解产能过剩、产业结构优化升级和经济下行压力共同影响，企业用工整体需求没有明显上升，企业运行负担过重引发的就业不稳定因素依然存在。因化解过剩产能造成部分职工下岗，待分流人员再就业压力明显增大。市就业办按照“稳增长、惠民生、保稳定”的总体要求，坚持把稳定就业岗位、以全民创业带动就业作为服务发展的优先目标、改善民生的头等大事，深入实施就业优先战略，落实就业政策，稳定就业岗位、促进就业创业。年内，全市就业工作形势保持在合理的增减空间之内，没有出现较大波动。通过新兴产业吸纳、自主创业，有效化解下岗职工的就业问题。全年累计争取一次性创业补贴、基层公共就业服务补助、创业担保贷款中央财政贴息以及创业示范平台奖补等项目12个，实际到位资金4124.4万元，为全市就业创业政策的落实提供资金保障。

【推动创业带动就业】 持续加大就业创业优惠政策宣传，集中开

2月16—22日，市就业办在三农大厦举办2016年“就业帮扶·真情相助”集中招聘活动

展省、泰安市级创业型街镇、社区创建工作。2月，安驾庄镇洼里农民工返乡创业园被评为泰安市级创业示范园，获奖补资金百万元，成为全市首个泰安市级创业示范园区。王瓜店街道、桃园镇、新城街道孙小庄社区、湖屯镇东湖东社区、王庄镇东孔社区、孙伯镇孙东社区相继获得“泰安市级创业型街镇（社区）”荣誉称号。年末，石横镇南大留社区、仪阳街道仪阳社区、安临站镇站北头社区和安驾庄镇安庄社区通过省级评估，被命名为省级创业型社区。推荐的东晨物业管理有限公司入选“2015年度全国百强家庭服务企业”名录，阳光大姐家政服务有限公司入选“2015年度全国千户家庭服务企业”名录。4月，由全民创业组带领赴浙江杭州、义乌、东阳等地学习创业创新工作经验，邀请北京创一教育公司总裁、清华学堂在线“中国创业学院”频道负责人徐中博士为创业人员授课，推动全民创业创新。5月，《实施“筑巢引凤”工程助返乡农民工家门口创业》一文在国务院发展研究中心国研网刊载。8月，组织鸣迅智能科技公司等10家创业企业参加“泰山创客训练营”活动。年内，为符合条件的创业企业发放小微企业一次性创业补贴3.6万元，发放一次性创业岗位开发补贴0.6万元。

【新增就业再就业】“农村劳动力转移就业”指标不再列入泰安市就业考核统计指标，全面实行城乡统一的就业服务管理制度。年内，全市将第三产业、中小企业和民营经济作为扩大就业的主渠道，鼓励劳动密集型企业到镇街、乡村设点加工，促进城乡劳动者就地就近就业。2月，组织举办2016“就业帮扶真情相助”集中招聘活动，重点向煤炭、钢铁、铸造等企业发出“双向”邀请，鼓励企业搞好高技术人才储备，引导企业推进富余职工有序转移。全年举办各类招聘活动65场次。8月，借助扩大失业金支出范围政策机遇，再次为142家企业发放稳岗补贴资金920.12万元，专项用于减轻企业负担、稳定就业岗位。关注结构调整和去产能任务重的重点行业、重点企业就业失业状况，稳妥推进职工安置工作。9月，在白庄矿社区康乐园举办山东能源肥矿集团员工安置专场招聘会，帮助矿区690余名待分流员工转岗再就业。重点抓好失业动态监测工作，督促16家监测企业及时、准确上报监测数据，多领域开展分析研判，防范规模性失业。扩大就业信息发布渠道，34家企业成为山东省招聘网常驻招聘企业。年内，实现城镇新增就业再就业12303人。其中城镇下岗失业人员再就业6805人，困难群体再就业694人，城镇登记失业率控制在1.5%以内。

【创业担保贷款】7月，市人社局、财政局印发《关于进一步做好创业担保贷款工作的意见》，将贷款人条件放宽到所有创业者，将担保人范围扩大到部分企业职工，在完善自然人担保、房产抵押、三户联保担保方式的基础上，创新推出“信誉贷”，创业者获取创业资金扶持方式实现多元化、多渠道。至8月底，全市创业贷款发放量达7900多万元。7月，根据中国人民银行、财政部、人力资源社会保障部《关于实施创业担保贷款支持创业就业工作的通知》要求，小企业贷款门槛提高，全市7家企业因当年吸纳人员比例达不到标准而无法贷款，相应减少贷款2100万元。9月，财政部印发《普惠金融发展专项资金管理办法》，提高创业者个人贷款门槛，10—12月，有90多人受到影响，相应减少贷款800余万元。年内，发放创业担保贷款9765万元，其中为12家企业发放贷款3600万元，为799名创业人员发放贷款6165万元，落实贴息466万元。

【就业援助】把高校毕业生、农民工和就业困难群体作为帮扶援助的重点，落实就业援助长效机制、实施动态管理。加大就业援助政策落实力度，全年共发放社保补贴资金786.6万元，其中为426名灵活就业人员发放243.18万元，为69家吸纳就业困难群体就业的企业发放社保补贴543.45万元。

【就业创业技能培训】 全市“加强就业培训提高就业与创业能力”培训项目由高级技校、商业职工学校、乡镇企业职工中等专业学校、肥矿技师学院、清华电脑职业培训学校和兴达职业培训学校等6家定点培训机构承担。持续开展失业人员再就业培训工作，共开展就业创业培训6900人，其中创业培训800人，就业技能培训6100人。开展再就业培训1514人，其中计算机756人，市场营销612人，创业技能146人。

【就业精准扶贫】 实施转移就业扶贫、助推创业扶贫、精准培训扶贫、人才支撑扶贫、全民参保扶贫“五大行动”，开展就业精准扶贫工作。4月，组织人员到菏泽曹县、鄄城两县学习“就业与社会保障精准扶贫”工作方面的经验和做法。8月，与15个镇街区人社所签订《责任书》，建立人社局统一领导、分管部门协调推进、镇街落实实施的精准扶贫工作机制。开展贫困人口调查，分组逐户建立基本情况数据库，将贫困家庭、贫困人口纳入动态管理。12月，代表泰安市迎接省人社厅就业精准扶贫工作考核。年内，全市共有建档立卡贫困人口22737人，通过精准识别，法定劳动年龄内有就业能力和愿望的1365人、有培训需求的231人、有创业意愿的56人。共转移登记贫困人员就业869人，安置公益性岗位9人，技能培训92人，发放创业扶贫贷款1300万元，基本实现“登记一人、培训一人、就业一人、脱贫一户”。按照省委、省政府《关于进一步做好东西扶贫协作和对口支援工作的意见》要求，肥城市与重庆市巫溪县建立协作帮扶关系。11月，到重庆市巫溪县开展扶贫协作工作对接，开启对口支援就业扶贫工作。

社会保险

【概况】 完善社会保险制度，强化社会保险基金征缴，创新业务管理，提升经办服务，倾力打造和提升社会保险服务品牌，推动社会保险工作实现新突破，构建起涵盖养老、医疗、工伤、失业、生育五大类11个险种的社会保险体系。年内，完成征缴26.1亿元，支出22.9亿元，当年结余3.2亿元，累计滚存结余38亿。当年利息收入5981万元。收支大体平衡，基金运行平稳，确保各项待遇按时足额发放。各险种累计参保203万人次，综合参保覆盖率达到95.31%。全市参加城镇职工养老保险13.2万人，收缴保险费10.2亿元。收缴职工医疗保险费3.53亿元。参加工伤保险12.1万人，收缴保险费3190万元。参加生育保险13.2万人，收缴保险费1709万元。参加居民养老保险56.63万人，收缴保险费8374万元。全市发放各项社会保险金22.9亿元。其中为9224名机关事业单位离退休人员发放养老金4.6亿元，企业离退休人员养老金社会化发放率保持100%。支付职工医疗保险费3.74亿元，涉及职工27882人。支付居民医疗保险费4.21亿元，支付工伤保险费3671万元，支付生育保险费3027万元。为15.3万名城乡居民发放养老金2.02亿元，发挥社会保险“安全网”“稳定器”作用。

【养老保险】 围绕扩大社会保险覆盖面，稳步提高缴费基数，开展缴费申报稽核稽查活动。1月，将社会保险缴费申报与稽核稽查捆绑进行、一体推进，深入落实重点人群参加社会保险。全市申报机关事业单位1666家、12万人，人均缴费基数3204元，增幅10.7%。申报企业786家、5.2万人，人均缴费基数3178元，增幅7.7%。全年共新增登记参保单位147个、个体工商户单位28个，新增参保人员860人。抓好催缴清欠工作，采取电话催缴、上门催缴、下达清欠通知书等方式，清欠各项社会保险6337万元。其中阿斯德化工有限公司缴纳4100万元。机关事业单位养老保险实现按新程序办理基金收缴业务。落实鲁人社发〔2015〕29号文件精神，解决历史遗留问题，新纳入参保职工3011人，补缴金额27893万元。全年职工养老保险实际参保131420人，扩面3241人，征缴收入73569万元（不含政策性补缴金额）。连续第十二次调整提高企业退休人员养老金，月人均增加养老金175元，2.47万名企业退休退职人员受益。为机关事业单位退休人员提高地方福利补贴，月人均增加养老金248元。居民养老保险基础养老金由月人均85元提高到100元，15.3万人受益。落实被征地农民“先保后征”，妥善解决被征地农民养老问题，落实被征地农民社会保障补贴资金6428万元。为3019名被征地农民补发个人账户养老金462.58万元。完成“全民参保登记计划”实施工作，完成全市未参保人员入户调查登记63356人，调查率、数据录入率均达到100%，为实现“全员参保”奠定基础。

【失业保险】 受经济形势低迷、企业效益下滑、缴费基数上涨三方面因素影响，失业保险金征缴难度明显增大。2016年，全市除矿产企业停保外，部分市直企业也出现欠费情况，十几家个体私营小企业相继关闭。市就业办通过对上汇报协调、对企业开展集中征缴，年度失业金征收任务完成。7月，全省失业保险发放标准第十次上调，肥城市失业保险发放标准由每人每月900元上调至950元。年内，征收失业保险金3420万元。其中企业2719万元，事业单位701万元。共为3462人发放失业金2347.7万元，为3315人缴纳职工医疗保险607.4万元。

【医疗保险】 实行定额协议管理的定点医院，职工医疗保险达到11家，居民医疗保险达到43家，医疗费用不合理增长有效控制。落实泰安市巡查制度要求，强化日常监管，追回违规金额218万元。定期开展对定点医疗机构评估，提高定点医疗机构医疗服务水平。开展定点医药机构审批业务，首批审批公布75家。经办管理信息化水平不断提高。实行医保网上监管，实现对全市33家定点医疗机构网上监管。职工医疗保险平均缴费基数3209元，同比增长6.4%。严格审核医用器械耗材超物价收费的问题。逐一对全市定点医院使用金额较大的医用器械进价发票核价，超物价收费的给予违规扣除。居民大病保险工作平稳开展。全年居民大病保险累计支出3117万元，受益22231人次。泰安市内各级定点医疗机构均实现大病保险联网报销，居民进行住院或门诊慢性大病费用结算时，符合大病保险报销条件的，即时予以支付，有效减轻患重病、大病家庭的就医压力。大病保险一个医疗年度内参加城镇居民医疗保险统筹基金最高支付限额为16万。取消尿毒症肾透析门诊慢性病800元起付标准。成年居民、未成年居民财政补贴补助标准分别由2015年的380元提高到420元。

【工伤保险】 按照《关于印发〈泰安市机关和参照公务员法管理事业单位工作人员工伤保险实施办法〉的通知》规定，自2016年1月1日起将全市各级机关和参照公务员法管理事业单位及其工作人员纳入工伤保险制度实施范围。调整工伤保险费征缴比例，全市执行统一基准费率。缴费比例由原来的三档调整为八档，综合缴费比例由原来的1.2‰下调为0.9‰。3月，通过审计署济南特派办对工伤保险基金的审计。按照《关于加快推进建筑业参加工伤保险工作有关问题的通知》文件规定，对所属区域开展集中摸底，全面掌握本地区建筑企业数量、相对固定从业人员及参加工伤保险情况，在建项目数量、工程造价和用工情况，拟建项目数量、工程造价及用工等基本情况，将全市建筑业相关单位纳入工伤保险制度实施范围，并逐步实施。

【生育保险】 按照政策规定，对2016年1月22日以后生育的女工不分一二胎一律享受158天产假津贴。全年生育保险参保企业达到828家，参保人数125013人。共办理医疗服务备案手续2100份，审核生育保险手续2112人次，办理生育保险待遇拨付1905人次，共计支付生育保险金3027万元，人均享受待遇15890元，其中办理男职工家属生育保险19人次，支付生育保险待遇3.6万元。

【社保基金监管】 成立社保基金监督机构，配备5名专职基金监督工作人员。加强社保基金监督考核体系建设，涵盖监督机构建设、监督制度建设。健全内控制度，规范业务操作流程，确保相互监督，相互制约。加强基金的预决算制度，定期、不定期地开展专项稽查监督，监督基金收支、存放、使用的管理情况。加大网络监督力度，实现由现场监督为主向非现场监督转变。重点加强医疗基金稽查力度，重点检查超支定额严重的医院，发现问题及时处理并进行处罚，震慑侵占套取社保基金的违纪违规行为，保证医疗基金正常运转。6月，成立医疗保险监督管理科，加强对定点医疗机构监督管理，推行基本医疗保险定点医疗机构住院费用总额控制制度，严把住院费用报销审核关，严格执行日常巡查制度，定期开展对基本医疗保险定点医疗机构评估，加强基本医疗保险医用耗材管理，实行定点医疗机构住院费用“全过程”监管。

人事管理

【公务员管理】 深化公务员“四类培训”，组织开展公务员初任培训班1期，培训60人，举办科级公务员任职培训班2期，培训28人。严把入口关，为全市机关考录公务员97人。规范公务员日常管理，严格考核奖惩，累计考核17603人，评定优秀2329人。优秀人员中记三等功508人，嘉奖1821人。94名受处分人员的考核等次因受处分确定为不合格（不称职）、基本合格（基本称职）、不定等次等。开展争做人民满意的公务员活动，累计推荐上报泰安市“优秀公务员”18人、泰安市“人民满意公务员”4人、泰安市“人民满意公务员集体”2人，审核备案受处分人员12人。

【事业单位人事管理】 严格招聘程序，为事业单位公开招聘工作人员336人。其中教育系统240人，卫生系统24人，其他事业单位72人。强化事业人员岗前培训，首次举办事业单位新招聘人员初任培训班，累计培训1期46人。从严抓好机构改革人事关系接转。市工商局、质监局合并为市场监督管理局，市卫生局、计生局合并为市卫生和计划生育局，市妇幼保健院、计生服务站合并为市妇幼保健计划生育服务中心，联合组织、编制、财政等部门对以上单位在编在岗及离退休人员进行划转，共涉及在编在岗人员359人，离退休人员253人，遗属、单位自行聘用人员近100人。

【人事考试】 严格资格审核，优化人事考试环境。年内，累计完成卫生技术、经济、统计、审计、计算机软件等专业技术资格考试现场审核800人次。组织社会工作师、注册消防工程师、监理工程师、执业药师、造价工程师等执（职）业资格考试现场审核1200人次。

【机关事业单位工资福利与离退休】 为203个事业单位14780人核定奖励性绩效工资6689万元。根据2014年度、2015年度考核结果，为全市2352名机关工作人员按规定年限晋升级别和档次工资，人均月增资55元，为14780名事业单位工作人员增加一个薪级，人均月增资67元。为市公安局、检察院、法院及森林公安局授予警衔的436名在职人民警察和司法警察调整警衔津贴标准，人均月增加796元。12月，进一步落实基本工资标准正常调整机制，为17839名机关事业单位工作人员调整工资标准、人均月增资300元，为139名离休人员增加离休费、人均月增资468元，自2016年7月1日起执行。

【军队转业干部安置】 全市共接收计划安置军队转业干部11人，其中营职5人，连排职3人，技术干部3人。全部被安排到党政机关或事业单位。接收自主择业军转干部3人。

人才队伍

【大中专毕业生就业】 按照省厅考核标准，为全市2248名毕业生办理实名登记，实名登记率和就业服务率均达到100%，跟踪就业率达到95%以上。4月，制定《大学生创业引领项目补贴办法》《高校毕业生就业见习生活补助办法》，审核确定第一批领取创业引领项目补贴大学生4人，累计补贴金额5.6万元。第二批10人，累计补贴金额8万元。年内，为1423名大学生办理现场报到登记，为141人办理落户。共接收毕业生档案1987卷，转出746卷。为228人办理调入、调出手续。4月，举办“三支一扶”大学生岗中培训班。共有在岗“三支一扶”大学生39人。

【人才引进】 参加外国专家泰安行活动，共征集上报项目需求63个，组织24个单位参加项目对接、洽谈，有6家企业与7名专家达成合作意向。12月，开展第二次外国专家泰安行项目对接，共有3家企业参加。其中山东农大肥业科技有限公司、山东一滕新材料股份有限公司与专家达成初步合作意向，山东索力得焊材有限公司约定专家并实施项目。10月，组织发动25家企事业单位在山东省第九届海洽会网上平台发布人才项目29项，对接20项。参会期间，达成合作意向5项。山东康顿生态农业有限公司与海外专家徐会连，肥城泰隆橡胶有限公司与留美博士刘锋、国内博士后李光辉，山东鸣讯智能科技有限公司与“千人计划专家”金虎林达成初步合作意向，并签署合作意向书。其中，山东康顿生态农业有限公司按照和专家约定实施项目。11月，泰安市惠万家玫瑰有限公司和山东康顿生态农业有限公司被评为泰安市引智示范基地。提报的史国均、张福伟获得省人社厅发放的高层次和高技能人才“服务绿卡”，凭借此卡可获17项绿色通道服务。为2015年度53名刚性企业在岗硕博人才发放奖励补贴共计53.1万元，同时对2016年度符合申领条件的硕博津贴领取人员进行初步审核统计，符合申领条件71人，其中硕士69人，博士2人，预计发放资金76.2万元。

8月20日—9月2日，德国高级专家组织成员工程师巴特霍尔德博士到山东索力得焊材股份有限公司进行技术指导

【专业技术人才队伍建设】 全年开展公共科目网上培训12418人次。截至年末，全市共有专业技术人员52000人，其中高级3977人，中级18093人，初级29930人。共有享受国务院政府特殊津贴人员8人，山东省有突出贡献的中青年专家2人，国家级博士后科研工作站2处，省级博士后创新实践基地1处。

【高技能人才队伍建设】 全年开展技能培训19250人次，其中在职职工培训17250人次，失地农民培训2000人次。组织成立泰安市技师工作站2家，由市级财政分别给予一次性补助资金8万元。首次对全市机关事业单位工勤人员进行资格认定，参加认定单位99个，认定人员950人。组织举办2016年肥城市职业技能大赛，大赛涉及17个工种，设立8个分赛场，1000余人参赛，历时3个月，产生一等奖39人、二等奖82人、三等奖125人。其中6人获“肥城市技术能手”称号，14人获“肥城技术创新能手”称号，17人获“肥城市青年岗位能手”称号，7人获“肥城市巾帼建功标兵”称号。2016年泰安市职业技能大赛在肥城市设立2处分赛场，肥城市参赛选手中获一等奖4人，获二等奖10人，获三等奖14人，石横特钢集团有限公司被授予“泰安大赛团体奖”荣誉称号。全年共完成各类职业技能鉴定7738人，其中初级4180人，中级1697人，高级工1581人。通过开展评审、“新技师”培训、“金蓝领”培训等一系列途径培养技师244人、高级技师36人。全市新增齐鲁首席技师1人、泰安市首席技师3人、泰安市技术能手2人，新增肥城市首席技师10人、有突出贡献技师4人、技术能手10人。

全市首批30名仲裁社会监督员上岗

劳动关系

【劳动合同和工资宏观管理】 督促各类用人单位（含机关事业单位）建立劳动人事争议调解组织554家。督促各类用人单位签订集体劳动合同491份，完成劳动合同签订备案32092人、劳动合同解除备案23546人，劳动合同签订备案率达到99.5%。调整全市最低工资标准，月最低工资标准调整为1550元，小时最低工资标准调整为15.5元。全市企业工资指导线以2015年全市企业在岗职工平均工资47198元为基数，工资增长基准线为8%，上线（预警线）为13%，下线为3%。劳动工资宏观管理咨询服务工作中所有咨询服务事项准确率、办结率、回复率、满意率均为100%。

【劳动人事争议调解仲裁】 推行仲裁社会监督员制度，在全市骨干企业和镇街区聘请仲裁社会监督员30名，邀请社会监督员参与庭审旁听和案件处理，全面强化仲裁监督。该项工作被泰安市人社局评为县市区“最佳创新工作”。调整充实劳动人事争议仲裁委员会，成员单位由14家增至18家。劳动争议调处效能逐步提升，全年立案受理劳动人事争议案件216件，非立案处理劳动人事争议案件89件。案件数量连续两年突破200件，涉及职工235人，涉案金额314.07万元。案件处理坚持调解为主，调裁结合，严格程序，严格时效，按期结案率达到100%，其中调解及其他形式结案109件，调解率达到50.5%，劳资矛盾得到及时有效化解。使用劳动争议仲裁办案系统，实行“线上办案”，实现系统操作与案件处理实时同步。市劳动人事争议仲裁院被省人社厅、省劳动人事争议仲裁委员会命名为“全省示范仲裁院”。

【劳动监察】 健全联合执法体系，统筹市镇两级劳动监察力量，整合设立劳动监察中队3个，两网化覆盖率达到100%。组织开展劳动保障书面审查，涉及用人单位595户，职工7.8万余人。督促用人单位新增参保1460人，补缴社会保险费760万元，补签劳动合同3410份。坚持落实巡查制度，通过日常巡查，及时化解劳资矛盾，共巡查用人单位560户次。建立维权绿色通道，简化受理立案程序，确保快速处置、及时化解。共受理并立案处理投诉举报违法案件126件，结案126件，结案率100%。办理民生热线转办问题150余件，接待来人来访咨询640人次，受理信访案件26件（起），均按时调查处理，及时答复。开展各项专项检查，以拖欠农民工工资问题为落脚点，解决重点领域、重点部位、重点行业存在的违法问题，共检查各类用人单位289户次，涉及职工3.6万人，走访农民工400余人次，督促支付劳动者工资790万元，保证重要时期的社会稳定。落实普法规划，开展法制宣传月、安全生产宣传月及劳动保障政策上街集中宣传等活动。

（周路路　周强　李民　路朋朋）

民政事务

【概况】 年内，创新开展困难群众救助，全面推动养老服务体系建设，综合统筹专项社会事务，服务国防和军队建设。农村低保标准继续提高，年人均达到3600元。截至年末，全市城乡低保对象12730户，21982人，发放低保金5717.32万元。肥城市荣获全省“双拥模范城”荣誉称号，实现争创全省双拥模范城“五连冠”奋斗目标。10月、11月，全省推进社会救助改革创新现场会以及全国农村社区服务体系建设推进会先后在肥城市召开，社会救助以及农村社区建设工作快速发展。在2015年度“五化五星”服务型党组织创建中，军休所党支部被中共泰安市委组织部评为四星级基层党组织。

【社会救助】 再次提高农村低保标准，由年人均3400元提高到年人均3600元，城镇低保标准执行2015年标准，月人均500元。截至年末，全市城乡低保对象12730户，21982人，发放低保金5717.32万元。开展低保家庭大学新生救助工作，全年救助低保家庭大学新生45人，发放救助金16.4万元，临时救助困难群众40人，发放救助金19.3万元。开展困难群众大病救助工作，制定出台《肥城市重特大疾病医疗救助办法》，救助困难群众1424人，发放救助金801.3万元。

（刘明）

【社会福利和慈善事业】 ①慈善事业。年内，市慈善总会共接收善款225万元，开展“情暖万家”“朝阳助学”“康复助医”“夕阳扶老”等救助项目，支出善款157万元，救助各类困难群众6000多人次。以市政府名义出台《关于促进公益慈善事业健康发展的实施意见》，推进慈善工作规范化建设；迎接省慈善总会办公室关于慈善参与“救急难”试点工作的调研；开展精准扶贫、精准脱贫工作，共救助建档立卡贫困户831户，发放救助金31.14万元。8月，肥城市慈善总会被批准为首批山东省公益性社会组织公益性捐赠税前扣除资格单位。在第四届中国城市公益慈善指数排名中肥城市位居77位。肥城市慈善总会被首届“泰安慈善奖”评为泰安优秀慈善组织。②社会福利。全年共建设农村幸福院73处，发放资金730万，城市日间照料中心3处，发放建设及运营补贴117万元，养老机构建设及运营补贴发放141.45万元。五保供养集中供养标准由2015年每人每年5500元提高到2016年每人每年6500元。五保供养对象1712人，全年共发放五保供养金947万元。为72名困难失能老年人发放失能老年人护理补贴5.1万元。为困难残疾人发放生活补贴256.5万元，重度残疾人护理补贴263万元。

（李新　吴强）

【社会组织管理工作】 年末，全市共登记注册社会组织282个，其中社会团体163个，民办非企业单位119个。深化社会组织管理体制改革，推行社会组织登记“三证合一”“一证一码”制度改革，加强社会组织统一社会信用代码制度建设；稳妥推进行业协会商会与行政机关脱钩试点工作，加快形成政社分开、权责明确、依法自治的社会组织体制；加大社会组织扶持力度，探索建立社会组织孵化中心，构建社会组织党群服务机构，加强社会组织党建引领作用。

（梁梦梦）

【双拥优抚】 年末，全市共有各类优抚对象11060人，其中伤残人员1184人、“三属”437人、在乡老复员军人918人、带病回乡退伍军人1248人、参战人员454人、参核人员279人、六十岁以上农村籍退役老兵6096人、烈士子女444人。10月，再次提高抚恤补助标准，实行抚恤定补金社会化发放，保障优抚对象生活水平高于当地平均生活水平；推动优抚服务机制创新，提升优抚工作管理服务水平。启用市光荣院，做好优抚对象轮流休养工作；城乡义务兵家庭优待标准15884元/户/年，继续实行市级财政统一筹措、统一发放、统一标准。肥城市荣获全省“双拥模范城”荣誉称号，实现争创全省双拥模范城“五连冠”奋斗目标。全省记三等功人员1名，泰安市爱国拥军模范单位、拥政爱民模范单位各1个，泰安市记二等功人员2名，三等功人员1名，嘉奖人员2名。

（李利）

【烈士陵园管理】 制定《陆房突围胜利纪念馆免费开放管理办法》，建立陵园的各项规章制度，实现陵园网站+运作模式，进一步完善陵园基础设施建设，提升工作水平。全年接待各界群众12万余人次，先后被命名为“泰安市国防教育基地”“山东省国防教育基地”。

（李利）

【退伍军人管理】 年内，全市共接收退役士兵363人，其中自主就业退役士兵330人，符合安排工作的城镇初级士官17人，转业士官16人。实施阳光安置，公开安置政策、安置计划、考试考核成绩，接受社会监督。13名退役士兵选择自谋职业，政府发放自谋职业经济补偿金103.55万元，为330名自主就业退役士兵发放一次性经济补助金794万元；327名退役士兵参加职业教育和技能培训，参训率达到90%，合格率100%；发放城镇退役士兵待分配期间生活费8.25万元。

（李利）

【专项社会事务管理】 年内，结婚登记平均年龄男31.6岁，女30.7岁，初婚人数占登记人数的64.8%，再婚人数占登记人数的35.2%。离婚登记当事人男平均36.1岁，女平均34.9岁，离婚人数中，20—30岁年龄段占27%，30—40年龄段占45.7%，40岁以上的年龄占27.3%。共办理结婚登记3969对，离婚登记1394对，补发婚姻登记证1424对，办理收养登记73例，登记合格率均为100%。

（刘国强）

【行政区划】 1月，下发《肥城市人民政府关于调整仪阳镇行政区划的通知》，仪阳镇改街道顺利完成；6月，完成宁阳县与肥城市、长清区与肥城市行政区域界线联检工作。8月，迎接山东省民政厅区划地名处到肥城市调研地名普查工作。

（李向东）

资料链接

肥城烈士陵园
（陆房突围胜利纪念馆）

肥城烈士陵园位于安临站镇东陆房村凤凰山脚下。1939年5月11日，八路军一一五师及地方党政机关3000余人，被日军5000余人围困于陆房一带。抗日军民凭险据守予以日军沉重打击，胜利突围。为纪念陆房战斗，1972年肥城市修建陆房烈士陵园，后经不断扩建，集中安葬烈士2549名。

2014年12月，为纪念陆房突围胜利76周年和抗日战争胜利70周年，肥城市委、市政府决定对战斗遗址公园进行改造扩建，2015年8月，改扩建工程顺利完工。项目总投资8000余万元，主要建设陆房突围胜利纪念馆、纪念碑广场、无名烈士纪念广场、停车场、陵园道路等设施，陵园占地面积由10亩扩大到106亩。其中，陆房突围胜利纪念馆建筑面积5300余平方米，馆名由中央军委原副主席迟浩田上将题写。纪念馆分上下两层，综合运用声光电科技与多元化视听手段，生动再现陆房战斗中八路军将士绝地反击、奋勇歼敌壮烈场面，人民群众舍生忘死、助力突围的血肉之情。纪念碑广场占地1万平方米，碑文由中国人民解放军原总参谋长杨得志题写。无名烈士纪念广场

陆房突围胜利纪念馆

建有长16.2米、高4米的英烈墙，墙体由精选优质花岗岩垒砌而成，标有陆房战斗发生时间“19390511”字样，安葬着在陆房战斗中英勇牺牲的178名无名烈士。

肥城烈士陵园先后被列为山东省级文物保护单位、山东省爱国主义教育基地、山东省国防教育基地、泰安市国防教育基地、泰安市党员教育基地、省级烈士纪念设施，国家AA级旅游景区。2015年8月，被命名为“国家级抗战纪念设施”。

民族宗教

【概况】 至年末，全市有少数民族26个，总人口1.17万人，其中回族占99%，分布在边院、安驾庄、王庄、汶阳、城区及矿区。有边院、安驾庄、新城3个少数民族1000人以上的街镇；有少数民族村21个，其中人口超过50%的民族村9个（含前黄、后黄、升庄3个纯民族村）；有边院镇民族小学、安驾庄镇民族小学2所民族小学；民品企业龙祥纺织1家。全市有佛教、道教、伊斯兰教、天主教、基督教五大宗教，有基督教三自爱国运动委员会1个宗教团体，政府批准开放的宗教活动场所47处，其中基督教25处，伊斯兰教10处，天主教5处，佛教4处，道教3处，认定备案的宗教教职人员40人，信教群众约3万人。年内，市民宗局被泰安市人民政府授予全市民族团结进步模范集体。迎接中国道教协会会长李光富等14人对场所规范化管理工作调研。

【民族工作】 开展中央省市级民族帮扶项目的申报、立项、实施工作，争取扶持资金260万元，上报实施后黄村道路建设项目、宋庄村环山路建设项目、自来水改造等项目19个。加强少数民族发展项目涉农资金管理，与财政、审计部门联合对民族宗教领域侵害群众利益的不正之风进行帮扶资金使用情况的检查，下发整改通报，迎接省审计厅延伸审计，确保惠农资金落实到位。宣传落实各项优惠政策。为20名低收入教职人员发放补贴，为2600人次有清真饮食习惯的少数民族群众发放牛羊肉补贴88万元。为“第一书记”帮扶的兴隆村，争取帮扶项目2个，资金65万元，并走访慰问贫苦户。5月，市人大对民族宗教工作进行调研和视察。6月，泰安市人大视察肥城市少数民族经济工作。开展以“交往交流交融凝心聚力，团结和谐奋进共同发展”为主题的第16个民族团结进步宣传月活动，以发放公益短信、设置宣传栏、举办“中华民族一家亲，同心共筑中国梦”文艺演出等形式开展宣传活动。以民族团结进步“六进”为平台，推动创建活动人文化、大众化、实体化，对已命名的民族团结进步示范单位进行督导检查，打造边院、安驾庄2个示范镇，凤凰、升庄等6个示范村，财政局、教育局2个示范机关。

【宗教工作】 开展以“规范化提升年”为主题的和谐宗教活动场所创建活动，打造前黄清真寺、张店基督教堂、桃源观等规范化

1月7日，中国道教协会到肥城市调研宗教工作

管理工作标杆。6月4日，上海市道教协会一行30人到桃源观交流学习道教场所规范化管理工作。山东省佛教协会在幽栖寺举办2016“般若行”讲经辩经会。在前黄清真寺举办2016年度新编“卧尔兹”演讲比赛。5月，组织宗教界代表人士到淄川区、青州市学习，并组织召开宗教工作规范化管理推进会，汇报交流外出参观学习成果及感受。推动落实各教《宗教教职人员行为规范》，开展全市民间信仰场所的摸底调查工作。开展“宗教政策法规学习月”活动，编印宗教政策法规学习宣传材料700册、全国宗教工作会议精神等学习内容。召开“五教同行，助力扶贫”启动仪式暨宗教公益慈善事业交流会，下发倡议书，引导宗教界人士关爱人群，回报社会，力所能及地参与精准扶贫、助学赈灾、养老恤孤等慈善救助活动。宗教界共募捐26万元，受益人数达360多人。桃源观在中秋节为敬老院老人送月饼，老人节之际为39位百岁老人送长寿鞋。

【民族宗教领域维稳工作】 开展民族宗教领域矛盾纠纷排查化解工作专项活动，加强两会、圣母月、圣诞节等重要时间节点安全生产工作，提前督促各宗教团体和宗教活动场所自查自纠，杜绝安全隐患。及时化解涉及民族宗教领域的突发事件8起。依法制止未经备案审批邀请外来教职人员开展宗教活动的行为和非宗教场所非法开展宗教活动的行为。坚持阶段性与常规性治理相结合，继续开展基督教私设聚会点、佛道教乱建滥俗及私设功德箱的治理工作。建立领导干部与民族宗教界代表人士“一对一、分层次、全覆盖”的联系交友谈心制度，主动与民族宗教界代表人士“面对面”谈心，多方争取宗教事业发展资金100余万元，修缮幽栖寺、大王清真寺、后黄清真寺等宗教活动场所5处。开展开斋节、春节期间走访慰问工作，发放慰问金及物资6万元。对来访群众热情接待，主动服务，共接待来访、电话咨询20余件，无一投诉。

（李元元）

残疾人事业

【概况】 市残疾人联合会（以下简称市残联）为正科级参照国家公务员制度管理的群众团体组织，内设人秘科、康复组宣部和教育就业部三个部室，下设正股级事业单位——市残疾人培训服务中心。单位核定编制9人，至年末，实有人数12人。年内，推动实施残疾人社会保障、生活救助、康复医疗、教育培训、就业、扶贫、托养、权益维护、无障碍建设、文化体育等多项普惠特惠政策措施，全面落实市政府民生实事项目，残疾人的生活状况逐步改善，合法权益得到维护，残疾人自立自强精神和扶残助残社会风尚得到弘扬。

【残疾人康复】 实施0—6岁残疾儿童抢救性康复救助工作，按照1.2万—1.32万元的标准拨付康复机构康复经费50.16万元，为50名残疾儿童发放救助卡实施免费救助。定期检查督导12次，泰安级评估鉴定2次，显效率90%，家长对康复满意率100%。完成各项康复救助项目，78名贫困精神病患者享受免费服药和免费住院救助，12名0—17岁听力残疾儿童安装免费人工耳蜗，6名具备安装假肢条件的肢体残疾人完成筛查取模。开展“阳光伴我行”集善明门残疾儿童暨“助残日”成人轮椅捐赠仪式和“辅助器具进村入户”活动，147名残疾人适配轮椅等辅助器具。开展残疾人假肢装配需求调查和0—9岁残疾儿童康复需求筛查统计工作，为实现精准康复服务提供依据。社区康复服务普遍开展，完善示范性残疾人社区康复指导站1所和示范性残疾人社区康复站3所。

【残疾人就业培训教育】 落实泰安市“第一书记”帮包村“助残致富奔小康”项目，给予帮扶资金1000元，扶持40户有致富需求且有致富愿望的贫困残疾人家庭发展种、养、加项目。落实“百千万残疾人就业创业扶贫工程”，培育省级残疾人自主创业标兵1名、省残疾人致富能手1名，泰安市扶贫基地1处，肥城市级扶贫基地1处。培育残疾人网络创业典型10名，每人发放自主创业扶持金2000元。举办为期七天的残疾人电子商务培训班，培训具有一定文化基础且掌握一般电脑操作的残疾人35名。组织11名盲人参加泰安市盲人医疗按摩培训班和省继续教育培训，4名残疾人参加面点培训班。推荐1名残疾人参加全省残疾人电商精英培训班。实施教育助残工程，为26名新考入大专以上院校的残疾人大学生和贫困残疾人家庭的子女发放1000元—2000元不等的补贴。

【残疾人社会保障】 与民政局联合下发《关于做好困难残疾人生活补贴和重度残疾人护理补贴发放工作的通知》。加大困难残疾人生活补贴力度，将补贴范围扩大到所有享受低保的持证残疾人，审核报送民政局符合条件的残疾人4562人；逐步扩大重度残疾人护理补贴范围，放宽到生活不能自理的一、二级肢体、智力、精神、视力残疾人，补贴标准由每人每月60元提升到80元，审核报送民政局符合条件的残疾人7653人。落实重度残疾人参加居民基本养老保险、基本医疗保险最低个人缴费由政府代缴政策，共为2118名重度残疾人代缴100元的基础养老金，为6207名重度残疾人代缴140元的基本医疗保险。

【残疾人宣传维权】 推荐上报《爱心水滴，汇聚暖流》参加第十二届全省各地人民广播电台残疾人节目评选；推荐上报2014—2015年度全省残疾人事业好新闻作品7件。开展电视手语和广播专题栏目，培树于乐静、刘吉坤等残疾人先进典型和扶残助残典型。共撰写新闻稿件100件，播发92件，报刊杂志刊登稿件（照片）25余篇（幅）。实施残疾人无障碍工程，为621名肢体残疾人发放燃油补贴；为140户残疾人家庭进行无障碍改造，并为每户配发苏泊尔牌电磁炉、电饼铛、电饭煲各一个。开展残疾人法律宣传，妥善处理各类信访案件，处结率达100%，无集体上访事件发生。

【残疾人文化体育】 开展创建社区（村）“残疾人之家”活动，确定安临站镇牛庄社区，孙伯镇南栾社区，王瓜店街道东大封社区、尚古庄社区，新城街道桃花源、赵庄、桃都、丰园8个社区作为“残疾人之家”创建单位，并配备基础设备，为残疾人提供集康复、休闲、娱乐于一体的活动平台。推进山东省残疾人文化体育建设示范市创建，申报肥城市正港木业工艺品厂作为第二批“山东省残疾人文化从业创业扶贫示范基地”。推荐5名运动员参加山东省残疾人锦标赛。12月8日，全市17名初选合格的有运动潜质的残疾人在市特殊教育学校迎接泰安市竞技体育专家的实地测试选拔，共有4名残疾人运动员进入候选名单。

【残疾人组织建设】 3月，市残联召开全市残疾人工作事业会议，安排部署全年残疾人工作的目标任务，下发《2016年度目标考核办法》。开展“规范管理建设年”活动，对各项工作制度进行全面梳理和汇总细化，形成《工作制度汇编》，有效规范干部行为，提高工作效率。7月13日，举办残疾人基本服务状况和需求信息动态更新工作培训班，安排部署6月30日以前在全国残疾人人口基础数据库里的持证残疾人的入户调查工作，以及时掌握全面建成小康社会进程中残疾人的基本服务状况和需求，为实现残疾人精准服务提供依据。

【全国助残日】 围绕第二十六次全国助残日“关爱孤残儿童，让爱洒满人间”的主题，开展全市孤残儿童和困境儿童调查摸底活动，共摸查出符合条件的人员140名，为下一步救助政策的制定提供第一手资料。开展走访慰问贫困残疾人活动。市大班子领导带头走访慰问全市60户特困残疾人家庭，送去慰问金和慰问品；市残联对“第一书记”包保村安临站镇牛庄村贫困残疾人进行走访慰问；各镇街、各部门均开展走访活动，全市累计发放慰问金及物资近10万元。5月，为2名重度残疾人入户办证。6月，联合创维集团、三源家电举行“创维慈善情·关爱暖人心”扶贫助残惠民工程启动仪式，为贫困残疾人捐赠苏泊尔电饭煲180台和创维家电购买优惠卡10000张。

【首届残疾人运动会】 4月21日，市残联联合市体育局在体育场举行首届残疾人运动会，全市15个镇（街、区）和特殊教育学校的140名运动员参加。运动会设100米、200米、飞镖、举重、乒乓球、羽毛球6个项目和特殊教育学校学生趣味比赛。15个参赛组分别决出冠、亚、季军，市残联为45名获奖运动员颁发奖金和荣誉证书，并对市特殊教育学校、桃园镇、王瓜店街道、安驾庄镇、汶阳镇、湖屯镇六个集体进行表彰。

4月21日，市首届残疾人运动会举行

【残疾人意外伤害保险】 6月1日，下发《关于为重度残疾人办理意外伤害保险的通知》，率先在全市试行政府为重度残疾人购买意外伤害保险，增强残疾人抵御风险能力，最大程度减轻残疾人因意外伤害造成的经济损失。明确参险对象和期限、保费缴纳标准和资金来源、办理程序。同月25日，召开残疾人业务工作会议，将文件精神传达至各镇（街、区）及每一位残疾人。政策惠及16岁以上的重度残疾人8001名。

（张敏）

老龄工作

【概况】 以“落实老龄法规政策、提高老年保障优待水平、维护老年人合法权益、加强老龄宣传和老年文化建设”为重点，解决老年群体最关心、最直接、最现实的利益问题，为老年人办实事，做好事。“银龄安康”工程实现新突破，全市投保老年人总数达66400多人，投保总额达到214.1万元，较上年同期增长50%，理赔金额达到101.3万元。在全省银龄安康工程总结表彰会议中做先进典型发言，获“泰安市实施银龄安康工程特等奖”。

【服务养老机构对上争取】 筛选上报王庄镇“肥城市颐康苑老年公寓”为省级财政扶持城镇养老服务机构项目，争取扶持资金18万元；老城街道“尚质居老年人日间照料中心”为2016年泰安市财政扶持养老服务机构项目，争取扶持资金4万元。全年争取到位省市高龄、百岁老人长寿金13.3万元。

【老年人合法权益维护】 ①维护老年人合法权益。人民法院对贫困老年人因合法权益受侵害提起的诉讼，优先立案、优先审理、优先执行，交纳诉讼费确有困难的，给予缓交、减交或者免交；司法局对老年人诉讼需要获得律师帮助，但无力支付律师费用的，给予法律援助；公安局严厉打击侵害老年人人身、财产安全的违法犯罪行为；检察院履行监督职责，维护老年人合法权益；与公安、检察院、法院、司法局等涉老部门联合编印下发《维护老年人合法权益法律知识手册》2万册。印发《关于进一步做好老年人防范非法集资工作的通知》，在全市开展非法集资风险专项整治活动，印发《致全市老年人防范非法集资的一封信》，提醒老年人注意防范非法集资。新城街道在各村居、社区广发宣传市老龄办《关于做好老年人防范非法集资工作的通知》；安临站镇发放《维护老年人合法权益法律知识手册》。②老年人公益维权服务示范站创建。开展争创山东省老年人公益维权服务示范站活动。“肥城市检察院派驻老城检察室”发挥贴近基层的优势，履行检察室职责，为辖区老年人办实事，解难事，维权益。10月，被山东省老龄办、省法院、省检察院、省公安厅、省民政厅、省司法厅授予“山东省老年人公益维权服务示范站”。

【惠老政策落实】 ①高龄老人补贴发放。及时足额发放90岁以上高龄老年人每月60元的生活补贴、百岁老人每月370元的长寿金。倡导有条件的镇街区为老年人发放生活补贴，新城街道进一步提高老年人福利待遇，在原有生活补贴的基础上，80岁以上老人每人每年增加40元，达到每人每年140元；90岁以上老人每人每年增加40元，达到每人每年900元。②老年人优惠乘坐市内公交车政策。65周岁以上老年人免费乘坐市内公交车，60至64周岁老年人实行半价乘坐市内公交车。③其它惠老项目落实。贯彻落实《老年人权益保障法》，协调老龄委成员单位落实惠老优待项目。市内所有旅游景点、公共文体场所均向老年人免费或优惠开放，老年人持优待证享受免费进公园、公厕、减免门诊挂号费等相关政策优待，各级卫生医疗机构每年为65岁以上老年人做免费健康查体，健康档案建档率达86.8%。老年人全部参加合作医疗，100多个村居60岁以上老年人的参合费由村居代缴，按照分级负责的原则为农村70岁老年人减免参合费。参加城镇职工基本医疗保险和城镇居民基本医疗保险及新农合参保老年人报销比例分别稳定在70%—80%。全市所有农村五保供养对象全部纳入新型农村合作医疗保障范围。

【老龄宣传工作】 ①发挥新闻媒体的作用。在市电台、电视台、网络设立老龄栏目，宣传《老年法》《山东省老年人权益保障条例》，宣传报道老龄工作的好做法和涌现出的孝老爱亲典型、先进典型事迹。②加强社会敬老文化建设。在城市和镇街、村居

高新区穆庄老年日间照料中心

主要公共场所，设置敬老爱老宣传橱窗或标语，推行敬老宣传一条街、一面墙。③开展孝亲敬老活动。举办第九届肥城市十佳孝星、孝老爱亲之星评选表彰和泰安市第四届“十大孝子”推荐活动。孙晋海、马存水分别获得第五届山东省老年书法美术大赛三等奖。5月，湖屯镇老年公寓、肥城市桃都康复医养中心、高新区穆庄老年人日间照料中心参加第八届中国（山东）国际老龄产业博览会展示。新城街道孙小村党支部书记孙绪民、边院敬老院院长李本武、王庄镇南尚西村冉梅被评为泰安市第四届“十大孝子”。

【老年文体活动】 6月，市老年书画研究会举办庆“七一”、纪念红军长征胜利80周年书画展，共收集作品250余幅，筛选120余幅作品展出，并印制书画专辑发放。市老龄办联合市邮政局举办“邮爱桃都·美在肥城”中老年广场舞大赛。各老年文体组织在农村、社区开展老年文体活动，敬老月期间共计送戏曲下乡进社区20场，安临站镇组织镇老年文体表演节目庆祝老年节。

【老年节庆祝活动】 市政府办公室制定下发《关于开展2016年“敬老月”活动的通知》，召开全市庆祝老年节暨表彰会议，表彰第九届肥城市“十佳孝星”、肥城市“孝老爱亲之星”。开展慰问救助办实事送温暖活动。老年节前，市委书记、市长及联系镇街的大班子领导走访慰问敬老院和高龄、孤寡、特困老人及老党员、老干部、老英模家庭，送去慰问品和慰问金。老龄办联合市中医院、新城街道等部门在全市开展“关爱老年人，健康进社区”健康知识巡回讲座。司法局在敬老月期间安排所有法律工作者每周一、三、五进社区，蹲点解决老年人困难问题。敬老月期间，全市各级各界为老年人做好事1300余件，为敬老院、高龄老人、特困老人赠送花生油130吨、面粉160吨、慰问金300余万元。

（卫荣梅）

人民生活

【居民收入】 2016年，全体居民人均可支配收入24205元，同比增长8.4%。其中城镇居民人均可支配收入31721元，同比增长7.8%；农村居民人均可支配收入15130元，同比增长8.0%，城乡居民收入之比为由2.27降至2.1。

（杜坤）

镇街概况

- 新城街道
- 老城街道
- 潮泉镇
- 王瓜店街道
- 湖屯镇
- 石横镇
- 桃园镇
- 王庄镇
- 仪阳街道
- 安临站镇
- 孙伯镇
- 安驾庄镇
- 边院镇
- 汶阳镇

镇街概况

新城街道

【概况】 新城街道地处城区，为市委、市政府驻地，前身为刘家庄镇，1984年1月改为新城镇，1992年9月肥城撤县建市后，新城镇改为新城办事处，2006年8月，易名为新城街道。先后荣获中国最美小镇、淘宝镇、省旅游强乡镇等29项省级以上荣誉，泰安市创业型示范街道、泰安市信访工作先进单位等63项泰安市级荣誉，肥城市创卫工作先进单位等89项肥城市级荣誉。至年末，全处总面积55.4平方公里，辖26个行政村（居），1个现代农业高新技术产业示范区。总人口15.95万人，其中农业人口3.82万人，人口密度每平方公里2879人。人口出生率15.42‰，死亡率2.37‰，人口自然增长率13.05‰。经济运行呈现良好态势，实现财政收入29935万元，其中工商税收完成14742万元，比上年增长13.6%；全社会固定资产投资完成89.59亿元，招商引资到位资金12.07亿元。农村信用社存款余额12亿元，比上年增加0.8亿元，增长7.14%；各项贷款余额5.5亿元，比上年增长0.28亿元。

【农业】 围绕城市搞发展，在满足城市居民需求上做文章，加快推进城郊农业向都市农业、休闲观光农业转型。在耕地面积相对减少的情况下，无公害化、绿色型蔬菜、水果及各种农产品成为新城农业发展的必然趋势。2016年，新建冬暖式大棚180亩，智能温室1.64万平方米。全处林果面积560公顷（不包括园林绿化、街道绿化），新发展肥桃434亩，建设培优园500亩，精品园100亩，肥桃面积449公顷。农用机械总动力8.68万千瓦，比上年增加0.26万千瓦。农用汽车1930辆，比上年增加13辆；各类农用机动三轮车1705辆，比上年增加10辆；拖拉机1066台，比上年增加71台；新增玉米联合收割机6台，免耕播种机6台。全处配套机井（深水井）115眼、浅水井12眼，有效灌溉面积1133公顷，占总耕地面积的96%。

【园区建设】 打造中小微企业园，按照市委、市政府部署，充分对接酝酿，组织孙小、沙窝、孙庄3个村居联合投资1.2亿元，建设占地60亩，侧重引进中小微企业，集中打造集企业创业、孵化、发展于一体的综合性工业园区。年内，办公楼和3栋生产车间已完成主体建设。1号车间诚意智能家纺项目已入驻，正式投产，3号车间引入丽峰塑钢项目。建设生物医药产业园，一期投资10亿元，占地97.59亩，建筑面积9.6万平方米，建设1栋办公楼和8栋四层高标准车间，打造在省内具有影响力的医疗器械和生物医药科研、转化、

新城街道古店社区

制造、销售、展销等多功能于一体的特色产业园区。年内，1号、2号车间完成主体建设。

【招商引资】 年内，全社会固定资产投资完成89.59亿元。引进项目29个，到位资金12.07亿元。对上争取项目135个，到位资金1.02亿元。引进过亿元项目8个，签约落地投资5亿元的温氏国际绿色庄园、投资1.03亿元的艾利克斯医疗器械生产、投资3亿元的肥城市慈明学校、投资3.8亿元的泰邦生物制品生产基地、投资1.31亿元的诚意智能家居、投资2.8亿元的水岸花田景区、投资1.75亿元的绪钊建材设备制造、投资10亿元的建材、五金、家居集聚园区。合同利用外资808万美元。全部企业1703家，其中市级以上规模服务业企业65家。电子商务快速发展，新增电商示范企业2家，成功打造东尚、西尚、沙沟三个淘宝村，新城被认定为泰安市唯一的淘宝镇。

【城乡建设】 适应城市发展要求，统筹城乡一体发展。至年末，有17个社区居委会，其中12个城市社区、5个村改社区（孙庄、伊家沟、巧山、沙窝、古店）。辖区内有企事业单位261家，商业网点3034个，住宅小区293个，总人口68994户、183807人，辖区党员12096人（在职8681，离退休3415）。2016年，建成社区党群服务中心11个，成功探索“一核多联”区域共建模式，打造贵和社区“和为贵e家亲”等党建服务品牌12个。强力推进旧村改造，完成民房搬迁570户，新开工建设居民楼34栋。同步推进景观建设，完成尚庄、陈刘、军地、古店等9个村绿化施工和沙窝、古店、李小、山水名园便民市场规划，新开工孙庄便民市场，完成王坊、南尚、军地卫生室改造。全力推进剩余4个社区场所建设，精心打造美丽乡村示范村5个、精品村3个。开展各类创建活动，顺利迎接文明城市创建检查测评。

【科教文卫】 ①幼儿教育。共辖定点幼儿园19处、教学点5处；在职幼儿教师392人，其中幼师专业毕业271人，专业合格率的69%；在园幼儿4598人，3—6周岁幼儿入园率达99%。年内，全处各幼儿园投入1000万元，增加信息化教育装备、教玩具，更新充实教学设备、图书，进行园所维修改造，投资3000万元新建蓝色港湾、大桥幼儿园、金贝儿幼儿园，改扩建巧山社区、尚里社区幼儿园。办园条件进一步改善，创建省市级规范化幼儿园力度进一步加大。贵和园幼儿园创建为省级示范幼儿园，曼茵得尔、东付华夏幼儿园创建为泰安市规范化园所，世纪星光、小博士幼儿园通过泰安市规范化验收。蓝色港湾、金贝儿幼儿园，尚里社区幼儿园，通过肥城市规范化幼儿园验收。共创建规范化幼儿园省级3处，泰安市级9处，肥城市级7处，规范化创建率全市第一。②文化活动。全处有街道综合文化站1处，村级综合性文化服务中心26处，文体小广场42处，农家书屋26家，26个村组建演出队，自编自演各类文艺节目。精心组织电影队下乡，每月放映26场。有线电视入户率42%，远程教育设施入村26个，使用率100%。③卫生事业。至年末，有卫生院1处，床位120张，医护人员137人；村卫生室23处，村级医生64人，其中中西医结合5人，23个村卫生室达到规范化建设标准。参加居民医疗保险31846人，参保率100%。计划生育服务站有工作人员10人，设备有B超诊断仪1台，电冰箱1台，妇查床2张，检查床2张，三氧消毒机1台，紫外线消毒机1台，电脑3台。

【社会事业】 持续加大民生投入，完成王坊、四合、太平等5个村的综合性文化服务中心建设。按照“七有”标准，26个村居、12个城市社区建成志愿服务站。扎实推进精准扶贫，帮助2个贫困村策划扶贫项目30个，加快贫困户脱贫，如期完成年初制定的246户560名贫困人员的脱贫任务。征缴农村社会养老保险金423万元，同比增长1%。

（孙甲臣）

资料链接

新城街道标志及释义

1. 本案为新城街道标志设计方案。

2. 整体造型为新城开头字“新”，原型取自王羲之草书。

3. 左侧为新城标志性雕塑《麻姑献寿》的变形，右侧既代表蜿蜒流淌的龙山河，又构成麻姑系于腰间的飘带。麻姑献寿是中国古代传说故事。桃子在古代尤为水果中的上品。麻姑得赠一硕桃，自己舍不得吃，本来揣回家给父亲，却在途中遇到一将饿死的老婆婆，于是将桃给老婆婆吃下，将其救活。却不料这位老人原是黎山王母所变，为答谢麻姑另遗赠一仙桃核给麻姑。麻姑种下竟一年成树，正月开花，三月结果，众人无不惊奇。麻姑将仙桃献给贫饿老人，皆体健长寿，遂称“麻姑献寿”。麻姑亦跟随黎山王母修道成仙。肥桃是肥城特产，又称佛桃，因硕大味美，营养丰富而得名。佛桃寄予了人们对美好生活的热爱与向往。因麻姑献寿这一故事，说明佛桃的珍贵，也正体现了以人为本思想的历史悠久和厚重的文化内涵。

4. 标志以富于中国文化气质的草书字体作为造型主打元素，彰显新城人尊重和传承传统文化的追求，动感强烈的线条，体现出充满活力的新城人对建设“宜居宜业 魅力新城”的满怀信心与昂扬激情，朝气蓬勃的蓝绿色调清新自然，与书法造型相得益彰，体现崇尚自然，保护环境，返璞归真之道。

老城街道

【概况】 老城街道地处市区北，系原肥城老县城驻地，2010年7月撤镇改设街道。辖区面积78.7平方公里，辖33个行政村（居），总人口8.05万人。老城历史悠久，文化源远流长，境内齐长城遗址是战国时期齐国和鲁国的分界线，全长38公里；北坛遗址出土的石器是大汶口晚期的标准器物。区域内资源丰富，土地肥沃，可耕地29995公顷。矿产资源丰富，主要有煤、钾长石、铁、黄金、石英石等。辖区内省属市直企业11家，其中原国家统配煤矿两处，县级煤矿1处，民营企业313家，其中规模以上企业25家，亿元以上企业3家。先后被授予全国生态乡镇、省级文明乡镇、泰安市新农村建设民生科技示范镇、安全生产先进单位等荣誉称号。老城街道充分发挥区位优势，整合各种资源要素，努力打造城市副中心。年内，完成固定资产投入30亿元，实现财政收入11961万元，人均纯收入1.4925万元。

【农业】 年内，成立农村合作社100个，比上年增加5个；家庭农场33个，比上年增加8个；土地流转5616亩，比上年增加1726亩；农村经营性收入4964.63万元，农村固定资产投入6562.99万元，分别比2015年增加1143.20万元、734.28万元。粮食总产量28682.9吨，棉花4.14吨。新开发经济林3600亩，雨季造林1200亩，丰产林200亩，苗木花卉3600亩，有机茶1700亩。8月，泰安市东兴农业公司，批准为泰安市市级农业科级示范园。加大农业产业化发展，生猪存栏量3.8万头，奶牛存栏量6423头，羊存栏量1.63万头，分别比上年增加2000头、23头、300头。家禽存栏量47.8万只，禽蛋总产量3410吨，比2015年增加10吨。蔬菜瓜果大棚面积350亩，比2015年略有增长。农田水利基础设施不断完善，新增机井12眼，浅井2眼，铺设PVC管道3000米，有效灌溉面积新增200亩，投入资金100万元。农机总动力33530万千瓦，与2015年基本持平。小麦联合收割机60台，比2015年增加2台，玉米联合收获机16台，与2015年持平。

【工业】 招商引资迅猛发展，狠抓园区基础设施建设，依托园区抓项目引进，引进过亿元项目3个，续建项目2个，增强工业园的整体实力，工业总产值达到116亿元，比上年同期增加16亿元。老城街道被泰安市政府安全委员会评为安全生产先进单位。

2016年老城街道过亿元企业情况一览表

企业名称	投资（亿元）	建设内容	占地面积	建筑面积	预计产值
山东瑞福锂业有限公司	11	2条年产1万吨碳酸锂生产线，建设主车间、焙浸车间、中控室、库房等3.5万平方米。项目全部达产后，年可新增电池级碳酸锂生产能力2万吨。	238亩	3.5万平方米	新增产值35亿元，利税10亿元。
中节能山东（肥城）生物质能发电有限公司	5	建设2×75t/h高温高压直燃循环流化床锅炉和2×15MW发电机组及其他辅助工程。已于2015年12月份并网发电，年可消耗农作物秸秆、杂草树枝等生物质燃料30万吨，发电2.16亿度，利税3000余万元，年可节约标煤15万吨，减少二氧化硫排放1500吨。	248亩	3万平方米	发电2.16亿度，利税3000余万元。
肥城市英电新能源有限公司	4.5	主要建设光伏阵列支架、逆变器、安装13万块电池板。	1100亩	30兆瓦光伏发电	年可发电4500万度，实现产值5400万元，税收1000万元。

【第三产业】 电子商务蓬勃兴起，有电子商务中心1处，电商54家，营业额2800万元。有个体营业执照的个体经营业152家，个体户4983家，年产值1580万元。生态旅游更加完善，东关肥子茶园旅游景区，在有机茶种植、加工、生态旅游观光、民俗文化体验的基础上，增设樱桃采摘、餐饮，战国遗址、花峪踏青、古村探幽项目，并深入挖掘双峪“野茶谷”资源，全年吸纳农村剩余劳动力6000人，参观人数7000人次，创造经济收入880万元。被列为省旅游扶贫示范村的李庄村利用优美的自然风貌，与肥城市荷塘月色旅游开发有限公司共同策划，与罗氏庄园、华石山庄、农科庄园强强联合，形成休闲养生、观光度假于一体的新经济隆起带，可容纳5000人游玩度假，安置就业人员600人，创造经济收入200万元。

【街道村居建设】 通过棚户村改造，极大改善民生，群众的幸福感满意率达到95%。全处有6个村整体搬迁完毕，新建成楼房8栋，建筑面积36000平方米，建设投资5760万元，安置户数320户，拆迁户数280户，入住率92%，搬迁、复垦面积168亩。街道绿化面积0.94万平方米，绿化率35%，架设路灯180盏。修筑公路7条，共9.6公里，投资1440万元，受益群众3万人。4月，实施全城环境提升，每年投入350万元，由中节能（山东）环境服务有限公司对老城街道环卫一体化全域托管，实现环境卫生升级改造。

【科教文卫】 年内，全处村企业聘用技术人员432人，引进各类人才213人，分别比上年增加51人、10人。①教育事业。有定点中学1处，九年一贯制学校1处，完全小学4处，小学分校1处，成人教育中心校1处，幼儿园7处，中小学教室418名，在校中小学生3285名，初中毕业生506人，成人教育培训农民2169人。加大投入改善办学条件。投资750余万元，规划罗窑小学新校建设工程；投入307万元，实施老城中学教学楼改造

东兴茶园（孙冠中 摄）

工程；投入130万元，实施老城中学、中心小学、杨庄社区学校、百尺小学、大石关小学教学楼防水工程。②卫生事业。有卫生院1处，床位60张，医投人员90人，卫生室27处，乡村医生113人。共建立居民健康档案40874份，累计动态使用更新15608份，全处健康教育讲座168次，全处健康教育覆盖率达到总人口的30%。医疗巡回累计620人次，免费送医送药10002.3元。累计为辖区适龄儿童开展免疫接种10023人次。农村合作医疗参保人数4.2万人，参保率100%，报销109293人次，报销金额555.7万元。计划生育面向乡村，方便群众服务上门，全处查体人数15823人，早教培训2213人，人口自然增长率7.15‰。全处无重大突发性公共卫生事件。③文化事业。有文化大院33个，农家书屋33个，业余文艺演唱队13个，休闲文化广场33处，共安装健身器材216件，有线电视普及和宽带网络覆盖域内100%。乡村记忆博物馆22处，比上年增加5处，33个村（居）全部达标。年内，街道文化广播站培训群众文化辅导员33人，街道文化站、文化站功能、服务标准、文化广场配套设施均达到市级标准。在“肥城市农民运动会”拔河、跳绳、踢毽子等项目获得优秀奖。

【社会事业】 年内，新增就业267人，新增农村劳动力转移就业1100人，33个村自来水普及率100%，电视、洗衣机、电冰箱、电脑普及率达到97.7%，个人拥有轿车356辆。救助贫困母亲、春蕾女童100人，妇女两癌免费检查2000人，投入资金4万元。为留守儿童活动站赞助资金2万元，老城街道获得山东省“幸福进家活动”先进乡镇。有敬老院1处，新增农村幸福院8处，全处集中供养率达到89%。享受最低生活保障金1424人，医疗救助健康扶贫对象488人，投入资金7万元。全处城乡居民养老保险参保人数30253人，适龄人数参保率91%，当年收缴居民养老保险基金420万元。领取养老金人员11628人，全年发放养老金1400万元。全处城乡居民医疗保险参保人员47578人，参保率99%，收缴医保基金858万元，办理居民特种病补助证426人。美丽乡村覆盖率达到45%，新建成区内村庄7个，A类村12个，B类村14个。城区面貌整洁、清新，空气优良天数260天，全处鼠、蚊、蝇、蟑螂密度水平高于GB/T27770-2011规定的C级要求。杨庄社区被泰安市政府评为生态文明乡村建设工作先进单位。

（石恩水）

潮泉镇

【概况】 潮泉镇总面积52.9平方公里，辖11个行政村，总人口2.24万人。有省级重点文物小王庄西周遗址，战国时期齐长城遗址，以及黄巢寨、擂鼓台、跑马岭等十余处历史古迹。石灰石、石英石、花岗石、钾长石、页岩等矿产资源储量丰富。北部翦云山主峰海拔607.7米，为肥城最高峰，以“肥国仙山胜境，齐鲁养心天堂”为主题的翦云山生态旅游开发区达到国家AAA级景区标准。先后被评为山东省级宜居小镇、省级卫生镇、泰安市级社会管理综合治理先进乡镇、生态文明乡村建设工作先进单位、四德工程建设先进集体、

"泰山幸福E家园"网络文化惠民工程建设先进单位、体育工作先进单位等，同时，柳沟村被评为全国宜居村。2016年，全镇党员干部真抓实干、攻坚克难，较好的完成各项目标任务。完成地方财政收入3666万元，其中镇级工商税收1421万元，分别比上年增长10.32%和9.06%；完成农业总产值2.78亿元，年均递增6.8%；完成规模以上工业总产值10.24亿元，年均递增7.6%；三产服务业总产值4.18亿元，年均递增8.8%；农村居民可支配收入达到13767元，年均递增10.1%；完成社会固定资产19亿元，年均递增10.4%，全镇经济实力迈上新台阶。

【农业】①发展林业生产。新发展经济林2000亩，全镇经济林达到3.8万亩，高标准打造黑山、孤山、百福图、大王、白窑五大片区。栽植各类苗木40多万株，圆满完成"三边"绿化任务。②打造示范园区。重点打造培育润乐农业、恒昌农业、易达果品、众明蔬菜、耕夫农业等示范园。在扩大发展规模的同时，不断完善园区基础设施和景观设施，加快示范园区建设。润乐新建设施农业大棚10个，电商集聚区运行良好；易达发展红心苹果380亩，并种植林下丹参，实施"以参养地，以地养树"的立体种植模式。③深化农村综合改革。农户承包地经营权全部确权到户，镇域内小型农田水利工程产权制度改革改制278处。集体经济组织量化确权改革11个村已全部完成。房屋确权除潮泉村涉及社区改造，其他10个村已全部完成，部分群众利用确权后的农民自住房办理抵押贷款，用以发展农业经济，进一步激发农村发展活力。④多措并举抓实扶贫。成立帮服组织抓脱贫，带动贫困群众外出务工、指导种植技术；土地流转带脱贫，优先将贫困户的土地进行集中流转，增加群众收入；项目引领促脱贫，策划张庄菌种养殖、上寨大棚樱桃等产业扶贫项目，通过吸纳贫困户打工、免费提供苗木、股权分红和资助无劳动能力的贫困户等方式助脱贫；政府救助保脱贫，对年老体弱、伤残有病等没有劳动能力的贫困群众，通过低保、五保等扩大社保覆盖面来兜底保脱贫，全镇333人实现脱贫。

翦云山生态旅游开发区

【工业】加大招商引资和项目建设力度，全年共开工建设各类项目18个，其中投资过亿元的项目6个，3000万元以上的项目12个。新开工建设九龙旅游度假区、百福图农产品深加工、润乐农业示范园、安为先生物等项目7个。续建的建能科技、恒昌农业、易达果品等7个项目进展迅速。在谈的农产品加工、电缆制造等6个项目进展顺利，部分项目已达成投资意向。不断加快企业培植，军成机械新研制矿用自动高温搅炉机，龙山机械公司被认定为省级"专精特新"企业，胖娃食品、恒昌农业获批泰安市级"专精特新"企业称号，全镇新注册私营企业20个，比去年同期增长17.6%；发展个体工商户280户，同比增长16.7%。

【第三产业】加强景区景点创建，新建九龙旅游度假区，主要建设旅游接待中心、南极亭等景观；以修复八卦楼为中心，打造文化体验区；在孙楼斜峪分村旧址高标准建设休闲养生旅游度假民宿风情区等。指导家乡美生态园、恒昌农业观光园等景点丰富旅游项目，各项目的旅游承载能力得到强化。在旅游线路策划上，策划全镇春、夏、秋季旅游精品线路，重点推介恒昌农业金泰庄园、翦云山等景点，通过桃花节、网站、微信等平台进行宣传推广，适时组织济南、泰安等地游客到潮泉镇开展2次集中采摘活动。配合市旅游局组织举办肥城市首届翦云山露营帐篷节、翦云山登山节等活动，知名度和影响力持续增强。获批2A级风景区1处，省精品采摘园1处，“好客人家”农家乐1处。

【镇村建设】 ①完善镇驻地管理。深入开展镇驻地综合整治，通过下发明白纸、签订责任书等，规范各沿街户的经营行为。镇驻地新补值冬青1万余棵，铺设花砖600余块，改善主要街道两旁绿化。②开展环境治理。清理绿化带及辅道垃圾、杂草12车。实施盛泉小区燃气入户的主管道、支管道及入户铺设工程。被评为省第三批宜居小镇、柳沟村被评为全国宜居村居荣誉称号。③加快美丽乡村建设。全镇各村共完成栽植、补植冬青2.1万棵，栽植樱花、北美海棠等苗木1.5万棵；共硬化巷道30余条，3.6万平方；垒砌修缮路宅分家6580平方，新安装及维修路灯208盏，粉刷墙壁1.8万平方，新建文体广场3处。将黑山、孤山、大王等3个村打造成市级精品村。

【科教文卫】 引进培育新型果品，引导群众发展矮化樱桃、红心苹果、油杏等新品种，新建果品培优园5处，改接优良品种240亩。培育新型农民，邀请专家老师走进潮泉农村课堂，广泛开展农村技能培训，开展以生态农业、乡村旅游、种养技术等为主要内容的农民培训活动10场，计划培训农民500人次。依托果蔬种植优势资源，大力普及和深化电子商务应用，使电子商务产业成为全镇经济发展的新动力、新引擎。新建电商集聚区1处，村级服务站8处，新开设网商店铺160家，对全镇樱桃、核桃、花椒等农产品的品牌推介、包装、销售起到极大的促进作用，全镇网上销售额突破2000万元。

大力发展教育事业，投资30万元，完成幼儿园地面整修，操场塑胶，添置大型玩具连廊和综合攀登架。成功举办第七届幼儿春季运动会和大型六一汇演。保持督导成绩连年夺冠。2016年，在园幼儿约510人，教学班12个，教职工36人。为进一步改善办学条件，对中心小学投入50余万元，对教学楼进行装修改造，新增激光投影仪一体机三台；投入10万元，对学校校园绿化进行改造，围绕“行知”文化主题，建设以突出潮泉镇地域特色的各种农特产为主体的“育英园”“合力园”“平安园”“风骨园”等园区；改建六角亭、知然亭，增强校园的人文景观和文化底蕴。中心小学获得全国网络知识普法大赛优秀组织奖；山东省中小学教师远程研修先进单位、山东省创课大赛优秀组织奖、山东省小海豚亲子阅读指导站、全国星星火炬少儿风采大赛山东省优秀组织奖；泰安市青少年航空、航天模型竞赛优秀参赛学校、泰安市地震科普示范校、泰安市优秀交通安全示范校等荣誉称号。至年末，中心小学在校生人数748人，在职教师67名。初级中学教学班12个，在校生541人，教职工56人。对初级中学投资300多万元建设高标准的塑胶跑道；投资10余万元，为全部教室、办公室安装空调。学校教育教学质量稳步提升，被评为肥城市教书育人先进单位、肥城市五四红旗团支部、肥城市教学工作先进单位、肥城市文明学校、泰安市四星级党支部，并在全市初三教学工作会上，作典型发言。

以创建“全市文化强乡镇”为目标，加强农村文化设施建设步伐，推进公共文化服务建设，全镇41个自然村实现文体小广场全覆盖，安装健身器材300多件，11个村均设立农村文化大院、农家书屋。开展文化活动，培训农村文化骨干300多人，成立秧歌、健身球、扇子舞、腰鼓等特色队伍20余支，深入开展文化下乡、送戏下乡、广场舞大赛等群众性品牌文化活动。至年末，有镇卫生院一处，床位 20 张，专业技术人员 31 人，村级卫生室 10 处，乡村医生 17 人。

【社会事业】 大力发展各项社会事业，改善民生问题，筑牢民生保障，重点办好农村道路生命安全防护工程、文化惠民工程、天然气入户工程、中学操场塑胶跑道建设、派出所服务大厅建设、敬老院建设、便民服务大厅建设、基层文化服务中心建设等 8 件民生实事，切实改善群众的生产生活条件。强化社会治安综合治理，切实维护社会稳定，实施由镇级督促巡逻、村级区域巡逻为主要模式的治安巡防工程，在各村成立专职综治巡防队伍，社会治安持续平稳，刑事案件发案率逐年降低，被评为泰安市社会综合治理先进乡镇。做好信访案件的处理，定期入村排查走访，变上访为下访，及时将发现的问题消除在萌芽状态，信访案件总量和信访发案率连续多年全市最低。强化安全管理，坚持预防为主，分类监管，落实安全生产责任制，完善安全生产监管体制，加大安全检查的密度和深度，进一步规范企业安全生产秩序，落实安全生产措施，定期组织开展安全生产培训，到中小学开展安全知识宣传教育活动，有效预防和遏止重特大安全生产事故的发生，保持社会的和谐稳定，人民安居乐业。

（田磊磊）

王瓜店街道

【概况】 王瓜店街道位于肥城市西北部，与市高新技术开发区“区处合一”。总面积 91.8 平方公里，辖 33 个行政村，人口 3.48 万人。境内企业集聚，特色明显，有山东联谊工程塑料有限公司、山东大庚玻纤有限公司等优质企业，为江北最大的土工材料生产基地。在东大封、西大封新上全省首家最大的分布式光伏发电项目，投资 2.64 亿元，将成为全市新能源建设领域最大的亮点。黄叶村牡丹油加工项目、金槐村森兰德加工出口项目、西大封金吉工贸项目等村办企业硕果累累。先后荣获国家级环境优美乡镇、社会主义新农村建设示范镇、村务公开民主管理先进乡镇，山东省基层党建工作示范点、平安建设先进乡镇、文化体制改革工作先进单位、文明镇、玻纤产业特色镇等荣誉称号。2016 年，实现生产总值 26.54 亿元，公共财政预算收入 4956 万元，公共财政预算支出 6431 万元，社会消费品零售总额 11.47 亿元。

【农业】 加大农业种植结构调整力度，有机蔬菜、“两菜一粮”、蔬菜大棚种植面积明显增加。至年末，全处有机蔬菜面积达到 2400 亩，“两菜一粮” 2800 亩，蔬菜大拱棚 135 个。完成植树造林面积 840 亩，其中经济林 200 亩，雨季荒山造林 400 亩，三边绿化 2.5 公里。新建农田林网面积 1000 亩，苗木花卉培育面积 1000 亩。同时加大对林业病虫害的防治和森林防火力度。畜牧养殖业以猪、奶牛、家禽为主。全处生猪存栏 3.1 万头，牛存栏 1350 头（奶牛 650 头），羊存栏 2.4 万只，家禽存栏 94 万只（其中鸡 44 万只，鸭 50 万只）。生猪出栏 5.7 万头，猪肉年产量 4275 吨，肉牛出栏 545 头，牛肉年产量 80.5 羊出栏 2.95 万只，羊肉年产量 310 吨，家禽出栏 362 万只（其中肉鸡 127 万只，鸭 235 万只），禽肉年生产 4760 吨，禽蛋年生产 1330 吨，奶 1497.6 吨。农业基础设施得到改善，截至 2016 年，全处农业机械达到 1523 台（套），农机总动力 9.84 万千瓦。小麦联合收割机 240 台，玉米联合收割机 78 台，精少量播种机 212 台，免耕播种机 62 台。

【工业】 工业总产值达 14.64 亿元，比上年同期下降 4.8%。规模以上企业 12 家，职工 1300 人，销售收入达到亿元以上的企业 4 家，其中新开工 2 个，肥城联谊工程塑料有限公司年销售收入过 3.6 亿元。王瓜店已成为江北最大的土工材料生产基地。在东大封、西大封新上全省首家最大的分布式光伏发电项目，投资 2.64 亿元，工程建设现已全面铺开，将成为全市新能源建设领域最大的亮点。村办企业硕果累

山东农保姆肥业

累。黄叶牡丹油加工项目，可年产植物油200吨，带动150户村民增收；金槐森兰德加工出口项目，产品主销国外市场，是典型的电子商务企业；西大封金吉工贸项目，面向韩国市场，可年产各类理疗家具3万套。潘台山东雅瑞机械加工项目，年可生产加工阀门2万（台）套，实现销售收入3000万元。

【第三产业】 年末，有限额贸易企业10家，大型购物超市3处，大型农贸市场5处，全年消费品零售额11.47亿元，比上年同期下降2.43%；规模以上服务业2家，营业收入0.43亿元，同比增长19.43%。在传统销售模式的基础上，大力发展电子商务。精心建设街道电子商务集聚区，已入驻电商企业8家、个体电商16户，营销总额3200万元。在新镇村新上全市首家“互联网+”综合服务平台。黄叶村成功创建为市级电子商务示范村。

【街道村居建设】 以创建城乡统筹发展示范街镇为目标，健全配套设施，推进桃都美丽乡村建设。年内，共投资400余万元做好社区绿化和边角经济；投资234.69万元完成乡村道路硬化29274平方米；投资11万元在新安路安装路灯、景观灯、球场灯44盏；聂庄村新建居民楼2栋，投资2324万元，建筑面积14663.55平方米。

【科教文卫】 加大科技成果利用和农业新技术推广力度。常年聘请技术顾问17名，引进各类技术人才112名，举办各种技术培训班20场次，培训农民1万人次。全处有各类专业技术协会29个，会员3000人，其中1000人成为致富带头人，形成处村科技推广网络。各类科技人才1817人，其中专业技术人才624人，经营管理人才321人，技能人才865人。

坚持把教育放在优先发展的位置，全面推行素质教育，全处教育工作呈现出健康、持续、快速发展的良好势头。有中心小学1处，小学9处，初中1处，成教中心1处，幼儿园13所。教师461人，其中中高级以上职称226人。在校学生6328人，其中初中学生2680人，小学生3648人，幼儿园2964人。2016年初中毕业817人，升入普通高中433人，入学率达52.8%。

文化体育各项事业取得较好发展，群众对文化生活的满意度得到有效提升。对街道各村文体带头人和文化志愿者进行广场舞大培训，共培训人员123人；投资4.5万元，开展“送文化下基层”系列文化惠民活动，参与演出人员60余人，演出场次24场；街道70%的村（16个村）完成村级综合文化服务中心达标工作。有线电视实现村村通，安装用户7000户，其中数字电视用户6000户，宽带1000户。

加大对卫生事业的设施建设，方便群众健康需求。至年末，卫生院共有床位89张，专业医护人员56人；村级卫生室27处，乡村医生95人。城镇居民参保人数2.9万人，参合率93.5%；设报销点26个，全年报销医药费565万元。计划生育服务站工作人员8人，配备B超机、心电图机、自动血液分析仪、自动尿液分析仪、妇科检查治疗仪器等计生服务专业设施，累计查体、诊治31000人次。

【社会事业】 民生事业各项工作成效显著。敬老院管理服务水平不断提高，通过国家三星级敬老院考核验收。五保、低保工作达到愿进全进应保尽保。年末，全处共有五保人员 115 人，其中集中供养 68 人、分散供养 47 人；低保户共有 268 户，602 人。全年救助大病家庭 124 户，支付救助金 25.4 万元。全年投保人数 2.46 万人，投保率 89.8%。强力推动精准扶贫，制定并落实 414 户贫困户的扶贫措施，923 人如期脱贫。

（王希君　尹静）

资料链接

王瓜店街道标志及释义

1. 标志图形整体看上去是“店”的变形体，店的一横是“王”字的变形体，“店”的绿色部分是“瓜”字的变形，意谓“王瓜店”三字的整合变形。

2. 店字除了红色圆圈外，整体看像一条苍龙，翱翔在太阳下，蓝色河流上方，傲立于天地间，象征着王瓜店各项事业像巨龙腾飞，奔向美好的明天。

3. 红色的圆点象征着太阳，意谓着王瓜店在各级党委政府的领导下，凝心聚力，共同建设幸福家园美好肥城。

4. 店字上横似远方的层峦叠嶂，又似牛角，代表者横贯王瓜店以北的以牛山为首的群山；店字最下方似蓝色的河流，代表者横穿王瓜店南边的养育了一方人民的康王河，山水相依，有山有水，代表者王瓜店阴阳协调，风调雨顺，是一片物产丰富，人文和谐的乐土。

5. 巨龙映衬在金碧辉煌的、古香古朴的黄色背景下，意谓着王瓜店传承了中华民族辉煌的传统文化底蕴，继往开来，发愤图强，创造一个又一个属于王瓜店劳动人民的胜利篇章。

湖屯镇

【概况】 湖屯镇位于肥城西北部，总面积 85.3 平方公里，辖 48 个行政村（居），人口 8.36 万人。湖屯历史悠久，文化底蕴深厚，境内陶山、小泰山景色优美，天然形成的陶山 72 洞闻名遐迩。春秋末期，著名的政治家、军事家范蠡携西施在陶山一带隐居经商，卒后葬于陶山，存有范蠡祠、西施洞、范蠡墓、幽栖寺等遗址，《范蠡与陶山的故事》被列入山东省第二批省级非物质文化遗产。境内经济特色明显，基本形成以太阳能热水器生产及配套、物流、旅游开发、光伏农业产业、煤炭深加工五大板块的发展格局。先后荣获全国生态镇、计生协会工作先进镇，山东省级中心镇、省级卫生镇、环境优美乡镇、特色景观旅游名镇等荣誉称号。全年实现生产总值 87.75 亿元，同比增长 12%。其中第一产业增加值 5.88 亿元，第二产业增加值 23.25 亿元，第三产业增加值 58.62 亿元。全社会固定资产投资完成 18.52 亿元，公共财政预算收入 1.14 亿元，公共财政预算支出 1.14 亿元。社会消费品零售总额 8.8 亿元，进出口总额 0.1 亿美元。全年实现财政收入 1.14 亿元，比上年增长 8%。农村居民人均可支配收入 14144 元。

【农业】 实施高标准农田整治、千亿斤粮食、矿区压煤搬迁、旧村复垦等项目，农作物面积达到 32125 亩。农业增加值实现 5.88 亿元，占全镇总产值的 6.7%，比上年增长 11.2%。投资 1800 万元，进行农田水利设施建设、农田网络提升工程、汇河上游塌陷综合治理，农田直接受益面积达 12000 亩。在农业区域化、规模化、特色化发展上进行较大提升，在新泰临路以南，调优品种 1000 亩；中部以滕头苗木基地为主发展苗木花卉 15000 余亩；北部以涧北国家级核桃基地为核心，以土地流转和大户承包、工商资本注入为主，发展优质核桃 3000 余亩，新建核桃油深加工厂，建设张店千亩苹果基地、钱庄大樱桃示范基地。以泰盛光伏农业为契机，建设华盛设施农业示范基地。畜禽水产养殖规模和标准均有所提升，全镇肉鸡存栏达70万只，全年出栏240万只，比去年增加18.6%。年末，全镇共建成市级龙头企业3家，农业科技示范园区7个，国家级核桃示范基地1处。国庄水产养殖专业合作社被认定为省级现代化渔业示范园，涧北核桃示范园建成国家级核桃示范基地。

【工业】 至年末，共有企业304家，比上年增加18家，其中大中型企业76家、民营企业237家，分别比上年增加2家和12家。固定资产105亿元，比上年增加30亿元，实现产业增加值23.25亿元，同比增加13.4%，占全镇总产值的26.5%，从业人员8000余人。实现利税776万元，比上年增加20.1%。全镇基本形成以太阳能热水器生产及配套、物流、旅游开发、光伏农业产业、煤炭深加工五大板块的发展格局，以机械加工、建筑材料、食品加工、木材加工为主的工业体系。鑫国公司清洁能源产业园一期洁净型煤项目已投入使用，年产20万吨，配套热源机项目样机试制成功并在小中泉村成功运行。九洲金城机械有限公司，新研发农机驱动桥和拖拉机桥1.2万台，全年实现销售收入达1200万元。瑞泰达机械有限公司，与山东大学合作研发的智能抹墙机市场销售良好，各类产品年销售收入比上年增加269万元。全镇已建成太阳能支架、封头、丝扣等配套项目3家，新上太阳能整机项目实现利税86万元。泰盛光伏农业科技产业园建成，总投资7.2亿元，建设总规模30兆瓦，用地约1500亩。新增高标准钢架大棚32个，棚下农业种植面积增加70.4亩年，实现农业产值5026万元。以中石油运输公司为代表的一批物流企业，规模不断膨胀，运距不断拓展，从煤炭、石油不断向粮食、工业品原料等综合物流延伸，初步形成铁路公路相互依托，较为完备的物流体系。

华盛农庄光伏农业大棚内景

【第三产业】 随着全镇农业和工业的迅速发展，农民消费需求和水平不断提高，餐饮服务、休闲购物、交通物流等第三产业逐渐成为农民增收，解决富裕劳动力的重要途径。2016年，全镇第三产业经营户有168户，从业人员2125人，比上年增加296人。实现生产总值8.62亿元，占全镇GDP的66.8%，同比增长19.9%。

全镇第三产业发展稳中有升，批发零售、房地产开发、交通运输仍占主导地位，实现生产总值35.28亿元，占第三产业产值的60.2%；在工商、卫生、防疫监管下，全镇新增饭店18个，高标准旅馆4个，餐饮和住宿业全年实现生产总值9.28亿元，占第三产业总产值的15.8%；新增农村电商38个、连锁超市3家、专卖店15家，建设改造农村集市6个。另外，仓储物流、金融保险业务量也分别比上年增长11.5%和10.3%，实现生产总值5.15亿元，占第三产业总产值的8.79%；文化旅游、休闲娱乐、家政服务及其他服务业实现生产总值8.91亿元，占第三产业生产总值的15.2%。

【镇村建设】 镇村建设在产城融合中呈现新格局。完成总长11.9公里北部山区环山路的修筑，完成新泰临沿线绿化工程，文化路硬化、绿化、亮化工程，新修或改造乡村路网42.3公里。张店、陶阳、前兴隆、涧北、关王殿、小中泉、钱三等村建设全部完成并入住，原五中、影剧院等驻地开发基本完成，累计投资7.3亿元，完成安置区建设53万平方米，惠及农民4220户、15192人。推进驻地和陶山社区供热管网、社区卫生室、中心小学综合楼、物流园区路网建设等项目，配套绿化面积10.6万平方米。同时，以泰盛日电光伏农业、泽盛菌业、小微企业园、滕头园林苗木基地等项目为重点，进行“两区同建”，增加农民就业，优化居住环境。改善居民居住环境，新安装路灯128个，硬化路面4.1千米，绿化美化绿地11.5万平方米，新建垃圾池105个，新建地埋式垃圾中转站12处，新建成社区文化广场2个，小城镇配套设施建设不断完善，服务功能有较大提升。

【科教文卫】 年内，申请科技专利25件，实施25件，利用率100%。通过外聘专业技术人员，结合现代远程教育、成人技术学校、农业广播学校等教育资源，不断强化对农业的技能培训，共培训农技人员523人，推广使用技术16项。

全镇有学校6处，其中小学5处，中学1处，教师351人，小学生总数1264人，中学生总数1961人。政府不断加大投入，搞好教育示范市创建，投资511万元用于教师培训与交流、校舍改建和教学环境的改善，使适龄儿童入园率、入学率100%，中学生巩固率98%以上，中学重点高中入学率达42%，被市委、市政府评为“全市教学工作先进单位”。

全镇有村级文化大院48处，老年之家、青年之家、妇女之家25处。有图书馆、阅览室48间，村建文化广场42个。镇老年体协太极队被评为省级老年体育活动示范点。镇文化广播站培训群众文化辅导员100名，成立村文艺宣传队28支，艺术团2个。建成农家书屋48处，存书7.6万册，全镇48个行政村，村村通有线电视。

医疗卫生条件明显改善，新建标准化卫生室已达38处，村镇两级医疗机构有床位135张，医护人员104人。引进新的大型医疗检测设备1台，有6名医护人员到县级医院学习交流，医护水平明显提高。儿童计划接种、免疫疫苗覆盖率95%。镇政府投资130万元的垃圾压缩站已完成建成使用，农村改厕及新建沼气池已按上级标准完成任务。共建成8个社区污水处理设施，建成标准化集中供水站，完成农村安全饮水扩网工程，农村卫生条件得到大力改善。

镇计生服务站有工作人员16名，共投资16万元对探测医疗设备进行维护和更换。定期对全镇育龄妇女免费查体，免费提供育婴保健常识，共开办知识讲座16次，参加培训的人员312人，发放宣传单1025张，免费发放避孕用具1918人次，计生服务水平、服务质量都有明显提高，获泰安市委、市政府“人口与计划生育工作先进单位”称号。

【社会事业】 各项社会事业蓬勃发展。适龄儿童入园率、入学率都达到100%，镇政府投资511万元建成标准化中心幼儿园、中心小学阶梯教室、改造初中操场，建成校园局域网和电子备课室。全面改造镇卫生院和计生服务站病房及办公服务设施，落实基本药物制度，群众药物支出降低40%。到市级医院培训镇村医务人员38人次，提高乡镇医务人员的医疗水平和服务质量。镇宣传室举办“湖屯精神”征集活动，组织开展“镜头里的大美湖屯”主题拍摄、“最美湖屯人”“星级文明户”评选等系列活动，成功打造精品文明村5个，示范村15个。推进文化惠民活动，在全镇48个村均建成文体小广场，开展电影下乡、送戏下乡、群众大舞台等活动。完成敬老院公寓楼建设，完善农村养老保险制度，城镇居民养老保险覆盖面由原来的86%增加到95%，社会保险待遇水平有所提高。新建8个社区污水处理设施，建成标准化集中供水站，完成农村安全饮水扩网工程。推进“天网工程”，建成镇级监控中心。引导各村发展特色经济，实施精准扶贫，使643户、1295人如期脱贫。建立健全社会救助体系，全年共筹集资金45万元对困难群体的医疗、教育、就业等进行专项救助。发放救助金25.26万元，救助人口213人，大病临时救助4人。对城乡低保和农村五保供养标准进行跟踪调查，动态管理，及时调整，做到应保尽保。

（张吉阳　郝庆华　宗桂华）

石横镇

【概况】 石横镇位于肥城市西北部，全镇总面积94.4平方公里，辖43个行政村（居），总人口8.76万人，占全市的总人口的9.5%，其中农业人口5.4万人，人口密度为890人/平方公里。石横是远古舜帝成都之处、春秋史圣左丘明故里、闻名全国的武术之乡，被誉为君子故里、道德之乡。境内有舜王冢、都君祠、左丘明墓、舜井唐槐、泰山显灵宫、北大留汉墓群等名胜古迹。石横工业基础雄厚，有国电山东石横发电厂、石横特钢公司、鲁中能源公司三大企业集团和300余处中小企业，先后被评为全国重点镇、文明村镇、环境优美乡镇、新农村建设明星镇、投资环境百佳城镇、生态文明先进镇、国家园林城镇和山东省小城镇建设示范镇、“百镇建设示范行动”示范镇、环境优美乡镇、卫生镇、旅游强乡镇、低碳经济示范镇、综合实力“十大”领军强镇、百亿产业集群镇，被联合国工业发展组织确定为“促进中国中小城镇区域经济可持续发展国际示范项目镇”。2016年，全镇社会生产总值460亿元，境内税收超过17亿元，地方财政收入8.7亿元，城乡居民人均可支配收入2.4万元，主要指标在全市名列榜首。

【农业】 在国家惠农政策的激励下，石横镇因地制宜，指导农民加大农业调整力度，利用土地流转、租赁等形式，按照“南菜北果中间渔”的产业布局，发展特色经济、有机蔬菜和观光农业、畜牧小区等，北部山区以种植各类干鲜果品、养殖为重点；南部平原以种植有机蔬菜为中心，着力发展两菜一粮；中部塌陷区以水产养殖、发展服务业为突破，各类农业合作社的出现，又为农民的产销注入活力，使农业产业不断做大做强。优质高效农业产品产量大幅度增长，经济效益增长较快。镇政府采取以奖代补的办法，鼓励农民发展特色农业，农科人员巡回各村进行技术指导和市场营销，按季节分层次邀请专家组织培训，全年共培训农民0.8万多人次。不断加大对农业基础设施的投资力度，投资3200万元，扶持各村用于挖河、清淤、打井、修渠等。农业机械达到10288台（套），总马力102300千瓦，为农业经济的发展提供可靠保证。2016年，全镇土地流转面积1.8万亩，“两菜一粮”面积6000亩、有机菜面积3650亩、设施棚菜5800亩，“石横”牌韭菜保持在3000亩，水产养殖7000亩，发展优质核桃1.2万亩，“福山之润”牌核桃注册为山东省著名商标。发展田源蔬菜、天蓬府养殖、汇丰奶牛场、万泰设施蔬菜等10个龙头项目，发展农村合作社94个。特色农业已成为农村经济发展的助推器，城乡居民的菜篮子得到丰富，农民收入增加。全镇粮食总产量40033吨，农业总产值10.8亿元，林业生产通过林权制度改革，实现农田林网化、荒山基本绿化，全镇森林覆盖率达36%。

【工业】 年内，经省政府批准，原石横工业产业园区升格为“肥城市循环经济产业园区”，园区规模由12平方公里扩展到32平方公里，建成道路27公里，形成“六纵五横”道路框架格局。石横镇借助这一优势，大力强化招商，围绕驻石大企业产业链条的延伸配套，强力推进项目建设，全方位招大引强项目。同时，强化服务功能，抓好载体设施建设。投资1000多万元延

一滕新材料股份有限公司车间内先进的生产设备（董亮　摄）

伸道路建设，园区实现“五通三化”（五通即通路、通水、通电、通热、通天然气；三化即绿化、亮化、美化）。配套排污等设施，为项目进驻提供充分保证。园区管委会强化管理功能，全力为项目建设搞好服务，实行企业有困难园区人员马上就到，企业有问题马上去办，提升服务品味，加快办事效率，促进招商项目的落地生根、开花结果。年末，入驻企业30家，全镇各类企业已达500家，形成以“能源电力、精细化工、冶金建材、装备制造、特种材料”为主的五大产业体系，规模企业40家，其中3家企业成功上市，营业收入过10亿元的企业6家，过8亿的3家，1家进入500强。阿斯德、索力得生产产品标准达到国家级，建成全国最大的纤维素醚、锚杆钢材生产基地，成为全国最重要的石墨制品基地。2016年，全镇工业总值达400亿元，大幅度增加剩余劳动力就业和地方财政收入，增强城镇综合实力，为促进各项事业发展奠定基础。

【交通通讯】 加大政府投入，充分利用国家省市“村村通公路”的良好机遇，对上争取，加快交通运输和电讯邮政事业的发展步伐。2016年，累计投入2600万元，完成丘明路北拓、石隆路东通工程，全镇36个自然村都通柏油路和水泥路，域内硬化、油化道路里程长达136公里，与国家主干道形成“六纵八横”的公路运输网络。加大公路管护力度，专门成立乡村公路管理站，组成专门的乡村公路养护队，及时进行维护和管理，保证道路的畅通。全镇重型汽车，农用三轮、四轮，拖拉机等车辆达到1020余辆。

邮政电讯业发展迅速。自邮政、电讯分块经营后，出现竞相发展的良好势头，邮政承托报刊投递、包裹邮递、邮政储蓄、三农服务等业务，电讯成立网通公司，承托着固定电话、网络管理、话费收缴等，在固化普及的基础上，手机成为居民必备随身用品，中国电信、中国移动的入驻促进信息流电讯业的快速发展。2016年，全镇固定电话1.4万部，电脑用户总量2.4万台，手机拥有量达6.8万部。邮政业务总收入2000多万元，电信业务收入4100万元。

【财贸金融】 注重发展财贸流通、税源培植和增收节支等工作，促进全镇财贸金融业稳步发展。全镇农副产品销售量8亿元，比2015年增长50%，各类商业网点3800处，从业人员达到上万人，活跃商贸流通市场。全镇税收17亿元，比2015年增长2亿元，完成地方财政收入8.7亿元，比2015年稳中有增。境内各类银行储蓄金额达51.8亿元，比2015年增长20%。各类保险金额15.8亿元。通过“大众创业、万众创新”，电子商务、商贸物流的兴起成为新的增长点，年末，全镇电子商务网点达238家，比上年增加126家，从业人员1600人，旅店村成为石横镇首个中国淘宝村。甲氏瓯鸡、仁里村核桃、石横牌韭菜、前三无公害蔬菜在淘宝上开设店铺。物流网点的发展加快商贸流通速度，方便群众生产生活，促进第三产业的快速发展。

【镇村建设】 以建设百强小城市为契机，结合新农村建设，铺开新一轮镇村建设蓝图。聘请山东省规划设计院，编制小城市发展总规划，对小城镇建设规划进行充实完善，本着高起点规划、高标准建设、高效能管理的原则，不断提升小城市内涵，实行投入多元化、运作市场化，强力推进、精心打造生态宜居、环境优美的现代化小城市。引进山东语润置业、冀中建设集团及省内知名企业投资兴业，强力参与小城市建设。结合新农村建设，对20个村进行规划，其中已有6个村整体搬迁到镇驻地，住上居民楼。2个村完成旧村改造，9个村部分完成旧村改造任务，3个村在办理启动改造手续，已腾空土地800亩，为现代化小城市发展提供土地资源。投入4亿元，搭建起“三区三园三线”“六纵六横”的城镇主干道，镇村主干道全部实现油化、硬化、亮化、绿化，主要居民区通上天然气、暖气、路灯。全镇绿地面积达150多万平方米，红石河公园、丘明湖公园、社区公园、村内公园成为休闲玩乐好去处。为巩固镇村建设成果，镇里配齐配强城镇管理执法大队、园林绿化队、环卫清洁队，专设垃圾处理站，对城区垃圾进行无害化处理，确保垃圾及时清运、主干道卫生清洁，优化发展环境，提升城镇品位。

【科教文卫】 科教文卫体育事业稳步发展。年内，全镇累计获得肥城市以上科技奖励316项，其中有136项已应用到工农业生产和文教卫生事业。全镇已聘用各类技术人才2200多人，引进高端人才56人，培训各类实用人才8600多人次。开发新技术项目58项，依靠科技进步每年净增产值在20%以上。有32项技术获国家级奖，9项获省级奖，182项获市级奖。

教育事业蓬勃发展。全镇七处中小学实现楼寓化，配齐配强教学设施，彻底解决大班额问题，达到省和泰安市标准。推行教学改革，全面实行素质教育，增设传统文化课，教学质量大幅度攀升，初中升学率和优秀生比例连续九年在肥城市位列第一，评为“泰安市教育强镇”。初中毕业生升学率达到95.6%。通过开展“千名教师访万户、师生情谊传万家”活动，增强师生、学校与社会的沟通，促进学生的进步与成长。学龄前儿童入学率达到100%，巩固率100%。九年制义务教育覆盖率100%，有34人评为肥城市以上优秀教师，1人评为省优秀教师，4人评为泰安市优秀教师。

文化生活日益活跃。借助国家文化大发展的优惠政策，大力发展文化事业，镇里建起文化活动中心，每年举行一次农民文化艺术节和元宵节传统文艺汇演，有43个村建起文化广场，25个村设立农家书屋，南大留村以“横笛邦剧团”为主，成立文艺宣传队，农闲时在全镇巡回演出。全镇健身娱乐场所达到60多处，文化生活丰富多彩。

卫生事业健康发展。镇卫生院配套完善医疗设施，改善医疗环境。全镇30处农村卫生室全部进行升级改造，达到省甲级标准，方便居民就医。新型农民合作医疗的实行，使居民病有所医，负担减轻，基本

石横镇举办第七届传统武术表演（董亮 摄）

医疗得到保证。

体育工作得到长足发展。中学增设武术课，民间开设武术夜校6处，习武练武后继有人，不断发扬光大石横传统武术。全镇设有体育健身场所46处，在全市历届体育健身比赛中取得好成绩。

史志、旅游工作成效明显。“左丘明文化研究”取得新成果。《石横镇志》荣获省社科类优秀成果。编制《石横镇旅游规划》，为石横历史文化景点和自然景观的修缮保护及开发奠定基础。年接待旅游客人达到2.6万人，已成为全省的旅游强镇。

【人民生活】 按照“四个全面”的要求，不断加大对民生事业的投入，促进人民生活的改善。全镇农民纯收入达到24000元。镇村公路实现硬化、油化、绿化、亮化，开通镇村购物公交车。镇驻地楼房居住区实现社会化供水、供暖、供天然气。全镇129名农村五保人员入住敬老院，有245个贫困户1098人享受到农村低保，每年都对特困户、特残户进行慈善救助，使390人受益。人民的生活日常支出人均达到22300元，液晶电视、彩电拥有率达98%以上，有线电视入户达到2.6万户，入户率86%。5.8万农民全部参加新型农民合作医疗，2.9万居民全部参加城镇医保。有四个村非农居民办理失地保险，近万名60岁以上老人领取养老金。全镇36%的户拥有电脑、空调、录像机、照相机，56%的户有洗衣机、电冰箱，60%的户冬季有取暖设施，80%的户安装太阳能洗浴设施，摩托车、电动车户均拥有量达到2.1辆，8%的户拥有家庭轿车，28%的户入住楼房。

（吕吉功）

桃园镇

【概况】 桃园镇位于肥城市西南部，总面积100.8平方公里，辖40个行政村，总人口5.8万人。是中国土特名优产品——肥桃（又称大佛桃）的正宗产地和主产区，已有1100多年的栽培历史，有“世上桃园”的美誉，“桃园镇”由此得名。全镇肥桃面积近4万亩，是中国肥桃生产第一镇，被载入大吉尼斯世界纪录。春秋时期，孔子曾游于此，遇雨晒书，并留有“晒书城”古迹。桃园资源丰富，石灰石储量40亿立方米，红土储量10亿立方米、居全市首位。先后被评为“山东省城镇建设明星乡镇”“泰安市经济工作先进单位”等荣誉称号。全年实现生产总值49亿元，同比增长6.5%。其中第一产业增加值0.87亿元，第二产业增加值2.41亿元，第三产业增加值0.46亿元。全社会固定资产投资完成27.8亿元，公共财政预算收入0.91亿元，公共财政预算支出0.91亿元。社会消费品零售总额10.66亿元，进出口总额0.26亿美元。全年实现财政收入0.91亿元，比上年增长10.36%。农村居民人均可支配收入14580元。

【农业】 加大种植结构调整力度，发展绿色农业。年内，新发展大拱棚800亩，中小拱棚2000亩，新上农业龙头企业2家，新增地理商标1个。发展肥桃550亩，绿化荒山700亩。立华畜禽公司鸡出栏达到1850万只，成为泰安市名副其实的农业龙头企业，生猪存栏2万头，羊存栏量达到3万只左右。农业机械总动力13.7025万千瓦，完成土地深松2万亩，玉米秸秆还田2万亩，耕地质量和生态环境得到提高。完成农村饮水项目，涉及南北王、里留、郭刘、三良、业长及供水站改造，受益人口8000余人。

【工业】 年末，全镇有民营企业172家，个体工商户2200余家，市场经济活跃。在镇政府积极招商政策引导下，山东宝鑫利食品有限公司、泰安迈特尔机械有限公司、国远生态农场、山东圣美清洁能源有限公司等项目先后落地，带动当地农村的经济发展和农民增收。全镇共实现工业总产值12.21亿元，利税1780万元，其中规模企业实现工业产值8.9亿元，利税1650万元。山东瑞浩机械有限公司投资3000余万元，扩建车间2000平方米，新上立车床1套，型砂回收设备1套，环保除尘设备1套，提高生产效率和公司效益，大大降低对周边环境的影响，年增收1800余万元。

【第三产业】 第三产业继续蓬勃发展，鲁中桃源农产品物流园继续扩大规模，兴建加油站1处，10万吨冷库2座，交易额增加6000万元，利税增加120万元。山东桃子姑娘农产品有限公司成立，主要通过淘宝、微信等新兴电商途径，销售肥桃、核桃、小米、蜂蜜等农副产品，年销售收入350万元，利润90万元，带动东部山区经济的发展。2016年，全镇第三产业产值达到2.2亿元，占国民生产总值27%，比上年提高4%。

【镇村建设】 完成原肥城三中改为桃园镇中心小学的改造工程。完成文化路西段道路硬化650米，硬化面积5550平方米，安装路沿石600米，铺人行道板1200平方米，垒砌下水道300米，桃园大街、新兴街垒砌花池4100平方米，栽植绿化苗绿化面积5200平方米。投资460万元，落实农村安全饮水工程，埋设村外暗管8公里，惠及5个村8000余名群众；投资660万元，建成驻地周边村污水处理体系；完成镇区天然气管线埋设11000米，建设调压站1处，镇区1200户居民用上天然气。全镇12个村进行危房改造31户。投资407万元开展村居、社区配套，完成亮化、硬化、美化以及精神文明主题喷绘等工作。

【科教文卫】 年内，共引进各类专业技术人才54人，专聘技术人员114人，培训人才105人，引进1项新技术开发项目。累计投入320万元进行各学校配套工程建设改造、教育教学设施更新升级、校园文化打造等，提升校园数字化建设水平。全镇共有教职工302人，高级职称24人，中级职称113人，有69.2%的教师取得本科以上学历。投入40万元用于教师教育培训，提高教师队伍整体素质，共有35位教师获得市级以上教学能手和优质课荣誉称号，在“一师一优课”活动中，被评为肥城市级优课57节、泰安市级优课54节。共在各级报刊媒体公开发表文章850篇，其中省级以上385篇。在省创新教育大赛中，8名学生获山东省优秀创客作品。

文化事业不断进步。年末，有综合文化服务中心1处，农村综合文化大院30处，文体广场54处，均安装健身器械。有业余文化演出队伍12支，文化带头人40余人，广场舞健身队伍40余支，全年健身广场舞培训1300余人次，文化下乡演出广场舞比赛活动65场次，公益电影放映480场，全民健身社会辅导员8人，互联网入户30%以上。

卫生事业健康发展。有卫生院1处，床位80余张，医护人员73人，中级以上职称50余人，万元以上设备30余台件，全镇医保参保率100%。村卫生室29处，在职乡村医生64人。门诊量17万人次，住院人数1793人次，病床使用率达57.3%，治愈好转率达95%；完善居民健康档案建档人数43264人，电子档案43264人；儿童计划免疫建卡率100%。对医院信息系统进行升级；在软件方面完善数字化诊疗平台建设、LIS及Pacs影像系

桃园镇顾庄社区

统的建设。为患者提供便捷、准确、及时的医疗服务。

【社会事业】 加快发展技术市场，培育区域科技创新服务中心和科技中介组织，促进科技成果产业化。完成中心小学升级搬迁，实现全镇中小学"楼房化"。加强公共文化服务体系建设，保障镇里有规范的综合性文化站，社区有文化中心，每个行政村拥有适宜的文体活动场所。施行乡村医疗一体化管理，完成村级卫生室和乡村医生资源整合。进一步推进"三优"工程，广泛宣传优生、优孕、优育知识，切实提升出生人口素质。开展就业失业登记、小额担保贷款申请、就业创业培训推荐等服务，城镇新增就业人员152人，帮助失业人员再就业105人，转移农村劳动力550人，扶持城乡劳动者创业90人，带动就业320人，共为227名创业者发放小额担保贷款1200万元，组织各类就业培训2952人，切实解决零就业家庭和部分就业困难人员的再就业问题。严格落实优抚政策，实现599户低保户960人、150户五保户应保尽保。扎实开展扶贫开发，实现330户，515人成功脱贫；对道路交通、食品药品、建筑施工、烟花爆竹、化工企业、液氨冷库等重点行业进行安全生产隐患大排查，全力维护群众生产生活安全。

（张文芹）

王庄镇

【概况】 王庄镇位于肥城市西南部，总面积93.7平方公里，辖7个管区，53个行政村（居），总人口5.6万人，占全市总人口的5.7%，其中非农业人口5460人，人口密度每平方公里596人，人口自然增长率6.68‰。境内山林资源丰富，土壤肥沃，作物以小麦、玉米、棉花、地瓜、白菜、土豆为主，适宜农、林、牧、副各业生产，是全市"两菜一粮"主产区。王庄镇历史悠久，古迹众多，有东焦商周遗址、固留寺、尚任屯汉代画像石墓、邓庄汉代墓群等文物古迹存世。先后被评为山东省科普村村通百强乡镇、平安农机示范乡镇、幸福进家先进乡镇、泰安市财政工作先进集体等。2016年，全年实现农业总产值9.7亿元，比上年增长1.04%。全社会固定资产投资完成21.6亿元，公共财政预算收入9083万元，公共财政预算支出9083万元。社会消费品零售总额17.68亿元，进出口总额550万美元。全年实现财政收入1.15亿元，比上年增长15%。农民人均可支配收入14021元，固定资产投资22亿元。

【主要特产】 王庄镇地理环境优越、气候条件适宜，历史文化悠久、人文资源丰富，王庄人民勤劳朴实、心灵手巧，盛产很多具有王庄特色的产品。

孔庄粉皮。孔庄绿豆粉皮起源于明朝末年，兴盛于康熙年间。绿豆粉皮的创始人为孔子第六十一代孙孔宏嗣，他根据本地盛产绿豆的特点，创制加工绿豆粉皮的技艺，并授徒多人，由此东孔绿豆粉皮的加工逐渐兴盛。孔庄粉皮以优质绿豆为原料，采用传统秘方配料，手工制作，天然晾干而成，具有清爽可口、营养丰富、清热解毒、降压利尿、可长期保存等特点，属纯绿色食品。东孔粉皮深受消费者青睐，质量符合国家卫生标准，被山东省消协评为"消费者信得过产品"，荣获国家"名牌产品"称号和"金鸡奖"荣誉称号，在北京、上海、天津、青岛、深圳等十几个大中城市均设有销售专柜，并远销欧洲及东南亚各国，2012年，孔庄粉皮获国家地理商标认证，实现产地的认证与商标的独享。

演马庄牛肉。演马庄熟牛肉起源于清朝嘉庆年间，已有280多年的历史。其特点是采用陈氏祖传药料配方，精心选用1—2岁上好鲁西黄牛之精肉做原料，巧用历时近三百余年的老汤及传统制作工艺，其色味独具一格。演马庄熟牛肉富含铁、锌等十几种有益人体的微量元素且高蛋白、低脂肪，经鉴定，每100克牛肉营养成分的含量为蛋白19.8克、碳水化合物4克、热量270千卡，钙5毫克、磷400毫克等多种微量元素。演马牛肉微红透亮，味香爽口，咸淡适宜，营养丰富、色味俱佳，又具有“安中益气，健脾养胃、强骨壮筋”的医用价值，为走亲访友、礼尚往来的必备佳品。

西徐锡具。锡制品茶壶、酒具，由王庄镇西徐村徐光臣创制于清乾隆年间，其工艺已传至第四代，2012年，西徐村村民徐衍文作为徐氏锡具制作技艺第四代传人被评为泰安市第二批非遗项目传承人。西徐锡壶为手工制作，因其样式新颖，雅重大方，美观实用，并不断创新，除畅销县内外，近年已销往东北各省和日本。西徐锡具多选用江苏省宜兴县的钢泥茶壶的壶头，多为酱紫色，用含锡量96%的典铜锡为原料，经化锡、压板、制图、剪片等工艺，精心焊制壶嘴、壶盖，并用黄铜片镶嵌边缘，再同壶头焊接成一体，并在壶体上锯制龙、凤等各种图形，经20多道工序，方可制成，原仅有鸡心式一种，经创新有车头式、白莲式、一捧笙式和鱼龙逗宝式等多种形式，因用此类壶泡茶，气味纯正，茶水在壶内几天不酸、不霉，如长期使用，壶中不放茶叶，经冲水后仍有茶色、茶香，故被群众视为珍贵茶具，长期以来，成为儿娶女嫁和馈赠亲友的纪念物和珍品。

肥城白菜。在肥城市有悠久的种植历史。该地属温带季风气候，四季分明，光照充足，年日照时数为2607小时，年平均气温12.9℃，无霜期200天左右，平均降雨量659毫米，地貌类型多样，地质构造优良，结构比较稳定。土壤肥沃，PH为6-6.5，且富含氮磷钾等微量元素。气候和土壤均适合“肥城白菜”生长，所产白菜棵大、叶肥、菜叶色白、味美鲜嫩，营养丰富、易存储、产量高，已发展成为特色产品之一，销往济南、北京、上海、广州等地。

王庄土豆。土豆是王庄镇“两菜一粮”模式的主要种植作物之一，种植品种为荷兰15号。产出的土豆薯皮光滑，外形美观，黄皮黄肉，食味好，品质优良。同时，全程为无公害种植模式，淀粉和蛋白质含量高，营养价值丰富，具有极高的食用和一定的药用价值，为抗衰老食物之一。

春马铃薯丰收

【农业】 全镇耕地面积9.2万亩，人均1.7亩，平原全部为水浇地。东部山区以种植小麦、玉米为主。西部平原以种植土豆、玉米、白菜等为主。2016年，王庄镇通过引导工商资本、种植大户和农业科技带头人发展设施农业，不断调优蔬菜种植品种和种植结构，推广秋菜花、菠菜、红心白菜、西红柿等蔬菜替代品种，有效规避“两菜一粮”单一种植模式带来的市场风险，全镇“两菜一粮”种植面积达5.6万亩。持续加大设施农业发展力度，全年新建立式大拱棚2000亩，冬暖式大棚200亩，高标准连体棚100亩。探索“优质商品薯+富硒玉米+精品菜”等新型高效种植模式，引进或培植富硒白菜、富硒土豆等新品种，着力提高初级农产品附加值。

不断壮大新型经营主体，全镇农民专业合作社112家，家庭农场53家。其中肥城市盛强有机蔬菜专业合作社被评为省级示范社，肥城市魏家坊有机蔬菜专业合作联合社等8家合作社被评为肥城市级合作社。肥城市益农有机蔬菜开发专业合作社的鲁岳牌马铃薯被选入“全国百家合作社百个农产品品牌”。肥城市正阳家庭农场、肥城市明伟家庭农场、肥城市龙盘峪家庭农场被评为市级示范家庭农场。

农业新技术、新成果推广在农业生产效益增加中的贡献率90%，农业总产值9.7亿元，为2015年的1.01倍。借助国家购置补贴资金，购进100马力以上大型拖拉机16台，80—90马力拖拉机15台，单一深松机4台，联合整地机10台，自走式玉米联合收获机11台，秸秆粉碎还田机11台，中小型拖拉机25台，喷灌机1台，装深松检测仪4台，农机总动力20913.23千瓦，争取购置补助资金180万元，农户直接投资400万元。争取精细化秸秆还田资金50万元，其中扶贫资金16万元，涉及764户贫困户。争取单一深松资金16万元，深松耕地4000亩。注册成立全省首家农机维修协会——王庄镇丰信农机维修协会，致力于加强各维修网点间的沟通交流，推广行业新技术新工艺，提高农机维修人员整体素质，进而提高全镇农机维修质量和效率，推动农机行业新发展。新注册成立8家农机专业合作社，全镇农机专业合作社达18家，王庄镇被泰安市政府授予“农机化工作先进单位”荣誉称号。

全镇林业用地面积3782公顷，其中森林面积3000公顷，包括防护林面积1129公顷，经济林面积1525公顷，用材林面积548.9公顷，林网化面积5562公顷。按照网格面积不大于300亩的标准，栽植林木，做到布局合理，林网林相整齐，达到农田林网化标准。

全镇有养殖场60处，新增立华肉鸡大棚5处，其中中于村4处，闫屯村1处，存栏7万只，年出栏20万只。肥城六和养殖有限公司四个种鸭场，占地面积410亩，存栏种鸭32万只，孵化场年孵化2000万只鸭苗；六和种鸭二场占地86亩，存栏种鸭6万只；泰安凤旺畜牧养殖有限公司种鸭占地108亩，存栏种鸭2.4万只；山东银宝食品有限公司存栏生猪1.5万头，其中母猪存栏0.16万头，年出栏4万头；银旺猪场存栏0.03万头，年出栏0.1万头。全镇生猪出栏4.6万头，家畜出栏1.6万头，家禽出栏30万只以上，禽蛋年总产量10万公斤以上。中于、吴庄、演北、南尚西、闫屯5个村为王庄镇畜禽专业村。

水利建设事业持续进步。完成王庄片区农村饮水安全提升工程暨供水站饮水安全延伸工程，埋设村外主管网12400米，投资530万元。对雷庄、田庄、吴庄、草寺四个行政村的村内主、支管网进行规划和改建，村外新埋设各类PE管道12610米，工程总投资600万元。精心部署境内防汛工作，科学制定各水库、河流防汛应急预案，确保安全度汛。争取市农办“落实三个省级贫困村和三个市级贫困村”2017年小型高标准农田土地整理规划项目，项目已全部录入数据库，拟争取资金170万元。

邓庄村工矿废弃地复垦项目投资104.26万元，新增耕地1.84公顷；王场村、北尚任村、张场村荒草地开发项目投资201.04万元，新增耕地5.36公顷；中于等5个村坑塘复垦项目投资57.07万元，新增耕地5.5公顷。

【工业】 全镇规模以上企业17家，总产值11.2亿元，完成主营业务收入12.4亿，实现利税1.62亿元，年均分别增长9.8%和12.3%。镇企业实现工业生产总值11.2亿元，占镇内生产总值的49.5%。拥有工业企业17家，职工3270人，实现工业增加值2.2亿元。桂钰食品有限公司入驻王庄镇工业园区，职工60人，年产值1600万。村企业快速发展。嘉欣装饰材料有限公司入驻闫屯村，职工40人，年向村交租赁费3万元。新合作演南店入驻演南村，职工40人，年向村交租赁费5万元。新建高标准恒温库、冷藏库4个，17400平方米，年可贮存蔬菜等各类农产品3万吨。

镇民营经济园区总规划面积1.7平方公里，区内已形成四纵三横道路网络，拥有肥城市泰山机械有限公司、肥城万德福服饰有限公司、泰安桂钰食品有限公司、泰安未来食品有限公司、泰安市宏达玛钢有限公司、山东鲁泰基础工程有限公司、肥城市九鼎水泥有限公司、肥城泰鹏纺织助剂有限公司等骨干企业。2016年初，王庄镇电子商务服务中心在工业园区建成并投入运营，建筑面积约400平方米，集电商培训、农特产品展示区、物流中转配送区、摄影区等几大功能于一体，配备必需的网络软硬件设施和办公桌椅、展示柜等。11月，王庄镇电子商务协会在服务中心成立，会员总数达到160多家，其中企业会员16家，个体网商会员140余家；泰安影响力、肥城智淘、酷购等3家电子商务技术服务企业入驻中心；迎心堂桃木、文轩阁桃木、未来食品、中和粉皮等6家企业和4名网商带头人常驻服务中心；引进中通、韵达等12家物流快递企业。镇驻地建成沿街商住楼80000平方米，入住个体工商户499个，成为聚集商流、物流、人流的中心和王庄经济的重要增长点。

【第三产业】 依托镇域不同区位优势，规划形成“四大产业板块”战略格局。依托西部片区蔬菜种植资源优势，建成优质粮食、蔬菜等现代农作物种植区；依托东部片区山丘地樱桃、核桃、桑园、油桃等资源基础，推进标准化种植，建成食品小镇林果类原材料供应区；依托北部小微企业产业园，延长产业链，打造食品特色小镇发展区；依托中部城镇人口合产业聚集中心，以居住、公共服务设施为主，打造特色小镇综合服务区。将食品特色小镇产业列为产业板块发展重点，规划形成薯类加工产业、瓜菜类加工产业、肉制品类加工产业、特色食品产业、粮油类加工产业五大重点产业。

集中开展公路养护及公路生命安全防护工程，全面养护镇内所有公路，治理病害路段，保证道路畅通。境内所有乡级道路都安装生命安防工程，其中道口桩1368根、警示牌263块、黄闪灯27盏，特殊路段安装护栏，保证人民群众道路安全。成立49人的公路养护队伍，具体承担公路日常养护工作，并制定严格考核奖惩制度，实行日检查、周通报、月考核。

年末，镇内有邮政局1处，职工9人，投递点66个，分布镇内53个行政村、9处学校、镇驻地，总行程223公里。邮政业务总量5000万元。报纸、杂志累计期发行1.4万份。电信企业3家，服务网点41个，电话交换机总容量1.2万门，固定电话用户0.65万户；移动电话用户1.75万户，互联网用户0.65万户。全年电信业务收入670万元。开通宽带互联网等数据业务，为经济发展、人民生活水平的提高提供强有力的保障。

年末，个体工商户达到792户，私营企业93家，农民专业合作社110家。较2015年底分别增加18.2%、34.7%和14.5%。全镇共有商业网点885个，个体私营从业人员达到12490人，社会商品零售额6544万元，演马牛肉、东孔粉皮、徐氏锡具成为王庄镇对外贸易的三大名牌，产品销往全国各地。

王庄农商行存款余额9.2亿元，贷款余额1.6亿元，其中支农贷款6539万元，企业贷款9731万元。实现利息收入700万元。泰安银行王庄支行存款1.3亿元，其中对公存款0.18亿元，个人储蓄存款1.12亿元，贷款余额500万元。

【镇村建设】 投资620万元加强全镇公共基础设施建设，硬化道路2300平方米；湖王路两侧绿化1015平方米；新修驻地排水管网3公里；安装路沿石1000米；铺装燃气管道6000米；改造供水管网5400米。

投资1340万元助力社会公益事业，对镇中心敬老院进行升级改造，建设面积1728平方米；新建王场和阴山前两处幸福院；改造危房48户；改造无害化卫生厕所800户；新建演马小学和镇中心中学教学楼近5000平方米；新建中心幼儿园食堂和郝庄幼儿园2000平方米。

投资900多万元集中进行社区建设，硬化社区道路2420平方米；新建张庄、海子、魏坊、邓庄四处污水处理设施，埋设污水管道2000米；绿化面积1300平方米；安装路灯120盏；修建排水沟4000米；

安装路沿石 3000 米。

【科教文卫】 科技、文化、卫生、体育事业蓬勃发展。全镇有中学 1 处、小学 6 处、幼儿园 5 处、成人教育中心校 1 处，教职工 290 人，县级以上优秀教师 35 人，县级以上教学能手、学科带头人 28 人。中小学、幼儿园全部完成校舍改造，达到全国教育均衡化标准。有省级规范化学校 1 处、省级示范园 1 处、泰安市规范化学校 6 处、规范化幼儿园 4 处、教学示范校 4 处、AAA 学校 5 处、绿色学校 3 处。适龄儿童少年入学率 100%，小学、中学生巩固率分别达 100%、99% 以上。2016 年中学毕业生 446 人，升入普通高中 316 人、职业高中 130 人，升学率达 100%；成人教育培养各类专业人才 5000 余人。被评为“肥城市教育教学质量先进街镇”、“泰安市课程改革与教学先进单位”，被肥城市委市府授予“教育工作先进街镇”荣誉称号。

年末，设有文化站、广播电视站各 1 处，村级综合文化服务中心 30 处，文体广场 53 处，文学创作协会、书画协会、舞龙队（魏坊村）各一个，文化专业户 33 户，农家书屋 32 个，藏书 3 万余册，音乐、美术、书法、摄影及文学业余创作队伍百余人，有泰安市级文物保护单位 2 处，东孔粉皮、演马牛肉、徐氏锡具被列入泰安市非物质文化遗产。9 月，“肥城市王庄镇东孔粉皮协会”被泰安市科协命名为“优秀科普示范协会”，奖励现金 2 万元。广播电视有线电视用户 0.51 万户，入户率 49%。

有各级医疗卫生机构 29 个，床位 60 张，固定资产总值 664 万。专业卫生人员 54 名，其中执业医师 16 名，执业助理医师 10 人，执业药师 3 名，注册护士 13 人。医疗机构（门诊部以上）完成诊疗 13 万人次。王庄镇被泰安市卫生局评为泰安市减盐防控示范乡镇。

年末，有学校体育场 8 个，80% 的村安装健身器材，经常参加体育活动的人员占常住人口的 40% 以上。

【社会事业】 人民群众生活水平大幅度提高。农民主要收入来源一是西部平原对原有“两菜一粮”种植结构进行调整，在种植品种上升级换代，发展十多个替代品种；东部山区扩大林果种植面积，调优种植品种。二是外出务工，每位外出人员每年平均带回资金两万余元。2016 年农民人均纯收入 14823 元，比 2015 年增加 1469 元，增长 11%。每百户农民拥有冰箱 85 台，空调 68 台，电脑 38 台，农用三轮车 160 辆，衣着消费 1200 元 / 人，食品消费 8600 元 / 人，人均住房面积 43 平方米。全镇 53 个村全部用上卫生、清洁的放心水。

持续推进环卫一体化管理工作，将物业管理模式由镇驻地推广到东孔、魏坊等 6 个社区，进一步提高环境卫生质量。全镇 4 个社区主干街道安装路灯 120 盏，主干街道栽植绿化树 1000 棵，绿化面积 1300 平方米，完成改厕 770 个。

继续推进镇中心敬老院升级改造工程，整体规划建筑面积 3032 平方米，新增公寓楼建筑面积 1732 平方米。新设房间 60 余间、床位 120 个，配套厨房、餐厅、活动娱乐室、管理员办公用房等各类基础服务设施，对五保对象实行应保尽保，集中供养率达到 90% 以上。

全力抓好脱贫攻坚工作。全镇共识别建档立卡贫困户 865 户，1655 人。王场、孝堂峪、吴庄被列为省级贫困村，郭场、西焦、演北被列为市级贫困村。王庄镇为每个贫困户明确一名帮扶责任人，填写扶贫手册，签订双向承诺书，通过全力抓好组织领导、精准识别、产业发展、项目推进等措施，确保贫困户如期脱贫。全年共争取财政专项扶贫资金 118 万元，发展扶贫产业项目 8 个。创新开展“集聚五种力量，强力脱贫攻坚”活动，为镇内 3 个省级贫困村、3 个市级贫困村，分别安排一名领导干部、一个站所科室、一家规模企业、一个经济强村和一名包村干部进行帮扶，建立起多渠道、全方位的脱贫机制，累计到村召开座谈会 82 场，走访贫困户 1626 人次，争取帮扶项目 12 个，资金 408 万元，有效提高脱贫攻坚行动针对性和实效性。吴庄村新建养羊场一处；孝堂峪、郭场两村分别建立标准化养鸡场；王场村立足本村实际发展设施樱桃大棚；演北、西焦村新发展设施大棚。立足“两菜一粮”传统产业，为6户贫困户办理“富民农户贷”共计11万元，用于贫困户发展“两菜一粮”，贷款户数与贷款金额数位居肥城市第一位；为专业合作社、种植大户、家庭农场等新型经营主体办理“富民生产贷”20万元，链接王庄镇建档立卡贫困人口70人。截至年末，王庄镇已有448户、848人实现脱贫摘帽。

（尹玲玲）

资料链接

王庄镇标志及释义

整个形象为王庄镇首字母“W”的变形，整体采用绿色和浅绿色颜色表达，代表了生态文明的新王庄，整体形象又类似简体的“飞”字，象征了飞速发展的王庄。

仪阳街道

【概况】 1月，撤销仪阳镇，以其原行政区域设立仪阳街道。总面积97.4平方公里，占全市总面积的7.6%。辖49个行政村，总人口4.51万人，占全市总人口的4.64%，人口密度每平方公里470人，人口自然增长率0.0028‰。仪阳街道地处山区，自然资源丰富。粮田面积4202.1公顷，主要生产小麦、玉米、花生、地瓜、蔬菜。境内有1628.43公顷林果区，有肥桃、苹果、山楂、核桃等。石料、细沙、木材、药材等资源亦较丰富。年内，全年实现总产值57.2亿元，比上年增长11.2%，其中第一产业增加值5.6亿元，第二产业增加值31.6亿元，第三产业增加值19.7亿元。全社会固定资产投资完成24.3亿元，公共财政预算收入1.61亿元，公共财政预算支出1.61亿元。社会消费品零售总额17.2亿元，进出口总额0.0537亿美元。全年实现财政收入1.61亿元，比上年增长7.72%。农村居民人均可支配收入21994元。

【农业】 生态旅游建设“多点开花”，着眼全面建设小康社会，富民产业做大做强亮点纷呈。2016年，实现农业总产值5.6亿元，同比增长1%，年均增1%，粮食总产26737吨，有机菜面积142公顷，产值815万元，桑蚕面积112公顷，产值800万元。大力推进农田、水利和经济林发展，不断加大对农资金扶持和对上争取力度，截至年末，累计投入1.6亿元扶持农业发展，综合整治土地3.5万亩，发展合作社96家。土地确权面积5.6万亩，土地流转面积1.3万亩，引进落地投资2.5亿元的金小岗农林观光等项目，对上争取3300亩东鲍、西鲍村小流域治理项目，规划上报6600亩南阳片区千亿斤粮食项目。发挥传统产业优势，培育刘台肥桃、王晋甜瓜、黄石崖柿子、空杏寺香椿芽、石坊“开心农场”、石西大棚菜、马郎土洞鸡腿菇，山前杏等一批特色产业，王晋甜瓜获评“农业部农产品地理标志”。努力做好结合文章，推进农林旅游齐头并进，全力做好以林果业为主的富民产业和生态旅游产业，东鲍村列入“全国旅游扶贫村”。林果面积1500公顷，其中果品面积1200公顷，果品总产量80万吨，林业总产值1.5亿元，同比上年增长18 %，造林面积300公顷，活立木蓄积141万立方米，建立核桃专业村3个，集中连片栽植核桃2600亩、24万株。肥桃作为特色农业，在资源保护和提高品质上取得新发展，新建精品培优示范园10处、佛桃精品园7处，肥桃面积680公顷，年产肥桃8.2万吨。刘台村被评为全国第一个鲜果类淘宝村，开发建设的桃花源风景区先后被评为国家AAA级旅游景区和全国首批农业旅游示范点，已连续承办15届“中国肥城桃花节”和8届“金秋品桃节”。以“互联网+”为驱动，借助肥桃资源优势，采取统一质量，统一定价，统一品牌，统一营销，送政府背书的“四统一送”模式，强力推进农村电子商务发展。省、市10多家媒体均对仪阳街道电商售桃热况进行专题报道。200多家店铺已达到销售额4000万，加之线下传统销售，2016年肥桃总销售额突破9000万。畜牧业产值6610万元，同比增加740万元，增长41.6%，年均增长12%，生猪存栏0.8万头，大牲畜存栏0.05万头，羊存栏1.3万只，家禽存栏18万只，畜禽产品345万公斤，肉类总产量273万公斤，均比去年增长20%。建成牛、羊、猪、鸡标准化养殖20个，饲养规模50万头（只），带动周边养殖2250户，户均收入10万元以上。农业基础设施进一步改善，共有机井216眼，旱井960眼，地下暗管10.6万米，有效灌溉面积2133公顷，占总耕地面积的70%，实施节水灌溉工程，节水灌溉面积1866公顷，占灌溉面积80%。农用机械总动力72862千瓦，比上年增长1.76%，拖拉机1202台，比上年增加102台，农用汽车1800台（含三轮车），比上年增加100台，大型联合收割机217台，其他农机具6192台。仪阳农机站连续四年被评为肥城市农机化工作先进单位。年内，共成立各类农业合作社96个，注册资金2368万，社员1021人。刘台惠农肥桃产销合作社、农丰核桃产销合作社被评为全国农民合作示范社，君祥养蜂专业合作社被评为省级规范化合作社，培植泰安市级农业龙头企业1家，报泰安市农业局备案新上农业企业2家。“三品一标”认证取得新突破，实现有机认证3家，无公害认证8家，为农业经济发展奠定良好的基础。

【工业】 围绕立足发展新兴产业，优化提升第二产业，做优做精第一产业的发展战略，加快转变发展模式，优化经济结构，强力推进项目建设，不断巩固和扩大工业经济发展的良好势头，发挥资源优势和区位优势，经济社会持续健康快速发展。实现地方财政收入1.61亿元，同比增长7.72%；工商税收8057万元，同比增长3.27%。园区通过建立“招商引资”“在建项目”“企业运营”三大平台，推行“在谈项目评级打分制度”“项目包保服务终身制”“双服务工作法”等有效措施及周到服务，实现在谈项目21个，其中重点在谈项目5个。新建中国供销集团华东配送中心、华强科技大厦、纳米新材料转化园、立达尔新材料等过亿元项目10个，续建开元名都酒店、兴润大厦、鸿强建筑技术开发中心等项目6个；区处共有注册企业342家，规模以上的56家，新增企业72家，引进落地高端纳米材料研发团队7个，中科院博士等高科技人才63名，拥有国家专利50余项，其中6项处于世界领先水平，5项填补国内空白。引导蔚蓝科技孵化器获得“全国众创空间”称号，鲁变电工获得“山东省著名商标”，新轮轮胎获得“省级第六批专精

泰安煜城鑫电源科技有限公司汽车动力电池生产车间内，工人正在操控设备（刘兴坤　摄）

特企业”称号，华兴新兴企业创业服务有限公司获得“山东省小企业创业辅导基地”称号。重点培育以蔚蓝科技孵化器为核心，桃都创新创业中心和蓝晶灵科技孵化器为两翼的三大科技孵化平台，成为全市新兴产业的聚集高地和经济隆起带。

【交通邮电】 道路建设成果丰硕，投资1080.8万元，修建公路30.9公里，维修路面4.35万平方米，修建桥涵2座，路面硬化8.48万平方米，76个自然村村村通公路，形成四通八达的交通网路。所有路段设专职护路员维护，保证道路畅通。设邮政支局1处，干部职工9人，投递点49个，投递里程196公里，邮政储蓄存款余额1.63亿元，邮政业务总收入364万元，同比增长29%。电讯网通公司共有固定电话7000部，电脑用户总量5500台，手机拥有量17000部，宽带5046户。电信业务收入430万元，同比增长6%。

【财贸金融】 年内，实现财政总收入1.61亿元，比上年增加0.12亿元，年均增长8%，总支出1.61亿元，收支平衡。招商引资到位资金11.56亿元，对上争取到位资金1.59亿元。地方工商税收8057万元，同比增加276万元，年均增长3.5%，工商税收占财政总收入50%，集市贸易成交额5040万元，同比增长322%，年均增长79.2%，商业零售网点696个，其中个体有证商店696个，占100%，商业人员1877人，平均每个商业人员服务对象为367人。金融行业持续发展，银行存款余额6.9亿元，同比增加0.9亿元，各项贷款余额5.4亿元，同比增加2.4亿元，仪阳农商银行优先支持企业贷款1.8亿元。

【街道村居建设】 加快城中村改造和土地综合整治项目规划建设步伐，辖区内综合开发6.3万平方米，投资7560万元，打造城郊最优居住区。按照“中心社区起好步、栲山社区破好题、石坞社区成规模”的思路，全力打造仪阳、北辛、中心、石坞、栲山等社区，新建成社区居民楼32栋，总建筑面积13.4万平方米，20%的农户迁入新居，石坞社区被评为“山东省农村新型示范社区”。加快辖区内棚户改造，2016年已到位资金2100万元，实现棚户区改造1183户，棚改资金数额全市最高。结合创建“美丽乡村”为契机，街道村基础设施建设实现新突破。通过大搞城镇开发和城乡网络建设，街道驻地面积进一步拓展，街道驻地开发面积12000平方米，以驻地绿化、美化、亮化为重点的环境建设取得较大成绩。硬化道路1.1万平方米，绿化面积3.2万平方米，亮化路灯79盏，美化面积2.2万平方米。投资800万元修筑街、路、巷各种路面3.99万平方米，公共设施面积11.2万平方米，生活设施、服务设施配套齐全。普及农村卫生厕所，共改厕425户，改厕率4%，7个行政村改用水冲式厕所。道路保洁率和垃圾清运率均达到100%。以创建平安街为目标，开展创建平安村、平安单位活动，群众满意度有较大提高。加大投入，完善物防设施，在繁华路段，公共场所，街道村重点部位都安装电子监控探头设备，社会治安管理工作迈上新台阶。

【科教文卫】 科技、教育、文化、卫生、体育事业长足发展。各行业取得肥城市以上科技成果奖36项，专利申请63件，授权专利17件，聘用专业人才78人，其中中级技术职称22人，高级技术职称4人，引进各类技术人才1666人，研发各类技术项目37项，培训各类技术人员2809人，经济增长中科技贡献率达到46%。

坚持教育优先发展，不断完善教育基础设施建设。投资3600多万元，对仪阳中学进行扩建，达到市直中学标准；肥城二中搬迁至仪阳，标志着仪阳将同新城一样，拥有“幼儿园、小学、市直初中、市直高中”教育体系，成为“城东教育示范园区和全市教育的新高地”，实现幼儿园到高中一站式教育。投资400万元，相继铺开石坞小学、京城希望小学校舍建设5000余平方米。对中心小学投资400万元，建设高标准运动场地。2016

年，有中学1处，小学6处，在职教师354人，共培养合格中学生364人，升入高一级学校364人，占毕业生总数的100%，其中高中213人，职业中学101人，向市县级以上体校及高中体育班输送学生20人，升学率达到100%。学龄儿童入学率达到100%；成人教育共培训各类人才2482人。荣获泰安市以上奖励12项，有26人获市级以上优秀教师称号，被肥城市委、市政府授予教育工作先进街道。

文化事业持续发展，群众文化生活得到提高。建有村级综合性文化服务中心34处，各类图书室、农家书屋40个，藏书20万册，建文明一条街38个，实现村级文体广场全覆盖，先后争取省文联等上级单位演出40余场，街道开展“每月主题文化演出”80余场。创建文明仪阳，持续推进“书香仪阳”建设进程。首创“乡村儒学”活动，先后邀请大学教授授课10余次，成立志愿者队伍到村开设讲堂260余堂，连续派出4批30余人次到尼山圣源书院、聊城海源书院学习。开展“感动仪阳十大人物”“好媳妇”“好婆婆”等向上向善人物评选。培养农村文化干部400余人，达到文化活动全市最多。闭路电视安装4100户，同比增加312户，占总户数的11%，山东省广电网络公司肥城分公司仪阳工作站被评为有线电视发展先进单位。

医疗卫生事业不断加强。街道卫生院总建筑面积8821平方米，业务用房7621平方米，床位150张，干部职工72人，专业技术人员69人，高级职称2人，中级职称23人，执业（助理）医师25人，护理41人，36个科室，村级卫生室25处，医疗定点村卫生室23处，可满足农民就近就医需要，聘用乡村医生79人。居民基本医疗保险参合人数37092万人，占应参人数的98.6%，比上年增加117人，增加0.4%；先后为全街3780名村民建立健康档案，建档率80.1%。建成泰安市唯一一处精神残疾托养（康复）服务中心，服务到位，设备齐全。人口和计划生育工作扎实开展，2016年全街人口出生率、自然增长率、合法生育率、出生人口性别比、长效节育措施落实率均保持肥城市先进水平。先后为13000名已婚育龄妇女进行生殖健康查体。有工作人员7人，其中专业技术人员5人，设备先进齐全。2016年仪阳街道获得泰安市计划生育工作一等奖。

【社会事业】 加快推进民生工程，人民生活水平显著提高。2016年，农民人均纯收入1.59万元，非农业人口人均可支配收入2.99万元，分别同比增长9.3%和0.51%，居民消费水平明显提升。人均生活性消费支出8902元，比去年增加2000元，年均增长9.2%。全街有20%的户有电脑、空调、录像机和照相机，有30%的户有洗衣机、电冰箱，50%的户冬有取暖设施，90%的户安装太阳能洗浴设施，摩托车、电动车户均拥有量达到2.1辆，2.2%的户拥有家庭轿车，30%的户入住楼房，各类新式家具及用品进入寻常百姓家。

社会保障体系更加完善，保障能力不断加强。投资1400余万元续建6500平方米的敬老院项目，主体工程已竣工，室内外装修进度加快，年末将全部竣工交付使用。建成后将成为全市建设标准最高的敬老院。入院养老人数91人，使鳏寡孤独的老人得到妥善安置。2016年，有1345人享受最低生活补助，困难家庭生活得到保障，2.62万人办理农村养老保险，年参保金额703万元，比上年增加40万元，增长6%。劳务输出1.33万人，比去年增加600人，增长36%，劳务收入比去年增加9766万元，增长89%。进一步落实粮食补贴、农资补贴等各项支农、惠农政策。扎实推进扶贫工作，立足“精准识别、精准施策、精准帮扶”三原则，共完成建档立卡贫困户727户，1367人。

（王善玉）

安临站镇

【概况】 安临站镇位于肥城市中部偏南，总面积130.9平方公里，辖48个行政村，人口5.57万人。境内花岗石、石灰石、萤石、重晶石，铁矿等矿产资源储量丰富。土特产以生姜、核桃、香椿芽和犬肉著称。1939年5月，闻名中外的陆房突围战发生在境内陆房山区，陆房突围胜利纪念馆为“国家级纪念设施”。2016年，镇党委、政府立足实际，在继续搞好“调整农业种植结构，大力发展高产高效农业”的同时，加大招商引资力度，加大工业投入，经济综合实力稳步提升。地方财政收入6900万元，全年实现生产总值0.68亿元，比上年增长647万元，增长10%。其中第一产业增加值2.1亿元，第二产业增加值9.2亿元，第三产业增加值1200万元。全社会固定资产投资完成10.67亿元，公共财政预算收入0.68亿元，公共财政预算支出0.76亿元。社会消费品零售总额14.4亿元，进出口总额1550万元。全年实现财政收入0.68亿元，同比增长10%。农村居民人均可支配收入14810元。

【农业】 年内，有农业设施521个，农业机械总动力5910千瓦，农村用电量4170万千瓦时，农产品总量55850吨。其中，粮食40130吨，棉花420吨，肉11500吨，牛奶3800吨。实有耕地面积3867.6公顷，新发展经济4200亩，栽植苗木花卉2400亩，圆满完成2000亩荒山绿化的栽植任务，代表肥城市迎接泰安市雨季造林现场会。“三边绿化”累计完成26.8公里，栽植绿化苗木34.6万株。打造培育德胜农林、康顿苹果、蓝莓基地、旺地樱花、景奇核桃示范园。对全镇各贫困村，逐村研究，一村一策。突出抓好4个省级、3个泰安市级重点贫困村的帮扶工作，高标准策划上报项目72个，争取上级帮扶资金300多万元。推进金融扶贫，景奇林场、康顿苹果分别争取100万元和90万元扶贫贷款。安临站素有全市“核桃生产第一镇”美誉，全镇以核桃为主的经济林总面积3067公顷，发展清香、香玲、薄壳等核桃品种6种，种植面积突破3万亩，重点打造沿孙牛路、凤凰山路“一纵一横”的核桃种植示范园，培育德胜农林示范园、牛庄和西陆房核桃示范园、景奇核桃示范园，核桃种植初具规模。

新发展标准化、规模化畜牧小区46个。畜牧业产值23480万元，比上年增加800万元，增长3.48%。生猪存栏出栏量保持在15万头以上，户均9头。引进美国枫叶种鸭养殖基地项目，年生产枫叶鸭父母代鸭苗近38万只，年销售收入380万元。发展规模较大的生态农业村6个，大牲畜存栏量2468头，比2015年增加686头，羊存栏量4.5万只，家禽存栏量85.2万只，禽蛋总产量852万公斤，肉类总产量1029吨，均比上年增长112%以上。副业总收入1867万元，比上年增加407万元，年均增长27%。被泰安市人民政府授予“农田水利基本建设先进单位”；获全市林业生产第一名，被泰安市人民政府评为“绿色先进镇”。

西虎门村谷子种植历史悠久，生产的小米色泽金黄，性粘味香，米质优异，营养丰富，小米煮粥，闻之清香，食之甘美，为老人、小孩、产妇、病人以及保健食用的温补名品。

【工业】 民营企业发展迅速。2016年，有民营企业45家，比上年增加15家，总产值11.28亿元，利税1.5亿元，全镇工业总产值同比增长43.6%。招商引资成效明显。新建成投产江淮汽车配送服务中心项目、云祥土工织布新材料项目、水亿方宠物食品深加工项目、德胜农林核桃产业园项目4个。重点在建项目6个，其中华电虎门风电场项目在4个区域修建4条进山主路，共计20公里；挖掘风机基础25个；风机安装完成10台；升压站主体完成，无功补偿设备安装完成，正在安装地理信息系统GIS等其他电器设备。菲博瑞德土工格室新材料项目厂房建设完成，PVC毛细排水板生产线已正常生产，土工格室生产线安装完成，正在试生产；圆织机生产线已购置，正在进行生产线安装的基础建设。合能光伏发电项目首期10兆瓦实现并网发电。绿业硅谷生物科技项目核心区15亩基础建设完成，部分设备到位。签约即将开工项目2个，分别是山东华恒宇泰新材料科技有限公司投资的MFS矿物纤维新材料项目；山东宝驰新能源有限公司投资的兴宇光伏发电项目。

【第三产业】 至年末，全镇共有三产企业27家，从业人数2160人，实现总产出23.8亿元。

年内，加大对圣井峪景区建设的投入力度，投入资金800多万元，景区建设初具规模。古村落保护基本完成，初步具备住宿接待能力；完成禅修设施建设、景区基础设施建设和部分绿化工程，植树上万棵，努力把景观区打造得更为靓丽，使之作为招商引资的一个品牌。重点利用网上招商、专场、外出招商等形式，加大对服务业的招商引资力度。全镇共引进、新建、续建重点项目16个，招商引资到位资金5.9亿元，完成全年计划的2.3倍。竣工投产项目4个，在建项目8个，新签约项目2个，重点在谈项目7个。华电虎门风电场、华电30兆瓦光伏发电、合能光伏发电、圣井峪民宿旅游开发、蓝莓酵素深加工等项目按计划加紧推进。特别是新签约投资5亿元的矿物纤维示范工程项目及在谈的投资5亿元的新希望六和食品加工项目，投资额度大、发展前景好，将对全镇招商引资和项目建设起到很大带动作用。不断加大宣传推介力度，盘活闲置厂房，联谊、清酒厂均已引进新项目，实现资源整合利用。

营造健康、文明、和谐的经商环境，针对三产服务业中的不同行业，不同门类、不同组合采取不同的管理服务方法，对食品、药品行业实行“三网”服务结构，加强食品药品的安全，以确保人民群众健康为宗旨，对整改的农贸市场，从招标、定摊定点制订市场管理制度入手，加强农贸市场的规范管理。同时，联合工商、环保、物价和安监卫生部门，对各个服务业门类进行经常性的检查和监督，使文明经商、安全生产、守法经营、诚实守信、不制假、不售假成为每个商户的行动指南，维护社会公德，注重环境保护，形成良好的经商氛围。

【镇村建设】 修编镇域总体规划，初步规划“一核、四区、六线”的发展布局；以站北头村为试点，铺开全镇棚户区改造项目，已签订拆迁安置协议175户，完成拆迁132户、143套旧房，安置170户，新开工6栋社区楼、2.3万平方米；虎门管区美丽乡村示范片，已对照标准，加紧打造，村容村貌进一步改善。全镇8个社区中心村，总建筑面积2242万平方米，可安置群众2047户。棚户区改造项目涉及镇驻地的安站、站北、翟杭、凤山、冯杭5个村，以及邓庄、前马等，共16个村。除邓庄原地安置外，其他15个村集中安置在镇驻地的站北、安站、翟航三个区，共需拆迁4306户，拆迁土地4072亩，安置14500人。项目安置用地共600亩，回迁后可净腾空土地3472亩。其中站北村棚改项目被列为肥城市棚户区改造货币化安置的唯一试点项目。

远近闻名的“石头村”圣井峪禅修文化旅游项目24套石头房屋修复完成，达到居住条件；

圣井峪古村落（刘晓　摄）

水系、观景台等景点启动建设；景区标示、地灯、栏杆等安装完成。计划投资1.2亿元，建设圣井峪古村落生态文化旅游项目，争创2A级旅游景区。

【科教文卫】 科技、教育、文化、卫生、体育事业迅速发展。各行业中获得市级以上奖45项，其中262项已被广泛应用于工农业生产及文教事业，民营企业中专聘技术人员273人，引进各类专业技术人才95人，有2项新技术开发项目，共培训人才80人。依靠科技进步新增产值占年净增产值的27.12%以上。技术项目省级奖32项，泰安市2项。

全镇有普通初中1所，在校生1020人，专任教师145人；小学9所，在校生2270人，专任教师200人。9月，先后分别投资350万元、150万元，建成并投入使用刘村、东张幼儿园。10月，投资864万元，建设中心小学综合楼工程。11月，安临站教育获市联心办电话随机采访满意度总分第一。12月，中心中学优秀一线英语教师刘桂英正式评上“正高级”教师职称，享受大学教授级别待遇。

先后建综合文化站1处，综合性文化服务中心34处。老年活动中心2处，数字电影放映队2个，职工文体活动中心2处，新建社区文化及行政村文体活动广场78个。全镇共有各种不同类型的文化队伍70个，其中腰鼓队10个，广场舞队伍48个，故事班子2个，唢呐队2个，庄户剧团3个，皮影剧团1个，拉洋片剧团1个，艺术团2个；共建农家书屋43处，实现全覆盖；文体广场覆盖率达到163%。肥城市桃乡艺术团，年演出场次达400余场，极大地丰富全镇人民群众的精神文化生活。1月，望鲁山王氏皮影，被泰安市人民政府列入非物质文化遗产名录。

全镇有卫生院1处，医护员72人，床位74张，专业技术人员39人；村卫生室27处，乡村医生93人。参加居民基本医疗保险4.9万人，筹款960万元，卫生院和卫生室为群众报销医疗费582多万元。年内，先后被山东省爱国卫生运动委员会命名为“山东省卫生先进单位”，被中共泰安市委组织部评为“四星级党组织”，被市妇女联合会授予肥城市“三八红旗集体”荣誉称号，被市总工会授予“工人先锋号”荣誉称号。5月，被泰安市疾病预防控制中心评为“泰安市慢病监测工作先进集体”。

【社会事业】 民生事业助力“和谐幸福”。投资100多万元，完成农村道路生命安全防护工程21.6公里；投资20多万元完成卫生院综合服务区建设；实施天然气供气工程，名仕家园、凤凰家园、御花园小区650户居民实现通气；对1万亩标准农田项目片水利设施进行修复维护；投资230万元建设完成3处村级污水处理站，居住环境持续改善；新建3处文体小广场。居民人均纯收入14079元，居民人均生活支出7572元。为1386名困难群众办理低保，累计发放低保救助资金251.282万元；为2.9万人办理农村社会养老保险，征交农村社会养老保险499万元，农村人口参保率98%。安置人员320人。推行劳动合同制，与17个用工单位签订劳动合同，签订率100%。征缴农村养老保险保证金346万元，农村养老保险参保率100%；征缴企业养老保险金额2060万元，失业保险金87万元。

（王启联　赵信宏　王志振）

孙伯镇

【概况】 孙伯镇位于肥城市西南部，总面积70.9平方公里，辖17个行政村，人口2.72万人。孙伯历史悠久、民风淳朴，素有“千年古镇”“汶水明珠”的美誉。先后被评为山东省环境优美乡镇、山东省最具竞争力的旅游名镇、山东省农机安全示范乡镇，泰安市林网建设样板乡镇、泰安市农田水利基本建设先进乡镇、农机现代化示范乡镇等。境内花岗岩、石灰岩资源丰富，花岗岩储量达36.5亿吨，已形成花岗岩生产集中区，落户开采加工企业16家。孙伯镇地处泰山、东平湖黄金旅游线路中间地带，旅游资源丰富，岱阳观泰山行宫、岈山天然溶洞等美不胜收，

泰安金绒毛纺织公司（侯立群 摄）

兵家圣地云蒙山被评为“国家AAA级旅游风景区”、山东省农业生态旅游示范点和“泰山周边地区最具特色的北方植物王国”。镇党委、政府立足实际，以争先进位、跨越发展为总旨，抢抓机遇，拼搏实干，全镇经济社会保持快速健康协调发展。年内，完成固定资产投入8.61亿元，同比增长35%；实现工商税收480万元，年增长15%；完成财政收入4833万元，年增长16%。农民人均纯收入达到13605元，年增长8.3%。

【农业】 强力实施结构调整，优势产业特色彰显。以发展有机蔬菜、核桃樱桃经济林、苗木花卉、中草药为重点，特色农产品主导地位不断增强、品牌效益不断扩大。按照“南菜北果遍地林”的总体布局，实施北部山区3.5万亩特色经济林带建设规划，高标准栽植樱桃、核桃等特色品种，基本实现北部山区适宜经济林地区全覆盖。大力发展有机蔬菜，建成6个专业村、14处标准化种植基地，建成5处精品示范园。以金枫绿化为带动，成立苗木合作社11家，建设苗木基地42个，总面积达到8000余亩；以珍益中草药项目为依托，采取“项目+基地+农户”模式，发展中草药种植基地2000亩，规划建成集中草药种植、健康养生、休闲观光于一体的特色示范园。

肥城绞瓜。又名金丝瓜、搅瓜、天然粉丝等，为肥城市特产。该地气候适宜、土地优良，适合绞瓜生长。果实入口清香、质脆微甜、口感细腻，富含胡萝卜素、多种维生素及矿物质，具有清热解毒、健胃消食、利肝明目等食疗作用。绞瓜瓜瓤如粉丝，以老瓜供食用，可热炒、凉拌，味道鲜美，食用时拍挤瓜的周围，切开挤成粉丝状的瓜条，瓜味青香脆、微甜久藏不失鲜。可常年供应市场，被誉为绿色食品——天然粉丝。肥城绞瓜特定品质为外形长圆，外壳金黄色，皮薄、表皮光滑美观，有微棱沟浅。每百克含纤维素大于0.9克，含糖分小于2.5克。至年末，种植面积已达1700亩，亩产可达3500公斤，每亩年收入7000元。

【工业】 扎实推进招商引资，工业基础显著增强，带动第三产业蓬勃发展。始终把招商引资、项目建设作为重中之重，依托优势资源，内引外联，强力招商，引进落地项目4个，主要包括泰安金绒毛纺织项目、古树谷生物科技项目、君明光伏发电项目、珍益中草药项目等，到位资金累计达到7.9亿元，为保障镇级财源和民生事业的持续投入奠定坚实的基础。实施“一帮一促一企一策”培植计划，先后实施佳禾公司基地扩展、金绒毛纺扩能、宝森建材技改等项目，规模企业达到13家，形成以服装纺织、食品加工、建筑建材、中草药加工等为主的工业体系。鼓励在外人士回乡投资、大众创新创业，累计成立专业农业合作社73家，家庭农场23家，注册私营公司82家，个体工商户226家。建成电商村1个，培育电商示范户27家，电商示范企业2家，建成村级电商服务站7处，网销网购已成为群众生活的新时尚。

【村镇建设】 镇村面貌日新月异，发展空间愈加广阔。完成镇驻地及村庄主要道路改造；完成泰东路绿化美化亮化工程；完善以“三纵四横”路网为框架的小城镇布局，推进社区建设，累计新建商住楼23栋；完成吉庆小区、青龙河小区等高档住宅楼建设，完成五鸡台农贸批发市场一期商住楼建设；完成云蒙山社区一期西坞村搬迁复垦；实施边远山区村向镇驻地整体搬迁，完成莲花峪社区一期200户群众搬迁入住，加快镇驻地人口聚集，繁荣镇域经济。以“靓在孙伯”为主题，开展环境卫生整治，建成镇垃圾压缩站，村村建立地埋式垃圾箱、设置20个移动式垃圾箱、960个垃圾桶，成立96人的专职保洁员队伍，落实长效保洁机制，形成“村收、镇运、市处理”的垃圾一体化处理体系。实施镇村基础设施提升工程，80%的村实现街巷全面硬化，极大方便群众出行，提升镇村居住品位。

【民生工程】 民生改善有序推进，科教文卫等社会事业全面发展。始终坚持民生优先，不断增进民生福祉，实现发展成果普惠共享。村村建成综合性文化服务中心，设立农家书屋，成立文艺宣传队伍。编辑印发《平凡的感动》《平凡的感动·创业者》《平凡的感动·草根篇》系列丛书，以“身边人”“身边事”教育感染群众，实现群众思想道德整体提升。实施驻地结合部硬化、联网供水改造、弱电下地、天然气入镇等设施提升工程，群众生产生活条件不断改善。全镇五保集中供养率达到96%、养老保险参保率达到80%以上，特困群众实现应保尽保。完成中心中学、中心小学餐厅升级改造，铺开中心小学5号教学楼建设，教育教学水平稳居全市前列。扎实推进脱贫攻坚，对建档立卡贫困户进行科学分类、因人施策，全面完成514户、896人的脱贫任务。扎实开展“六五”普法，被授予泰安市“普法依法治理先进集体”。

（姚玉军　牛启龙）

安驾庄镇

【概况】 安驾庄镇位于肥城南部，因宋真宗赴岱封禅途中安驾驻跸而得名。总面积134.2平方公里，辖71个行政村，人口8.73万人。安驾庄镇工业蓬勃发展，形成玻纤复合材料、机械加工、食品加工、服装加工四大支柱产业。建筑安装业全国闻名，享有“建安之乡”的美誉。地方名产大樱桃、平顶香李子、泉河鸭蛋等享誉省内外，自古即为皇室供品。矿产资源种类繁多，优质花岗岩、石灰石、河砂储量丰富。地热温泉水温之高、矿物质之多、储量之大国内外罕见。被评为山东省“双文明乡镇”、全省小城镇建设“中心镇”、泰安市“综合治理先进乡镇”。围绕建设“经济文化强镇”的目标，综合实力实现新增长，经济社会各项事业取得长足进度。全镇完成地方财政收入11.78亿元，工商税收3198万元，分别增长10.18%、14%。全镇村集体经营性总收入1273万元，同比增长10.24%。人均可支配收入14783元，同比增长8.1%。对上争取项目107个，到位资金1.24亿元，同比增长1.5%。利用外资550万美元、外贸进出口额1380万美元，分别增长25%、7.8%。完成全社会固定资产投资27.6亿元，增长24%。

【农业】 坚持以提高农业规模效益、增加村集体和群众收入为目的，牢固树立“培精品、扩规模、创品牌、活机制”发展思路，加快落实“农业全面振兴计划”，特色农业规模大幅提升。①精品特色初步显现。发展以苹果、核桃为主的精品经济林1200亩，新建农田林网36公里，完成“三边绿化”15公里；新建有机蔬菜标准化基地11个、3200亩，建成高效精品示范园5个，发展设施农业800亩；新增6家单位9个“三品一标”农产品，其中绿色食品1个、无公害认证8个。前寨子村地处纯山区，周围10公里范围内无污染源。该村在土壤肥沃、气候宜人、光照充足的山坡之阳种植大樱桃1800亩，有“红灯”“大紫”等8个系列品种，年产樱桃50万斤，为纯天然绿色果品。成熟的樱桃颜色鲜艳、个大皮薄、晶莹剔透、酸甜可口、营养丰富，畅销全国13个省30多个大中城市。和埠岭核桃素以粒圆壳薄、果仁饱满、香脆可口的优良品质享誉省内外。②产业规模逐步扩大。持续加强农业招商引资力度，工商资本不断流入，先后引进和瑞丰生物科技、天蓬循环农业、安东调理食品等项目8个，流转土地4000余亩。③经营主体不断增强。培育五羊牧业、龙头泉牧业等农业龙头企业5家、农民专业合作社18个，“肥城市腾源牧业有限公司”被评为省级规范化示范场，“蔡颜子地龙农机合作社”被评为国家级示范社。

【招商引资与项目建设】 立足“大招商”战略，以“新能源、新材料、新科技”为主攻方向，强化精准招商力度，党政主要负责同志带队赴北京、天津、香港、深圳等32个地市，开展专题招商活动48次，对接卓达控股集团、北京老万集团、中石化集团等企业56家，引进项目33个，其中过亿元项目2个，实际到位资金3.68亿元，完成全年任务的105%；促成卓达新型建材及装配式集成建筑产业园、小龙山综合开发、地热发电、螺纹管加工、不锈钢深加工等在谈项目32个；安东调理食品、海阳纺织、隆欣电子、天虹商贸等15个项目竣工投产；和瑞丰生物科技、晟旺牧业、安庄商贸城等12个项目开工建设。

【民营经济】 坚持“工业强镇”的基调，突出三强企业培植，推进扶小壮微，结构优化，民营经济呈现蓬勃之势，综合实力不断提升。加快企业递进培育，培植“个升微”企业10家、“微升小”企业5家、“小升中”企业2家；三英纤维、华美机械、四方锅炉3家规模企业被列为肥城市重点培植对象。加快转型升级，完成技改扩能、转型升级项目6个，新增达沃斯生物科技、香康佬食品2家泰安市级“专精特新”企业。加强市场主体建设，培育锦程伟业、朝晖科技2家泰安市级创业辅导基地，新增个体工商户444户、私营企业104家。大力推进电子商务发展，新建电子商务集聚区1处、农村淘宝生态服务中心1处、村级淘宝服务站8个，培育网商42家，创新创业氛围进一步浓厚。

肥城三英纤维工业有限公司生产车间

【镇村建设】 坚持科学规划，统筹发展的原则，拉开驻地框架，连接村级道路，打造美丽乡村。加强驻地基础设施投入，完成工业一路东扩、工业二路西延、文化南路、创业路路基等“三纵四横一环”5公里路网建设，驻地道路框架进一步延伸。安庄市场竣工投产，供销商厦主体及商厦广场硬化已完工。加快社区组团开发进程，不断完善南部教育片区配套设施，完成镇中心小学南段五祖干渠的清淤、护坡及3处跨渠桥建设，加快书香名府开发进程；中部完成安庄商贸城一期项目建设，实现旧市场搬迁，制定旧市场开发建设方案，同时，实施沿街环境综合整治，规范驻地经营秩序，提升中部商贸流通能力；北部中江社区完善中江小学、中心幼儿园的配套设施。加强农村社区配套建设，铺设天然气基础管线3000米、污水管网2000米，新建洼里小型污水处理站1处。

【社会事业】 坚持以群众满意为工作出发点和落脚点，实行“以奖代补、先干先得”，镇财政继续列支30万元奖补资金，鼓励村级加大民生投入，加快美丽乡村建设，全年累计完成民生项目135个，总投资近5000万元。强化农村基础设施，争取“村村通”项目8个，完成安夏路、五龙路等“村村通”道路建设24.5公里，村级街巷硬化18.8公里，新增张杭、东赵等7个整村硬化村。着力解决教育大班额问题，深入推进教育均衡化发展，新建张侯小学、马埠小学综合楼及中心小学塑胶操场。持续完善农村社保体系建设，创新实施“医养结合”，以农村幸福院与标准化卫生室联创共建方式，新建2处社区托老养老中心、23处农村幸福院、9处标准化卫生室，改造升级12处村级卫生室，新建12处文体广场和21处高标准文化综合服务中心；完成9个村1550户农村改厕和118户危房改造，建成2个市级美丽乡村精品村，农村教育、医疗、文化、卫生等各项事业明显增强。加快精神文明建设，深入开展“最好家风、最美村风、最淳民风、最正校风、最优医风”五种风尚评创活动，评树先进典型28个，营造崇德向善的良好氛围。

【精准扶贫】 牢固树立“精准”理念，围绕“五位一体”帮扶机制，调动力量，整合资源，以产业、项目为重点，推动脱贫攻坚上台阶。坚持精准识别，拓清底数。在“五位一体”帮扶基础上，实行机关干部包村包户、村级党员干部包户包人，延伸包保框架，集中联系走访，精准识别出贫困户1326户、贫困人口2708人。坚持精准施策，实现增收。深入挖掘致贫原因，以扶贫产业、项目为重点，着力打造“一村一业、一户一策”，大力推进精准施策，先后明确光伏扶贫、种养扶贫、就业扶贫、电商扶贫及金融扶贫等扶贫增收路子，争取扶贫资金320万元，建设扶贫项目41个，其中15个分布式光伏电站均已并网发电，安刘、南辛庄、三岔口3个贫困村、648户、1361人实现脱贫，超额完成年度脱贫任务。

【党的建设】 始终把党建作为第一主责，以“两学一做”学习教育为主抓手，培强班子队伍，提升服务水平，筑牢经济社会发展的坚定保障。调优培强支部班子。深入实施“递进培养”和“能人回请”工程，调整支部书记8名、“两委”干部7名，培养入党积极分子182名，发展党员42名，村级班子凝聚力、战斗力得到提升。创新支部破解难题。针对流动党员多、难管理的问题，拓展完善“掌上党支部”“流动党支部”，将200余名在外流动党员纳入管理，在全市流动党员管理方面创出经验。从严管理带好队伍。严格落实全面从严治党主体责任和监督责任，各党总支书记、各支部书记签订年度主体责任承诺书150余份，开展廉政谈话300余人次。持续加强监督检查力度，共查处违反中央八项规定精神问题35起，给予党纪处分29人，其中开除党籍6人。

（梁华）

资料链接

安驾庄镇

AN JIA ZHUANG ZHEN

安驾庄镇标志及释义

1. 标志整体以中华传统文化中的龙纹变形为主，因龙是帝王的象征，公元1008年，宋真宗赴泰山封禅途中曾在此安驾驻跸，寓意“安驾庄”的名称由来。龙纹设为黄色，表示农作物丰收的颜色，寓意安驾庄农业丰收、繁荣之景象。

2. 龙纹有“龙腾”之意，

标志整体设计为圆形，即货币的经典样式，表示经济，寓意安驾庄的农业与经济蓬勃发展，蒸蒸日上。安驾庄人民在党委政府的引领和支持下，呈现出健康文明、积极向上的精神面貌。

3.“绿色”和“蓝色”象征安驾庄的地理环境和人文风貌。“绿色”表示境内的望鲁山、布金山等泰山山脉，还表示安驾庄的万亩良田。动感的“蓝色”线条表示安驾庄南部我省境内最大的倒流河汶河。

4.“安驾庄镇”系中共中央组织部原副部长王照华所书（王照华系安驾庄镇洼里村人）。

边院镇

【概况】 边院镇位于泰山南麓、汶水北岸，总面积111.2平方公里，辖80个村（居），人口8.4万人，先后荣获国家重点镇、国家生态乡镇、省民族团结进步示范单位、省绿化模范乡镇等荣誉称号，纳入山东省“百镇建设示范行动”示范镇。境内矿产资源丰富，品位高、易开采，其中已探明储量岩盐50.2亿吨、石油3.5亿吨、优质花岗石3亿立方米。边院盐化工园区是肥城市“一区五园”规划布局中的重点园区，也是山东半岛蓝色经济区28个海洋产业联动发展示范基地之一，被泰安市纳入循环经济示范镇。已落户制盐企业4家，年制盐规模600多万吨，成为全国最大的井矿盐生产基地。边院镇是泰安市农业产业化工作先进乡镇，初步形成“万亩有机蔬菜示范区、10公里干鲜果产业带、万头奶牛现代牧场”为主的特色农业产业格局。2016年，工业总产值达到55.53亿元；农业总产值6.6亿元；实现地方财政收入29657万元，其中工商税收15123万元；农民人均收入达到9935元。

【农业】 至年末，耕地面积10万亩，人均1.19亩，全部为水浇地，以种植小麦、玉米、有机蔬菜为主，农业总产值6.6亿元。粮食作物以小麦、玉米为主，全年生产粮食8.11万吨，人均964千克，其中小麦3.9万吨，秋粮4.21万吨。主要经济作物为有机蔬菜。年内，有机蔬菜种植面积4.2万亩，产量8万吨，主要品种有绿菜花、菠菜、毛豆等，其中绿菜花2万吨，菠菜2.5万吨，毛豆1.5万吨，成为全国发展有机蔬菜最早，生产规模最大，加工出口最多的有机蔬菜第一镇。济河堂村为全国第一家经国际有机作物改良协会颁证的有机蔬菜基地，先后获得国家（OFDC），国际（OCIA），欧盟（JONA）等国际有机食品权威机构审查认证，为全国有机蔬菜第一村。畜牧业以奶牛、羊、猪、家禽为主。全年生猪饲养量2.4万头，年末存栏2.1万头；羊饲养量1.8万只，年末存栏1.6万只；家禽年饲养量170万羽。奶牛饲养量1.5万头，年产鲜奶9.3万吨。全省最大奶牛场泰安澳亚现代牧场有限公司奶牛存栏1万头。

【工业】 以盐化工、纺织、建材、食品为主。2016年工业总产值55.53亿元。拥有规模工业企业25家，职工2149人；

肥城现代盐化工基地

实现工业增加值33.97亿元，比上年增长22.18%。其中肥城胜利化工有限公司是山东省最大的井矿盐生产企业，年产工业盐300万吨。

山东肥城现代盐化工园位于边院镇驻地西端，为肥城市确定的“两带三区四园”中的“四园”重点园区之一，系由边院镇化工园区拓展而来。为全国最大井矿盐生产基地、山东半岛蓝色经济区海洋产业联动发展示范基地、肥城市“一区五园”重点园区、肥城市现代盐化工产业园区，肥城市“一区五园”产业战略布局重点园区，山东半岛蓝色经济区海洋产业联动发展示范基地。按照省委、省政府化工园区转型升级要求，委托西安华陆工程科技有限公司重新调整园区发展规划，重点打造盐化工、精细化工、高新材料三个主导产业，不断延伸产业链条，最终形成三大产业集群协同发展、互为补充的循环经济产业格局。

园区已落户肥城胜利化工有限公司、山东肥城海晶盐化有限公司、山东肥城精制盐场、肥城光明岩盐有限公司4家大型制盐企业；山东亚科环保有限公司、山东百事益食品有限公司2家精细化工企业。另有肥城长鑫物流有限公司、肥城信发物流有限公司2家物流企业，肥城瑞鑫麻纺厂、肥城春阳纺织有限公司2家纺织企业，泰安泰鑫建材有限公司1家建材企业，肥城天和食品有限公司1家食品加工企业和肥城康达水务有限公司1家服务企业。项目总投资80多亿元。山东信发集团、天津渤化集团、山东盐业总公司、鲁中能源集团投资的大型制盐项目均已投产达效，年产工业盐、食用盐、药用盐、保健盐等系列产品606万吨，为全国最大的井矿盐生产基地。山东亚科年产10万吨环己酮项目已投产达效；高效抗氧化剂、山东长鑫现代物流中心等项目加紧建设中；筹建中电建投资25亿元的肥城南部供热中心等项目；天明清公司的PVDF、昊华甲萘胺染料等项目洽谈推进中。2016年，园区企业实现销售收入15亿元，利税4.2亿元，带动就业1000多人。园区在建及规划项目全部达产后，年销售收入将突破100亿元，上缴税金16亿元，推动全市经济由“黑”到“白”战略转移，并拉动物流、金融、餐饮等三产服务业快速发展，成为泰安地区经济发展的新引擎、山东半岛最具活力的海洋产业联动基地。

【交通供电】 境内有省道（泰东路）331线、潮汶、边王等3条省市公路干线交汇穿越全境。东距104国道和京福、京沪高速公路22公里，距泰山30公里、距京沪高铁泰山站20公里，西距济微公路10公里，北靠省城济南90公里，村村通公路，形成四通八达的交通网络。公路交通方面，边院镇客运站，日均发客运汽车100班次，日均容量3000余人次。

镇内电力充足，有220千伏变电站（五凤降压站）1处，35千伏变电站（边院镇供电站、边院镇降压站）2处，35千伏环网供电线路2条，10千伏供电线路8条，2016年完成供电6200万千瓦时。

【邮政电信】 年末，有边院、过村邮政局2处，代办所80处，邮政业务容量620万元，其中纯收入275万元。报纸、杂志累计期发行5.7万份。电信企业2家，服务网点32个，电话交换机总容量3万门，固定电话用户1.37万户，电话普及率95.6%；移动电话用户1.1万户，互联网用户0.8万户。全年电信业务收入544万元。设有联通、移动通讯塔8座，信息能及时传遍世界各地。

【商业外贸】 年末，共有商业网点360个，职工3436人；社会商品零售总额达24.73亿元，比上年增长20.2%；城乡集贸市场10个，年成交额12亿元。出口总额4000万美元，比上年增长39.24%，主要产品有地毯纱、草制品工艺品、精麻、服装，销往日本、欧美及中东等地。

【财政金融】 财政总收入36408万元，比上年增长13.50%。其中地方财政收入29657万元，比上年增长18.78%。其中国税收入6751万元，工商税收15123

万元，比上年增长 12.48%。年末，境内金融机构各类存款余额 6.1 亿元，比上年增长 15%；各项贷款余额 1.7 亿元，比上年增长 10%。

【镇村建设】 至年末，镇驻地建成楼房沿街 4 栋 1.3 万平方米，住宅 13 栋 6.8 万平方米，商场 5 处 2.4 万平方米。南村新建住宅楼 1 栋 0.56 万平方米。过村新建沿街楼 1 栋 0.3 万平方米，高庄村建设住宅楼 2 栋 0.9 万平方米。韩庄头村新建住宅楼 2 栋 1.2 万平方米。王堂小区建设居民楼住宅楼 4 栋建筑面积 1.4 万平方米；建设回民小区居民楼 3 栋，1.7 万平方米。加强村庄基础设施配套，投资 1260 万元，新建或改建村庄街道 29 条，合计总长度 33900 米；投资 110 万元，新建排水沟 10600 米，涉及村庄 11 个；投资 16 万元，铺设金山路人行道 900 米、1890 平方米，埋设路牙石 900 米；安装路灯 612 盏，累计总投资 120 万元，完成村庄 34 个；实现绿化面积 12000 平方米，总投资 60 万元，完成村庄 15 个。投资 4600 万元新建污水厂，日处理能力 1 万吨；绿化面积 36 万平方米；公园 2 处，占地 86 亩，绿化面积 3.1 万平方米。投资 320 万元新建垃圾压缩站，日处理能力 90 吨。

【科教文卫】 年末，有各类科技人才 280 人，其中泰安市拔尖人才 8 人，肥城市拔尖人才 20 人，科技带头人 80 人，科技示范户 2000 户，镇级技术研究中心 3 家，承担国家级高新技术产品 4 个，推广新技术 11 项。

年末，有初中 2 处，学生 1943 人；小学 11 处，学生 3328 人；幼儿园 10 处，在园幼儿 2522；成教中心校 1 处，在编在岗教师 409 人，学历达标率 100%。小学适龄儿童入学率、初中学生巩固率、九年义务教育覆盖率均达 100%。财政预算内教育经费 2893 万元，占财政总支出 10%。中小学均建成数字化智慧校园，高标准通过国家义务教育均衡化、省义务教育示范市验收；有省规范化学校 2 处，市规范化学校 7 处、幼儿园 5 处，市校园文化 3A 级学校 2 处，市绿色学校 1 处；有全国优秀教师 1 名，省级教学能手 1 名，12 名教师入选泰安市人才递进工程，50 余名教师县级以上获教学能手奖励；1 名学生获全国道德模范候选人提名奖，累计有 3 万余名学生在县级以上各类活动中获奖。被评为泰安市教育强乡镇，泰安市教育宣传工作先进单位，肥城市教育工作先进街镇，肥城市校舍建设工作先进单位、肥城市教学工作先进单位。

年末，有镇文化广播体育服务中心 1 处，有村级文化活动中心 25 处，6 支村级演出队，各类文化专业户 145 户，各类图书室、农家书屋 55 个，藏家 20 余万册，音乐、美术、书法、摄影及文学业余创作队伍达 184 人，民间艺术团 5 支、有市县级文物保护单位 7 处。远程教育设施入村 80 处，使用率 100%。

市第二人民医院为二级乙等综合医院，共有 42 个科室，下设标准化村卫生室 52 个，设有床位 300 张，每万人拥有床位 37.5 张，固定资产 2850 万元。卫生专业技术人员 150 人，其中执业医师 52 人，执业助理医师 12 人，注册护士 38 人。全年医疗机构完成诊疗人次 15 万人次。81 个村村民全部参加居民医疗保险，参保率 100%。

计生服务站工作人员 9 人，设备有 B 超诊断仪 2 台，妇科治疗仪 1 台，电动吸引器 1 台，乳腺诊断仪 1 台，显微镜 1 台，离心机 1 台，电冰箱 1 台，妇查床 2 张，检查床 3 张，三氧消毒机 1 台，紫外线消毒灯 1 台，消毒车 1 台。

年末有学校体育场 10 个，看台设座椅 10000 张。90% 村安装了健身器材，经常参加体育活动的人员占常住人口的 70%。

【人民生活】 农民人均纯收入 9935 元，人均生活支出 6457 元，幅度提升较大。生活用品户占有率不断提高，每百户农民彩电 90 台，黑白电视 10 台，固定电话 90 部，移动电话 120 部，自行车 181 辆，电动车 121 辆，摩托车 30 辆，家用电脑 23 台，电磁炉 35 台，电冰箱 48 台，洗衣机 74 台。2016 年有线电视用户达1.4万户，入户率62.8%。网络电视7000户，室外天线300户。

城镇最低生活保障户数27户，人数55人，支出14万元，同比增长15%，月人均220元，同比增长15%。医疗救助426人次。农村最低生活保障户数1247户，人数2557人，支出210万元，同比增长30%，月人均72元，同比增长11%。国家抚恤、补助各类优抚对象248人，抚恤事业费支出236万元，同比增长15%。敬老院1家，床位150张，收养农村五保人员140人。社区服务设施52个，其中社区服务中心8个。有慈善协会1个，全年接受社会捐款14.6万元，使320人（次）困难群众受益。五项社会保险基金收入合计462万元，同比增长23%；基金支出合计436万元，同比增长26%。参加新型农村养老保险5.31万人，参保率98.5%。

（张培栋）

汶阳镇

【概况】 汶阳镇地处肥城市东南部，大汶河北岸，肥城、岱岳、宁阳三县（市、区）交界处。《春秋》中有“自古文明膏腴地，齐鲁必争汶阳田”的记载，是大汶口文化的重要发源地。全镇总面积79.5平方公里，辖53个行政村，总人口7.8万人。是山东省文明镇、中心镇、明星乡镇，泰安市计划单列镇。先后荣获国家环境优美乡镇，山东省生态宜居城镇、小城镇建设示范镇、石膏产业第一镇等称号。汶阳镇资源丰富，石膏可开采储量全国第一；天然气使用便利，建有江北较大的天然气分输站。工业优势突出，成立肥城市精细化工新型材料工业园，形成精细化工、机械铸造、石膏建材、有机食品加工、建筑安装“五大产业集群”。农业特色鲜明，形成有机蔬菜、苗木花卉、桑蚕生产“三大主导产业”。有机蔬菜发展面积位居全市首位，建有江北最大的苗木花卉驯化基地——嘉泰林博园。全镇共完成财政收入20297万元，完成调整后预算的100%，增长11.6%。其中工商税收8836万元，完成预算的101.8%，增长12.3%；耕地占用税6054万元；其他非税收入5407万元。

【农业】 以“汶阳田”资源优势为依托，形成“东部有机菜、中部高产粮、西部苗木花卉”种植格局，推进农业规模化、产业化、品牌化发展。耕地面积6.8万亩，人均0.9亩，全部为水浇地，为农作物精种高产区，以种植小麦、玉米、有机蔬菜、苗木花卉为主。成功打造16个专业示范园及20个蔬菜标准化基地。创建泰安和肥城市级示范合作社18个。2016年农业总产值4.3亿元，生产粮食6.3万吨，人均797千克，其中小麦3万吨，玉米3.3万吨。主要经济作物为有机蔬菜，获OFDC、JONA、ECOCERT等认证，有机蔬菜种植面积1.6万亩，产量3.4万吨，主要品种有绿菜花、毛豆、菠菜、青刀豆等，其中绿菜花1.2万吨，毛豆1万吨，菠菜1万吨。林业以各类高档苗木花卉驯化繁育为主，苗木花卉种植面积0.6万亩，50多个品种，主要品种有海棠、樱花、紫薇、白皮松等。畜牧业以猪、牛、羊、家禽为主。年末，猪存栏2.33万头；牛存栏0.3万头，其中奶牛0.2万头；羊存栏1.4万只；家禽年饲养量44.2万羽。

【工业】 以产业转型升级为导向，以本土企业培植为抓手，以园区建设为载体，培强壮大精细化工、机械制造、石膏加工、清洁能源、有机菜深加工等优势产业，打造全省工业经济重镇。规模以上工业企业生产总值47.4亿元。拥有工业企业76家，职工8819人；工业增加值比上年增长17.1%。其中泰安瑞泰纤维素有限公司是亚洲第二、世界第三纤维素醚加工生产及出口基地，国家重点高新技术企业，四个产品列为国家级火炬计划。拥有山东名牌产品2个。

经肥城市委、市政府批准设立肥城市精细化工新型材料工业园，为肥城市“两带三区四园”发展规划的重要组成部分，由中国中轻国际工程有限公司规划设计。工业园依托汶阳镇丰富的石膏资源和雄厚的精细化工产业

鲁龙公司具有国际先进技术的自动化精密铸造生产线

基础，发挥核心产业优势，实现多元化发展。规划为沿滨河路建设石膏加工产业带，依托瑞泰公司建设精细化工园，依托鲁龙公司建设机械加工园，依托润东公司、聚源公司建设新型材料园，依托纳米分子筛等高科技项目建设新兴产业园“一带四园”。

【第三产业】 加快三产服务业提速发展。年末，共有商业网点421个，职工9050人；社会商品零售总额达13.2亿元，比上年增长17.5%；城乡集贸市场7个，年成交额6亿元。出口总额8574万美元，比上年增长71.01%，主要产品有“泉河”牌鸭蛋、“弘海”牌有机蔬菜、“瑞泰”牌纤维素、“优好”牌新型建材、“弘德（HongDe）”牌汽车水泵铸件等产品，销往美国、俄罗斯、欧洲、日本、东南亚及中东等地。农村淘宝、趣购等15家电商入驻电子商务示范中心，全镇新开网店203家，宿楼村、马东史村、沟西村3个电子商务示范村的线上营业额均突破千万元。

【镇村建设】 全面提升宜居宜业环境，镇村面貌发生巨大变化。投资1680万元完成大众路、工业大街等9条镇区主要道路的升级改造，配套实施亮化、绿化及排污提升工程。建成天然气分输站和7处小型社区污水处理设施。投资740万元改造自来水管网，推进饮水安全工程。投资1350万元实施肥城市第一个省级乡村连片治理项目。投资2100万元，完成87公里“村村通”道路建设，全面治理镇域公路病害。

【科教文卫】 年末，有省级技术研究中心1家，各类科技人才66人，承担国家级重点新产品10个，国家级“火炬计划”4项。有镇综合文化站1处，有村级文化活动中心82处，各类文化专业户10户，各类图书室36个，藏书20余万册，音乐、美术、书法、摄影及文学业余创作队伍达62人，有县级文物保护单位8处。全镇100%的村安装健身器材，经常参加体育活动的人员占常住人口的70%。有线电视用户1.3万户，入户率72%。

全镇有幼儿园5所，在园幼儿1665人，专任教师127人；小学3所，在校学生3161人，专任教师218人，小学适龄儿童入学率100%；初中1所，在校生1929人，专任教师154人。初中适龄人口入学率、小学初升学率、九年义务教育覆盖率均达100%。2016年财政预算内教育经费4384万元，比上年增长18%。预算内教育经费占财政总支出比例为43%，比上年增长19%。

有各级医疗卫生机构38个；有床位100张，每万人拥有病床14张；固定资产1149万元。专业卫生人员120名，其中执业医师30人，执业助理医师75人，注册护士40人。医疗机构（卫生室以上）完成诊疗11万人次。法定报告传染病发病率为150/10万，农村安全饮用水普及率100%，农村卫生厕所普及率70%。53个村村民全部参加新型农村合作医疗，参保率100%。

【社会事业】 年内，城镇最低生活保障户数15户，人数25人，支出9.04万元，同比增长13%，月人均198元，同比增长0.2%；医疗救助99人次，共支出19.25万元。农村最低生活保障户数986户，人数1879人，支出218.34万元，同比增长38%，月人均70元，同比增长47%。国家抚恤、补助各类优抚对象275人；敬老院1家，床位200张，收养农村五保对象52人。社区服务设施53个，其中社区服务中心3个，社区服务站3个。有慈善协会1个，全年接受社会捐款13万元，使200人（次）困难群众受益。五项社会保险基金收入合计995.47万元，同比增长27.7%。参加新型农村养老保险4.2万人，参保率96%。

坚持民生为本、发展惠民，持之以恒地保障和改善民生。做亮汶阳教育品牌，提高养老医疗水平，加大帮扶救助力度，办好民生实事，努力让群众有更多的获得感、更强的幸福感、更高的满意度。顺利完成47件镇级和623件村级民生实事，教育、医疗、住房、养老等保障服务水平逐步提高。投资3267万元，在全市率先完成学校布局优化调整，实施校舍建设工程近万平方米，完成中小学、幼儿园教学设施配套提升；中学被评为全国教育系统先进集体，教育教学质量在全市镇街实现二十七连冠。投资260余万元，提升改造镇卫生院，设施配套在全市镇街达到领先水平；建成36处标准化卫生室；每年投资65万元开展农民“上消化道疾病早诊早治免费普查”活动。投资980万元新建敬老院；完成13处村级幸福院建设；每年投资48万元，为80岁以上老人每月发放养老金。“汶阳镇党员关爱基金”累计救助贫困户451户。打造“书香汶阳、孝善之乡”，16个单位被评为泰安市级以上文明单位，其中，5个村分别被评为省级文明村和省级生态文明村。扎实推进平安汶阳建设，建立镇村联合巡防机制，作为现场迎接泰安市“天网工程”推进会。

（于贞　马晓霞）

资料链接

WENSHUIZHI YANG
汶水之阳
山东肥城汶阳镇

汶阳镇标志及释义

标志以汶阳汉语拼音字母W为基本元素，与太阳相结合，经变化夸张而形成。

标志中的字母W经变化形成一朵翻卷的浪花，象征汶水滚滚、生生不息，寓意汶河文化源远流长，滚动的浪花给人以不断前进之感，寓意汶河儿女在改革开放的大潮中乘风破浪勇往直前！字母W又像一只展翅翱翔的雄鹰，象征汶阳人民不畏艰难克服困难，为振兴汶阳努力拼搏的精神。“美丽的浪花”“展翅的雄鹰”“升起的太阳”构成一幅优美的画卷，象征着汶阳辉煌而美好的明天！

标志造型简洁、色彩明快，富有强烈的视觉美感，符号性强、易懂、易记、易识别。

肥城年鉴

FEICHENG YEARBOOK

君子之邑

FEICHENG
YEARBOOK
2017

人物

人物

市级领导

张成伟 男，汉族，山东沂源人，1970年11月出生，1994年7月参加工作，1993年6月加入中国共产党，研究生学历。

1994年7月起，历任泰安师专马列部教师，党办、校办干部，秘书科科长（副科级）。1999年9月至2010年12月，历任泰安团市委副书记，中共新泰市委副书记，中共东平县委副书记等职。其间，2000年9月至2003年6月，在山东省委党校在职干部研究生班经济管理专业学习。2010年12月，任中共肥城市委副书记、市政府党组书记、代市长；2011年1月，任市委副书记，市政府市长、党组书记。2014年1月，任中共肥城市委书记、市人大常委会主任、市委党校校长。2016年3月，任中共肥城市委书记、市委党校校长。同年12月，调枣庄市工作。

常绪扩 男，汉族，山东东平人，1970年5月出生，1992年7月参加工作，1999年6月加入中国共产党，大学学历。

1992年7月起，历任泰安医药站科员、泰安市劳动局科员、劳动局劳动力管理科副科长、劳动和社会保障局劳动工资科科长、劳动和社会保障局办公室（政工科）主任（科长）等职。2004年1月，任泰安市劳动和社会保障局党委委员、办公室（政工科）主任（科长）。2005年1月，任泰安市劳动和社会保障局党委委员、纪委书记。2007年11月，任中共肥城市委常委。同年12月，任中共肥城市委常委、组织部部长。2010年5月，任中共肥城市委副书记（正县级，援疆）、组织部部长。2010年7月，任中共肥城市委副书记（正县级，援疆）、泰安援疆工作前方指挥部指挥。2010年11月，任中共肥城市委副书记（正县级），新疆岳普湖县委副书记，泰安市援疆工作前方指挥部指挥。2011年7月，任中共肥城市委副书记（正县级），新疆岳普湖县委副书记，泰安市援疆工作前方指挥部指挥、党委书记。2013年12月，任中共肥城市委副书记（正县级）。2014年1月，任中共肥城市委副书记，市政府代市长。同年2月，任中共肥城市委副书记，市政府市长、党组书记。2016年11月，任中共肥城市委书记、市委党校校长、市政府党组书记。同年12月，任中共肥城市委书记、市委党校校长。

殷锡瑞 男，汉族，山东新泰人，1973年2月出生，1995年7月参加工作，1994年12月加入中国共产党，研究生学历。

1995年7月起，在新泰市财政局工作。2002年12月起，历任泰安市财政局预算科科员、副主任科员、副科长、科长。2010年1至2016年11月，任泰安市财政局副局长、党委委员。其间，2013年2月至2014年12月，挂职东平县委常委、副县长。2013年9月至2015年6月，攻读山东科技大学工商管理硕士专业学位。2015年3月至2016年1月，挂职中国人民银行支付结算司信息分析处副处长。2016年11月，任中共肥城市委副书记、市政府市长候选人。同年12月，任中共肥城市委副书记、市政府代市长、党组书记。2017年1月之后，任中共肥城市委副书记，市政府市长、党组书记。

李华民　男，汉族，山东新泰人，1971年8月出生，1993年7月参加工作，2001年9月加入中国共产党，大学学历。

1993年7月，河海大学毕业，在泰安市水利水产局参加工作。1997年3月起，历任泰安市水利与渔业局水资源管理站副站长、站长，水资源管理科科长等职。2005年6月，任泰安市外事办（侨务办）党组成员、副主任。2006年12月起，历任中共肥城市委常委，市委常委、宣传部长，市委常委、市委办公室主任等职。2011年12月，任肥城市委常委、市政府党组副书记。2012年1月，任市委常委、市政府党组副书记、副市长。2015年7月，任中共肥城市委副书记。2016年12月，调泰安市工作。

王立军　男，汉族，山东郯城人，1980年12月出生，2006年8月参加工作，2004年12月加入中国共产党，博士研究生学历。

2006年8月起，历任山东省政府办公厅督查处干部，山东省政府办公厅秘书一处副主任科员、主任科员、副处长。其间，2009年9月至2012年6月，在山东大学政治与公共管理学院攻读国际政治专业博士研究生。2012年7月至2015年7月，在山东大学法学学科从事博士后研究工作，获博士后证书。2015年9月，任山东省政府办公厅秘书一处副处长、肥城市委副书记（挂职）。2016年9月至12月，任山东省政府办公厅秘书一处副处长。2016年12月之后，任中共肥城市委副书记。

张　莉　女，汉族，山东菏泽人，1973年7月出生，1992年7月参加工作，1992年5月加入中国共产党，研究生学历，农业推广硕士。

历任宁阳县委党校教研室教师，团县委干事、办公室副主任，西疏乡党委委员，团县委副书记、党组成员，县物价局局长、党组副书记，县发展计划局副局长（正局级）、党组副书记，伏山镇镇长、党委副书记，伏山镇党委书记、人大主席，县政府县长助理等职。其间，1994年9月至1996年12月，在中央党校函授业余本科班经济管理专业学习。2006年12月，任新泰市委常委、宣传部部长。其间，2005年9月至2008年6月，在山东省委党校在职研究生班经济管理专业学习。2009年6月，获得山东农业大学农业推广专业硕士学位。2010年1月，任肥城市委常委、市政府副市长、党组成员。2011年11月，任中共肥城市委常委，市政府党组成员，市纪委书记。2011年12月，任中共肥城市委常委、纪委书记。2016年12月，调泰安市工作。

辛　涛　男，汉族，山东肥城人，1967年7月出生，1987年7月参加工作，1993年6月加入中国共产党，省委党校大学学历。

历任肥城县（市）工业用呢厂科长、厂长助理。1993年4月起，历任边院镇科技副镇长，组织委员，党委委员、副镇长，团市委副书记，团市委书记等职。其间，1999年9月至2001年12月，在山东省委党校经济管理专业本科班函授学习。2001年10月起，历任安驾庄镇党委副书记、镇长，潮泉镇党委书记、人大主席，新城街道党工委书记等职。其间，2002年10月至12月，挂职广东省高要市南岸镇镇长。2011年12月，任中共肥城市委常委、办公室主任。2015年7月，任中共肥城市委常委、办公室主任、市深化体制改革领导小组办公室主任。2016年12月之后，任中共肥城市委常委、政法委书记。

孟庆刚 男，汉族，山东东平人，1975年3月出生，1996年7月参加工作，1998年5月加入中国共产党，省委党校研究生。

历任东平县东平镇党政办秘书、团委干事，党政办公室副主任、团委副书记。其间，1998年4月至12月，在泰安团市委组宣部挂职部长助理。1997年9月至2000年1月，在山东省委党校经济管理专业学习。2000年6月起，历任东平团县委副书记、党组成员，团县委书记、党组书记，大羊乡党委副书记、乡长，沙河站镇党委副书记、镇长，老湖镇党委书记、人大主席等职。其间，2005年9月至2008年6月，在山东省委党校在职干部研究生班经济管理专业学习。2011年2月至7月，在泰安市委党校第二十二期中青年干部培训班学习。2011年11月，任中共肥城市委常委、宣传部部长。2016年12月，调东平县工作。

乔　磊 男，汉族，江苏泰州人，1972年2月出生，1995年7月参加工作，1993年6月加入中国共产党，省委党校研究生。

1995年7月起，历任泰山区粥店办事处综治办干事、团委副书记，泰山区纪委案件审理室干事、信访室副主任，泰山区省庄镇党委委员、纪委书记，省庄镇党委委员、副镇长，泰山区委组织部副主任科员、组织办主任。2003年1月起，历任泰安市委组织部办公室副主任科员、主任科员、副主任、主任科员，泰安市委组织部党政干部科副科长、主任科员，泰安市委组织部干部三科副科长、主任科员、科长。其间，2005年3月至2008年6月，在北京科技大学公共管理硕士专业学习。2006年9月至2009年6月，在山东省委党校在职干部研究生班经济管理专业学习。2012年10月之后，任中共肥城市委常委、组织部部长。

戴先锋 男，汉族，山东东平人，1969年8月出生，1992年7月参加工作，1994年4月加入中国共产党，大学学历。

1992年7月起，历任东平县州城镇团委副书记、书记，州城镇党委组织委员，沙河站镇党委副书记，沙河站镇党委副书记、镇长，商老庄乡党委书记、人大主席，斑鸠店镇党委书记等职。其间，2002年12月至2005年12月，在山东农业大学农业推广硕士专业学习。2006年7月至12月，在泰安市委党校第十七期中青年干部培训班学习。2008年11月，任泰安市大汶河管理局副局长、党支部委员，东平县斑鸠店镇党委书记。2009年2月，任泰安市大汶河管理局副局长、党支部委员。2010年1月，任泰安市河道管理局副局长、党支部委员。2011年11月，任新泰市政府副市长。2013年12月，任中共新泰市委常委、宣传部部长。2016年12月之后，任中共肥城市委常委、纪委书记。

名树伟 男，汉族，山东肥城人，1964年9月出生，1983年7月参加工作，1986年12月加入中国共产党，大学学历。

1983年7月起，历任石横镇团委书记、党委秘书、组织委员、党委副书记等职。其间，1985年9月至1987年7月，在山东师范大学青年干部专修科思想政治教育专业学习。1998年1月，任石横镇党委副书记、镇长。其间，1995年9月至1998

年7月，在山东省青年管理干部学院本科班经贸管理专业学习。1997年9月至1999年12月，在山东省委党校业余本科班经管专业学习。2001年7月，任王瓜店镇党委书记。其间，2002年9月至2003年1月，在泰安市委第十三期中青年干部培训班学习。2003年8月，任新城办事处党委书记。2006年9月，任市政府市长助理、党组成员。2007年4月，任市政府副市长、党组成员。2016年12月，任中共肥城市委常委候选人、宣传部部长，市政府副市长。2017年1月之后，任中共肥城市委常委、宣传部部长。

王勇强　男，汉族，陕西商南人，1976年9月出生，2000年7月参加工作，1999年11月加入中国共产党，省委党校研究生。

2000年7月起，历任泰安市交通运输管理处科员，客运科副科长，运政科副科长、科长。2008年7月，任泰安市交通局办公室副主任、主任科员。其间，2007年9月至2010年6月，在山东省委党校在职干部研究生班经济管理专业学习。2010年9月，任泰安市交通运输局办公室主任。2011年11月，任泰安市岱岳区政府副区长。2016年12月之后，任中共肥城市委常委、办公室主任、市委深改办主任。

付　玲　女，汉族，山东肥城人，1971年10月出生，1991年7月参加工作，1996年6月加入中国共产党，省委党校研究生。

1991年7月至1995年8月，先后在王瓜店镇中心中学、新城办事处西付村中学任教。其间，1993年9月至1998年6月，参加高教自学考试，在山东师范大学汉语言文学专业本科班学习。1995年8月起，历任肥城市委宣传部干事，教育科副科长、科长，市旅游局局长助理、副局长。2004年4月，任石横镇党委副书记。2006年9月至2010年4月，任桃园镇党委副书记、镇长。其间，2007年9月至2010年10月，在山东省委党校经济管理专业研究生班学习。2010年4月起，历任老城镇党委书记、人大主席，老城街道党工委书记、人大主任，老城街道党工委书记。2016年12月之后，任中共肥城市委常委、统战部部长。

赵燕军　男，汉族，山东东平人，1963年3月出生，1984年7月参加工作，1985年12月加入中国共产党，大学学历。

1984年7月，曲阜师范学院政治专业毕业，在肥城县王庄区参加工作，任团委干事、书记。1985年3月起，历任肥城县委整党办公室秘书，县纪委秘书，副科长，教研室主任等职。1991年10月起，历任潮泉乡党委副书记，东陆房乡党委副书记，王瓜店镇党委副书记，边院镇党委副书记、镇长、政协主任，市计划委员会副主任（正科级）、党组成员等职。2001年7月，任仪阳乡党委书记。其间，2003年9月至2004年1月，在泰安市委党校第十四期中青年干部培训班学习。2005年1月，任中共肥城市委常委、市委办公室主任、仪阳乡党委书记。同年2月，任中共肥城市委常委、市委办公室主任。2010年1月，任中共肥城市委常委、纪委书记。2012年1月，任肥城市人大常委会第一副主任（正县级）、党组书记。2016年3月之后，任肥城市人大常委会主任、党组书记。

杜玉江　男，汉族，山东东平人，1960年12月出生，1980年12月参加工作，1988年8月加入中国共产党，大学学历。

1980年12月起，历任东银

铁路局职员、办公室秘书。其间，1982年7月至1985年7月，在山东广播电视大学中文专业学习。1986年8月起，历任肥城县劳动局人秘科科长，东陆房乡党委委员、副乡长。其间，1989年8月至1992年8月，在中央党校函授学院党政管理专业学习。1993年11月，任潮泉镇党委副书记、镇长。1999年5月起，历任市计生委主任、党组书记，市计划生育局局长、党组书记。其间，2002年9月至2003年1月，在泰安市委党校第十三期中青年干部培训班学习。2006年9月，任石横镇党委书记（副县级）、人大主席。2010年1月，任市人大常委会党组成员（副县级）。同年2月，任市人大常委会副主任、党组成员。2014年8月，任市人大常委会副主任、党组副书记。2017年1月，任市人大党组副书记。同年2月，离职。

宁洪法 男，汉族，山东宁阳人，1962年10月出生，1982年1月参加工作，1983年12月加入中国共产党，大学学历。

1982年1月，任汶阳公社（区）农技站技术员、副站长。1985年8月至1987年7月，在中共泰安市委党校农经管理专业脱产学习。1987年7月，任肥城县农业局秘书科干事。1988年12月起，历任县（市）委农工部干事、副科长、科长，市多办副主任，市委组织部副科级组织员、副部长。其间，1994年9月至1997年3月，在省委党校本科班经济管理专业学习。2001年7月，任安驾庄镇党委书记。其间，2003年9月至2004年1月，在泰安市委党校第十四期中青年干部培训班学习。2006年9月，任汶阳镇党委书记（副县级）、人大主席。2010年1月，任市人大常委会党组成员（副县级）。同年2月，任市人大常委会副主任、党组成员。2014年8月之后，任市人大常委会副主任、党组副书记。

张　伟 男，汉族，山东肥城人，1962年11月出生，1982年7月参加工作，1988年6月加入中国共产党，省业余大学学历。

1982年7月起，历任尚庄炉水库管理所技术员、县水利水产局技术员、县水利水产局助理工程师等职。其间，1985年8月至1987年8月，在山东广播电视大学党政干部专修科学习。1989年4月起，历任县委农工部干事、副科长，县（市）委组织部组织科干事、副科长、科长。1995年7月起，历任市委组织部副科级组织员、组织部副部长。其间，1994年7月至1997年6月，在山东干部函授大学经济管理专业学习。2001年10月，任市委组织部副部长、市人事局局长、党组书记。其间，2003年9月至2004年1月，在泰安市委党校第十四期中青年干部培训班学习。2010年10月，任市委组织部常务副部长。2011年1月，任市政协副主席、党组成员。2014年8月，任市政协副主席、党组副书记。2017年1月之后，任市人大常委会副主任、党组副书记。

王同华 女，汉族，山东莒县人，1964年12月出生，1981年12月参加工作，2003年11月加入民革，省委党校大学学历。

历任肥城外贸公司办公室档案管理员、办公室副主任、政工科副科长等职。1996年2月，任潮泉镇副镇长。2001年10月，任市工商联副会长。其间，2003年9月至2006年6月，在山东省委党校经济管理专业本科班学习。2007年12月，任市政协副主席（不驻会）、市工商联副会长。2011年12月，任市政协副主席（不驻会）、市老龄委办公室副主任。2012年1月之后，任市人大常委会副主任（不驻会）、市老龄委办公室副主任。

李向东 男，汉族，山东肥城人，1964年1月出生，1983年7月参加工作，1992年4月加入中国共产党，省委党校研究生。

历任百货公司统计员，县商业局统计员、秘书，县（市）人事局秘书科办事员、副科长、科长。其间，1985年9月至1988年7月，在山东省商业职工大学学习。1994年11月起，历任仪阳乡党委组织委员，党委委员、副乡长，党委副书记，王庄镇党委副书记、镇长，王庄镇党委书记、人大主席，石横镇党委书记（副县级）、人大主席等职。其间，1993年8月至1995年12月，在中央党校函授学院本科班经济管理专业学习。2006年9月至2009年6月，在山东省委党校在职干部研究生班经济管理专业学习。2008年2月至7月，在泰安市委党校第十九期中青年干部培训班学习。2011年12月，任市政府党组成员。2012年1月，任市政府副市长、党组成员。2017年1月之后，任市人大常委会副主任、党组成员。

刘　益 男，汉族，山东泰山区人，1963年9月出生，1984年7月参加工作，1987年8月加入中国共产党，大学学历。

历任县机电公司会计，县税务局税政员、专管员。1990年6月起，历任县（市）人事局科员、干部科科长、副主任科员等职。其间，1987年9月至1990年7月，在山东大学经济系干部专修学习。2002年2月起，历任市接待处副主任、主任，市委办公室副主任。2007年5月，任市政府党组成员，办公室主任、党组书记。2010年12月，任市政府党组成员，政府办公室主任、党组书记，高新区党工委书记（副县级）。2014年2月，任市人大常委会副主任、党组成员。

王爱新 女，汉族，山东肥城人，1969年7月出生，1991年7月参加工作，1995年8月加入中国共产党，研究生学历。

历任肥城广播电视台新闻部副主任、主任，台长助理，主任。其间，1993年9月至1995年12月，在中央党校函授经济管理专业本科班学习。2001年12月起，历任老城镇党委副书记，安临站镇党委副书记、镇长，安临站镇党委书记、人大主席，安临站镇党委书记，湖屯镇党委书记等职。其间，2005年5月至8月，在浙江省台州市黄岩区南城街道办事处挂职学习。2007年3月至7月，参加泰安市第十期中青年干部培训班。2005年9月至2008年6月，在山东省委党校在职干部研究生班经济管理专业学习。2008年11月至2009年11月，参加清华大学L0811届“企业管理国际化总裁班（CEO）班”学习。2010年1月，任市委常委、宣传部部长，湖屯镇党委书记。2010年4月，任市委常委、宣传部部长。其间，2010年9月至11月，参加山东省委党校第23期县（市、区）委领导干部进修班。2011年12月，任市委常委、市政府副市长、党组成员。2016年12月，调泰山区工作。

王志勇 男，汉族，山东单县人，1966年7月出生，1989年7月参加工作，1992年12月加入中国共产党，大学学历。

1989年7月，在县化工轻工材料公司参加工作，后任县（市）物资局团委副书记。1993年7月起，历任市政府研究室秘书、副主任科员、副主任。2003年8月，任市高新区党工委副书记、管委会副主任，王瓜店镇党委副书记、镇长。其间，2003年10月至12月，在浙江省玉环县楚门镇挂职镇长助理。2006年9月起，历任安驾庄镇党委书记、人大主席，市财政局局长、党组书记。其间，2010年3月至7月，在泰安市委党校第二十一期中青年干部培训班学习。2011年11月，任市高级技工学校校长，财政局局长、党组书记。2013年12月，任肥城市政府副市长，财政局局长、党组书记。2014年2月，任肥城市政府副市长、党组成员。2017年1月之后，任中共肥城市委常委、副市长、党组成员。

侯卫国 男，汉族，山东汶上人，1969年1月出生，1992年7月参加工作，1994年10月加入中国共产党，省委党校研究生。

历任宁阳县农委干事，政研科副科长，农委办公室主任。2001年2月起，历任宁阳县东庄乡党委副书记，蒋集镇党委副书记、镇长，蒋集镇党委书记，堽城镇党委书记、人大主席等职。其间，2005年5月至8月，在浙江台州挂职锻炼。2010年1月，任泰安市农业机械管理局副局长、党委委员。其间，2007年9月至2010年6月，在山东省委党校在职干部研究生班经济管理专业学习。2011年10月至11月，在新疆喀什农业援疆工作。2012年1月，任肥城市政府副市长、党组成员。2013年12月，任肥城市政府副市长、党组成员，泰安市援疆工作前方指挥部副指挥、党委副书记。2014年3月，任肥城市政府副市长（援疆）、党组成员，泰安市援疆工作前方指挥部副指挥、党委副书记，新疆喀什地区岳普湖县县委委员、常委、副县长。2016年12月，任肥城市政府副市长（援疆）、党组成员。2017年4月，调泰安市工作。

赵兴广 男，回族，山东肥城人，1976年2月出生，2001年8月参加工作，大学学历。

2001年7月，中南民族大学管理学院教育管理专业毕业，在安驾庄镇参加工作。2001年8月起，历任安驾庄镇党委宣传室干事，市民族与宗教事务局科长、副主任科员、副局长。2012年1月之后，任肥城市政府副市长。

鄂宏超 男，满族，黑龙江佳木斯人，1978年12月出生，1999年10月参加工作，2000年12月加入中国共产党，大学学历。

1999年10月起，历任禹城市人民法院办事员，德州市公安局刑警支队办事员、科员，德州市公安局政治部人事处副处长（副科级）。其间，1998年9月至2001年7月，在中国人民公安大学成人高教大专班公安文秘专业学习。2003年3月，任泰安市公安局政治处人事科副科长。其间，2004年3月至2006年7月，在泰安市公安局泰山分局挂职任副局长。2006年7月起，历任泰安市公安局泰山区分局副局长（正科级），党委委员、副局长（正科级）。其间，2008年2月至6月，在泰安市委党校第十九期中青年干部培训班学习。2009年1月，任宁阳县公安局党委副书记、政委。2011年6月，任宁阳县副县级干部，县公安局党委书记、局长、政委。同年8月，任宁阳县政府党组成员，宁阳县副县级干部，县公安局党委书记、局长、政委。2013年8月，任宁阳县政府党组成员，宁阳县副县级干部，县公安局党委书记、局长。2014年11月，任宁阳县政府党组成员，县公安局党委书记、局长（副县级）。其间，2013年3月至2015年7月，在中国人民公安大学成人高等教育治安学专业学习。2016年12月之后，任肥城市政府副市长、党组成员，公安局局长、党委书记。

贾同国 男，汉族，山东肥城人，1970年6月出生，1992年8月

参加工作，1999年6月加入中国共产党，省委党校研究生。

1992年8月起，历任市农业局技术员、科长，市农委科员。2000年5月起，历任王庄镇副镇长，仪阳乡党委副书记、副乡长，仪阳乡党委副书记、纪委书记，安临站镇党委副书记、镇长，石横镇党委副书记、镇长，安临站镇党委书记、人大主席，新城街道党工委书记、人大主任。其间，2007年9月至2010年6月，在山东省委党校在职干部研究生班经济管理专业学习。2013年12月，任高新区党工委书记（副县级），新城街道党工委书记、人大主任。2014年2月，任高新区党工委书记（副县级），新城街道党工委书记、人大主任，现代农业高新技术产业示范区党委书记。2016年3月，任高新区党工委书记（副县级），新城街道党工委书记，现代农业高新技术产业示范区党委书记。2017年1月之后，任肥城市政府副市长、党组成员。

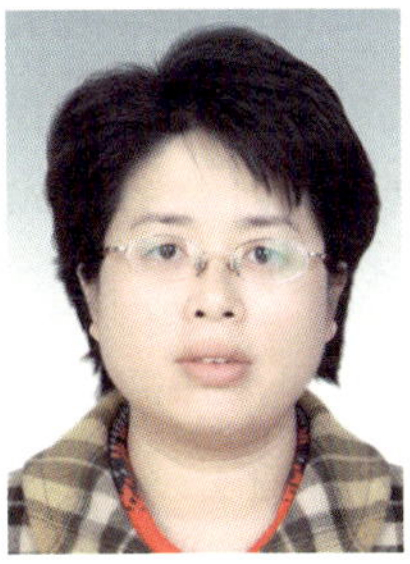

孙　琪　女，汉族，山东东平人，1975年10月出生，1997年7月参加工作，1999年5月加入中国共产党，省委党校研究生。

1997年7月起，历任东平县接山乡党政办干事、妇联干事、妇联副主任、团委书记、计生办副主任等职。2001年12月起，历任东平县接山乡党委宣传委员，党委组织委员，党委副书记，党委副书记、乡长。2010年8月，任东平县接山镇党委副书记、镇长。2013年9月，任东平县新湖镇党委书记、人大主席。其间，2011年9月至2014年6月，在山东省委党校在职干部研究生班经济管理专业学习。2016年12月之后，任肥城市政府副市长、党组成员。

何敬鹏　男，汉族，山东肥城人，1959年1月出生，1981年7月参加工作，1986年9月加入中国共产党，省业余大学学历、企业管理硕士研究生同等学历。

1975年10月，任石横公社农技员。1981年7月，肥城师范毕业。历任县焦化厂职工教师、秘书、政工科长，县机械化工工业公司秘书、办公室副主任。1988年4月起，历任县委联络员、县委研究室经济科科长，县（市）委研究室副科级秘书，市委研究室副主任，市委办公室副主任（正科级）。1996年8月，任市委办公室副主任、研究室主任。其间，1995年9月至1998年7月，在山东经济管理干部学院干部业余本科班经济管理系学习。1998年9月至1999年2月，在泰安市第九期中青年干部培训班学习。2001年2月，任市委常委、市委办公室主任。其间，2002年12月至2004年10月，在北京师范大学经济与工商管理学院企业管理专业研究生班学习，取得企业管理硕士研究生同等学历证书。2005年1月，任市委常委，市政府副市长、党组副书记。2007年12月，任市政协副主席、党组副书记。2011年1月，任市政协主席、党组书记。2017年1月，离职。

侯庆洋　男，汉族，山东肥城人，1961年9月出生，1981年7月参加工作，1990年4月加入中国共产党，省业余大学学历。

历任仪阳乡教师、教研组长、教导主任、副校长、乡中学教研室主任，教育办公室主任，计划生育办公室主任（副科级），教育工作站站长（副科级），党委组织委员，党委副书记等职。其间，从1994年7月至1997年6月，在山东省干部函授大学经济管理专业本科班学习。1998年1月起，历任石横镇党委副书记、副镇长，湖屯镇党委副书记、镇长，老城镇党委书记。其间，2004年9月至2005年1月，在泰安市委党校第十五期中青年干部培训班学习。2006年9月，任高新区管委会主任（副县级）、党工委副书记、王瓜店镇党委书记。2009年9月，任市委常委、政法委书记。2017年1月之后，任市政协主席、党组书记。

杜尊春 男，汉族，山东肥城人，1964年1月出生，1984年7月参加工作，1991年12月加入中国共产党，省业余大学学历。

1984年7月，任王庄镇王庄联中教师。其间，1986年9月至1989年7月，在曲阜师范大学中文系函授学习。1990年3月，任市委宣传部干事、科长。其间，1993年7月至1996年6月，在山东干部函授大学经济管理专业函授学习。1996年10月起，历任市委研究室科长、副主任科员、副主任、主任，市委办公室副主任、研究室主任。其间，2004年9月至2005年1月，在泰安市第十五期中青年干部培训班学习。2006年9月，任市委办公室副主任、研究室主任、高新区党工委书记（副县级）。2008年1月，任市长助理、市政府党组成员、高新区党工委书记（副县级）。2010年11月，任市政府党组成员、高新区党工委书记（副县级）。同年12月，任市政协副主席、市政府党组成员。2011年1月，任市政协副主席、党组成员。2012年1月之后，任市政协副主席，党组副书记。

江玉祥 男，汉族，山东沂水人，1967年8月出生，1988年7月参加工作，无党派人士，大学学历，工学学士。

1988年7月，中国矿业大学水文地质与工程地质专业毕业。历任曹庄矿掘二区技术员、曹庄矿地测科见习技术员、助理工程师、工程师、副科长、高级工程师等职。2001年11月，任肥城矿业集团公司地质测量处副科级干事。2003年10月起，历任肥城矿业集团公司地质测量处副主任工程师、副处长、工程技术应用研究员等职。2007年12月，任市政协副主席（不驻会）、肥城矿业集团公司地质测量处副处长、工程技术应用研究员。2010年10月，任市政协副主席（不驻会），山东能源肥矿集团贵州矿业公司总工程师。2017年1月，离职。

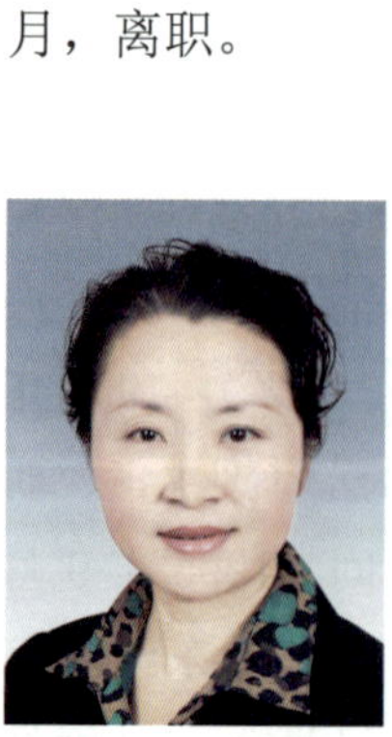

杨淑贞 女，汉族，山东肥城人，1964年5月出生，1988年8月参加工作，无党派人士，省委党校大学学历。

1988年8月起，历任县（市）文化馆舞蹈科科长、副馆长等职。2002年2月起，历任市文化体育局文化科科长、副科级干部。2007年12月，任市政协副主席（不驻会）、市文化体育局副科级干部。其间，2006年9月至2008年6月，在山东省委党校经济管理专业本科班学习。2008年9月，任市政协副主席（不驻会）、市文化体育局副局长。2010年10月之后，任市政协副主席（不驻会）、市文化广电新闻出版局（市文物局）副局长。

邹家强 男，汉族，山东肥城人，1963年2月出生，1983年7月参加工作，1984年11月加入中国共产党，省委党校研究生。

1983年7月起，历任县供电局统计员，县人事局办事员、人才交流股股长、干部科科长。其间，1985年9月至1987年7月，在山东司法管理干部学院人事管理专修科学习。1993年11月起，历任新城办事处党委组织委员、纪委书记、党委副书记、办事处主任。其间，1993年9月至1996年6月，在山东经济干部管理学院经济管理专业本科班学习。1998年4月至2000年5月，在天津财经学院审计系会计学研究班学习。2002年4月至8月，挂职广州市芳村区海龙街道主任助理。2003年8月起，历任安临站镇党委书记，党委书记、人大主席。其间，2006年3月至7月，在泰安市委党校第十七期中青年干部培训班学习。2006年9月，任新城街道党工委书记。其间，2005年9月至2008年6月，在山东省委党校在职干部研究生班经济管理专业学习。2009年9月，任高新区管委会主任（副县级）、高新区党工委副书记，王瓜店镇党委书记。2010年7月，任高新区管委会主任（副县级）、高新区党工委副书记，王瓜店街道党工委书记。2011年11月，任高新区党工委副书记。同年12月，任市政协党组成员。2012年1月，任市政协副主席、党组成员，市委统战部部长。2015年7月之后，任市政协副主席、党组成员。

付振江　男，汉族，山东肥城人，1973年3月出生，1996年8月参加工作，2009年6月加入致公党，大学学历，农学学士。

1996年8月起，历任市林业局秘书、经济林站副站长。2000年5月，任马埠镇副镇长。2001年3月起，历任安临站镇副镇长、潮泉镇副镇长、石横镇副镇长。2011年12月，任市工商联副会长。2012年1月，任市政协副主席（不驻会）、市工商联副会长。2013年1月之后，任市政协副主席（不驻会），市工商业联合会会长。

李红伟　女，汉族，山东泰安人，1968年11月出生，1992年7月参加工作，2014年6月加入中国农工党，大学学历，医学硕士，教授。

1992年7月，任山东省泰安卫生学校教师。2003年3月，任山东省泰安卫生学校生理教研室主任。2013年9月，任泰山护理职业学院基础医学教学部主任。2017年1月之后，任肥城市政协副主席（不驻会）、泰山护理职业学院基础医学教学部主任。

刘　琴　女，汉族，山东莱芜人，1970年9月出生，1992年7月参加工作，2007年9月加入中国致公党，大学学历。

1992年7月起，历任泰安市种鸡场技术员，肥城市畜牧局兽医师。2000年2月起，在肥城市人民法院工作，历任新城法庭书记员、助审员、审判员。其间，2002年9月至2004年7月，在山东大学法学专业本科班学习。2006年8月，任市人民法院民一庭副庭长。2008年2月，任市人民法院国家赔偿办主任、民一庭副庭长。2009年12月，任市人民法院副科级审判员、赔偿办主任、民一庭副庭长。2011年12月，任市人民法院石横法庭庭长。2013年11月，任市人民法院正科级审判员、石横法庭庭长。2017年1月之后，任市政协副主席（不驻会）、市人民法院正科级审判员、石横法庭庭长。

杨希沧　男，汉族，山东泰安人，1965年4月出生，1985年12月参加工作，中共党员，法学理论专业研究生。

1984年6月至1985年12月，在泰安市泰山区上高乡任教。1985年12月起，历任泰安市人民检察院办公室法警、助理检察员、检察员（副科级）、反贪局侦查处副处长。其间，1989年8月至1991年8月，在山东省政法管理干部学院法律专业学习。1997年8月至1999年12月，在中央党校函授学院政法专业学习。2003年12月起，历任泰安市人民检察院反贪局侦查处副处长（正科级），反贪局副局长兼侦查处处长，副县级检察员、侦查监督处处长、案件管理中心主任。其间，2006年9至2009年6月，在山东省委党校在职干部研究生班法律专业学习。2014年2月，任肥城市人民检察院党组书记、代理检察长、泰安市人民检察院检察委员会委员、检察员。2014年4月之后，任肥城市人民检察院检察长、党组书记、检察委员会委员。

石　军　男，汉族，山东泰安人，1973年12月出生，1996年9月参加工作，中共党员，大学学历。

1996年9月至1997年3月，泰安市中级人民法院临时工作人员（计算连续工龄）。1997年3月起，历任泰安市中级人民法院书记员、助理审判员。2004年3月起，历任泰安市中级人民法院助理审判员（副科级）、审判员、办公室副主任。2009年6月，任泰安市中级人民法院信息处处长、办公室副主任（正科级）。2011年12月，任泰安市中级人民法院办公室主任。2013年12月，任肥城市人民法院代院长。2014年2月之后，任肥城市人民法院院长、党组书记。

徐传柏　男，汉族，山东新泰人，1973年12月出生，1993年12月入伍，1995年9月加入中国共产党，大学学历。

1993年12月起，历任内长山要塞区船运大队战士，内长山要塞区后勤部汽车连司务长、排长、副指导员、指导员，海防三团122火箭炮营副教导员等职。其间，1996年8月至1998年7月，在平顶山干部训练大队学习。2005年3月起，历任泰安陆军预备役高炮团政治处宣传保卫股股长、干部股股长。2008年2月，任宁阳县人武部政工科长。2010年3月，任泰安军分区政治部正营职干事。2011年3月，任宁阳县人武部副部长。2013年3月，任泰安军分区政治部副团职干事。2014年1月，任肥城市人武部代理政治委员。同年2月，任中共肥城市委常委、人武部代理政委。2014年9月之后，任肥中共肥城市委常委、人武部政委。

王来友　男，汉族，安徽宁国人，1971年6月出生，1991年12月入伍，1993年9月加入中国共产党，大学学历。

1991年12月，任济南军区海防第一团炮兵六连战士。其间，1994年9月至1996年7月，在济南陆军学院后勤干部训练大队学习。1996年7月起，历任济南军区海防第一团海防营炮兵八连正排级司务长，济南军区海防第一团后勤处财务股副连职助理员、营房股副连职助理员、营房股副股长、营房股股长、处长等职。2008年12月，任济南军区海防第一团副团长。2014年1月之后，任肥城市人民武装部部长。

经济人物

张武宗　男，山东肥城人，1946年11月出生，中共党员，高级经济师。1982年6月毕业于山东大学经济管理专业；1985年4月担任山东冶炼加工厂副厂长；1989年4月担任济钢总厂石横特殊钢厂厂长；现任石横特钢集团有限公司董事长。先后当选全国第12届人大代表、山东省第11届人大代表、泰安市第14届人大代表。兼职中华全国工商业联合会冶金业商会常务理事，泰安市政协委员企业家联谊会名誉会长，泰安市企业与企业家联合会会长等。

积极转方式调结构，抓住机遇加快发展。近年间，面对“钢铁行业逐步进入寒冬，全行业严重亏损”的局面，带领石横特钢牢牢把握住产品适应市场的能力、盈利能力、创新能力“三条生命线”，积极调结构转方式，主动转型引领新风潮，走出一条结构持续优化、实力持续增强、能耗持续下降、环境持续改善、效益持续提升的科学发展之路，进入效益最好的“黄金”期，吨钢利润、吨钢税金居同行业前列。2009—2015年累计实现利润总额67.8亿元，相当于前10年的5倍，累计实现入库税金41.6亿元，吨钢利润、吨钢税金始终居同行业前3名。2016年，生产经营创造历史最好效益水平，单位产品效益继续保持行业领先地位。全年实现利润14.2亿元、入库税金6.2亿元，其中，吨钢利润401元，取得吨钢利润创行业第1名的好成绩。

积极建言献策，履行社会责任。作为全国人大代表，张武宗开展深入细致的调查研究，并先后提出十余条意见和建议，展现人大代表崇高的爱国情怀和强烈的社会责任。2015年11月7日，张武宗提交的《关于稳定企业发展的几条建议》，引起国务院总理李克强的重视，并专门批示副总理马凯及有关部门调查研究。山东省委副书记、省长郭树清，副省长夏耕分别作重要批示，省委、省政府相关部门专门组织调查研究并制定政策措施，把建议落到实处。张武宗勇于乐于承担社会责任，多次应邀在泰安市“人大代表讲堂”作专题报告，并出任泰安市企业与企业家联合会会长、肥城市政府首席经济顾问，为地方经济建设出谋划策，受到热烈欢迎和广泛好评。

张武宗以其高尚的品格、儒商的风范、渊博的知识、突出的贡献、先进的企业文化理念，为改革发展建言献策的勇气，在省内外享有较高的威望和知名度，先后荣获中国优秀民营企业家、山东省劳动模范、山东省优秀企业家、山东省优秀民营企业家、山东省企业管理创新优秀人才、山东省履行社会责任企业经营者、山东省优秀中国特色社会主义建设者、泰安市突出贡献人才奖等荣誉称号。2016年，被评为中国经济年度人物、肥城市功勋企业家、十大突出贡献企业家。

拔尖人才

丁方军　男，山东青岛人，1964年5月出生，1987年9月参加工作，大学学历，山东农业大学教授，山东农大肥业科技有限公司技术副总经理。

近年间，先后主持或参与国家、省部级科研项目30余项。主要有“十二五”国家科技支撑计划子课题1项（第1位）、国家星火计划1项（第2位）、科技部农业科技成果转化资金1项（第2位）、山东省自主创新专项1项（第1位）、山东省自主创新成果转化重大专项2项（第4位）等项目，到位经费约1600余万元。先后起草或参与制定的国家、行业标准3项，地方标准8项，企业标准6项，其中《肥料中游离总氟及总氟化物的测定——离子选择性电极法》国家标准、《腐殖酸类肥料分类》国家标准、《含腐植酸复混肥料（复合肥料）》行业标准，填补国家和行业空白。作为课题负责人或主要完成人，始终以高标准严格要求自己，其主持的15项科技成果均通过省级科技主管部门审核鉴定，获省、市科技奖励6项。其中，“硫素树脂双膜控释肥工艺技术研究与新产品开发”项目经省科技厅组织的专家鉴定总体达到国际先进水平，部分达到国际领先水平，先后获得2012年度山东省科技进步二等奖和泰安市科技进步一等奖（均为第2位）；“新型活化腐植酸农化产品配套关键技术的研究与开发”项目经专家鉴定总体达到国际先进水平，并荣获2013年度泰安市科技进步二等奖（第1位）。先后在《磷肥与复肥》《腐植酸》《土壤》等国家级核心期刊发表论文32篇，获国家授权专利16项。2016年1月，被评为泰安市专业技术拔尖人才。

罗　勇　男，山东肥城人，1970年4月出生，1992年7月参加工作，大学

学历，高级工程师，山东省防汛抗旱机动总队第十支队队长。

2012年以来，在引进并推广喷灌、滴灌、带喷、卷盘式喷灌机、灌区U型渠、低压管灌等节水灌溉新技术方面成绩突出，共发展节水灌溉面积11.6万亩，其中发展农田三灌1.6万亩，低压管灌面积4万亩，灌区节水改造6万亩，年节水1300万方，年节电260万度，年增产节支合计效益1200万元。主持完成的《岩溶水源地保护区划分技术研究》，选取降水量、地下水水质、地下水资源模数、人口密度、地下水埋深、人均GDP等指标，建立地下水价值模糊评价指标体系。采用泛欧洲模型中COP方法，结合人类活动对地下水影响，提出肥城盆地区域岩溶地下水污染风险评价方法。依据肥城市岩溶水源地保护区划分指标体系，提出各级保护区的综合技术方案。该技术对国内类似区域地下水保护意义巨大。完成肥城市尚庄炉水库除险加固、大汶河防洪治理、田山灌区节水改造、引黄灌区节水改造、安孙灌区砖舍拦河坝修复、引汶调水、小型水库除险加固等多项重点水利工程建设，为肥城市水利建设发展做出突出贡献。在尚庄炉水库除险加固工程和引汶调水工程中，分别担任工程技术负责人，工程施工过程中，严格管理，科学施工，尚庄炉水库在混凝土防渗板墙、放水洞、溢洪道等重大技术方案确定和变更中，做出突出贡献，节省资金300万元，加快工期3个月；在引汶调水工程中，对泵站站址选择、调水路线优化以及玻璃钢管施工方案改进等贡献突出，节省资金2600万元，加快工期8个月，确保工程综合效益。先后完成《肥城市引黄灌区续建改造工程可行性研究报告》等16项水利工程可研报告的编写工作；获得第七届泰安市青年科技奖；肥城市委、市政府嘉奖11次、三等功4次；2012年以来，获得山东省软科学优秀成果奖1项，山东省水利科技进步奖2项，山东省水利软科学优秀成果奖6项；国家级刊物发表论文1篇。2016年1月，被评为泰安市专业技术拔尖人才。

王振平 男，山东肥城人，1968年1月出生，1991年8月参加工作，大学学历，高级畜牧师。

制定并实施《畜牧业全面振兴计划工作推进方案》和《畜牧业技术推广推进方案》。积极开展创新发展提升年活动，实施创新项目。指导规模饲养场积极开展各级标准化示范创建活动，85个规模饲养场通过国家、省及泰安市级畜禽标准化示范创建验收，提升全市标准化饲养园区建设水平。按照“分类治污、逐步推进、一场一案、保障效果”的原则，制定规模养殖场粪污处理整治方案，对424家规模养殖场开展污染整治。实施畜禽粪污无害化处理技术及生态养殖模式示范推广项目，推行发酵制沼气、循环利用、三级沉淀等粪污处理技术，有效控制畜禽养殖面源污染。省畜牧兽医局对肥城市治污工作给予充分肯定。搞好技术推广和技术培训，筛选确定11个主导品种和4项主推技术，每年培训基层技术人员及养殖场技术人员2000多人次。在2014年山东省奶业大会上做《奶公牛集约育肥开辟肉牛生产新途径》的典型发言。开展对上争取和项目实施，每年争取上级扶持资金1500万元。通过项目带动，有力的改善饲养场设施，推广一大批先进饲养技术，提升肥城市畜牧业总体水平，促进畜牧业持续稳定发展。2012年被授予肥城市专业技术拔尖人才；2013年获得全国农牧渔业丰收奖农业技术推广贡献奖；2013年被山东省畜牧协会评为山东畜牧业发展先进工作者；2014年被山东省畜牧兽医信息中心评为全省畜牧兽医信息宣传工作先进个人；2014年被山东省畜牧协会评为山东畜牧业博览会先进工作者；2015年在《现代牧业》杂志发表《逆境求进，推动奶业发展持续稳定发展》；2015年参与编写《蜜蜂养殖主推技术》，由山东科学技术出版社出版发行。2016

年1月，被评为泰安市专业技术拔尖人才。

李海军　男，汉族，山东肥城人，1975年12月出生，1999年7月参加工作，2010年11月加入中国共产党，本科学历，历史学学士。1999年7月起，担任肥城市第一高级中学教师；2010年9月至2012年6月，肥城市高考补习学校支教（农村）。在《中国教育学刊》《教学与管理》《教学月刊·中学版》《中学政治教学参考》等全国中文核心期刊发表论文10篇，在《基础教育课程》《教育科学论坛》《中国民族教育》《中学历史教学》《中国教育报》《中国教师报》等国家级、省级期刊发表论文50多篇，其中3篇论文成果被中国人民大学复印报刊资料《中学历史、地理教与学》等杂志全文转载。先后被评为泰山教坛英才、泰安市教学能手、泰安市教育创新人物（教师系列）、泰安市优秀青少年德育工作者、泰安市学科带头人、泰安市教育科研学术带头人等荣誉称号。2016年1月，被评为泰安市专业技术拔尖人才。同年10月，荣获山东省教育科学优秀成果一等奖。

李　鹏　男，汉族，山东肥城人，1980年5月出生，1997年7月参加工作，2009年9月加入中国共产党，大学本科学历。

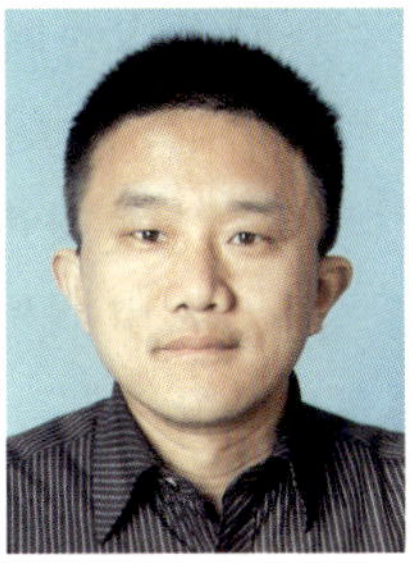

1997年7月至2011年8月，担任肥城市汶阳镇中心小学教师；2011年8月起，担任肥城市白云山学校教师。先后荣获山东省特级教师、山东省小学语文教学能手、泰山功勋教师、泰安市学科带头人等荣誉；多篇论文在《基础教育课程》等刊物发表，研究成果获得省市级教学成果奖励，多次执教省市级优质课、公开课，《山东教育》、肥城电视台、泰安教研网等进行报道。2016年1月，被评为泰安市专业技术拔尖人才。

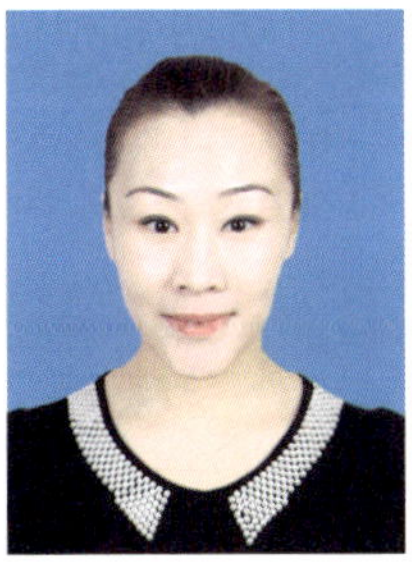

庄　媛　女，汉族，山东博山人。1980年1月出生，民盟盟员，硕士在读。

现任肥城市文化馆馆员、兼职任会民盟肥城支部常务副主委，中国音乐家协会会员，泰安市政协委员，肥城市青联副主席。为全省最年轻“中国音乐家协会会员”，连续十多年担任泰安市大型文艺演出主唱，是泰安市民族声乐界的“领军人物”。2000年6月，演唱的《木兰从军》获山东省农民艺术节一等奖；同年4月，在山东省文化馆业务干部专业技能比赛中演唱的《亲吻祖国》获二等奖。2004年10月，获第八届山东省文化艺术节演唱二等奖。2006年12月，演唱《母亲河，我喊你一声妈妈》获山东省“青歌赛”金奖。2010年8月，演唱的《肥城看桃花》获“东岳文学奖”二等奖。2015年5月，获“东岳文学奖”三等奖。2011年12月，个人原创演唱的《绣荷包的俏妹子》获山东省民歌大赛一等奖第一名和个人作品第一名。2012年8月，被省文化厅选拔代表山东参加“中国九嶷山民歌大赛”获银奖第一名。2013年，个人原创作品《追梦桃园》入选中宣部“中国梦文艺作品征集”前30名。2014年，该作品获得省委省政府“泰山文艺奖”，被推荐参加“国家艺术基金项目”评选。2015年9月，获山东省“齐鲁风情”青年歌手暨新作品演唱大赛铜奖。同年10月，被省委宣传部、省文联选拔，以青年歌唱家身份参加山东省艺术家“深入基层·扎根人民”巡演。2016年10月，被省委宣传部、省文联选拔，以青年歌唱家身份担任全省“长征颂·中国梦”交响合唱领唱。先后荣获“齐鲁文化之星”称号，被评为泰安市首届“十位德艺双馨文艺工作者”第一名，肥城市级劳动模范等。2016年1月，被评为泰安市专业技术拔尖人才。

凡人善举

张　朋　女，1990年5月出生，桃园镇东里一村普通村民。

父亲出走，母亲卧病，11岁担起整个家。随母亲改嫁后，照顾五个老人、两个孩子，十几年如一日，尽心尽力，用辛苦换幸福。肥城电视台、今日肥城、肥城广播等媒体先后对她的事迹进行专访和报道，先后被评为肥城好人、泰山幸福E家园十大孝星、山东好人等多项荣誉称号。2016年3月，入选“中国好人榜”。

肖秀敏　女，1972年10月出生，肥城市康泰养老院院长。

2007年，自费创办肥城市首个民办养老院。近十年时间里，她为办好养老院尽心尽力、倾其所有，把养老院当成自己的家，像对待自己的父母一样照顾养老院里的老人。她的事迹先后被大众网、齐鲁网、《泰山日报》、《今日肥城》、肥城广播电视台等媒体报道。被评为山东好人、泰安好人、泰安市首届十大孝子、肥城市第二届桃都十大巾帼标兵、肥城市文明之星等荣誉称号。2016年4月，入选“中国好人榜”。

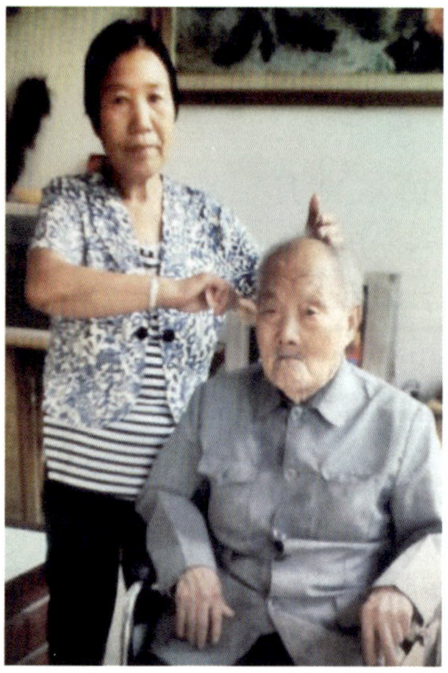

刘翠珍　女，1952年6月出生，边院镇岔河店村村民。

她十三年如一日地照顾患有脑血栓后遗症不能自理的公公，无怨无悔，孝心感染着周边群众。她用十多年的实际行动，演绎了一个“久病床前有孝媳”的感人故事。孩子也以她为榜样，传承了“孝”的良好家风。她是家里的贤内助，也是街坊四邻相处的好榜样，她用羸弱的肩膀为家撑起一片晴空。2016年3月，被评为山东好人。同年5月，入选“中国好人榜”。

徐荣峰　男，1966年4月出生，中共党员，边院镇高庄村支部书记。

在担任支部书记的10年来，他把一个各方面

都比较落后的村带进了全镇综合排名前十的先进村，年年都被评为全镇党支部工作、有机蔬菜种植和计划生育工作的先进单位。他带领全村人建成了“夕阳红”老年公寓，实现了高庄人“老有所养，老有所乐”的梦想，把孝亲敬老的好传统深深根植在了每个人的心里。他个人多次被评为优秀支部书记、兴边模范，老百姓亲切地称呼他“孝顺支书”。2016年5月，被评为山东好人。同年7月，入选“中国好人榜”。

程银贵 男，1970年9月出生，江苏省如皋市人，肥城正港木业工艺品厂总经理。

2001年，他从江苏只身来到肥城创业，从事他热爱的桃木工艺品制作。对产品精益求精、推陈出新，对客户周到服务、诚实守信，如今，这个外地人创办的正港木业成了当地响当当的品牌，带动了肥城桃木产业的发展，解决了几万人的就业。正港木业被评为全国征信系统“立信示范单位”、山东省金牌旅游购物商店、山东省3.15消费者满意单位、泰安市文明诚信民营企业标兵，他本人也被评为肥城市文明之星、泰安好人、山东好人等荣誉称号。2016年9月，入选“中国好人榜”。

于　娟 女，汉族，1976年10月出生，新城街道办事处连心办的一名工作人员，新城街道志愿服务中心志愿者。

2013年，于娟参加“新城街道志愿服务中心”后，给孤寡老人送去煤炭、棉衣、粮油，更换破旧电路，让老人度过一个温暖的冬天。协调公益组织邀请各学校受助学生联谊，并提供免费午餐、免费电影，动员更多爱心人士和志愿者参与支持公益事业。在“双联双帮”活动入户时，为太平村10户贫困家庭解决开春土地化肥问题。利用新城街道志愿服务中心了解情况，联系西部爱心公益社山东站对贫困家庭逐一走访。行走在公益路上的于娟就像桃都的花儿，正为他人带去更多的芬芳。2016年1月，于娟入选“山东好人”。

王建银 男，1975年7月出生，湖屯镇东湖西村村民。

2014年12月19日，正带领着村民在滕头苗木种植基地干活的王建银，忽然听见一阵阵的呼救声。王建银立即带着人循着声音找去，发现一位70多岁的老人正在鱼塘里挣扎着，眼看着老人就快要坚持不住了。正在大家犹豫着要不要下水的时候，只见王建银脱掉外套，转身跳入了冰冷

的水中，一把抓住了落水老人的手，在工友李柱学、刘太祥等人的协助下，把老人救上了岸。因为救援及时，老人没有生命危险。一个普普通通的农民，在看到有人落水的时候的瞬间反应，真切反映了他内心的本真和善良，谱写出一曲新时期道德风尚的正气歌。2016年3月，王建银入选“山东好人”。

刘光法 男，1960年12月出生，仪阳中学教师。

1995年的一场车祸，让他右眼失明，左眼视力微弱。但他始终心系讲台，手术半年后，克服重重困难，重新投入教学工作。为了上好每一堂课，他总是在课前就把课堂上需要板演的知识点、图形都写在两块小黑板上，以避免课堂上因视力太差板演慢而浪费时间，被师生亲切地赞誉为“刘二板”。他创立的“学、议、讲、练、结、评”的六环节教学法，于1999年被确定为肥城市“十五”规划课题，2006年在全市范围内推广。他个人先后4次被市政府授予嘉奖奖励，数十次得到上级教育部门的表彰，出版著作两部，获奖论文60余篇。从事教育工作32年，他始终坚持自己的教育理想：勤勤恳恳干教育，挥洒汗水育桃李，为教育事业奉献自己的力量。2016年4月，刘光法入选“山东好人”。

田西菊 女，1960年出生，桃园镇郭刘村村民。

2010年，田西菊的丈夫突发车祸变成瘫痪在床的植物人，患有重度糖尿病的婆婆已失明多年，公公腿脚不便只能拄着拐杖走路，田西菊用她单薄的身躯把全家人护在身后。多年来，她悉心照顾瘫痪的丈夫，孝敬重病的公婆，独自料理家中农活……用她孱弱的肩膀为家人撑起一片天，凭借爱的力量、责任的力量，为濒临破碎的家庭带

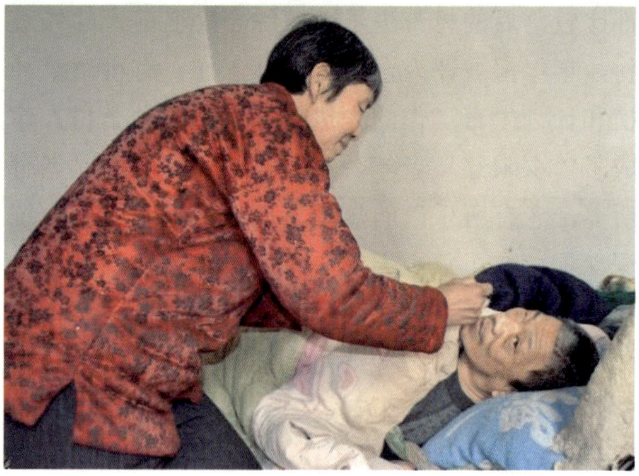

来重生的希望，用自己的坚强与乐观谱写了艰难生活中的苦与乐。2016年6月，田西菊入选“山东好人”。

白恩林 男，1954年2月出生，桃园镇南北王村村民。

从人力地排车、驴车、拖拉机的运输队到拥有自己的工程队，白恩林凭借灵活的头脑和勤劳的双手，成为村里第一批富起来的人。但他致富不忘众乡亲，30多年来，他时刻不忘家乡，为村里做了无数的好事。2014年，白恩林捐款15万元，帮助村里硬化近千米的水泥路。为困难村民捐款、照顾孤寡老人、修建文体广场、支持村集体公益事业等，不管是对村民，还是对集体，他都尽心尽力。他的善行义举，受到广大村民的好评。勤劳致富不忘本，善行义举美名扬，他用实际行动传播了乐于助人的新风尚。2016年8月，白恩林入选“山东好人”。

孙绪贤　男，1937年7月出生，2016年4月去逝，安临站镇东虎村人。

在乡亲、同事的眼里，孙绪贤乐善好施、心地善良，热心助人无怨无悔。2016年，78岁的孙绪贤去世，按照老人生前遗愿，老人的眼角膜成功捐献。孙绪贤曾说，如果捐献不成功，这将是他这辈子的遗憾。病重期间，他还把肥城红十字的联系方式贴在门后，提醒自己及时打电话咨询。在他的影响下，老伴张秀兰也签订了捐献眼角膜承诺书。孙绪贤虽然走了，但他将光明留在人间，继续关注着他热爱的世界。2016年9月，孙绪贤入选“山东好人”。

黄桂芹夫妇　王序臣，男，1951年出生；黄桂芹，女，1953年出生。均为仪阳街道黄柏山村民。

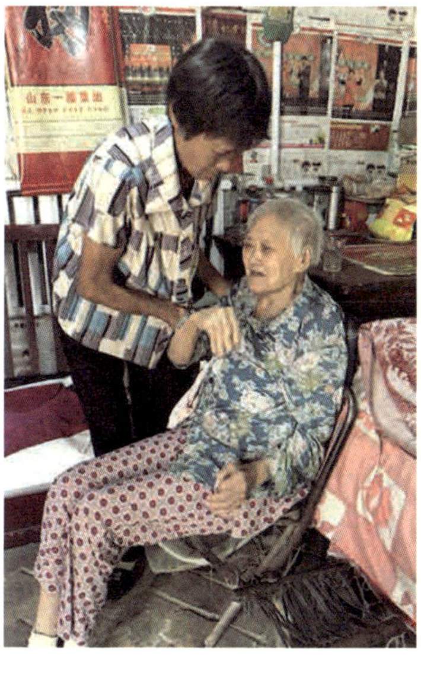

王序臣、黄桂芹夫妇二人照顾高堂老母的事迹，在黄柏山村村民中广为流传。2013年底，王序臣90岁高龄的母亲罹患脑梗，生活不能自理，为此王序臣办理了退休，和妻子黄桂芹在家悉心照顾老人，每天帮老人擦身，定时给老人翻身、换尿布、按摩。老人每晚光尿布得换洗一二十块，由于经常洗尿布，黄桂芹的手指裂出了很多血口子，但她毫无怨言。由于夫妇俩的精心照料，高龄的老母亲干净、整洁，三年来从未染上褥疮。2016年9月，黄桂芹夫妇入选“山东好人”。

吴家三姐弟　吴丽华，女，市盐业公司的职工、市义工协会秘书长；吴庆国，男，市公共汽车公司总经理；吴刚，男，市公安局交警大队民警。

2009年，吴丽华组织参与创建市义工协会，在协会里，会员登记、档案管理、物资管理、财务管理她都做得井井有条。凭借着乐于奉献的精神和较强的组织能力，成为义工团队中的骨干成员，大家都亲切地称她为“吴姐”。在做公益的8年里，吴丽华关注最多的就是助学，她长期帮扶几名学生，从小学一直资助到大学毕业，最多时同时资助8名学生。

受姐姐的影响，吴庆国从2010年开始加入义工协会，一对一帮扶安站东张村和桃园晒书城的两个孩子，长期资助学费、生活费和购买学习用品。日常生活和工作中，不遗余力地向大家宣传慈善事业和义工协会，在他的带领下，市公共汽车公司已有21位职工自愿加入义工协会。在“困难家庭一对一帮扶”活动中，他带领义工对10户困难户进行走访，给他们送去米、面、油、盐等生活必需品，并向每家捐献400元。

2010年8月，吴刚到安驾庄镇南石村走访，当来到与年过七旬的爷爷相依为命、艰苦度日的小袁昊家时，他当场掏出身上所有的钱留给袁昊，并决定要长期资助这个困难的家庭。在此之后，他每年拿出四千多资助袁昊，同时联系姐姐吴丽华和义工协会的志愿者，定期去袁昊的家里送一些米、油、面和学习用品及救助金，并与袁昊的老师建立联系，随时关注小袁昊的学习生活情况。

一次次的慷慨解囊、一次次的雪中送炭，“吴家三姐弟”传承着桃都“好人精神”，奉献了自己，温暖了别人。2016年11月，“吴家三姐弟”入选“山东好人”。

蒋元岱 男，1952年8月出生，安临站镇大董村村民。

蒋元岱是一位普通的农民，叔叔蒋太路早年参加抗日战争，后回到家靠务农为生，无儿无女无固定经济来源。蒋元岱作为大家庭中的老大哥，在与妻子商量后决定，将叔父接到自己家中奉养。转眼四十年过去了，三个孩子已成家立业，蒋元岱老两口年过六旬，每日三餐、洗衣、喂药悉心照顾着耄耋之年的叔父。蒋元岱不但是孝老爱亲的好榜样，还是远近闻名的热心肠，他用自家的车免费为村里的人运麦子，邻里之间有了矛盾，他及时前去化解。他用孝老爱亲诠释着淳朴的家风，也用真情传递着“五好家庭”的正能量。2016年12月，蒋元岱入选“山东好人”。

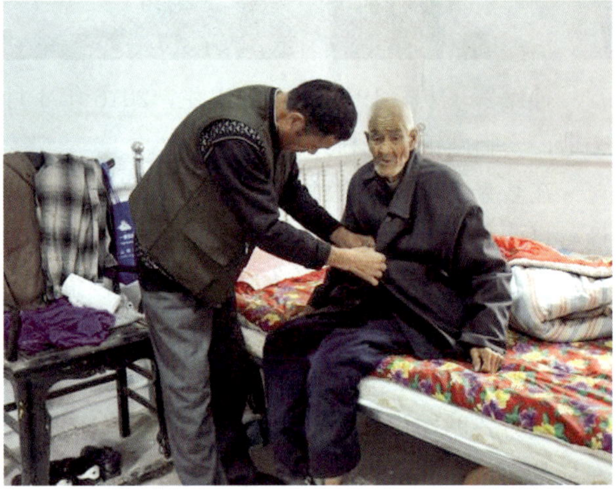

肥城年鉴

FEICHENG YEARBOOK

FEICHENG
YEARBOOK
2017

附录

■文件选目

■主要指标

■著名商标

■主要媒体报道索引

■在外书画名人及作品选

附 录

文件选目

【市委主要文件选目】

肥发〔2016〕2 号 《关于坚决打赢脱贫攻坚战的实施意见》

肥发〔2016〕3 号 《关于深化供销合作社综合改革的实施意见》

肥发〔2016〕4 号 《关于在全市开展“创新突破年”活动的实施意见》

肥发〔2016〕5 号 《关于深入做好融入省会城市群经济圈工作的实施意见》

肥发〔2016〕7 号 《2016 年度科学发展考核意见》

肥发〔2016〕9 号 《关于推进新型城镇化发展的意见》

肥发〔2016〕10 号 《关于加强社会主义协商民主建设的实施意见》

肥发〔2016〕12 号 《关于加强和改进新形势下党校工作的实施意见》

肥发〔2016〕16 号 《关于落实全面从严治党主体责任的若干意见》

肥发〔2016〕18 号 《关于深入学习贯彻党的十八届六中全会精神的意见》

【市政府主要文件选目】

肥政发〔2016〕1 号 《关于促进公益慈善事业健康发展的实施意见》

肥政发〔2016〕2 号 《关于加快推进规模企业规范化公司制改制工作的实施意见》

肥政发〔2016〕3 号 《关于进一步推进户籍制度改革的意见》

肥政发〔2016〕5 号 《关于进一步降低企业成本的意见》

肥政发〔2016〕8 号 《关于进一步加强城镇棚户区改造工作的意见》

肥政发〔2016〕9 号 印发《肥城市国民经济和社会发展第十三个五年规划纲要》的通知

主要指标

2016 年肥城市国民经济主要指标表

指 标	单 位	2016 年	增长（%）
年末常住人口	万人	96.78	0.54
城镇人口	万人	57.28	4.40
农村人口	万人	39.50	-4.58
城镇化率	%	59.19	-
区域面积	平方公里	1277.3	-

续表

指　标	单　位	2016 年	增长（%）
地区生产总值	亿元	730.04	7.11
第一产业	亿元	52.20	4.17
第二产业	亿元	353.98	2.72
第三产业	亿元	323.86	12.72
占生产总值比重	%	44.4	-
人均地区生产总值	元	75636	6.7
地方财政收入	亿元	42.1	4.9
地方财政支出	亿元	59.5	10.7
税收总额（国税 + 地税）	亿元	48.3	4.6
服务业税收	亿元	16.0	11.4
占全部税收比重	%	33.1	-
各项存款	亿元	461.9	9.3
城乡居民储蓄余额	亿元	338.5	11.9
各项贷款	亿元	286.8	6.6
农林牧渔业总产值	亿元	97.58	5.2
粮食总产量	吨	538509	-6.7
蔬菜产量	吨	1849660	-14.0
园林水果产量	吨	114024	-5.1
肉类总产量	吨	80426	-3.3
水产品产量	吨	5000	持平
规模以上工业企业	家	327	-
规模以上工业增加值	亿元	-	2.1
规模以上工业主营业务收入	亿元	1041.8	-17.3

续表

指　标	单　位	2016年	增长（%）
规模以上工业利润总额	亿元	61.9	-18.6
规模以上工业利税总额	亿元	100.0	-14.1
规模以上工业亏损面	%	4.1	0.5（百分点）
规模以上工业亏损额	万元	106480	4.3
规模以上工业产品销售率	%	98.2	持平
高新技术产业产值	亿元	344.59	11.7
占规模以上工业比重	%	32.18	3.04（百分点）
全社会用电量	亿千瓦时	22.0	5.7
工业用电量	亿千瓦时	16.2	4.3
外贸进口总额	万元	67936	-15.5
外贸出口总额	万元	220869	-20.4
实际外商直接投资	万元	69846	-3.8
固定资产投资	亿元	607.1	10.9
一产投资	亿元	7.7	-48.6
二产投资	亿元	293.7	27.6
三产投资	亿元	305.7	1.2
占规模以上投资比重	%	50.4	-
商品房销售面积	万平方米	42.1	9.4
商品房销售额	亿元	18.1	11.1
社会消费品零售总额	亿元	290.6	10.8
全部在岗职工（含劳务派遣工）年末人数	人	118558	-6.0
全部在岗职工（含劳务派遣工）平均人数	人	112019	-10.2
全部在岗职工（含劳务派遣工）年工资总额	亿元	59.45	-9.0

续表

指 标	单 位	2016 年	增长（%）
全部在岗职工年平均工资	元	53072	1.3
全体居民人均可支配收入	元	24205	8.4
城镇居民人均可支配收入	元	31721	7.8
农村居民人均可支配收入	元	15130	8.0
全体居民人均消费性支出	元	15099	8.8
城镇居民人均消费性支出	元	19714	9.0
农村居民人均消费性支出	元	9705	8.5
单位 GDP 能耗	吨标准煤 / 万元	—	-7.12
工矿商贸企业事故死亡人数	人	1	—

著名商标

肥城企业荣获“中国驰名商标”称号情况

序号	企 业 名 称	商 标	产 品	认定年度	认定单位
1	山东泰鹏集团有限公司	安琪尔	床罩、被子、被罩	2010	商标局
2	山东银宝食品有限公司	银宝及图	猪肉、猪肉食品、非活家禽	2011	商标局
3	肥城富世康工贸有限公司	富世康及图	面粉	2011	商标局
4	肥城金塔机械有限公司	金字及图	蒸馏塔	2011	商标局
5	山东索力得焊材有限公司	索力得及图	金属焊丝	2012	商标局
6	山东云宇机械集团有限公司	云宇及图	汽车配件	2013	商标局
7	山东省肥城桃开发总公司	肥城	桃	2014	商标局
8	山东一滕新材料股份有限公司	一滕集团及图	纤维素、工业用纤维素醚	2014	商标局
9	肥城阿斯德化工有限公司	阿斯德	甲酸	2015	商标局
10	山东新轮轮胎有限公司	新轮及图	车辆轮胎、自行车轮胎	2015	商标局

续表

序号	企业名称	商标	产品	认定年度	认定单位
11	山东傲饰服饰有限公司	傲饰及图	服装	2015	商标局
12	山东泰山轮胎有限公司	泰山及图	汽车轮胎、拖拉机轮胎	2016	商标局
13	兴润建设集团有限公司	兴润建设及图	建筑服务	2016	商标局

肥城企业荣获“山东省著名商标”称号情况

序号	企业名称	商标	产品	认定年度	备注
1	山东泰鹏集团有限公司	安琪尔	床罩、被子、被罩	2003	有效
2	山东傲饰服饰有限公司	傲饰及图	服装	2004	有效
3	山东云宇机械集团有限公司	云宇及图	汽车配件	2007	有效
4	山东富世康工贸有限公司	富世康及图	面粉	2007	有效
5	肥城金塔机械有限公司	金字及图	蒸馏塔	2007	有效
6	肥城米山水泥有限公司	米山及图	水泥	2008	有效
7	泰安九洲金城机械有限公司	力星及图	起重设备、装卸设备	2009	有效
8	山东阿斯德化工有限公司	春旺及图	尿素	2009	有效
9	山东泰山轮胎有限公司	泰山及图	拖拉机轮胎	2010	有效
10	山东鲁泰建材科技集团有限公司	鲁泰及图	非金属板	2010	有效
11	山东索力得焊材有限公司	索力得及图	金属焊丝	2010	有效
12	山东新轮轮胎有限公司	新轮及图	车辆轮胎、自行车轮胎	2011	有效
13	肥城康王河酒业有限公司	康王河及图	酒	2012	有效
14	肥城阿斯德化工有限公司	阿斯德	甲酸	2012	有效
15	山东润东建材有限公司	双吉及图	石膏、石膏粉	2012	有效
16	山东依诺威强磁材料有限公司	依诺威	磁铁、磁性材料和器件	2012	有效
17	山东泰鹏环保材料股份有限公司	泰鹏及图	喷胶棉、太空棉、无纺布	2012	有效

续表

序号	企业名称	商标	产品	认定年度	备注
18	山东农大肥业科技有限公司	农大及图	肥料	2012	有效
19	肥城市阳光食品有限公司	旭光	面条、方便面	2013	有效
20	山东金泰山漆业有限公司	鲁乐及图	油漆	2013	有效
21	山东一滕新材料股份有限公司	一滕集团及图	纤维素、工业用纤维素醚	2013	有效
22	肥城泰西无纺材料有限公司	东岳及图	工业滤毯	2013	有效
23	山东农大肥业科技有限公司	农邮	肥料	2013	有效
24	山东肥城精制盐厂	鲁祥及图	盐	2014	有效
25	山东瑞泰纤维素有限公司	瑞泰 RUITAI 及图	纤维素	2014	有效
26	肥城瑞达家具有限责任公司	鲁翔	家具	2014	有效
27	泰安市正大油脂有限公司	鲁统	食用油	2014	有效
28	兴润建设集团有限公司	兴润建设及图	建筑	2015	有效
29	鲁变电工有限公司	鲁变 LUBIAN	变压器	2015	有效
30	肥城联谊工程塑料有限公司	联谊九州及图	塑料材料（纤维代用品）	2015	有效

主要媒体报道索引

新华社

肥城智慧党务平台激发基层党建活力（3月10日）

培植“新六产”促集体与农民双增收（8月8日）

当传统半壁江山陷入困境之后——肥城探索县域经济“升级版”路径调查（上）（9月1日）

打造生态高地促进绿色崛起——肥城探索县域经济“升级版”路径调查（下）（9月13日）

“秀美肥城”绿色转型培植发展优势（11月22日）

经济日报

从“干毛巾”里挤出利润——山东石横特钢集团有限公司调研报告（11月1日）

农民日报

肥城“流动银行”开在农民家门口（2月20日）

中央人民广播电台

肥城：提高水资源精准化管理 促节水型社会建设 （4月9日）

肥城金秋品桃节收获99亿元大单 34项目签约 （9月25日）

肥城易回收运营模式入选全国优秀回收创新案例 （10月11日）

大众日报

肥城电商发展迈入快时代 （2月27日）

网上亮身份 公开亮学分 先进挂金银铜牌 落后悬警示符 肥城搭建智慧党务平台 （3月13日）

摸清底子找准穷根 肥城打出精准扶贫组合拳 （3月28日）

肥城桃花节跻身全国四大桃花节 （4月8日）

支部牵线“触网”“村淘”助力增收 肥城互联网+提升村集体“造血”功能 （4月14日）

肥城市纳入济南都市拓展区 （6月3日）

集聚65个过亿元项目 总投资近520亿元 肥城：项目建设“热了”园区经济 （6月17日）

“程木匠”：把烧火棍变成金疙瘩 肥城桃木旅游商品已发展到30余个系列4000多个品种 （6月24日）

机关干部走进社区 群众感觉更舒心 肥城“小网格”提升文明创建 （7月15日）

网络营销打造品牌 “互联网+”让肥城桃搭上电商快车 （7月22日）

规模以上新兴产业企业113家实现产值135亿元 肥城：打造产业升级“高新”引擎 （7月29日）

转调和增长两不误 肥城：打造县域经济升级版 （8月5日）

实施“三强带动”战略 肥城：工业发展率先突破 （9月2日）

409家规模以上工业企业主营业务收入670多亿 肥城：早转型得先机，“寒冬”跨入“黄金期” （9月24日）

肥城金秋品桃节收获99亿元大单 34项目签约再添发展新动能 （9月30日）

工业结构转轻转高 园区瞄准“四新一高”肥城：绿色产业让城市更“秀美” （11月13日）

全国综合实力百强县肥城6年提升18位次 （11月19日）

山东电视台

肥城农民桃花里淘出幸福来 （4月8日）

小桃核雕刻出大产业 （5月5日）

看山东供给侧结构改革如何降成本 （8月3日）

精细化管理让山东钢铁行业降本增效 （11月25日）

（宋　杰）

在外书画名人及作品选

欧阳中石 1928年生于肥城市汶阳镇西徐村，著名学者、教育家、书法家、京剧票友。毕业于北京大学，曾任国务院学位委员会艺术学科评议组成员、中国书法文化研究所所长等职，现为首都师范大学中国书法文化研究院名誉院长、博士生导师，全国政协委员、中国书法家协会顾问、中国画研究院院务委员，中国文史研究馆馆员。学书先从师武岩法师，后又师从吴玉如。从唐碑入手旋即转临北魏诸墓志，后亦曾涉足于篆、隶、甲骨、金文，尤于欧阳询诸碑临池最勤。多作行书，宗法“二王”。草书以王羲之、孙过庭为宗。书风妍婉秀美，潇洒俊逸，既有帖学之流美，又具碑学之壮大。治学博涉多优，在逻辑、国学、音韵、绘画、戏曲、文学、书法等学科都有精深的造诣。2006年获得第二届“中国书法兰亭奖——终身成就奖”。2007年荣获中国文联第六届“造型表演艺术成就奖”，为11位获奖者中唯一的书法工作者。2014年4月，到肥城参加书画艺术馆开馆仪式，期间留下墨宝佳作“肥城德厚、故里人亲”“崇德弘文、国泰民安”“中国桃都、美好肥城”“史圣故里、君子之邑”。

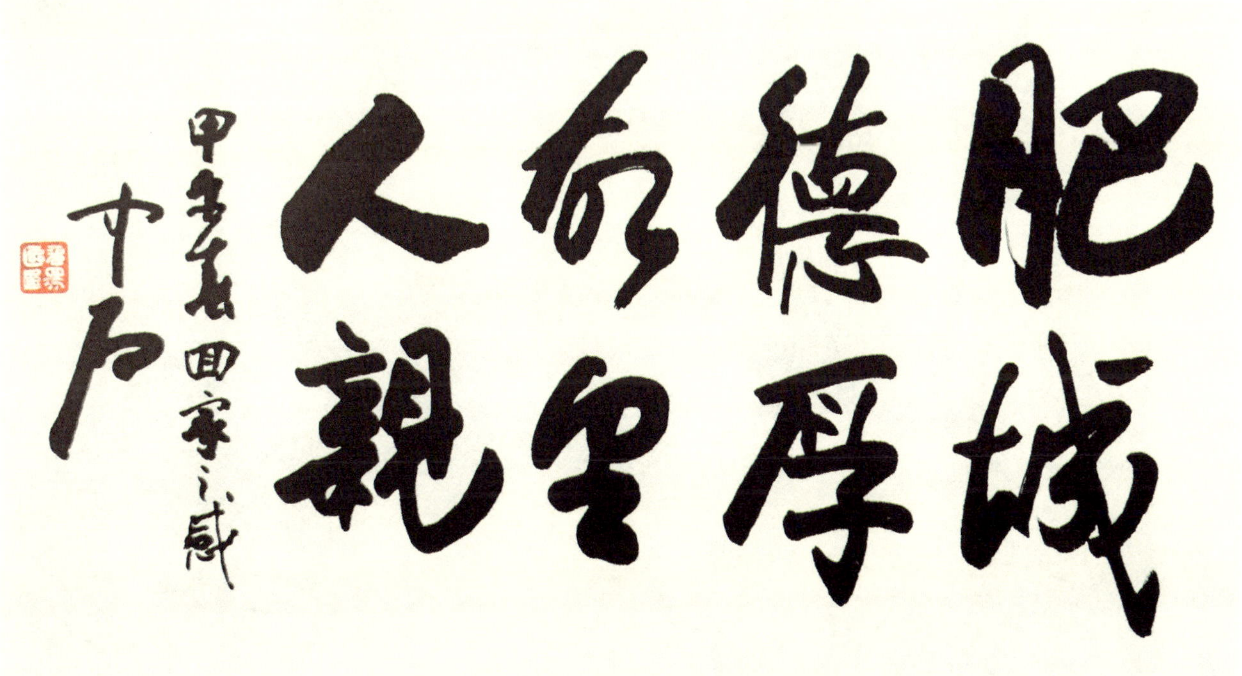

行书《肥城德厚 故里人亲》

张华清 原名张永和，曾用名张美玲，1932年5月生于肥城市安临站镇牛家庄，著名油画家，美术教育家。1955年考取苏联留学生，1962年以优异成绩毕业，被授予“艺术家—油画家”称号。回国后任教于南京艺术学院，曾任美术系副主任、主任二十余年。作品自1963年起参加国内外美术展览，其中素描“读信”1963在莫斯科艺术出版社出版，收录在《素描教学示范作品集》中，油画“中国人民解放军占领南京”“韶山建党”等参加全国美展，并被博物馆收藏。出版有《张华清画选》《新疆油画写生选集》《张华清油画集》等著作。曾任江苏省第四届政协委员，中国美术家协会理事，江苏省美术家协会副主席，江苏省油画协会会长。1993年起享受国务院颁发的特殊津贴。1999年俄罗斯政府文化部授予其“普希金文化勋章”，并被聘为俄罗斯美术学院荣誉教授。2000年2月，被美国纽约东方文化艺术基金会授予“文化交流奖”。2014年4月，张华清美术馆在肥城龙山河畔揭牌成立，馆藏油画作品45幅。

油画《故乡的小路》

赵青 女，1936年11月出生，祖籍肥城市安临站镇贺庄村，为新中国第一代舞蹈表演艺术家，首批享受国务院特殊津贴专家，全国人大代表、政协委员。曾任中国舞蹈家协会副主席，现任中国舞蹈家协会顾问。著有《两代丹青》《我和我爹爹赵丹》等书籍。从六十岁开始画国画，《女娲补天》是其第一张油画作品，2014年4月在肥城参加书画艺术馆开馆仪式时捐赠给家乡。

油画《女娲补天》

国画《霜重色愈浓》

赵华胜 1939年3月生于吉林长春，祖籍肥城市汶阳镇高淤村，1964年毕业于鲁迅美术学院中国画系。曾任辽宁赵华胜画院院长，中国亚视书画院院长，辽宁画院顾问，中国同泽书画研究院院长，中国中原书画研究院名誉院长，辽宁中国画研究会执行会长，辽宁省政协委员，国家一级美术师，中国文联全国书画院创作交流协会副主任，中国美术家协会会员。享受国务院特殊津贴。代表作品有表现中国三代领导人的《江山多娇》《世纪大潮》《走向新世纪》，工业组画《白手起家》、《电缆工人攻尖端》(合作)、抗联组画《中华儿女》，以及《盛世》《正义的胜利》《人民的儿子》等。著有《绘画构图规律初探》，出版有《当代著名美术家赵华胜画集》等。1997年入选英国剑桥国际名人研究中国《世界文化名人录》，并被授予“卓越艺术成就金质牌奖”，1999年被美国权威机构世界名人研究院（ABI）授予“20世纪成就奖”。

马继忠　字山人，笔名鲁丘，1941年生于肥城市孙伯镇上红山村，现为中国美术家协会会员，西安文理学院教授，西安文史馆馆员，中国书画篆刻家协会副主席，河南人民对外友好协会顾问，中国山水画研究院密体画工作室导师。1969年毕业于西安美术学院，之后便一头扎进秦岭太白山，与山民一起摸爬滚打13年，铸就了山民一样的淳朴情怀。上下求索数十载，终于找到自己的艺术语言，开创中国当代密体山水画格。先后在中央美术学院、上海三山会馆以及新加坡、马来西亚等地举办画展。多幅作品被政府机构、艺术院校收藏。与刘文西、亢龙合作的《幸福渠》参加庆祝中华人民共和国成立二十五周年全国美术作品展览，并在多种刊物刊登；《太白春暖》由新华书店全国发行10万份；《秋恋》入选中国首届山水画展并被国务院收藏；《秦岭苍翠》被毛主席纪念堂收藏。出版有传记《魂系太白》及《名家精品——马继忠》《马继忠白描山水》《马继忠山水画选》《马继忠·白云生处有人家》《中国近现代名家——马继忠卷》“大红袍”专辑等多部画集，并被文化部人才中心评为中国山水画十大名家。2015年6月，马继忠美术馆在龙山河畔揭牌成立，馆藏山水佳作20幅。

国画《深山幽居图》

国画《回家》

李华英 女，1942年1月生于肥城市汶阳镇塔房村，1965年毕业于南京艺术学院美术系油画专业，1985年在中央美术学院研修一年，毕业后长期从事专业创作。现为中国美术家协会会员、江苏省油画雕塑院一级美术师，历任第六届全国青年联合会委员、江苏省青年美术家协会副主席、江苏省壁画研究会副会长等职。多年来作品被台湾、香港、日本、马来西亚、韩国、澳大利亚、俄罗斯、美国等地的美术馆及博物馆收藏，并受到好评。作品《蒋家王朝的覆灭》入选建军五十周年全国美展；《洞庭十月》入选建国三十周年全国美展；《苗岭曲》入选中国油画展；《村头》被中国美术馆收藏；《阳光下的人们》入选第十届全国美展；《孔府》等6幅油画入选“中华颂世界文化遗产主题油画风景展”；《红土地》《渔村》等入选自然之声——2013油画风景邀请展。2014年4月，李华英美术馆在肥城龙山河畔揭牌成立，馆藏油画作品22幅。

杨宪金　1947 年生于桃园镇高庄村，历任中央办公厅警卫局科长（师级），西苑出版社社长、总编辑（编审），中央办公厅电子科技学院督导员（编审）。现任中南海画册编辑委员会主任，中南海胜迹图组委会主任、策划组创者，中国环保新闻文产委员会主任，中国水墨艺术研究院院长，中国毛泽东诗词研究会书法研究分会驻会副会长，中国楹联学会常务理事，中国楹联学会书法艺术委员会常务副主任，系中国书法家协会会员，中国民间文艺家协会会员，中国大众文学学会理事。

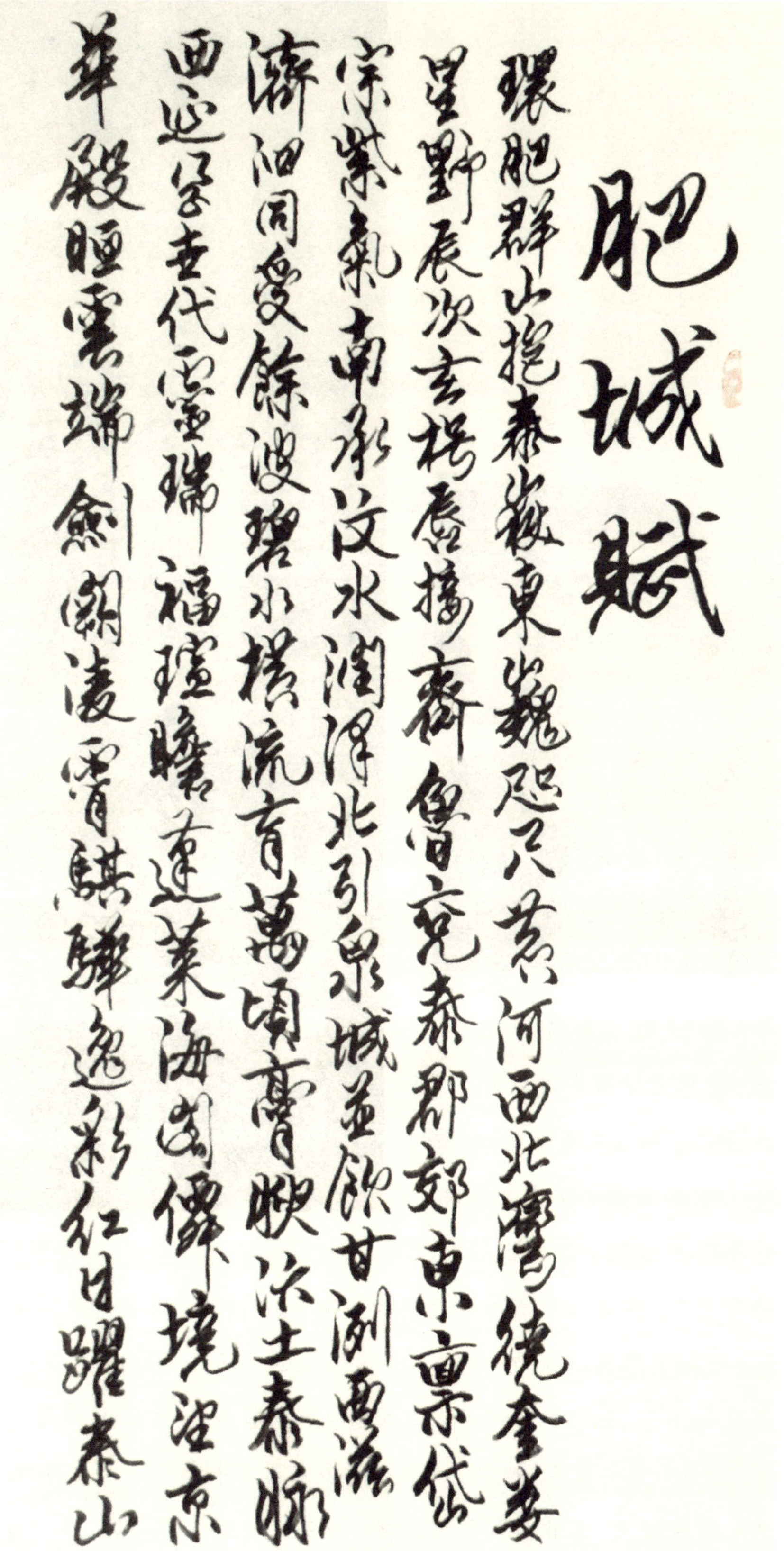

《肥城赋》

版画《世纪提速》

张衍海 著名画家、作家，籍贯肥城市老城街道百尺村，1951年6月生于大连，毕业于中央民族大学美术学院，系中国美术家协会会员、作家协会会员，中国工业版画研究院院务委员、研究员，中国大路美术家协会副主席、大路版画研究院院长。自1972年起作品多次入选全国大型美展、国外展览并获奖，被中国美术馆等多家国内外艺术馆院收藏，曾作为国礼赠送友好国家。出版画集、画册及个人专著多部。艺术传略被载入《世界名人录》《中国文艺家传记》《中国当代美术家词典》等大型辞书。美术代表作品有版画组画《万水千山只等闲》(16幅合作)、《志在四方》(10幅合作)、《大路风光》《天路》(10幅)，油画《呼啸的军魂》《山外那片天》《高原汉子》等，连环画《爱迪生》等。

路世明　1952年8月出生，自幼生活在肥城，八一电影制片厂高级美术师。现为中国书协会员，北京市书协理事，丰台区文联副主席、区书协主席。毕业于首都师范大学首届书法研究生课程班。师承欧阳中石先生，潜心研究金文，遍临殷周金文拓片。其金文书作用笔稳健厚重、结体严谨考究、章法古朴自然。应邀为中南海、人民大会堂、解放军档案馆书写大幅作品并张挂。作品被毛主席纪念堂、周恩来纪念馆、邓小平纪念馆、中国美术馆、民族文化宫、中国人民大学等单位收藏。被中国书协授予2008年度、2009年度“中国书法进万家活动”先进个人。

大篆《驷马难追》

刘广迎 字仰之，号御云，1953年11月生于肥城市仪阳街道鹿家沟村，军事学硕士，大校军衔。毕业于解放军军械工程学院，结业于中国人民大学徐悲鸿艺术学院全国首届优秀中青年书法家硕士研究生高研班、北京大学艺术学院书法名师班、中国画艺术创作院。现为

中国书法家协会会员、中国楹联学会书法艺术委员会委员、中国书画家联谊会北京创作中心常务理事等。书法篆刻作品多次在中国书协主办的全国性展览、西泠印社国际书法篆刻大展以及全军历届书法展览中入展或获奖，并被编入数百种专辑或报刊。被毛主席纪念堂、聂荣臻元帅陈列馆、岭南画院、红军长征碑林、卫星发射中心等单位及国内外友人收藏。出版作品集《刘广迎艺术之旅》、散文集《那一轮明月》，发表诗集《养疴九章》，艺术随笔散见于《中华读书报》《书法导报》《桃花源》等报刊。

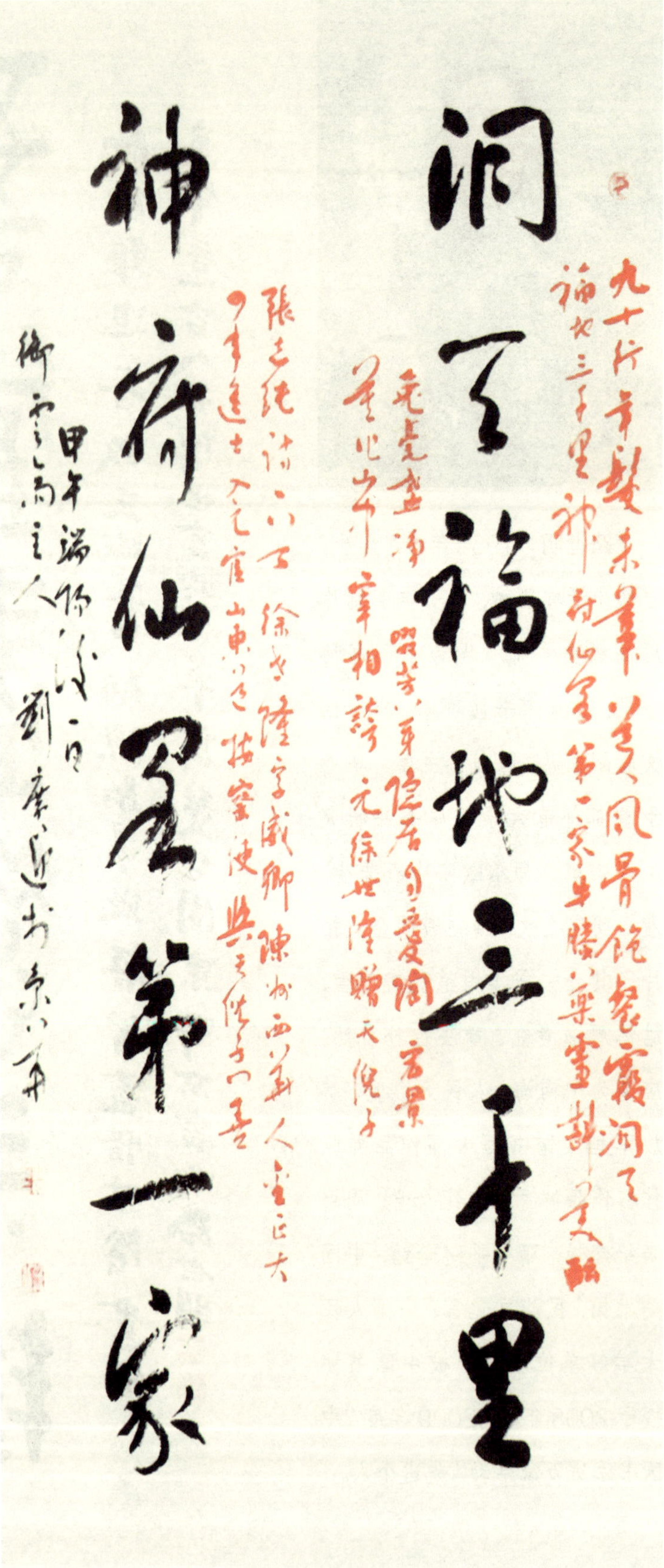

行书《洞天神府》

李　宪　1954年9月生于上海，祖籍肥城市桃园镇李小村，宁夏文联委员，宁夏美术家协会六届常务副主席、七届副主席，国家一级美术师，宁夏文学艺术院原副院长，银川市政协书画院院长，宁夏文史馆馆员，中国美术家协会会员，宁夏书法家协会会员，政协宁夏回族自治区委员会第九届、第十届委员。政协银川市委员会第十届、第十一届、第十二届政协常委、委员。银川市美术家协会名誉主席，银川市书法家协会副主席、顾问等。版画作品先后被中国美术馆、广东美术馆、美林美术馆、上海美术馆、深圳美术馆、银川美术馆等艺术机构收藏。

国画《都闻塞上胜江南》

油画《琼实》

孙海青 1956年12月生于山西省太原市，祖籍肥城市安临站镇牛家庄。擅长油画、中国画，1983年毕业于太原工学院纺织染织工艺美术设计专业。曾任山西省美协副主席，现为山西省美协顾问，中国美术家协会会员，中国壁画协会会员，山西省书法家协会理事，山西画院副院长，山西省文史馆研究员，国家一级美术师。作品《麦积山石窟》入选全国首届山水画展；《吟风啸月》入选第二届中国油画展；《晨曦》《晓露》入选第八次全国新人新作展；《水中镜花》入选2004年首届中国美术家协会会员中国画精品展。作品编入《中国百年壁画》《中国当代艺术》等大型画册。出版有《艺苑翰墨——孙海青》《中国油画家二十家——孙海青》《山西省花鸟画新八强——孙海青》等专著。

孙小农 1961年出生于山西省太原市，祖籍肥城市安临站镇牛家庄，1982年毕业于山西省轻工业学院美术系，1983年研修于景德镇陶瓷艺术研究所，1994年毕业于郑州轻工业学院艺术设计系，现为中国美术家协会会员，壁画协会会员，职业画家，工艺美术师，山西画院特聘画师。作品《源泉》及藏书票，参加日本浦和国际木板画展；《森林晨曲》曾获晋陕鲁豫四省书画联展二等奖；《双林禅境》入选全国首届壁画展；为省老干部活动中心设计及制作《三晋集翠》；《神农图》为高平伸农镇设计采用；《萌荫》荣获中国美协2008年全国中国画作品优秀作品奖；《华彩乾坤》入选全国第二届壁画展。

国画《微风闻香》

张　强　1962年1月出生于肥城市安临站镇冯杭村。曾任山东艺术学院教授、院学位委员会委员，现任四川美术学院教授，重庆市人文社会科学重点研究基地当代视觉艺术中心主任、首席专家兼中国本土艺术现代化研究所所长，中国现代书法艺术学会副会长兼学术委员会主任，先后在美国纽约哥伦比亚大学等地

表演、展出。作品被大英博物馆、澳门艺术博物馆、河南美术馆、《美术文献》编辑部等机构收藏。主编“中国画学丛书”首批七册，独立撰写的《中国画论体系》《中国绘画美学》《中国山水画学》《中国人物画学》《现代国画形态》获重庆市政府颁发的哲学社会科学优秀成果二等奖。主编“中国本土艺术现代化丛书”，独立撰写《现代主义书法论纲》《后现代书法的文化逻辑》《书法文化：形态描述与经典图释》《现代艺术与中国文化视点》《踪迹学：艺术的文化穿越》获重庆市政府颁发的哲学社会科学优秀成果三等奖，先后出版个人专著计23部。

国画《棲幽搜妙图》

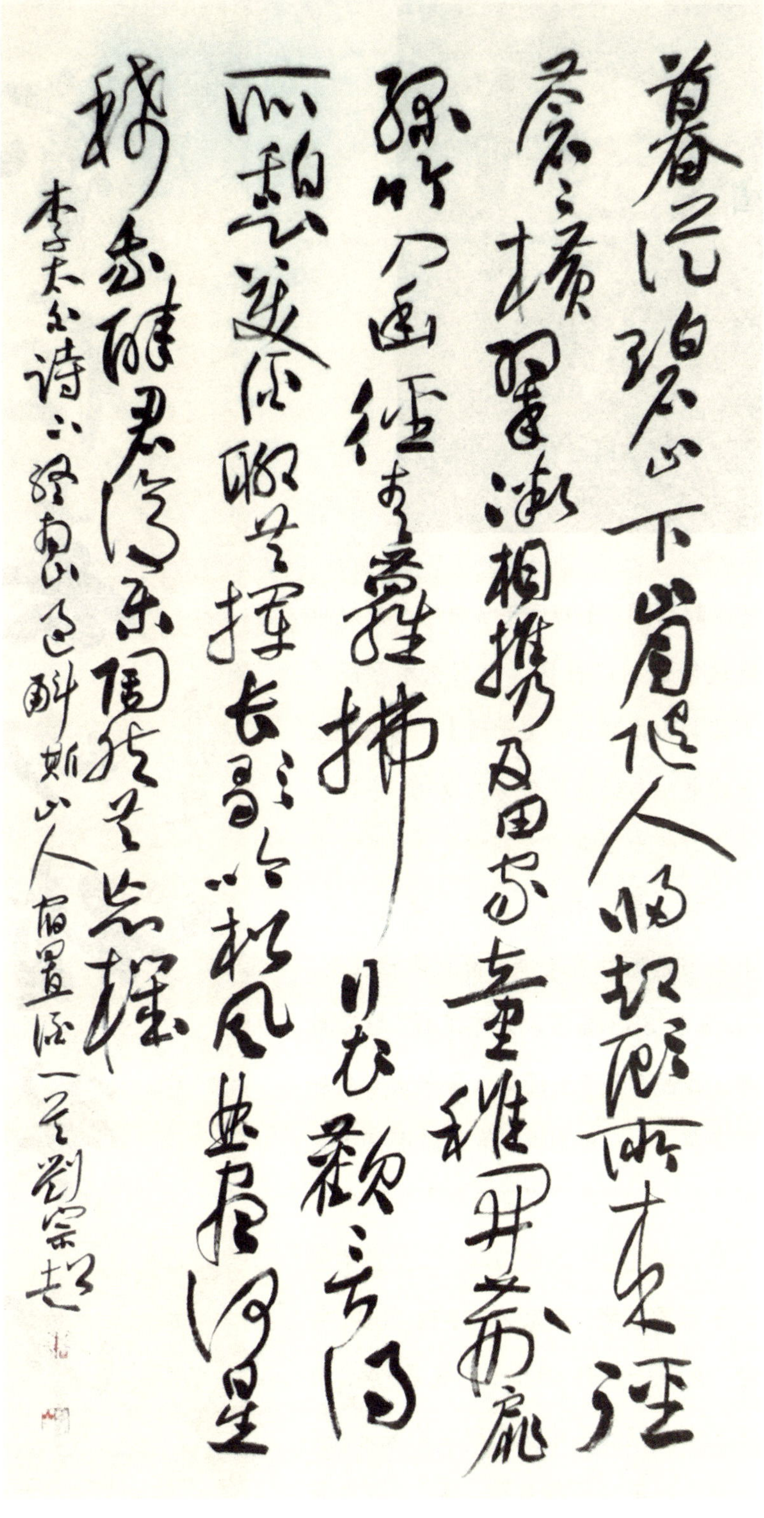

行草李白《下终南山过斛斯山人宿置酒》

刘宗超 1970年10月生于肥城市桃园镇潘庄村，艺术学博士。中国书法家协会学术委员会委员、刻字委员会委员，中国国家画院沈鹏书法精英班成员，河北大学艺术学院院长、研究生导师。系全国第三届刻字艺术理论研讨会评委，全国第五届、第八届刻字艺术展评委，中国书法刻字艺术网执行总编，全国首届青年书法篆刻作品网络展评委会主任，全国大学生迎奥运书法大赛评委。其书法擅长行草书和楷书，儒雅而又洒脱，别有底蕴与风格，作品被多家文化机构收藏。应邀于东京成功举办个人书法篆刻作品展览，作品多次参加全国性展览并在东南亚及欧洲主要国家展出。近年出版个人专著《中国书法现代史》《画像石艺术：砖石精神》《书法鉴赏》《刘宗超书法作品选》等。作品获全国第七届书法篆刻展、全国第九届书法篆刻展论坛一等奖，第二届中国书法兰亭奖提名。专业教研成果主要有“书法专业本科教学计划”“书法学习能力培养模式论”“书法教学中能力培养单元训练法”等。

赵彦国 1975年3月生于肥城市新城街道刘庄社区。南京艺术学院书法篆刻方向硕士、文学硕士，中央美术学院书法与绘画比较方向博士，中国艺术研究院中国书法院研究员，江苏省书法家协会副秘书长，国家二级美术师，中国书法家协会会员，南京印社社员，“江苏省333高层次人才工程”培养对象。作品曾获“全国第八届书法篆刻展最高奖”——全国奖，第五届南京市政府“文学艺术奖”，“脐橙杯”全国书法大赛一等奖，江苏省第二、三届青年书法篆刻展金奖，南京艺术学院2004年度“教学、科研、创作十大成果”奖，南京艺术学院研究生优秀毕业论文奖，并入展全国第二届行草书大展、全国首届青年书法篆刻作品展、全国第二届扇面书法展、当代江苏书法篆刻精品晋京展、第二届全中国代表书家展（日本）等。

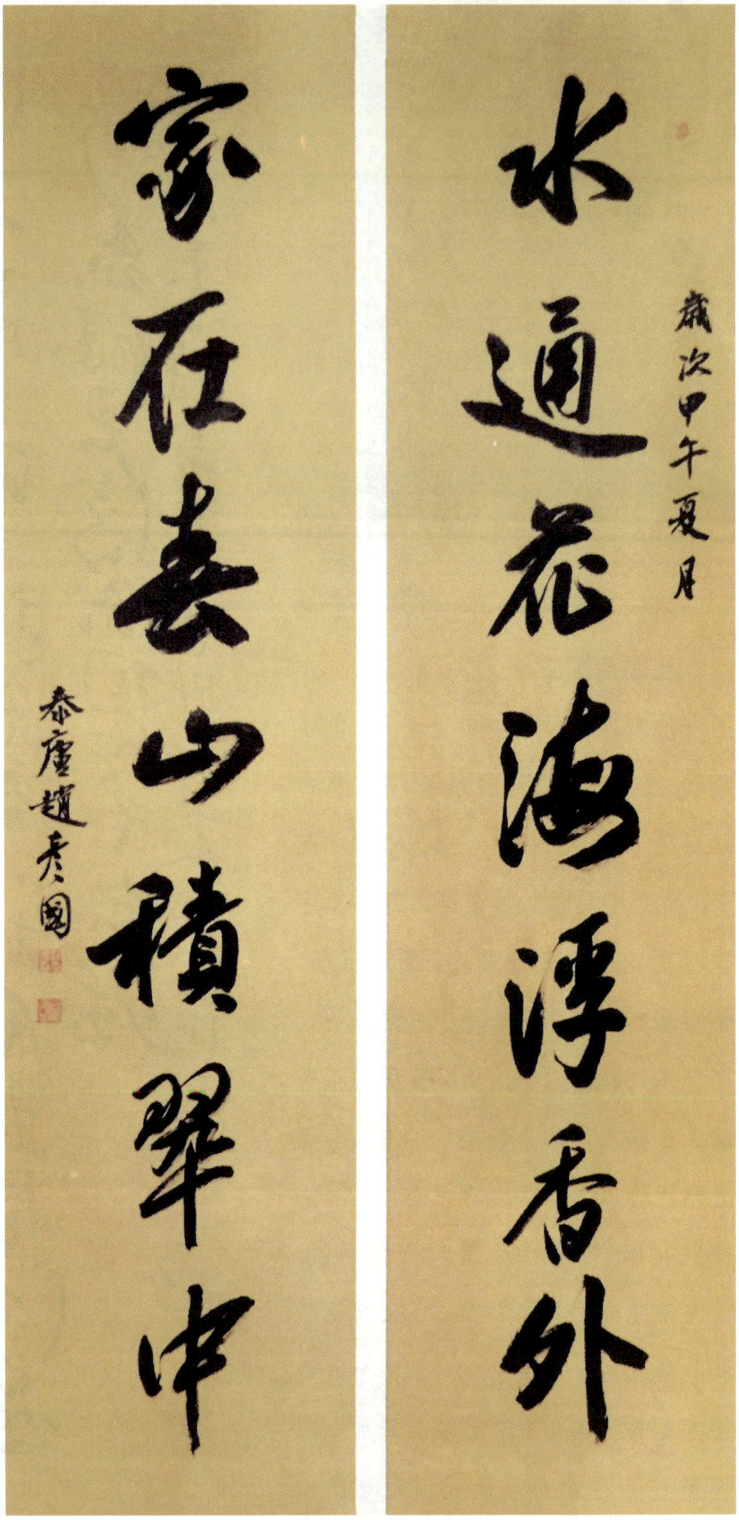

行书《水通家在》对联

（市文广新局　供稿）

索 引

本索引为要目索引和人物索引。要目索引按汉语拼音顺序（同音字按声调）排列，人物索引按姓氏笔画排序，款目后的阿拉伯数字表示内容所在的页码。

要目索引

数字

A

B

C

D

F

G

H

J

K

L

M

N

P

Q

T

W

X

Y

Z

人物索引